Helmut Hermann • Yucatán / Chiapas

I. Berméjo
Aren
Bajo n
Triang
BAH
CAMP
pta M
I. Carme
emola
S. Juan de Ulua
VERACRUZ
Alvarado
V. de Tuxtla
R. Coatzacoalcos
R. Toneladas
R. Sta Ana
R. Cupilco
R. Chiltepec
R. Tabasco
Xicalanco
Villaherr
D E
V E R A C R U Z
Tuxtepec
NCIA
Lag. Chiapa
Chimalapa
E
REYN
Tehuantepec
Tonalá
Chiapa
Ciudad
Com
DE
otolapa
C A
Guiechapa
Guatulco
Macuilapa
GOLFO DE TEHUANTEPE
GUATE

Alacran
Holbox
Contoy
C. Catoche
I. Cankun
Sta. Clara
Igil
Sisal
MERIDA
Valladolid
INTENDENCIA
DE
MERIDA
Campeche
I. Cozumel
B. Ascension
Bacalar
R. Hondo
I. Ubero
R. Nuevo
L. Balchaka
I. Turnef
R. Baliz
G. de Honduras
MAR DE LAS ANTILLAS

REISE KNOW-HOW im Internet

Aktuelle Reisetips und Neuigkeiten
Ergänzungen nach Redaktionsschluß
Büchershop und Sonderangebote
Weiterführende Links zu über 100 Ländern

www.reisebuch.de

und

www.reise-know-how.de

eMail-Adresse des Verlags:
rkhhermann@aol.com

Helmut Hermann

YUCATAN CHIAPAS

Handbuch für individuelles Reisen und Entdecken

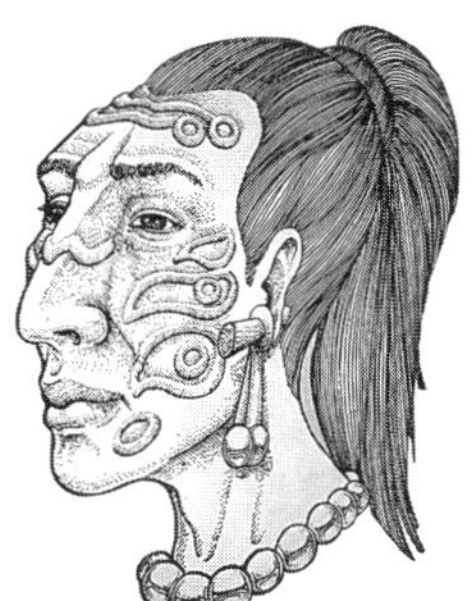

IMPRESSUM

Helmut Hermann

Yucatán / Chiapas

erschienen im Verlag
Reise Know-How

1. Auflage 9/**2005**

ISBN 3-89662-370-2
– Printed in Germany –

eMail des Verlags: rkhhermann@aol.com
Websites von Reise Know-How:
www.reise-know-how.de • www.reisebuch.de

Gestaltung u. Herstellung
Umschlagkonzept: M. Schömann, P. Rump
(Herstellung Carsten Blind)
Inhalt, Karten: H. Hermann
Druck: Wilhelm & Adam, Heusenstamm
Fotos: s. Bildnachweis im Anhang

Dieses Buch ist erhältlich in jeder Buchhandlung
in Deutschland, Österreich und der Schweiz.
Bitte informieren Sie Ihren Buchhändler über
folgende Bezugsadressen:
D: PROLIT GmbH, Postfach 9, 35461 Fernwald
sowie alle Barsortimente
CH: AVA-buch 2000, Postfach 27, 8910 Affoltern
A: Mohr Morawa Buchvertrieb GmbH, Postfach 260, 1101 Wien
NL u. B: Willems Adventure, Postbus 403, NL-3140 AK Maassluis

Wer im Buchhandel trotzdem kein Glück hat, bekommt
unsere Bücher auch über unsere Büchershops im Internet (s.o.)

Bienvenidos a Mexico!

Liebe Mexiko-Freunde,

vor Ihnen liegt der neue Führer für **Yucatán** und **Chiapas,** zwei der schönsten Reiseregionen Mexikos und Stammland des Maya-Volkes. Er ist sowohl für **Busreisende** als auch für Leute mit einem **Mietwagen** konzipiert und basiert auf dem seit vielen Jahren bewährten Mexiko-Handbuch von Reise Know-How.

Zum Buchaufbau: Die Hauptreiseroute **beginnt in Cancún** an der Karibikküste. Durch die Halbinsel Yucatán mit ihren vielen archäologischen Stätten geht es über **Palenque** ins Hochland von Chiapas nach **San Cristóbal de las Casas.** Von dort können Sie entweder wieder nach Cancún zurückfahren oder über Tuxtla Gutiérrez und **Oaxaca** nach Mexiko-Stadt reisen, zum Rückflug nach Cancún oder Heimflug nach Deutschland.

Im Teil I, in den **„Reisevorbereitungen"** steht alles, was Sie vor der Reise wissen müssen: Organisation der Reise, Jahreszeiten und Klima, Einreise, Routen durch Yucatán und Chiapas. Besonders umfangreich und ausführlich sind die „Mexiko-Stichworte von A – Z".

Der **Teil II – „Unterwegs in Mexiko"** behandelt alles, was unterwegs von Ort zu Ort von Belang ist: Reisen mit dem Bus, mit Mietwagen, Verkehrstips, Flüge, Unterkünfte, Essen und Trinken.

Der **Teil III – „Land und Leute"** beschäftigt sich mit Geschichte, Landesnatur, Menschen, Staat und Gesellschaft, mit mexikanischer Lebensart, Volksgruppen und Kulturen. Ausführlich wird die großartige Hochkultur der Maya behandelt, visualisiert durch zahlreiche Abbildungen und Fotos.

Der **Teil IV, der Reiseteil,** beginnt wie erwähnt mit Cancún und endet mit Mexiko-Stadt. Von **Palenque** aus können Sie einen Abstecher nach **Guatemala** (Tikal) machen oder über **Belize** an der Karibikküste wieder nach Mexiko einreisen. Von allen wichtigen Orten und bedeutenden Mayastätten gibt es exakte Karten und Pläne, und selbstverständlich auch bewährte Hotel- und Restaurant-Empfehlungen. Für **Selbstfahrer** sind Streckenbeschreibungen aufgeführt mit Hinweisen auf Motels und Campingplätze.

Zum Gebrauch: Die **Griffmarken** an der rechten Buchkante ermöglichen einen schnellen Zugriff auf die fünf Hauptteile. Schauen Sie auf einer Seite oben auf die Linie, dort steht im Bund, passend zur aktuellen Textstelle, die **Seitenzahl der Karte** (oder des Stadtplans). Kleine → Pfeile zeigen an, dass ein Begriff im Glossar erklärt wird oder der Ort an anderer Stelle ausführlicher beschrieben wird. (Apropos Kartenseiten, dazu ein kleiner TIP: kleben Sie sich einige *Post-it* Haftzettel als **Seitenfinder** in die Einbandklappen, unterwegs können Sie so für den schnellen Zugriff Karten- und Textseiten markieren).

Wichtige Städte und Mayastätten – mit den Seitenzahlen dazugehörender Karten – finden Sie schnell in der alphabetischen Auflistung auf der nächsten Seite.

Im **Anhang** sind aufgeführt: „Glossar und Lexikon", *„Cómo se dice* – Sprachhilfe Spanisch", „Historische Persönlichkeiten", „Speisen und Getränke", die mexikanische Speisekarte und Sachwort-, Personen und Ortsregister. Konstruktive Buchkritik und etwas umfangreichere Beiträge, die unterwegs Notizen erfordern, sind mir ein Reise-Know-How-Buch Ihrer Wahl wert (rkhhermann@aol.com).

Buen viaje, Ihr Helmut Hermann

Schnellübersicht

Die wichtigsten Städte / Orte / archäologischen Stätten • Kartenseiten

Karten von Regionen / sonstige Karten

INHALTSVERZEICHNIS

TEIL I REISEVORBEREITUNGEN

TEIL II – UNTERWEGS IN MEXIKO

TEIL III – LAND UND LEUTE

Die Welt der Maya

TEIL IV – REISETEIL

Bundesstaat Quintana Roo und die Karibikküste

Bundestaaten Yucatán und Campeche

Von Cancún nach Mérida

Bundestaat Chiapas

TEIL I: REISEVORBEREITUNGEN

Planung der Reise

Yucatán und Chiapas

Yucatán und Chiapas sind Mexikos wohl schönste Reiseregionen. Es erwarten Sie unzählige Maya-Stätten, attraktive Naturschönheiten und interessante Sehenswürdigkeiten. Die dazu notwendige touristische Infrastruktur ist hervorragend ausgebaut, besonders das effiziente und durchorganisiert **Bussystem.** Innermexikanische **Flüge** bedienen Cancún, Mérida, Villameremosa, Tuxtla Gutiérrez und – mit Einschränkungen San Cristóbal de las Casas und Palenque. Auch mit einem **Mietwagen** kommen Sie auf der topfebenen Yucatán-Halbinsel schnell vorwärts, wenngleich im Bergland von Chiapas der Topographie entsprechend etwas langsamer.

Reisen mit der **Eisenbahn** ist nicht möglich, auf Yucatán gibt es nur die touristischen Züge *Maya-Express* (in zwei Tagen von Mérida nach Palenque, vorbei an bedeutenden archäologischen Stätten wie Chichén Itzá, Palenque, Infos unter www.expresomaya.com) sowie der sonntägliche Touri-Zug von Mérida nach Izamal (s.S. 226).

Reisevorbereitungen

Notieren, was für und vor der Reise besorgt und erledigt werden muss, ein kleines Notizheft mit allen wichtigen Adressen, Nummern etc. anlegen. Eine Internet-Adresse ist von großem Vorteil. Die Fotoausrüstung kontrollieren, eine Reisekrankenversicherung abschließen, alle Dokumente fotokopieren, einen Grundwortschatz Spanisch lernen. Bei längerer Reisedauer jemanden beauftragen, der sich um Wohnung und Briefkasten kümmert.

Klima und Saisonzeiten

Beste Reisezeit, Klima

Ganz allgemein lässt sich für Mexiko folgendes sagen:

Mitte Oktober bis Ende März sind **angenehme**, weil trockene und weniger heiße Monate. **April bis September/Oktober** ist eine weniger „reisetaugliche" Zeit, weil heißer und regenreicher.

Yucatán-Halbinsel

Auf Yucatán und im tropischen Tiefland Mexikos ist es nahezu ganzjährig schwülwarm bis schwülheiß, besonders im Inland, wo sommers oft Extremwerte erreicht werden. Die Nordküste Yucatáns ist etwas trockener. Am unangenehmsten ist es wegen der Niederschläge von Juni bis September, beste Monate sind Dezember bis März. An der Karibik- und auch an der Golfküste können von **Juli bis Oktober** gelegentlich Stürme und **Hurrikane** auftreten, und speziell an der Karibikküste kann von Januar bis März der *norte* für windiges, regnerisches und sogar kühles Wetter sorgen.

Hochland von Chiapas

Chiapas ist klimatisch ein Land der Gegensätze: an der schmalen Küstenregion *(Soconusco)* ist es sehr heiß, im Hochland gemäßigt, in den Wintermonaten gar kalt, und in den (Rest-)Regenwäldern ganzjährig schwülheiß. Stellen Sie sich auf **empfindliche Temperaturunterschiede**

HALBINSEL YUCATAN
0
200 km
Golfo de México
Golfo de Tehuantepec
PAZIFIK
Golf von Honduras
YUCATÁN
QUINTANA ROO
CAMPECHE
TABASCO
CHIAPAS
OAXACA
VERA CRUZ
GUATEMALA
BELIZE
HONDURAS
EL SALVADOR
NIC.
Arrecife Alacrán
San Felipe
Rio Lagartos
Holbox
Isla Contoy
Chiquilá
Isla Mujeres
Cancún
Pto Morelos
Playa del Carmen
Cozumel
Isla de Cozumel
Paamul
Tulum
Punta Allen
Bahía de la Ascención
Bahía del Espíritu Santo
Telchac Puerto
Dzilam de Bravo
Progreso
Sisal
Motul
Tizimín
Izamal
Celestún
Umán
Mérida
Maxcanú
Halacho
Becal
Calkiní
Hecelchakán
Muna
Ticul
Oxkutzcab
Piste
Valladolid
Nuevo Xcan
Campeche
Tenabó
Seybaplaya
Chencoyi
Hopelchén
Iturbide
Polyuc
Felipe Carillo Puerto
Dzibalchén
Champotón
Sabancuy
Cd del Carmen
Isla de Aguada
Escárcega
Zacatal
Paraiso
Allende
Frontera
Comalcalco
La Venta
Villahermosa
Macuspana
Jalapa
Teapa
Pichucalco
Emiliano Zapata
Palenque
Tenosique
Tila
Tapilula
Malpaso
Simojovel
Yajalón
Chiapa de Corzo
Ocosingo
Chanal
Berriozábal
Cintalapa
Tuxtla Gutiérrez
San Cristóbal de las Casas
Frontera Corozal
Teopisca
La Independencia
Tapanatepec
Arriaga
Venustiano Carranza
Villa Flores
Comitán
La Trinitaria
Tonalá
La Concordia
Puerto Arista
Tres Picos
Pijijiapan
Ciudad Cuauhtémoc
Mapastepec
Motozintla
Escuintla
Huixtla
Tapachula
Talisman
Puerto Madero
Ciudad Hidalgo
Candelaria
Bacalar
Calderitas
Chetumal
Majahual
Banco Chinchorro
Xcalak
Ambergris Cay
Orange Walk
Belize City
Turneffe Is.
BELMOPAN
San Ignacio
Dangriga
Tikal
Lago Petén Itzá
Usumacinta
San Pedro
Pasión
San Antonio
Punta Gorda
Puerto Barrios
Lago de Izabal
Cobán
San Pedro Sula
S.310
Zacapa
Quezaltenango
L. de Atitlán
Mazatenango
GUATEMALA
Escuintla
TEGUCIGALPA
SAN SALVADOR
San Miguel
G. of Fonseca
Ulúa
Motagua
L. de Managua

ein, sowohl zwischen Tag und Nacht als auch beim Reisen vom Tiefland ins Hochland, und zwar schon innerhalb kurzer Reisedistanzen wie z.B. von Palenque im Tiefland nach San Cristóbal de las Casas, das auf über 2100 m Höhe liegt! **Regenzeit** ist in Chiapas etwa von **Mai bis Oktober,** die aber keineswegs so stark ist ausgeprägt ist, dass man gar nicht mehr reisen könnte. Die Niederschläge fallen hauptsächlich nachmittags.

Wettervorhersage im Web

Die aktuelle Wettersituation, Temperaturen und mehrtägige Vorhersagen für Ihr Reisegebiet können Sie auf diversen Wetter-Webseiten abfragen, z.B. auf www.wetteronline.de, www.wetter.net, www.reisebuch.de, u.v.a.

Saisonzeiten / Hotelpreise

Reisehochsaison ist in Mexiko von **Mitte Dezember bis Mitte Januar** mit Spitzen zwischen Weihnachten und Neujahr. Dann sind sowohl sehr viele aus- wie inländische Touristen unterwegs. Eine zweite Saisonzeit ist die **Karwoche** *(Semana santa)* und die Woche danach. Große **Schulferien** sind in Mexiko im **Juli und August,** wo gleichfalls viele Mexikaner reisen und dementsprechend Busse und Hotels eher ausgebucht sein können. Kleine Spitzen ergeben sich um den **1. November** (Allerheiligen) und bei sog. „Brückentagen", wenn z.B. von einem mexikanischen Feiertag unter der Woche bis zum Sonntag Kurzurlaub gemacht wird.

■ Die **Hotelpreise variieren mit der Reisezeit in Mexiko:** In der Nebensaison bekommt man immer erhebliche Rabatte bzw. die Preise sind höher in der Hochsaison. An der **Karibikküste** ist z.B. die Unterteilung folgendermaßen: **Hochsaison** vom 15. Dezember bis 30. April und vom 15. Juli bis 15. September. **Nebensaison** 1. Mai bis 14. Juli und 16. September bis 14. Dezember.

Hotel-Vorbuchung

TIP: Bei Vorausbuchung **vor** dem Flug nach Mexiko sind gehobene Hotels in **Cancún, Playa del Carmen, Isla Holbox** oder auch **Mexiko-Stadt** wesentlich günstiger als vor Ort gebucht! Auskunft in jedem Reisebüro. Man bekommt einen Voucher. Auch übers Internet kann man es probieren (s. Web-Adressen bei Cancún, Mexiko-Stadt u.a.).

Was sehen und erleben?

Yucatán und Chiapas bieten unglaublich viel Sehenswertes. Die meisten Reisenden planen eine Kombination von erholsamen Strandtagen und Besuche berühmter Mayastätten. Daneben locken noch Naturreservate und evtl. ein Abstecher nach Guatemala.

Ziele und Höhepunkte

Chiapas ist das mexikanische Herzland der **Maya,** und **San Cristóbal de las Casas** als Zentrum der Hochland-Indígena ist ein Muss. Auch die Bootsfahrt auf dem **Sumidero-Canyon** ist ein echtes Erlebnis. Ein Höhepunkt der Mayawelt ist **Palenque** mit den Wasserfällen von **Agua Azul.** Von Palenque sind sehr schöne Ausflüge nach **Bonampak** und **Yaxchilán** möglich, man kann von dort nach **Tikal** in Guatemala weiterreisen und danach über **Belize** und zurück zur mexikanischen Karibikküste.

Yucatán ist gespickt mit den schönsten und größten Stätten der Maya: **Chichén Itzá, Uxmal, Tulúm.** Und die mexikanische **Karibikküste** ist natürlich ein Traumziel, allerdings ein teures.

Guatemala ist Mexikos südliches Nachbarland. Ein Land voller Schönheit und Farbe, doch nicht so einfach zu bereisen wie Mexiko. Travellertreff ist dort seit vielen Jahren der Atitlán-See, weitere sehenswerte Orte sind Antigua, Chichicastenango sowie das schon erwähnt Tikal.

Hauptreiseroute

Früher war Mexiko-Stadt für Flüge aus Europa praktisch die alleinige An- und Ausreisedestination, heute bietet **Cancún** an der Karibikküste direkte Flug- und Charterverbindungen und somit zusätzliche Möglichkeiten der Reiseroutengestaltung. Ein **Gabelflug** – Anflug z.B. nach Cancún, Abflug von von Mexiko-Stadt oder von dort Rückflug nach Cancún – ist ein guter Tip, wer nicht wieder von Chiapas nach Cancún zurückfahren möchte. Man könnte aber auch z.B. von Guatemala-City den Heimflug antreten.

„Gringo-Trail"

Als „Gringo-Trail" wird jene klassische Hauptreiseroute durch Mexiko bezeichnet, auf der ausländische Touristen überwiegend durchs Land reisen. Start entweder in Mexiko-Stadt oder an der Karibikküste:

Cancún – Chichén Itzá – Mérida – Palenque – San Cristóbal de las Casas – Oaxaca – Mexiko-Stadt.

Diese Route berührt alle wichtigen Sehenswürdigkeiten südlich von Mexiko-Stadt und ist im Buch beschrieben. Zeitbedarf etwa drei Wochen. An vielen Punkten sind Abstecher und Ausflüge möglich.

Strände und Badeorte

Mexikos **Karibikstrände** sind mit ihrem weißen Korallensand wesentlich schöner als jene am Pazifik, auch Taucher und Schnorchler finden dort bessere Bedingungen. Die Strände entlang vom **Golf von Mexiko** sind, bis auf wenige Ausnahmen, z.B. auf der *Isla Holbox,* für einen speziellen Badeurlaub nicht empfehlenswert. Nachfolgend eine Kurzbewertung:

Cancún Ferienfabrik für amerikanische und europäische Pauschalurlauber. Individualreisende sind besser auf der naheliegenden **Isla Mujeres** aufgehoben. Doch auch sie ist schon längst touristisch vermarktet.

Puerto Morelos Noch relativ ruhiger Karibik-Ort südlich von Cancún, die stillere Alternative zu Playa del Carmen.

Playa del Carmen Gut als erster Anlaufsort wenn man von Europa einfliegt. Zwischen Playa del Carmen und Tulúm, also an der **„Riviera Maya",** finden Preisbewußte bis auf ganz wenige Ausnahmen kaum Billig-Unterkünfte. Auch die Cabaña-Anlagen südlich der **Tulúm-Ruinen** sind preislich überhöht.

Cozumel Größte mexikan. Karibikinsel mit überwiegend amerikanischen Pauschalurlaubern (und Tauchern). Sehr teuer! Nur gut als Ausflug von Playa del Carmen.

Celestún Die Strände am Golf von Mexiko sind weniger schön als die karibischen, das Wasser ist eher grau statt blau. Recht nett ist es in Celestún, man kann von dort aus Flamingo-Touren machen.

Isla Holbox Die fingerschmale Halbinsel an der Nordostspitze Yuctáns wartet noch auf den großen Boom; noch eine Art „Geheimtip" für Einsamkeitssuchende.

Öko-Tourismus und Naturschutzgebiete

Wer sich für Öko-Tourismus, Natur, Umwelt und diesbezügliche Projekte interessiert, bekommt nähere Informatioen bei **www.planeta.com** und **www.bioplaneta.com** (die Organisation *Bioplaneta* ist quasi die Dachmarke für ein Netzwerk ländlicher, z.T. indigener und sich selbst tragender Kooperativen, vor allem in den Staaten Oaxaca und Veracruz). Unter AMTAVE (Asociación Mexicana de Turismo de Aventura y Ecoturismo) haben sich über 40 mexikanische Veranstalter zusammengeschlossen, die sich auf Natur- und Abenteuer-Erlebnisse in Mexiko spezialisiert haben. Kontakt: Amtave, Av. del Parque 22-B, Col. Tlacopac, San Ángel, 01049 México D.F., Tel. Mexiko-Stadt 556635381, www.amtave.com, info@amtave.com.

Schutzgebiete

Insgesamt stehen über 6 Mio. ha (ca. 2,5% der Landesfläche Mexikos) unter Naturschutz. Die Schutzgebiete sind in verschiedene Kategorien gegliedert und tragen unterschiedliche Bezeichnungen. Es gibt über 25 **Biosphären-Reservate** *(Reserva de la Biósfera),* 45 größere und kleinere **National- und Naturparks** *(Parque Nacional* und *Parque Natural),* viele *Reservas ecológicas* und auch **Meeres-Nationalparks.**

■ *Quetzal*

Ausgewiesen als Nationalparks und Biosphären-Reservate sind durchweg immer gleichfalls die Gebiete rings um **Vulkane,** größere und kleinere **Regen- und Bergurwälder** (wie *Montes Azules* und *El Triunfo* in Chiapas) oder **Seengebiete,** wie z.B. die *Lagunas de Montebello* bei San Cristóbal de las Casas. Kleinere oder ökologisch weniger wichtige Biosphären-Reservate tragen den Zusatz *„especial" (Reserva de la Biósfera especial),* wie z.B. die *Isla Contoy* (Vogelschutzinsel bei Isla Mujeres), die Wasserfälle von *Agua Azul* oder das Flamingoschutzgebiet *Ría Lagartos* (Nordküste Yucatán). Auch die Gebiete rings um **archäologische Stätten** sind meist Biosphären-Reservate, wie z.B. das *Reserva de la Biósfera Calakmul* (Maya-Stätte Calakmul, südliches Yucatán).

Ein besonderes **Wasserschutzgebiet** ist z.B. das Unterwasserriff vor der Insel Cozumel an der Karibikküste *(Parque Natural Submarino de Palancar.*

Nicht alle Schutzgebiete können auf eigene Faust besucht werden, manche nur mit einer geführten Gruppe. Für Individualreisende interessant und relativ leicht erreichbar bzw. besuchbar sind im südlichen Mexiko:

Cañón del Sumidero (Sumidero-Canyon, per Bootsfahrt von Chiapa de Corzo) • **Isla Contoy** (von der Isla Mujeres aus) • **Lagunas de Montebello** (viele Kraterseen, nahe San Cristóbal de las Casas) • **Reserva de la Biósfera Sian Ka'an** (Küsten-Ökosystem südl. von Tulúm) • **Ría Celestún** und **Ría Lagartos** (Flamingo-Schutzgebiete, Küste Nordyucatán).

Auf eine mexikanische Besonderheit sei hingewiesen: Man erklärte auch solche schützenswerte Gebiete zu „Nationalparks", die touristisch völlig überlaufen sind (oder gerade deshalb, um noch mehr zahlende Touristen anzulocken ...?). Negativ-Beispiele sind z.B. die Schnorchel-„Paradiese" **El Garrafón** auf Isla Mujeres, **Chankanaab** auf Isla Cozumel oder der Aqua-Vergnügungspark **Xel-Há** an der Karibikküste – hier wird mit dem Begriff Nationalpark, der ja in unserem Verständnis in erster Linie biologische Ursprünglichkeit und Ruhe impliziert, Etikettenschwindel betrieben.

Umweltschutz

Natur und Umwelt sind auch in Mexiko erheblich gefährdet und belastet. Hauptursache ist die schnell zunehmende Verstädterung, die gewaltige Verkehrsbelastungen und Luftverschmutzung zur Folge hat, aber auch gigantische Müllberge mit unzulänglichen Entsorgungskonzepten. Kaum gereinigte Abwässer sowie Erdölförderung und Pestizide belasten Grundwasser, Flüsse, Seen und Meeresküsten. Jahrhundertelange Abholzung haben im Hoch- und Tiefland riesige Erosionsgebiete hinterlassen, der **Regenwald in Chiapas** z.B. ist auf nur noch 30% seiner einstigen Ausdehnung geschrumpft. Indígenas, die aus dem dichtbesiedelten Hochland hinab in die Regenwaldgebiete ziehen und Wälder für neue Anbauflächen brandroden tun ein übriges dazu.

Durch die Zerstörung ihrer natürlichen Lebensgrundlagen sind viele **Tier- und Pflanzenarten vom Aussterben bedroht,** wie Jaguar, Ozelot, Tapir, Quetzal u.a. Der sinkende Grundwasserspiegel führt vielerorts zu Wasserknappheit, die in Tourismusgebieten durch den hohen Verbrauch der Hotelkomplexe besonders schlimme Dimensionen annehmen kann.

Sportliche Aktivitäten

Die Karibikküste ist in erster Linie prädestiniert für Wassersportarten: Tauchen *(buceo)* und Schnorcheln *(esnórquel)* kann man besonders gut auf der *Isla Cozumel* (Palancar-Riff), auf der Isla Mujeres und an vielen Küstenorten. Dort werden auch Tauchgänge in *cenotes* angeboten. Etwa 30 km vor der *Costa Maya* südlich von Tulúm liegt das riesige Chinchorro-Atoll *(Banco Chinchorro),* das zweitgrößte der Welt, das besonders Taucher anzieht (Schiffswracks). Ausrüstung kann jeweils vor Ort geliehen werden, mehr darüber in den entsprechenden Kapiteln.

Größere und auch kleinere Hotels in Tropengegenden bieten fast immer Swimmingpools, Spitzenhotels an der Karibikküste haben Tennis- und auch Golfplätze (Cancún). Anbieter für Pferdeausritte oder für Mountainbike-Touren gibt es in San Cristóbal de las Casas.

■ *Traumstrand an der Karibik*

An- und Einreise

Internationale Flüge nach Mexiko
(Innermexikanische Flüge s.S. 51)

Airlines Europa – Mexiko

Die wichtigsten Fluggesellschaften, die Flüge von Europa nach Mexiko anbieten, sind:

Aeroméxico, Air France, American Airlines, British Airways, Thomas Cook (Condor, Charter), Continental Airlines, Delta Airlines, Iberia, KLM, LTU (Charter), Lufthansa, Martinair, Northwest Airlines, United Airlines.

Etliche Airlines, wie z.B. Lufthansa, fliegen Nonstop nach Mexiko-Stadt, sehr viele aber auch zuerst über ihre Heimatflughäfen (Amsterdam, Paris, Madrid, Städte in den USA, Aeroméxico über Paris). Dies ergibt dann **lange Flugzeiten** (Frankfurt – Cancún direkt ca. 11 h). Bei preiswerten Flügen ist man meist sehr lange unterwegs.

Als Alternative zu den teuren Linienflügen bieten sich **Charterflüge** an, wobei **Cancún als Zielflughafen** eine sehr gute Wahl zu Mexiko-Stadt ist. Nach Cancún kann man besonders im Sommer (Nebensaison) eine billige **Restplatz-/Last-Minute-Pauschalreise** über einen Reiseveranstalter buchen (s.u., „Internet-Flugbuchungen") und dann anschließend eine oder zwei Wochen auf eigene Faust durch Yucatán bzw. Südmexiko reisen. Auch ein **Gabelflug –** Anflug nach Cancún, Rückflug von Mexiko-Stadt – ist wie erwähnt eine gute Idee.

■ **TIPS für TICKETS:** Achten Sie immer auf den Zeitraum der Gültigkeit des Flugscheins, auf feste oder variable Rückflugmöglichkeiten, auf Stornierge-bühren, auf die Dauer der Zwischenstops, **zu welcher Tages- oder Nachtzeit Sie ankommen** und wie lange die **Gesamtflugzeit** ist – die kann sich bei nichtdirekten Flügen schnell auf über 20 Stunden und mehr addieren (Direkt-Flugzeit nach Mexiko von Deutschland, je nach Zielflughafen, 11 bis 13 Stunden). Je billiger das Ticket, desto größer meist die Einschränkungen. Am teuersten sind die Tickets während den Hauptreisezeiten im Dezember/Januar/Ostern und in den Sommermonaten. Vor dem **Rückflug** muss man seinen Flug bis spätestens 3 Tage vorher **rückbestätigen** (doch nur bei offenen Tickets, nicht bei Charterflügen! Die Confirmation-**Tel.-Nr./eMail-Adresse steht auf dem Flugticket** oder weiß das Reisebüro, das das Ticket ausgestellt hat. Zum confimieren in Mexiko besser ein Reisebüro aufsuchen als selbst rumzutelefonieren!

Charterflüge

Von **Deutschland:** Air Ambar, Thomas Cook (Condor) und LTU. Von der **Schweiz:** Air Ambar. Von **Österreich:** Air Ambar, Lauda Air, Caribbean Airways nach Cancún. **Charterflug-Ziele:** Cancún, Acapulco und Puerto Vallarta.

Thomas Cook bzw. Condor fliegt von 15 dt. Abflughäfen: Hamburg, Bremen, Hannover, Berlin-Schönefeld u. -Tegel, Leipzig/Halle, Dresden, Erfurt, Düsseldorf, Köln/Bonn, Frankfurt/M, Nürnberg, Stuttgart, München und Friedrichshafen. Nach **Cancún** hin- und zurück jeweils dienstags (von einigen Flughäfen auch freitags/samstags). **LTU** fliegt von Berlin (Di/So) Düsseldorf (Di/So), Frankfurt (Mo, Di, Fr, So) und München (Mi) nach Cancún.

Flugpreise sind auch bei Charterflügen saisonabhängig, es werden Schnäppchen angeboten, bei Thomas Cook/Condor z.B. unter der Tel. 06107-9400, Fax-Polling 06107-941206. Auf Website www.thomascook.de kann man einen Flug optionieren und über das nächstgelegene Reisebüro zum Abschluss bringen. Ohne Internet: Besorgen Sie sich die **Flugpläne** der Chartergesellschaften, in denen alles aufgeführt ist (Sparmöglichkeiten), oder lassen Sie sich in Ihrem Reisebüro beraten.

Preiswert vom Ausland

Die niederländische **Martinair** fliegt 2–3 wöchentlich von Amsterdam nach Cancún. Anreisemöglichkeiten per FJP Shuttle Service (Ruhrgebiet/Norddeutschland) und Rail & Fly ab allen dt. Bahnhöfen zum Flughafen Schiphol für derzeit ca. 65 Euro, oder per Mietwagen von Sixt ab einer der 350 Sixt-Vermietstationen bundesweit nach Schiphol (Einwegmiete, Sixt-Reservierungszentrale 01805-252525). Auskünfte/Flugbuchungen bei Reisbüros (z.B. bei Aeroworld, Altonaer Str. 59–61, 20357 Hamburg, Tel. 040-431670) oder bei Martinair, Fasanenweg 7A, D - 65451 Kelsterbach, Tel. 01805-671314 (www.martinair.de).

■ Mexiko-Airpässe

Bei wenig Zeit in Mexiko oder zur Überbrückung der großen Distanzen ist der Kauf eines **Mexi-Airpasses zwar** überlegenswert, doch der ist dann nicht automatisch billiger als z.B. zwei oder drei in Mexiko gekaufte Einzelfüge! Einen Airpass bekommt man nur in Verbindung mit einem internationalen Flugschein nach Mexiko, und nur vor der Einreise! Das mexikanische Streckennetz der Mexicana/Aerocaribe und Aeroméxico ist dabei in 5 verschieden große Zonen aufgeteilt (A, B, C, D und E). Flüge in der Zone A kosten pro Coupon derzeit 50 US$, in B 60 US$, in C 80 US$, in D 100 US$ und in E 130 US$. Es müssen mindestens 2 Flüge pro Person gekauft werden, Aufenthalt an einem Ort mind. 2 und max. 90 Tage. Umbuchungen (Datum, Flug) und Zukauf weiterer Flüge sind in Mexiko möglich, jedoch nicht die Änderung der Strecken. Ein Info-Blatt mit der aktuellen Zonen- bzw. Städteübersicht bekommt man in **Deutschland** zugesandt von der **Mexicana Airlines,** 64546 Mörfelden-Walldorf, Hessenring 32, Tel. 06105-206080, Fax 206088. **Schweiz:** Mexicana, Schanzeneggstr. 1, 8002 Zürich, Tel. 01-2869977. **Österreich:** Mexicana, Opernring 1/E/7, 1010 Wien, Tel. 01-5853632.

Von Mexiko weiterfliegen

Aeroméxico, Mexicana und die Aero Peru kooperieren als **Alas de America,** sie bieten den Mexi-Ameri-Pass an, mit dem nicht nur in Mexiko, sondern auch in Zentral- und Südamerika (Peru) geflogen werden kann. Vielleicht ein hilfreicher Tip für jene, die auf großer Lateinamerika-Reise sind. Auskunft und Buchung: Alas de America, Sano Air, An der Trift 65, 63303 Dreieich, Tel. 06103-987931, Fax 987999. Oder bei **Aeroméxico,** Schenkendorfstr. 1, 65187 Wiesbaden, Tel. 0611-2676750, Fax 2676760.

Wer von Mexiko in Länder **Zentralamerikas** weiterfliegen will, sollte sich den gemeinsamen Flugplan mit 2 Airpässen der **Grupo TACA** näher ansehen. Dies ist ein Zusammenschluss der Airlines von Taca (El Salvador), Lacsa (Costa Rica), Aviateca (Guatemala), Copa (Panama) und Nica (Nicaragua).

Wo informieren und buchen?

Die Möglichkeiten einer Flugbuchung sind heute unüberschaubar. In den spezialisierten Flugreisemagazinen, wie z.B. „Reise & Preise" oder „fliegen & sparen", gibt es Marktübersichten, zahllose Billigflugangebote und dutzende Anzeigen von Flugreisebüros.

Gut bedient wird man meist bei einem überregionalen Spezialflugreisebüro, wie z.B. **Travel Overland,** 80799 München, Barerstr. 73, Tel. 089-272760, Fax 3073039, www.travel-overland.de, oder beim auf Lateinamerika-Flüge spezialisierten **Club Südamerika International** (CSI) Gmbh, 60311 Frankfurt/M., Friedensstr. 2, Tel. 069-92009901, Fax 069-29201, www.suedamerika-csi.de (auch Spezialtarife, z.B. Jugend- und Studententarife, sowie Airpässe). Daneben gibt es in Universitätsstädten spezielle **Studentenreisebüros** mit günstigen Flügen. Schweizer sollten das gute Flugangebot des **Globetrotter Travel Service** nützen (Läden in Zürich, Bern, Basel, Luzern, St. Gallen, Winterthur, Baden, Thun und Zug; www.globetrotter.ch).

Internet-Flugbuchungen

Viele Reisende gehen dazu über, sich Fluginformationen aus dem Web zu holen und auf den Homepages von virtuellen Reisebüros oder bei Fluggesellschaften online zu buchen. Informieren kann man sich zum Beispiel bei:

- **Online-Reisebüros/Reiseportale:** www.traveloverland.de • www.avigo.de • www.expedia.de • www.travelchannel.de • www.travelscout24.de • www.ebookers • www.start.de • www.opodo.de • www.travel24.com • u.a.
- **Last-Minute-Flugreisen,** z.B. www.ltur.de • www.lastminute.com
- **Touristikkonzerne bzw. Charterfluggesellschaften:** www.thomascook.de • www.tui.de • www.ltu.de • u.a.
- den Mexiko anfliegenden **Airlines** (Auflistung s.o.)
- auf speziellen **Websites für Flüge,** wie www.flug.de • www.tiss.com • www.fly.de • www.airres.com • www.focus.de bietet „Schnäppchenflüge".

Die mexikanische Airlines **Mexicana** findet man unter www.mexicana.com, die **Aeroméxico** unter www.aeromexico.com.

Mit dem Auto

Alle Informationen bei einer Anfahrt mit einem Wagen oder Camper von den USA nach Südmexiko stehen im umfangreichen Reisehandbuch „Mexiko" von Reise Know-How, auch die Möglichkeiten der Verschiffung von Europa nach Mexiko oder USA. In Mexiko ein Auto zu kaufen und es auf sich selbst zulassen ist eine mühselige Prozedur und nicht ratsam. Erforderlich ist in allen Fällen der nationale oder internationale Führerschein *(licencia de manejo)*. Alles über **Mietwagen** s.S. 35, übers Autofahren s.S. 52ff.

Straßen-Grenzübergänge von/nach Guatemala: *Talismán//El Carmen* (20 km östl. v. Tapachula); *Ciudad Hidalgo//Ciudad Tecún Umán* (40 km südl. von Tapachula); *Ciudad Cuauhtémoc//La Mesilla;* von *Palenque* aus nach Guatemala mehrere Möglichkeiten, doch nur ohne Auto! (s. dort). Straßengrenzübergang von/nach **Belize:** *Chetumal//Corozal.*

Ein- und Ausreisebestimmungen

Touristenkarte

Zur Einreise nach Mexiko benötigen Deutsche, Schweizer und Österreicher sowie EU-Bürger ihren Reisepass, der noch mindestens sechs Monate gültig sein muss, sowie eine **Touristenkarte** (*Tarjeta de turista,* offizieller Name *„Forma Migratoria para Turista", FMT*), die beim Check-in auf dem Airport oder im Flugzeug und an Grenzstellen kostenlos ausgegeben wird (auch von Mexiko anfliegenden Airlines, von Konsulaten und Reiseveranstaltern). Füllen Sie die Karte wie verlangt aus (Übersetzungshilfe in Englisch auf der Rückseite). Der Einreisebeamte stempelt Ihren Pass und gewährt eine Verweildauer von maximal 180 Tagen – je nach Lust und Laune und Einreisegrenze auch weniger, besonders an **Guatemala- und Belize-Grenzpunkten nur zwei oder vier Wochen** (mit dem Hinweis, man könne ja im Land verlängern lassen … das ist dann freilich umständlich, s.u.).

Die bewilligten Tage werden auf der Karte ins Kästchen „Días" eingetragen. Der obere Kartenteil wird einbehalten, der untere Abschnitt ist Ihre Aufenthaltserlaubnis und muss unterwegs in Mexiko manchmal auf Verlangen der Polizei oder Behörden – zusammen mit dem Pass – vorgezeigt werden, z.B. bei Straßenkontrollen. **Die Tarjeta nicht verlieren, sicherheitshalber nach der Einreise von ihr eine Kopie machen und getrennt aufbewahren** (zumindest die Nummer der Karte notieren). Reist man mit dem Wagen von den USA nach Mexiko ein, wird man oft durchgewunken, doch erledigen Sie unbedingt an der Grenze die Einreiseformalitäten! **Achtung: Mit einer Touristenkarte darf keinerlei Tätigkeit aufgenommen werden,** auch keine politisch-ähnliche!

Alleinreisende unter 18 Jahren unterliegen besonderen Bestimmungen, bitte vor der Abreise bei einem mex. Konsulat nach den aktuellen Bestimmungen erkundigen.

Zeitweilige Aus- und Wiederreise („Doble Entrada")

Wer zeitweilig in die Nachbarländer Guatemala, Belize oder USA ausreist benötigt bei der Wiedereinreise **keine** neue Touristenkarte, **sofern** er seine alte bei der Ausreise als „Doble Entrada"-stempeln ließ (gebührenpflichtig). Allerdings darf die bei der ersten Einreise gewährte Aufenthaltsdauer bei der Wiedereinreise noch nicht verfallen sein bzw. die Karte muss noch über ein genügend langes „Restguthaben" verfügen. Neuerdings soll es auch ohne die Doble-Entrada-Stempelung der Karte gehen.

Überland Einreise von USA, Guatemala, Belize

Wer **Überland** von Guatemala, Belize oder USA **zum ersten Mal** nach Mexiko einreist, muss gleichfalls eine Touristenkarte ausfüllen und dazu die **Einreisesteuer** „DNI" – derzeit umgerechnet **ca. 20 US$** – bezahlen (diese Steuer ist bei der Einreise mit dem Flugzeug schon im Ticketpreis inbegriffen). Befreit davon sind Reisende, die nicht weiter als 25 km ins Landesinnere fahren (max. 72 Stunden; auch Passagiere von Kreuzfahrtschiffen). Die Steuer braucht nicht gleich in bar beglichen zu werden, sondern kann noch später auf einer mexikanischen Bank einbezahlt werden (dann erst wird dort die Touristenkarte gültig gestempelt). Bankadressen und Konten werden Ihnen genannt.

Touristenkarte: Verlängerung / Verlust / Überziehung

Eine kürzer als 180 Tage gewährte Aufenthaltsdauer ist verlängerbar, und zwar bei einer **Delegación de Servicios Migratorios** bzw. beim **Instituto de Nacional de Migración (INM)**, kurz **Migración, www.inami.gob.mx**. Erfahrungsgemäß sollte man dort erst kurz vor Ablauf der Aufenthaltsdauer vorstellig werden, finanzielle Mittel/Kreditkarte und ein Ausreiseticket sind nachzuweisen. Bei dieser kürzer oder länger dauernden Prozedur wird die **Einreisesteuer DNI** fällig! Wer länger als ein halbes Jahr in Mexiko bleiben möchte, sollte besser **kurz nach Guatemala, Belize** oder in die USA **ausreisen** und mit neuer Touristenkarte wieder einreisen (für die USA-Einreise bitte die **verschärften US-Visumsbestimmungen** beachten!).

Die Migraciones sind auch zuständig beim **Verlust der Touristenkarte.** Deren Adressen stehen – sofern es eine gibt, meist nur in Großstädten –, hier im Buch jeweils bei „Adressen & Service". Verweigern Sie eine sofortig geforderte Strafgebühr, sagen Sie, sie würden dies bei der Ausreise klären. Bei ernsthaften Problemen wenden Sie sich an die mexikan. Touristenbehörde **SECTUR,** Tel.-Nr. s.u. bei „NOTFALL-TELEFONNUMMERN", an ein Turismo oder an Ihr Konsulat.

Ist bei der **Ausreise mit dem Flugzeug** die Verweildauer um ein paar Tage überzogen, kümmert das niemand, denn die Karte wird bereits **beim Check-in bei Ihrer Fluglinie** einbehalten, es erfolgt i.d.R. keine weitere Passkontrolle bzw. es gibt keinen Ausreisestempel. Haben Sie ihre Karte verlorenen, holen Sie sich bei der Airport-Migración zunächst Ersatz.

Airport-Tax

Die Airport-Tax TUA ist bei Flügen nach Mexiko bereits im Ticketpreis inbegriffen, **jedoch nicht** bei innermexikanischen oder **vorübergehenden Flügen** von **Mexiko ins Ausland,** wie **nach Kuba** oder **Guatemala.**

Zoll

Nach der Passkontrolle holt man sein Gepäck und geht zur Zollkontrolle *(Aduana),* wobei zuvor die *Declarción de Aduana* auszufüllen ist (das richtige Anstreichen der Nummernkästchen erfordert etwas Gedankenarbeit). Zollfrei sind persönliche Gegenstände, eine Foto- und eine Videokamera und 12 Filme oder Videokassetten (hat man mehr, wird dies nicht beanstandet), eine Freimenge an Zigaretten und Alkoholika. Nicht erlaubt sind Waffen (auch keine Harpunenspeere), frische Lebensmittel, Pflanzen und Früchte. Sollte jemand tatsächlich mehr als 10.000 US$ dabeihaben, muss dies angegeben werden. Gehen Sie zum Durchgang ohne zollpflichtige Waren (grün), dort dürfen Sie den Knopf einer richtigen Straßenampel drücken: leuchtet sie grün auf, darf man passieren, bei rot erfolgt eine (meist lockere) Gepäckkontrolle.

Verboten ist die Ausfuhr von archäologischen Gegenständen, Antiquitäten, Gold, Drogen und Kakteen. Bei **Wiedereinreise in die EU** sind verboten: Tiere, Tierprodukte und Souvenirs, die unter das Artenschutzabkommen fallen (also z.B. Schwarze Korallen). Frei sind 200 Zigaretten, 50 Zigarren, 1 l Spirituosen, 2 l Wein, 500 g Kaffee und Souvenirs im Warenwert bis zu 175 Euro.

Mexiko-Stichworte von A – Z

Zur umfassenden Information sowohl für Ihre **Vorplanung** als auch für die Reise **durch Mexiko** hier von A bis Z wichtiges in Stichworten.

Anreise s.o., „An- und Einreise“

Archäologische Stätten (u. Museen)

Da seit 2003 der **freie sonn- und feiertägliche Eintritt** in archäologische Stätten und in staatliche Museen **für Ausländer nicht mehr gilt,** empfiehlt es sich, für diesen Tag keine Besichtigungen einzuplanen; denn sonntags rücken die Mexikaner, die nach wie vor nichts bezahlen müssen, verstärkt an und es herrscht viel Trubel; Museen sind dann z.B. überfüllt.

Auftreten

Mexikaner/Innen legen viel Wert auf ein gepflegtes Erscheinungsbild und höfliche Umgangsformen. Respektieren Sie die Sitten und Gebräuche des Landes durch das Tragen passender Kleidung. Sportlich-leger geht es in den Badeorten zu, eher konservativ im Hochland.

Auskunftsstellen s.u., „INFORMATIONSSTELLEN“ und „DIPLOMATISCHE VERTRETUNGEN“

Ausrüstung, Kleidung

Was Sie an Kleidung mit nach Mexiko nehmen, hängt davon ab, wie und wohin Sie reisen. 14 Tage Karibikurlaub erfordern diesbezüglich kein großes Nachdenken. Fürs Hochland von Chiapas auch warme Kleidungsstücke einpacken, besonders in Wintermonaten. Besser zu wenig als zuviel mitnehmen. Drüben kann alles nachgekauft werden. Ein leichtes, langärmliges Hemd schützt gegen Moskitostiche. Profilstarke Turnschuhe sind gut fürs Ruinenklettern, bequeme Sandalen für den Alltag und Badelatschen für miese Hotelduschen und an den Strand. Manche nehmen, aus hygienischen Gründen, einen sehr leichten Reiseschlafsack mit (Silk/Cotton).

Je nach Vorliebe nimmt man einen Hartschalen-Koffer, eine strapazierfähige Reisetragetasche oder einen Rucksack. Dazu eine Schultertasche für die Fotoausrüstung und Kleinkram. Als Reserve im Gepäck dann noch einen kleinen Tagesrucksack – gut für Spaziergänge, den Strand, für Einkäufe.

■ Ich vergesse nie ein paar **Ohrenstöpsel** – Mexikos Nächte und die Kreisch-Videos in den Bussen 1. Klasse sind immer laut. In Bussen lässt sich die eiskalte Luft der Klimaanlage, die an Fensterplätzen aus Schlitzen herabströmt und Erkältungen verursacht, durch breiteres **Kreppband** stoppen. Weiter eine Taschenlampe mit Batterien der Größe AA, die überall nachgekauft werden können, und ein Kombi-Taschenmesser. Als gutes Kommunikationsmittel haben sich Postkarten und Fotos von zuhause erwiesen.

■ Zu den Vorbereitungen gehören **Kopien** des Passes, des Flugtickets und Ihrer Kreditkarten sowie die Nummern eventueller Reiseschecks. Nehmen Sie dazu ein kleines Reisetagebuch, notieren Sie dort auch Adressen, Telefon- und Fax-Nummern sowie eMail-Adressen.

Autofahren s.S. 52ff, „Mit dem Auto oder Campingfahrzeug durch Mexiko“

Banken (s.u., „FINANZEN")

Belize Für Reisen ins Nachbarland von Mexiko gibt's Infos beim Verkehrsamt von Belize Bopserwaldstr. 40G, D-70184 Stuttgart, Tel. 0711-233947 (btb-german@t-online.de, www.travelbelize.org/german/html). Belize verlangt bei der Ausreise Gebühren, Details s. Grenzpunkte. **Schweizer** Staatsangehörige benötigen für **Belize ein Visum,** sofern sie länger als 24 h im Land bleiben.

Betteln Armut ist in Mexiko Realität und Mexikaner unterstützen ihre hilfsbedürftigen Mitmenschen gerne. Bettelnde sitzen oft an Kircheneingängen und man sieht sie dort, wo Touristen vorbeikommen. Geben Sie kein Geld an Bettelkinder oder an Bettelnde, die mit Kleinkindern Mitleid erregen wollen (kommt selten vor). Unterstützen Sie Leute, die nicht mehr arbeiten können oder die sich etwas einfallen ließen, um Geld zu verdienen: als Sänger, Musiker, Touristenführer, Parkwächter oder Schuhputzer.

Diebstahl s. „SICHERHEIT"

Diplomatische Vertretungen **Von Mexiko in D:** Mexikanische Botschaft, 10785 Berlin, Klingelhöferstr. 3, Tel. 030-269323-0, Fax 269323-700, **www.embamex.de** (sehr gute Informationsseiten für alle Bereiche), mail@embamexale.de. Generalkonsulate in Frankfurt/M und Hamburg, Honorarkonsulate in Bremen, Hannover, München und Stuttgart (Adressen s. Internet-Seite).

Von Mexiko in A: Mexikanische Botschaft, 1090 Wien, Wiedner Hauptstr. 21, Tel. 01-3107383, Fax 3107387. Honorarkonsulat in 6112 Wattens-Tirol, Tel. 05224-587712. **Von Mexiko in CH:** Mex. Botschaft, 3005 Bern, Bernastr. 57, Tel. 031-3574747, Fax 3574748. Honorarkonsulate in Genf und Zürich. – **Deutsche Botschaft in Mexiko:** Calle Lord Byron 737, Col. Polanco, 11550 México D.F., Tel. 52832200, Fax 52812588, **www.embajada-alemana.org.mx.** – **Österreichische Bot. in Mexiko:** Embajada de Austria, Sierra Tarahumara 420, Lomas de Chapultepec, México D.F., Tel. 52519792, www.embajadadeaustria.com.mx. – **Schweizer Bot. in Mexiko:** *Embajada de Suiza,* Av. Paseo de las Palmas 405, Torre óptima, Piso 11, Lomas de Chapultepec, México D.F., Tel. 55203003, Fax 55208685, über www.eda.admin.ch.

Konsulate / Honorarkonsulate **Von D** in Acapulco, Cancún, Chihuahua, Guadalajara, Mazatlán, Mérida, Monterrey, Puebla, Tampico, Tijuana, Veracruz und Villahermosa – alle aktuellen Adressen, Tel.- und Fax-Nummern der Konsulate über die Website der dt. Botschaft in Mexiko-Stadt, www.embajada-alemana.org.mx.
Von A: Cancún, Guadalajara, Mérida, Monterrey und Tijuana.
Von CH: Cancún, Guadalajara, Mérida, Monterrey und Veracruz.

Dokumente **Reisepass:** Dieser muss noch mindestens 6 Monate gültig sein (Verlust des Passes s.u. bei „SICHERHEIT" / „Verlust, Wiederbeschaffung"). Für einen **Mietwagen** ist der **nationale** oder **internationale Führerschein** erforderlich. ADAC-Mitglieder sollten ihren Ausweis gleichfalls mitnehmen, beim mexikanischen Automobilclub in Mexiko-Stadt gibt mit ihm Leistungen ermäßigt.

■ **Preisnachlässe** bei archäologischen Stätten und staatlichen Museen bekommen meist **nur Inhaber mexikanischer Studentenausweise** oder Austauschstudenten mit einem mexikan. Ausweis, nicht jedoch Personen mit einem nur nationalen oder internationalen Studentenausweis. Will man viele archäologische Stätten besuchen lohnt es, sich zuvor in Mexiko-Stadt – sofern Sie dort ankommen – beim *Instituto Nacional de Antropología e Historia* **(INAH)** mit seinem nationalen Studentenaus-weis eine Bescheinigung ausstellen zu lassen, mit der man dann ohne Eintritt in die Stätten reinkommt (aber auch nicht immer und überall, an den Kassen auf Diskussionen gefasst machen, von der Bescheinigung Kopien machen, da die Kassen sie einbehalten). INAH-Adresse: Córdoba 45, 06700 México D.F. (im 2. Stock, Coordinación Nacional de Asuntos Juridicos; die Córdoba-Straße ist in der Col. Roma, ca. 5 Gehminuten von der Metro-Station *Insurgentes* entfernt). **Sinnvoll ist, sich schon vor der Reise** schriftlich an die INAH zu wenden, dann braucht man den Ausweis nur noch abzuholen (dauert sonst 1-2 Tage, oder auch nur eine Stunde ...!). Auch die **Busgesellschaften** akzeptieren in der Regel nur mexikanische Studentenausweise, nur bestimmte Gesellschaften, nur eine bestimmte Anzahl pro Bus und meist nur zu den Ferienzeiten (Juli/August, Ende Dez./Anf. Januar und Ostern). Man muss halt immer wieder fragen.

Mit dem internationalen **ISIC-Studentenausweis** kann man sich beim nationalen mex. ISIC-Büro SETEJ in Mexiko-Stadt, Hamburgo 305 (Zona Rosa), setej@intmex.com (www.setej.com) eine Übersicht holen, wo mit dem ISIC-Ausweis überall Ermäßigungen möglich sind.

„Ich nahm den Studentenausweis meiner mexikanischen Sprachschule mit. Mit diesem habe ich nicht nur Ermäßigungen bei archäologischen Stätten und Museen bekommen, sondern auch bei den meisten Busterminals. Fahrten waren bis zu 50% billiger. Damit die Ausweise anerkannt werden, sollte ein Foto und die Gültigkeitsdauer vorhanden sein." – „Ermäßigungen bekommt man damit auch bei manchen ***Hostales*** *anstelle des Juhe-Ausweises".*

Ein extra internationaler **Jugendherbergsausweis (IYH)** mag nützlich sein, doch man wird in den Hostels auch ohne akzeptiert, mit Ausweis gibt es meist 10% Rabatt.

Drogen Der Besitz und Gebrauch von Drogen (Marihuana u.a., *Mescalin* wird aus dem *Peyotl*-Kaktus gewonnen) ist in Mexiko verboten! Es drohen harte Strafen, auch wenn im Lied *La cucaracha* von der Kakerlake erzählt wird, die nicht mehr laufen konnte, weil sie kein Marihuana zu rauchen hatte – *„... porque la falta, marijuana que fumar" ...*). Polizei und Militär kontrollieren Privatwagen und Busse bzw. deren Insassen auf Drogenbesitz.

Einkaufen Mexiko ist ein wahres Einkaufsparadies. Es gibt in Touristenzentren oft spezielle staatliche Läden für den Verkauf von landestypischem Kunsthandwerk, die **FONART** heißen (www.fonart.gob.mx). Auf sie wird bei den Stadtbeschreibungen bei „Adressen & Service" unter „Einkaufen" hingewiesen. Schöne Mitbringsel sind z.B. Hängematten, Web- und Ledersachen, Silberschmuck, Tequila (beim Abflug kaufen, 1 l zollfrei in EU-Länder) u.v.a.m. Mehr über Kunsthandwerk und Souvenirs s.S. 95, Tips zum Handeln s.u. beim Stichwort „HANDELN".

Ein- und Ausreise s.o., „An- und Einreise"

Elektrizität s.u., „STROM"

eMails s.u., „INTERNET"

Fax von Mexiko ein Fax zu versenden ist möglich von der Post bzw. vom daran meist angeschlossenen *Servicios Telecomunicaciones.* Auch private Stellen *(Fax Público)* und *Casetas de teléfono* bieten Fax-Services. Im Reiseteil stehen die Fax-Möglichkeiten bei „Adressen & Service" unter „Kommunikation".

Feiertage Alles über Feiertage und Feste bei „Feste, Brauchtum und Folklore", s.S. 90ff. Schnellüberblick: 1. Januar; 5. Februar; 21. März; März/April: Ostern (kein Ostermontag); 1. und 5. Mai; 16. September (u. Vorabend); 12. Oktober; 1./2. u. 20. November; 12. Dezember und Weihnachten (kein 2. Feiertag).

Fernsehen und Radio Die Massenmedien führen in Mexiko keinesfalls ein verborgenes Dasein, im Gegenteil, überall flimmern Glotzen, plärren Radios, kreischen Videos. Mexikaner scheinen lärmunempfindlich zu sein, zumindest sind sie überaus lärmtolerant. Radio und Fernsehen sind – bis auf Kabel-TV – in Mexiko gebührenfrei, die Kosten werden über Werbung hereingeholt.

Es gibt ein halbes Dutzend nationaler Programme und viele private Kabel- und Satellitenkanäle. Die weltweit größte Fernsehkette in spanischer Sprache, der Medienkonzern **Televisa,** besitzt in Mexiko einen Radio- und TV-Marktanteil von weit über 60%. Auch englischsprachige Kabelprogramme werden ausgestrahlt. Zu einem besseren Hotelzimmer gehört fast immer ein Fernseher, wo man dann meist CNN sehen kann. Auch das Auslandsfernsehen der Deutschen Welle kann in Mexiko empfangen werden.

Im mexikanischen Fernsehen läuft viel Unkritisches und flache Unterhaltung. Beliebt sind die sog. *telenovelas,* seichte Rühr-Stücke in täglichen, endlosen Fortsetzungen, die in einer weißen Oberschichtwelt spielen, die mit Mexiko nicht mehr viel gemein haben. Auch das letzte mexikanische Dorf kann über Antennenschüsseln die weltweiten Satellitenprogramme empfangen – und wir hier mexikanische Radio- und Fernsehsender, über die Website der mexikanischen Botschaft in Berlin, www.embamex.de.

Finanzen

■ Geld und Währung

Die mexikanische Währung ist der **Peso** (P), das Währungszeichen **„$"** ist das gleiche wie beim US-Dollar (gelegentlich mit zwei senkrechten Strichen). Statt „$" steht manchmal auch „MN" geschrieben, was „Moneda Nacional" heißt, hauptsächlich in Grenzgebieten zur Unterscheidung zum US-Dollar, abgekürzt „dlls". Es gibt Scheine zu 20, 50, 100, 200 und 500 Peso (und Münzen zu 1, 2, 5, 10 und 20 Peso (10er und 20er Münzen sind leicht zu verwechseln!). Centavo-Münzen (100 Centavos = 1 Peso) sind in Werten zu 5, 10, 20 und 50 Centavos im Umlauf (falls Ihnen doch noch ein Schein mit 1000 oder 2000 Peso oder mit noch einem höheren Nennwert in die Hand geraten sollte, so sind das wertlose Pesoscheine vor der letzten Währungsreform 1993).

Früher stand der mexikanische Peso unter ständigem Abwertungsdruck. Am 01.01.1993 wurden drei Nullen gestrichen, 1000 alte Peso wurden zu einem *Nuevo Peso* (N$). Eine kräftige Abwertung erfolgte im Dez. 94, nachdem der Neue Peso bis dahin fest am Dollar hing und die überbewertete Währung Mexiko als Reiseland sehr teuer gemacht hatte. Am 01.01.1996 wurde aus dem Nuevo Peso wieder der normale Peso, der in den letzten Jahren zum Dollar hin stark und stabil war.

■ Reisekasse

Am besten reist man in Mexiko mit der **Maestro-Card** (also Ihre normale BankCard) und mit einer **Kreditkarte.** Mit der Maestro-Card sind an jedem Geldautomat Peso-Abhebungen möglich, **und zwar für erheblich geringere Gebühren als mit Kreditkarten,** mit denen man an Geldautomaten natürlich auch Peso „tanken" kann. Die verbreitesten Kreditkarten sind **MasterCard** und **VISA (VISA ist WICHTIG für GUATEMALA!!).** An allen Geldautomaten mit dem VISA-Logo funktioniert auch die sehr günstige „SparCard 3000 plus" der **Postbank,** bei der pro Jahr vier Auslandsabhebungen gebührenfrei sind. Vorteile genießen auch Kunden der **Deutschen Bank,** die bei deren Partnerbank **Scotiabank** gebührenfrei Bargeld vom dt. Konto abheben können. Die Scotiabank hat viele Filialen in Mexiko, z.B. bei der Supermarktkette MEGA. Infos zur Bankendichte bei www.scotiabank.com.

Bei der hohen Automatendichte sind Karten die sehr viel einfachere Variante als Traveller-Schecks mitzunehmen (in US-Dollar oder Euro), jedoch empfehlen sich einige als „eiserne Reserve". Zudem einige US-Dollar einstecken (kleinere Werte), wichtig sind sie für die Karibikküste und auch für Guatemala und Belize. **Euro-Noten** werden natürlich auch genommen und getauscht, bei der **Banamex** immer problemlos. Zuhause vorab Peso zu kaufen ist ein Verlustgeschäft. Alles rund ums Reisegeld, Travellerschecks etc. online bei www.reisebank.de und www.swissbankers.ch

Peso-Mittelkurse bei Drucklegung:

1 Euro = ca. **13,5** Peso • 1 Peso = ca. 0,075 Euro

1 US-Dollar = ca. 11 Peso • 1 Peso = ca. 0,09 US-Dollar

Den **aktuellen Pesokurs** erfahren Sie auf den **Internet-Seiten** www.reisebuch.de oder www.reisebank.de

■ **Kreditkarten** (Kk)

Sind in Mexiko den vielen Logos nach zwar weit verbreitet, von Restaurants und Hotels **zur Bezahlung akzeptiert werden sie aber** in der Regel **ungern** – „nur Bares ist Wahres". Auch kann man mit der **Karte so gut wie nie Bustikkets bezahlen!** Seien Sie also immer genügend „flüssig" und klären Sie bei Hotels die Zahlungart immer vorab (die Ablehnung von Karten sind in den hohen Provisionen begründet, die die Kartenorganisationen verlangen, und weil Hotels und Geschäfte sehr lange warten müssen, bis sie ihre Außenstände bekommen, in Inflationszeiten ein Verlust). Fragen Sie, ob beim Bezahlen **mit der Karte ein Zuschlag erhoben wird,** manche Hotels verlangen bei **Kartenbezahlung bis zu 10%** mehr bzw. gewähren auf den Kartentarif Rabatt bei Barzahlung! Auch Tankstellen, wo man normalerweise **nicht** mit einer Kreditkarte bezahlen kann, verlangen bei Kreditkarten eine Gebühr.

Absolut nötig ist eine Kreditkarte für einen Mietwagen, als Nachweis der Liquidität bei der Touristenkarte-Verlängerung oder z.B. in Krankenhäusern. Wer einen Wagen nach Mexiko einführt, muss dem mex. Zoll gleichfalls eine vorlegen (Kautionsersatz). Am gebräuchlichsten sind in Mexiko **MasterCard** und **VISA** (**VISA** ist für **Guatemala wichtig!**). American Express ist weniger verbreitet. Eine „normale" (also keine „Goldene") genügt. Reist man zu zweit, erhöhen **zwei Karten verschiedener Kartenorganisationen** die Sicherheit (Diebstahl, Beschädigung des Magnetstreifens). Auch wer alleine reist, sollte zwei Karten haben, die Maestro und eine Kk (es kam schon vor, dass Maestro-Karten von Automaten einfach geschluckt wurden). Vorsichtige ziehen deshalb Geld nur bei Geldautomaten an Banken und sofern diese geöffnet haben, bei der Bank *Santander Fin* braucht die Karte nur durchgezogen werden. Karten-Geheimnummer bzw. den PIN-Code natürlich parat haben.

Bezahlen mit der Kreditkarte heißt *pago con tarjeta* (Barbezahlung: *pago en efectivo*). Beim Einchecken in ein Hotel mit Kartenbezahlung werden Sie meist gebeten, den Kreditkartenbeleg **blanko** zu unterzeichnen – jemand könnte also unkontrolliert eine beliebige Summe einsetzen … Dies ist, aus Sicherheitsgründen für das Hotel, so üblich. Erst beim Auschecken wird der fällige Betrag eingetragen. **Vergessen Sie auf keinen Fall den Kopie-Beleg** und lassen Sie Ihre Karte **nie aus den Augen!**

Kreditkarten-Sperrung

Die Kreditkarten-Bedingungen bei **Verlust oder Diebstahl:** Die angegebenen Tel. und Fax-Nummern notieren, damit Sie sofort Ihre Karte sperren lassen können. Bei **www.kartensicherheit.de** gibt es einen Notfall-Pass zum Runterladen; ganz neu **für alle Karten** ist einheitlich 0049 (für D) 116 116.

MasterCard, D: 0049-69-79331910, Fax 79331950. Die gebührenfreie **MasterCard-Sperrservice-Tel.-Nr.** für Mexiko lautet **01-800-307-7309,** die internationale **001-3142756690** (geht über die USA). Oder im Internet, www.mastercard.de. **Visa-Sperrung,** D: 0049-69-79332525, www.visa.de (übrigens kann man bei den deutschen Tel.-Nummern mit einem Anruf jeweils beide Karten, MasterCard und VISA, sperren lassen, 24 h). **American Express:** Campos Eliseos 204 Local 5, Polanco, México D.F. 11560, Tel. 52811111, gebührenfrei Tel. 01-800-2217282 (nach D: 0049-69-97971000), international (USA) 001-5253262660, www.americanexpress.de.

■ **Banken, Geldautomaten, Travellerschecks**

Banken gibt es in Mexiko haufenweise, an denen mit Geldautomaten steht **„Caja automática"** oder **„Caja permanente"** (engl. **ATM,** *automatic teller machine*). Am Automat sind die Logos der Kreditkarten angebracht, die er akzeptiert. Die Bedienerführung – Geheimnummer parat haben – ist sehr einfach, auch in Englisch, im Auswahlmenü Taste „Saving Card" drücken. Man kann Summen verschiedener Höhen abheben, max. bis 3000 Peso. Die meisten Bankfilialen mit *Cajas automáticas* haben **Bancomer** und **Banamex,** gleichfalls **Banco Serfin, Bital, GBM Atlántico** u.a. **Rechtzeitig neues Geld ziehen,** da es vorkommen kann, dass die Automaten ein, zwei Tage kein Geld mehr ausgeben. Auch Feiertage, lange Wochenenden oder Aufenthaltstage in abgelegenen Gebieten berücksichtigen, dort gibt es weniger Banken. Geldautomaten gibt es auch in größeren **Supermärkten** und **Einkaufszentren.**

Nicht alle Banken wechseln **Travellerschecks** oder **Devisen!** Besonders das Umtauschen von Travellerschecks ist eine oft umständliche Prozedur, mancherorts **nur bis 14 Uhr** möglich. **Für alle Bankgeschäfte genügend Zeit einplanen!** Schlimm ist es an den **letzten Tagen des Monats,** da bilden sich, besonders auf dem Land, lange Warteschlangen. **Öffnungszeiten** großer Banken von Mo–Fr meist durchgehend ab 8.30 oder 9 Uhr bis 15.30 oder 16 Uhr.

■ **Casas de Cambio**

Als Alternative zu Banken können Bargeld und Travellerschecks in einer *Casa de Cambio* gewechselt werden, die es in touristischen Orten überall in Mexiko gibt. Sie haben längere Öffnungszeiten, auch abends und am Wochenende, und es geht schneller. Auf den großen Airports Mexikos sind sie bei internationalen Flugankünften immer besetzt. **Gibt es mehrere, lohnen Kursvergleiche unbedingt, auch gegenüber den Banken!!**

Flüge Von Europa und USA nach Mexiko s.S. 20, innermexikanische s.S. 51.

Fotografieren / Video Mexiko ist ein tolles Fotoland, es gibt Motive in Hülle und Fülle. Also die Kamera nicht vergessen. Mit einer Spiegelreflexkamera und einigen Wechselobjektiven sind anspruchsvolle Dia-Fotografen für alle Eventualitäten gerüstet. Kameras mit eingebautem Blitzlicht, die das Motiv dosiert aufhellen, sind bei den harten Lichtkontrasten in Mexiko vorteilhaft. Für Erinnerungsfotos genügt eine Kleinbild-Kompaktkamera. Nehmen Sie mehr Filme mit als vorgehabt, wenngleich in Mexiko nachgekauft werden kann. Es gibt Labors mit Stunden-Service für Papierbilder, man kann aber auch nur entwickeln lassen und Minibildchen der Aufnahmen in Postkartengröße machen lassen („Index"). Diafilme besser zuhause entwickeln lassen. Die Kamera mit **frischen Batterien** bestükken und Ersatz mitnehmen. Objektive-Empfehlung: ein Weitwinkel (35 oder 28 mm), ein leichtes Tele oder ein Zoom 80–200 mm. Oder z.B. ein Zoom 28–105 o.ä. Zum Schutz auf alle Objektive ein UV- oder Skylightfilter schrauben. Unterwegs die Ausrüstung vor Hitze, Sand und Staub schützen (nicht der Sonne aussetzen, am Strand in Plastikbeutel stecken). **Dia-Filme:** Ihre bevorzugte Marke mit 100 ASA, dazu ein oder zwei 200er bzw. 400er für lichtschwache Motive (abendlicher Zócalo, düsterer Regenwald, Blitzaufnahmen; auch bei einem evtl. lichtschwachen Zoom-Objektiv).

Video-Filmer müssen in Mexikos archäologischen Stätten eine Gebühr bezahlen. **Digitalfotografen** können ihre Aufnahmen unterwegs auf CD brennen lassen oder von Internetcafés versenden.

■ **Tips zum Fotografieren:** Als professioneller Fotograf hier einige weitere Tips und Erfahrungen beim Fotografieren in Mexiko: Nicht nur das Motiv alleine, sondern ebenso das **Licht** ist entscheidend für Ihre Resultate! Bewusst in den Früh- und Abendstunden fotografieren, auch wenn man dazu „extra" auf Motivsuche gehen muss. Das harte, überblaue Mittagslicht vermeiden. Die Dämmerung ist in Mexiko kurz, doch dabei entstehen stimmungsvolle Aufnahmen. Architektur- bzw. Aufnahmen von Pyramiden und Ruinen möglichst im Seiten- bzw. Streiflicht machen.

Motive: Märkte, Feste, Bauwerke, Pflanzen, Landschaften, Menschen usw. Doch seien Sie sich bewusst, dass besonders bei den indigenen Volksgruppen Mexikos (im Hochland von Chiapas) eine Abneigung gegen das Fotografiertwerden besteht! Verständlich – wer dauernd von Touristen „besichtigt" und fotografiert wird, kann aggressiv werden (oder will Geld dafür haben). Beachten und respektieren Sie deshalb **Ablehnungen,** die oft religiös begründet sind. Ein strenges Fotoverbot besteht z.B. in der Dorfkirche von Chamula (bei San Cristóbal de las Casas) oder bei den dortigen Karnevalsfeiern. Bei direkten **Personenaufnahmen** (Porträts) vorher versuchen, durch eine fragende Geste (z.B. Kamera langsam hochheben) und mit einem Lächeln die Einwilligung zum Fotografieren zu bekommen. *„Se puede sacar una foto"* heißt „darf ich fotografieren"?

Fotografierverbote oder Einschränkungen **(kein Blitzlicht, kein Stativ)** bestehen fast immer in **Museen** und **Kathedralen,** bei einigen archäologischen Stätten (Grabkammern, Wandgemälde), bei militärisch-strategischen Objekten (Kasernen, Flughäfen u.ä.) und sogar in der Metro in Mexiko-Stadt. Sehr schöne Motive ergeben sich bei den mexikanischen Feier- und Festtagen, auf solche Termine achten: z.B. bei Karnvelsumzügen (Veracruz, Villahermosa, Mérida etc.), bei religiösen Feiern in der Karwoche, beim Unabhängigkeitstag am 16. Sept., beim Fest der Jungfrau von Guadalupe am 12. Dez. (Mexiko-Stadt, Tänze) usf.

Buchtip: **Reisefotografie,** Reise Know-How, Reihe Praxis, ISBN 3-8317-1120-8.

Gesundheit Impfungen sind für eine Mexiko-Reise nicht vorgeschrieben (außer man reist von einem Land mit Gelbfieber ein). **Allgemeine Schutzimpfungen** aufzufrischen ist jedoch angebracht (Tetanus, Polio, Hepatitis A und B u.a. – schauen Sie dazu in Ihren Impfpass rein und fragen Sie Ihren Arzt – aber rechtzeitig vorher! In Arztpraxen liegen oft Merkblätter über empfohlene Impfungen aus).

Magen- und Darmerkrankungen („Montezumas Rache“) können in Mexiko vorkommen, doch ist die Gefahr durch den ständig steigenden hygienischen Standard heute weniger gegeben als früher (und logischerweise auch davon abhängig, was und wo Sie essen). Bei Restaurants mit zweifelhaften Hygienestandards kann man ja vorab den „Toilettentest“ machen: saubere Örtchen, saubere Küche (so heißt es). In touristischen Zentren bestehen so gut wie keine Gesundheitsrisiken.

Auf alle Fälle empfiehlt sich die Mitnahme einer kleinen **Reiseapotheke** mit den wichtigsten Dingen: Pflaster, Schmerztabletten, ein Durchfall-Medikament mit Elektrolytpulver, Halsschmerztabletten und ein Erkältungsmittel (wichtig!), Breitband-Antibiotikum, Augentropfen, Sonnencreme mit hohem Lichtschutzfaktor und eine Salbe gegen Sonnenbrand. Vergessen Sie nicht Ihre persönlichen Medikamente.

Gegen **Reiseübelkeit** helfen die mexikanischen Tabletten **Dramamine** (in und um Busterminals, auch einzeln zu kaufen). Ansonsten kann man in Mexiko in den Apotheken *(farmacias)* die meisten Medikamente preiswert ohne Rezept bekommen. Arztrechnungen müssen gleich bezahlt werden. Für Ihre Auslands-Krankenversicherung eine Quittung mit Diagnose, Arztunterschrift und Stempel geben lassen. Bei den Stadtbeschreibungen sind bei „Adressen & Service“ unter „Notfall“ Krankenhaus/Hospital- und Arzt-Adressen aufgeführt. Im Erkrankungsfall kann auch Ihr Hotel Rat geben. Adressen von Ärzten wissen gleichfalls die Botschaften und Konsulate oder die Europäer/Nordamerikaner in mexikanischen Städten.

Für Reisen durch **Regenwaldgebiete** ist evtl. eine **Malariaprophylaxe** nötig, doch ist das Erkrankungsrisiko gleichfalls gering. Üblich für Mexiko/Mittelamerika sind Malaria-Medikamente auf Chloroquin-Basis, neuerdings das neue Medikament *Malarone.* Lassen Sie sich gegebenenfalls beraten, **online** z.B. bei www.travelmed.de, www.fit-for-travel.de, www.crm.de, www.osir.ch u.a. Auch das dt. Auswärtige Amt bietet einen Gesundheits-Service im Internet an (www.auswaertiges-amt.de). Wichtig ist, dass Sie über die Symptome Bescheid wissen (s.u.), und dass Sie – besonders wenn Sie erst nach der Heimkehr krank werden – Ihren Arzt darauf hinweisen, dass Sie sich in tropischen Regionen aufgehalten haben!

Nachfolgend weitere Tips für Gesundheit und Wohlergehen unterwegs.

– mehr als gewöhnlich trinken (nicht nur in heißen Gebieten, auch im Hochland, wo das Durstgefühl weniger stark ist). Bei vielem Schwitzen mehr Salz zu sich nehmen, mit Alkohol jedoch zurückhaltend sein.

– beim Ruinenklettern und bei intensiver Sonnenstrahlung – ebenso im Hochland! – Kopfbedeckung tragen und ein Sonnenschutzmittel mit hohem Lichtschutzfaktor auf exponierte Hautstellen auftragen.

– in den Tropen holt man sich oft sehr schnell eine Erkältung, deshalb Vorsicht vor Zugluft (offene Autofenster) und Klimaanlagen (in klimatisierte Busse **im-**

mer einen Pullover mitreinnehmen). **Papayas** regeln die Verdauung und sorgen für Vitamine. Bei der Besteigung sehr hoher Berge die Höhenanpassung bedenken. **Aids** heißt in Mexiko **Sida** und ist gleichfalls in Mexiko verbreitet (Kondome heißen *preservativos* und es gibt sie in *farmacias*).

■ Magen-Darmerkrankungen

Die Ursache für „Montezumas Rache" bzw. Durchfall *(diarrea*, auch *turista* genannt) sind nicht nur ungewohnte Keime und anderes Essen, sondern meist klimatische und körperliche Belastungen. Gehen Sie deshalb Ihre Reise langsam an, der Körper braucht Zeit um sich umzustellen. Hauptursache für Durchfälle sind Infektionen über Wasser und Speisen. Vorbeugemaßnahmen:

Hände regelmäßig waschen • **Kein** Leitungswasser trinken, auf Eiswürfel in Getränken verzichten *(„sin hielo")*! • **Kein** Fleisch, keinen Fisch oder Schalentiere (Muscheln) in halbrohem oder ungekochtem Zustand • **In** Städten mit stark verschmutzer Luft wie Mexiko-Stadt nicht an offenen Straßenständen essen • **Keine** bereits geschälten und aufgeschnittenen Früchte (z.B. Ananas) bei Obstständen essen, denn die werden, damit sie frisch aussehen, immer wieder mit Wasser besprengt • **Keine** Früchte, die nicht geschält werden können, z.B. Erdbeeren (Fäkaldüngung) • **Keine** Mayonnaise und fetttriefenden Speisen (altes Bratfett!), keine Rohmilch • In **Tropengebieten** wegen Trichinengefahr auf Schweinefleisch verzichten.

Ungefährlich ist alles gut Gekochte, Gesottene und Gebratene (Fleisch immer gut durchgebraten verlangen). An Essensständen kann man, im Gegensatz zu einer Restaurantküche, der Zubereitung zuschauen. Sich an Scharfes gewöhnen: Chili regt die Magensäfte an. Die köstlichen Frucht-Milchshakes – *licuados con leche* – darf man sich munden lassen. Vegetarische Kost schmeckt in Mexiko sehr gut.

Durchfall-Behandlung: Zum Ausgleich von Flüssigkeitsverlusten und Salzen wird empfohlen (wer kein Elektrolyt-Fertigpräparat dabeihat): 2 Esslöffel Zucker (besser: Traubenzucker), 1 Teelöffel Kochsalz, 1/2 Teelöffel Natron (Natriumbicarbonat) auf 1 Liter Trink- oder Mineralwasser. Nahrung möglichst wenig zu sich nehmen, dafür Salzstangen, Toastbrot (Tortillas), Haferflocken, evtl. Bananen. Um weiterreisen zu können: ein Durchfallmittel nach Vorschrift einnehmen. Nur in schweren Fällen (mit Fieber) ein Antibiotikum! **Mexikanische Durchfallmittel** heißen z.B. **Lomotil,** Kaomycin, Septrim, Kaopectate (kein „Entero Vioformo" und „Cloranfenicol" einnehmen)! Hört der Durchfall mit Medikamenteneinnahme nicht auf oder haben Sie Blut im Stuhl und hohes Fieber, nichts einnehmen, die Ursachen könnten Amöben oder etwas anderes sein. Dann umgehend ein Hospital oder einen Arzt aufsuchen.

■ Malaria

Malaria (span. *paludismo*) kann (selten) in den Küsten- und Tieflandregionen Mexikos auftreten, besonders in der Regenzeit zwischen Mai und Oktober, wenn die Moskitos mehr als sonst schwirren. Malaria wird durch den Stich der infizierten Anopheles-Mücke (Moskito) übertragen. Wichtig zu wissen ist, dass prophylaktische Malaria-Medikamente – mit deren Einnahme mindestens eine Woche vor der Reise ins fragliche Infektionsgebiet begonnen werden muss – nicht 100%ig vor dem Ausbruch der Krankheit schützen! Die Inkubationszeit beträgt je nach Malariaart 10–35 Tage, beginnend mit leichtem Unwohlsein, geringem Fieber, Kopf-, Gelenk- und Muskelschmerzen. Schüttelfröste, Schwäche, Kopfschmerzen sind charakteristische Symptome im fortgeschrittenen Stadium, nachweisbar durch eine Blutuntersuchung. In Moskitogegenden abends Arme und Beine bekleiden, unbedeckte Hautstellen mit einem Mückenmittel einreiben *(„repelente para mosco")*. In Cabañas unter einem Moskitonetz schlafen oder Moskito-Coils (Räucherspiralen) abbrennen. Bei Fieber nach einer Tropenreise immer auch an Malaria als Ursache denken!

■ Cholera

diese infektiöse Darmerkrankung tritt in Mittelamerika immer wieder mal auf, doch mit äußerst geringer Gefahr für Touristen. Eine Impfung wird nicht angeraten.

■ **Giftiges**
In Mexiko gibt es ein paar giftige Schlangenarten *(culebras),* z.B. die schwarz-rot geringelte *coralillo* (Korallenschlange, ca. 1 m lang, tropisches Mexiko), auf Yucatán die *nanyaca* (ca. 2,50 m). Im Gras und Busch abgelegener tropischer archäologischer Stätten Vorsicht walten lassen! Im trockenheißen Mexiko leben Klapperschlangen und **Skorpione** – nachts nicht barfuß gehen und die Hand nicht in dunkle Löcher stecken. Gelbe bzw. helle Skorpione gibt's auch an der Karibik, sie sind gefährlicher als schwarze. Bei einer Außenübernachtung morgens Schuhe und Kleidung ausklopfen. Giftig ist auch die nachtaktive Gila-Krusteneidechse, *El monstruo de Gila.*

Guatemala Reisen ins Nachbarland von Mexiko, vorab-Infos beim Verkehrsamt von Guatemala: Am Burghof 11, D-66625 Nohfelden, Tel. 06852-900588. Reiseführer: Guatemala von Reise Know-How. Internet: www.guatemala.travel.com.gt und www.travel-guatemala.org.gt (gleichfalls über mittelamerikanische Länder).

Handeln Handeln um verlangte Preise ist üblich auf Märkten und bei Straßenhändlern, doch man sollte ein Gefühl dafür entwickeln, wo es möglich ist und wo man es besser lässt. Der *Gringo* zahlt logischerweise mehr als der Einheimische. Daher zuerst beobachten, welche Preise diese zahlen. Nicht gleich erkennen lassen, dass man die feste Absicht hat etwas zu kaufen. Lassen Sie sich „überreden". Hören Sie *„con rebaja",* ist der Verkäufer verhandlungsbereit und wartet auf ein Preisangebot. Zu Festpreisen sagt man *precios fijos.* Zahlen Sie Souvenirherstellern (webende Frauen) oder Handwerkern einen fairen Preis, nützen Sie keine Armut aus, handeln Sie eher bei Zwischenhändlern. **Taxipreise** immer vorher aushandeln, es sei denn, es ist ein Taximeter vorhanden.

Hotels s.S. 57

Info-Stellen für Touristen

■ **In Deutschland**
Staatliches Mexikanisches Verkehrsamt, Taunusanlage 21, 60325 Frankfurt/M, Tel. 069-253413 u. 253509, tourismusmexiko@webershandwick.com, Fax 253755. Zuständig auch für Österreich, Schweiz und Tschechien. Versendet Info-Material und den „Mexiko-Schlüssel". Anfragen bitte spezifizieren (z.B. Touristik-Veranstalter etc.). In manchen deutschen Städten und Bundesländern gibt es Deutsch-Mexikanische Vereine und -Gesellschaften. Mexiko-Websites bieten vielfach auch Mexiko-Foren. Gute Infos aller Art über Mexiko bietet die **Website der mexikan. Botschaft** in Berlin, **www.embamex.de** mit aktuellem Kulturprogramm.

Info-Stellen für Touristen

■ **In Mexiko**
Touristen-Auskunftsstellen in Mexiko gibt es in fast jeder oder zumindest für den Tourismus wichtigen Stadt, sie heißen **Delegación de Turismo** oder kurz **Turismo** bzw. Tourist Information. Sie befinden sich meist in Zócalonähe oder im/beim Rathaus (Palacio Municipal) und sie sind entweder städtisch, bundesstaatlich oder national. Sie haben meist einen Stadt- oder Umgebungsplan, Veranstaltungs-Kalender, Tips zu Umgebungsziele (Tip: Stadtpläne und Umgebungskarten bekommt man oft auch bei Autovermietern). In größeren Orten kann das Personal meist etwas Englisch. Manchmal wird man gebeten, seine Adresse in ein Buch einzutragen und einen Kommentar abzugeben. Die Adressen der Turismos sind bei den Stadtbeschreibungen bei „Adressen & Service" immer als erstes aufgeführt.

Neben den lokalen Turismos gibt es noch Tourismusämter für den Bereich eines ganzen Bundesstaates, die *Coordinación Federal de Turismo* heißen. Die Büros sind meist in den Haupt- oder Großstädten eines Bundesstaates. Das Hauptbüro der **SECTUR** *(Secretaría de Turismo)* in Mexiko-Stadt ist in der Av. Presidente Masaryk 172, 11587, México D.F., Tel. u. Fax 5250 5510 oder 52508555 Ext. 118 u. 119. **Für touristische Notfälle hat die SECTUR spezielle Telefonnummern,** s.u., „NOTFALL-TELEFONNUMMERN".

Internet

Mexiko-Nachträge zu diesem Führer
Bei **www.mexiko.reisebuch.de** können Sie unter „Latest News" Nachträge zu diesem Buch einsehen. Unser Mexiko-Portal bietet darüber hinaus den aktuellen Wechselkurs Euro/Peso, Temperaturen vor Ort, Reiseversicherung, Mexiko-Forum (dort könne Sie Fragen über Mexiko stellen), einen MEXIKO-NEWSLETTER, Links zu anderen Mexiko-Portalen, Karten- und Büchershop.

Tourismus-Websites
Mexikan. Fremdenverkehrsamt in Frankfurt: **www.mexiko-reisetipps.de** • **www.mexiko-travelnews.com** • Mexikanisches Tourismus-Ministerium: **www.visitmexico.com** • **www.mexico-travel.com** • Website des Kulturministerium: **www.cnca.gob.mx** •

Private Sites
www.mexiko-lindo.de • www.mexiko-mexico.de • www.mexico-info.de • informativ sind **www.mexikoweb.com** und **www.mexico-mexiko.com,** Community-Seiten mit vielen Bereichen.

Mexiko
www.mexicoweb.com.mx (gute Info-Seiten, alle Sparten und Gebiete, span./engl.) • **www.directorio.com.mx** (*die* Quelle für alles) • www.lanic.utexas.edu (Sammelseiten der texan. Uni über Mexiko mit allen Bereichen, weitere Mexiko-Portale • www.mexonline.com • (online-Guide mit vielen Städten und Orten) • www.arts-history.mx (Museen, Kulturelles) • www.famsi.org (Maya).

Reisen
www.planeta.com (Reisen/Öko-Travel in Mexiko und Lateinamerika, Links zu Bundesstaaten, Zeitungen u.a., **nützlich, gut**) • www.go2mexico.com (gute Sammelseite zu vielen Städten) •

Zeitungen/ Zeitschriften
www.mayadiscovery.com (die Webseite der Zeitschrift Mundo Maya) • www.thenewsmexico.com (engl. mex. Zeitung, Temperaturen mex. Städte, Politik, Reisen, u.v.a. mehr) • www.mexicodesconocido.com.mx (mex. Reisezeitschrift) •

Andere reisewichtige Websites
Sicherheitslage in Mexiko: www.auswaertiges-amt.de • **Deutsche Botschaft in Mexiko-Stadt:** www.embajada-alemana.org.mx • Mexikan. Botschaft in Berlin: www.embamex.de (sehr gute Informationsseiten für alle Bereiche!) • Ein sehr gute Gesamtübersicht über Mexiko mit allen Bereichen (Kultur, Städte, Reisen u.a.) bietet www.mexconnect.com •

Airlines
www.aeromexico.com und www.aeromexicovacationes.com (mit touristischen Zielen) • www.mexicana.com.mx • www.aerocalifornia.de • u.a.

Sprachschule
Sprachschule an der Karibik: info@playaspanishschool.com (in Playa del Carmen)

Diverses
Rund ums Geld: www.swissbankers.ch und www.reisebank.de • Gesundheit/Impfungen: www.travelmed.de, www.fit-for-travel.de und www.crm.de • Wetter/Temperaturen: www.wetteronline.de • Links zu **mexikanischen Suchmaschinen** über www.embamex.de.

Die Websites mexikanischer Städte und Reiseregionen stehen an den an betreffenden Stellen.

Der Internet-Traveller

@

Fürs Reisen lohnt es sich generell, eine eMail-Adresse zu haben. Internet-Cafés gibt es inzwischen in den kleinsten Orten Mexikos (die Adressen stehen unter „Kommunikation" bei „Adressen & Service", s.a. die @-Signets in den Stadtplänen), und ist mal kein Rechner in der Nähe, fragen Sie Ihr Hotel (oder www.netcafeguide.com und www.netcafes.com). Aus dem Web holt sich der Traveller weitere Infos über seine nächsten Ziele (www-Adressen stehen am Anfang der acht großen Reiserouten und bei „Turismo" bei „Adressen & Service") oder er nimmt sein nächstes Hotel in Augenschein (sofern es eine bebilderte Homepage hat). Reservierungen/Anfragen per eMail an Hotels sind erfahrungsgemäß noch recht mühsam, werden oft nicht beantwortet oder bestätigt (wer gerade seine Mails abarbeitet und Zeit und Lust hat, darf auch mir gerne seinen „Lage- und Reisebericht" senden ... – **rkhhermann@aol.com** – danke). Mit Surfen lässt sich z.B. auch gut die Wartezeit in Busterminals überbrücken.

In Telmex-Kundendienststellen soll man für 15 Minuten gratis ins Internet können, so eine Zuschrift. Ansonsten kann sich der Ausgabeposten „Internet" mit der Zeit ganz schön summieren, die höchsten Gebühren werden in Touristenzentren verlangt (sie sind auch immer abhängig von der Schnelligkeit der Rechner – doch lieber schnell als billig und unendlich langsam). **Auf mexikanischen Tastaturen** findet sich selten das **„@" (arroba)** – so geht's: alt + 6 + 4 (auf der numerischen Tastatur), oder alt + q. Falls Sie mal eine Adresse nicht finden oder auf eine nicht mehr aktive stoßen – **www.google.com** findet so gut wie alles.

Karten von Mexiko Eine Mexiko-Karte besorgt man sich am besten schon hier, das erspart drüben Lauferei und Suchen (Karten gibt es dort in Buchläden und an gut bestückten Zeitungskiosken; Stadtpläne und Stadt-Umgebungskarten bekommt man bei Autovermietern). Bekannte mexikanische Kartenverlage sind *Guía Roji* und *Quimera,* www.quimeramx.com (in Mexiko bei Sanborns-Läden erhältlich). Mexiko-Karten gibt es auch in den USA und vom US-Automobilclub AAA.

Kartenbezug: Eine gute Adresse dafür ist Karten- und Reiseführer Fachversand Schrieb, 71706 Markgröningen, Schwieberdingerstr. 10/2, Tel./Fax 07145-26078 (Karten.Schrieb@t-online.de). Beratung für Spezialkarten, z.B. zum Wandern, Bergsteigen, bestimmte Stadtpläne, Wandkarten etc. Empfehlenswerte Karten:

Faltkarten: Mexiko-Übersichtskarte von *Travelmag,* 1:4.000.000, mit Yucatán 1:800.000, einschl. Mittelamerika (www.geographicmedia.de). – Gut sind die detaillierten **ITM Travel Maps,** 1:1.000.000, mit Nebenkarten und touristischen Hinweisen: *Mexico Southeast* (ab Mexiko-Stadt südlich einschließlich Yucatán-Halbinsel), *Yucatán Peninsula* (bis Tuxtla Gutiérrez und San Cristóbal de las Casas), *Baja California, Northwest* (mit Barranca del Cobre) und *Costa del Pacífico.* – **Für die Karibikküste** (Cancún, Isla Mujeres, Playa del Carmen, Cozumel) gibt es von *Can-Do* sehr gute Detailkarten. – Für **Yucatán, Chiapas, Guatemala, Belize** ist die *Mundo Maya* von Quimera eine gute Empfehlung. Erweitert fürs **Hochland** und den **Golf von Mexiko** heißt sie *Golfo de México.* Weitere: *Sierra Madre* (Hochland, Norden), *Mar de Cortés* (Westmexiko, Baja California), alle Details auf www.quimeramx.com. – **Straßenatlanten:** Quimera: *Volkswagen on the Roads of Mexico",* 1:750.000, sehr guter Autoatlas mit touristischen Hinweisen und 25 Stadtplänen. Ein Karten-Reiseführer mit 6 Routen durchs Land ist *Lugares y Caminos.* – Guía Roji: *Por las Carreteras de Mexico,* 1:1 Mio., ca. DIN-A-4 Heftform, 127 S. Außerdem von Guía Roji: *Gran Atlas de Carreteras de Mexico,* großer Straßenatlas, jede Kartenseite zeigt einen Bundesstaat (Estado), daher unterschiedliche Maßstäbe von 1:200.000 bis 1:1,6 Mio.

Kleidung s. „Ausrüstung"

Klima s.S. 14, „Klima und Saisonzeiten".

Kreditkarten s.o., „FINANZEN"

Kriminalität s.u., „SICHERHEIT"

Märkte **Mercados** gibt es in Mexiko in jeder Stadt und in jedem Ort, dort pulsiert das Leben. Auf Märkten wird aber nicht nur alles Erdenkliche verkauft, sondern man kann dort auch **billigst essen.** Größere Städte haben oft große Markthallen, auf dem Land findet man oft „Open-air"-Märkte, sog. **tianguis** (ein aztekisches Wort).

Landkarten s.o., „KARTEN VON MEXIKO"

Literatur s. Anhang

Mietwagen

Internationale Firmen wie Alamo, Avis, Budget, Hertz, National usw. sind in Mexiko an allen wichtigen Flughäfen, großen Städten und Touristenzentren vertreten. Gleich dazu den **TIP,** den Wagen am besten am Flughafen in **Cancún** oder in Mexiko-Stadt anzumieten, denn da sind alle Anbieter versammelt und man kann in kurzer Zeit Preise vergleichen und den gewünschten Wagentyp finden. Im Internet sich vorab informieren. Auch **Mérida** auf Yucatán ist zum Wagenmieten eine gut Adresse, es gibt dort viele Anbieter.

Hinweis vorab: **Nur mit Einschränkungen ist es ratsam, mit einem Mietwagen sehr lange Strecken zu fahren** (z.B. von Mexiko-Stadt über Chiapas bis nach Cancún oder vice versa). Die Halbinsel Yucatán ist zum Selbstfahren gut geeignet.

Firmen im Internet

www.alamo.com • www.nationalcar.com.mx • www.budget.com.mx • www.dollar.com.mx • www.hertz.de • www.mexicocar.net • www.royal-rent.com • www.thrifty.com.mx •

Für Cancún, Playa del Carmen, Riviera Maya: www.toprentacar.com • www.budgetcancun.com.mx • www.monacorentacar.com • www.easyway-rentacar.com • www.qualitatrentacar.com • www.busterrentacar.com •

Yucatán: www.loclizarentacar.com • u.a.

Zum Anmieten eines Wagens muss man mindestens 21 (oder 25) Jahre alt sein und es ist der nationale oder der internationale Führerschein vorzulegen. Unumgänglich ist eine Kreditkarte (Blanko-Kaution).

Bereits in Deutschland (CH, A) oder erst in Mexiko mieten? Für eine durchorganisierte Mietwagen-Rundreise innerhalb eines bestimmten Zeitraums würde ich **vorab hier mieten – das ist billiger** als der gleiche Wagentyp drüben, und es gilt im Schadens- bzw. bei einem Streitfall deutsches Versicherungsrecht (Vollkasko empfehlenswert). **Nachteil:** Im Falle einer Nutzungsverlängerung zahlt man nicht mehr günstigeren Deutschland-Tarif, sondern den vollen. Weiterer Nachteil: Insgesamt immer noch teurer als die **lokalen mexikanischen Mietwagen-Anbieter.**

Kataloge von Reiseveranstaltern geben einen Überblick über Wagenkategorien (eine Klimaanlage ist in Mexiko kein Luxus!), über die Kosten, Fahrzeugübernahme, Versicherung etc. (vielleicht auch als Komplett-Angebot mit Flug). Fragen Sie in Ihrem Reisebüro nach **„Holiday Autos",** eine Organisation, die weltweit Mietwagen vermittelt und für Mexiko attraktive Preise hat. **Online-Buchungen im Internet** direkt bei einem Vermieter sind günstiger. Wobei solche deutsche/europäische Firmen vorzuziehen sind, die mit US- bzw. mexikanischen Gesellschaften kooperieren; **Europcar** kooperiert z.B. mit **Dollar-Rent-A-Car** und mit der mexikanischen **Natmex;** auch **Hertz** ist an allen mexikanischen internationalen Flughäfen vertreten. Bei Internet-Buchungen insistieren, wie hoch die Kosten der verlangten Versicherung(en) sind. Anhaltswert für zwei Wochen: 500 € für die Miete und 250 € für Teilkasko.

Erfahrungen zeigen, dass ein in Deutschland angemieteter Wagen drüben nicht immer so bereitsteht, wie man ihn hier gebucht hat (z.B. kleinere/billigere/größere Modelle, ohne Klimaanlage statt mit, Wartezeit, u.a. mehr). Reklamieren Sie gegen unberechtigt geforderte Zuzahlungen nach Ihrer Reise, alles dokumentieren!

Haftpflichtversicherung

Wichtig ist immer der Umfang der **Haftpflichtversicherung** – was deckt sie ab und was nicht und was ist im Schadensfall selbst zu bezahlen (der sog. „Selbstbehalt" bzw. die „Restselbstbeteiligung"). Die übliche mexikanische Standardversicherung deckt nur den Schaden des Unfallgegners, **der Schaden am Mietwagen ist selbst zu bezahlen** (10% *deductible*, max. 1000 US$, was der Blankobeleg der Kreditkarte sichert). Diese 10% können durch eine teure Zusatzhaftplichtversicherung (engl. „CDW“, Collision Damage Waiver), inkl. Diebstahlschutz („LDW“) auch noch abgedeckt werden. Also immer genau nachfragen, ob der Versicherungsschutz eine Selbstbeteiligung beinhaltet oder nicht. Bei einer Anmietung in Mexiko werden Sie um die max. 1000 US$ Selbstbeteiligung im Schadensfall kaum vorbeikommen. Nicht einlassen sollte man sich auf Vertragsklauseln wie „20% des Fahrzeugwertes im Total-Schadensfall“.

Ein Mietwagen in Mexiko kostet bei einer lokalen Firma ab 30 € pro Tag aufwärts, je nach Wagentyp. Der Tagespreis sinkt bei mehrtägiger Anmietung. Handeln ist möglich, besonders bei örtlicher Konkurrenz. Einwegmieten verteuern auf langen Strecken die Kosten erheblich.

TIP: Mieten Sie keinen zu kleinen Wagen und einen mit genügend Bodenfreiheit wenn Sie mehrere Personen sind und schwere Koffer mitführen. Die **topes,** Mexikos berüchtigte **Straßenschwellen,** sind oft sehr hoch und beschädigen niedrigliegende Wagen! **Und immer anschnallen,** Polizisten haben auf solche Gringos ein scharfes Auge, dann kann's teuer werden! Lesen Sie auch das Kapitel **„Autofahren in Mexiko“,** s.S. 52ff.

Fahrzeugübernahme: Gehen Sie mit dem Angestellten genau dessen Checkliste durch, was am Wagen schon (versteckt) beschädigt ist, wo Kratzer und Dellen sind, ob eine Scheibe einen Sprung hat, ob was fehlt: Warndreieck, Reserverad (ist es genügend aufgepumpt?), Wagenheber, Radkappen etc., ob alles funktioniert, wie Scheibenwischer, Blinker, die Lichter. Ölstand o.k.? Bei der Abgabe des Wagens wird wieder durchgesehen, und was Ihnen entgangen ist, kann angelastet werden. Haben Sie für den Fall einer Panne die Tel.-Nr. der Vermietung? Am Ende der Fahrt muss meist wieder wieder vollgetankt vorgefahren werden.

Museen

Gibt es in Mexiko jede Menge, einige sind weltbekannt (wie das Anthropologische Museum in Mexiko-Stadt). Öffnungszeiten meist von 9–17 Uhr, Eintrittspreise gering bis moderat. Fast alle sind **montags geschlossen, sonntags ist bei allen staatlichen Museen – und archäologischen Stätten – der Eintritt nur noch für mexikanische Staatsbürger kostenlos.** Die rücken an diesem Tag dann verstärkt an. Erklärungen der Exponate nur selten auch in Englisch. Über www.arts-history.mx kann man Museen virtuell besuchen.

Notfall-Telefonnummern

Allgemeiner gebührenfreier Notruf: 060. Für touristische Notfälle hat das mexikanische Tourismus-Ministerium SECTUR eine 24-Stunden-Hotline eingerichtet: INFOTUR, **Tel. 01-800-9039200** (gebührenfrei und englischsprachig), in Mexiko-Stadt Tel. **52500123**. Für in Not geratene **Autofahrer** sind die „Ángeles Verdes“ („Grüne Engel“) der SECTUR zuständig, auch sie erreicht man über die vorgenannten Notrufummern. Bei touristischen Beschwerden: Tel. 52500493 in Mexiko-Stadt (Vorwahl 01-55). Adresse der SECTUR: Mexiko-Stadt, Av. Masaryk No. 172 (nördl. des Anthropologischen Museums).

Öffnungszeiten

„Gesetzlicher Ladenschluss“ ist in Mexiko nicht existent, jeder Einzelhändler öffnet, wie er es für richtig hält, selbst spätabends oder sonntags. Vor 9 Uhr ist jedoch selten was offen. Zur Essenszeit zwischen 14 und 16 Uhr (oder länger) ist vieles geschlossen. In sehr heißen Gegenden dauert die Siesta-Zeit oft bis in den Spätnachmittag. Ab 17 Uhr erwacht aber normalerweise wieder das öffentliche Leben.

Behörden (auch Konsulate, Botschaften) lassen nur **vormittags** Publikumsverkehr zu. Bank-Öffnungszeiten s.o. bei „FINANZEN“ / „Banken, Geldautomaten“. In der Weihnachts- und Karwoche haben Banken und Behörden vielfach zu, ebenso an nationalen Feier- und Festtagen (s.S. 91). **Große archäologische Stätten** sind meist täglich von 8–17 Uhr oder bis 18 Uhr geöffnet (kleinere oder abgelegene erst ab 9 oder 10 Uhr; diese sind oft montags geschlossen). **Museen sind fast immer montags geschlossen.** Touristen-Büros (Turismos) haben in touristischen Städten meist bis in die Abendstunden auf, auch sonntags. **Kirchen** sind außerhalb der Gottesdienstzeiten manchmal verschlossen, für eine Besichtigung dann zum Pfarrhaus gehen und sich aufschließen lassen.

Öko-Tourismus s.S. 17

Pakete zu versenden ist umständlich und schwierig, weil der Zoll sehen möchte, was da außer Landes geht. Im Hotel um Hilfe fragen. Größere Artesanías-Geschäfte bieten oftmals den Service eines Auslands-Paketdienstes an. Päckchen wie gewohnt bei der Post.

Post Die Laufzeit eines gewöhnlichen Briefes *(carta)* oder einer Postkarte *(tarjeta postal)* per Luftpost (*por avion* oder *correo aéreo*) von Mexiko nach Deutschland dauert meist 10–14 Tage (um die Weihnachts- und Osterzeit jedoch erheblich länger). Briefmarken heißen *estampillas.* Briefe/Postkarten kann man bequemerweise zur Erledigung beim Hotel abgeben oder selbst zum Postamt *(correo)* bringen, das meist in Zócalonähe liegt (die Post-Adressen mit Öffnungszeiten finden sie bei den Stadtbeschreibungen bei „Adressen & Service" unter „Kommunikation"). Auf der Post werden auch Aerogramme verkauft. Wichtige Sendungen sollten mit einem internationalen **Kurier- bzw. Expressdienst** versandt werden (z.B. mit DHL, Adressen in den „Gelbe Seiten" bzw. *sección amarilla*), doch preiswerter ist **Mexpost,** meist im/beim Postamt befindlich. Einschreiben heißt *certificado.*

Post in Mexiko empfangen, es gibt mehrere Möglichkeiten: postlagernd (Poste restante, mex. *lista de correos*) an ein Postamt, c/o an die Deutsche Botschaft (oder an ein Konsulat), an Ihr Hotel oder zu American Express (falls Sie Mitglied sind). Postlagernd adressieren sieht so aus (die fünfstelligen Postleitzahlen größerer Städte sind im Buch aufgeführt): Maier, Hans, a/c Lista de correos, Correo Central, **Guadalajara** 44100, Jal. *(= Bundesstaat Jalisco),* M e x i k o. Soll Ihre Post in einer Großstadt an ein bestimmtes **Zweigpostamt** gehen, muss man die Nummer dieses Postamts wissen. Ansonsten wird sie im Hauptpostamt *(correo central)* gelagert, wo sie bis zur Rücksendung etwa zwei Wochen aufbewahrt wird (man kann einen Nachsendeauftrag an eine andere Stadt stellen). Schauen Sie auch unter dem Initial Ihres Vornamen nach. Zum Ausweisen muss der Pass vorgelegt werden.

Post an die **dt. Botschaft** in Mexiko-Stadt wird so adressiert: *Maier, Hans, c/o Embajada de Alemania, Calle Lord Byron 737, Delegación Polanco, 11580 México D.F., México.* Mit Vermerk: „wird abgeholt". An **American Express:** Ihren Namen und die Adresse eines AE-Büros in Mexiko (s. Heft „Guide to Travel Service Offices Worldwide", vom AE-Hauptbüro Frankfurt/M.) Vermerk: „Clients Mail". AE-Büros befinden sich in so ziemlich allen Großstädten Mexikos (über 50) Aufbewahrungszeit ca. einen Monat. Falls man sich Post an ein **Hotel** schicken lassen will, *„Favor de retener hasta la llegada"* vermerken, was „bitte bis zum Eintreffen aufbewahren" heißt.

Preise, Kosten Mexiko ist derzeit kein Billigland, doch das Gute ist, dass es fast überall die Wahlmöglichkeit von bescheiden bis luxuriös gibt. Ausgesprochen teuer ist die **Karibikküste** und andere Touristenresorts. Doch auch dort gibt es Auswege für schmälere Geldbeutel. In Zeiten wirtschaftlicher Probleme oder gar einer hohen Inflation können die Preise für Busse, Hotels, Benzin, Taxis etc. von heute auf morgen stark steigen! **Hotelpreise gleiten mit den Saisonzeiten,** in der Weihnachts- oder Karwoche ist es z.B. überall teurer als in weniger touristischen Monaten. Busfahren ist relativ teuer mit einem Super-Luxus-Bus (**Preisbeispiele** s.S. 47), sehr billig mit dem „Hühner"- oder „Truthahnbus" (auf langen Strecken hat man jedoch selten eine Wahlmöglichkeit). **Taxifahren** ist in Mexiko **wesentlich günstiger als bei uns.**

■ **Tips zum Geldsparen**

Unterkünfte: Spartips für Hotels bitte bei „Wie man sich bettet – Unterkünfte" nachlesen, s.S. 59. – **Busse, staatl. Museen, archäolog. Stätten:** Studentenausweis vorlegen, s.o. bei DOKUMENTE. MexikanerInnen über 60 haben bei archäolog. Stätten/Museen meist freien Eintritt (s. Anschläge an den Kassen). Diesen Vorteil gewährt man meist auch **ausländischen Senioren,** danach fragen. – **Essen:** Wo die Mexikaner zum Essen hingehen, bekommt man den besten Gegenwert für sein Geld (z.B. gibt es in der Nähe von Regierungsämtern, Bürogebäuden und Unis immer preiswerte Restaurants). Auf den Aushang **Comida corrida** achten, das ist Tagesessen. Am billigsten isst man auf den Märkten, dort kann man sich auch mit Früchten versorgen. Hotel-Frühstück ist – wie überall auf der Welt – überteuert, besser morgens eine *Panadería* oder *Pastelería* aufsuchen, wo es sehr billige Brötchen und Süßwaren gibt. Autofahrer sollten zum Essen unterwegs an der Straße dort halten, wo die Fernfahrer und die Busgesellschaften mit ihren Fahrgästen einkehren. – **Sonstige Tips:** Keine Ferngespräche von Hotels aus führen, preiswerte Telefonkarten kaufen (s.u., TELEFONIEREN). Bei Preisangaben (Hotels, Restaurants) darauf achten, dass die IVA, die Mehrwert- und auch die Hotelsteuer, bereits eingeschlossen sind (*impuestos incluido).* Handeln: s. beim Stichwort oben.

Reiseveranstalter Eine Liste der über 100 Mexiko-Reiseveranstalter kann vom mexikanischen Verkehrsamt angefordert werden (Adr. s.o., „INFORMATIONSSTELLEN FÜR TOURISTEN").

Reisezeiten S.o., „Klima und Saisonzeiten"

Sicherheit Diebstahlvermeidung ist auch in Mexiko ein Thema. Dabei mag ein 14-Tage-Tourist in einer Hotelanlage weniger gefährdet sein als ein Quer-durch-Mexiko-Reisender. Aufpassen muss man besonders in **Mexiko-Stadt,** wo es viele Trick- und Taschendiebe gibt. Ursache für das Bestohlen- oder gar Überfallenwerden ist der relative Reichtum eines jeden Touristen und die weit verbreitete Armut in Mexiko – erhöhte Kriminalitätsraten sind auch immer ein Abbild einer angespannten Wirtschaftslage mit vielen Arbeitslosen! Wer am Tag nur wenige Euro verdient, bei dem wecken teure Fotoapparate, Camcorder, dicke Geldbörsen oder goldene Uhren Bedürfnisse. Dabei trägt Gedankenlosigkeit der Touristen oft erst dazu bei, Diebstähle oder gar Überfälle zu provozieren.

■ **Sicherheitslage Mexiko**

Das Auswärtige Amt in Berlin gibt für bestimmte Länder „Reisewarnungen und Sicherheitshinweise" heraus (einzusehen bei www.auswaertiges-amt.de).

■ **Vorbeugend**

Schon vor der Abreise sollte man sich ein paar Gedanken über sein Gepäck und das Verstauen des Geldes und seiner Reisedokumente machen.

– Mit möglichst wenig Gepäckstücken reisen. Alles muss **abschließbar** sein. Bei Koffern haben sich Hartschalenkoffer bewährt.

– Dokumente und Geld nicht im Reisegepäck verstauen (bis auf einen „Notgroschen"), sondern unterwegs immer am Körper mitführen. Bewährt haben sich separate, innen angenähte Hosen- und Beintaschen. Man kann ebenso fertige Taschen am Gürtel befestigen und nach innen einschlagen.

– Bargeld wird entweder in einen Geldgürtel gesteckt (der ist zwar inzwischen Dieben weltweit bekannt, lässt sich aber nach wie vor am schwierigsten klauen), oder es kommt in ein **Achselhalfter**. Brustbeutel sind weniger geeignet. Ausrüstungsläden bieten Praktisches an, auch **Flughafen-Shops.**

– Für das **Verwahren seines Geldes und der Papiere im Safe eines Hotels** sollte eine weitere kleine Geldtasche mitgenommen werden, möglichst abschließbar.

– Keine teuren Uhren oder Schmuck mitnehmen.

– Ganz Vorsichtige reisen mit einem speziellen Stahlkabel, mit dem Gepäck „an die Kette" gelegt werden kann: z.B. mit „Defcon", mit schrillem Alarm- und Bewegungsmelder, ursprünglich für Laptops entwickelt, Fa. Fücks & Klär, Alzey, Tel. 06731-95660.

■ **In Mexiko**
Zur Vermeidung von Diebstählen sich unterwegs richtig verhalten und die Tricks der Ganoven kennen, s.u.

– **bei Ankünften auf Flughäfen und Busterminals nur in offizielle Taxis** *(taxis autorizados)* **steigen, auch wenn die teurer sind!**

– **Vorsicht** vor allen Dingen in **Mexiko-Stadt:** Straßenkriminalität! Nur offizielle Taxis nehmen, keine Spaziergänge durch dubiose Viertel. Wachsam sein in der Metro.

– Bargeld aus Geldautomaten möglichst nur tagsüber ziehen!

– Handtasche und Kamera nicht über Stuhllehnen hängen, keine überquellende Geldbörse hervorholen, Koffer oder Rucksack im Zimmer nicht offen liegen lassen!

– Geld und Reisedokumente im Hotelsafe deponieren (heißt *caja fuerte* oder *caja de seguridad*); bessere Hotels haben meist einen Safe im Zimmer.

– Kunstfertige Taschendiebe und Taschenschlitzer haben immer dort ein Betätigungsfeld, wo sich Menschen drängen: Also auf Busterminals und Märkten, in vollbesetzten Bussen, bei Fiestas. Und sie warten an jenen Stellen, wo Touristen vor- und vorbeikommen: an Bushaltestellen, Touristenstränden, Touristenmärkte. **In dichtem Gedränge** trägt man seine Sachen am besten in einem Tagesrucksack **vor der Brust.**

– Ihre Alarmglocken müssen schrillen, wenn Sie jemand anrempelt oder wenn Sie plötzlich von zwei oder drei Personen angegangen werden.

– Potentielle Diebstahlgefahr besteht in den meist nur unzureichend gesicherten Zimmern von **Billigunterkünften.** Noch vor dem Einzug ist zu prüfen: Ist die Tür gut verriegelbar? Was ist mit den Fenstern? Kann man von außen einsteigen? In einem unsicher erscheinenden Zimmer würde ich meine Wertsachen nicht zurücklassen, während man andererseits manchmal abwägen muss, ob es nicht besser ist, Papiere und Geld im Hotelzimmer versteckt (!) zurückzulassen als sie durch eine Großstadt spazierenzutragen.
Beim Weggehen die Vorhänge zuziehen und abends das Licht brennen und, sofern vorhanden, Radio/Fernseher spielen lassen.

■ **Weitere Gefahrenpunkte:** Diebe beobachten Sie und warten ab, bis man einen Augenblick unaufmerksam ist, d.h. sein Gepäck aus den Augen lässt, und sei es auch nur für Sekunden! Gepäckstücke deshalb immer so plazieren, dass man es ständig im Blickfeld hat: nicht neben sich, sondern immer vor einem (noch besser ist zwischen die Beine). Oft wird ein **Ablenkungstrick** angewandt: jemand versperrt ihnen den Weg oder verwickelt Sie in ein Gespräch. Und wenn man nach seinem abgestellten Rucksack greifen will, fehlt der. Im Bus das Gepäck nicht ins Ablagefach direkt über dem Kopf legen, sondern **etwas weiter vorn,** damit man es im Blickfeld hat.

■ **ACHTUNG! In Nachtbussen wird manchmal gestohlen,** Handgepäck nicht in die Ablage legen. **Nach einer Nachtfahrt ist man übermüdet und dadurch unaufmerksam. Gauner wissen dies und warten in Busterminals schon in aller Hergottsfrühe auf Opfer!** In Groß- und Hafenstädten generell Vorsicht walten lassen, Parkanlagen und obskure Viertel meiden. In Hochland-Städten erstirbt das Leben in den Straßen früh, deshalb für den nächtlichen Nachhauseweg ein Taxi nehmen (das man dann sicherheitshalber nicht auf der Straße anhält, sondern z.B. zum Restaurant kommen lässt).

■ **Überfälle**
Bei einem bewaffneten Überfall – die außer in Mexiko-Stadt selten vorkommen – das Portemonnaie sofort hergeben, um Schlimmeres zu vermeiden. Auch ein Wort zur Polizei: die ist in Mexiko nicht immer unbedingt „Dein Freund und Helfer“ ...! Immer **misstrauisch sein,** besonders weibliche Reisende!

Eine mexikanische Spezialität ist das **Überfallen ganzer Busse.** Dabei ziehen unterwegs auf freier Strecke mehrere *bandidos* – die als ganz normale

Passagiere eingestiegen sind – ihre Schießeisen. Bekannt dafür sind Chiapas, Oaxaca und Guerrero, gefährdet sind eher Nachtbusse und Busse der 2. Klasse als Luxusbusse, denn diese benutzen, wenn immer möglich, Autobahnen. In vielen Busterminals muss man durch Metallschleusen gehen wie auf dem Airport, um Waffenträger aufzuspüren, und es erfolgt eine Kontrolle des Handgepäcks.

Kleinere Gaunereien: überhöhte Restaurant-Rechnungen, zu wenig Wechselgeld, „Vorabzug" von Trinkgeld u.a.m. passieren fast nur in touristisch stark frequentierten Orten. Deshalb Rechnungen nachaddieren, Wechselgeld sofort nachzählen. Beim Tanken drauf achten, dass der Zapfsäulen-Zähler auf Null steht.

■ **Verlust, Wiederbeschaffung**

Bei Verlust von Wertsachen eine Anzeige bei der Polizei machen – *„levantar una acta de un robo"* – sofern man ein Protokoll für seine Versicherung benötigt (für gestohlene Traveller-Schecks ist dies nötig). **Für einen gestohlenen Reisepass** ist die Botschaft zuständig, Hilfe leisten die Konsulate (s.o. „KONSULATE" und bei den Städten bei „Adressen & Service" / „Notfall"). Ist das Flugticket weg, sollte man seiner Airline eine Fotokopie vorlegen können bzw. die Ticket-Nummer sagen können. **Kreditkarte sperren:** s.o. bei „FINANZEN" / „Kreditkarten".

Souvenirs s.o., „EINKAUFEN".

Sport s.S. 19, „Sportliche Aktivitäten".

Sprache Die mexikanische Amtssprache ist Spanisch *(castellano).* Daneben gibt es noch sehr viele indigene Sprachen. **Mit Englisch kommt man nur in den Touristenzentren** und in Großstädten durch. **Spanisch-Grundkenntnisse sind nötig und für Individual-Reisende Voraussetzung.** Die Mexikaner begegnen einem dann noch freundlicher. Im Anhang dieses Buches ist ein Mini-Sprachführer für die wichtigsten Reisesituationen („*Cómo se dice* – Sprachhilfe Spanisch"). Sehr gut ist der Kauderwelsch-Sprachführer **„Spanisch für Mexiko"**, Rump Verlag, Bielefeld.

Lern-Tip für Mexiko (wer einigermaßen gut Englisch kann): ab und zu ins Kino gehen, weil US-Filme meist mit spanischen Untertiteln gezeigt werden (und auch die Videos in Bussen).

Sprachschulen Am besten lernt man Spanisch vor Ort, was in Mexiko bei Dutzenden Sprachschulen und -instituten in vielen Hochland- und Universitätsstädten möglich ist, auch z.B. in Oaxaca. In Chiapas gibt es Schulen in San Cristóbal de las Casas. Dabei kann man auf Wunsch bei Familien unterkommen.

■ Soll der **Sprachkurs** mit **Badeurlaub** verbunden werden? Dann ist **Playa del Carmen** der richtige Ort. Nach Zuschriften wurden dort mit **El Estudiante, Academia de Español** beste Erfahrungen gemacht, dt. Leitung, Einzel- und Gruppenunterricht (auch 8stündige Crashkurse u. Maya), Vermittlung zu einheimischen Familien (Unterkunft) sowie Yucatán- und Mexiko-Infos. Für Sprachunkundige **ideal bei Beginn einer Mexiko-Reise.** Adresse: 5. Avenida zw. Calle 14 u. 16, Tel. u. Fax 0052-984-8793595, Infos über www.reisebuch.de, marino@playadelcarmen.com. Bei den Stadtbeschreibungen stehen weitere Sprachschul-Adressen. Eine Liste der Sprachschulen in Mexiko kann vom mexikanischen Verkehrsamt angefordert werden (Adr. s.o., „INFORMATIONSSTELLEN FÜR TOURISTEN"). Schweizer können z.B. anfragen bei Boa Lingua, Gubelstraße 15, 6304 Zug, Tel. 041-7103888. In **Guatemala** ist das Sprachschul-Zentrum **Antigua.**

■ **TIP:** Wer einen Sprachkurs an einer mexikanischen Uni belegt, sollte auf eine Bescheinigung oder einem **Ausweis** bestehen, da er dann mit diesem in staatlichen Museen und archäologische Stätten freien oder zumindest ermäßigten Eintritt bekommt!

Steuern

Die mexikanische Mehrwertsteuer **IVA** *(Impuesto de valor agregado)* beträgt derzeit 15% auf alle Waren und Dienstleistungen (einen ermäßigten Satz gibt es für bestimmte Waren). Preisauszeichnungen sind, wie bei uns, **gesetzliche inklusiv-Preise,** aber manchmal wird doch versucht, auf einen (Hotel-)Rechnungsbetrag nochmals 15% aufzuschlagen (oder 17%, weil es auch noch die meist zweiprozentige Hotelsteuer **ISH** – *Impuesto sobre hospedaje* – gibt. Deshalb, **besonders bei Luxushotels und Luxusrestaurants,** vorher fragen: *„con impuestos o sin impuestos?"* Eine Preisangabe mit dem Zusatz **mas impuestos meint**, **dass noch die Steuer draufkommt!** Doch dies ist, wie gesagt, bei „normalen" Hotels so gut wie nie der Fall. Auf inländische Flugtickets kommen 10% Steuern, auf internationale 2,5%.

Straßensystem, Adressen / Hausnummern

Mexikos Städte sind überwiegend im **Gitterraster** angelegt. Ausgehend vom Zócalo, dem Schnitt- und Mittelpunkt einer Stadt, werden die *Calles* und *Avenidas* entweder mit Namen oder oft nur mit fortlaufenden Zahlen und den vier Himmelsrichtungen benannt, wie *1 Norte, 2 Sur, 6 Oriente, 7 Poniente* usw. (in eine Himmelsrichtung gerade Zahlen, in die entgegengesetzte ungerade). Ein „a" hinter einer Straßennummer – 3a *(tercera)* bedeutet „3. Straße". Am Zócalo schneiden sich die *Calle Central* und die *Avenida Central* und es ändert sich meist der Name der Straßen die den Zócalo durchschneiden. Als Straßennamen nimmt man in Mexiko gerne ein historisches Datum, wie z.B. „Cinco de Mayo" (5. Mai, Sieg der Mexikaner 1862 in Puebla über die Franzosen). Ein *Malecón* ist eine Uferpromenade bzw. eine Straße entlang des Meers. *Colonia, Barrio* oder *Delegación* sind Stadtviertel. Mit jeder **Cuadra (Straßenblock)** erhöhen sich die **Hausnummern** vom Zócalo aus um eine Hundertergruppe, **oft wirr durcheinander,** nach Nr. 120 kann 148 und dann 132 kommen. „Entre" meint zwischen zwei Straßen, „esq." *(esquina)* die Ecke zu einer anderen, „s/n" – sin número – ist ein Haus ohne Nummer (bei kleinen Orten heißt es oft *„domicilo conocido"* – Adresse allgemein bekannt). „Km 6,8" bedeutet, dass das Haus in der Nähe des (meist nicht vorhandenen) Kilometersteins 6,8 liegt.

Strom

Die Spannung in Mexiko beträgt im allgemeinen 110 V, die Stecker entsprechen der US-Norm (Flachstecker; Adapter sind erhältlich bei Reiseausrüstern und in Flughafen-Geschäften). Elektrische Geräte müssen auf 110 V umschaltbar sein oder sich automatisch anpassen.

Studentenausweis

s.o. „DOKUMENTE"

Telefonieren

War in Mexiko einst problembehaftet, doch heute ist es einfach. Man kauft sich eine **Telefonkarte,** z.B. von **Ladatel** (*Tarjeta Ladatel,* Akronym für *Larga distancia teléfono*). Diese *tarjetas telefónicas* gibt es zu verschiedenen Gebührenwerten (20, 50 und 100 Peso) an zahlreichen Telmex-Verkaufsstellen und bei Läden, Zeitungskiosken, Bus-Terminals etc. (auf das blau-weiße Ladatel-Zeichen achten, *„de venta aquí")*. Mit der Karte können von den zahlreichen Telmex- bzw. Ladatel-Kartentelefonen unkompliziert in- und ausländische Gespräche geführt werden. Die Apparte haben eine leicht verständliche Bedienerführung, sogar in 5 Sprachen (dazu den „ABC"-Knopf mit dem Gesicht drücken). Ein Display zeigt wie gewohnt die Kosten bzw. den Restwert der Karte an.

■ **Nach Europa** telefonieren ist mit einer Telmex-Karte teurer als mit einer **Telefonkarte** von Wettbewerbern, wie z.B. von **Andina, Amiga** oder **Saludo.** Ein Gespräch nach Europa kostet mit ihnen ca. 4 P/Min., mit *Telefonía Mundial* auch stark verbilligt in die USA u. Asien. Karten gibt es in Werten von 20, 50, 100 und 500 Peso, Anleitung steht auf der Rückseite.

Schweizer sollten evtl. eine Swisscom Calling Card mitnehmen, mit ihr kann man annähernd 2/3 billiger telefonieren). Nicht billiger kommt der Einsatz der deutschen Telekom-Karte, ca. 3 €/Min.

Es gibt auch Telefone für **Kreditkarten** bzw. man kann die Telefonkosten seiner Kreditkarte belasten. **Vorsicht, lieber nicht,** bei einem Gespräch in die USA bekam ich einmal im Nachhinein **exorbitante Gebühren** berechnet!

Telefonieren kann man außerdem ohne Telefonkarte von den öffentlichen *Casetas de Teléfono* bzw. *Casetas de Larga Distancia* (bis spät abends offen); generell lohnt es sich, **die Preise der Casetas zu vergleichen!** Von Casetas kann man auch Faxe versenden. Beim **Telefonieren vom Hotel** werden meist **hohe Aufschläge** berechnet (übriges: Beim Telefonieren meldet sich der Angerufene mit *„bueno?"*)

Handy

Ein **Mobiltelefon** bzw. das Handy heißt **teléfono celular.** Die Rufnummern *aller* mex. Anbieter beginnen mit **044** + Ortsvorwahl (ohne die „01"!) + Anschluss-Nr.

Das Netz basiert auf dem US-Standard TDMA bzw. GSM (1900 Mhz) und ist nur in den Städten gut ausgebaut. Erforderlich ist ein Triband-Handy, dennoch sind die Roaming-Kosten horrend (kontakten Sie ihren Provider). Deshalb sich ggf. besser ein mexikanisches Handy mit Guthaben bzw. mit prepaid-SIM-Karte kaufen, z.B. bei den Shops von *Telcel,* dem wichtigsten Anbieter mit relativ guter Flächendeckung (www.telcel.com). Eine prepaid Sim kann für 200 Peso gekauft werden, wovon 100 P Gesprächsguthaben sind. Der Haken: die Karten haben verschiedene Gültigkeitsbereiche. Empfängt man Anrufe außerhalb seiner angemeldeten Region, zahlt man mit, befindet man sich innerhalb seiner Region, zahlt nur der Anrufer. – Ein anderer Anbieter mit günstigen Tarifen nach Europa ist UNEFONE, der Empfang ist aber beschränkt auf größere Städte.

■ **Telefonieren in Mexiko in eine andere Stadt,** also Ferngespräch (*larga distancia automática*): 01 + Ortsvorwahl (*clave,* „Schlüssel") + Rufnummer *(número local).*

■ **Vorwahlnummern**: Seit 2001 haben alle mexikanischen Städte 3stellige Vorwahlnummern (plus führender 01, *acceso al servicio*), mit Ausnahme dreier Millionenstädte, die zwei Ziffern haben (mit führender 01), nämlich Mexiko-Stadt **(01-55),** Guadalajara **(01-33)** und Monterrey **(01-81).** Diese drei Städte haben als einzige außerdem 8stellige Rufnummern (Mexiko-Stadt: 01-55-12345678), alle anderen **7stellige** (Cancún: 01-998-1234567).

■ Hier im Buch sind Telefonnummern in Städten durchweg ohne Vorwahl angegeben, andernfalls durch einen Bindestrich von der 01 getrennt (01-xxx). **Die Vorwahlnummer einer Stadt finden Sie immer am Beginn einer Stadtbeschreibung,** oder bei „Adressen & Service", gleich am Anfang beim „Turismo". Im Internet bei www.embamex.de, www.cft.gob.mx, www.telmex.com.

Eine **gebührenfreie** nationale Nummer, z.B. für Hotelreservierungen, beginnt mit **01-800** + 7 weiteren Ziffern (die kostenlose landesweite Touristennotfall-Nummer der SECTUR ist z.B. 01-800-9039200). **Auskunft:** 040. Den **Servicio vía Operadora** für Hilfe für nationale mex. Ferngespräche erreicht man mit der Wahl von **020** (Möglichkeiten: *persona a persona* oder *teléfono a teléfono*). Internationale Operator (*operadora internacional,* engl.-spr.): **090.** Weitere spezielle Service-Nummern stehen in den mex. Telefonbüchern.

■ **Telefonieren nach Europa:** Wähle „00" + Landesvorwahl (D = 49, CH = 41, A = 43), + Stadtvorwahl (ohne die führende „0") + Rufnummer des Teilnehmers. – In die USA: „00" + 1 + Area Code + Number. Collect-Calls („por cobrar") *vía operadora:* 090.

■ **Von Deutschland/Europa nach Mexiko telefonieren:** Die internationale **Landesvorwahl von Mexiko ist 52.** Wähle also 0052 + Clave/Vorwahl der Stadt **(doch ohne die mex. 01!)** + Teilnehmernummer, für Mexiko-Stadt also 0052+55+12345678. Nützen Sie dabei die Netzvorwahl eines deutschen Telefon-Billiganbieters, im Internet abrufbar z.B. bei www.teletarif.de.

Telegramme

Nicht von einem Postamt, sondern von einem *„Oficina de Telégrafo".* Sehr dringend heißt *„extra urgente",* dringend *„urgente"* und gewöhnlich *„ordinario".* Das Hotel hilft sicherlich. Unkomplizierter und schneller ist ein Fax oder eine eMail.

Touristenkarte Alles darüber bei „Ein- und Ausreisebestimmungen", s.S. 22

Trinkgeld Das Trinkgeld – die *propina* – ist in Mexiko, ähnlich wie in den USA, für das Restaurant-Bedienungspersonal ein wichtiger Teil seines Einkommens. Geben Sie deshalb etwa 10% des Rechnungsbetrags (obwohl dies in kleinen Restaurants, wo der Eigentümer hinter der Theke steht und serviert, nicht unbedingt erwartet wird). Anders sieht es in den **Touristenzentren** an der Karibik und auch in „besseren" mexikanischen Restaurants aus: dort ist man dazu übergegangen, **auf Rechnungen ungefragt 10–15%** *„servicio"* draufzuschlagen, was ärgerlich ist, weil nach unserem Verständnis ein Trinkgeld freiwillig und nicht ein Bestandteil einer Rechnung ist. **Diesbezüglich vorheriges Nachfragen oder reklamieren ist angebracht.** In Restaurants ist es üblich, einer Tischgruppe eine Gesamtrechnung vorzulegen. Geben Sie auch eine Kleinigkeit denjenigen, die Ihnen einen Gefallen oder Dienst erwiesen haben (Kinder, die auf Ihr Auto aufpassen, Zimmerpersonal, Tankwart). Taxifahrer erwarten kein Trinkgeld.

Trinkwasser In allen Hotels (und oft in öffentlichen Gebäuden) gibt es Glasballons mit *agua purificada.* Leitungswasser sollte man nie trinken.

Unterkunft s.S. 57

Versicherungen Wenn Sie gesetzlich krankenversichert sind, so schließen Sie für Mexiko eine **Reise-Krankenversicherung** ab, Vordrucke gibt es bei allen Reisebüros und Banken. Privatversicherte erkundigen sich nach dem Leistungsumfang ihrer Versicherung (meist weltweit einen Monat gültig, Verlängerungen/Ergänzungen sind im allgemeinen möglich). Die Kosten für eine Behandlung müssen zunächst selbst bezahlt werden (verlangen Sie detaillierte Belege!). Komplett-Versicherungspakete, wie Reiserücktrittskosten-Versicherung, Reisehaftpflicht- und Gepäckversicherung lohnen meist nicht. Wer eine wertvolle Foto- und Filmausrüstung mitnimmt, sollte eine spezielle Fotoversicherung abschließen, normale Reisegepäckversicherungen sind dafür nur beschränkt tauglich. Wichtig für den Fall des Falles ist eine Inventarliste aller mitgeführten Dinge.

Währung s.o. „FINANZEN".

Wäschereien Wäsche kann man unterwegs günstig in einer *lavandería* waschen lassen (eine chem. Reinigung ist eine *tintorería*), Adressen stehen bei den Städten bei „Adressen & Service", oder man findet sie im Telefonbuch (man sollte aber wissen, dass die Wäsche evtl. anschließend verfärbt oder eingegangen sein kann). Viele Hotels bieten einen Wäsche-Service über Nacht (der dann meist sehr teuer ist).

Wetter s.S. 14, „Klima und Saisonzeiten".

Zeichensprache Halten Mexikaner Daumen und Zeigefinger gegeneinander (was bei uns „ein wenig", „ein bisschen" meint), heißt dies in Mexiko: „Bitte warten, *momentito*".

Zeitungen, Zeitschriften Die größten mexikanischen und überregionalen *Periódicos* sind: *Excelsior* (konservativ), *La Jornada* (Zeitung mit sozialem Engagement, wird vor allem in linksintellektuellen Kreisen gelesen), *El Financiero, El Nacional* (Regierungszeitung), u.a. *El Tiempo Libre* und *Uno más Uno* sind Blätter mit vielen kulturellen Beiträgen und Veranstaltungskalendern. *Proceso* ist eine (politische) Wochenzeitschrift. Auf der Website der mex. Botschaft in Berlin (www.embamex.de) kann man sehr viele mex. **Zeitungen und Zeitschriften online lesen.**

In Englisch: Die *Mexico City Times* und *The News* erscheinen in Mexiko-Stadt (www.thenewsmexico.com), doch gibt es sie auch im ganzen Land in wichtigen Geschäfts- und Touristenorten. *Mexico City Daily Bulletin* ist eine Touristenzeitung mit viel Werbung und Basis-Infos (in Mexiko-Stadt, kostenlos in Hotels, Restaurants und in der Zona Rosa).

Spanisch/Englisch: *Mundo Maya* ist eine Zeitschrift über das Reisen in den

Maya-Regionen; gut gemacht, interessante Artikel. *México Desconocido* ist eine Reisezeitschrift, www.mexicodesconocido.com.mx.

Die internationale Presse bekommt man in den Läden von *Sanborns* (Restaurant-Kette) und teils in den Läden von *FAMA,* einer Ladenkette mit Büchern, Zeitschriften und Zeitungen.

Zeitunterschied Der Hauptzeitunterschied zwischen Deutschland (MEZ) und Mexiko beträgt –7 Stunden *(Hora Central).* Für das nordwestliche Mexiko (Nayarit, Sinaloa, Sonora und Baja California Sur) –8 Stunden *(Hora de la Montaña)* und für die nördliche Baja California –9 Stunden *(Hora del Pacífico).* Von Anfang April bis Ende Oktober (jeweils erster bzw. letzter Sonntag) gilt die **mexikanische Sommerzeit,** d.h., die Uhr wird in allen Zeitzonen um eine Stunde vorgestellt, so dass die Zeitabstände auch im Zeitraum unserer Sommerzeit gleich bleiben. Dennoch evtl. Differenzen am Beginn und am Ende der Zeitumstellung, wenn das europäische Umstellungsdatum – letzter Sonntag im März und letzter Oktobersonntag – nicht mit dem mexikanischen deckungsgleich ist.

Zócalo Der *Zócalo* ist der zentrale Platz der mexikanischen Städte und Ortschaften. Er heißt oft auch (richtiger) *Plaza Mayor, Plaza Principal* (Hauptplatz) oder *Plaza de Armas* („Platz der Waffen", weil sich früher auf ihm das Militär mit den Waffen versammelte). Je nach Landesgegend und Ort heißt er oft auch *„Parque",* doch ein Park in unserem Sinn ist damit nicht gemeint.

Der Zócalo ist das soziale Zentrum einer Stadt, hier trifft man sich, ist immer was los. In der Mitte befindet sich meist ein erhöhter *Quiosco,* ein Musikpavillon. Wenn man gerade in einer Stadt angekommen ist und man weiß nicht wohin – immer zum Zócalo, alles andere ergibt sich dann.

Zócalo heißt „Sockel" oder „Podest", der Name geht zurück auf das Fundament eines 1843 in Mexiko-Stadt von der Regierung des Generals Santa Ana geplanten gewaltigen Denkmals zur Unabhängigkeit Mexikos. Als Santa Ana wenig später abgesetzt wurde war erst der Sockel fertiggeworden, der dann noch lange Zeit nutzlos herumstand und später entfernt wurde. Doch bis dahin hatte sich der Spitzname *zócalo* im Volk schon durchgesetzt und wurde zum Synonym aller städtischen Zentralplätze in Mexiko.

Zoll in Mexiko s.o., „Ein- und Ausreisebestimmungen".

TEIL II: UNTERWEGS IN MEXIKO

Von Ort zu Ort – Reise- und Verkehrsmittel

Fortbewegung auf mexikanisch

Die breite Palette der mexikanischen Fortbewegungsmittel spiegelt treu sämtliche Schichten der bunten mexikanischen Gesellschaft wieder. Von Privatflugzeugen der Großgrundbesitzer über Luxusbusse, Sportautos, VW-Käfer, klapprige Taxis bis hin zu Fahrradrikschas in Mexiko-Stadt und Eselkarren auf dem Dorf – es gibt einfach alles.

Was in keinem Fahrzeug fehlen darf, ist das Bild eines Heiligen oder der **Jungfrau von Guadalupe,** deren Aufgabe es ist, selbiges samt Insassen zu beschützen. Die Beschützer haben dann aber auch alle Hände voll zu tun, denn Verkehrsregeln werden in Mexiko nur beachtet, wenn es unbedingt notwendig ist. Infolgedessen sind die mexikanischen Verkehrsteilnehmer um einiges flexibler und reaktionsschneller als ihresgleichen in anderen Ländern. Dennoch gibt es häufig Unfälle, wer um den *Día de los Muertos* in Mexiko reist (s.S. 93), kann sich selbst davon überzeugen, überall am Straßenrand sieht man dann blumengeschmückte Gedenkkreuze.

Viele Leute lassen ihr neues Fahrzeug auch von einem Priester segnen oder geben ihm Namen, die auf die Frontscheibe gepinselt werden. Da kann man z.B. lesen: „Fast ein Engel“, „Die Liebe Gottes“, „Die Jungfrau von Juquila“, „Speedy Gonzales“ oder auch „Saddam Hussein“. Viele der Fahrer sind *endrogados,* was nicht etwa bedeutet, dass sie bekifft wären, sondern dass sie ihren blechernen Stolz mühsam abzahlen.

Lange Strecken werden gerne mit **Luxusbussen** zurückgelegt. Hier wird die Idee des Komforts mit der Vorstellung des vollkommenen Abgeschottetseins von der Umgebung verbunden. Die Busse ähneln dann eher einem Kino. Sowohl die Fahrerkabine wie auch Seitenfenster werden mit dunklen Vorhängen zugehängt, und man muss zwangsweise einen meistens blutigen US-Thriller oder eine Soap-Opera über sich ergehen lassen. Statt Landschaft also Todesschreie, Schüsse und Küsse.

In Bussen der 2. Klasse steigen auch Händler ein. Das kann vielleicht ein 7- oder 8jähriger Knirps sein, der höflich seine Ware anbietet und erst 40 oder 50 km weiter an der nächsten Autobahngebührenstelle aussteigt, um mit einem anderen Bus zurückzufahren.

Das Gegenstück zu den Reisebussen sind die *guajoloteros,* **„Truthahnbusse“,** weil selbige Tierchen da auch rein dürfen. Diese werden fast ausschließlich für Dorfbewohner eingesetzt. Aber auch bei diesen alten Kisten kann es vorkommen, dass ein funkelnagelneuer Farbfernseher die Frontscheibe ziert. Ebenso verhält es sich mit den Taxis. Manche der Fahrer wollen auch bei der Arbeit nicht auf das Fußballspiel verzichten. Dafür aber sind sie billig und zahlreich, und es ist angenehm, sich zu jeder beliebigen Tageszeit vor die Haustür kutschieren lassen zu können.

Klein- bzw. Minibusse heißen je nach Wagentyp und regionalen Varianten **Colectivos, Combis** oder **Micros** (in Mexiko-Stadt *rutas* bzw. *peseros,* weil sie dort einst nur einen Peso kosteten, in Chiapas **Suburbanos**). Ihre Fahrgastkapazität hängt nicht von Sicherheitsvorschriften ab, sondern von der energischen Entschlossenheit des Fahrers, seine Einnahmen durch möglichst viele Passagiere zu verbessern. Flotte Cassetten-Musik lässt eine eventuell unbequeme Sitzposition vergessen.

Trotz alledem ist das mexikanische Transportsystem sehr gut. Es fährt fast immer irgendein Bus gerade dorthin, wo man hin will, egal ob Lang- oder Kurzstrecke, und in der Regel auch ohne lange Wartezeiten – man muss natürlich nur wissen, welcher …

Eine mexikanische Besonderheit sind die dreirädrigen **Lastenfahrräder**, die *triciclos.* Diese haben vorne einen zweirädrigen Vorbau, auf dem man einiges transportieren kann. Meist werden sie von Händlern benutzt, aber auf dem flachen Yucatán kann man mitunter ganze Familien sehen, die so von einem Dorf ins andere gelangen. Noch kurioser sind die **„Mopedtaxis“,** die *motocarros* von Tehuantepec. Man besteigt hinten ein zweirädriges Gestell mit Sonnendach und wird stehend herumgefahren. – *Heike Dorit Gruhn*

Reisen mit dem Bus

Haupttransportmittel in Mexiko sind die **Omnibusse** *(camiones),* die flächendeckend bis in die letzten Winkel des Landes fahren. Einst war Busfahren in Mexiko noch wirkliches Abenteuer: Überladene und klapprige alte „Hühnerbusse", wildverwegene *chofers,* die mit ihren Hupen, laut wie Schiffsnebelhörner, die Straße von Hindernissen freibliesen und auf wilden Bergstrecken todesmutig die Konkurrenz überholten, immer 30 cm am Abgrund entlang … Das kann man zwar auch noch heute erleben, doch normalerweise geht es beim Busfahren in Mexiko sehr gesittet zu: Bei 1.-Klasse-Bussen beträgt die Höchstgeschwindigkeit 95 km/h – wenn der Fahrer schneller fährt ertönt ein Piepston –, es gibt nummerierte Sitzplätze, in Busterminals VIP-Lounges wie in Flughäfen, Bus-Hostessen, laute Videofilme zur Unterhaltung (**Ohrstöpsel,** *tapónes,* sind nützlich), Liegesitze für Nachtfahrten, u.a.m.

Busterminal heißt auf mex.-spanisch **Central de Autobuses,** *Central Camionera* oder *Camionera,* hier im Buch meist kurz „Terminal" genannt. Es entstehen immer mehr neue, riesige und supermoderne, die mit allem ausgestattet sind, was Reisende benötigen, oft mit einem *Turismo* (Touristenauskunft). Bei der **„Guardaequipaje"** kann man sein Gepäck aufbewahren (verschließen und nichts Wertvolles drinlassen!). Zu **Omnibus** wird (meist) **camión** gesagt, doch sind die Bezeichnungen – je nach Landesteil – unterschiedlich (auch *autobus* oder *bus*).

Die Central de Autobuses liegen entweder tatsächlich zentral (und damit bequem erreichbar) in Stadtmitte oder – meist die neuen Terminals – an der Peripherie. Ins Stadtzentrum fährt man dann mit einem Taxi oder billiger mit den ständig verkehrenden Colectivos. Oft gibt es getrennte Busterminals für die 1. und 2. Klasse, die dann **„Terminal de Primera clase"** bzw. **„Terminal de Segunda clase"** heißen. Manchmal sind sie auch nach den Namen der dort abfahrenden Linien benannt, wie z.B. „Terminal ADO", „Cristóbal Colón" o.ä. Die größten, airportähnlichen Busterminals haben Mexiko-Stadt (dort gibt es davon gleich vier Stück), Guadalajara, Puebla und andere mexikan. Millionenstädte.

Fahrtziel, Ticket-Kauf Man sucht sich sein Fahrtziel *(Destino)* mit der Abfahrtszeit auf den großen Anzeigetafeln **(s. Foto)** bei den einzelnen Gesellschaften und geht dann zu einem Schalter *(taquilla),* um sein *boleto* zu kaufen. (Bei kleineren Bus-terminals sollte man sich wegen den Abfahrtszeiten nochmals am Schalter vergewissern, manchmal wird vergessen, die neuesten Abfahrtszeiten anzu-schlagen!). Auch die Preise, die je nach **Busklasse** und **Linie variieren,** sind auf den Tafeln aufgeführt – also vergleichen. In größeren Terminals gibt es manchmal eine Auskunft *(informes),* wo man Verbindungen erfragen kann. Beim Kauf eines *boleto* der 1. Klasse oder Luxusklasse wird man am Schalter nach seinem Namen gefragt und es werden einem die noch freien Plätze – *asientos* – genannt bzw. auf dem Computerschirm

zur Auswahl angezeigt. Ändert man seine Pläne und will später (oder früher) fahren, können gekaufte Tickets umgebucht werden, oder – gegen einen Abschlag –, zurückgegeben werden *(cancelaciones)*, aber nur bis ein paar Stunden vor der Abfahrt. **Bezahlung mit der Kreditkarte ist so gut wie nie möglich! Ausländische Senioren** ab 60 Jahren bekommen auf Nachfrage manchmal von einem freundlich gestimmten Buskartenverkäufer ein Senioren-Ticket zum halben Preis (1. Klasse).

■ Beim Ticketkauf sollte man auf jeden Fall hartnäckig sein und nicht zu schnell aufgeben, wenn man *no hay lugar* oder *esta lleno* hört … beharrliches Nachfragen – auch bei verschiedenen Schalterpersonen – hilft manchmal doch noch ein Ticket zu ergattern, obwohl vorher angeblich ausgebucht war.

■ **Wichtig:** Busse, die von einer anderen Stadt starten (in die man also unterwegs zusteigt), heißen **de paso.** Es kann also am Zusteigeort manchmal kein Platz mehr frei sein oder man muss stehen (nur möglich bei der 2. Klasse). Andere Bus-Begriffe: **directo** (mit einigen Stops); **semi-directo** (einige Stops mehr als directo); **escalas** = Zwischenstops; **expreso** = Express, keine Stops. Weitere wichtige spanische Worte/Sätze im Zusammenhang mit dem Busfahren stehen im Anhang bei *Cómo se dice* – Sprachhilfe Spanisch / „Bus, Bahn, Flug, Schiff").

Beispiele Busfahrpreise 1. Klasse / Peso (1 € = ca. 13,50 Peso)					
Strecke von ... bis	km	Peso	**Strecke von ... bis**	km	Peso
Mexiko-Stadt – Oaxaca	470	290	Mexiko-Stadt – Veracruz	400	248
Oaxaca – San Cristóbal de las Casas	600	291	dto. Luxus-Klasse UNO		410
San Cristóbal de las Casas – Palenque	210	96	Mexiko-Stadt – Mérida	1330	813
Palenque – Mérida	510	262	dto. Luxus-Klasse ADO GL		964
Mérida – Valladolid	170	88	Veracruz – Villahermosa	500	261
Valladolid – Tulúm	100	51	dto. Luxus-Klasse UNO		303
Tulúm – Playa del Carmen	65	26	Oaxaca – Pto. Escondido 9 h	530	202
Playa del Carmen – Cancún	70	31			
Durchschnittspreis 100 km 1. Klasse ca. 55 Peso oder 100 km ± 4 Euro					

Linien, Luxus- und 1. Klasse-Busse

Busgesellschaften gibt es in Mexiko unzählige. Sie bedienen bestimmte Strecken bzw. fahren in bestimmten Regionen (jedoch nicht scharf abgegrenzt, die Streckennetze überschneiden sich, dadurch konkurrierende Preise). Auch die Komfortklassen sind fließend.

Beim alltäglichen Reisen genügen zur Unterscheidung drei: **„Servicio de lujo"** (**Luxus**), **„Primera clase" (1. Klasse)** und **„Segunda clase" (2. Klasse,** manchmal *„Servicio regular"* genannt). Die größten Gesellschaften Mexikos mit den Namen ihrer Luxus- und 1.-Klasse-Busse sind:

ADO (Autobuses de Oriente, sprich: a-de-o, bedient Ostmexiko und Yucatán, insgesamt 25 Linien). **Super-Luxus** (Ejecutivo, nur ca. 24 Sitze): *UNO Serviconfort* • **Luxusklasse:** *ADO GL, Maya de Oro, Cristóbal Colón Plus* (hauptsächlich Chiapas und Oaxaca) • **1. Klasse:** *ADO, Super Expreso, Premier, Expreso, Transportes de Lujo Línea Dorada, Cristóbal Colón, Altos.*

Grupo **Estrella Blanca** (Zusammenschluss von über 30 Linien in 27 mex. Staaten ab Oaxaca nördlich). **Super-Luxus** (Ejecutivo): *Turistar Ejecutivo* • **1. Klasse** (wichtigste): *Estrella Blanca, Expreso Futura, Elite Nuevos horizontes.*

Grupo **Flecha Amarilla** (36 Linien im Zentrum und im Norden Mexikos). **Super-Luxus** (Ejecutivo): *ETN* (Enlaces Terrestres Nacionales) • **Luxusklasse:** *Primera Plus, Primera AeroPlus, Destinos Parhíkuni Plus* • **1. Klasse:** *Servicios Coordinarios, Destinos Parhíkuni, Ómnibus de México.*

Grupo Toluca (unterwegs in Zentral- und Nordmexiko). **Super-Luxus** (Ejecutivo): *ETN* (Enlaces Terrestres Nacionales) • **Luxusklasse:** *Ómnibus Cuauhtémoc Vía Plus, Autobuses de Jalisco La Línea Plus, Destinos Parhíkuni Plus* • **1. Klasse:** *Pegasso Plus, Satélite, Viajero Plus, Ómnibus Cuauhtémoc Vía 2000, Autobuses de Jalisco La Línea, Destinos Parhíkuni, Ómnibus de México.*

Andere: *Grupo Estrella de Oro, Grupo Estrella Roja; Flecha Roja* (Pazifikküste), *Grupo Pullman de Morelos, Grupo Senda, Grupo Transpaís, Expreso de Oriente* (EXO, Yucatán), Ómnibus de Oriente (ODO, Jalisco); *Autobuses Unidos* (AU, Mexiko-Stadt n. Süden/Südosten), *Autobuses Baja California* (ABC).

Alle Haupt- und Fernstrecken Mexikos werden von Luxus- und 1.-Klasse-Busse befahren. Die Busse von *UNO Serviconfort* haben z.B. Klimaanlage (AC), Video, Kissen und Decken, Kaffee-Service, Liegesitze und Toilette. *ADO GL* bietet gleichfalls AC, Video, Kaffee- und Getränkeservice, Neigesitze und Toilette. Auch 1.-Klasse-Busse besitzen Klimaanlage, Videounterhaltung und Sitzplatzreservierung *(numerado).*

DER-Tour Bus-Pass?

Über DER-Tour kann man einen Bus-Pass kaufen, nur in D vorab, 1. Klasse, gültig für 7, 14 (ca. 165 €) oder 21 Tage (230 €; Auskunft: Reisebüros u. www.dertour.de). Der Pass kann auf dem gesamten ADO-Streckennetz genutzt werden, also ab Mexiko-Stadt südlich, für etwa 63 Städte. Vergleicht man nun den Gesamtfahrpreis seiner Reiseroute mit dem Preis des Buspasses, so mag man mit ihm evtl. günstiger wegkommen, aber es gibt auch viele Nachteile: man kann nur im Terminal sein Tikket erhalten, es gibt Restriktionen (nur bestimmte Busse, oft nur jene nachts!), das Schalterpersonal kennt sich mit ihm nicht aus, der Computer streikt … Fazit: Ohne diesen Pass ist man wesentlich flexibler – „abzuraten, kein Gewinn“, so Zuschriften.

Fahrpläne

Fahrpläne und Abfahrtszeiten der Buslinien können im Internet eingesehen werden. **1.-Klasse-Bustickets buchen/reservieren** ist möglich bei **Ticket Bus, www.ticketbus.com.mx,** auch längerfristig vorab (überwiegend Verbindungen von Mexiko-Stadt in den Süden und Hochland). Die Adressen der Büros von Ticket Bus stehen bei den Stadtbeschreibungen bei „An- und Weiterreise“ und auf der Website von Ticket Bus.

Websites von Buslinien

(mit Abfahrten, Preisen, Tel.-Nrn. und eMails zum online buchen)
Ticketkauf für alle Buslinien bei www.ticketbus.com.mx
gebührenfreie Tel.-Nr. 01-800-7028000

Autotransportes de la Baja California (**ABC**): www.abc.com.mx
Autobuses De Oriente **ADO**: www.grupoado.com.mx / www.ado.com.mx
ADO GL: www.adogl.com.mx
Omnibus **Cristobal Colón**: www.cristobalcolon.com.mx
Estrella de Oro: www.estrelladeoro.com.mx
Estrella Roja: www.estrellaroja.com.mx
Enlaces Terrestres Nacionales ETN: www.etn.com.mx
Flecha Amarilla: www.flecha-amarilla.com
Pullman de Morelos www.pullman.com.mx
Parhíkuni: www.Parhikuni.com.mx
Primera Plus: www.primeraplus.com.mx
Línea **UNO** Omnibus Serdán: www.uno.com.mx
US-Greyhound (mit Routen in Mexiko): www.greyhound.com

Hinweis: Bei Bestellung eines Tickets unter einer der kostenlosen 01-800er-Nummern fällt zusätzlich eine Bearbeitungsgebühr an!

Busse 2. Klasse

Die **billigeren Busse der 2. Klasse** sind gleichfalls gut, **Platzreservierung** ist bei ihnen jedoch **nicht möglich. Sie benötigen meist erheblich mehr Zeit für die gleiche Distanz wie 1.-Klasse-Busse, weil sie unterwegs an jeder Ecke anhalten.** In ländlichen Regionen sind es meist alte, ausrangierte Kisten, die von Dorf zu Dorf rumpeln. 2.-Klasse-Busse fahren gewöhnlich von einem separaten Terminal ab (das auf dem Land oft in Marktnähe oder beim Zócalo liegt). Doch erst mit einem 2.-Klasse-Bus lernt man Mexiko wirklich kennen. An Zwischenstops versorgen Frauen und Kinder die Fahrgäste mit Getränken, Esswaren und Süßigkeiten.

Abfahrten

Etwa 10 Minuten vor einer Abfahrt wird der Bus ausgerufen (bei de-paso-Bussen mindestens eine halbe Stunde vorher da sein). Man geht zum Warteraum (bei Luxusbussen ist ein spezieller) bzw. gleich zu den *andenes de abordar.* Die Abfahrtsstellen der Busse, die *puertas,* sind nummeriert. Vorher muss man meist noch durch einen security-check, wie auf einem Flughafen. Das Gepäck wird bei der 1. Klasse gewöhnlich schon vorher aufgegeben, oder man bringt es selbst zum Bus zum Gepäckraum zwischen den Rädern. Man erhält dafür einen **Kontrollzettel, der am Ankunftsort zur Gepäckabholung vorgelegt werden muss.** Beim Einstieg wird Name und Ticket kontrolliert.

■ **Fahrpreisermäßigungen** kann es manchmal beim Vorlegen eines **Studentenausweises** geben (s.S. 25, „Dokumente"), danach fragen. Ist abhängig von der Buslinie, Bus-Kategorie und bestimmten Monaten – mex. Saison- bzw. Ferienzeiten sind Juli/August, Ende Dez./Anf. Januar und Ostern.

Abfahrtszeiten

Die **Busabfahrtszeiten** im Buch immer stimmig anzugeben ist bei abertausenden Abfahrten nicht realisierbar. Stattdessen wird meist die Frequenz pro Stunde oder pro Tag genannt (z.B. 3x tägl. oder 2x stdl.). Daraus ist zu erkennen, ob man sich – bei wenigen Abfahrten – besser im voraus sein Ticket kauft, oder einfach zum Busterminal geht und dann meist innerhalb der nächsten Stunde wegkommt. **Faustregel:** Auf den Hauptstrecken bzw. zwischen den Großstädten Mexikos gibt es täglich ein- bis zweistündliche Abfahrten. **Auf sehr langen Strecken wird nachts gefahren,** doch Nachtbusse sind nicht jedermanns Sache; wer unausgeschlafen ankommt, hat meist nichts vom – vermeintlich gewonnenen – folgenden Tag.

Zu den beliebtesten und frequentiertesten Abfahrtszeiten (also vormittags, tagsüber und an den Wochenenden) sind die Busse manchmal bald ausgebucht (Komfortbusse haben selten mehr als 30 Sitzplätze!).

■ Wenn man irgendwo ankommt immer gleich die Abfahrtszeiten für das nächste Ziel nachprüfen und ggf. gleich das Ticket kaufen, besonders Langstrecken mit Luxus- oder 1.-Klasse-Bussen.

Weitere Tips

Die Bussitze ganz hinten sind wegen Motorenlärms, Schaukelei und Toilettenverkehr weniger empfehlenswert, genauso die vier Sitze **in der ersten Reihe,** da hat man bei den meisten Bussen **keine Beinfreiheit.** Und sitzt man am Fenster, bekommt man die **eiskalte Dusche der Klimaanlage** ab (Erkältung droht, Clevere haben breites Tesaband dabei und kleben die Luftschlitze zu). **Deshalb unbedingt etwas Warmes zum Anziehen mitreinnehmen, auch bei Nachtfahrten,** oder wenn man von einer **heißen Zone ins kühle Hochland** fährt, und wie erwähnt, **Ohrstöpsel gegen laute Videofilme!**

■ **Vorsicht, Diebstahlgefahr! Besonders bei Nachtfahrten** und in Busterminals! Gepäck immer unter Kontrolle halten, Kameras im Bus nicht in die Gepäckablage legen (das Fotografieren ist wegen den getönten Scheiben der Busse übrigens schlecht möglich). Bei langen Fahrten werden unterwegs regelmäßig Rast- und Essenspausen eingelegt.

Mexikos Straßen sind – besonders im Süden und durch die Sierras – sehr kurvenreich. Wem's leicht schlecht wird, sollte vorne sitzen, oder vorher die wirkungsvollen **Dramamine**-Tabletten gegen Reiseübelkeit kaufen (in jeder

Apotheke oder im Busterminal. (Oft kann es einem aber auch vom Fahrstil der *pilotos* in den 2.-Klasse-Bussen übel werden, wer schwache Nerven hat, sollte deshalb nicht ganze vorne sitzen, denn da muss man sich jedesmal die waghalsigen Überhol- und Ausweichmanöver mitansehen ...).

Colectivos & Co.

Neben den Linienbussen fahren in Mexiko sowohl im Stadt- und Nahverkehr als auch Überland und von Dorf zu Dorf „Sammel"- bzw. Kollektiv-Fahrzeuge. Diese Klein- bzw. Minibusse heißen je nach Wagentyp und regionalen Varianten *Colectivos, Combis* oder *Micros* (in Mexiko-Stadt *rutas* bzw. *peseros,* weil sie dort einst nur einen Peso kosteten, in Chiapas *Suburbanos*). Sie fahren öfter als Linienbusse und man stoppt sie durch Heranwinken auf der Straße oder geht zu Abfahrtspunkten. Feste Abfahrtszeiten gibt es höchst selten, es wird losgefahren, wenn genügend Fahrgäste beisammen sind. Die Fahrpreise sind gering.

Große Stadtbusse sind meist eine weniger empfehlenswerte Alternative zu Taxis, Micros oder Combis. Es erfordert zumindest einige Sprach- bzw. Ortskenntnisse, um in den richtigen Bus einzusteigen. Es wird meist entlang der Hauptverkehrsstraßen gefahren, wo die Haltestellen *(paradas)* liegen.

Taxis

Taxis fahren in mexikanischen Städten zuhauf und sind – bis auf spezielle Touristentaxis – durchaus preiswert. Man erkennt die Wagen an ihren gleichen Farben (z.B. grün oder weiß). Etwas teurer sind Taxis mit festen Standorten, sog. *sitios* (**Taxi autorizado del sitio**; im Telefonbuch sucht man Taxis auch unter „sitios") oder sog. *radio-taxis.* In Mexiko-Stadt beginnt die Autonummer eines Sitio-Taxi mit einem „S". Wenn kein Taximeter *(taximetro)* vorhanden ist – was außer in Großstädten fast ständig der Fall ist, oder die Dinger funktionieren nicht –, immer **vor Antritt** der Fahrt den **Preis aushandeln** (Richtwerte im Hotel erfragen). Wenn der Fahrer nicht einverstanden ist das nächste abwarten. Hinterher den Betrag abgezählt parat haben, denn *taxistas* scheinen grundsätzlich kein Geld herausgeben zu können. Alleinfahrende Frauen sollten sich in Taxis besser hinten reinsetzen. Es kann auch gut sein, das Ziel vorher aufzuschreiben und es dem Taxifahrer zu zeigen, oder die Visitenkarte seines Hotels. Trinkgeld erwarten Taxifahrer keines.

■ Hotels setzen Taxifahrer oft als Schlepper ein – wenn sie Gäste bringen, bezahlen sie teils Provisionen. Umgekehrt läuft die Sache genauso: Weigert sich ein Hotel ein Taxi zu bezahlen wenn es Gäste bringt, redet der Taxifahrer das vom Fahrgast gewünschte Hotel schlecht oder sagt es sei geschlossen.

■ Als *taxis piratas* werden nicht zugelassene, „wilde" Taxis bezeichnet, in sie besser nicht einsteigen. Für den nächtlichen Nachhauseweg in Großstädten (Mexiko-Stadt) ist es aus Sicherheitsgründen ratsam, telefonisch ein Taxi zu bestellen bzw. sich eines zu bestellen lassen. *Taxis autorizados* führen eine offizielle Lizenz mit, in Mexiko-Stadt z.B. einen Fahrerausweis mit Lichtbild. Auch die offiziellen Taxis von Flughäfen sind *taxis autorizados* („Transportación Terrestre"). Man kauft zuvor bei der *taquilla* einen Taxiwertschein (Zonensystem) und gibt den *boleto* dem Fahrer.

■ Stadtbesichtigungen oder Kurzausflüge können gleichfalls bequemerweise mit einem Taxi gemacht werden, man mietet es dazu stundenweise oder für einen halben/ganzen Tag (am besten bei der Taxizentrale). Dies ist meist immer billiger und bequemer als ein Mietwagen.

Innermexikanische Flüge

Internationale Flüge nach Mexiko s.S. 20.

Praktisch jede mexikanische Groß- und Mittelstadt und auch kleine Orte mit touristischer Bedeutung besitzen Flughäfen. Größte Knotenpunkte sind Mexiko-Stadt und Guadalajara. **Direkte Flüge zwischen Städten auf Yucatán und Chiapas gibt es nur wenige, meist muss dazu über Mexiko-Stadt geflogen bzw. dort zwischengelandet werden!** Im Reiseteil sind bei den Städten wichtige Flugverbindungen angegeben. **Innermexikanische Flüge sind derzeit wieder teuer!**

Airlines

Die zwei größten nationalen Airlines sind **Aeroméxico** (www.aeromexico.com) und **Mexicana** (www.mexicana.com) mit Tochtergesellschaften (zur Mexicana gehört z.B *Aerocaribe/Aerocozumel*). Regionallinien sind *Aeromar* (Zentral- und Nordmexiko sowie Westküste mit Manzanillo, Huatulco, Salina Cruz u.a., www.aeromar.com.mx), *Aerolitoral* (Nordwestmexiko mit Baja California, www.aerolitoral.com) und kleinere, wie *AeroMorelos, Aviacsa/Aeroexo* u.a.

Für Touristen, die in Zentral- und Südmexiko reisen ist besonders das Streckennetz der **Aviacsa** (Chiapas) und der **Aerocaribe** von Bedeutung *(„La Línea Aéra del Mundo Maya")*. Mit der Aerocaribe kann man (von Yucatán) auch nach **Guatemala** (Tikal), nach **Belize** oder nach **Kuba** fliegen. **Líneas Aéreas Azteca** ist relativ günstig bedient ausgewählte Ziele in Süd- und Westmexiko, wie Oaxaca, Cancún, Morelia u.a. (www.aazteca.com).

Beim Abflug wird die **Airport-Tax** (TUA) fällig, bei einem im Ausland gekauften Ticket ist sie bereits im Ticket-Preis miteingeschlossen.

Buchung

In den Flugplänen – *itinerarios de vuelos* – sind die Streckennetze der Gesellschaften und ihre Flugdestinationen verzeichnet (die Hefte von Aeroméxico und Mexicana liegen auf Airports aus). Einen Flug buchen kann man in jedem mexikanischen Reisebüro. Für Flüge in den Spitzenzeiten der Hochsaison – um Weihnachten, Neujahr, Ostern – sollte man dies lange vorher tun.

Innerhalb Mexikos kann man mit einem schon vor der Abreise in Europa gekauften **Airpass** fliegen (Hinweise dazu s.S. 21).

Viele **Flughäfen** in Mexiko sind oft schlecht ans öffentliche Verkehrsnetz angebunden, so dass man für die Anfahrt oder für die Fahrt vom Flughafen in die Innenstadt ein Taxi nehmen muss (*taxis autorizados bzw. transportes terrestre*). **Dabei entfällt das Handeln um den Fahrpreis,** da an einem Schalter zu einem Fixpreis zuvor ein Transportgutschein zu kaufen ist.

Mit anderen Verkehrsmitteln

Bahn

Reisen mit der Bahn ist in Südmexiko nicht möglich, frühere Verbindungen wurden, bis auf wenige, spezielle Touristenzüge, eingestellt.

Schiffe und Fähren

Regelmäßige Personenfähren verkehren an der Karibik zwischen Playa del Carmen und Cozumel (Autofähre von Puerto Morelos) und von Puerto Juárez zur Isla Mujeres (Autofähren von Punta Sam).

Radfahren

Südmexiko ist kein ausgesprochenes Radfahrerland, doch einige interessante Touren sind gleichwohl möglich. Routenvorschläge, Erfahrungsberichte und Details aller Art findet man im Reise Know-How „Lateinamerika BikeBuch" von H. u. R. Wiegers. An der Karibikküste, in San Cristóbal de las Casas, Oaxaca u.a. touristischen Orten kann man Räder für Umgebungstouren mieten.

Mit dem Motorrad

Für Motorradfahrer ist Mexiko ein interessantes Land. Ein- und Ausfuhrprozedur die gleiche wie bei einem Kfz (s.u., „Mit dem Auto oder Campingfahrzeug durch Mexiko"). Eine Haftpflichtversicherung ist gleichfalls vorgeschrieben, bei einer Anreise über die USA sind die Tarife der US-Versicherer an den Grenzübergängen nahezu einheitlich (man bezahlt pro Tag), bei sehr langem Aufenthalt in Mexiko wird es billiger. Auch ist die Einfuhr per Motorrad-Luftfracht z.B über Cancún möglich (Zoll-Einfuhrformalitäten aber dann evtl. in Chetumal).

Erfahrungen und Tips eines Motorradfahrers: „Größtenteils traumhaft schöne Motorrad-Strecken, Kurven-Orgien, Enduro-Paradies .... eine Enduro ist oft von großem Vorteil bei schlechten Straßen und Pisten ... keine nennenswerte Ersatzteil-Versorgung außerhalb der Großstädte ... man muss wahnsinnig aufpassen mit Tieren! ... mit erhöhtem Reifenverschleiß rechnen, Reifennachkauf schwierig, Vorsicht vor Dornen! ... Verkehr problemlos, viel entspannter als in Deutschland ... nicht gerade billige Autobahn-Maut ... Motorrad kann oft ins Hotel mit reingenommen werden ... warme Bekleidung und Regenkombi ist im Winter fürs Hochland sinnvoll.“ Weitere Tips zum Verkehr s.u., „Autofahren in Mexiko“.

Trampen

Zum Trampen (*aventón* oder *un ride,* gesprochen *„ray“*) kann keine Empfehlung gegeben werden, wenn, dann nur für Leute, die Spanisch können. Möglich ist es natürlich schon. Gute Wartepunkte sind Tankstellen, wo man Fahrer ansprechen kann (es wird aber manchmal eine Beteiligung an den Benzinkosten erwartet). Mädchen sollten weder zu zweit und gar nie alleine trampen!

Mit dem Auto oder Campingfahrzeug durch Mexiko

Vorbemerkung

Wer Mexiko mit einem **Auto** oder **Campingfahrzeug** bereisen will muss einige Dinge beachten. So scheidet wegen bürokratischer Schwierigkeiten der Kauf eines Wagens in Mexiko so gut wie aus. Besser ist der Kauf/Verkauf eines Gebrauchtwagens in den USA oder man bringt gleich seinen eigenen Wagen aus Deutschland mit (Einreise über die USA, Rückverschiffung von Mexiko nach Europa/Hamburg relativ problemlos von Veracruz von der Golfküste, oder wieder ab den USA, von dort wesentlich billiger). In Veracruz muss zur Verschiffungs- und Zollabwicklung eine Agentur eingeschaltet werden (Kosten für einen Volkswagen LT bis Hamburg ca. 2000 €). **Ausländische Fahrzeuge müssen** in jedem Fall **wieder aus Mexiko ausgeführt werden,** dürfen nicht im Land verkauft werden! Lohnend ist der ganze Aufwand nur, wenn man für eine Autoreise durch Mexiko mindestens 8 Wochen oder besser noch länger Zeit hat. Mietwagen s.S. 35.

Alle Formalitäten und Details im Zusammenhang mit einer Einreise per Wagen von den USA nach Mexiko ausführlichst im RKH-„Mexiko“ v. H. Hermann.

Mit dem Auto nach Belize

Bei der Einreise mit dem Auto von Mexiko nach Belize ist an der Grenze Chetumal//Corozal eine Haftpflicht-Versicherung abzuschließen (auch von Guatemala nach Belize), ca. 30 US$. An der Grenze gibt es ein Versicherungsbüro. Die Einreise mit einem Fahrzeug ist 30 Tage gültig, verlängerbar um jeweils 2x vier Wochen. Im Land dann diesbezüglich Polizeikontrollen. Das Auto wird mit Nummer und Typ in den Pass eingetragen. Einfuhrverbot von Früchten, Absprühen des Fahrzeugs gegen Maul- u. Klauenseuche, ca. 5 US$. Teure Ein-Ausreisegebühren, weiteres s. „Chetumal“.

Mit dem Auto nach Guatemala

Grenzübergangsstellen sind Talismán//El Carmen (20 km östl. von Tapachula), Ciudad Hidalgo//Ciudad Tecún Umán (40 km südl. von Tapachula) und Ciudad Cuauhtémoc//La Mesilla. Prozedur ähnlich wie Belize: Sticker für 30 Tage Autoeinfuhr, Pass-Eintrag, Besprühung. Von Palenque keine Möglichkeit der Autoeinreise nach Guatemala. Grenzdetails zu Belize und Guatemala s.S. 172.

Autofahren in Mexiko

Ángeles Verdes

Auf Mexikos Hauptstraßen sind als Pannenhilfsdienst (dafür die Motorhaube öffnen) die „Grünen Engel“ unterwegs (8–20 Uhr). Sie werden vom mex. Tourismus-Ministerium SECTUR gesponsert und ihre Dienste sind, bis auf Material, kostenlos. Die englischsprachigen Notfallnummern der „Ángeles Verdes“ sind die gleichen wie die Touristen-Notnummern: **52500123** (in Mexiko-Stadt, Vorwahl 01-55) und landesweit kostenlos **Tel. 01-800-9039200** (24 h, 365 Tage).

Mexikanische Automobilclubs

AMA (Asociación Mexicana Automovilística), Orizaba 7, 06700 México, D.F. Geschäftsstellen in allen größeren Städten Mexikos. – **ANA** (Asociación Nacional Automovilística), Calle M. Shultz 136, 06470 México D.F., Tel. 01-55-52921970 bis -77.

Straßenkarten

Besorgen Sie sich zur Vorbereitung und der Routenausarbeitung schon hier einige Mexiko-Karten (jede hat ihre Stärken und Schwächen bzw. wo die eine ungenau ist, hilft die andere weiter). Allgemein kann der Atlas **Por las de Carreteras de México** von **Guía Roji** empfohlen werden, mit 15 Übersichtsplänen der wichtigsten Städte (alle 2 Jahre neu, erhältlich in Mexiko in Bücherläden und bei gut sortierten Kiosken). Neu und noch besser sind die Karten von **Quimera** (www.quimeramx.com). Mehr zu Karten von Mexiko s. bei „Mexiko-Stichworte von A – Z" unter „Karten von Mexiko". Auch in den USA gibt es gute Mexiko-Straßenkarten, empfehlenswert ist die vom AAA (Amercian Automobil Club).

Verkehrs- und Fahrtips

■ **Gute, nützliche Tips** rund ums Autofahren in Mexiko bietet die **Website von Sanborn's, www.sanbornsinsurance.com**

Das Autofahren in Mexiko reicht von monotonen, stundenlangen Geradeausstrecken bis zu kurvenreichen und höchst mühsamen Gebirgsfahrten. Der Verkehr in Städten ist teils chaotisch, doch unproblematisch auf dem Land (Yucatán) oder auf wenig befahrenen Nebenstrecken. Hier wichtige Punkte für sicheres Fahren:

1. Beharren Sie nicht auf Ihrem Verkehrs-„Recht"! Mexikanische Autofahrer sind Individualisten mit eigener Fahr-Flexibilität. Fahren Sie nicht langsam und unsicher, sondern zügig und mit Selbstvertrauen. Es geht nämlich besser als man denkt und bald wird Ihnen das Autofahren in Mexiko vielleicht mehr gefallen als auf unseren überfüllten und aggressionsgeladenen Straßen und Autobahnen.

2. Lassen Sie Überholende immer sofort passieren, auch wenn dies im Überholverbot geschieht oder es an einer Engstelle an Selbstmord grenzt. Mexikanische Macho-Fahrer haben es jedoch nicht immer gerne, wenn man sie überholen will. Während Sie überholen wollen, können jene plötzlich Gas geben ...

3. PS-gewaltige Fahrzeuge sind immer im Recht und haben Vorfahrt. Von Bussen und Lastwagen möglichst Abstand halten. Bei alten Lkws funktionieren oft nicht die Bremslichter (überhaupt darauf vorbereitet sein). Überholt wird in Städten oder auf Mehrspur-Straßen sowohl rechts wie links.

4. Achten Sie nur wenig auf den nachfolgenden Verkehr, genauestens aber auf die Autos vor ihnen und auf die rechts und links. Fleißig die Hupe benutzen.

5. Keinen Blinker rechts setzen um anzuzeigen, dass das Fahrzeug hinter Ihnen überholen kann. **Rechts blinken meint in Mexiko „überholen ist nicht möglich"!** Vertrauen Sie aber auch nicht dem **linken Blinken** des Vorderfahrzeug zur **Überhol-Aufforderung!** Es kann nämlich bedeuten, dass Ihr Vordermann wirklich nach links abbiegen will ...

Vor einer Aktion, wie anhalten oder abbiegen etc., schalten mexikanische Autofahrer oft die Warnblinkanlage ein.

6. Straßeneinmündungen im Auge behalten! Ihr Vorderauto kann plötzlich ohne Warnung nach links oder rechts abbiegen und aus Querstraßen wird ohne zu stoppen in Ihre Straße eingebogen! Also das Unerwartete erwarten.

7. Nur in Ausnahmefällen nachts fahren! Vor engen Brücken mit nur einer Fahrbahn („Puente Angosto" oder „Un Solo Carril") hat jenes Fahrzeug das Recht der ersten Überfahrt, das zuerst die Lichthupe betätigt. Lichthupen von entgegenkommenden Fahrzeugen kann auf Gefahr hinweisen oder man möchte nur auf sich aufmerksam machen, weil die Scheinwerfer meist oft so spät wie möglich eingeschaltet werden.

8. Defensiv und nicht zu schnell fahren, ständig auf der Hut vor Hindernissen sein. Straßenteilnehmer sind auch Ochsenkarren, (betrunkene) Radfahrer, Kinder, Esel, Kühe, etc.

9. Vermeiden, zur dichtesten Verkehrszeit in Millionenstädte einzufahren (am ruhigsten ist es am Sonntagmorgen). Besser in einem Motel an der Peripherie übernachten und dann mit dem Bus ins Zentrum. Überfüllt sind die Straßen auch an den Wochenenden in Richtung beliebter Badeorte/Küste oder zu Erholungsgebieten.

10. Fast alle Städte sind schachbrettartig angelegt, was die Orientierung leicht macht. Doch sind die engen Straßen fast immer **Einbahnstraßen.** Linksabbiegen ist

selten möglich, man muss deshalb die nächste Straße nach rechts nehmen und um den Block herumfahren.

Straßen

Mexikanische Straßen sind in ihrer Qualität miserabel bis sehr gut, befestigte Randstreifen findet man selten, dafür **hohe Seitenabbrüche,** was sehr gefährlich werden kann! Immer und überall mit Schlaglöchern aller Größe rechnen (auch in Städten, z.B. mit fehlenden Kanaldeckeln). Vorsicht in Bergregionen – in und nach der Regenzeit gibt es regelmäßig Erdrutsche und Überschwemmungen, Felsen können auf der Fahrbahn liegen. Im Zweifelsfall fragen Sie die Busfahrer in einem Busterminal nach den Streckenverhältnissen. Liegengebliebene Fahrzeuge werden selten durch ein Warndreieck gesichert, sondern vielmehr durch Steine, Äste u. dergleichen. Staatsstraßen sind durch „Mex“ und eine Zahl gekennzeichnet (z.B. „Mex 200“). Straßen in den Bundesstaaten werden durch die Abkürzung des jeweiligen Bundesstaates gekennzeichnet, z.B. „Chih 123“ (Chihuahua) oder „Yuc 210“ (Yucatán).

Autobahnen / Mautgebühren

Es gibt im Prinzip zwei Autobahntypen: die alten, größtenteils gebührenfreien *(Autopista libre)* und die neueren, deren Benutzung kosten- bzw. mautpflichtig ist (*peage* oder *Autopista de cuota,* dazu gehören auch die *Super Carreteras*). **Erkenntlich sind sie durch den Zusatz „D“** (Mex 180 D) in der Autobahn-Nummer. Die Gebühren bezahlt man auf den Autobahnen an den *Casetas de cuota,* gestaffelt nach Fahrzeugart und Räderanzahl. Sie sind durchweg sehr teuer, und deshalb sind Cuota-Autopistas meist schön leer (eine **Übersicht über die Mautgebühren der mex. Autobahnen bietet www.capufe.gob.mx**). Es gibt aber immer auch eine alternative Strecke oder parallel die alte Autobahn ohne Gebühren (vor Mautstellen lohnt es sich manchmal, einem Lkw zu folgen, denn die wissen meist einen Schleichweg, um die Zahlstellen zu umfahren ... über ein paar Feldwege geht es wieder rumpelnd auf die Hauptstraße zurück). Das Netz der gebührenpflichtigen Autopistas ist ca. 4000 km lang, nur neueste Karten verzeichnen alle. Auf normalen Autobahnen muss man gleichfalls mit Mopeds und sogar Fahrradfahrern rechnen, die trotz Verbots munter auf dem Standstreifen radeln. Auch kann ein Eselsgespann die Fahrbahn queren. Entlang der Autopistas gibt es Werkstätten, Restaurants, Tankstellen usw., und man kann außerhalb der offiziellen Ausfahrten in naheliegende Orte runterfahren. Eine Mautgebühr muss manchmal bei Brücken bezahlt werden.

TOPES – „Schwellenland“ Mexiko

Eine besondere „Spezialität“ auf Mexikos Straßen sind die **Topes** („Puffer“, „Prellböcke“). Das sind **Straßenschwellen** (manchmal auch dicke Seile) quer über die Straße, die die Autofahrer zwingen, langsamer zu fahren, überwiegend vor Ortseingängen. Man muss also nicht nur den Verkehr beobachten, sondern auch die Straße nach diesen tückischen Dingern absuchen, will man keine **schwere Schäden am Fahrgestell** riskieren – besonders wenn Ihr Wagen tief liegt! **TIP:** Steigen Sie ein paar Meter davor auf die Bremse und lassen Sie kurz vor der Schwelle wieder los, dadurch schnellt der Wagen nach oben und knallt nicht voll drauf. *Vibradores,* waschbrettartige Querrillen in der Straßendecke, rütteln dösende Fahrer wieder auf (an Banketten, Autobahnausfahrten).

Verkehrsschilder, Fahrverbot

Die mexikanischen Straßenwarn-, Gebot- und Verbotsschilder sind soweit verständlich, doch sie werden weniger als Vorschriften, sondern eher als Empfehlungen für die Verkehrsteilnehmer angesehen. Richtungsausschilderungen sind oft sehr dürftig, mit Fehlfahrten ist daher immer zu rechnen. Vieh-Warnungsschilder sollten ernst genommen werden. Interessant sind die verkehrserzieherischen Tafeln wie „Keine Steine auf die Fahrbahn legen“, „Lichter abblenden“, „Befolge die Schilder“, „Zerstöre die Schilder nicht“ usw. Kreisverkehr hat auch ohne Schilder Vorfahrt.

■ In **Mexiko-Stadt** wird wegen der Luftverschmutzung für jedes Auto ohne Katalysator einmal in der Woche **Tages-Fahrverbot** verhängt („hoy no circula“). Das gilt gleichfalls für Touristenautos mit ausländischen Kennzeichen, s.S. 379).

Benzin

Benzin *(gasolina)* gibt es an den staatlichen Pemex-Tankstellen, *Magna Sin* hat 87 Oktan, *Premium* 93, bleifrei heißt *sin plomo.* Benzin ist etwa halb so teuer wie bei uns, Diesel (rote Zapfsäulen) ist wesentlich billiger (Preise sind in ganz Mexiko einheitlich, auch an den abgelegensten Orten). Zahlung per Kreditkarte ist nicht möglich. In Mexiko gibt es noch den guten alten Tankwart, der für seine Dienste ein Trinkgeld bekommt, volltanken heißt *„lleno, por favor“* (ein Blick auf das Zählwerk der Tanksäule und die Betraganzeige vorher und nachher kann nicht schaden!).

Polizisten – echte und unechte / Straßen–kontrollen

Uniformierte sind in Mexiko immer mit Vorsicht zu genießen! Um ihren geringen Verdienst aufzubessern, lasten Verkehrspolizisten besonders gerne *gringos* Verkehrsübertretungen an – tatsächliche und erfundene (Mietwagen erkennen sie durch Aufkleber/spezielle Nummernschilder!). Beliebte Opfer sind **Nichtangeschnallte!** Dann wird eine *multa* fällig. Was der Polizist jedoch will, ist meist nur eine *mordida* (s.S. 89). Die Höhe hängt von Ihrem Verhandlungsgeschick oder Ihrem „taktischen" Verhalten ab – zum Vorteil für beide Seiten. Straßenkontrollstellen gibt es auf den Straßen entlang der US-Grenze, an der Pazifikküste und auch derzeit in Chiapas (keine „Kontrollgebühr" bezahlen). Militär und Polizei suchen nach Waffen, Schmuggelware oder Drogen (hat man einen Tramper dabei und gerät in eine Kontrolle und der Tramper führt Drogen mit sich, ist man den Wagen los und man wird angeklagt).

Echte und falsche Polizisten: „Als wir mit unserem Miet-Pkw in Mexiko-Stadt losfuhren wurden wir an einer roten Ampel rausgewunken und mussten Strafe für nicht existierende Verkehrsvergehen bezahlen – 300 Dollar. Uniformierte lauerten hinter Brückenpfeilern nahe der Auto-Anmietstation. Zu diesem Zeitpunkt hatten wir den Wagen gerade 20 Minuten. Das Abzocken wurde dadurch erleichtert, dass die Polizisten durch das Kennzeichen uns sehr leicht von normalen Autos unterscheiden konnten. Sie waren zu dritt und teilten sich das Geld."

Pannen, Unfall

Adressen von Reparaturwerkstätten *(taller mecanicos)* für Autos Ihrer Marke stehen in den „Gelben Seiten" *(„sección amarilla")* im Telefonbuch. *„El que pega, paga!"* heißt die mexikanische Universal-Regel bei Auffahrunfällen – „der Drauffahrende zahlt"! Blechschäden möglichst ohne Polizei regeln. Ist der andere schuldig, werden Sie evtl. kaum was bekommen, weil nicht alle mexikanischen Autos versichert sind. Bei eigenem schwerem Verschulden hat man keine Chance, weil in Mexiko Napoleonsches Recht herrscht, d.h., man ist so lange schuldig, bis man das Gegenteil beweisen kann. Und bis zur Klärung der Sachverhalte kann man im Kitchen landen. Selbst wenn man unschuldig ist kann es bis zu einer gerichtlichen Verhandlung lange dauern. Bei Unfall mit Polizeigewahrsam unverzüglich ein deutsches Konsulat oder gleich die Botschaft verständigen. Das ist ihr Recht!

Sicherheit

Wagentüren immer geschlossen halten, auch während der Fahrt. Beim Weggehen nichts sichtbar im Auto liegen lassen, bei Campingfahrzeugen Vorhänge zuziehen, Wertvolles in den Kofferraum packen. Das Auto möglichst nur auf einem bewachten Parkplatz abstellen *(estacionamiento)*, besonders nachts. Kinder bieten sich manchmal als Autobewacher während der Parkzeit an – ein guter Service, der eine Entlohnung wert ist. Eine wirkungsvolle, sichtbare Auto-Diebstahlsicherung ist der in Mexiko käufliche „bastón": Ein Stock mit gebogenen Enden wird zwischen Bremspedal und Lenkrad eingehängt und mit einem Schloss oder einer Zahlenkombination gesichert. Ins **Parkverbot** würde ich mich nur mit sehr gut festgeschraubten Kennzeichen stellen, weil es sonst sein kann, dass ein Polizist sie abmacht. Abzuholen dann gegen eine Strafgebühr auf dem Revier.

Technische Tips

Ist das Reserverad o.k. und gut aufgepumpt? Einen Benzinfilter einbauen, wichtige Ersatz- und Verschleißteile dabeihaben, Werkzeug und Ersatzkanister mitführen. Überall gibt es Angebote für Autoreifen und *vulcanizadoras* für Reparaturen.

Auto-Camping in Mexiko

Trailer Park /Camping-plätze

Für (große) Autocampingplätze haben die Mexikaner den amerikanischen Begriff **„Trailer Park"** übernommen (andere, span. Schreibweisen und Namen: *Parque de Trayler, Trailer Parque, Kampamento, Campo para Remolques* oder *Campo para Vehiculos Recreativos;* eine *Casa Rodante ist ein* Wohnwagen). Diese Plätze – meist betonierte Standflächen – sind mit allem ausgestattet, was die US-Amerikaner für ihre monströsen Wohnmobile benötigen: Strom-, Wasser- und Entwässerungsanschlüsse, mit Restaurant, Laden, Wäscherei etc. Viele *Trailer Parques* gibt es auf Baja California, an der Pazifikküste (in größeren Badeorten immer) und vereinzelt nahe den Kolonialstädten des Hochlands (meist in der Nähe einer Hauptstraße). Auf vielen stehen monatelang US-Dauercamper. Die Konvois US-amerikanischer Wohnwagen, denen man ab und zu auf Mexikos Straßen begegnet (voraus der Scout-Wagen und als Schlusslicht der Wagen des Mechanikers) steuern fast immer Trailer Parks an. Trailer Parks sind teuer bis sehr teuer, am kostspieligsten auf Baja California, an der Pazifik- und Karibikküste. Unter „Campen/Trailer Parks" sind sie hin und wieder bei den Stadtbeschreibungen aufgeführt.

Freies („wildes" /„informelles") **Campen**

Anders als in Europa gibt es in Mexiko noch genügend Freiraum und Möglichkeiten, mit seinem Camper da zu stehen, wo es gefällt: z.B. in Nationalparks, am Meer (allgemeine Strände heißen *playas públicas*), an Seen, irgendwo in der Wildnis oder bei archäologischen Stätten. Es gibt aber auch schon viele *No acampar*-Schilder (an der Karibikküste, bei archäologischen Zonen, doch manchmal hilft eine *propina* fürs Aufsichtspersonal). Schöne Standplätze finden sich in Bergregionen meist bei Staudämmen, bei *presas*. Übernachten in Städten ist etwas schwierig, versuchen kann man es auf bewachten und beleuchteten Parkplätzen („Estacionamiento"), bei Universitäten, auf Schulhöfen, bei Sportplätzen und Stadien, Tankstellen (meist sehr laut), in den verkehrsarmen und sicheren Straßen „besserer" Wohnviertel oder bei Friedhöfen *(cementerios)*.

Wollen Sie in der Nähe einer Ansiedlung die Nacht verbringen, sollte um Erlaubnis gefragt werden. Einige Sätze: *„Se puede acampar aquí?"* heißt „kann man hier campieren"; *„por favor, podemos pasar la noche aquí?"* – Können wir bitte hier die Nacht verbringen; *„quisieramos acampar, por favor"* – wir möchten hier bitte campieren. Mexikaner verstehen es, wenn Fremde in einer evtl. unsicheren Gegend diese Bitte äußern. Will man höflicherweise anbieten etwas zu bezahlen (z.B. bei armen Campesinos), sagt man *„cuanto le debo?"* – was schulde ich? *„Nada"* wird fast immer die Antwort sein.

Blockieren Sie keine Feldwege, es kann jemand vorbeiwollen, z.B. frühmorgens ein Campesino mit seinem Ochsengespann. Immer so parken, dass man im Notfall oder am anderen Morgen ohne rangieren zu müssen gleich wegfahren kann. Vorsicht in Wüstengebieten! Kakteenstacheln, loser Sand und Dornen sind nicht zu unterschätzen. Auch an Stränden sandet man leichter ein als gedacht. Dann und wann kann man sein Campmobil auf gut bewachten Campingplätzen stehen lassen und Mexiko mit dem Bus erkundigen. So kommt Abwechslung in die Reise.

Bei Hotels und Motels

Gut möglich ist das Übernachten auf Hotel- und Motelparkplätzen (spezielle Stunden-Motels sind an zugehängten Autoparkplätzen erkenntlich ...). Dabei kann man die Duschen, Toiletten oder den Pool des Hotels benützen und im Restaurant essen. An der Pazifikküste südl. Mazatláns gibt es zahlreiche Strandrestaurants mit großen Parkplätzen, die zum Übernachten geeignet sind *(„se puede pasar la noche en el camper?" oder „hay lugar para camper"?)* Auch bei manchen Jugendherbergen, bei einem Hacienda-Hotel (Hinweise dazu bei den Städten im Reiseteil) oder bei Thermalbädern (Aguas Termales, Hochland) kann man einen Platz finden. So muss man nicht lange herumsuchen, hat Sicherheit und Komfort. Die verlangten Standgebühren variieren von umsonst bis zum Preis eines Zimmers im Hotel. In Innenstädten nimmt man am besten ein Hotel mit Patio, wo der Wagen sicher steht (leider dann auch Motorenlärm in den Zimmern).

Nächtliche Sicherheit

Übernachten Sie nicht gleich neben der Straße oder im Einzugsbereich einer Großstadt. Stehen Sie nachts zu einsam oder an einer zu dunklen Stelle und die Polizei entdeckt Sie, kann es sein, dass sie Sie zu einem sichereren/helleren Platz geleitet. Bei bewachten Plätzen dem Nachtwächter ein Trinkgeld geben. Am Strand sich zu anderen Campern gesellen. In einigen mexikanischen Bundesstaaten ist beim freien Campen gleichfalls Vorsicht angebracht, z.B. in den Bergen Sinaloas, Durangos und Guerreros. Dort besser nur in Orten, bei Hotels oder auf Campingplätzen übernachten. Wildes Campieren ist auch weniger gut möglich bzw. weniger ratsam in Nordost-Mexiko (US-Grenzgebiet) und in Chiapas.

Campingführer

Wer sehr lange in Mexiko reisen und oft Camping-Plätze aufsuchen will, sollte sich überlegen, Mitglied beim mexikanischen Campingclub „Monarca de Acampadores", Apdo. postal 31-750 in 45050 Guadalajara, Jal. zu werden, um dann in den Genuss ermäßigter Übernachtungsgebühren zu kommen. Dieser Club gibt ein Verzeichnis der Plätze in Mexiko heraus: „Mexico Camping Directory", ihre Zeitschrift heißt „TravelMex".

■ **Der beste Campingführer ist „Traveler's Guide to Mexican Camping" von**

„Rolling Homes", www.rollinghomes.com (auch einen über die Baja California, beide ständig aktualisert), beziehbar direkt oder über www.amazon.de. Eine **sehr gute Campingführer-Reihe bietet** ebenso **Sanborn's,** gegliedert nach Regionen, einzusehen/zu kaufen auf www.sanbornsinsurance.com. Weitere: „The People's Guide to RV Camping in Mexico", John Muir Publications, POB 613, Santa Fe, N.M. 87504, USA. „Rand McNally" Campground and Trailer Park Guide", USA, auch mexikanische Plätze. „Directorio de Paradores TPC", Campingplätze und Thermalquellen in Mexiko, meist bei Sanborns-Läden erhältlich.

Campingpl.-Websites Gut ist www.ontheroadin.com; für Nordmexiko: www.hcampers.com; es gibt sicherlich noch einige Verzeichnisse mehr.

Weitere Tips Trinkwasser kann man in Mexiko von einem Wasserverkaufswagen kaufen. Gas zum Kochen gibt es bei vielen Gasflaschen-Abfüllstationen (immer weit außerhalb der Städte). Gegen Moskitos hilft ein feines Netz vor den Wagentüren. Für Strände wegen des Einsandens Schaufel und Bretter mitführen. Bitte schreiben Sie mir die Erfahrungen Ihrer Camper-Tour durch Mexiko.

Wie man sich bettet – Unterkünfte

An Hotels und Unterkünften mangelt es in Mexiko wahrlich nicht, man findet nahezu überall schnell und problemlos ein Hotelzimmer *(cuarto),* von billigst-einfach über preiswerte Mittelklasse bis hin zur Super-Luxuskategorie in den Badeorten. **Auch braucht fast nie vorher reserviert bzw. telefonisch angefragt werden,** außer zu den absoluten Saison-Spitzenzeiten (Weihnachten, Ostern, Sommerferien oder zur Karnevalszeit, z.B. in Veracruz; Gruppenreisende sollten natürlich immer reservieren). Und falls das Hotel Ihrer Wahl doch mal *lleno* sein sollte: an der Rezeption fragen, ob in der Nähe noch was frei ist. Ein Trinkgeld ist dabei eine gute Investition, wenn man für Sie herumtelefoniert; dabei können Sie durchaus was günstigeres oder besseres erwischen. Nach der Check-out-Zeit (gewöhnlich 13 Uhr) wird manches noch frei. Ein Hotel in zentraler Lage oder in der Nähe des Zócalos ist im allgemeinen von Vorteil, doch steigen damit meist die Preise. Fast alle Hotels bieten inzwischen auch **Internet-Service** an oder es ist ein Internet-Café in der Nähe – „mit Internet" ist also kein Grund, ein diesbezügliches Hotel auszuwählen. Hotels übers Internet reservieren: s.S. 33, „Der Internet-Traveller".

Hotels, Hospedajes und Hostels

Casa de Huéspedes, Hospedaje, Casa (bzw. **Villa**) Soundso, **Posada** oder auch **Bed & Breakfast** – in Mexiko alles Bezeichnungen für preisgünstigste Gästehäuser, Pensionen und einfache kleine Hotels. Sie werden meist vom Eigentümer und seiner Familie persönlich und freundlich geführt und es gibt sie praktisch in jedem Ort. Manchmal werden in Privathäusern nur einzelne Zimmer vermietet oder es gibt billigste *dormitorios* (Gemeinschaftszimmer) mit *baño común* (Gemeinschaftsbad). Ein **Parador** ist eine Bezeichnung für ein qualitativ gutes Hotel, doch ein **Hotel** kann im Prinzip alles sein – Luxusschuppen oder wüste Absteige.

In den Städten des mexikanischen Hochlands wurden viele historische Häuser zu herrlichen, stilvollen **Kolonial-Hotels** umgebaut. Auf dem Land findet man alte **Haciendas** und **Conventos** (Klöster), die gleichfalls zu wunderschönen Hotelanlagen restauriert wurden. **Motels** sind im südlichen Mexiko relativ selten, wenn, dann meist an Ausfallstraßen und bei archäologischen Stätten (sie sind auch nur für motorisiert Reisende von Interesse). **Apartments** mit kleiner Küche werden gleichfalls ab und zu angeboten.

Die **Qualität** der Hotels und Unterkünfte hängt logischerweise auch immer von der Region ab, d.h., sie ist gut in Städten, einfach bis primitiv im Regenwald oder in Landgegenden und gut bis sehr gut an der Karibikküste bzw. in den mexikanischen Badeorten. Dementsprechend dann die Preise.

Eine **Cabaña** ist gewöhnlich eine Holz- oder Palmwedel-Hütte mit oder ohne festen Fußboden, man findet sie meist an Stränden und in tropischen Gebieten, oft mit nichts drin als einer Bettstelle oder Haken für **hamacas** (Hängematten) und nächtens vielen Moskitos (es gibt jedoch gleichfalls Cabañas mit Top-Ausstattung!). **Bungalows** sind meist bessere Unterkünfte, während **Palapas** offene, palmwedelgedeckte (Strand)-Hütten sind, nur gut als Hängematten-Dach. In tropischen Gebieten vermieten **Camping-** und **Trailer Parks** oft auch Cabañas oder Palapas für Hängematten.

■ Achtung! In Mexiko gibt es praktisch so gut wie **keine Camping- bzw. Zeltplätze in unserem gewohnten Sinne!** Ein eigenes Zelt mitzunehmen ist nur sinnvoll für Leute, die z.B. Naturregionen erwandern oder Berge besteigen wollen. In solchen Regionen kann Ausrüstung meist auch geliehen werden.

Hostels / Jugendherbergen

Preisbewusst Reisende kommen in Mexiko günstig in den recht zahlreichen **Hostels** bzw. **Hostales** unter, eine Weiterentwicklung der einstigen traditionellen Jugendherbergen (*„Albergue Juvenil“* oder *„Villa Deportiva Juvenil“*; ihre mexikanischen Verbände heißen AMAJ – *Asociación Mexicana Albergues Juveniles* – und REMAJ und sind mit der internationalen Föderation **IYHA** assoziiert). **Privat betriebene Hostels** haben sich gleichfalls zusammengeschlossen und besitzen gemeinsame **Websites** mit ausführlichen Beschreibungen und einem Bewertungssystem durch die Gäste:

www.hostels.com • **www.lugaresdemexico.com** • eine sehr gute Seite ist **www.hostelz.com** • **www.hostellingmexico.com** • auch der Verbund **www.vipbackpackers.com** hat Hostels in Mexiko. Außerdem können auf den Webseiten **www.hihostels.com** oder **www.hostelworld.com** (weltweit) weitere Hostels gefunden werden. Reservierung jeweils per eMail.

Die Hostels bieten nicht nur die üblichen Schlafsäle – *dormitorios* mit *baños comun* –, sondern auch meist einige **Einzel- bzw. Doppelzimmer** mit Privatbad. Außerdem ist meist eine Gästeküche und ein Internetzugang vorhanden, gibt es Tour-Angebote und wird touristische Hilfe geleistet. **Somit sind Hostels in Mexiko gute Anlaufpunkte.** Mit einem internationalem Juhe-Ausweis **(IYH)** und auch einem Studentenausweis **(ISIC)** bekommt man Preisermäßigungen, meist 10% (vorgeschrieben ist der Juhe-Ausweis aber nicht). Keine Altersbeschränkung und natürlich auch keine Dienstpflichten oder feste Schließzeiten.

Hotelpreise, Zimmerkategorien

Die verlangten Preise für ein Hotelzimmer **schwanken in Mexiko im Laufe eines Jahres** erheblich, je nach Saison (HS = Hoch-, NS = Neben-, ZS = Zwischen-Saison) und Spitzenzeiten (Feiertage, Feste, Ferien). Sie sind auch abhängig von der Region bzw. wie **touristisch** eine Stadt ist. So ist z.B. ein Hotel der Kategorie ECO an der Karibikküste teurer als ein FAM-Hotel im Inland. Im Buch finden Sie folgende drei Kategorien (gPLV heißt „gutes Preis-/Leistungs-Verhältnis“):

■ **ECO:** („económico“), billig/preiswert
■ **FAM:** („familiar“), einfache bis gehobene Mittelklasse
■ **LUX:** für alles was preislich und (oder) komfortabel darüber liegt

Preise sind sowohl in mexikanischen **Peso (P), Euro (€)** und – wie an der Karibikküste üblich – in US-Dollar **(US$)** angegeben.

Ein angegebener Preis bezieht sich fast durchweg auf ein **Doppelzimmer (DZ)** für 2 Personen, wobei mexikanische Doppelzimmer *(dobles)* gewöhnlich zwei überbreite, getrennte Einzelbetten haben *(un cuarto con dos camas),* seltener ein „Ehebett" *(cama matrimonial).* Dieses mag dann ein wenig billiger als zwei Einzelbetten sein. Ein **Einzelzimmer (EZ,** *cuarto/habitación sencilla*) mit einem Bett ist kaum billiger als ein Doppelzimmer. Bei drei oder mehr Personen in einem Zimmer wird meist pro Person abgerechnet. **Langsam schleicht sich nun auch in Mexiko die Unsitte ein, dass bei einem Doppelzimmer der Preis pro Person verlangt wird – achten Sie darauf bzw. fragen Sie nach!**

■ In den Hotels muss ein Meldezettel ausgefüllt und für die erste Nacht gleich bezahlt werden. Beim Bezahlen mit einer Kreditkarte werden Sie meist gebeten, einen Kreditkartenbeleg blanko zu unterzeichnen. Jemand könnte also eine beliebige Summe einsetzen. Dies ist aus Sicherheitsgründen für das Hotel so Usus. Erst beim Auschecken wird er fällige Betrag für soundsoviel Nächte und Leistungen eingetragen. Vergessen Sie nicht den Kopie-Beleg und lassen Sie Ihre Kreditkarte nicht aus den Augen. **Nur in besseren Hotels ist Frühstück** – *desayuno* – **inclusive** bzw. es geht nicht ohne. Dabei ist *american breakfast* reichhaltig, *european* nur einfach, Brötchen und Kaffee oder Tee.

Weniger zahlen

In der Nebensaison kann man nahezu immer einen Rabatt erhalten – nur fragen muss man danach (was man natürlich auch in der Hochsaison tun kann)! **Bezahlung mit einer Kreditkarte kostet oft einen Aufschlag bzw. wird bei Barzahlung manchmal ein Rabatt gewährt!** Für die Zimmer eines Hotels werden selten Einheitspreise verlangt, der Preis variiert je nach Komfort, Lage und Ausstattung (mit oder ohne **Klimaanlage,** mit oder ohne **TV,** mit Privatbad oder *baño común* im Gang). **Aber die Rezeption versucht logischerweise immer zuerst die teureren Zimmer loszuschlagen.** Fragen Sie nach einem preiswerteren: *„Quiero ver un cuarto más económico, por favor?".* Viele Hotels bieten temporär **„Promoción"** – Sonderangebote. Eine Wochenmiete kann nochmals Grund für einen Preisnachlass sein. Beharrlich bleiben lohnt!

Zu dritt Reisende benötigen keine 2 Zimmer, sondern verlangen ein *triple,* vier Personen ein *quadruple.* Ist das **Frühstück** im Übernachtungspreis miteingeschlossen – was bei gewöhlichen Hotels so gut wie nie der Fall ist –, verlangen Sie nur Übernachtung *ohne* Frühstück.

Hotelpreise werden in Mexiko staatlich kontrolliert und sollten im Foyer bzw. im Zimmer angeschlagen sein. Man braucht also nicht zu befürchten übervorteilt zu werden bzw. kann die Preise kontrollieren. **Darauf achten, dass der genannte Preis die Steuern beinhaltet, besonders bei teuren Hotels** (s. „Steuern" bei „Mexiko-Stichworte von A – Z).

Zimmerkontrolle

Zimmer immer vorher anschauen (*puedo verlo?* Die innenliegenden Zimmer einfacher Stadthotels haben manchmal nicht mal ein Fenster). **Die besten Zimmer eines Hotels befinden sich im Prinzip immer ganz oben:** in den Tropen schwirren da weniger Moskitos und die Durchlüftung ist besser (dadurch kann auf AC – *aire acondicionado* – verzichtet werden), sie sind weniger dem Lärm ausgesetzt (disbezüglich prinzipiell Zimmer zur Straßenseite hin vermeiden) und sie sind auch sicherer.

Bei *sehr einfachen* Hotels sollte man kurz testen: Sind **Matratzen und Bettwäsche** o.k.? Heißes Duschwasser in kalten Gegenden? In trockenen, heißen Regionen: gibt es Wasserbeschränkungen? Funktioniert die Toilettenspülung? (Toilettenpapier wird – wegen Verstopfungsgefahr der dünnen Röhren – oft in einen extra Eimer geworfen). Funktionieren Ventilator oder Klimaanlage und sind sie nicht zu laut? Viele Zimmer haben oft Haken für Hängematten, doch man schläft in *hamacas* selten so gut wie es immer aussieht …

Sicherheit-Tips: Ist Einstieg von außen durch die Fenster möglich? Kann man sie gut sichern? Wie sieht es mit dem Türschloss aus? Kann man seine Wertsachen in Verwahrung geben? Wertfächer (*caja fuerte* oder *caja de segu-*

ridad) im Zimmer gibt es nur in teuren Hotels. Beim Weggehen die Vorhänge zuziehen und abends das Licht brennen und den Radio/Fernseher spielen lassen. Sich eine Visitenkarte des Hotels geben lassen, das erübrigt das Merken der Adresse für Heimfahrten mit dem Taxi.

Evtl. Zimmergenossen

Neben den *mosquitos* in tropischen Regionen sieht man manchmal im Bad die (lichtscheuen) *cucarachas* (Kakerlaken). Sie sind harmlos und tun einem nichts. Im kühleren Hochland können dafür *pulgas* (Flöhe) beißen. In Absteigen lauern manchmal *chinches,* Bettwanzen, die einen ganz schön zerstechen können.

Keine Angst aber vor **Geckos** (*salamanquesas* bzw. *salamancas*), jenen halbdurchsichtigen Eidechsen die wie schwerelos die Wände hochspurten oder an der Zimmerdecke kleben. Die nachtaktiven Tiere sind überall in tropischen Ländern anzutreffen und es sind nützliche Zimmergenossen, weil sie mit ihren langen klebrigen Zungen Moskitos, Spinnen und Mücken jagen. Mit Millionen von mikroskopisch kleinen Haftpunkten an der Unterseite ihrer stark verbreiteten Zehen nehmen die Kletterkünstler so engen Kontakt auf, dass die sogenannten Van-der-Waals-Kräfte wirksam werden, Adhäsionskräfte zwischen benachbarten Molekülen oder Atomen. Es sind die einzigen Reptilien, die eine (quiekende) Stimme besitzen. Von Zeit zu Zeit werfen sie ihre Haut ab, und fast alle Geckoarten haben keine beweglichen Augenlider.

Mexiko zwischen Topf und Deckel – Essen und Trinken

Hinweis: Eine alphabetische Auflistung mexikotypischer Speisen und Getränke und ihre Übersetzungen finden sie im Anhang unter **„Speisen und Getränke"**

Mexikos kulinarische Wurzeln

Mexiko ist ein ausgesprochen kulinarisches Land, in dem Essen und die Speisen zur besonderen Landeskultur gehören (nicht zuletzt deshalb, weil in Mexiko fast alles wächst). Man kann immer wieder neue Gaumenreize erleben, die ganz bestimmt zu den wesentlichen Erfahrungen einer Mexikoreise gehören. Es gehört zur mexikanischen Lebensart, Essen und gesellige Kommunikation miteinander zu verbinden.

Der Reichtum der mexikanischen Küche basiert auf der Verschmelzung zweier Esskulturen, der indianischen mit der spanisch/europäischen. Aber gleichfalls Spuren der arabischen Küche – Spanien war ja früher durch die Araber besetzt –, der französischen (1861–67 drangen die Franzosen nach Mexiko ein) und der asiatischen (durch fernöstliche Einwanderer) sind vorhanden. Traditionell-indianische Nahrungsmittel – Fleischlieferanten bei den Azteken waren z.B. der domestizierte Truthahn, *guajolote,* Echsen und gezüchtete haarlose Hunde, *itzcuintles* –, wurden mit europäischen Haustieren, Pflanzen und Ingredienzien ergänzt, so dass viele Neuschöpfungen entstanden (koloniale Küche).

Restaurantes gibt es in dutzendfachen Varianten und allen Preisklassen, doch nur wenn man auch in **fondas, taquerías** oder **torterías** einkehrt, sich das preiswerte Essen der **loncherías, comedores, puestos de comida** (Straßenstände, „Essen auf Rädern") und der Garküchen in den *mercados* schmekken lässt, nur dann wird man die gewaltige Spannweite der mexikanischen Volksküche „auskosten" können. Preiswert ist das **menú del día,** das Tagesmenü, bzw. die *comida corrida* („corrida" – eine Speise kommt nach der anderen). **Familiär geführte Restaurants** sollte man **vorziehen** bzw. am besten isst man in der Regel dort, wo der Chef präsent ist und ein Auge auf die Sache hat. Qualitativ höherwertige Restaurants findet man oft in alten Kolonialgebäuden, dort kann man in stilvollem Ambiente speisen.

Im Reiseteil wird bei den Städten auf empfehlenswerte Restaurants hingewiesen, doch man kann auch Einheimische um gastronomischen Rat fragen.

„Puede recomendarme un buen restaurante?“ heißt „können Sie mir ein gutes Restaurant empfehlen“. *Un restaurante con platos típicos* hat lokale Spezialitäten auf der Speisenkarte. (Übrigens sind in Restaurants bei mehreren Personen getrennte Rechnungen nicht üblich, man zahlt pro Tisch). Mexikanisches **Grundnahrungsmittel ist Mais,** der aber viel Stärke und kaum Vitamine enthält. Tägliche Abwechslung mit höherwertigen Lebensmitteln oder öfterer Fleischkonsum ist für den Großteil der ländlichen Bevölkerung Mexikos immer noch Luxus.

In den Städten und Tourismuszentren ist die US-amerikanische Fast-food-Unkultur stark auf dem Vormarsch, überall stößt man auf die Abfütterungsstationen der großen internationalen Ketten, *hamburguesas, pizzas, catsup, hot dogs, hot cakes* u.a. stehen schon längst auf den Speisekarten. Industriell hergestellte Nahrungsmittel verdrängen immer mehr die traditionell-mexikanischen. Am schlimmsten ist für uns Brotliebhaber wohl das „Pan Bimbo“ oder das „Wonder Bread“, eine Art Watte in Brotform. Nur getoastet ist es genießbar. Bei der städtischen Mittelschicht verdrängt das Weißmehl-Brötchen langsam die ureigene mexikanische *tortilla.*

Typisches und weniger Typisches

Das Besondere der *cocina mexicana* ist das stetige Aufeinandertreffen vieler Geschmacksrichtungen – scharf und mild, süß und sauer, herb und zart. Die vielen Zubereitungs- und Kombinationsmöglichkeiten der Häppchen, Sößchen und Portionen machen die Menüs abwechslungsreich und überraschend.

Dabei gibt es eigentlich die „typisch“ mexikanische Küche gar nicht, sondern sie ist vielmehr die Summe vieler regionaltypischer Gerichte *(platos típicos).* In **Nordmexiko** z.B. haben Fleischspeisen eine größere Bedeutung, Mais-Tortillas werden dort durch Weizen-Tortillas ersetzt, während in **Zentralmexiko** mehr die traditionellen Nahrungsmittel, wie Mais, Bohnen, Geflügel und Rindfleisch vorherrschen. **Südmexiko** steht für aromatische Eintöpfe, viele Gemüsesorten, leckere *tamales* und *quesadillas* und tropische Früchte. **Yucatán** kann einige kulinarische Besonderheiten aufweisen, das bekannteste Gericht ist *cochinita pibil,* zerkleinertes Schweinefleisch in Bananenblättern im Erdofen geschmort (über die yucatekische Küche mehr im Yucatán-Reiseteil).

Die frühe *cocina prehispánica* wurde in Mexiko indessen wiederentdeckt, es gibt in Mexiko-Stadt Restaurants mit aztekischer Küche, wo so leckere Dinge wie *gusanos* (Maguey-Würmer, jene aus der Mezcal-Flasche), *escamoles* – gebratene Eier von Honigameisen –, Schlangen, Heuschrecken, Leguane und ähnliches mehr auf die Teller kommen.

Grundlage und Bestandteil fast jeder mexikanischen Mahlzeit ist **Mais**, aus dem nicht nur die alltäglichen Tortillas gemacht werden, sondern auch Suppen, Süßspeisen oder Getränke. Obligatorische klassische Zutat sind **frijoles refritos, das berühmte mexikanische Bohnenmus,** das trocken ausgebraten wird („refrito“) und schon zum Frühstück auf den Teller kommt. Manchmal wird es noch mit weißem Krümmelkäse – *queso fresco* – bestreut. Reis *(arroz)* und Kartoffeln *(papas)* sind gleichfalls beliebt, Gemüse wird teils als Beilage serviert, oft ist es aber gleich Bestandteil des Gerichts. Sehr schmackhaft sind z.B. *nopalitos,* entstachelte und gekochte bzw. gebratene Kaktusblätter (von Opuntien). Und mit den berühmten mexikanischen *chiles,* aus denen man Chili-Würzsoßen herstellt (*salsas* und *moles,* s.u.) erreicht alles erst den Höhepunkt – *muy picante!* Kein typisch-mexikanisches Gericht ist *chile con carne* (höchstens mit *frijoles charros* vergleichbar), sondern es ist ein Import-Artikel aus der Tex-Mex-Küche, also der Esstradition der an Mexiko angrenzenden US-Staaten. *Pozole* ist eine deftig-kräftige Suppe bzw. ein Eintopf (grün oder rot) mit Huhn- oder Schweinefleisch, *chiles,* Gewürzen und gequollenen ganzen Maiskörnern. Jede Gegend hat davon ihre Variationen.

Mais, das „goldene Wunder“

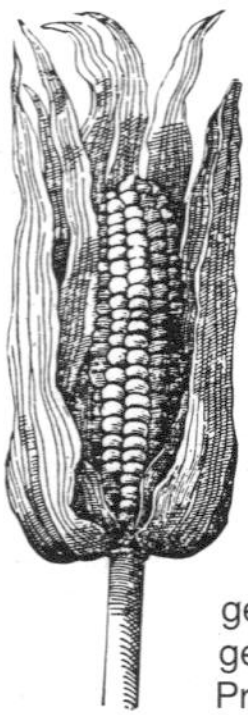

Mais, mex. *maíz* oder *centli* ist das eigentliche Wundergetreide unserer Erde. Doch was bei uns fast ausschließlich an Haus- und Schlachtgetier verfüttert wird, ist in Mexiko und in anderen Teilen der Welt in roher und verarbeiter Form (als *tortillas, Polenta, Kukuruz, Corn flakes, Popcorn* usw.) protein- und stärkereiches Haupt- und Nebennahrungsmittel für viele Millionen Menschen. Aus (Futter)-Mais werden große Mengen Stärke für Industrie, Lebensmittel und chemische Produkte (Kleber, Arzneien, Farben) gewonnen, stellt man Alkohol (Bourbon Whiskey und Ethanol), Sirup (der süßer und billiger als Zucker ist), Speiseöl und neuerdings sogar biologisch abbaubare Verpackungsmittel her.

In der Welterntemenge hat der Mais schon längst den Weizen überholt, er steht damit an erster Stelle (die Durchschnittserträge liegen mit ca. 40 Doppelzentner pro Hektar auch deutlich höher als die Erträge von Reis – ca. 36 dz/ha – und Weizen, ca. 24 dz/ha). Größte Mais-Produzenten sind mit Abstand die USA, China und Brasilien.

Mais wächst in etwa **300 Sorten und Varietäten** und in vielen Farben (gelb, rot, blau, schwarz und weiß). Großgruppen sind Zucker-, Stärke-, Puff- und Hart-Mais, wichtigste Welthandelssorte (der mit den eingedrückten Körnern) ist Zahn-Mais. Weitere Züchtungsverbesserungen und höhere Ertragsraten verspricht man sich mit Hilfe der Gen-Technik. Ohne Mais in einer seiner vielfältigen Zubereitungsformen ist im Grunde kein typisch mexikanisches Gericht denkbar.

Als eine Mutation des Wildgrases *teosinte* existierte Mais in Mexiko schon in Urzeiten. Die Kultivierung der verschiedenen Wild- und Urformen – *zea mays,* damals nur wenige Zentimeter groß – durch die Mesoamerikaner begann vor etwa 7000 Jahren. Älteste Funde (etwa 5000 v.Chr.) an Resten von Maiskolben, Hülsen und Grannen wurden im **Tal von Tehuacán** (Puebla) gemacht. Durch Mais wurden aus Jägern und Sammlern sesshafte Bauern, der planmäßige Anbau markierte den Beginn aller frühen Zivilisationen Mesoamerikas und war die wirtschaftliche Grundlage ausreichender Ernährung großer (städtischer) Bevölkerung. Und weil Mais bestens als Nahrungsmittel sowohl für Mensch und das Vieh geeignet war, setzte sich sein Siegeszug, nachdem ihn Kolumbus mit nach Spanien gebracht hatte, von Europa rund um die Welt fort (Mais wurde Kolumbus in der Karibik als Willkommensgeschenk überreicht, er nannte ihn *panizo*). In die Andenländer Südamerikas war er schon ca. 1500 v.Chr. hinabgewandert.

Mais braucht viel Licht und Wärme, ist aber äußerst anpassungsfähig und vergleichsweise unempfindlich gegen Pflanzenkrankheiten und tierische Schädlinge. Er wächst deshalb in allen Regionen Mexikos. Gewöhnlich wird er zusammen mit Bohnen, die sich an seinen Stengeln emporranken und das Unkraut zurückhalten, oder mit *chile* oder Kürbissen *(calabazas),* die später dem entlaugten Boden wieder Nährstoffe zuführen, bei Beginn der Regenzeit ausgesät.

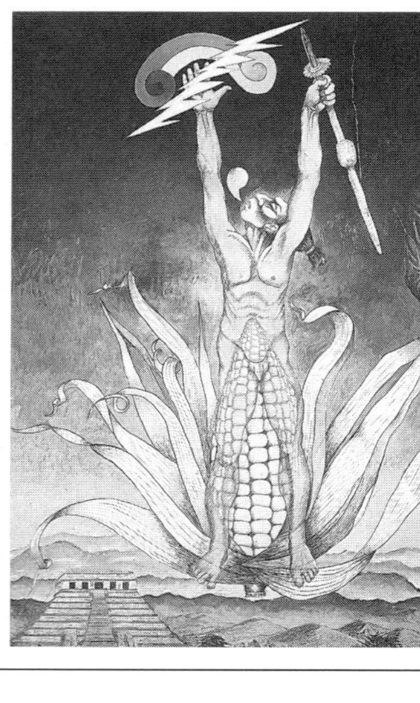

■ *Wandgemälde „Génesis e Historia de los Hombres de maíz“; Comitán, im Palacio Municipal*

Die Stauden werden zwischen einem und fünf Meter hoch. Frisch geerntet heißen die Maiskolben *elotes,* ausgereifter und harter Mais (Reifezeit 2 bis 5 Monate) wird auf den Feldern bis in die Trockenzeit stehengelassen (mit umgeknickten Kolben, damit wegen Fäulnisgefahr kein Regen eindringen kann).

Für die **Azteken** bzw. Mexica hatte *maíz* eine überragende Bedeutung. Als ihr wichtigstes Nahrungsmittel war er der Grundpfeiler ihrer Kultur, galt als heilige Pflanze, als Göttergabe und Heilmittel. Dementsprechend waren ihm zahlreiche Gottheiten geweiht.

Auch für die **Maya** war und ist Mais ein Geschenk der Götter (Maisgott Gott E und *Gucumátz*). Nach dem Schöpfungsmythos der Maya schufen die Götter die ersten Menschen aus Maismasse (niedergeschrieben im Buch → Popol Vuh), die Tzotziles in Chiapas nennen sich „hombres de maíz", Maismenschen, und überall in Mexiko bzw. bei den Maya werden anlässlich der Maisaussaat und der Maisernte noch vielfach rituelle Feste zelebriert.

■ *Gabe von Mais für die Aussaat (Códice Florentino)*

Comida y bebida

Das mexikanische **Frühstück** *(desayuno)* besteht in traditioneller Form aus Eiergerichten, nämlich aus *huevos rancheros* (gebratene Eier auf warmen Tortillas mit Tomaten und Bohnenmus), *huevos a la mexicana* (Rühreier mit Chile, Zwiebeln und Tomaten), aus *huevos revueltos* (Rühreiern) oder *huevos estrellados,* Spiegeleiern (bringe einen Kellner mit *„tiene huevos?"* nicht in Verlegenheit, sage „hay huevos" ... apropos: Kellner nennt man **joven,** „Junge", selbst wenn es ein alter Mann ist). Auch *pan dulce* (süßes Brot) wird gereicht. Das herzhafte zweite Frühstück heißt *almuerzo.*

Antojitos („kleine Gelüste") heißen die beliebten pikanten Snacks, als Vorspeise werden sie *entremeses* genannt (meist Tortilla-Variationen, die aber auch als Hauptgericht empfohlen werden können). Zu Getränken gereicht heißen sie *botanas.*

Die *comida,* das Mittagessen, besteht aus einer *sopa* (das ist die dünne Suppe) und/oder einer *sopa seca* („trockene Suppe", meist Reis, Nudeln oder Spaghetti als Gang zwischen Vor- und Hauptspeise), dem Hauptgericht und evtl. einem Nachtisch *(postre).* Die Comida gilt als Hauptmahlzeit des Tages. Sie wird ab 14 Uhr eingenommen und kann sich weit in den Spätnachmittag hinziehen.

Essenzeit am Abend (*cena* – üppig, groß, *merienda* – leicht) ist selten vor 21 Uhr. Auch hier kann es mehrere Gänge geben; *carne* (Fleisch), *pollo* (Huhn) oder *pescado* (Fisch) sind meist die Hauptspeisen.

Wie erwähnt, kann man in Mexiko immer und überall etwas bekommen, ebenso unterwegs in Bussen, wo ambulante Händler die Reisenden mit Verpflegung versorgen. Die **Müsli- und Bio-Welle** hat Mexiko längst erreicht, die Speisenkarten in Touristenzentren führen Entsprechendes. Oft locken Milchbars mit leckeren Mixgetränken. Fisch bekommt man außerhalb der Fanggebiete eher weniger. Die tropischen Früchtesorten haben ein wesentlich besseres Aroma als unsere Kühlschiffkost.

Vegetarier finden gleichfalls zufriedenstellende Kost (doch nicht überall), und um Missverständnissen vorzubeugen, sollte „sin carne y sin pollo" (ohne Fleisch und Geflügel) verlangt werden. *Frijoles refritos* werden i.d.R. in Schweineschmalz fritiert. *Quesadillas,* Käse-Tortillas (s.u.) und *Guacamole,* Avocadocreme (s.u.) sind Alternativen; s.a. im Anhang „Speisen" und „Speisekarte".

Unterwegs in Mexiko

Die Tortilla, das Brot Mexikos

Das Brot – und zugleich essbares Besteck und Teller der Mexikaner – ist die **Tortilla.** Ihr eigenartiger Duft mag anfänglich gewöhnungsbedürftig sein, doch einmal auf den Geschmack gekommen, werden einem die dünnen Fladen bald zur täglichen Selbstverständlichkeit. Zwischen Tüchern warmgehalten sind Tortillas das universelle Nahrungsmittel Mexikos. Die Geschichte der Tortilla ist natürlich auch die Geschichte des Mais (s.o).

Die Maiskörner werden zuerst in Wasser gekocht, in das zuvor Kalk (oder Herdasche) gegeben wurde, damit sich die harte Außenhaut löst. Man lässt sie in diesem Wasser liegen und entnimmt nach und nach den Bedarf zum Mahlen. Typisch ist seit Urzeiten das Bild der knienden Frau vor dem *metate* (aztekisch *metlatl*), dem steinernen Mahlstein, auf dem sie die Maiskörner mit dem *mano,* dem walzenförmigen Handstein aus Basalt, mühevoll zu Maismasse zerquetscht (heute gibt es dafür Maismühlen). Mit Wasser und etwas Salz vermischt entsteht so *masa,* frischer Tortilla-Maisteig, der mit den Händen geschickt und flugs zu handtellergroßen Maisfladen flachgeklatscht oder mit einer metallenen Hand-Tortillapresse flachgedrückt wird. Danach werden sie ohne Fett (manchmal noch mit etwas Kalk bestrichen) auf einer heißen Blech- oder einer Tonplatte, dem *comal,* kurz gebacken.

■ *Seit Urzeiten: knien vor dem metate*

Masa harina ist Masa-Mehl vom Supermarkt, Ersatz für frisch zubereitete Masa. Mit der *máquina tordilladora* werden Tortillas maschinell hergestellt: ein kettenquietschendes Rühr- und Backgerät, das unermüdlich die Fladen ausspuckt. Im Geschmack sind diese natürlich nicht mit handgemachten Tortillas vergleichbar. Im Norden Mexikos isst man eher Tortillas aus Weizenmehl.

Mit Käse gefüllt und zugeklappt verwandeln sich Tortillas in **Quesadillas.** Werden sie stattdessen – je nach Region – mit verschieden gewürzten Fleischstückchen, mit Schabefleisch oder Gemüse gefüllt, heißen sie *doblata,* im Volksmund aber einfacherweise ebenfalls Quesadillas, unabhängig von ihrem Inhalt. Probieren sollte man unbedingt die mit *hongos* (Pilzen) gefüllten, oder jene mit *flor de calabaza* (Kürbisblüten). **Enchiladas** sind meist mit Hühnerfleisch gefüllte, zusammengerollte und mit Sahne, Zwiebeln und geriebenem Käse bedeckte Tortilllas in einer gut gewürzten (Chile-)Soße *(mole, salsa verde* oder *salsa roja).*

■ *Duftet und schmeckt köstlich: Tortillas frisch vom comal*

Die berühmten mexikanischen Tacos sind eingerollte (oder belegte) Tortillas mit diversen Belägen bzw. Füllungen (Fleischstückchen, Zwiebeln, Tomaten u.a.). **Besonders schmackhaft** – und meine Lieblingstacos – sind **Tacos al Pastor** (oder **Tacos árabe**), das Fleisch kommt dabei vom Schabegrill, ähnlich wie Döner. Mit hartgekochten Eiern, Tomaten- und Kürbiskernsalsa gefüllt/belegt heißen sie *papadzules.* Fritierte Tortillas heißen **Tostadas,** man knabbert sie als Chips nebenher, belegt sie mit kleingeschnittenem Gemüse, Fleisch, Salat oder Käse oder löffelt mit ihnen die appetitanregende → *salsa*

mexicana. **Chilaquiles** ist eine schmackhafte Mischung aus zerschnitzelten Tortillas mit Schichten aus gratiniertem Käse, Sahne, Tomatensoße und Zwiebeln. **Gorditas** (rund) und **Tlacoyos** (oval) sind dick gefüllte Tortillas. **Huaraches** („Latschen“) sind gleichfalls prall belegte Tortillas, **Chalupas** kleinere mit *salsa verde* oder *roja* und jeder Menge Zwiebeln (Puebla).

Tamales *(aztekisch tamalli)* gehen auf eine alte indianische Tradition zurück. Mais-*masa* wird mit einer würzigen Paste (gehacktes Fleisch, Kräuter, Chile und Zwiebel) auf Mais- oder Bananenblätter gestrichen, eingewickelt, mit Blattstreifen verschnürt und in Dampf gegart. Es gibt auch süße Tamales, z.B. mit gehackten Mandeln. Tamales sind typisch für die Provinz Oaxaca.

Was Mexiko der Welt gab

Wohl kaum ein anderes Land gab der Welt so viel wie das alte Mexiko. Mexikanische bzw. mesoamerikanische Völker haben einst durch Züchtung und Kultivierung viele Pflanzen und Tiere herangezogen, die heute über die ganze Welt verbreitet sind und z.T. wichtige Grundnahrungsmittel wurden. Darüber hinaus stammen noch reichlich andere Roh- und Wirkstoffe oder Substanzen, Früchte und Gewürze aus dem alten Mexiko:

An erster Stelle sind natürlich **Mais** *(maíz)* und **Bohnen** *(frijoles)* zu nennen, dann **Zwiebeln** *(cebollas),* **Paprika** *(chile)* und **Zucchini** *(calabaza).* Und was wäre erst die europäisch/italienische Küche ohne **Tomaten** (*tomatl;* in Mexiko kennt man zwei Sorten, die rote *jitomate* und die grüne *tomatillo;* die Tomate war ursprünglich gelb, erst durch Züchtung in Europa im 18. Jh. nahm sie die rote Farbe an!). An Gewürzen ragt die **Vanille** (*tlilxóchitl* – „schwarze Blume“,) heraus, an exotischen Früchten **Ananas** *(piña),* **Avocados** *(aguacate),* **Sapote, Mamey** und **Tuna** (Kaktusfeige). Bei Fasern ist es **Baumwolle** *(algodón)* und *henequén,* eine aus der Sisal-Agave gewonnene Faser für Säcke, Seile und Matten. **Gummi** wurde schon beim über 3000 Jahre alten *juego de pelota* als Kautschukball verwendet, und für **Kaugummi** der milchige Saft des *chicle*-Baums. **Cochenille (**Koschenille) sind getrocknete und zu rotem Karmin-Pulver zermahlene Schildläuse der Opuntien-Kakteen. *Chocolatl,* ein Getränk der Maya, ist heute unser kaum mehr wegzudenkender **Kakao** oder, in fester Form, die gute Tafel **Schokolade.** Und wer einen saftigen **Truthahn** *(guajolote)* oder knusprige Erdnüsse *(cacahuatl)* genießt, **Weihnachtssterne** liebt *(poinsettias,* benannt nach dem amerikanischen Botschafter in Mexiko im 19. Jahrhundert, Dr. J. Poinsett), **Dahlien** pflanzt oder **Tabak** raucht, weiß vielleicht nicht, dass diese Dinge gleichfalls ursprünglich aus Mexiko stammen (Tabak wurde in Rollen geraucht, und aus dem Maya-Wort *xigar* – Maya für Tabak – bildeten die Spanier *cigarro,* das dann in die übrigen europäischen Sprachen überging).

Mexikanische Spezialitäten

Frijoles

Bohnen sind in der mexikanischen Küche so unentbehrlich wie der Mais. Verwendet werden weniger die uns üblichen grünen Gemüsebohnen *(ejotes),* sondern getrocknete Bohnen, von denen es etliche Sorten gibt: schwarze (*frijoles negros,* Südmexiko), weiße *(blancos),* rote *(rojos),* violette *(flor de mayo),* gefleckte (*pintos,* Nordmexiko) oder bräunliche (*bayo,* Zentralmexiko). Bei einem mexikanischen Essen fast immer dabei sind die schwarzen, aromatischen *frijoles refritos,* das bekannte mexikanische Bohnenmus, trocken gebraten („refrito“) in Schweineschmalz. Die Yamsbohne heißt *jícama.*

Salsas – Soßen

Salsa heißt übersetzt „Soße“, gemeint sind damit Würzsoßen mit dem Hauptbestandteil *chile.* Salsas geben den eher unscharfen Bestandteilen der Speisen erst die richtige Note. Es gibt sie in Dutzenden von Rezepten und Zutaten, roh oder gekocht, frisch oder fertiggemischt in Fläschchen, von mild über *pi-*

cante bis höllisch scharf (manche Restaurants machen ihre Salsas nach Hausrezepten).

Grundlagen sind fast immer Tomaten, *chiles,* Zwiebeln und Knoblauch. Ihren Namen haben sie gewöhnlich nach der verwendeten Chilisorte. Zwei bekannte Salsas sind die *salsa de tomate verde* (oder *salsa verde,* aus grünen *tomatillos*) und die *salsa roja,* die auf jedem Restauranttisch stehen als unverzichtbare Ergänzung zu den Speisen. Die klassischste mexikanische Salsa ist **Salsa mexicana:** immer frisch angemacht aus Tomaten, *chiles serranos, cilantro* (Koriander) und Limettensaft (auch **Salsa bandera** – „Flaggen-Salsa" – genannt, nach den Nationalfarben Mexikos: grüner *chile*, rote *jitomate* und weiße *cebollas* (Zwiebeln).

Chiles

Chiles (dt. Chili, lat. *Capsicum annuum*) ist das in Mexiko am meisten verwendete Gewürz und der wichtigste Bestandteil scharfer Speisen und Würzsoßen. Chile wird schon seit Tausenden von Jahren angebaut und es gibt weit über 100 Sorten in allen Größen und Farben, von sehr klein und höllisch scharf bis paprikagroß und mild. Die Spanier brachten ihn nach Europa, aus ihm wurde dann der Paprika gezüchtet. Botanisch ist Chile ein Nachtschattengewächs wie die Tomate oder die Kartoffel und reich an Vitaminen A und C. Die zu Tränen reizende Schärfe heißt *capsaicin* und sitzt vor allen Dingen in den Samen bzw. in den Kernen. Capsaicin regt die Verdauung an – wichtig in heißem Klima –, bekämpft Bakterien und ist gut für den Magen. Aus den Farben kann man selten auf die Schärfe schließen – meist jedoch sind rote schärfer als grüne und kleine schärfer als große.

Um Chiles besser enthäuten und mahlen zu können und vor allem um das Aroma besser aufzuschließen werden sie geröstet, sowohl frischer als auch getrockneter. Das geschieht auf dem Grill, in der Pfanne oder auf dem *comal.* Dann heißen sie *adobados.* Höllisch scharf ist *chile habanero.* Gefüllte Chiles heißen *chiles rellenos, chiles en nogada* sind große, milde Chiles, gefüllt mit Hackfleisch, Gemüse oder Früchten und mit einer Walnusssoße und roten Granatapfelsamen.

Moles

sind eine weitere mexikanische Spezialität, aus vielerlei Bestandteilen fantasievoll zusammengerührt, roh oder gekocht, sämig und dünnflüssig und in allen nur möglichen Farben (es sind aber keine fetten Fleischsoßen). Bekannteste der vielen Kreationen dürfte die **Guacamole** sein, eine schmackhafte Avocadocreme mit Tomaten, mildem Chile, Zwiebeln, Koriander und einem Spritzer Limonensaft. Man verwendet sie als Beilage, als Dip für *tostadas* oder als Aufstrich. Die berühmteste Soße Mexikos ist aber der dunkle, schwere, dickflüssige **Mole poblano** („Puebla-Soße"), der auf verschiedenen Chilisorten und rund zwei Dutzend Zutaten basiert, darunter so ungewohnte wie Kakaopulver, Erdnüsse, Sesam, Anis oder Zimt (zum Kaufen/Heimnehmen gibt es *mole poblano* auch in Pasten oder Pulverform). Man serviert sie z.B. mit Huhn oder beim *guajolote* – Truthahn – *en mole poblano,* einem traditionellen Festessen.

Pescados und Mariscos

Am Meer sollte man unbedingt einige der zahlreichen Gerichte aus Fisch *(pescado)* oder Meeresfrüchten *(mariscos)* probieren. Die gebräuchlichsten Zubereitungsarten sind: *frito* (gebraten), *al mojo de ajo* (in Knoblauchtunke), *empanizado* (paniert) oder *a la veracruzana,* das ist Fisch mit einer würzigen Soße aus Tomaten, Zwiebeln und Gewürzen. Unter den Fischen ist besonders der *huachinango* zu empfehlen (Rotbarsch, Roter Schnapper). *Truchas* sind Forellen, *atún (bonito)* Thunfisch, *pulpo* und *calamar* Tintenfisch, *marlin* Schwertfisch, *camarones* Krabben (Shrimps), *langostas* Hummer, *cangrejo* Krebs, *ostiónes* Austern (Vorsicht, Gesundheitsgefahren!). *Ceviche* ist ein aromatisch gewürzter (roher) Meeresfrüchte-Cocktail in Zitronen- oder Limettensaft. Wenn, dann nur ganz frischen!

Bebidas – Getränke

Schon im prähispanischen Mexiko war Mais bzw. Maisstärke die Basis von Getränken. *Atole* ist ein altmexikanisches Maisstärke-Getränk mit Zucker und diversen Zugaben (zerkleinerte Früchte). *Champurrado* ist heiße Schokolade mit *masa,* gewürzt mit Zimt und Zucker. *Colonche* ist ein Getränk aus fermentierten Kaktusfrüchten. Daneben gibt es noch viele köstliche, frischgepresste Fruchtsäfte *(jugos).*

Tee ist in Mexiko ein etwas vernachlässigtes Getränk. Getrunken wird hauptsächlich *té de manzanilla* (Kamillentee), *té de hierba buena* (auch *yerba buena* geschrieben, „gutes Kraut", das ist milder Pfefferminztee) und *té negro* (Schwarzer Tee). Mexikanischer **Kaffee** ist meist stark gebrannt, doch recht dünn bzw. schwach und wenig aromatisch (die besten Sorten gehen in den Export). Es gibt kaum gefilterten, sondern fast nur Nescafé *(instantaneo),* mit Milch aufgefüllt *(con leche),* mit Sahne *(con crema)* oder schwarzen Kaffee *(café americano, negro, solo). Café de olla* ist Kaffee mit braunem Zucker, Zimt und Gewürzen, der in Tontöpfen zubereitet und aus Tonbechern getrunken wird. Eine mexikanische Spezialität, sollte man mal probieren!

Kakao, so wie wir ihn gewöhnt sind, heißt *chocolate caliente* (oder *estilo francés).* **Bier** *(cerveza)* **ist von guter Qualität,** es gibt etliche Sorten (*clara* ist helles, *oscura* dunkles). Man will es wohl immer *fría* – kalt. Gängige Marken sind *Carta Blanca, Superior, Corona* (in klaren Flaschen, eher ein „Wasserbier", wie auch *Sol*), *Tecate, Dos* (oder *Tres*) *Equis, Bohemia* (gehaltvoll, gut), *Negra Modelo* (dunkel, kräftig). **Chelada** ist Bier mit frisch gepresstem Limettensaft **(TIP),** beim *submarino* ist Tequila drin. Mexikanisch trinkt man Bier mit einem Limettenschnitz in der Flasche und einer Prise Salz.

Es gibt recht gute mexikanische Weine *(vino del país): blanco* (weiß) und *tinto* (rot), *seco* (trocken) und *dulce* (süß). Manchmal werden alkoholische Getränke nur in Verbindung mit Essen ausgeschenkt oder dürfen ab **Sonntagnachmittag offiziell nicht mehr verkauft werden.**

Weiter Alkoholisches: Einmal den berühmten **Tequila-Cocktail „Margarita"** probieren, gemixt aus klarem Tequila, Cointreau, Limonensaft und Eis (der Rand des Glases hat ein Salzrändchen). *Coco loco* ist Kokosmilch mit Tequila oder Rum oder Gin *(ginebra), aguardiente* Schnaps aus Zuckerrohr, *Kahlúa* ein wohlschmeckender Kaffee-Likör, *rompope* ein Likör mit Eiern, *piña colada* ein Ananascocktail mit Cocos und *ron* – Rum (bekannte Marken sind *Presidente* und *Don Pedro Reserva*). Für einen *Cuba libre* mixt man Rum, Coca Cola und Limonensaft mit Eis. *Xtabentún* ist ein Anis-Honig-Likör aus Yucatán.

Dem Trunke gibt „mann" sich hin in **Cantinas,** Bars, die es in allen nur denkbar möglichen Abstufungen gibt: von typisch ländlichen Wildwest-Kneipen mit Schwingtüren und z.T. offenen Pinkelrinnen bis hin zu eleganten Hotelbars. Frauen haben in rauhen Männer-Cantinas nichts verloren.

Jugos – Säfte

Gibt es überall in Mexiko in speziellen Läden, gepresst aus frischen Früchten (oder auch Gemüse), entweder aus einer Fruchtsorte oder in Kombinationen davon – köstlich, unbedingt probieren! *Licuados* werden mit Wasser (oder Milch) aus Früchten und Zutaten (Nüsse, Kokos etc.) gemixt, die selbst nicht genug Flüssigkeit enthalten (z.B. Bananen oder Kokos). Gleichfalls sehr lecker! Trinken sollte man einmal den Saft einer frisch aufgeschlagenen Kokosnuss! Eine *naranjada* ist eine Orangeade, *tepache* ist ein gegorener Ananassaft mit braunem Zucker und Nelken.

Refrescos – Erfrischungsgetränke

Beim Coca Cola bestellen „Coca" sagen, nicht „Cola", das heißt auf mexikanisch nämlich „Schwanz"! Mineralwasser ist *agua mineral* (Marke: Tehuacán u.a.; *sin* oder *con gas,* ohne oder mit Kohlensäure). *Sidral* oder *manzanita* sind apfelsafthaltige Getränke. *Aguas frescas* werden aus eisgekühltem Wasser, Fruchtfleisch und Zucker hergestellt. Bekannte Sorten sind *agua de horchata* (mit Reismehl und auch Melonensamen), *agua de jamaica* (mit Hibiskusblüten), *agua de tamarindo* (mit Tamarindfrüchten), *agua de piña* (Ananas) und *agua de chía* (Maracuja-ähnlich). Sie werden meist in großen, bunten Glasballons verkauft und sind mit *agua purificada* hergestellt.

Tequila, Mezcal und Pulque

Das wohl bekannteste mexikanische alkoholische Getränk ist der **Tequila** bzw. **Mezcal,** gewonnen aus der 8 bis 10 Jahre alten, stahlblauen *Agava americana* bzw. *Agava tequiliana weber.* Diese Agavenart wächst besonders gut auf den lehmigen Böden des halbtrockenen Bundesstaat Jalisco, und nur der hochwertige Mezcal dieser Gegend (und noch der von Tepatitlán) darf sich „Tequila“ nennen (herkunftsabhängiger, geschützter Markenname, so ähnlich wie beim Champagner). Es gibt in Jalisco nahe Guadalajara ein Städtchen namens *Tequila* (s. dort) mit vielen Brennereien, doch soll der Name Tequila auf die *Ticuila*-Indianer zurückgehen, die diesen Agavenschnaps einst erfanden.

■ *Tequila-Agave*

Mexikos Nationalschnaps gewinnt man durch Zerkleinern, Kochen und Auspressen des ca. 20 bis 80 kg schweren Agavenherzens bzw. -strunkes *(piña)* zu Maische und anschließender Gärung mit doppelter Destillation (ca. 40% Alkohol). Frisch gebrannter Tequila ist klar und *duro,* durch Lagerung in Eichenfässern wird er dunkler und im Geschmack weicher. *Reposado* lagerte etwa drei Monate bis ein Jahr, *anejo* ein bis drei Jahre. Bekannte und älteste Tequila-Marken sind *Cuervo* (gegründet 1795), *Herradura* (1861) und *Sauza* (1873).

So trinkt man (jungen) Tequila auf mexikanisch: eine Prise Salz auf die linke Handfläche zwischen Daumen und Zeigefinger streuen, dann auflecken, den Tequila in einem Zug hinunterkippen und anschließend in eine *limón* (Zitronenscheibe) beißen. „Baden lassen“ sollte man seine Zunge in mehrjährigem, braun-gereiftem Tequila, ihn „solo“ und langsam zu trinken ist ein Genuss. Tequila ist auch die Basis für den Tequila-Cocktail *„Margarita“.*

Für den (stärkeren) **Mezcal** werden als Ausgangspflanze andere Agavenarten verwendet, z.B. die kleinere *Agava angustifolia.* Mezcal ist uriger und rauher als Tequila, es ist der Schnaps des „einfachen Mannes“. Berühmt wurde der Mezcal durch einen in der Agave lebenden **Wurm,** den *gusano de maguey,* der als Echtheitsbeweis (und als Geschmacksvollendung) mit in die Mezcalflasche kommt. (Gusanos gibt es aber auch zu Pülverchen gemahlen oder als geröstete Knabberbeilage zum Mezcal.) Salud!

■ *Mit einem Flaschenkürbis wird der Agavensaft angesaugt und in der Tierhaut auf dem Rücken gesammelt (hist. Abb.)*

Pulque ist gleichfalls ein Agavengetränk, ein leicht säuerlicher und weißlich-schleimiger, alkoholhaltiger Most. Wegen der raschen Vergärung kann man ihn nur frisch im Ausschank bekommen. Gewonnen wird Pulque aus der *Agava salmiana.* Dazu wird vor dem Emporwachsen des Blütenstammes das Herz der Pflanze herausgeschnitten, in dem sich danach der Pflanzensaft sammelt („Honigwasser“ genannt, *agua miel*). *Tlachiqueros* saugen ihn morgens und abends ab. Pulque war einst ein ritueller Trank der Azteken, doch heutzutage ist er eine billige Alkoholquelle der Armen.

Frutas – Früchte

Mexiko bietet ein paradiesisches Angebot an bekannten und unbekannten Früchten. Auf den Märkten kann man auf den Genuss-Trip gehen.

Guayabas (Guaven) sind gelbe oder grüne Früchte, ähnlich wie eine Birne, doch kleiner. Das leicht säuerliche Fruchtfleisch ist je nach Sorte rosa, weiß oder gelblich. Die *sapote* oder *mamey* ist eine Frucht mit hellrotem, melonenartigem Fruchtfleisch und einer harten, braunen Schale. Bananen: Probieren Sie einmal die *plátano morada,* eine kleinere, rötlich-violette Frucht, oder die noch kleinere *plátano manzano* (Apfelbanane). Köstlich! Oder auch einmal *chirimoyas,* die cremig-süß nach Papaya, Ananas und Bananen schmecken. Herrlich gleichfalls die Frucht aller Früchte, die *mango* (sie müssen gut reif sein, dran riechen). Es gibt sie in vielen Sorten, sehr gut ist die *mango manila. Sandias* sind Wassermelonen. Papayas sind gut für den Magen und die Verdauung (die dunkelorange-fleischigen schmecken am besten; mit Zitronensaft beträufeln).

■ *Opuntie (Feigenkaktus) mit tunas*

Weitere: *Toronja* – Grapefruit; *duraznos* – Pfirsiche; *fresas* – Erdbeeren (ungewaschene meiden!); *manzana* – Apfel; *naranja* – Orange; *piña* - Ananas (eine *piña* ist ein Tannenzapfen, die Ananas sieht ja ähnlich aus).

Frucht-Cocktails aller Art, kunstvoll arrangiert, werden oft an Straßenständen angeboten (und oft mit scharfem Chile bestreut; auf schon aufgeschnittene Früchte eher verzichten, Durchfallgefahr!)

Nopales sind die flachen Blätter der **Opuntie** (Feigenkaktus), die entstachelt als Gemüse verwendet werden. Für die Armen Mexikos sind sie ein Grundnahrungsmittel. Sie werden auch roh oder gekocht in der Suppe gegessen. Aus den Früchten der Opuntie, den *tuna* (Kaktusfeigen), werden Säfte und Getränke gemacht.

Helado – Eis

Mexiko ist ein Eiscreme-Land. *Nieves* („Schnee") ist Wasser-Eis, dank dem riesigen Früchteangebot äußerst variantenreich, *helados* werden mit Milch hergestellt, *raspados* ist geraspeltes Blockeis, über das Fruchtsirup gegossen wird. *Paleta* ist Eis am Stiel.

Postres – Nachtisch

Beliebt sind Karamel-Pudding *(flan)* und gebratene Bananen. Kuchen heißt *pastel. Ate* sind Fruchtpasten bzw. kandierte Früchte, *ante* eine Süßspeise mit Sirup. Einen Nachtisch kann man sich gleichfalls an Eiscreme- oder Früchtebuden oder in einer *dulcería (pastelería)* holen.

„Buen provecho" (guten Appetit) und „salud" (zum Wohl)!

Im Anhang finden Sie unter „Speisekarte" die hier genannten Namen und Begriffe schnell wieder.

TEIL III: LAND UND LEUTE

Kathedrale von Mérida/Yucatán im 19. Jahrhundert

Geschichte Mexikos

Auf den folgenden Seiten finden Sie einige wichtige Ereignisse der mexikanischen Geschichte summarisch im Zeitraffer aufgelistet.

Frühgeschichte

– 10.000 Ältester menschlicher Fund in Mexiko („Mensch von Tepexpan“).

– 6000 Erste sesshafte Stämme, Beginn des Ackerbaus.

– 5000 Älteste Funde von Maisanbau.

Präklassik (ca. 3300 v.Chr. bis 200 n.Chr.)

– 2500 Erste Töpferwaren.

– 1200 bis ca. – 500 Mutterkultur der **Olmeken** (La Venta-Kultur, Kolossalköpfe) an der Golfküste von Tabasco und dem südlichen Veracruz mit entscheidendem Einfluss auf viele spätere mesoamerikanische Hochkulturen.

– 900 **Zapoteken** siedeln im Tal von Oaxaca.

– 900 Besiedelung des **Maya**-Territoriums.

– 100 Gründung von **Teotihuacán** in Zentralmexiko.

Klassik (ca. 200 n.Chr. bis 909)

Nach Untergang der Olmeken-Kultur entstehen weitere Hochkulturen wie Teotihuacán, Monte Albán, Maya-Städte. Wechselseitige Beziehungen durch Handel, Kriege und Migration. Aus der Klassischen Periode stammen die meisten archäologischen Stätten Mexikos.
um 200

um 200 Bildung von Maya-Königreichen

200 – 500 Blütezeit von **Teotihuacán,** der ersten Großstadt Mesoamerikas; Untergang gegen 750.

300 – 900 Blüte der **Maya-Kultur** mit den Stadtstaaten Palenque, Tikal, Yaxchilán, Calakmul u.a. in Südmexiko und Guatemala. Noch vor 900 werden die meisten aufgegeben.

700 – 900 Blütezeit von **El Tajín**, Hauptstadt der Totonaken im nördlichen Veracruz.

Postklassik (910 bis 1521)

In diese Periode fallen große Völkerwanderungen, unter anderem der Einfall kriegerischer Stämme (Chichimeken) aus dem Norden ins mexikanische Zentralplateau. Die Epoche wird mit der Eroberung des Aztekenreiches durch die Spanier abgeschlossen.

um 856 Die **Tolteken** gründen **Tula**, das bald zum mesoamerikanischen Machtzentrum wird (Quetzalcóatl-Priesterkönige).

um 1000 Toltekengruppen wandern ins Maya-Gebiet ab und beeinflussen dort eine **Renaissance der Maya-Kultur** in Chichén Itzá (maya-toltekische Architektursynthese).

1168 Tula wird von den Chichimeken erobert.

1100 Die **Mixteken** überlagern die Zapoteken-Kultur im Tal von Oaxaca (Monte Albán, Mitla). Aufgabe von Chichén Itzá und der Puuc-Stätten.

1250 Gründung von **Mayapán**

1325 Gründung der Azteken-Hauptstadt **Tenochtitlán** (heute Mexiko-Stadt) auf einer Insel im Texcoco-See.

1492 Am 12. Oktober entdeckt **Kolumbus** Amerika bzw. eine Bahama-Insel.

1502 – 1519 Herrschaft des Aztekenkönigs **Moctezuma II.** Das Imperium der Azteken umfasst ganz Zentralmexiko und große Teile des Süd-Westens.

1517 Erste spanische Seefahrer erreichen die Ostküste von Yucatán.

1519 Der spanische Eroberer **Hernán Cortés (s. Abb.)** und seine Leute gehen im April in der Nähe des heutigen Veracruz vor Anker.

1521 Cortés besiegt am 13. August den letzten Aztekenkönig **Cuauhtémoc,** und mit dem **Fall Tenochtitláns** beginnt die spanische Kolonialherrschaft.

Spanische Kolonialherrschaft 1521–1821

Mit der Christianisierung durch Kirche und Mission geht auch die Zerstörung indigener Kulturleistungen einher, einige Mönche wie *Sahagún* u.a. machen Aufzeichnungen. Indígenas und Einwanderer vermischen sich zur immer größer werdenden mestizischen Mischbevölkerung, eine neue Sozial- und Wirtschaftsstruktur (Kastensystem; Landwirtschaft und Silberminen) entsteht. *Nueva España* (Neu-Spanien) wird von spanischen Vizekönigen regiert.

1521 **Mexiko-Stadt** entsteht auf den Trümmern Tenochtitláns. Cortés ist militärischer Oberbefehlshaber und Statthalter (Gouverneur) von *Nueva España.*

1522 Einführung des *Encomienda-Systems*, das die indigenen Urbewohner als Leibeigene zur Arbeit bei den spanischen Grundbesitzern verpflichtet.

1523 Die **Franziskaner-Mönche** beginnen mit der Missionierung, ebenso die Dominikaner (1526), Augustiner (1533) und Jesuiten (1571).

1524 – 1530 Niederwerfung der restlichen mesoamerikanischen Völker und Regionen durch Cortés, Guzmán, Montejo u.a.

1531 Nach einer Legende erscheint dem Indígena *Juan Diego* (2002 vom Papst heilig gesprochen) am 12. Dezember eine dunkelhäutige Maria. Als **„Jungfrau von Guadalupe"** wird sie zur Schutzheiligen der Urbewohner und später aller Mexikaner. Millionen treten zum Christentum über.

1545 Der Bischof von Chiapas, **Bartolomé de las Casas,** setzt sich für die Rechte der Indígena ein. Ihre Zahl ist durch Kriege, Krankheiten und Fronarbeit seit Ankunft der Spanier auf mindestens die Hälfte zurückgegangen. Der Mangel an Arbeitskräften hat die Herbeischaffung **afrikanischer Sklaven** zur Folge.

1535 – 1565 Durch Eroberungszüge wird das Vizekönigreich im Norden bis nach Kalifornien und Texas ausgedehnt. Große Silber-Ausfuhren nach Spanien, denn die Kolonie darf nur mit dem Mutterland Handel treiben.

1697 Letztes unabhängiges Maya-Reich, das der Itzaés am Petén-See (Guatemala), wird von den Spaniern unterworfen.

17. Jh. Die Herrschaft der Spanier ist endgültig gefestigt. Um 1670 geht der erste Silberboom zu Ende. Es entstehen große Haciendas (Landgüter), die materielle Ausbeutung des Landes hält an. Etwa ein Drittel Mexikos ist im Besitz der Kirche. 1697 stirbt der spanische König Karl II., die Macht des Mutterlandes zerfällt.

18. Jh. Um 1750 setzt sich die Bevölkerung aus ca. 4 Mio. rechtloser *Indígenas,* 1,5 Mio. *Mestizen* (Mischlinge) und etwa 1 Mio. *Criollos* (direkte Nachfahren der

Spanier) zusammen. 1767 müssen die Jesuiten Mexiko per königlichem Dekret verlassen, sie waren zu wohlhabend und mächtig geworden.

1803/04 Alexander von Humboldt reist durch Mexiko und macht wertvolle Studien und Aufzeichnungen.

1810 – 1821 Der Priester **Miguel Hidalgo (s. Abb.)** ruft am 16. September 1810 in Dolores (Guanajuato) zum **Unabhängigkeitskrieg** auf („Grito de Dolores"), der bis 1821 dauert. Im wechselhaften Kriegsglück werden die Unabhängigkeitsführer *Hidalgo*, *Allende*, *Jiménez* und *Morelos* hingerichtet.

Von der Unabhängigkeit 1821 bis zur Mexikanischen Revolution 1910

Die ersten 90 Jahre von Mexikos neuer republikanischer Freiheit sind geprägt von endlosen Wirren, Konflikten, Putschen, Kriegen und Bürgerkriegen, Reformen und europäischer Intervention. Allein zwischen 1821 und 1854 lösten sich 34 Regierungen ab, gab es ein Kaiserreich und wurden 5 Verfassungen verabschiedet.

24.08.1821 Unterzeichnung der **Unabhängigkeitsurkunde.**

1822 *Agustín Iturbide* wird für ein Jahr erster Kaiser von Mexiko.

1823 Mexiko wird **Republik**. Die Provinzen Guatemala, Honduras, El Salvador und Nicaragua erklären ihre Unabhängigkeit.

1836 Texas erklärt sich von Mexiko unabhängig und wird 1845 von den USA annektiert.

1846 – 1848 Darüber kommt es zwischen Mexiko und den USA zum Krieg, der mit dem Verlust von Texas und dem Verkauf von Kalifornien, Arizona und Neu-Mexiko an die USA endet. Damit ist Mexiko um mehr als die Hälfte kleiner geworden.

1847 – 1933 **„Krieg der Kasten"** (Maya-Aufstand) in Yucatán gegen die mexikanische Zentralregierung.

1857 Eine Reformregierung beschließt eine liberale Verfassung (Beschneidung der Privilegien von Kirche und Militär, Abschaffung des kirchlichen Grundbesitzes, des Hacienda-Systems sowie des kommunalen Landbesitzes der Indígena-Gemeinden). Darüber kommt es

1858 – 1861 zum **Reformkrieg,** bei dem die Liberalen gegen die Konservativen siegreich bleiben. Der Zapoteke **Benito Juárez (s. Abb.)** aus Oaxaca wird 1858 erster indigener Präsident Mexikos.

1861 – 1863 Das stark verschuldete Mexiko stellt die Zahlungen an europäische Mächte ein. England, Frankreich und Spanien besetzen daraufhin Teile des Landes. England und Spanien ziehen sich bald zurück, Frankreich wird vor Puebla geschlagen **(Schlacht „5 de Mayo" 1862),** kann aber Mexiko-Stadt besetzen. Unter dem Schutz von Napoleon III. und mit Hilfe mexikanischer Konservativer wird 1864 **Maximilian von Habsburg** als Kaiser von Mexiko eingesetzt.

1866/1867 Die Liberalen setzen sich siegreich gegen Konservative und Franzosen durch. Maximilian wird 1867 in Querétaro erschossen, die Franzosen ziehen sich nach Europa zurück.

1867 – 1911 **Porfirio Díaz** regiert (Unterbrechung von 1880–84) unter diktatorischen Vollmachten (**Porfiriat**). Hoher Kapitalzustrom ausländischer Investoren. Wohlstand und Modernisierungen für die Oberschicht, doch die Lage der Landbevölkerung verschlimmert sich. Indigener Gemeindebesitz wird Eigentum von Großgrundbesitzern. Soziale Reformen bleiben aus. Etwa 95% des Bodens sind nun in den Händen von nur 1% der Bevölkerung.

Mexikanische Revolution 1910 – 1917

Das Unzufriedenheitspotential entzündet sich zu einem **bewaffneten Bürgerkrieg**, der bald erbarmungslos tobt (rund 1,5 Mio. Tote) und bis heute tief im Bewusstsein der Mexikaner verhaftet ist.

20.11.1910 Der bewaffnete Aufstand beginnt unter **Francisco Madero** und **Pancho Villa** in Nordmexiko.

Mai 1911 Díaz dankt ab, Madero wird Präsident. Doch schon

1913 wird er erschossen und **General Huerta** ruft sich zum neuen Präsidenten aus. Die **Revolutionsführer Emiliano Zapata, Pancho Villa, Venustiano Carranza** und **Álvaro Obregón** kämpfen gegen die Regierungstruppen.

1914 Huerta dankt ab, Carranza übernimmt die Regierung (mit Sitz in Veracruz). Ein militärisches Chaos folgt. Obregón besiegt Villa vernichtend in Celaya und Zapata kämpft nun gegen Carranza.

05.02.1917 **Proklamation der neuen Verfassung** (mit ähnlichen Grundsätzen wie die liberale Verfassung von 1857; sie sieht u.a. auch die Verstaatlichung aller Bodenschätze Mexikos vor). Für die breite Masse blieb diese jedoch eine Enttäuschung, da viele ihrer Bestimmungen nicht hinreichend umgesetzt wurden. Die vorgesehene Landumverteilung kam z.B. erst in den 1930er Jahren in Gang.

Emiliano Zapata und Pancho Villa

Emiliano Zapata (1879–1919) ist Mexikos legendenumwobener, charismatischer Volksheld. Seine sozialrevolutionäre Forderung nach **„Tierra y Libertad“** („Land und Freiheit“) ist auch in jüngsten Jahren von den Zapatisten in **Chiapas** wieder aufgenommen worden. „Das Land gehört demjenigen, der es bearbeitet“, war sein Motto. Vor allem in seinem Heimatstaat Morelos kämpfte er gegen den Diktator Díaz, aber auch gegen dessen Nachfolger Madero und Carranza, die sich seinen (blutigen) Landumverteilungsaktionen entgegenstellen. 1914 ist Zapatas Armee, die „Befreiungsarmee des Südens“ auf rund 25.000 Mann angewachsen.

Mit **Francisco „Pancho“ Villa** (1878–1923), der im Norden mit seiner berüchtigten „División del Norte“ gegen die Truppen des Diktators kämpft, ist er zunächst nur lose verbunden. Doch im Dezember 1914 gelingt ihnen die vorübergehende Besetzung von Mexiko-Stadt (wobei ihr berühmtes Foto auf dem Stuhl des mexikanischen Präsidenten entsteht). Villas Truppen werden bereits im April 1915 von Obregón geschlagen, Zapata kämpft weiter gegen Carranza, der ihn am 10.04.1919 in einen Hinterhalt lockt, wo er im Kugelhagel stirbt. Der steckbrieflich gesuchte Pancho Villa fällt am 20.07.1923 einem Attentat zum Opfer.

Nachrevolutionäres und modernes Mexiko

1920 Ermordung Carranzas. *Obregón* wird Präsident. Unter ihm und seinem Nachfolger *Calles* beschreitet Mexiko einen zunehmend sozialrevolutionären Weg.

1929 Gründung der (Staats-)Partei PNR, die sich 1946 in **PRI** (Partido Revolucionario Institucional) umbenennt und bis zum Jahr 2000 alle Präsidenten stellt.

1934 – 1940 Unter Präsident *Lázaro Cárdenas* werden u.a. Böden umverteilt, die ausländische Ölindustrie enteignet und die Eisenbahnen verstaatlicht.

1946 – 1952 Unter der Regierung von *Miguel Alemán* kommt es zum wirtschaftlichen Aufschwung, doch auch zu Problemen durch anhaltende Korruption.

1953 Die Frauen erhalten das Stimmrecht.

1964 – 1970 Unter der Regierung *Díaz Ordaz* entsteht 1968 eine Studentenrevolte mit Erschießung tausender Demonstranten in Mexiko-Stadt. **Olympiade** 1968, **Fußball-WM** 1970.

1970 – 1976 Präsidentschaft von *López Portillo y Pacheco*. 1980 ist Mexiko der viertgrößte Erdölproduzent der Welt. Doch Inflation und Handelsdefizite treiben es in eine wirtschaftliche Krise. Dann fällt weltweit der Rohölpreis. Staatsverschuldung und überbewerteter Peso verursachen eine gewaltige Kapitalflucht. Mexikos Banken werden verstaatlicht.

1982 – 1988 Riesige Auslandsschulden, hohe Arbeitslosigkeit und eine hohe Inflationsrate demoralisieren die Bevölkerung. Präsident *Miguel de la Madrid* privatisiert nahezu 60 staatliche Unternehmen. 1986: **Fußball-WM.**

19.09.1985 Ein **schweres Erdbeben** fordert über 10.000 Tote in Mexiko-Stadt.

1988 – 1994 Als Heilmittel gegen die Rezession wird unter *Carlos Salinas de Gortari* eine große Privatisierungswelle eingeläutet. Dafür bekommt Mexiko einen Teil seiner Auslandsschulden erlassen. Unter Salinas diplomatische Beziehungen zum Vatikan. Ende Dezember 1994 **Kurssturz** des Peso. Die USA, der IWF und die Weltbank gewähren großzügige Kredite zur Stabilisierung der Krise.

1990 *Octavio Paz* (1914–1998) erhält den Nobelpreis für Literatur.

01.01.1994 Am Tag des Beitritts Mexikos zum Freihandelsabkommen **NAFTA** (North American Free Trade Agreement, span. **TLC,** *Tratado de Libre Comercio*) erschüttert der Indígena-Aufstand des **EZLN** (Exkurs „Los Zapatistas“ s.S. 269) unter *Subcomandante Marcos* nachhaltig das Land.

März 1994 Der Präsidentschaftskandidat des PRI, *Luis Donaldo Colosio,* wird ermordet. Nachfolger ist *Ernesto Zedillo* (Amtsantritt 1.12.1994).

1994 – 2000 Der frühere Präsident Salinas exiliert nach Irland, sein Bruder Raúl wird wegen Verdacht auf schwerste Drogengeschäfte inhaftiert. 1997 kommt erstmals ein Kandidat der Oppositionspartei PRD *(Partido de la Revolución Democrática)* durch freie Wahlen ans Bürgermeisteramt von Mexiko-Stadt. Zum Jahresende schwere Zerstörungen an der Pazifikküste durch Hurrikan „Paulina“.

02.07.2000 Nach 71 Jahren Regierungsmonopol gewinnt **Vicente Fox Quesada (s. Abb.)** vom liberalkonservativen **PAN** (Partido de Acción Nacional) die Präsidentenwahl.

2000 – 2005 Zum ersten Mal seit 1976 wird der Machtwechsel nicht von einer Finanzkrise begleitet. Doch der von vielen Mexikanern erhoffte große Wandel unter dem PAN-Präsidenten ist bislang ausgeblieben. Foxens Entwurf für ein Indígena-Autonomiegesetz scheitert im Kongress und wird von der EZLN und dem CNI (nationaler Indígenakongress) abgelehnt.

Beim Krieg gegen den Irak **2003** bleibt Mexiko neutral. **März 2004:** Ein Korruptionsskandal schmälert die vormals große Beliebtheit der PRD-Regierung in Mexiko-Stadt. **2005:** Im Juli fegt der Wirbelsturm „Emily“ über die Karibikküste, hinterlässt aber nur kleine Zerstörungen.

Grunddaten: Fakten und Zahlen

Staat Seit Unterzeichnung der Unabhängigkeitsurkunde am 24. August 1821 lautet der offizieller Name *Estados Unidos Mexicanos* – Vereinigte Mexikanische Staaten. Die Nationalflagge ist senkrecht grün-weiß-rot, im weißen Feld sitzt ein Adler mit einer Schlange im Schnabel auf einem Kaktus (Gründungsmythos der Aztekenhauptstadt Tenochtitlán).

Fläche Die Landesfläche beträgt 1,97 Millionen qkm (ungefähr 5,5 mal so groß wie Deutschland). **Einwohnerzahl** 100 Millionen, davon über 80% Mestizen (Mischlinge), rund 10% Weiße (Criollos) rund 10% autochthone Volksgruppen (Indígenas). **Sprachen**: Amtssprache ist Spanisch. Über 50 Indígena-Sprachen, größte Gruppen sind Náhuatl und Maya. **Religion:** 90% Katholiken, protestantische Sekten sind stark auf dem Vormarsch.

Städte Rund 80% der Bevölkerung lebt in Städten, allein im Großraum Mexiko-Stadt rund 20 Mio. Zweitgrößte Stadt ist Guadalajara (ca. 5 Mio.), andere Großstädte Monterrey (ca. 3 Mio.) und Puebla (ca. 2 Mio.).

Politisches System Mexiko hat 31 Bundesstaaten (Estados) mit eigener Verfassung und politischen Kompetenzen, der Staatspräsident wird auf 6 Jahre gewählt und vereint als Regierungschef und Oberbefehlshaber der Streitkräfte eine große Machtfülle.

Wirtschaft

Die Haupteinnahmequellen Mexikos sind **Erdöl** und **Tourismus.** Bedeutend sind auch die Maquiladoras, zollbefreite Industriebetriebe mit Billigstlöhnen, angesiedelt an der Grenze zu den USA. Die Landwirtschaft stellt nur noch 4% des BIP, 28% entfallen auf die Industrie (hauptsächlich Maschinenbau und Fahrzeugproduktion), 67% werden vom Dienstleistungssektor erwirtschaftet. Wichtigster Handelspartner sind die USA.

Ein chronisches Problem Mexikos sind seine hohen Auslandsschulden, aber auch die aufgeblähte, ineffizient arbeitende Bürokratie, Vetternwirtschaft und Korruption. Mitunter werden millionenschwere Projekte bei Wechsel eines Amtsträgers einfach fallengelassen, da dieser sein eigenes Programm und seine eigenen Leute mitbringt.

Unter der Regierung *Salinas de Gortari* (1988–1994) begann eine groß angelegte Liberalisierungswelle, über 250 Staatsgesellschaften wurden privatisiert. Seit dem 1.1.1994 gehört Mexiko zur nordamerikanischen Freihandelszone NAFTA, 2000 trat ein ähnliches Abkommen mit der EU in Kraft. Dennoch ist die wirtschaftliche Bilanz der letzten Jahre nicht positiv: einheimische Industriezweige kranken (Textilindustrie), und die von der USA-Konjunktur abhängigen Maquiladoras-Betriebe mussten in den letzten Jahren Hunderttausende Arbeiter entlassen.

Landwirtschaft Die vielfach veralteten und personalintensiven Anbaumethoden der **Landwirtschaft** sind nicht konkurrenzfähig, viele Grundnahrungsmittel müssen eingeführt werden, selbst solche, die wie Mais und Bohnen zu den traditionellen Anbaukulturen Mexikos gehören. Dürreperioden – nur rund ein Viertel der Böden der ohnehin geringen landwirtschaftlichen

Nutzfläche des Landes werden bewässert – und Wasserknappheit verschlimmern die Lage noch, ebenso der Verfall der Rohstoffpreise für Kaffee und Zucker. Die Folgen sind eine Intensivierung der **Landflucht** und **illegalen Abwanderung** in die USA (ein von Präsident Fox angestrebtes Abkommen, das den Aufenthalt illegaler mexikanischer Einwanderer in den USA legalisieren soll, scheiterte bis jetzt am Widerstand Washingtons), aber auch ein erschreckender Anstieg der Kriminalität in nur wenigen Jahren. Eine Arbeitslosenunterstützung nach westeuropäischem Vorbild existiert nicht.

Schattenwirtschaft

Als Auffangbecken für Erwerbslosigkeit hilft, neben der Großfamilie, lediglich die **Schattenwirtschaft,** ein Millionenheer nirgends registrierter Arbeitsloser, die als fliegende Händler und Anbieter diverser Serviceleistungen (Schuhputzer, Straßenmusiker, Türaufhalter, Nachtwächter u.a.) schätzungsweise noch einmal rund ein Drittel des offiziellen Bruttoinlandsprodukts erwirtschaften – ohne einen Pfennig Steuern zu bezahlen. Oftmals ist ein Abtauchen in die Untergrundökonomie lukrativer als eine reguläre Tätigkeit: der gesetzliche Mindestlohn beträgt derzeit nur wenig mehr als 3 € pro Tag (mit leichten Variationen, je nach Bundesstaat). Rund 16% der Bevölkerung lebt in absoluter Armut (die Zahlenangaben unterscheiden sich erheblich, je nach Quelle).

Land und Leute

Geografie, Klima und Natur

Naturräumliche Gliederung

Mexiko ähnelt auf der Landkarte einem Füllhorn, wobei der größere nördliche Teil vom kleineren südlichen Teil durch den *Isthmus* (Landenge) *von Tehuantepec* getrennt wird. Kernstück des nördlichen „Füllhorns" ist das gewaltige **Mexikanische Hochland** (oder Hochplateau, mex. *Mesa central* oder *Altiplano central*), das an der US-Grenze mit etwa 900 Höhenmetern beginnt und nach Süden bis etwa 2500 m Höhe ständig ansteigt. Dieses Hochplateau ist jedoch keineswegs gleichförmig, sondern durch eine Vielzahl von Tälern, Becken, Bergen und Gebirgsketten sehr abwechslungsreich gegliedert.

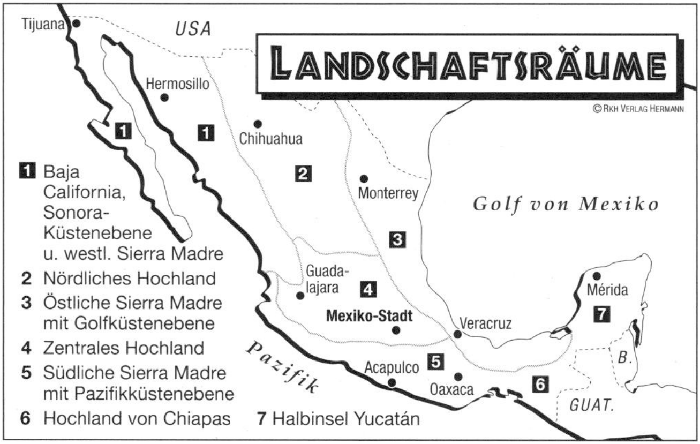

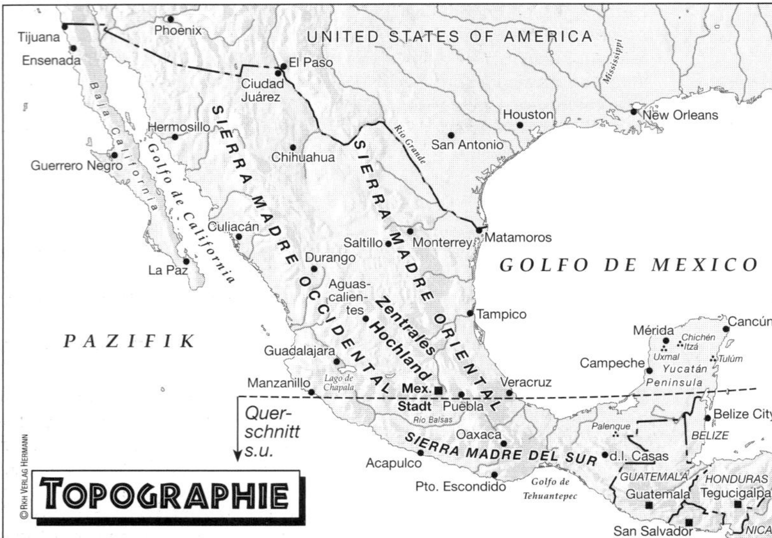

Mexiko-Querschnitt (Verlauf s.ob. Karte)

Das Hochland wird eingerahmt und begrenzt von langen **Gebirgsketten:** Im Osten von der **Sierra Madre Oriental** und im Westen von der **Sierra Madre Occidental.** Diese Ketten fallen über Hügelgebiete zu den Küstenebenen ab. Im Süden, entlang des Pazifiks, erhebt sich noch eine dritte Bergkette, die **Sierra Madre del Sur.**

Das **südliche Mexiko** kann nochmals in zwei Gebiete unterteilt werden: in die tropische **Halbinsel Yucatán,** eine flache Kalk- und Karsttafel von weniger als 200 m Höhe, und in das **Bergland von Chiapas,** eine zum Teil recht zerklüftete Gebirgsregion von durchschnittlich 1500 m Höhe, die von der Pazifikküste steil ansteigt. Einige (Vulkan-)Gipfel übersteigen dort 2000 und 3000 m Höhe. Dieses Hochland setzt sich nach Guatemala hin fort.

Die Massierung von **Vulkanen** in Mexiko ist einmalig auf der Welt, neun sind höher als 4000 m und drei über 5000 m. Der berühmteste ist der 5452 m hohe **Popocatépetl,** etwa 70 km südöstlich von Mexiko-Stadt.

Wirbelstürme

An der **Karibikküste Yucatáns** richten immer wieder tropische **Wirbelstürme** große Zerstörungen an. Manche Orte, wie z.B. Chetumal, 1955 dem Erdboden gleichgemacht, mussten zwei Mal erbaut werden. Der stärkste Hurrikan des 20. Jahrhunderts, *Gilbert,* wütete 1988, *Mitch*

1998, *Emily* 2005. Bilden können sich Hurrikane nur, wenn die Meereswassertemperatur mindestens 27 Grad beträgt, deshalb treten sie vor allem in den Monaten **Juni bis November auf.** Doch keine Panik, die Wahrscheinlichkeit, dass Sie auf Ihrer Reise davon betroffen werden, ist äußerst gering. Lange Vorwarnzeiten geben genügend Zeit für Sicherheitsmaßnahmen. Wirbelstürme treten auch immer wieder an Mexikos Pazifikküste auf.

Pflanzen und Tiere

In den diversen Vegetationszonen Mexikos existiert eine artenreiche Flora und Fauna (bezüglich der Vielfalt der Reptilien steht Mexiko z.B. an erster Stelle). Viele Spezies sind *endemisch*, d.h., sie sind nur in Mexiko anzutreffen. Erwarten Sie allerdings nicht, viele freilebende Tiere zu Gesicht bekommen, dazu gehört schon etwas Glück. Der Zoo *ZooMat* von Tuxtla Gutiérrez, Hauptstadt von Chiapas, ist mit seinen einheimischen Tieren sehr sehenswert.

Flora

Die Flächen jungfräulichen **tropischen Regenwalds** sind in Mexiko nicht mehr groß. Reste gibt es noch im Tiefland von Chiapas **(Selva Lacandona)** und in dortigen bergigen Zonen (Nebelwaldgebiete) sowie im Süden von Yucatán, den größte Teil dieser Halbinsel bedeckt verfilzter Buschwald *(selva baja).* Im Tiefland wachsen Edelhölzer wie Mahagoni, der Kapok-**(Ceiba)**-Baum, **Chico zapote** *(Manilkara zapota),* der Chicle-Baum, dessen Rindensaft die *chicleros* für die Gewinnung von Kaugummi anzapfen (heute kaut man synthetische Ersatzstoffe) oder **Blauholzbäume** (Haematoxilum campechianum), aus deren Holz man einst den begehrten indigo-Farbstoff zum Blaufärben von Textilien gewann. Regenwaldbäume sind aufgrund der hohen Luftfeuchtigkeit oft mit Bromelien, hunderten **Orchideenarten (s. Abb.),** Tillandsien (Epiphyten), Schlingpflanzen und Moosen überwachsen.

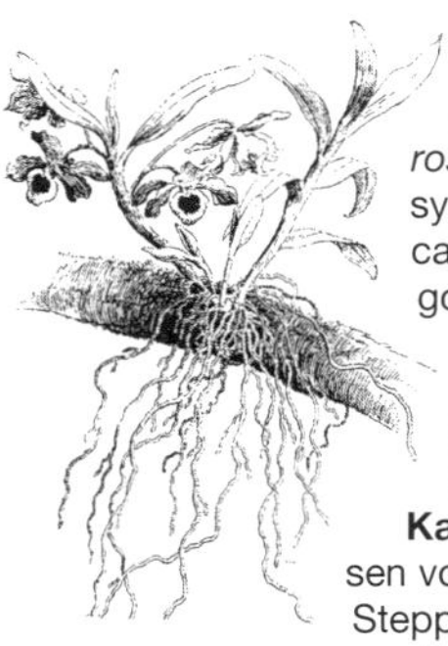

Kakteen und andere **Sukkulenten** wachsen vor allem in den Wüsten, Halbwüsten und Steppen, also auf Baja California, in Nordmexiko oder Oaxaca. In den Gebirgszügen der beiden großen Sierras wachsen immergrüne Nadel- und Laubbäume (Kiefern, Zypressen, Eukalyptus und Eichen), darunter auch die Zypressenart *Ahuehuete,* Mexikos Nationalbaum.

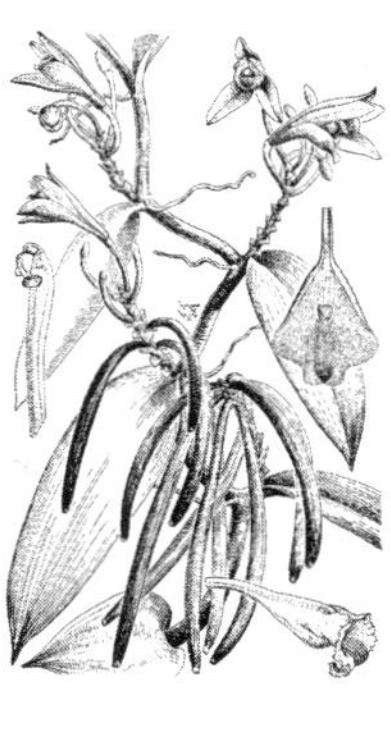

Aus den tropischen und subtropischen Gebieten stammen zahlreiche Kulturpflanzen, die auch auf die europäischen Märkte gelangen, wie z.B. Bananen, Zuckerrohr, Avocado, Kakao, Vanille **(s. Abb.)** u.a. In Höhenlagen über 800 m wird Kaffee angepflanzt. In den Orten fallen immer wieder schöne Zierpflanzen und bunt blühende Bäume ins Auge, wie Korallen- und Flamboyantbäume, Jacarandas, Magnolien, Hibiskus, Weihnachtssterne oder die besonders häufig anzutreffende *Bougainvillea*.

Kakteen und Agaven

In Mexiko gibt es weit über tausend Kakteenarten, schon von alters her wussten die Bewohner Nutzen aus diesen Pflanzen zu schlagen. Opuntien *(nopales)* sind ein beliebtes Gemüse, auch ihre Früchte *(tuna)* gelten als Leckerbissen. Auf Opuntien wurden früher Cochenille-Schildläuse gezüchtet, aus denen sich roter Farbstoff (Karmin) gewinnen ließ. Andere Kakteensorten dienen als Brennmaterial oder zur Einfriedung, wie die meterhohen Orgelkakteen *(órganos),* wieder andere als Heilpflanzen. Und die *coyotes,* die illegale USA-Auswanderer durch die Wüste führen, wissen genau, welche Kakteen man zur Durststillung anzapfen kann. Bei einigen Völkern Nordmexikos ist der Genuss des halluzinogenen *Peyote*-Kaktus Bestandteil ritueller Feste.

Zu den Sukkulenten, den wasserspeichernden Pflanzen, gehören auch die über 300 **Agaven-Arten** *(maguey)* Mexikos, sie sind aber keine Kakteen. Wenn Alexander von Humboldt sie für die nützlichsten Pflanzen des amerikanischen Kontinents hielt, so sicher wegen ihrer vielseitigen Verwendungsmöglichkeiten: Aus ihnen wurden Speisen, Getränke, Fasern, Bau- und Brennmaterial gewonnen. Die Hanf-Faser *henequén* (Sisal) und Mexikos berühmte Schnäpse *Tequila* und *Mezcal* (mit Wurm) sowie *Pulque* sind die bekanntesten Agaven-Produkte. In prähispanischer Zeit war die Agave nach dem Mais die am meisten verehrte Pflanze, die Azteken hatten auch einen Agaven-Gott. Zum Blühen kommt die wuchtige Sukkulente nur ein einziges Mal, und mit dem Verwelken der gelben Blüten stirbt sie ab.

Tierwelt

Fauna

Im **tropischen und subtropischen** Lebensraum des südlichen Mexiko gibt es u.a. Krokodile, Klammeraffen *(mono araña),* Brüllaffen, Gürteltiere, Geckos und die steinzeitlich anmutenden *Leguane* (ihr Fleisch gilt als Köstlichkeit); an den *Küsten* Meeresschildkröten, Pelikane, Reiher und stellenweise auch Flamingos.

Die Meeresschildkröten *(tortugas)* sind an der Karibikküste stark gefährdet. Südlich von Tulúm ist die *Reserva de la Biósfera Sian Ka'an* das Brut- und Lebensgebiet für viele Wassertiere, Störche *(jabirús),* Reiher *(garzas),* Wasserschweine *(pecaris)* und Krokodile. Auch Raubkatzen sollen dort noch heimisch sein. Zu den giftigen Schlangen *(culebras)* zählt in den sub- und tropischen Gebieten die *coralillo,* die rotgeringelte Korallenschlange.

Die schönsten **Tropenvögel** sind der Regenbogen-**Tukan (Abb.)** (*Ramphastos sulfuratus,* span. *tucán pico iris,* dt. Pfefferfresser), **Guacamaya** (*Ara macao,* Grünflügel-Aras), **Papagei** (*Aratinga holochlora,* span. *perico*) und der **Quetzal** *(Pharomachrus pentadactylus bzw. mocino,* „Vogel des Lichts"), aus dessen langen grünen Schwanzfedern die mesoamerikanischen Völker Herrscherkronen und Prunkgewänder fertigten. Leider sind beide nahezu ausgerottet. Aber es gibt noch viele Papageien, Kolibris, schöne Schmetterlinge *(mariposas)* und viele Wasser-, Sumpfvögel und Zugvögel aus dem nördlichen Amerika sowie **Flamingos** an der nördlichen Yucatán-Küste (Reserva de la Biósfera Ría Celestún und P.N. Ría Lagartos).

Menschen, Staat und Gesellschaft

Schwert und Inquisition

Mit der territorialen Eroberung Mexikos durch die Spanier fand gleichzeitig die geistige Eroberung der indianischen Urbevölkerung statt. Der Papst hatte der Erschließung fremder Länder nur unter der Bedingung der Christianisierung dieser Gebiete zugestimmt, und der spanischen Krone wurde die Missionierung der Bevölkerung im neu entdeckten „Indien" aufgetragen. Das Papsttum, fixiert auf den Expansionsgedanken des Christentums, leistete auf diese Weise den weltlichen Mächten Hilfestellung bei ihren politisch-imperialen Absichten. Der christliche Glaube diente den Eroberern dann als Ideologie und als Rechtfertigung bei der Unterwerfung fremder Völker.

In der Mannschaft von Hernán Cortés waren auch Priester, und ab **1523** kamen Missionsorden ins Land: zuerst die *Franziskaner,* später *Dominikaner, Augustiner* und *Jesuiten* (der Orden wurde 1767 aus ganz Spanisch-Amerika ausgewiesen). Es wurde die „Religion der Liebe" gepredigt, doch das Kreuz traf genauso hart wie das Schwert (Inquisition – 1539 erste öffentliche Verbrennung eines Indígena-Kaziken, weil dieser sich nicht bekehren lassen wollte, durch den Erzbischof von Mexiko, *Zumárraga*). Schrecklich war das Inquisition-Urteil von → **Maní** auf **Yucatán** am 12.07.1562: dort wurden über 10.000 Maya zu Tode geschlagen. Eine große Hoffnung war dagegen der Missionar und Bischof von Chiapas, **Bartolomé de las Casas** (1474–1566), der schon früh die Not und das Elend der indianischen Urbevölkerung erkannte und sich vehement für sie einsetzte (Exkurs s.S. 329).

„Innere Immigration"

Rechtlos und geschunden blieb den Indígenas unter den Spaniern nur der „Weg in die innere Immigration", und noch heute ahnen sie (unbewusst), dass ihnen der christliche Glaube mit Gewalt aufgezwungen wurde. „Die Niederwerfung ihrer Götter machte die Indianer zu geistigen Waisenkindern", schreibt Octavio Paz. Die Christianisierung fand keinen Eingang in die Tiefen der indianischen Seelen und vermochte auch nicht den Glauben an die indianischen Schöpfungsmythen ganz auszulöschen. So entstanden in der Folge oftmals christlich-indianische Mischreligionen, ihre Anhänger praktizieren auf ihre Art den katholischen Glauben, wobei oft Magie und Geisterglaube eine Rolle spielen.

Noch heute glabuen viele Indígena, dass jeder Mensch von einem tierischen Schutzgeist begleitet wird *(chulel, tonal),* der im Verborgenen lebt und schicksalhaft mit ihm verbunden ist. Viele haben deshalb neben ihrem spanischen Namen noch einen *nagual*-Namen, den sie ängstlich geheimhalten (*nagualismo,* von aztek. *nahuali* „Maske", „Verkleidung" → Nagualismus). Wenn der Mensch stirbt, muss auch sein Schutzgeist sterben. Unglück und Krankheiten werden gewöhnlich auf böse Mächte und auf deren Einflüsse zurückgeführt (ein *nahuali* ist eine – in der Regel bösartige – Person, die sich nachts in eine Tier verwandelt und ihr Unwesen treibt).

Oft war es unter der spanischen Herrschaft so, dass die Übernahme der christlichen Lehre für eine Gruppe die einzige Möglichkeit des Überlebens war. Der Unterschied zwischen jenen Ethnien, denen durch Taufe die Eingliederung in die spanische Kultur aufgezwungen worden war und jenen, die ihre geistige Freiheit länger behaupten konnten, ist noch heute erkennbar, beispielsweise bei den *Tarahumara* in der westlichen Sierra

Madre oder bei den **Tzotziles, Tseltales** und **Lacandones** in **Chiapas.** Diese Ethnien werden heute besonders von den protestantischen US-Sekten angegangen (Exkurs s.S. 345).

Mestizaje

Die heutige Bevölkerung Mexikos setzt sich zusammen aus etwa 80% Mestizen, 10% indianischen Völkern *(Indígenas)* und zu etwa 10% Weißen. Die **mestizaje,** die europäisch-amerikanische Rassenverschmelzung, begann mit dem Eintreffen der ersten Spanier an der Küste von Yucatán (→ *Gonzalo Guerrero* 1511, der sich die Maya-Häuptlingstochter Zazil Há zur Frau nahm und mit ihr zwei Söhne hatte, vermutlich die allerersten Urahnen der heutigen Mestizengesellschaft Mexikos). Und als Cortés mit seinen Schiffen im Frühjahr 1519 bei seiner Fahrt nach Veracruz in Tabasco vor Anker ging, wurden ihm 19 indianische Frauen zum Geschenk gemacht. Darunter war auch → *Malintzín* (Malinche), die seine Dolmetscherin und Geliebte wurde (mit ihr hatte er einen Sohn, Don Martín Cortés).

No fue triunfo ni derrota. Fue el doloroso nacimiento del pueblo mestizo que es el México de hoy – „Es war weder Triumph noch Niederlage. Es war die schmerzhafte Geburt des Mestizenvolkes, des heutigen Mexiko" (Tafelinschrift zum Gedenken der Niederlage Tenochtitláns am 13. August 1521 am „Platz der 3 Kulturen", Mexiko-Stadt.

Die Mexikaner heute

Das Neben- und Durcheinander von Moderne und Tradition macht es unmöglich, die Mexikaner auf ein bestimmtes Bild festlegen zu wollen. Wer sich den mexikanischen Mann als einen harten Macho mit breitkrempigem Hut und die mexikanische Frau mit langen Zöpfen und unterwürfigem Blick vorstellt, mag in einigen ländlichen Regionen und bei touristischen Veranstaltungen fündig werden – dieser Prototyp existiert sicher noch, als Beschreibungsmerkmal aller Mexikaner taugt er aber nicht.

In Traditionen verwurzelt sind bis heute zahlreiche Indígena-Gemeinden. Religiöse Feste und Praktiken, in Verbindung von Katholizismus und prähispanischen Religionen, sind feste Bestandteile ihres Lebens. Doch viele werden durch Armut zur Auswanderung in die USA oder in mexikanische Großstädte getrieben, wo auch sie über kurz oder lang in die Mühle der Modernität geraten.

Die städtischen Mittel- und Oberschichten orientieren sich zunehmend an europäisch/amerikanischen Wertvorstellungen, die zunehmende Industrialisierung der letzten Jahrzehnte führte auch dazu, dass immer mehr junge Frauen ein Universitätsstudium aufnehmen und im modernen Arbeitssektor vertreten sind (die Frauen der Unterschichten waren immer schon in Landwirtschaft und Handel tätig). Eine Liberalisierung der Moral konnte da nicht ausbleiben: Jungfräulichkeit vor der Ehe ist kein allgemeines Ideal mehr, das höhere Bildungsniveau lässt die Kinderzahl sinken, überall sieht man Väter, die sich rührend um ihren Nachwuchs kümmern.

Doch auch in den Städten prägen teilweise noch traditionelle Denk- und Verhaltensweisen den Alltag, so sind zum Beispiel magische Praktiken sehr verbreitet, und die Familie – im weiteren Sinne, d.h. einschließlich Großeltern, Geschwistern, Onkel, Tanten, Cousins, Neffen und Paten

– wird weiterhin als Herzstück der Gesellschaft angesehen. Sie bildet den Lebensraum und wichtigsten Zufluchtsort der meisten Mexikaner. Die hohe Zahl der zerrütteten Ehen und alleinerziehenden Mütter ändert daran vorerst nicht viel. Wer nicht verheiratet ist, wohnt gewöhnlich bei Eltern oder Verwandten.

Wichtig sind auch heute noch Höflichkeit und gute Umgangsformen, selbst Unangenehmes wird gerne „durch die Blume" gesagt. Das mag dem Hang vieler Europäer zu übermäßiger Direktheit nicht immer entgegenkommen, schafft aber einen zumeist freundlichen Umgangston im öffentlichen Leben, der zwar nicht immer dazu dient, Probleme an der Wurzel zu packen, aber für das Miteinander auch vorteilhaft sein kann.

Erziehung

Schulpflicht besteht für drei Vorschuljahre und die ersten sechs Jahre Grundschule (offizielle Abschlußquote der Grundschule: 94%), die Sekundarschule besuchen nur noch rund 85% der Kinder der entsprechenden Altersgruppe. Einem breiten Netz staatlicher Schulen (kostenfrei) stehen teure Privatanbieter für die Mittel- und Oberschicht gegenüber. Berufsbildende Institutionen sind noch sehr wenig entwickelt, man lernt im Familienbetrieb. Für Kinder der gehobenen Schichten ist die Universität ein Muss, zahlreiche staatliche oder private Einrichtungen stehen den Interessenten offen. Nichtsdestotrotz trägt ein Heer an nicht oder schlecht ausgebildeten Arbeitskräften zur Ineffizienz vieler Institutionen bei. Rund 9% der Bevölkerung sind Analphabeten.

Schattenseiten des Sonnenlandes

Nicht verschweigen sollte man, dass das „Sonnenland Mexiko" auch seine Schattenseiten hat. Reisende stören sich vor allem an folgenden „Unschönheiten":

- **Umweltschutz** wird vielerorts noch ganz klein geschrieben; Müll wird einfach auf die Straße oder in die Natur geworfen.
- Viele Städte sind für frühere Jahrhunderte gebaut. Immer mehr **Autos verstopfen die engen Straßen,** Lärm- und Abgase beeinträchtigen des Spaziergängers Muße, Fußgängerzonen haben nur wenige Städte.
- Wo es einen Touristenansturm gibt, erwacht der **Traum vom schnellen Geld.** Alles wird kommerzialisiert, vieles überteuert, das Preis-/Leistungs-Verhältnis stimmt dann oft nicht mehr (das ist besonders an der Karibikküste und einigen Pazifik-Badeorten der Fall, aber auch im Kernbereich mancher Kolonialstädte).
- Auch die kleinen Dienstleistungsanbieter (Taxifahrer u.a.) und die Armen wollen was vom „Kuchen abhaben". Da steigt dann mancherorts die Diebstahlgefahr, versucht man, völlig unangemessene Preise zu kassieren und marschieren **Heere an ambulanten Verkäufern auf** (Strände, Zócalos, z.B. von San Cristóbal de las Casas oder Oaxaca), was mitunter natürlich lästig sein kann.

Seien Sie also auf diese Unanehmlichkeiten vorbereitet und stellen Sie Ihr Stimmungsbarometer auf **„Gelassenheit",** dann werden die positiven Eindrücke auf Ihrer Entdeckungsreise sicher bei weitem überwiegen.

Völker und Kulturen

■ *Mestiza (hist. Abb.)*

In keinem anderen Land Mittel- und Nordamerikas leben heute noch so viele indianische Völker wie in Mexiko, und anders als in anderen Staaten Amerikas sind die mexikanischen Indígenas auch nicht „letzte Überbleibsel" einer vergangenen Zeit, sondern signifikante Teile der Gesamtbevölkerung. Gegenwärtig schätzt man den Indígena-Bevölkerungsanteil, je nach Quelle, auf 5–15 Millionen in über 50 Völkern und Kleingruppen, wobei die verschiedenen **Náhua-** und **Maya-Gruppen** zahlenmäßig am stärksten sind.

Manche prähispanischen Völker, wie z.B. die **Olmeken** (Golfküste), waren schon längst verschwunden, als die Spanier den Kontinent betraten, andere wurden von den Eroberern vernichtet: das bekannteste Beispiel sind die **Azteken** (Hauptstadt Tenochtitlán, heutiges Mexiko-Stadt).

So unübersichtlich der ethnische Flickenteppich Mittel- und Nordmexikos ist, so einfach wird es ab dem Golf von Tehuantepec bis hin nach Guatemala und Honduras: Dieser ausgedehnte Raum wird praktisch nur von einem einzigen Volk besiedelt (allerdings regional stark aufgesplittert und differenziert), von den **Maya.** Es ist das wichtigste und interessanteste Volk ganz Mesoamerikas. Die mexikanischen Maya leben vor allem auf der **Halbinsel Yucatán** und im **Bundesstaat Chiapas.** *Chontales, Choles, Tojolabales, Tseltales,* und *Tzotziles* sind Maya-Untergruppen aus dem Hoch- und Tiefland von Chiapas und aus Tabasco. Die Fotos der Schweizerin Gertrude Duby-Blom (1901–1993) machten vor allem die weißgewandeten **Lacandonen** bekannt, diese zählen heute nur noch ca. 600 Personen. (Mehr über die Maya s.S. 97.)

Zapoteken, Mixteken und **Mazateken** sind die zahlenmäßig größten Gruppen des Bundesstaates **Oaxaca** (die Mixteken siedeln allerdings auch in Puebla und Guerrero). Zapoteken und Mixteken sind Nachfahren der gleichnamigen altmexikanischen Hochkulturen, die Mazateken sind für ihre Rituale mit halluzinogenen Pilzen bekannt.

Die **Náhua** leben überwiegend zentralmexikanischen Hochland. Ihre Sprache, das *náhuatl,* wurde (in seiner klassischen Form) von den Azteken und anderen prähispanischen Völkern gesprochen.

Die **Totonaken** leben an der nördlichen **Golfküste.** Ihre Vorfahren bauten die einzigartige Nischenpyramide von *El Tajín*.

Im Norden und Nordwesten Mexiko gibt noch zahlreiche Volksgruppen mehr, bedeutend sind u.a. die **Otomí, Purépecha, Huicholes** oder die **Tarahumara** in der Sierra Madre Occidental.

Resultierend aus dieser Völkervielfalt gehört Mexiko weltweit zu den Ländern mit den meisten **Sprachen:** Bei Ankunft der Spanier soll es ca. 170 gegeben haben, heute sind es immerhin noch rund 60, die sich wiederum in unterschiedliche Varianten aufteilen lassen.

Indigene Volkskulturen und Traditionen haben sich übrigens im Süden Mexikos stärker erhalten als im Norden, weil die spanische Kulturüberlagerung im Süden weitaus geringer war als im Hochland und auch erst viel später einsetzte. Aber noch immer ist gültig, was der Literaturnobelpreisträger Octavio Paz schon vor einigen Jahrzehnten schrieb: „Mexiko verherrlicht seine indianische Vergangenheit, verachtet aber seine lebenden Indios".

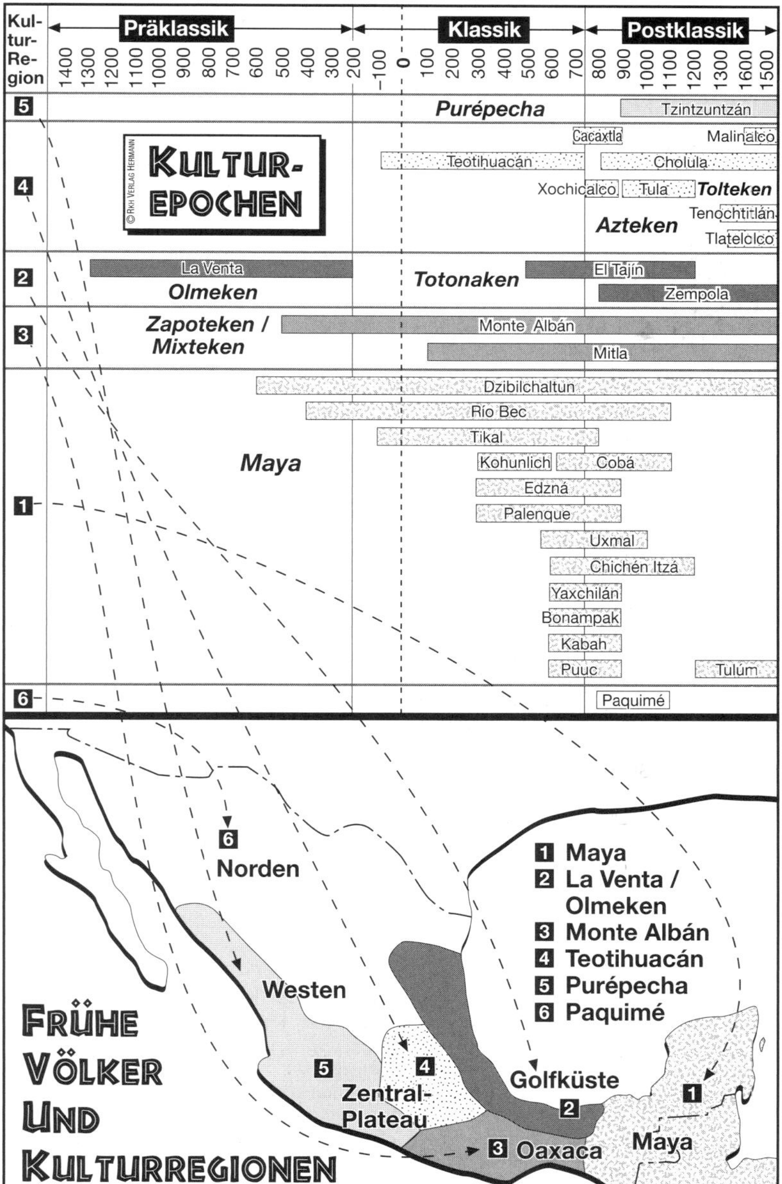

Land und Leute

Indigene Autonomieforderungen

Kriege und Konflikte

Ein Problem der mexikanischen Regierungen war immer, dass indigene Ethnien aufgrund ihrer eigenen Kultur, Sprache und Lebensweise – und nicht zuletzt auch durch die leidvollen Erfahrungen während der spanischen *conquista* und in der Kolonialzeit – die Anerkennung als eigenständige politische Gemeinschaften innerhalb des mexikanischen Bundesstaates forderten. Blutig ausgefochten wurden diese Forderungen z.B. beim langdauernden **„Krieg der Kasten"** (1847–1933, s.S. 167), als die **Maya auf Yucatán** versuchten, einen eigenen Staat zu gründen, und heute setzen sie sich fort mit dem **Zapatisten-Aufstand in Chiapas,** bei dem die Indígenas mit Waffengewalt soziale Gerechtigkeit und kulturelle Autonomie verlangen (Zapatisten-Exkurs s.S. 269). Doch die mexikanische Regierung betrachtet solche Forderungen als Angriffe auf die nationale Einheit. Sie könnte in solchen Bestrebungen aber auch die Stärkung und Sicherung der vielfältigen Kulturen Mexikos sehen; indigene Traditionen, wie Kunsthandwerk, Trachten und Bräuche dienen ja auch zur Ankurbelung der staatlich-internationalen Tourismusindustrie. Konflikte entstanden und entstehen noch immer z.B. durch die Entdeckung von Bodenschätzen auf indigenem Land, durch Staudamm-, Holzverwertungs- und Tourismusprojekte und daraus resultierenden Bodenenteignungen.

Zuständig für Indígena-Fragen und Indígena-Politik ist in Mexiko das regierungsnahe **INI** (Instituto Nacional Indígenista), das sich in Ressorts wie Erziehung, Gesundheit, Wirtschaftsentwicklung u.a.m. gliedert. Ziele und Methoden dieser Behörde haben sich seit ihrer Gründung 1948 vielfach geändert, was vor allem auf Kritiken und Vorschläge indigener Organisationen zurückzuführen ist (der nationale Indígenakongress ist der **CNI,** *Congreso de Pueblos Indígenas*). Gegenwärtig vertritt das INI eine Linie der Respektierung und Bewahrung indigener Traditionen, während anfänglich die Assimilation propagiert wurde.

Letztendlich ist es aber das Unvermögen des mexikanischen Staates, seinen indigenen Völkern echte Mitbestimmung innerhalb der staatlichen Strukturen einzuräumen.

Indígena-Leben

Die ländlichen indianischen Volksgruppen Mexikos leben überwiegend in kleinen, ärmlichen Dörfern oder in isolierten Streusiedlungen. Ein entlegenes Leben ermöglicht zwar vordergründig die Bewahrung von Traditionen, doch bedeutet dies auch meist keine befestigte Straße zur nächst größeren Stadt, erschwerten Transport der Erzeugnisse zum Markt, kein gutes Schulangebot und eine schlechte medizinische Versorgung.

Lebensgrundlage

Lebensgrundlage der *campesinos* ist die Eigenversorgung mit landwirtschaftlichen Produkten auf niedrigem Produktionsniveau (Subsistenzwirtschaft). Angebaut werden zumeist Mais, Bohnen, Kürbisse und Chili. Viehhaltung ist wegen Trockenheit oder zu heißem Klima nicht immer möglich. Ein zusätzliches Einkommen wird manchmal durch die Herstellung handwerklicher Produkte oder von Kunsthandwerk erzielt. Oft muss aber zusätzlich bei einem Großgrundbesitzer gearbeitet werden, man verdingt sich zu saisonaler Lohnarbeit (z.B. als Kaffeepflücker) oder geht als Tagelöhner in die Stadt.

Ideelle Basis Indígenas sind verwurzelt in Traditionen, sie sind überaus konservativ und sie haben ein starkes Zusammengehörigkeitsgefühl. Ideelle Werte sind gleichberechtigt mit materiellen. **Gemeinsamer Landbesitz** *(ejido)* ist ein weiteres Grundelement. Doch Land ist nicht einfach nur Produktionsmittel oder Territorium, Land bedeutet Identität. Land gehört einem nicht, ein Indígena gehört seinem Land. Überschusserzeugung, Profitstreben und das Leistungsprinzip war ihnen nie vorrangiger Lebensinhalt. Dank dieser selbstauferlegten Beschränkung spaltete sich ihre Gesellschaft nicht oder nur wenig in Besitzende und Besitzlose, in Herrscher und Beherrschte. Durch die Gleichheit aller blieb die Freiheit eines jeden einzelnen mehr oder weniger erhalten.

„Boden und Freiheit“ **„Tierra y Libertad“** war eine Losung der Mexikanischen Revolution. Vor 1910 gehörten noch 98% des Bodens Großgrundbesitzern und der Kirche. Nach der Revolution ermöglichte die neue Verfassung und Agrarreformgesetze die Umverteilung des Bodens an die landlose *campesinos* und *peones* (besonders unter dem fortschrittlichen Präsidenten *Cárdenas* in den 30er Jahren), und zwar in einer kollektiven Eigentumsform, dem erwähnten *ejido.* Eigentümer blieb aber der Staat, der zur Verwaltung der Ejidos eine gewaltige Bürokratie heranwuchern ließ. Seit 1992 haben die *ejidadarios* durch eine Verfassungsreform die Möglichkeit, kommunal bebautes Ejido zu verpfänden oder zu verkaufen. Weil ihre kleinen Landstücke den meisten Bauern ohnedies nicht ausreichen, wird dies wohl auch so kommen. Damit wird aber letztendlich das Heer der Landlosen, der Habenichtse und der Flüchtlinge in die Städte noch weiter anwachsen.

■ *Demonstration in Mexiko-Stadt für „Tierra y Libertad“*

Vom Land in die Stadt Auf dem Land und bei den indianischen Volksgruppen Mexikos haben sich die Familienbräuche seit Jahrhunderten kaum verändert. Der Lebenszyklus folgt festen, überkommenen Vorstellungen. Auf dem *campo* ist noch stark das Bewusstsein verankert, dass viele Kinder wirtschaftliche Absicherung im Alter bedeuten. Die Rollenverteilung in der Familie ist noch stärker festgelegt: die Söhne helfen dem Vater auf dem Feld, die Mädchen der Mutter bei der Hausarbeit oder beim Kinderhüten. Bis auf ganz wenige Ausnahmen, wie etwa in der Gegend um **Juchitán** (→ Tehuantepec), wo Frauen den Handel beherrschen und auch politisch Einfluss ausüben, ist die Autorität des Vaters und der Männer unbestritten. Bei Indígenas werden Ehen vielfach noch von den Eltern arrangiert und es wird sehr jung geheiratet. Kinder vom Land ohne Ausbildung können meist nur wählen zwischen der Armut in ihrem Dorf und der Not in der Stadt beim ihrem Wegzug.

Vom ländlichen Mexiko rekrutiert sich auch die große Schar vieler Mädchen als *muchachas* (Hausangestellte) in die Haushalte der städtischen Mittel- und Oberschicht. Eine arbeits- und sozialrechtlich ungeschützte Anstellung als Putzfrau, Köchin und Kinderaufpasserin. Nur ungern werden die jungen Mädchen von ihren Familien weggelassen,

Land und Leute

doch die Not einer Campesino- oder Indígena-Familie lässt keine andere Wahl. Der Lohn des Mädchens muss die Angehörigen auf dem Land miternähren.

Mexikanische Lebensart

„Mexikanisch" sprechen

In Mexiko geht man formeller miteinander um als bei uns, Höflichkeit und gute Umgangsformen sind allen wichtig. Übermäßige Direktheit und (verletzende) Offenheit ist verpönt, auch wichtiges wird zuerst durch Floskeln und leeres Geplauder eingeleitet. Selbst bei wenig Sprachtalent sollten Sie unbedingt die wichtigsten Worte und Umgangsausdrücke in Spanisch beherrschen.

Begrüßungen laufen meist so ab: *„Cómo estás?"* – *„Bien, y tú?"* – *„Bien también".* Universal-Formeln sind *„con permiso"* („mit Ihrer Erlaubnis") oder *„disculpe"* („Entschuldigung"), wenn man sich durch volle Busse drücken muss, Fahrstühle betritt oder sich entfernt. Eine Frage oder eine Bestellung im Restaurant beginnt immer mit einem höflichen *„por favor".* Mit *„gracias"* und *„muy amable"* („sehr liebenswürdig") bedankt man sich. Darauf hört man *„de nada"* („keine Ursache"), *„para servirle"* („bereit, Ihnen zu dienen"), *„a su servicio"* („Ihnen zu dienen), *„a sus órdenes"* („auf Ihren Wunsch") oder gar *„a sus pies"* („zu Ihren Füßen") – alles höfliche, unverbindliche Floskeln, die aber den menschlichen Umgang wesentlich erleichtern und das Leben angenehmer machen.

Zu vermeiden ist unter allen Umständen eine direkte Konfrontation mit Offiziellen (Polizei), was immer das Problem sein mag, z.B. ein Gesetzesverstoß. In einem Land, in dem oft das „normale" nicht geht und dafür alles andere möglich ist, lässt sich alles regeln, doch nicht mit Unhöflichkeit, Ungeduld und „recht haben". Verletzen Sie nicht das Ego von Uniformierten, indem Sie in einem Konfliktfall sofort eine *„mordida"* (s.u.) offerieren – das wird Ihnen schon signalisiert werden.

Mexikaner lassen sich nicht gerne festlegen, nur selten werden Sie ein glasklares „ja" oder „nein" hören. Das typisch mexikanische ist die Gabe, fünf auch gerade sein zu lassen. *„Cómo no"* („warum eigentlich nicht") und *„con mucho gusto"* („selbstverständlich") bedeuten nicht immer uneingeschränkte Zustimmung, und das berühmte *„mañana"* kann auch erst übermorgen oder nie sein – *„si dios nos presta el tiempo"* („wenn Gott uns die Zeit leiht") – kann man Unklares schöner ausdrücken? Andere Phrasen: *„que lindo"* („wie schön!"), *„que lastima"* („wie schade!"), *„no me digas"* – („sag' bloß!" oder „was Du nicht sagst").

Besonders oft werden Verkleinerungsformen gebraucht (*-ito* oder *-cito*), die man an jedes beliebige Substantiv, Adjektiv oder Adverb anhängt (*casa – casita, grande – grandecito, chico – chiquito – chiquitito* usw.). Diminutive sind jedoch nicht nur Verkleinerungen, sondern gleichfalls Ausdruck von Zweifeln und Skepsis. Wenn die Sonne scheint, heißt das *„hay sol", „hay solecito"* kann dann schon bedeckt sein oder es zieht bereits Regen auf. *„Ahora"* meint jetzt, unverzüglich, sofort, während die Verkleinerungsform *„ahorita"* diese Ankündigung etwas in

■ *„Es gibt kein morgen, es muss [noch] heute sein" – „Aufklärungsschild" für das Volk …*

die Länge zieht (immerhin sagen wir Schwaben gleichfalls „jetzetle" ...), und bei *„ahoritita"* kann sich alles auf unbestimmte Zukunft verschieben. Die eher passive mexikanische Mentalität zeigt auch bei *„se me olvido"* – es hat sich mir vergessen" (statt „ich habe es vergessen") oder *„se me rompio"* – „es ist mir kaputtgegangen" (statt „ich habe es kaputtgemacht"). Und wenn der gebotene Preis beim Handeln zu niedrig ist, bekommt man kein schnödes und hartes „no" als Antwort, sondern *„no se puede"* – „es geht nicht" oder *„ahorita no"* – „im Momentchen nicht".

Nichtssagende Phrasen oder scheinbar bedeutungslose Wörter dienen also als neutrale Zonen, in denen man seine Gefühle abschirmen kann und in denen Kommunikation ohne Konfrontation möglich ist.

Es ist übrigens sehr leicht, mit den Menschen Mexikos in Kontakt zu kommen, überall ist man gleich in ein Gespräch verwickelt, wird gefragt, woher man kommt, wohin es geht und wie Mexiko gefällt. Ausgeprägt ist die mexikanische Bereitschaft zur Auskunft, was manchmal soweit geht, dass – um den Fremden ja nicht zu enttäuschen – nur vage oder gar falsche Informationen weitergegeben werden. Deshalb besser oft zwei Personen (nach dem Weg) fragen.

Begrüßung, Unterhaltung

Ausgiebiger Austausch von Höflichkeiten ist in Mexiko unerlässlich. Die Grußformeln *„buenos días"* (guten Morgen, nur bis 12 Uhr!), *„buenas tardes"* (guten Tag), *„buenas noches"* (guten Abend, gute Nacht), *„hasta luego"* (bis später) u.a. werden viel häufiger ausgesprochen als bei uns. Dabei wird immer *„señor", „señora"* oder ein *„señorita"* hinzugefügt (auch Frauen werden überwiegend mit „señorita" angeredet). Das Händeschütteln ist überall bei Begrüßung und Abschied üblich. Befreundete Männer umarmen sich meist *(abrazo),* Frauen küssen sich auf die Wange.

Zeit und Pünktlichkeit

Bei Zeitangaben sollte keine mitteleuropäische Pünktlichkeit erwartet werden. Unpünktlichkeit wird mehr toleriert als Ungeduld. Also *despacio* – langsam – und nicht gleich aufregen, wenn manches ein wenig länger dauert (die Mexikaner sagen dann *„un momentito"* oder *„poquito"* und zeigen mit Daumen und Zeigefinger „ein bisschen"). Dafür wird man überall wesentlich freundlicher bedient als bei uns. Wenn in der mittäglichen *siesta* zwischen 14 und 17 Uhr nichts mehr geht, *paciencia* – Geduld – üben und auf diese wichtige Tagespause eingestellt sein. Die „Mañana-Mentalität" ist auch kein Symptom für Nichtwollen oder gar Faulheit, sondern nur eine völlig andere Zeitphilosophie, die sich im heißen Mexiko bestens bewährt hat.

Mordida

Eine besondere Form des „Schenkens" ist in Mexiko die berühmte **„mordida"** („Biss"). Sie ist das Allheilmittel zur Behebung von Alltagsproblemen, das „Fett" *(unto)* oder das „Schmieröl" *(lubricante)* zur Funktionsfähigkeit der knirschenden Bürokratie respektive der „Leim", der das ganze aufgeblähte mexikanische System zusammenhält. Die Mordida hat nichts mit krimineller Bestechung zu tun, sondern ist als ein Umverteilungsregulativ mehr oder weniger gesellschaftlich anerkannt. Mit ihr kann sich z.B. ein schlechtbezahlter kleiner Polizist ein Zubrot verdienen (es heißt aber auch, dass der Staat nur deshalb so schlecht zahlt, weil die Beamten ja noch die Mordida kassierten ...). Staatsdiener oder Polizisten, von denen man weiß, dass sie abkassieren, z.B. bei illegalen Straßenhändlern, Bettlern etc., müssen oft einen Teil dieser Nebeneinkünfte „nach oben" weitergeben (und auf seinem Weg bis zur Spitze schwillt die *untadas de mano* mächtig an). Andererseits bekämpft der Staat den „Biss": an manchen Grenzübergängen gibt es Schilder mit dem durchgestrichenen Symbol eines angebissenen Apfels …

Um eine Mordida werden logischerweise gerne die reichen Gringos angegangen, z.B. bei einer verlorenen Touristenkarte oder bei einer angeblichen oder wirklich begangenen Verkehrsübertretung (vielleicht hören Sie auch nur verklausuliert *„recompensar"* oder *„gratificar"*). Dann kommt eine Mordida allemal billiger als ein wirkliches Strafmandat *(multa).* Es profitieren also beide Beteiligte bzw. man ist so nett und hilft Ihnen sparen beim Geldausgeben …

Im Ernstfall also nicht aufregen, besser das Spiel mitspielen. Wenn es gar zu hart kommt: eine Quittung *(recibo)* verlangen oder den Chef *(el jefe)* sprechen wollen. Oder drohen, dass man sich an die staatliche Touristenbeschwerdestelle wenden wird (s. „Mexiko-Stichworte von A – Z" / „Notfall-Telefonnummern"). Dazu die Dienstnummer und den Namen des Polizisten an seiner Uniform aufschreiben.

Damit kein Missverständnis entsteht: eine Mordida veranlasst keinen Beamten, etwas Ungesetzliches zu tun, sondern eben vielmehr, dass er überhaupt etwas tut (oder auch nicht), dass er es schneller oder weniger aufwendig macht, oder auch etwas verzögert – alles klar? Letzter Tip: Die *mordida* nicht mit der *propina* verwechseln, das ist nämlich das Trinkgeld für den Kellner.

Feste, Brauchtum und Folklore

Der Himmel des Volkes

In kaum einem anderen Land wird so oft und so ausgiebig gefeiert wie in Mexiko – an die 5000 Feste, Feiern und Folklore-Veranstaltungen sollen alljährlich in Mexiko stattfinden. Viele Feste werden in ganz Mexiko gefeiert, andere nur in bestimmten Orten. Die meisten haben religiöse Bedeutung und sind tragend für die Gruppenidentität. Wichtigstes (ländliches) Fest ist immer der **Tag des Schutzpatrons** der Kirche bzw. des Ortes (z.B. San Antonio). Diese Fiesta dauert meist etliche Tage, wenn nicht gar die ganze Woche und sie findet meist auf dem Zócalo oder im Stadtpark statt. Man kann Umzüge, farbenprächtige Trachten und Tanzdarbietungen sehen, und oft wird zum Abschluss – oder in jeder Nacht – ein lautstarkes Feuerwerk gezündet. Außer bei Mexikos historisch-patriotischen Gedenktagen mischen sich dabei fast immer christliches Brauchtum mit spanischen Kulturtraditionen und altindianischen Riten (Inkulturation). Mexikanische Fiestas sind vor allen Dingen immer äußerst laut, die Musikkapellen fahren meterhohe Lautsprechertürme auf und betäuben die Trommelfelle. **Carnaval** wird in ganz Mexiko gefeiert, im südlichen Mexiko ausgelassen mit Umzügen und Straßenfesten in Villahermosa und **Mérida.** Eindrucksvoll sind die Feste in indigenen Regionen wie die Karnevalstage in **Chamula** (San Cristóbal de las Casas). Bei vielen **Ferias** (Jahrmärkte, landwirtschaftliche Ausstellungen) werden auch **Charreadas** (Reiterspiele), **Stier-** und **Hahnenkämpfe** veranstaltet. Im (Groß-)Familienkreis verausgabt man sich besonders bei **Taufen,** am **15. Geburtstag** der Töchter und bei **Hochzeiten** – nicht selten mit hunderten an Gästen.

■ *Einritt der Reiter zur Charreada*

Nationale Feiertage

1. Januar *Año Nuevo* – Neujahr. In ganz Mexiko mit schönen *fiestas.*

5. Februar *Día de la Constitución* – Tag der Verfassung. Nationaler Feiertag zum Gedenken an die Verfassung von 1917.

21. März *Día de Nacimiento de Benito Juárez* – Geburtstag von Benito Juárez (mex. Präsident).

1. Mai *Día del trabajo* – Tag der Arbeit

5. Mai *Cinco de Mayo* – Schlacht von Puebla (1862 Sieg der Mexikaner über die Franzosen); wird besonders in Puebla gefeiert.

16. Sept. *Día de la Independencia* – Unabhängigkeitstag. In ganz Mexiko, besonders in Mexiko-Stadt und in Dolores Hidalgo (Guanajuato), Militärparaden. Am **Vorabend,** 15.09., wird um 23 Uhr von allen Rathäusern Mexikos der Freiheitsruf Hidalgos zur nationalen Erhebung, der „El Grito", nachvollzogen.

12. Okt. *Día de la Raza* – „Tag der Rasse". Zum Gedenken der Entdeckung Amerikas durch Kolumbus am 12.10.1492 (in allen Ländern des Amerikas).

20. Nov. *Día de la Revolución* – Tag der Revolution. Jahrestag der Mexikanischen Revolution 1910. Militärparaden, viele Museen in Mexiko-Stadt sind geschlossen.

25. Dez. *Navidad* – Weihnachten (kein 2. Weihnachtsfeiertag).

Festkalender

Obwohl die nachfolgenden kirchlichen Feste, die *fiestas religiosas* keine offiziellen mexikanischen Feiertage sind, so sind sie doch sehr wichtig und werden in ganz Mexiko gefeiert (die antikirchliche Staatsdoktrin des „Laizismus" hat die Erhaltung der religiösen Volksbräuche eher gefördert als gehemmt). An diesen Tagen sind meist Behörden und Banken geschlossen). Bei beweglichen Festen bitte die Daten vor Ort nachfragen. (Bemerkung: Nachfolgende Festdaten stehen nochmals, mit weiteren lokalen Festen, bei den Stadtbeschreibungen bei „Adressen & Service".)

6. Januar *Día de los Reyes* – Heilige Drei Könige. In ganz Mexiko. Die Kinder bekommen Geschenke.

17. Januar *Día de San Antonio Abad* – San-Antonio-Patronatsfeste (Schutzpatron für Vieh und Felder). Geschmückte Haustiere werden zum Segnungsfest in Kirchen gebracht. Schön in Mexiko-Stadt und Taxco.

20. Januar *Día de San Sebastián* – San-Sebastián-Patronatsfeste. Feste und Tänze in Chiapa de Corzo (Chiapas).

2. Februar	*Día de la Candelaría* – Maria Lichtmess. Ganz Mexiko. Umzüge, Tanzdarbietungen, Musik.
Febr./März	*Carnaval* – Karneval
21. März	*Equinoccio* – Tagundnachtgleiche in Chichén Itzá, Kukulkán-Pyramide. Volksfestartiges Ereignis mit Folkloretänzen und tausenden Besuchern. Wiederholt sich um den 23. September.
Ostern	*Semana Santa* – „Heilige Woche" (Karwoche; Ostermontag ist kein Feiertag). Von Palmsonntag bis Ostersonntag *(Domingo de Resurrección)* steht ganz Mexiko im Zeichen von religiösen Feierlichkeiten und Wallfahrten (vieles ist dann geschlossen).
15. Mai	*Feria de San Isidro* – Schutzheiligenfest der *campesinos* und *peones* (Landarbeiter). In ganz Mexiko. Mit Tiersegnungen.
Mai/Juni (bewegl.)	*Jueves de Corpus Cristi* – Fronleichnamsfeste und -prozessionen, Kinderfeste. In ganz Mexiko.
24. Juni	*Día de San Juan Bautista* – Johannes-dem-Täufer-Patronatsfeste. In ganz Mexiko. Jahrmärkte, Taufen in Flüssen.
29. Juni	*Día San Pedro y San Pablo* – St. Peter und Paul Fest. In ganz Mexiko gedenkt man der beiden Heiligen mit Prozessionen und Festen.
16. Juli	*Dia de Nuestra Señora del Carmen* – Fest zu Ehren der Señora del Carmen und des Karmeliterordens. Ganz Mexiko. Religiöse Feiern und Prozessionen. Besonders in Catemaco (Veracruz) mit großem Pilgerfest und Ciudad in del Carmen (Campeche).
Juli, Ende	*Fiesta de Guelaguetza* in Oaxaca. – Alljährlich findet an den zwei auf den 16. Juli folgenden Montagen auf dem Cerro del Fortín im riesigen Freilichttheater Auditorio Guelaguetza das größte und **spektakulärste Folklore-Festival** des Staates **Oaxaca** statt, die berühmte **Guelaguetza** (auch „Los Lunes del Cerro" genannt, die „Montage auf dem Hügel"). Sehr großer Andrang!
25. Juli	*Día del Santiago* – Santiago-Patronatsfeste (Hlg. Jakobus). In ganz Mexiko. Besonders gefeiert wird in Ortschaften die „Santiago" heißen.
15. August	*María Asunción* – Maria Himmelfahrt. In ganz Mexiko. Tanzdarbietungen, Jahrmärkte und Wallfahrten.
22. Sept.	s. 20. März
29. Sept.	*Día Arcángel San Miguel* – San-Miguel-Patronatsfeste. In ganz Mexiko. Besonders gefeiert in San Miguel de Allende.
4. Oktober	*Día San Francisco* – San-Francisco-Patronatsfeste. In ganz Mexiko.
1./2. Nov.	*Todos los Santos* und *Día de los Muertos* – Allerheiligen und Allerseelen. In ganz Mexiko finden nächtliche Totenverehrungen auf blumengeschmückten Friedhöfen statt. Eindrucksvoll auf der Insel Janítzio im Pátzcuaro-See. Aber auch z.B. in Milpa Alta und in Mixquic nahe Mexiko-Stadt oder Villa Etla bei Oaxaca. Der **Día de los Muertos** ist wohl Mexikos **charakteristischstes Fest.**
12. Dez.	*Día de la Virgen de Guadalupe* – Tag der Jungfrau von Guadalupe. Dies ist der **höchste religiöse Feiertag Mexikos.** Besonders schön vor der Basilika von Guadalupe in Mexiko-Stadt mit Tanzdarbietungen.
Ab 16. Dez.	*Posadas* für 9 Tage bzw. Nächte (s.u.). Die Städte (Zócalos, Parks) werden mit Lichtergirlanden geschmückt.
23. Dez.	*Fiesta de los Rábanos* – Fest der Rettiche in Oaxaca.
24. Dez.	*Navidad* – Weihnachten auf mexikanisch, nämlich fröhlich, bunt und laut und mit Mitternachtsmessen. Schöne nächtliche Prozession in Oaxaca.
28. Dez.	*Día de los Santos Inocentes* – Tag der unschuldigen Kinder mit 1.-April-Scherzen.

El día de los muertos

Das bedeutendste Fest Mexikos ist, neben dem Tag der Jungfrau von Guadalupe am 12. Dezember, am **1. November** der landesweite und besonders im Hochland gefeierte *Día de los Muertos,* der **Tag der Toten.** Der Glaube prähispanischer Völker an ein Fortleben nach dem Tode und an Seelenwanderung traf hier auf die christliche Vorstellung vom Übergang zum ewigen Leben. Getrauert wird nicht, denn man erwartet den Besuch der ins Jenseits eingegangenen Verwandten und Freunde. Je nach Region und ob Stadt oder Land wird er auf verschiedene Weise begangen. Besonders ausgiebig sind die Feiern auf der Insel **Janítzio** (Michoacán) oder, im südlichen Mexiko, in **Villa Etla** bei Oaxaca. Meist gedenkt man man seiner Toten mit blumengeschmückten Altären oder Opfertischen **(s. Foto),** auf denen sich vieles befindet, was diese zu Lebzeiten liebten (es heißt, sie kämen in der Nacht um davon zu essen). In Riesenmengen werden die gelb-orangen Totenblumen *Cempasúchil* verarbeitet und verstreut, und überall duftet es nach Weihrauch. Manche Friedhöfe gleichen dann einem Rummel- und Picknickplatz, denn dort speist und plaudert man fröhlich; die verstorbenen Angehörigen werden im Flackerlicht hunderter Kerzen empfangen. Als Zeichen des lockeren Umgangs der Mexikaner mit dem Tod gibt es schon Wochen vorher **zuckerne Totenköpfe** zu kaufen, auf die man sich den eigenen Namen eingravieren lässt, und von allen Ecken und Enden grinsen die Skelette des Zeichners **José Guadalupe Posada** (1852–1913). In Mexiko darf der Tod Mensch sein.

Trachten, Musik und Tänze

Trajes típicos

Mexikanische Volkstrachten sind so bunt und abwechslungsreich wie die Regionen des Landes, doch *trajes típicos,* als Zugehörigkeitsmerkmal einst bedeutend, tragen nur noch wenige (ländliche) Indígenas. Eine Ausnahme sind die Hochland-Indígena von **Chiapas.** Dort trägt jede Ethnie eine spezielle Tracht und bestimmte Farben. Im westlichen Chiapas (Chiapa de Corzo) und in Juchitán tragen Frauen weiße Röcke mit bunten Blumenmustern auf schwarzen Oberteilen und ausladende weiße Kopfhauben. Sehr schön sind gleichfalls die **variantenreichen Trachten Oaxacas.** Altüberlieferte und noch heute gebräuchliche mexikanischen

Kleidungsstücke sind *sarapes* (Umhänge, Decken), *huipiles* (ärmelose Blusen oder Hemdkleider der Indígena-Frauen), *quechquémitl* (ein dreieckiges Schultertuch mit Kopfausschnitt) und die bekannten *rebozos* (Schultertücher bzw. Schals). Das traditionelle Kleidungsstück der Frauen auf **Yucatán** ist ein weißer und einfach geschnittener, doch mit sehr schönen Stickereien an Halsausschnitt und Saum verzierter *huipil yucateco* **(s. Abb.),** während die Männer das typische, unifarbene Guayabera-Hemd und den *jipijapa*-Hut tragen. Mexikoweit bekannt ist auch die *China poblana* aus Puebla in den Nationalfarben (roter Rock, grüne Taille, weiße Bluse) und die ganz weiße Tracht des Staates Veracruz.

Das internationale mexikanische Männerbild wurde geprägt durch die **Charro-Tracht** – enge schwarze Hosen, seitlich mit Silberknöpfen besetzt, mit hochhackigen Stiefeln, Rüschenhemd und breitkrempigem Sombrero. Ursprünglich war es der Festanzug der *vaqueros,* der Viehhirten, heute ist dies auch die Tracht der Mariachigruppen.

Musik

Musik, Gesang und Tänze gehören in Mexiko zum Alltag. Nahezu jede Region und jede Volksgruppe hat ihren eigenen Musikstil und natürlich auch eigene Tänze. Ob schnulzige Mariachi-Musik, melodische Marimbas, Harfenklänge, Polkas aus dem Norden (gespielt mit dem Akkordeon), Lieder zur Gitarre oder lebensfrohe *música tropical* – das Musikspektrum Mexikos ist so groß und abwechslungsreich wie das Land.

Ursprünge

Die lebensfrohe mexikanische Folkloremusik wird geprägt von kreolisch-mestizischen Ursprüngen, die die Musik der indianisch-prähispanischen Völker fast vollständig überlagerte. Nur einige Flöten-, Schlag- und Rasselinstrumente (z.B. die *ayoyotes,* Ketten aus Samenfrüchten, die sich die Concheros-Tänzer um die Knöchel binden) überlebten bis in die heutige Zeit. Weitere Einflüsse stammen von afrikanisch-karibischen Rhythmen (*cumbia, salsa, merengue*). Von allen importierten Instrumenten – Geige, Harfe, Trompete, Akkordeon usw. – ist natürlich die Gitarre das beliebteste Instrument.

Danzas und bailes

Bei Tänzen wird unterschieden zwischen den **danzas,** prähispanischen Tänzen, und den **bailes,** Gesellschaftstänzen, die aus Europa stammen (wie die *habanera* oder der *bolero,* beide aus Spanien, oder Polka, Mazurka und Walzer). Der **jarabe tapatío** (Sombrero-Tanz) aus Jalisco ist unter den *bailes folklóricos* der wohl „mexikanischste" überhaupt: Die Tänzer (im Charro-Kostüm) steppen und hüpfen dabei um ihre Partnerinnen, die dazu ihre weiten Plissee-Röcke schwingen **(s. Abb.).** Der typisch mitreißende Rhythmus basiert auf einem ungleichförmigen Dreier-Takt mit 6 Schlägen und soll auf einen alten Huicholes-Tanz namens *El Guajolote* („der Truthahn") zurückgehen, bei dem das Männchen tänzelnd das Weibchen umwirbt.

An der Golfregion ist der **zapateado** heimisch, in Veracruz der langsame **danzón** und in Oaxaca die **sandunga.** Populär ist gleichfalls der **huapango,** der seinen Namen vom hölzernen Resonanzkasten für das rhythmische Füßestapfen ableitet. Es ist der traditionelle Tanz der Huasteken (in Veracruz, San Luis Potosí, Tamaulipas).

TIP: Bei einer Vorstellung des **Balett Folklórico de México** in Mexiko-Stadt oder anderer Tanzgruppen in Tourismusstädten, z.B. in Cancún oder Oaxaca, bekommt man ein einmalig schönes Potpourri mexikanischer Musik und Tanztraditionen vorgeführt. Auch bei großen mexikanischen Festen, z.B. bei der Guelaguetza in Oaxaca, sind immer auch Musik, Tänze und Trachten aus allen Teilen Mexikos vertreten.

Mariachis

Markenzeichen der mexikanischen Musik und Publikumsfavorit ist nach wie vor die **Mariachi-Musik,** die im 19. Jahrhundert in Jalisco entstand, wo volkstümliche Ensembles mit Gitarren und Geigen – die Trompete hat die einst verwendete Harfe verdrängt – bei Festen aufspielten.

Marimba

Im Süden Mexikos, in **Chiapas** und auch an der **Golfküste** (Veracruz) gibt die melodische, xylophonähnliche **Marimba** den Ton an. Die Marimba kam einst als Balaphon mit den afrikanischen Sklaven im 17. Jh. in die spanischen Kolonien und sie wird heute ausgiebig nicht nur in Mexiko, sondern auch in vielen Ländern Zentral- und Südamerikas gespielt (in Guatemala wurde sie sogar zum Nationalinstrument erklärt). Große Marimbas können bis zu 3 m lang sein, und dann klopfen gleich mehrere Spieler mit ihren Gummiklöppeln virtuos auf die Edelholzbälkchen, die den weichen Ton erzeugen. Flaschenkürbisse dienen manchmal als Resonanzkörper. Die besten Marimbas Mexikos werden in Chiapas hergestellt.

jaranas yucatecas

Typisch für **Yucatán** sind die **jaranas yucatecas.** Eine Jarana-*banda* besteht aus je zwei Klarinetten, Trompeten und Posaunen. Die langsamen Musikteile werden im 3/4-Takt gespielt, die rhythmischen im 6/8-Takt. Mann und Frau tanzen mit stampfenden Füßen und erhobenen oder auf dem Rücken verschränkten Armen umeinander herum. Mehr über *jarana yucateca* s.S. 211.

música jarocha

Typisch für **Veracruz** ist die *música jarocha* bzw. der **son jarocho,** der von ganz in weiß gekleideten Musikern mit Harfe und Gitarre gespielt wird, den **jaraneros** (mit Versdichtung; in Veracruz entstand der Welt-Hit „La Bamba"). Der Tanz zur Jarocho-Musik heißt *zapateado.*

Kunsthandwerk und Souvenirs

Ein Markt für kunsthandwerkliche Produkte (*artesanías* oder *arte popular*) wurde in Mexiko, wie überall auf der Welt, erst durch den Tourismus geschaffen. Er führte zur Wiederbelebung früherer handwerklicher Traditionen, aber auch zu Umformungen alter Techniken und zu völligen Neuschöpfungen, die dann zur realen Volkskunst keinen Bezug mehr haben. Die talentiertesten Töpfer, Weber, Sticker, Silberschmiede usw. finden sich unter den Indígenas, und das meiste Kunsthandwerk stammt folglich aus den ärmeren Bundesstaaten Mexikos, wie Oaxaca, Chiapas, Guerrero oder Michoacán, wobei jede Region in der Regel auf bestimmte Arbeiten spezialisiert ist. Manchmal widmen sich ganze Dörfer der Herstellung einer einzigen Produktlinie, Beispiele dafür sind die originellen **Alebrijes** (buntbemalte Holztierchen, 1965 erfunden) in Arrazola (Oaxaca), das prähispanische Bastpapier **Amate** in San Pablito (Puebla), aber auch die Silberschmiedearbeiten in Taxco.

Wo Kunsthandwerk eine wichtige Einnahmequelle ist, passt man sich dem Geschmack der Kunden an, was mitunter zu einer massenhaften Kitschproduktion führt: Sombreros in allen Größen, tequilatrinkende Mexikaner, die am Kaktus lehnen oder billige Nachahmungen des aztekischen Kalendersteins wird man immer wieder antreffen. Statt reiner Wolle wird dann gerne das günstigere Synthetikgarn verwendet, statt echtem Stein nimmt man Plastik und manche der angeblich handgefertigten Waren kommen direkt aus der Maschine. „Garantiert echte" präkolumbische Antiquitäten, die unter vorgehaltener Hand bei archäologischen Stätten angeboten werden, sind gutgemachte Fälschungen (die Ausfuhr originaler Antiquitäten ist ohnehin streng verboten). Ebenso verhält es sich mit „garantiert echtem" Bernstein, der von fliegenden Händlern verkauft wird. Doch wird man auch immer wieder auf wahre Kunstwerke stoßen, deren Arbeitsaufwand in Europa kaum bezahlbar wäre.

Einen guten Überblick und auch gute Qualität erhält man zumeist in den staatlichen **FONART-Läden** (gibt es in vielen Touristenzentren), in **Läden von Hersteller-Kooperativen** oder in den Verkaufsabteilungen von Museen. Hier gelten in der Regel Fixpreise. Handeln kann (und soll) man auf Märkten, bei Straßenhändlern oder in kleineren Läden. Der Kunsthandwerksmarkt *Centro de Artesanías de la Ciudadela* in Mexiko-Stadt (s. dort) führt Arbeiten aus allen Landesteilen.

Korb- und Flechtwaren *(canastas)* sind in ganz Mexiko erhältlich, Hauptproduzenten sind die Mixteken Oaxacas. Ebenso **Keramik** *(cerámica)*, die es in vielen regionalen Ausführungen gibt (vor allem bestimmte Dörfer in Oaxaca, Chiapas, Guerrero und Jalisco sind darauf spezialisiert). Eine Besonderheit sind die **Talavera**-Kacheln und -töpferarbeiten aus Puebla sowie die allegorischen **Lebensbäume** *(árboles de vida)* aus drei Orten in den Bundesstaaten México und Puebla.

Auch **Textilien und Webwaren** *(tejidos)* werden im ganzen Land produziert, wobei *sarapes* traditionelle Umhänge (Ponchos) oder Wolldecken sind, *rebozos* Schultertücher bzw. Schals und *huipiles* die bestickten Hemdkleider der Indígena-Frauen (besonders schöne gibt es in Chiapas und Yucatán). Sehr kunstvoll gewebte **Teppiche** findet man vor allem in Oaxaca.

Das Angebot an **Schmuck aus Silber, Gold und Edelsteinen** *(plata, oro, pedrería)* ist in Mexiko gut und preiswerter als in Europa. Für hübsche Silberarbeiten sind Oaxaca und Mexiko-Stadt bekannt. Echten **Bernstein** *(ámbar)* findet man vorwiegend in **Chiapas**, wo er gewonnen wird.

Auf **Kupfer-** *(cobre)* und bunte **Lackarbeiten** *(lacas)* – letztere als hübsche Kürbis- oder Holzkästchen – hat man sich in einigen Städtchen des Staates Michoacán spezialisiert, aber auch in **Chiapa de Corzo** (Chiapas), wo es ein eigenes Laca-Museum gibt. **Hängematten** und **Panamahüte** kauft am besten auf Yucatán.

■ *Weben mit dem Hüftwebrahmen*

Verboten ist die Ausfuhr von bedrohten Tieren und Pflanzen – lebend, aber auch tote Teile davon – kaufen Sie also möglichst nichts, was Pflanzen- oder Tierteile (Federn!) enthält.

Die Welt der Maya

Die Maya, die bedeutsamste Hochkultur Mesoamerikas, sind ein einzigartiges und faszinierendes Volk. Schon das Wort klingt magisch (es ist eine Übertragung des yucatekischen Dorfnamens *maian* auf die Landesbewohner, so span. Quellen). Seit sie vor mehr als 3000 Jahren aus dem Dunkel der Geschichte auftauchten und ihre großen Stätten im 19. Jh. wiederentdeckt wurden, verfielen schon ganze Generationen von Archäologen und Wissenschaftlern der Erforschung ihrer Vergangenheit und Kultur. Und so mancher Tourist, der heute im Land der Maya in Südmexiko, Guatemala oder Honduras umherreist, ist gleichfalls von dieser geheimnisvollen Welt fasziniert. *„ ... Rätsel, ein dunkles, undurchdringliches einziges Rätsel ...“* schrieb der US-amerikanische Maya-Forschungsreisende **John Lloyd Stephens** 1841 **(s. Abb.).**

Die Maya-Königreiche und ihre Herrscher sind untergegangen, aber die Völker der Maya und ihre Kultur gibt es noch heute. Vital und real, bis zum Tag Ihrer Reise. Das ist großartig, und daran sollte man denken, wenn man durch Palenque oder Yaxchilán streift, ein Indígena-Dorf im Hochland besucht oder auf alte Maya-Traditionen abseits der Touristenwege stößt.

Geschichte im Zeitraffer

Chronologisch wird die Zeit der Maya – wie bei allen anderen mesoamerikanischen Hochkulturen – in drei große Abschnitte eingeteilt: in **Präklassik, Klassik** und **Postklassik** (s. Diagramm „Kulturepochen“, s.S. 85). Die beiden Haupttermini, um die es dabei immer wieder geht, sind **„klassische Periode“** und **„nachklassische Periode“,** also die Zeit vor dem Niedergang der Zentralzone und danach. Dank des Maya-Kalenders und der Entzifferung ihrer Zeithieroglyphen wurde es möglich, wichtige historische Ereignisse in eine fast taggenaue Beziehung zu unserer heutigen Zeitrechnung zu setzen.

Es wird vermutet, dass die Maya vor vielen tausend Jahren vom nordöstlichen Mexiko bis ins heutige Tabasco zogen und dann weiter nach Chiapas und Guatemala, ins Petén-Tiefland, das dann später zu ihrem Kernland wurde (zuvor hatten sich schon die Huasteken, die in den heutigen mexikanischen Bundesstaaten San Luis Potosí und Tamaulipas leben, kulturell und linguistisch abgespalten). Später, nach dem Niedergang der Maya-Städte des Zentralgebiets zwischen 750 und um 900 n.Chr., verschob sich der Mittelpunkt der Mayakultur auf die Halbinsel Yucatán, wo mit Uxmal, Chichén Itzá und anderen Stadtstaaten eine Maya-Renaissance begann.

■ *Bei der Pyramide von Izamal mit großer Göttermaske (histor. Zeichnung von Frederick Catherwood)*

Das Eindringen der Tolteken vom zentralmexikanischen Hochland nach Yucatán um das Jahr 1000 stellte eine erneute Zäsur dar und schließlich versetzten ab 1540 die spanischen Konquistadoren den übriggebliebenen post-klassischen Maya-Königreichen den vernichtenden Schlag. Das letzte war das der **Itzáes** am Petén-See (heute Guatemala, Flores, vormals Tayasal), das sich den Spaniern aber erst 1697 ergab.

Archäologisch wiederentdeckt wurde die Maya-Kultur u.a. durch John L. Stephens und den Briten **Frederick**

Catherwood, die zwischen 1839 und 1842 genaue Zeichnungen von ihren Entdeckungen in Chiapas und Yucatán anfertigten. Andere Maya-Forscher waren der Engländer **Alfred P. Maudslay,** der Deutsch-Österreicher **Teobert Maler** (1842–1917), der im Gefolge von Kaiser Maximilian nach Mexiko kam und wohl die meisten Maya-Stätten entdeckte sowie der Franzose **Désiré Charnay,** der wie Maler von zahlreichen Stätten fotografische Platten anfertigte.

Zwei Supermächte

Das ausgedehnte Siedlungsgebiet der Maya zwischen Karibik und Pazifik war kein einheitlicher „Staat" mit einer politisch-militärischen Zentralmacht (wie der aztekische), sondern eine kulturelle Hegemonie mit einer einheitlichen Sprache, die auf politisch autonomen, weit auseinanderliegenden Städten und Stadtstaaten basierte. **Tikal** (Guatemala) und **Calakmul** (Campeche) waren in der Klassischen Zeit die beiden Supermachtblöcke der Maya, wobei Calakmul die größte aller Maya-Städte überhaupt ist (dort entdeckte man bislang über 6000 Architektur-Strukturen auf ca. 25 qkm). Beide Machtzentren standen sich feindlich gegenüber, hatten Vasallenstaaten, zwischen denen es immer wieder zu Kriegen kam. Die Maya-Könige waren keinesfalls nur friedliebende Herrscher, sie waren auch machthungrig und Kriegszüge ein legitimes Mittel zur Expansion und zur Gründung neuer Städte. Nach dem Tod von König Pacal in Palenque 683 endeten diese aber im zentralen Maya-Gebiet und es kam zum **rätselhaften Niedergang der Metropolen:** die Städte wurden von ihren Bewohnern verlassen und vom Urwald überwuchert (Exkurs darüber s.S. 290).

■ *Maya-Leben in Palenque*

Ökonomische Basis im Gebiet der Maya war eine intensive Agrarwirtschaft und der Handel mit Jaguarfellen, Kautschuk, Quetzalfedern, Honig u.v.a. mehr. Dabei folgten die Handelsrouten meist Flüssen und führten nordwärts bis ins mexikanische Hochland und nach Süden durch Seehandel mit Booten entlang der Küste bis nach Honduras, Nicaragua und Panama (von → Xicalango und Tulúm aus).

Fantastische Jenseitsvorstellungen

Die archaischen Maya hatten eine **polytheistische Religion,** die eine überaus wichtige und zentrale Rolle spielte und alle Lebensbereiche durchdrang. Von Anfang an war es die Idee einer **zyklischen Schöpfung und Zerstörung der Welt** und die Geschichte einer **engen Schicksalsgemeinschaft zwischen Menschen und Göttern.** Um ihre Gunst zu erlangen, um sie gnädig zu stimmen oder damit die kosmische Ordnung nicht gestört wurde, mussten den Göttern Opfer dargebracht werden. Diese wurden auf den Pyramiden und Zeremonialplätzen von den Priestern, die wichtige Persönlichkeiten waren und großen Einfluss auf Herrscher und Volk hatten, in Form von Kulthandlungen zelebriert. Auch Opferungen von Menschen – und Selbstopfer (→ Götter, Blut und Visionen, s.S. 302) – waren üblich. Dadurch wurde nicht nur die Verbindung zu

■ *Ein Maya-Priester vollzieht ein Menschenopfer (Chichén Itzá, Templo de los Jaguares)*

den Göttern hergestellt, sondern außerdem die Kontinuität des Lebens gewährleistet. Die Götter konnten auf der Erde nicht in übernatürlicher, sondern nur in menschlicher Gestalt auftreten, als Gottkönige *ahauob* (sing. *ahau),* und die **Maya-Herrscher identifizierten sich mit den Ahnengöttern,** verstanden sich als deren irdische Manifestation. Die Götter hatten die Welt mehrmals zerstört, bevor sie schließlich die **ersten Menschen** – nach zwei Fehlversuchen mit Lehm und Holz – aus **Maismasse** erschufen. Mais, das einzige Getreide der Maya, war der Urstoff des Lebens überhaupt.

Diese Schöpfungsmythen sind im → *Popol Vuh* („Buch des Rates") der Quiché-Maya in umfangreichen Texten festgehalten, wie auch ihre **kosmogonischen Vorstellungen,** ihre Theorien von der Entstehung der Welt, die zu den fantasievollsten aller Völker zählen. Ihr schamanistisches Weltmodell basiert auf dem Urbild eines **mehrschichtigen Universums** mit **Oberwelt** (das Weltall), **Mittelwelt** (die Erde) und **Unterwelt** *(xibalba).* Das Himmelsgewölbe bestand aus 13 Ebenen, in denen die Gestirne, die ebenfalls zu den Göttern zählten, zusammen mit *Itzamná,* der obersten Gottheit, lebten. Die Erde stellten sich die Maya als eine im Urmeer zwischen Himmel und Unterwelt schwimmende Schildkröte vor. **Xibalba** bestand aus neun Ebenen, in der tiefsten lebte *ah puch,* der Gott des Todes. Weltall, Erde und Unterwelt waren jeweils in vier Sektoren aufgeteilt, die den Himmelsrichtungen entsprachen, und eine zentrale Achse, der kreuzförmige → **Weltenbaum** (*wacah chan,* **s. Abb.**), in der Ikonographie versinn-bildlicht durch den Baum *ya'axché* (→ Ceiba) oder auch durch eine Maispflanze, verband die kosmischen Ebenen Himmel, Erde und Unterwelt ...

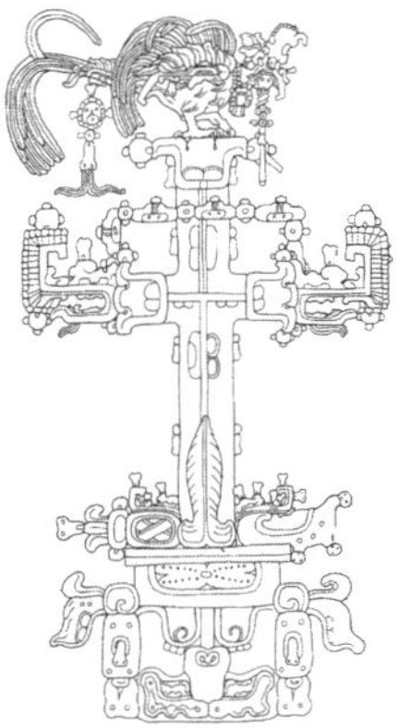

Auch bei den heutigen Mayavölkern leben die mythischen Denkweisen und Glaubensvorstellungen ihrer archaischen Vorfahren fort. Sie ehren die Gottheiten der Natur, praktizieren uralte Rituale, halten beschwörende Zwiegespräche mit den alten Göttern und glauben, dass die Seele eines jeden Menschen in einem bestimmten Tier ihre Schwesterseele habe *(→ chulel).* Ein weiteres bestimmendes Merkmal ist dabei die innige Verflechtung und Vermischung mit den Bräuchen des Katholizismus (Synkretismus).

■ *Rechts: Weltenmodell der Maya mit den vier kosmischen Richtungen und mit Tzolkin-Kalender (260 Tage). In der Mitte sitzt unter dem Weltenbaum der höchste Gott Itzamná mit seiner Gefährtin (Códice Madrid).*

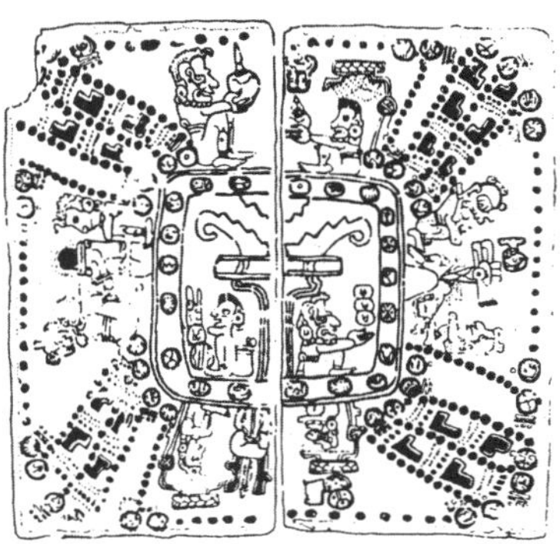

Land und Leute

Gottheiten und Götter

Das Pantheon der Maya bestand aus hunderten von Gottheiten für jeden Bereich und Aspekt menschlicher Existenz. Sie verkörperten die Kräfte der Natur, die Himmelskörper, den lebenswichtigen Regen, den Tod usw. und wurden mit unzähligen Themen und Objekten assoziiert. So gab es z.B. auch **Patronatsgötter** für Tage, Monate und für Zahlen, männliche und weibliche, menschen- und tiergestaltige, eine ältere und eine jüngere Götter-Generation und einige traten gleich viergestaltig auf oder, wie die Götter der Unterwelt, immer nur paarweise. Solche Vorstellungen machen klar, warum die Gottheiten der Maya so schwer zu „fassen" und zu beschreiben sind. Es gab jedoch keinen absoluten Gottkönig, keinen *ahau.* Die Mayanisten benennen die Götter mit simplen Buchstaben, weil man sich ja letztendlich nicht 100%ig über ihre Funktion sicher ist. Unter denjenigen, denen geopfert wurde, waren z.B.:

■ *Chaak*

- ■ der Regen-, Wasser- und Fruchtbarkeitsgott **Chaak,** Gott B, erkenntlich an seiner Rüsselnase, die archäologischen Stätten Yucatáns sind geradezu übersät von ihm; in seinen Darstellungen in den *códices* schwingt er oft eine Axt bzw. ein Beil, die Maya legten Donner und Blitze als geworfene Beile aus).
- ■ der Himmels- und Schöpfergott **Itzamná** (Gott D, erkenntlich an seiner Hakennase, verwandt mit dem Windgott)
- ■ der **Maisgott** Gott E
- ■ die Regenbogen-, Mond- und Fruchtbarkeitsgöttin **Ix Chel** (Göttin D, die in der Sichel des Mondes sitzt und manchmal einen Hasen in ihren Armen hält)
- ■ der Gott des Windes **Ik**
- ■ der Schutzpatron der Handelsreisenden und des Kakaos, der lang- (oder phallus)nasige Gott **Ek Chuak**
- ■ der Todesgott **Ak Puch** (Gott A, erkennbar an seinem Totenschädel, gleichfalls als *Yum Kimil, Kimi* oder *Kisin* bekannt)
- ■ der „Herabstürzende Gott" bzw. der Bienengott **Ah Mucen-Cab** (Abb. s. bei Tulúm).

■ *Itzamná*

■ *Ix Chel*

■ *Maisgott E*

■ *Todesgott Ak Puch*

Später, während der Okkupation Chichén Itzás durch die Tolteken, kam dann auch noch der Urgott der Nahua-Völker hinzu, Quetzalcóatl, bei den Maya heißt er **Kukulkán.**

Als gottesähnlich wurde außerdem der **Ceiba-Baum** verehrt. Bei den Tieren verkörperte die Schlange den Regen, der Jaguar oder Ara die Sonne, die Fledermaus oder Eule den Tod. **Götterbildnisse** schufen die Maya in Form von vollplastischen Skulpturen, Reliefs und fantasievoll-bizarren **Stelen** (bes. Copán, Honduras). Auf Abbildungen und Wandmalereien stellte man sie als groteske, wenig vertrauenserweckende anthropozoomorphe Kreaturen (menschlich-tierische Mischwesen) dar, und in den *códices* als buntfarbene Illustrationen.

■ **Kukulkán**

Gesellschaftliche Gliederung

Die Gesellschaftspyramide der Maya, die sich im Lauf der Jahrhunderte herausgebildet hatte, bestand nicht nur aus Herrschern und Sklaven, sondern sie war wesentlich vielschichtiger und differenzierter. An der Spitze stand der König des Stadtstaates, der *halach uinic* („wahrer Mann"), der die Götter auf der Erde repräsentierte bzw. der seine Abstammung von den Göttern ableitete und mit unumschränkter Macht große Populationen regierte. Er stützte sich auf die Gouverneure, die *bacabes,* die die ihnen unterstehenden Städte und Territorien befehligten. Danach kam die Schicht der Adligen, der Gelehrten und Priester, die alle ihr spezifisches Aufgabenfeld hatten und vom *ahau can,* vom „Schlangenherr" angeführt wurden. Hohes Ansehen genossen die Baumeister der Tempel und die Kunsthandwerker, während die Bauern, die dem Herrscher Tribut in Form von Abgaben und als Arbeit beim Tempelbau leisten mussten, die Unterschicht bildeten. Unter ihnen standen nur noch die Diener und Sklaven, *pentacoob* genannt, die meist Kriegsgefangene oder Kinder von Sklaven waren.

■ *Schematisches Gemälde der klassischen Gesellschaftstruktur der Maya in standesgemäßen Trachten und Posen: an der Spitze thront über allen der König, der halach uinic. Unter ihm stehen die Gouverneure, gefolgt von Angehörigen des Adels, der Priester- und Gelehrtenschaft. Die dritte Schicht bildeten Baumeister, Künstler und Kaufleute. Zuunterst das „gemeine" Volk, Bauern, Diener, Sklaven.*

Verschlüsselte Botschaften

Die Maya führten über alles mögliche Buch: über ihre Herrscherdynastien (vor allem darüber, damit bewiesen die Herrscher ihre göttliche Abstammung), über Rituale, ihre Geschichte und Mythologie. Sie meißelten ihre Glyphenbotschaften in Wände, Treppenstufen und Türsturze, verzierten mit Stuck-Hieroglyphen Pfeiler, Panele und Altäre oder fixierten ihr Wissen in faltbaren Bilderhandschriften, den → *códices* aus Rindenbast. Besonders grandios sind ihre mächtigen **skulptierten Stelen,** auf denen sie wichtige historische, politische und sakrale Ereignisse festhielten.

■ *Stele in Copán*

Nur die Priester konnten die äußerst komplizierte **Maya-Schrift** aus Zeichen und Symbolen (Glyphen) lesen, besser gesagt deuten, denn sie basiert nicht auf einem Alphabet, sondern sie **ist eine Mischung von ideographischen und phonetischen Zeichen** (Bildzeichenschrift und Lautschrift). Wörter oder abstrakte Begriffe konnten entweder als ein Bild (Ideogramm oder Logogramm) oder durch die Verbindung phonetischer Zeichen (Silbenzeichen) „geschrieben" werden – wobei aber die Ideogramme nicht unbedingt Abbilder der Dinge waren, die sie zeigten, oder das gleiche Zeichen an einer anderen Stelle eine ganz andere Bedeutung hatte, und die Maya-Glyphologen lange nicht wussten, welche Glyphen logographisch – Symbole, die für Worte stehen – und welche syllabisch waren ...

In jüngster Zeit machte die Entschlüsselung große Fortschritte, heute sind etwa 75% der rund 800 Maya-Schriftzeichen, die je zur Hälfte aus Wort- und aus Silbenzeichen bestehen, dekodiert. Intellektuelle Pio-

■ *re.: Palenque-Glyphenband*

■ *Glyphe für das Wort Jaguar*

■ *Periodeneinheit-Glyphe*

nierarbeit leisteten der Philologe *Ernst Förstemann* (1822–1906), der das gesamte Zahlen- und Kalendersystem und die astronomischen Tafeln des Dresdner Codex entzifferte, der vielseitige russische Schriftforscher *Yuri Knorozov* (1922–1999), der als erster erkannte, dass die Mayaschrift Silbenzeichen besitzt, die US-Amerikanerin russ. Abstammung *Tatjana Proskouriakoff* (1909–1985), ihr gelangen erste Glyphenidentifizierungen, der Deutschmexikaner *Heinrich Berlin* (1915–1987), er führte 1958 den Nachweis ortsspezifischer Emblemglyphen, und gegenwärtig der Altamerikanistik- und Maya-Experte *Nikolai Grube.* Auf keinem anderen Gebiet der Altertumswissenschaften verändern sich die Forschungserkenntnisse so schnell und markant wie in der Mayanistik, und sicherlich wird in Zukunft manches Kapitel ganz anders geschrieben werden müssen, für den unerklärbaren Rest bleibt uns nur Bewunderung.

Códices – Bilderhandschriften

Die *códices* (sing. *codex*) sind die wichtigsten Dokumente über das Leben der altmexikanischen Völker der Nahua (Azteken), Mixteken und Maya. Es sind ziehharmonikaartig gefaltete (bis zu 6,5 m lang) oder gerollte Bilderhandschriften auf Bastpapier *(amatl),* die bebilderten Hieroglyphentexte beschreiben historische, religiöse, mythologische und astronomische Themen. Das Papier wurde aus den Fasern der Feigenbaumrinde gefertigt und vor dem Beschreiben und Bemalen mit einer dünnen Kalkschicht geglättet und versiegelt. Einige wurden von spanischen Mönchen, die die Náhuatl- oder Maya-Sprache beherrschten, mit Übersetzungs-Kommentaren versehen.

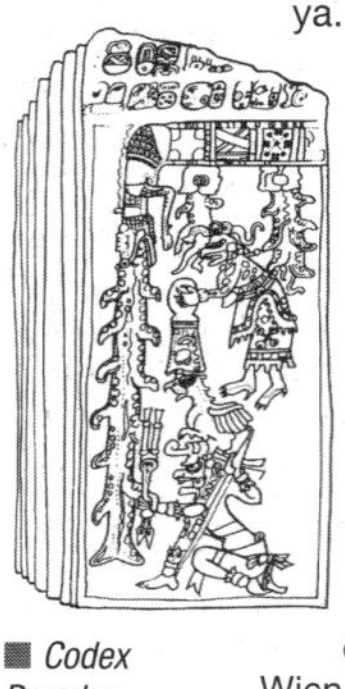

■ *Codex Dresden*

Von den einst hunderten Códices wurden fast alle von der Conquista und der Kirche planmäßig zerstört (Bischof Landa von Yucatán, → Maní), und so gibt es von den vielen **Maya-Códices** heute nur noch drei, die nach ihrem Aufbewahrungsort benannt sind: **Codex Dresdensis** (Dresden), **Peresianus** (Paris), und **Tro-Cortesianus** (Madrid; mit 6,7 m der längste und besterhaltene der dreien). Der Dresdner Codex entstand vermutlich zwischen 1000 und 1200 auf Yucatán, kam 1739 von Wien in die Dresdner Königliche Bibliothek, ist 3,5 m lang, 20,5 cm hoch und zu 39 Seiten à 9 cm Breite gefaltet. Er enthält überwiegend kalendarische und astronomische Berechnungen von Venus und Mond, die beiden anderen rituelle und prophetische Mitteilungen. Der *Codex Grolier* ist ein Restfragment und befindet sich im Anthropologischen Museum in Mexiko-Stadt, wo es auch Kopien der anderen gibt. Von den **Mixteken-Códices** sind noch etwa 20 vorhanden, der bekannteste ist der *Codex Nuttall.* **Nahua-(Azteken)-Códices** sind *Codex Mendoza, C. Humboldt, C. Borgia* u.a.

Chilam Balam („Bücher des Jaguarpriesters") ist der Sammelname für über **10 Maya-Handschriften** in yucatekischem Maya und lateinischer Schrift, benannt nach den *chilam* (oder *chilanes*), die bei den Maya zuständig waren für Orakel und Weissagungen. Die Textsammlungen enthalten auf über 1000 Seiten Berichte vom Schöpfungsmythos der Maya, Prophezeihungen, Legenden, ihr kosmologisches und astronomisches Wissen sowie Chroniken vergangener Zeiten.

Das Zahlen- und Rechensystem der Maya

Aus nur drei Zeichen, nämlich einem Punkt für die „1", einem waagrechten Balken für die „5" und einer ovalen Muschel für die „0" konnten die Maya, in Kombination mit den *„Kopfzahlen"* (s.u.), jede Zahl und Zahlenmenge darstellen. (Unser Zahlensystem hat bekanntlich zehn Zeichen, die römischen Zahlen sieben.) Mehr als vier Punkte und drei Striche durften nicht verwendet werden und somit war die größte Zahl in Strich-Punkt-Notation „19". Genial war der Einsatz der „Null" als Stellenwert. Gerechnet wurde nicht nach dem Dezimalsystem (1 – 10 – 100 usw.), sondern nach dem **Vigesimalsystem** (1 – 20 – 400 – 8000 usw.):

„... sie zählen immer mit Fünfern bis zwanzig, mit Zwanzigern bis einhundert, mit Hundertern bis vierhundert und mit Vierhundertern bis achttausend", beschrieb → Diego de Landa den Umgang der Maya mit Zahlen.

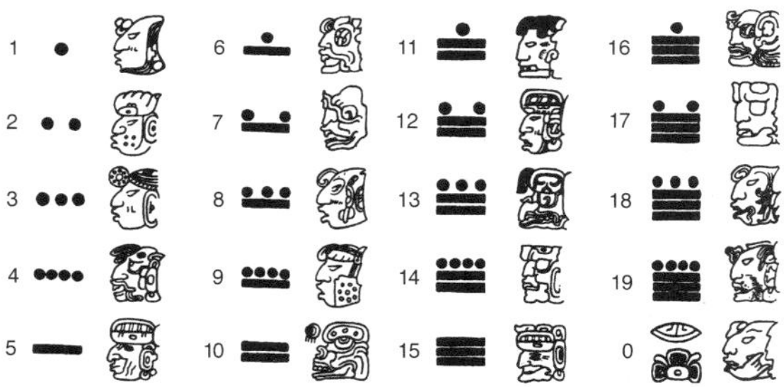

■ *Zahlen als Köpfe, Striche und Punkte ...*

Der Mensch mit seinen 10 Fingern und 10 Zehen war für die Maya eben das göttliche Maß der Dinge (doch nicht nur bei ihnen, fast alle mesoamerikanischen Völker, auch die Azteken, verwendeten ein Zwanzigersystem, gleichermaßen in Europa finden sich Vigesimal-Relikte, wie z.B. im Französischen: 80 = quatre-vingts, „vier [x] zwanzig").

Zahlen konnten die Maya aber nicht nur numerisch mit dem Punkt-Strich-System darstellen, sondern außerdem durch sog. **Kopfzahlen,** bildliche Darstellungen menschlicher Köpfe in Variationen **(s. Abb. oben).** Zahlen größer als 19 wurden nicht durch nebeneinanderliegende Zahlzeichen geschrieben, sondern man ordnete sie in Kolumnen vertikal übereinander an, wobei der geringste (Einer-)Wert Grundposition war. Zahlen der 2. Position von unten hatten den Koeffizienten 20 (x 20), die dritte Position 400 (x 400) usw., unbegrenzt nach oben, und so konnte jede Zahl beliebiger Größe niedergeschrieben werden. Dieses Verfahren ermöglichte überdies Multiplizieren und Dividieren.

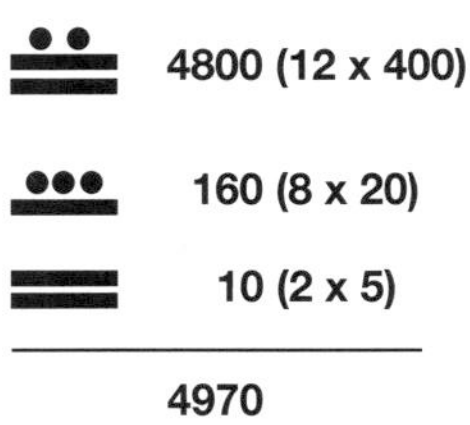

■ *Addition auf Maya ...*

Kulturhistorisch hatten die Maya ihr numerisches System, ihre Schrift und auch den Kalender jedoch nicht „von Anfang an" erfunden, sondern sie bauten auf dem Wissensvermächtnis früherer Zivilisationen auf, besonders auf dem der → *Olmeken* und entwickelten es weiter. Nach heutigem Wissenstand waren es die Menschen von → Monte Albán, die den ersten Kalender schufen (etwa 5. Jh. v.Chr.). Das Prinzip der → „langen Zählung" übernahmen die Maya wahrscheinlich von den *Mixe-Zoque*-Völkern, ihren westlichen Nachbarn im heutigen Staat Oaxaca. Die frühesten Nachweise für die Existenz dieser Zählweise stammen aus der Zeit zwischen 50 v.Chr. und 200 n.Chr.

Der Kalender der Maya

Die archaischen Maya waren geradezu besessen von Zahlen und der kalendarischen Zeitbestimmung, dem Datieren von Ereignissen und der Genealogie von Herrschern. Tieferer Grund mag vielleicht ihr Glaube und ihr Weltbild von der regelmäßigen Zerstörung und Neuschöpfung des Universums gewesen sein (in der Maya-Mythologie befinden wir uns derzeit im 4. Schöpfungszyklus, bei den Azteken in der „5. Sonne"). Vielleicht versuchten sie auch, mit der Zeit-Ergründung und -messung die Zeiten-Zyklen „in den Griff zu bekommen" – die Götter waren die Zeit und die Zeit waren die Götter …

Mit ihren erstaunlichen mathematischen und exakten astronomischen Kenntnissen entwickelten sie ein hochkompliziertes, doch in sich schlüssiges und unserem früheren Julianischen Kalender überlegenes chronologisches System (dieser musste ja bekanntlich wegen seiner Ungenauigkeit 1582 um 10 Tage „vorgestellt" werden). Kleinste Zähleinheit der mayanischen Kalendergelehrten war immer ein ganzer Tag, was sie aber in gewisse Probleme brachte, weil sie Bruchzahlen nicht kannten, ein Sonnenjahr oder ein Mondmonat aber bekanntermaßen ja auch Tagesbruchteile enthält. Diese Überhänge bzw. Synchronisationsfehler wurden durch rechnerisch eingeschobene ganze Tage kompensiert (wie bei unseren Schaltjahren), und außerdem durch die Beobachtung und Kenntnis, dass z.B. alle 52 Jahre Sonne und Venus die gleiche Stellung zueinander haben, und dass 5 Venusjahre à 584 Tagen exakt 8 Sonnenjahren entsprechen. So differierte das Mayajahr mit 365,2420 Tagen nur um ganze 2/10.000 Tage (= ca. 17 Sekunden) gegenüber unserem heutigen astronomischen Jahr mit 365,2422 Tagen! Die Bahnverläufe der Sterne und der sichtbaren Planeten oder die Tagundnachtgleichen konnten so verblüffend präzise vorbestimmt werden und ermöglichten, Tempel und Pyramiden exakt auszurichten, z.B. für das Schattenspiel der herabwindenden Schlange in Chichén Itzá. Auch waren so lange Voraussagen von Sonnen- und Mondfinsternissen möglich. Apropos Venus: nach Sonne und Mond war sie für die Maya das drittwichtigste Himmelsgestirn, galt aber als böses Omen.

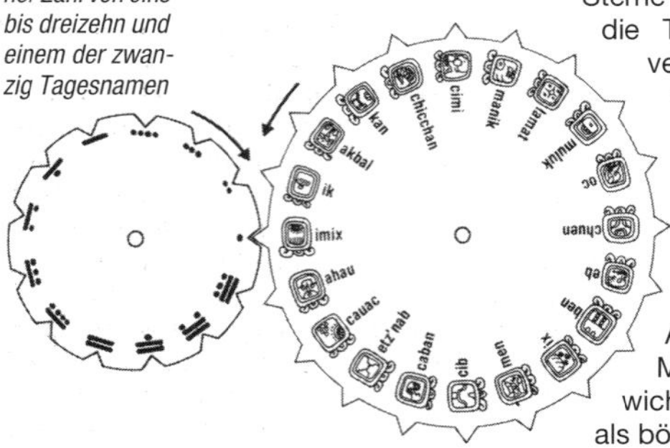

■ *Der Tzolkin-Kalender hat 260 Tage. Jeder Tag ist eine Kombination zwischen einer Zahl von eins bis dreizehn und einem der zwanzig Tagesnamen*

Zwei Kalendersysteme

Die Maya hatten zwei Kalendersysteme, den **Sonnenkalender Haab** und den **Ritualkalender Tzolkin.** Das Sonnen- oder Gemeinjahr **Haab** umfasste **360 Tage**, unterteilt in **18 Monate** zu je **20 Tagen plus** einem 19. Kurzmonat von **5 Tagen** (*uayeb,* „Schläfer des Jahres"; diesen Tagen wurden unheilbringende Eigenschaften zugeschrieben). Jeder Tag *(kin)* und jeder Monat *(uinic)* hatte einen Namen, das Jahr hieß *tun.* Man zählte die Tage von 0 bis 19, und in Verbindung mit einem der 18 Monatsnamen konnte so jeder Tag benannt werden. In der Mitte des 16. Jh. begann das Haab der Maya Mitte Juli, der erste Monat war *pop.*

Der **Tzolkin** („Heilige Runde") war für die Maya der wichtigere Kalenderzyklus, denn nach ihm wurden die Termine für Zeremonien und religiöse Feste festgelegt und die Priester benutzten ihn für Prophezeiungen. Der Tzolkin-Kalender zählte nur **260 Tage.** Jeder Tag wurde mit einer Zahl zwischen 1 und 13 und einem der 20 Tagesnamen bezeichnet, er bestand also aus einer Nummer und einem Namen (1 Imix, 2 Ik, 3 Akbal usw. bis 20 Ahau). Erst nach dem Ablauf von 260 Tagen (20 x 13) trat wieder der Fall ein, dass ein Tag dieselbe Tageszahl und denselben Tagesnamen hatte.

Sonnen- und Ritualkalender waren miteinander verschränkt, d.h., sie griffen – bildlich gesprochen – mit ihren drei Zeitkreisen wie Zahnräder ineinander. Das gleichzeitige Zusammenfallen des Beginns des Sonnenkalenders mit dem Beginn des Ritualkalenders am gleichen Tag (Koinzidenz) trat erst nach 52 Haab- oder 73 Tzolkin-Jahren ein (73 x 260 = nach 18.980 Tagen). Ein solcher 52-Jahres-Zyklus war die höchste Einheit der Zeitrechnung und wird **Kalenderrunde** genannt. **Der Beginn einer neuen 52-Jahresperiode war ein besonderes Datum** und wurde z.B. als der geeignete Zeitpunkt für den Bau neuer Paläste oder Pyramiden angesehen (oder für deren Überbauung). Auch bei anderen Völkern Mesoamerikas, wie z.B. bei den Azteken, war dieser Zählzyklus gebräuchlich.

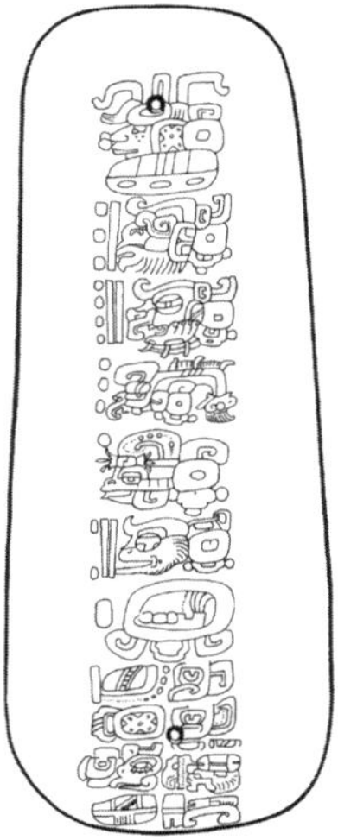

■ *Die Kalenderglyphen der „Leidener Platte" zeigen die Schreibweise der Daten der „Langen Zählung" (Initialserie): Ganz oben die Einführungsglyphe, darunter:*
8 baktun
14 katun
3 tun
1 uinal
12 kin
1 eb
= 583881 = 16. Sept. 320 n.Chr. – Ganz unten die Namens- und Emblemglyphe

Da die Messung bzw. Zählung von ununterbrochenen Zeitstrecken länger als 52 Jahre jedoch auch mit diesem Doppel-System nicht möglich war, brachten die zeitversessenen Maya noch einen vierten Faktor ins Spiel, nämlich die Zähleinheiten des Sonnenjahres Haab: *kin* (Tage), *uinic* (Monate) und *tun* (Jahre). Sie legten fest, dass 20 *tun* ein *katun* war (7200 Tage), 20 *katun* ein *baktun* (144.000 Tage) und 20 baktun ein *pictun* (8000 Jahre) usw., usf., jeweils im Vigesimalsystem x 20. Mit diesen zusätzlichen numerischen Koeffizienten verbunden konnten nun Daten aus der Kalenderrunde Tausende, ja Millionen Jahre gradlinig, vorwärts- oder rückwärtsgerichtet, taggenau bestimmt werden, die seit dem Nullpunkt des mayanischen Kalenders im 4. Jahrtausend v.Chr., am 11. August 3114 (s.u.) vergangen waren. Dies wird als **„Lange Zählung"** (oder „Initialserie") bezeichnet, ihr Gebrauch wurde um 900 n.Chr. mit dem Zusammenbruch des mayanischen Klassikums aufgegeben (die 20jährige *katun*-Zeitperiode blieb bei den Maya jedoch bis heute immer ein wichtiger Zeitabschnitt).

Ein Inschriften-Datum wurde dann als eine Kolumne von *baktun, katun, tun, uinic* und *kin* dargestellt (die Ziffern meist als Kopfzahlen und seltener als Punkte, Balken und Nullen). Die fünfstellige Notation **2.12.15.4.7** (hier im Buch waagrecht geschrieben) weist als senkrechte Additionsrechnung dann folgende Summanden bzw. Tagesmengen auf:

2 *baktun* (2 x 144.000 Tage), 12 *katun* (12 x 7200 Tage), 15 *tun* (15 x 360 Tage), 4 *uinic* (4 x 20 Tage) und 7 *kin* (7 Tage). Zusammengezählt ergibt dies eine bestimmte Summe von Tagen, und durch 365 Tage geteilt eine Jahreszahl.

Bleibt nur noch die spannende Frage, wie man auf das fiktive „Nulljahr" der Maya kam. Bischof *Diego de Landa* von Yucatán (s.S. 181) hielt in seinen Notizen über die Zeitrechnung der Maya fest (er beschrieb genau die Funktionsweise des Ritualkalenders Tzolkin), dass das Jahr 1553 mit dem Ende eines 52-Jahres-Zyklus (52 Haab-Jahre, Kalenderrunde) zusammenfiel, und dass kurz vor der Gründung Méridas 1542 der Maya-Zyklus 11.16.0.0.0. zu Ende gegangen war. Nun brauchte „nur noch" zurückgerechnet werden (der Amerikaner J. Goodman hatte anfangs des 20. Jh. die geniale Idee), um auf die Zahl **11. August 3114** v.Chr. zu kommen – dem **Jahr 0 der Maya-Zeitrechnung** (geschrieben als 13.0.0.0.0, entsprechend 5128 Jahren). In Korrelation mit dem christlichen Kalender konnten nun alle Maya-Datumsangaben in unsere Kalenderjahre übersetzt werden (was allerdings erstmal die Entschlüsselung der Maya-Ziffern voraussetzte). Der derzeitige Zyklus aus 13 *baktun* wird übrigens in nicht allzu ferner Zeit, am 23. Dezember 2012, zu Ende gehen.

In Wirklichkeit ist das Kalendersystem der Maya wesentlich komplizierter als hier kurz dargestellt werden konnte, es gibt dicke Fachbücher und auch Websites darüber (hervorragend ist www.pauahtun.org/calendar/tools.html).

Was bleibt, ist aber die Tatsache, dass die archaischen Maya mathematische Genies waren und **keine andere Kultur der Erde je ein genaueres und längerwährenderes Kalendersystem** entwickelt hat.

Kunst

■ *Brasero ceremonial (Räuchergefäß) aus Mayapán, Gott Chaak darstellend, Postklassik*

Die Maya waren künstlerisch sehr begabt, sie leisteten auf nahe allen Feldern Großartiges und brachten wunderbare Kunstwerke hervor (selten war es jedoch eine rein dekorative oder abstrakte Kunst, die meisten Werke enthielten immer auch eine Botschaft).

Ihre harmonisch proportionierten **Skulpturen,** die sich durch Plastizität und Detailreichtum auszeichnen, stellen Gottheiten, Herrscher, Tiere und Personen dar. In Steinplatten, Tableaus und **Stelen** meißelten Bildhauer akkurat rituelle, mythische und symbolische Motive und zahllose Glyphen und Daten (zur Steinbearbeitung wurden Meißel aus Obsidian oder Feuerstein benutzt). Auch **Ton** als Werkstoff war den Maya-Künstlern geläufig (Tonfiguren der Insel → Jaina), doch am meisten verwendeten sie **Stuck.** Dieses Gemisch aus gebranntem Kalk (aus Kalkstein oder Muschelschalen) **war ihr wichtigstes Werkmaterial.** Daraus wurden überlebensgroße, vollplastische Göttermasken und filigrane Reliefs zum Schmuck von Bauten modelliert und auf Wänden diente es als Malgrund. Die Maya waren außerdem Experten in der Herstellung von **Muschelschmuck** und bei der Bearbeitung ihres wertvollsten Materials, des **Jade** (Jadeit). Aus dem „grünen Gold der Maya" (Jade und Quetzalfedern waren bei den Maya der Inbegriff des Kostbaren) fertigten sie Schmuckobjekte wie Ohrpflöcke und -scheiben, Halsketten, Pektorale, Statuetten und Jadeköpfe sowie mit Jadeplättchen belegte **Masken –** sie zählen zu den

■ *re.: Räuchergefäß von Palenque mit dem Gesicht des Sonnengotts Kinich Ahau*

■ *Pintura mural (Maya-Wandgemälde) „Küstendorf", Templo de los Guerreros in Chichén Itzá; rechts oben Kukulkán, in den Booten Tolteken-Krieger*

großartigsten Kunstwerken, die uns die Maya hinterließen.

Gleichermaßen war die **Keramik** hochentwickelt. Gebrauchstonwaren – z.B. Gefäße, Urnen, Töpfe, Teller, Weihrauchbehälter – aus rotem oder grauem Ton wurden entweder an der Luft getrocknet oder im Feuer gebrannt. Dekorative, formschöne Objekte und zylindrische Vasen bemalte man bunt (Vasenmalerei) oder verzierte sie mit Ritzdekor, oft ergänzt durch Kalenderglyphen. Die Töpferscheibe wurde von den Maya jedoch nicht eingesetzt, sie betrieben auch keine Goldschmiedekunst.

Dagegen schufen sie wiederum in der **Malerei** mit der bildlichen, vielfarbenen Darstellung von Menschen, Göttern und Tieren zeitlose, meisterhafte Kunstwerke. Höchster Ausdruck dessen sind die berühmten Fresken von → *Bonampak.* Auch Masken, Tiere und symbolische Elemente zur Verzierung von Wänden oder zur Ausschmückung von Bilderhandschriften wurden meisterhaft ausgeführt.

Mehr Maya

Die Kultur und Geschichte der Maya ist so umfangreich und komplex, dass sie endlose Seiten füllen würde. Ich möchte es hiermit (vorerst) belassen, an anderen Buchstellen steht weiter Wissenswertes. Wer tiefer „einsteigen" will, findet in der Literaturliste im Anhang Buchempfehlungen zum Thema. Zu empfehlen sind drei hervorragende Maya-Bildbände, die neueste Forschungsergebnisse internationaler Wissenschaftler enthalten: „Maya – die klassische Periode", „Maya – die nachklassische Periode (Verlag Hirmer, München) sowie „Maya – Gottkönige im Regenwald" von Nikolaus Grube, Könemann Verlag.

Auch im Internet gibt es viele Maya-Seiten: www.mayadiscovery.com • www.mesoweb.com • www.halfmoon.org • www.famsi.org • u.a.

Die Städte der Maya

Kein anderes Volk ganz Amerikas hat so fleißig gebaut wie die Maya. Sie errichteten im Klassikum gewaltige Städte mit einer unvergleichlichen Architektur. Staunend standen die Spanier einst vor den großartigen Pyramiden, Tempeln und Palästen, und überwältigt ist auch heute noch jeder Tourist, der in Chichén Itzá, Palenque, Uxmal, Yaxchilán oder in einer anderen der unzähligen archäologische *sitios* umherwandert (die Zahl aller Maya-Stätten wird auf über 70.000 geschätzt!).

Alle großen Mayastädte, ob im dichten Urwald oder auf dem flachen Yucatán, waren von mythisch-religiösen Vorstellungen beeinflusst und wurden auf Anordnung von Herrschern als politisch-machtvolle Metropolen ausgebaut. Es waren keine Handels- oder Wohnstädte, sondern **pri-**

mär Zeremonialzentren für die Ober- und Führungsschicht des Volkes. Nur Priester, Adlige und der Herrscher und seine Sippe durften sich in ihnen aufhalten. Das bäuerliche Volk lebte verstreut in der Umgebung in Holzkaten (die **chozas,** die einräumigen Hütten der Maya mit ihren lehm- und stuckverputzten Stangenwänden und Dächern aus Guano-Palmwedeln haben sich in ihrem Bautyp bis heute nicht verändert).

Als Stadtort wurde im Regenwald möglichst die Nähe von Flüssen gewählt, denn so konnte leicht Baumaterial herangeschafft und mit Booten zur nächsten Siedlung gefahren werden. Auf der knochentrockenen Halbinsel Yucatán waren für Gründungen → *cenotes* ausschlaggebend. Dort waren die Städte teils durch sehr lange, gradlinige *sakbeob* („weiße Straßen", Sing. → *sakbe*) miteinander verbunden.

Die **Stadtarchitektur** der Maya lässt kein einheitliches Schema erkennen, doch die Gesamtwirkung der Bauten und die Anlage der Städte ist durchweg von Harmonie und Gleichgewicht geprägt. Die einzelnen Bauten, Tempel und Pyramiden wurden um einen akropolisartigen Mittelpunkt gruppiert, schützende Stadtmauern gab es, bis auf wenige Ausnahmen wie z.B. Tulúm oder Mayapán, keine. Priester und Astronomen beobachteten von Türmen (Palenque) und Observatorien (Chichén Itzá) die Gestirne, wichtige Pyramiden oder Zeremonialtempel wurden exakt nach astronomischen Bezugspunkten ausgerichtet (z.B. die → Kukulkán-Pyramide in Chichén Itzá, Tagundnachtgleiche, auch → Dzibilchaltún). Als Baumaterial diente auf Yucatán fast durchweg frisch gebrochener Kalkstein, der anfänglich noch relativ weich ist (leicht bearbeitbar) und später durch den Sauerstoff der Luft in einem Oxidationsprozess verhärtet. Geeignete Transport- und Lastengeräte kannten die Maya nicht, das Rad brachten sie z.B. nur bei Kinderspielzeugen an, wie diesbezügliche Funde belegen.

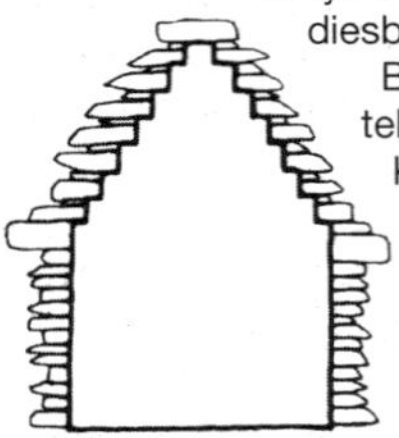

■ *Der berühmte Maya-Bogen*

Bautechnisch entwickelte sich eine Vielzahl von speziellen architektonischen Elementen, bekanntestes Beispiel und ein typisches Kennzeichen klassischer Maya-Architektur ist der **Mayabogen** und das → **Kragstein-Gewölbe** (span. *bóveda*). Wichtige **Baustile** sind auf Yucatán → *Puuc,* → *Chenes,* → *Río Bec* und *maya-toltekisch* (Chichén Itzá). Die Maya waren extrem kleinwüchsig, Tempel und Pyramiden mussten auf sie noch monumentaler gewirkt haben als auf uns heutige Hochgewachsene. Viele Eingänge von Bauten wirken deshalb wie für Zwerge gemacht (gut in Tulúm zu sehen).

Die architektonischen Bauleistungen der Maya sind zweifelsohne bewundernswert, doch sollte man auch daran denken, dass die Maya ihre gigantischen Bauvorhaben nur durch diktatorische Anordnungen, Fronarbeit und mit vielen Sklaven und Gefangenen unter mörderischen Bedingungen durchsetzen und verwirklichen konnten (wie außerdem andere archaische Hochkulturen, z.B. Ägypter oder Inka).

Als zwischen 750 und 900 n.Chr. die Städte verlassen wurden (Exkurs s.S. 290), überwucherte in kürzester Zeit der Urwald die Städte und das Tropenklima tat ein übriges. Vieles von dem, was der Tourist heute in Uxmal, Palenque, Chichén Itzá und anderswo bewundert, musste über Jahrzehnte hinweg mühselig **rekonstruiert** werden. Alte Fotos und Zeichnungen der ersten Entdecker und Archäologen zeigen die Unterschiede zwischen damals und heute.

Eine Maya-Stadtanlage weist fast immer folgende Elemente auf:

Pyramiden Das Herz einer Maya-Stadt ist gewöhnlich die **Hauptpyramide** mit einem Hochtempel, zu dem meist eine sehr steile Treppe hinaufführt. Manchmal stehen sie auch auf voluminösen, künstlichen Plattformen oder in hügeligem Gelände gegen einen Hang gelehnt (was ihren Bauaufwand verringerte). Im Hochtempel oder vor der Pyramide fanden religiöse Zeremonien statt und bisweilen dienten sie außerdem als Grabstätte für Herrscher (Palenque). Neue bzw. höhere Pyramiden wurden fast immer durch Überschichtung bzw. Ummantelung einer früheren errichtet (Chichén Itzá u.a.). Die berühmtesten Tempelpyramiden der Maya stehen in Tikal, Chichén Itzá und Palenque.

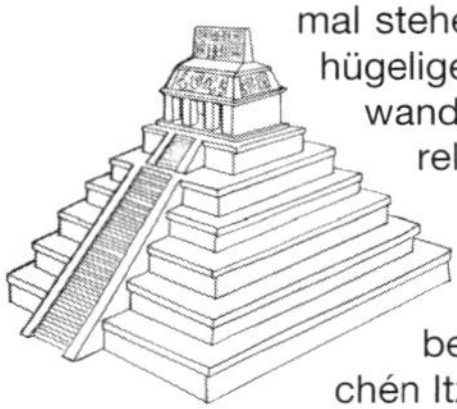

Paläste Als Palast wird ein größeres oder kleineres Mayagebäude mit diversen Räumen bezeichnet (Kammerpalast). Paläste waren ausschließlich Priestern, Würdenträgern und Herrschern vorbehalten. Ihr architektonisches Grundelement und Konstruktionsprinzip war insbesondere das charakteristische **Mayagewölbe** („Kraggewölbe"), mit dem in diversen Ausführungen Räume und Korridore überspannt bzw. überwölbt wurden. Auch Eingänge, Tore oder Maueröffnungen wurden so nach oben hin abgeschlossen. Die meisten Paläste waren außen ein- oder mehrfarbig gestrichen (meist rot und blau), mit Fresken bemalt (Bonampak) und mit Bauskulpturen, Stuck- und Steinreliefs geschmückt. Sehr oft wurden außerdem Hieroglyphentafeln angebracht. Eine Besonderheit der Baugestaltung war der durchbrochene Dachkamm, die *crestería* (Palenque, Yaxchilán).

Ballspielplätze Sind gleichfalls ein Charakteristikum von Maya-Städten. Es gab oft gleich mehrere in größerer und kleiner Ausführung. Das Spiel war jedoch keine alleinige Maya-Angelegenheit, sondern in ganz Mesoamerika verbreitet. Mehr über das Ballspiel im Exkurs, s.S. 204).

Temazcal / Schwitzbäder Ein *temazcal,* ein Dampf- oder Schwitzbad, diente als Reinigungsvorbereitung für Rituale und Zeremonien, aber auch zu medizinischen Zwekken. Zur Dampferzeugung wurde, wie in einer Sauna, Wasser über zuvor erhitzte Steine gegossen.

Stelen Stelen, die mayanischen „Litfasssäulen", waren fast immer Bestandteile von Stadtanlagen. Die bemeißelten Pfeiler hatten eine sakrale und politische Funktion und wurden auf Zeremonialplätzen und vor Palasteingängen aufgestellt. Auf ihnen wurden wichtige historische, gesellschaftliche und religiöse Ereignisse in Form von Daten und Glyphen verewigt, besonders oft die Genealogien der Herrscher, deren Porträts und Lebensgeschichten. Stele E von Quiriguá (Guatemala) ist mit über 7 m die höchste Stele des Maya-Gebiets (30 t), hunderte wurden in → Calakmul aufgestellt.

Cenotes Ein Cenote (maya *tz'onot*) ist ein ganzjährig wasserführendes Becken oder ein Brunnen (Doline). In den Städten der heißen Kalk-Halbinsel Yucatán waren sie unbedingt überlebensnotwendig. Andere dienten außerdem als heilige Opferstätten (Chichén Itzá).

Maya-Zeittafel

Wie bei allen mesoamerikanischen Hochkulturen wird auch der Ablauf der Mayazeit in drei große Perioden eingeteilt. Ältester Zeitraum ist die Vor- bzw. **Präklassik** (unterteilt in frühe, mittlere und späte Präklassik). **Die wichtigste Zeitperiode** ist das Klassikum bzw. die **Klassik** (unterteilt in frühe und späte), letzte Ära ist die **Post- oder Nachklassik.** Hier ein (unvollständiges) Zeit- und Ereignisschema der 4000jährigen Maya-Geschichte. Je nach Quellen variieren die Zeiträume. Das **„Goldene Zeitalter“** der Maya-Kultur ist die **Klassische Periode** mit Gründung und Aufstieg der Stadtstaaten Palenque, Piedras Negras, Yaxchilán, Bonampak, Tikal, Copán, Quiriguá u.a.

Die Entwicklung einer Hieroglyphenschrift war schon am Ende der Präklassik abgeschlossen, auch das Rechen- und Zahlensystem und die damit verbundene mögliche kalendarische Zeitbestimmung (s.o.). Die Fixierung von Daten und Ereignissen wurde jedoch in der Postklassik nicht weitergeführt. Weitere Daten zu den Klassikzeiten s. „Zeittafel und Geschichte Mexikos“ s.S. 71.

Präklassik (ca. 3300 v.Chr. bis ca. 200 n.Chr.)

3114	Beginn der Maya-Zeitrechnung
um 2000	erste dauerhafte Siedlungen
1100	erste Besiedlung von Copán (Honduras)
900-400 vC	Durchgehende Besiedlung der Maya-Region (Mayab)
um 200 nC	Bildung von Königreichen, Entwicklung der Architektur

Klassik (ca. 200 n.Chr. bis 909)

300	Blütezeit von Tikal (Guatemala) und Cobá
um 500	Gründung von Chichén Itzá
um 600	Gründ. Mayapáns; Höhepunkt v. Palenque u. Calakmul; Beginn Puuc-Region
681	Schild-Jaguar wird König von Yaxchilán
683	Tod von König Pacal von Palenque
867	Früheste Inschriften-Datierung in Chichén Itzá
zw. 750 u. 900	Aufgabe von Palenque, Tikal, Calakmul (810) und anderen Stadtstaaten aus unbekannten Gründen
um 900	Blütezeit der Maya-Stätten im nördlichen Tiefland (Puuc-Stätten)
909	letztes Datum der „Langen Zählung“ (s.S. 105) auf einer Stele in Toniná

Postklassik (910 bis 1517)

um 1000	Zug der Tolteken vom Hochland nach Yucatán (Chichén Itzá)
1200	Aufgabe von Chichén Itzá und der Stätten der Puuc-Region
Um 1250	Gründung von Mayapán
1450	Untergang von Mayapán, Zersplitterung von Yucatán in Kleinstaaten
1492	Kolumbus entdeckt Amerika

Kolonialzeit (1517–1821)

1517	Beginn der Eroberung Mexikos (1521 Fall von Tenochtitlán)
ab 1540	Beginn der Eroberung Yucatáns durch Montejo d.J.
1562	Verbrennung der Maya-Códices durch Bischof Diego de Landa in Maní
1697	Letztes unabhängiges Maya-Reich wird unterworfen (Itzáes, Petén-See, Guatemala)

Unabhängigkeit (ab 1821)

1847–1933	Kastenkrieg (Maya-Aufstand auf Yucatán)
1869	Chamula-Rebellion (San Cristóbal de las Casas)
1911	Tzotziles und Tseltales-Aufstand
1.1. 1994	Beginn Zapatisten-Aufstand in Chiapas

„Mundo Maya“

Mit diesem Schlagwort wird ein länderübergreifendes und großangelegtes Tourismuskonzept bezeichnet, nämlich die Vermarktung der „Welt der Maya“. Beteiligt daran sind Mexiko bzw. seine fünf Bundesstaaten *Chiapas, Tabasco, Campeche, Yucatán* und *Quintana Roo* und die Länder *Guatemala, Belize, Honduras* und *El Salvador.* Ohne behindernde Landesgrenzen und bürokratische Bremsklötze soll es Touristen ermöglicht werden, von einer Maya-Attraktion zur anderen reisen zu können.

■ *Logo von Mundo Maya*

Der Plan geht auf eine Idee der National Geographic Society zurück. 1993 wurde die „Erklärung von Copán“ (Honduras) verabschiedet, in der sich die fünf beteiligten Länder verpflichten, ihr nationales Maya-Kulturerbe zu bewahren, die sie umgebende Natur in National- oder Ökoparks zu schützen und die jeweiligen Regionen zu fördern. Die weltweite Werbung für „Mundo Maya“ regelt eine gemeinsame Organisationszentrale, die Tourprogramme für Veranstalter entwickelt und die span./engl. Zeitschrift „Mundo Maya“ herausgibt. Website: **www.elmundomaya.com.**

„Mundo Maya“ ist unzweifelhaft ein zukunftsweisendes und integratives Projekt, das die Kulturverbundenheit der Menschen in den betreffenden Ländern über nationale Grenzen hinweg stärken kann. Doch ob von den davon ausgehenden wirtschaftlichen Impulsen letztendlich auch die Menschen in den Regionen und nicht nur die Tourismusunternehmen profitieren, wird sich noch zeigen müssen.

Der Ausbau der touristischen Infrastruktur im südlichen Mexiko ist bereits im Gang: so wurden zu bisher nur schwer erreichbaren archäologischen Stätten gute Straßen gebaut, neue nationale und internationale Flugverbindungen eingerichtet, zusätzliche Busverbindungen geschaffen und das Hotelangebot wird ständig erweitert. Was früher noch ein beschwerliches Unternehmen war, z.B. der Besuch von Yaxchilán, kann heute bequem an einem Tag „gemacht“ werden. Außerdem ist es jetzt möglich, von Mexiko z.B. mal eben kurz nach Tikal in Guatemala zu fliegen (von Cancún aus), oder zu den Maya-Stätten in Honduras, Belize oder El Salvador.

Bitte schreiben oder mailen Sie (rkhhermann@aol.com), **wenn sich in Mexiko Dinge verändert haben oder Sie Neues wissen.**

TEIL IV: REISETEIL

■ *Tulúm, das überwucherte Castillo. Zeichnung von Catherwood 1842*

Staat Quintana Roo und die Karibikküste

Quintana Roo ist der östliche Bundestaat der Halbinsel Yucatán. Er wurde aus Teilen der *Estados* Campeche und Yucatán geschaffen (Aufnahme ins Land Mexiko erst am 08.10.1974 als 30. Bundestaat). Seinen Namen trägt er nach dem Dichter und einem Führer der mexikanischen Unabhängigkeitsbewegung im 19. Jh., *Andrés Quintana Roo.* Hauptstadt ist Chetumal. In Quintana Roo fand an der Küste die ertste Begegnung zwischen den Spaniern und den damaligen Urbewohnern statt, doch die Region war die letzte, die die Spanier in Mexiko eroberten.

Die Geschichtszäsur begann 1511, als es südlich von Cozumel den schiffbrüchigen Seefahrer Valdivia mit dem Rest seiner Mannschaft an den Strand spülte. Alle Überlebenden wurden von den Maya getötet oder starben danach, bis auf **Jerónimo de Aguilar** und **Gonzalo Guerrero.** Guerrero nahm sich in Chetumal die Maya-Kazikentochter Zazil Há zur Frau und hatte mit ihr zwei Söhne. Nach Berichten wurde er „ein glücklicher Maya und liebte seine Kinder sehr". Während der Eroberung Yucatáns durch **Francisco de Montejo** (ab 1527) kämpfte Guerrero auf der Seite der Maya unter *Nachan Can* und konnte durch seine Kriegserfahrung anfänglich das Vorrücken seiner Landsleute erfolgreich verhindern. Bei einem Kampf fiel er 1536. Aguilar aber wurde 1519 von Cortés auf der Insel Cozumel befreit, der dorthin gebracht worden war, und zusammen mit *Malinche* wurde er Cortés' Übersetzer bei der nachfolgenden Eroberung Mexikos bzw. Tenochtitláns, der Hauptstadt der Azteken.

Bedeutende bzw. **sehenswerte** spanische **Kolonialstädte** wie anderswo in Mexiko gibt in es Quintana Roo so gut wie **keine.** Östlichste Gründungsstadt ist *Salamanca Bacalar* (1544).

Die Maya-Bevölkerung Quintana Roos pflegt noch vielfach ihre überlieferten Traditionen. Wer ein wenig von dieser Kultur kennenlernen möchte, sollte sich z.B. in **Felipe Carrillo Puerto** umsehen. Der Besuch originärer Maya-Dörfer gestaltet sich jedoch schwierig.

Ein wichtiges Datum für Quintana Roo war **1974.** Damals fiel die Entscheidung von Fonatur, der staatlichen mexikanischen Einrichtung für Kultur und Tourismus, aus dem kleinen Fischerdorf **Cancún** an der Nordostküste ein gigantisches Ferienzentrum zu machen. Mit dem Tourismusboom begann dann auch die Neuzeit, es wurden viele Arbeitskräfte benötigt, Zigtausende aus anderen Landesteilen Mexikos wanderten ein. Quintana Roo ist heute der **ideale Ferienstaat Mexikos.** 240 Sonnentage im Jahr, 27 °C Durchschnittstemperatur, kilometerlange, herrliche Strände am türkisblauen karibischen Meer sowie paradiesische Naturreservate garantieren „Karibik pur".

Praktische Tips

Verkehrsdrehscheibe ist Cancún mit sehr guten Bus- und Flugverbindungen, auch ins benachbarte Ausland, nach Kuba, Belize und in die USA sowie nach Europa. Zweitwichtigster Knotenpunkt ist **Playa del Carmen.**

Preise: Preisbewusst Reisende haben an der mexikanischen Karibikküste schlechte Karten. Das Niveau ist inzwischen – fast überall – so hoch, dass das Preis-/Leistungs-Verhältnis vielfach nicht mehr stimmt. Die höchsten Preise werden in der **Hochsaison** verlangt, also in der Regel vom **15. Dez. bis 30. April** und vom **15. Juli bis 15. September.** In der Nebensaison sind die Hotelpreise niedriger und fast immer verhandelbar.

Wohnmobilfahrer: Da die Küste von Cancún bis nach Tulúm immer mehr erschlossen/zugebaut/privatisiert wird, bestehen kaum noch Möglichkeiten des freien Campens am Meer. Die wenigen (halb-)kommerziellen Campingplätze sind meist von den Amis mit ihren großen Wohnmobilen zugestellt.

Cancún

Ew. 400.000

✆ 01-998

Cancún ist Mexikos Super-Ferienfabrik, ein künstlicher Retorten-Badeort und eines der größten Touristenzentren der Welt. In der Hochsaison zwischen Dezember und April landen auf dem Airport täglich weit über 100 Maschinen aus den USA, Kanada, Europa und auch Mittel- und Südamerika, werden Zehntausende aus Kälte und Winter zu „sun & fun" an Strände transportiert. **Cancúns einziger Zweck ist maximaler Devisengewinn für den mexikanischen Staat,** und je ausgebefreudiger die Cancún-Urlauber sind bzw. je mehr man ihnen aus der Tasche ziehen kann, desto mehr freut sich der Finanzminister. Die Erlöse zählen alljährlich Milliarden US-Dollar, Cancúns Parallel-Währung.

Beim **Mega-Projekt Cancún** wurde von Anfang an alles sorgsamst geplant und bedacht, Eröffnung war 1974. Jährliche Touristen-Ankünfte: über 2,5 Millionen. Diesen Urlaubern – überwiegend US-Amerikaner –

stehen auf der „Zona Hotelera“ über 110 Hotels zur Auswahl (alle strandseitig in „erster Reihe“; insgesamt verfügt Cancún über 140 Hotels und 25.000 Zimmer). Die meisten verlassen kaum Hotel und Strand oder machen mal einen Ausflug zu Zielen entlang der „Riviera Maya“ (z.B. zu den touristischen Vergnügungsparks Xcaret oder Xel-Há), zur Isla Mujeres oder zu archäologischen Stätten wie Tulúm, Chichén Itzá oder Cobá. Vom originären Mexiko ist in Cancúns Hotelzone absolut nichts zu verspüren.

Zona Hotelera

Die Zona Hotelera ist eine schmale Landzunge, eine (ehemalige) Insel in Form einer „7“, die an ihrer breitesten Stelle nur etwa 500 m breit, aber dafür über 20 km lang ist. Auf ihr reiht sich, gesäumt von weißen Stränden bester Qualität, an kristallklarem Karibikwasser ein Luxushotel ans andere. An ihrem südlichen und nördlichen Ende ist diese Halbinsel durch Dammstraßen mit dem Festland verbunden. Dazwischen liegt die *Laguna de Nichupté* mit ein paar Inseln. Schlagader der Hotelzone ist der breite **Boulevard** (oder *Paseo*) **Kukulkán,** der nördlich in die Stadt Cancún hinein und südlich zum Airport führt.

Die architektonisch z.T. grandios gestalteten Hotels, All-inclusive- und Club-Anlagen mit ihren Poollandschaften, tropischen Gärten und fantasievollen Restaurants sind voll und ganz auf die nicht knausernde US-Kundschaft zugeschnitten. Es gibt zahlreiche vollklimatisierte Shopping Malls, sog. **Plazas** (*Plaza Caracol, Plaza Flamingo* u.a., größte ist die **Plaza Kukulkán**) mit weitläufigen Ladenpassagen und ein unüberschaubares Unterhaltungs- und Freizeitangebot: Man kann so ziemlich alle Wasser- und „Fun“-Sportarten betreiben, sich in Vergnügungsparks amüsieren (z.B. im riesigen **Parque Nizuc** – „Wet'n Wild“ –, km 25, oder im **Aquaworld,** km 15,2), an „Dinner-Cruises“ und „Piratenpartys“ teilnehmen, Insel-Ausflüge machen (Mujeres, Contoy, Cozumel) und am Abend Bars, Diskotheken, Nightclubs oder Folklore-Shows besuchen (im **Centro de Convenciones,** an der Nordostecke, der breitesten Stelle der Halbinsel, und im **Teatro Cancún,** nahe Embarcadero). Beim Centro de Convenciones streckt sich außerdem ein Turm mit Drehrestaurant in den blauen Karibikhimmel und es gibt dort ein archäologisches Museum.

Das teure Cancún kann man sich praktisch nur leisten, wenn man vorab pauschal gebucht oder ein preisgünstiges Last-Minute-Angebot erwischt hat (z.B. bei Restplatzbörsen im Internet). Wegen der Cancún-Regenmonate September bis November gibt es aber auch vor Ort manchmal günstige Pakete für Spitzenhotels. Ein Zona-Hotelera-Zimmer an der Rezeption kommt ansonsten sehr teuer: Unter 70 US$ gibt es fast keines, und die Skala ist nach oben offen. Apropos **Preise:** Als Rechnungsbestandteil wird in Cancún oft (unberechtigterweise) **10–18** (!) **„Tip“** draufgeschlagen ...!

Nicht angenehm kann es außerdem Ende Februar/Anfang März werden, wenn zahllose „brünftige“ US-Studenten zur „Spring Break“ in Cancún einfallen und Hotels, Strände und Kneipen lautstark und saufend übernehmen.

Strände

Die Strände an der offenen **Karibikseite** der Zona Hotelera, wie *Playa Chac Mool, Yamil Lu'um, Marlin, Playa Delfines* u.a. sind alle sehr schön, trotz oder gerade wegen des Wellengangs (rote Strandflaggen signalisieren „gefährlich“, grün „sicher“, gelb „wechselhaft“). Für Hotelstrände muss durch die Hotels gegangen werden, was immer erlaubt ist. Sehr attraktiv ist der Strand beim Sheraton-Hotel und auch *Playa Delfines* mit super Wellen zum Baden.

Sehr ruhig ist das Wasser an der **Bahía Mujeres,** also an der Nordseite der Zona Hotelera. Der erste Strand nach der Stadt ist die *Playa Linda,* danach kommen *Playa Langosta* und die schöne *Playa Tortugas*. Vom Stadtzentrum sind alle erreichbar mit **„Hoteles“-Bussen,** ständiger Pendelverkehr.

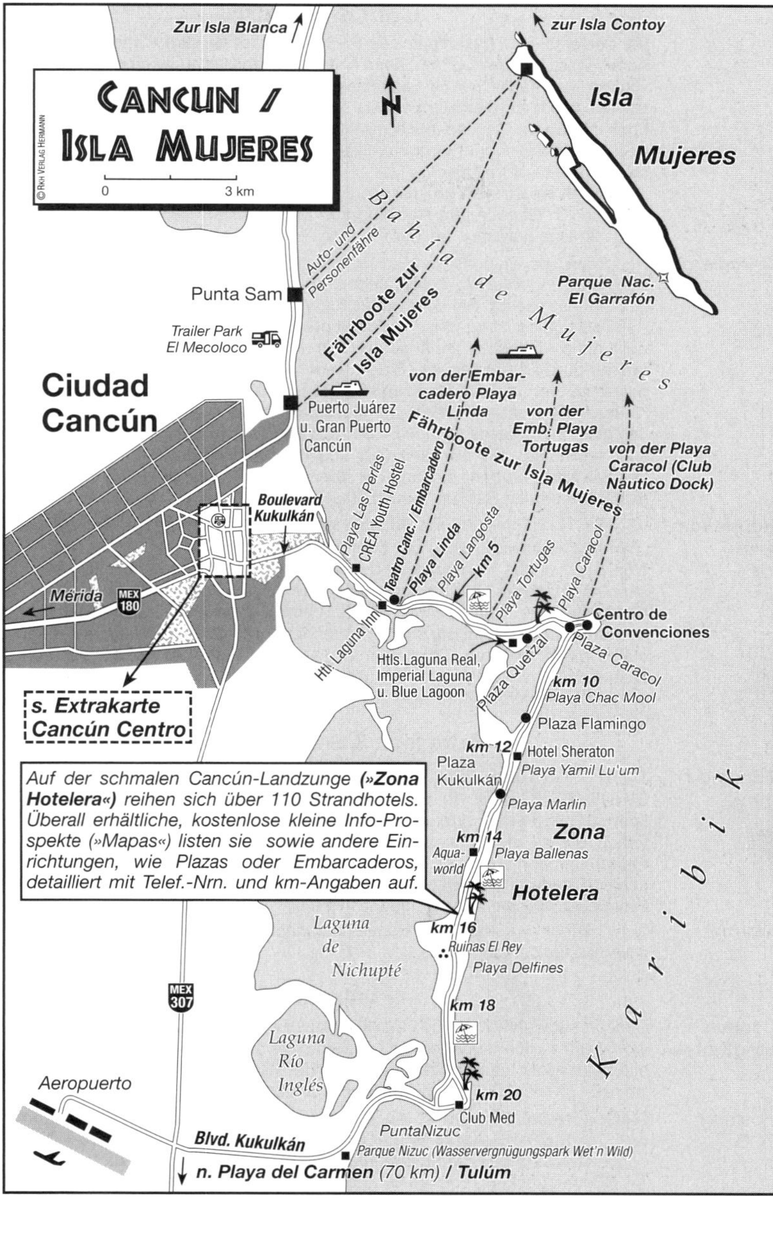
Cancun / Isla Mujeres
© RKH Verlag Hermann
0
3 km
N
Zur Isla Blanca
zur Isla Contoy
Isla Mujeres
Bahía de Mujeres
Auto- und Personenfähre
Fährboote zur Isla Mujeres
Punta Sam
Trailer Park El Mecoloco
Ciudad Cancún
Puerto Juárez u. Gran Puerto Cancún
Parque Nac. El Garrafón
von der Embarcadero Playa Linda
von der Emb. Playa Tortugas
von der Playa Caracol (Club Náutico Dock)
Fährboote zur Isla Mujeres
Boulevard Kukulkán
Playa Las Perlas
CREA Youth Hostel
Teatro Canc. / Embarcadero
Playa Linda
Playa Langosta
km 5
Playa Tortugas
Playa Caracol
Centro de Convenciones
Plaza Caracol
Mérida
MEX 180
Htl. Laguna Inn
Htls. Laguna Real, Imperial Laguna u. Blue Lagoon
Plaza Quetzal
km 10
Playa Chac Mool
Plaza Flamingo
s. Extrakarte Cancún Centro
km 12
Hotel Sheraton
Plaza Kukulkán
Playa Yamil Lu'um
Auf der schmalen Cancún-Landzunge (»Zona Hotelera«) reihen sich über 110 Strandhotels. Überall erhältliche, kostenlose kleine Info-Prospekte (»Mapas«) listen sie sowie andere Einrichtungen, wie Plazas oder Embarcaderos, detailliert mit Telef.-Nrn. und km-Angaben auf.
Playa Marlin
km 14
Aqua-world
Playa Ballenas
Zona Hotelera
Karibik
km 16
Laguna de Nichupté
Ruinas El Rey
Playa Delfines
MEX 307
km 18
Laguna Río Inglés
Aeropuerto
km 20
Club Med
PuntaNizuc
Blvd. Kukulkán
Parque Nizuc (Wasservergnügungspark Wet'n Wild)
n. Playa del Carmen (70 km) / Tulúm

Cancún Centro

Die gesichts- und geschichtslose Reißbrett-Stadt **Ciudad Cancún** stellt alles bereit, was zum Betrieb der „Zona Hotelera" erforderlich ist. Traditioneller mexikanischer Stadt-Charme Fehlanzeige. Die touristische Infrastruktur ist aber perfekt, wie könnte es auch anders sein, deshalb wurde die Stadt ja extra gebaut. 1970 war Cancún noch ein kleines Fischerdorf, heute zählt die Stadt über 500.000 Bewohner (größtenteils eingewandert), und fast jeder lebt direkt oder indirekt vom Tourismus.

Cancún ist für viele praktisch nur Sprungbrett für Ankunft und Weiterreise (Landung in Cancún und Rückflug von Mexiko-Stadt nach Europa bzw. vice versa ist eine gute Idee bei der Planung einer Mexikoreise).

Orientierung Hauptdurchgangsstraße in Nord-Süd-Richtung ist die Mex 307, die im Zentrum Cancúns **Avenida Tulúm** heißt und gleichzeitig die (mehrspurige) Hauptgeschäftsstraße ist. Sie wird nördlich von der *Av. Uxmal* und südlich von der *Av. Cobá* gekreuzt (jeweils Kreisverkehr mit einem Monument). Die Av. Cobá wird in ihrer östlichen Verlängerung zum breiten, vierspurigen **Boulevard Kukulkán** durch die Hotelzone. Bei Adressen wird außerdem der Stadtbezirk angegeben, der **„Super Manzana" (S.M.)** heißt. Nebenstraßen zweigen von Hauptstraßen oft als zurücklaufende Schleifen ab, dadurch haben zwei Straßen gleiche Namen (s. Karte). Einen zentralen Zócalo wie in anderen mexikanischen Städten gibt es nicht (ein abendlicher Treffpunkt ist aber z.B. der **Parque Las Palapas**). Entlang der überbreiten Hauptstraße Av. Tulúm reihen sich Restaurants, Banken, Geschäfte, Hotels usw.

Herumkommen Von der Av. Tulúm zur Zona Hotelera (und zurück) fahren im Minutentakt weiße **„Hoteles"-Busse.** Zustieg alle paar Dutzend Meter, da wo Leute warten oder einfach abwinken, den Ausstieg dem Fahrer per Knopfdruck signalisieren. Eine Hotel-Sightseeing-Tour bis zum südl. Ende des Blvd. Kukulkán und wieder zurück (mit einer Unterbrechung, z.B. beim Convention Center oder einem Strand) sollte man mal machen (am Wendepunkt muss für die Rückfahrt nochmals bezahlt werden). **Taxis** fahren gleichfalls viele, der Preis muss vorher ausgehandelt werde (ansonsten gilt ein Zonenpreissystem). Es verkehren außerdem weiß/gelbe Colectivos.

Adressen & Service Cancún

Turismo / Infos Turismo: Av. Tulúm 5 (im Anyuntamiento- bzw. Municipalidad-Gebäude), Tel. 01-**998**-8874329, Mo–Fr 9–17 Uhr. Ein weiteres ist in der Tulúm 26, Tel. 8846531. Außerdem streut Cancún sehr viele Werbe- und Touristen-Publikationen, die in Hotels, Reisebüros etc. ausliegen und die alle Möglichkeiten des Geldausgebens aufzeigen. Die Magazine heißen Cancún Tips, Passport Cancún und ähnlich. In ihnen wird außerdem das touristische Angebot der Karibikküste beschrieben (z.B. im „Iguana"-Heft).

Internet www.cancun-map.com • www.allaboutcancun.com • www.gocancun.com • www.go2cancun.com • u.a.

Unterkunft

Cancún-Stadthotels Cancún hat wahrlich genug Hotels, doch für eine Übernachtung wird man sich wohl keines in der superteuren Zone Hotelera aussuchen wollen. In der Innenstadt gibt es ein paar „relativ" günstige. Bei Mittelklasse-Hotels sind die Preise ziemlich gleich, AC, TV und Pool sind Standard.

Hostels / ECO **Mexico Hostel,** Palmera 30 (Abzweig von der Avenida Uxmal, nahe Busterminal), Tel. 8870191 (AMAJ-Hostel, www.mexicohostels.com, frontdesk@mexicohostels.com); 60 Etagenbetten in großen Dormitorios, Gästeküche, Internet, TV, Bücher, Lockers, Lounge etc., 11 US$/p.P. im Dormitorio inkl. Continental-

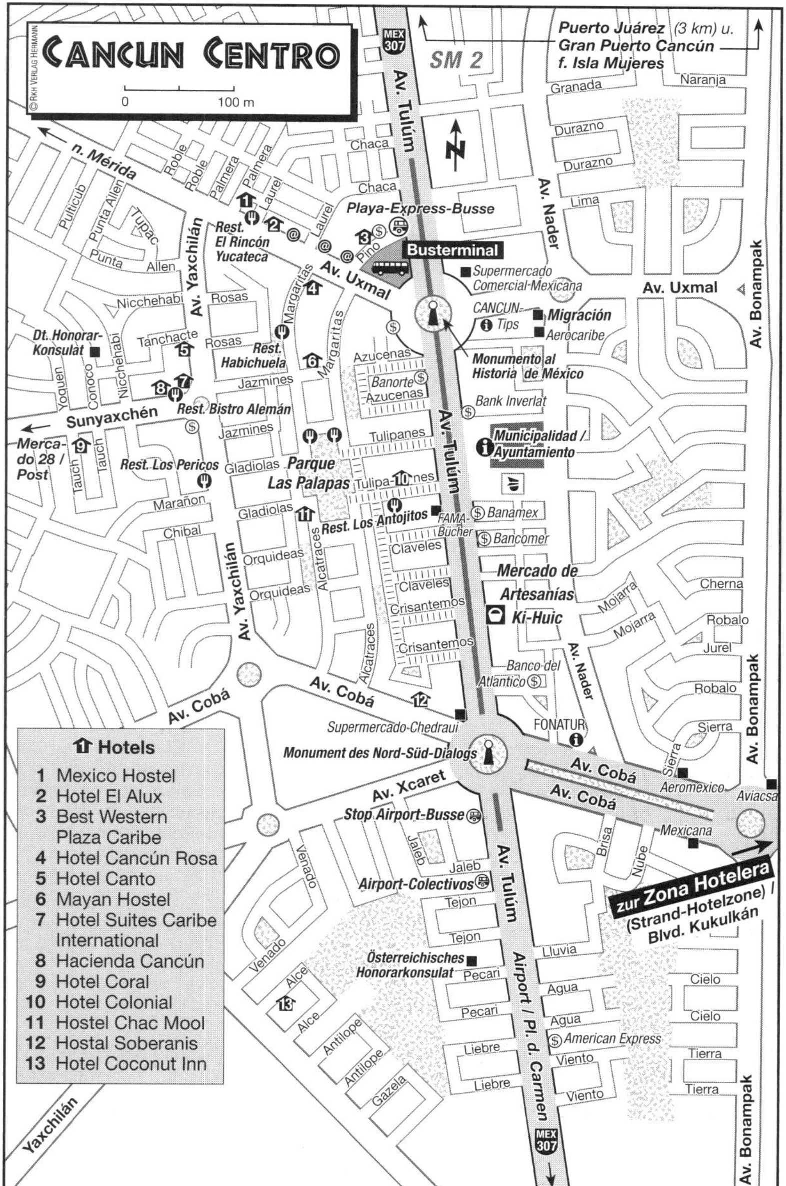

CANCUN CENTRO
© RKH VERLAG HERMANN
0
100 m
MEX 307
Av. Tulúm
SM 2
Puerto Juárez (3 km) u. Gran Puerto Cancún f. Isla Mujeres
Granada
Naranja
Durazno
Durazno
Lima
n. Mérida
Chaca
Chaca
Roble
Roble
Palmera
Palmera
Laurel
Laurel
Pino
Pulticub
Punta Allen
Tupac
Punta
Allen
Playa-Express-Busse
Busterminal
Rest. El Rincón Yucateca
Av. Uxmal
Av. Nader
Supermercado Comercial-Mexicana
Av. Uxmal
Av. Bonampak
Nicchehabi
Rosas
Av. Yaxchilán
CANCUN-Tips
Migración
Aerocaribe
Dt. Honorar-Konsulat
Tanchacte
Rosas
Margaritas
Margaritas
Rest. Habichuela
Azucenas
Banorte
Azucenas
Monumento al Historia de México
Yoquen
Conoco
Nicchehabi
Jazmines
Bank Inverlat
Sunyaxchén
Rest. Bistro Alemán
Jazmines
Merca-do 28 / Post
Tauch
Tauch
Tulipanes
Municipalidad / Ayuntamiento
Rest. Los Pericos
Gladiolas
Parque Las Palapas
Tulipanes
Marañon
Gladiolas
Rest. Los Antojitos
FAMA-Bücher
Banamex
Bancomer
Chibal
Orquideas
Orquideas
Alcatraces
Claveles
Claveles
Mercado de Artesanías Ki-Huic
Mojarra
Mojarra
Cherna
Robalo
Jurel
Robalo
Sierra
Sierra
Crisantemos
Crisantemos
Alcatraces
Banco del Atlántico
Av. Nader
Av. Cobá
Av. Cobá
Supermercado Chedraui
FONATUR
Monument des Nord-Süd-Dialogs
Av. Cobá
Av. Cobá
Aeromexico
Aviacsa
Av. Xcaret
Stop Airport-Busse
Mexicana
Brisa
Nube
Jaleb
Jaleb
Venado
Airport-Colectivos
zur Zona Hotelera (Strand-Hotelzone) / Blvd. Kukulkán
Tejon
Tejon
Venado
Österreichisches Honorarkonsulat
Lluvia
Pecari
Pecari
Agua
Agua
Cielo
Cielo
Alce
Alce
Antilope
Antilope
American Express
Liebre
Liebre
Viento
Viento
Tierra
Tierra
Gazela
Airport / Pl. d. Carmen
Yaxchilán
Hotels
1 Mexico Hostel
2 Hotel El Alux
3 Best Western Plaza Caribe
4 Hotel Cancún Rosa
5 Hotel Canto
6 Mayan Hostel
7 Hotel Suites Caribe International
8 Hacienda Cancún
9 Hotel Coral
10 Hotel Colonial
11 Hostel Chac Mool
12 Hostal Soberanis
13 Hotel Coconut Inn

Frühstück. – **Hostal Soberanis,** Av. Cobá 5, Tel. 8844564 (geb.-frei 01-800-1010101), soberanis@cancun.com.mx; besser und komfortabler als das Mexico Hostel, 4-Bett-Räume mit AC 12 US$/p.P., DZ 37 US$ mit Frühstück, Cafetería u.a. mehr. Oft ausgebucht, mit ISIC/IYH-Ausweis Ermäßigung, **TIP.** – **Mayan Hostel,** Margaritas 18 (zentral und sehr nahe am Busterminal!), Tel. 8920103, www.vipbackpackers. 9 Dorm-Betten (10 US$), Küche, Lockers etc., sauber, insgesamt gut. – Südlich davon in Fußnähe liegt das **Hostel Chac Mool,** Ecke Alcatraces/Gladiolas, am Parque Las Palapas, www.vipbackpackers. 6 Dorm-Betten (11 US$), 6 DZ mit Dusche (32 US$); AC, sauber, tolle Dachterrasse, zentral, Airport-Service, **TIP!**

Hotel Coral, Sunyaxchén 30, Tel. 8841267; sauber und nett, kleiner Garten und kleiner Pool, ruhig und günstig: DZ/AC 27 US$, DZ/Vent. etwa 23 US$. – **Hotel Colonial,** Tulipanes 22 (Seitenstraße der Tulúm), Tel./Fax 8841535; ein gutes Hotel in einer der Fußgängerstraßen (dort auch noch andere), ca. 28 US$. – **Hotel Coconut Inn,** Labná 39, Tel. 8840193; etwa abseits, doch günstig, mit Kochecke und Aufenthaltsraum, große Zimmer, wird empfohlen.

FAM (ab 40 US$)

Hotel Cancún Rosa, Margaritas 2 (nahe des Busterminals, von der Uxmal links einbiegen in die Margaritas), Tel. 8840623; etwas abgewohnt, ca. 45 US$. – **Hotel Suites Caribe International,** Sunyaxchén 36 (Ecke Yaxchilán/Sunyaxchén), Tel. 8843999; saubere, große Zi. (obere wählen und vorher inspizieren), TV, Pool, DZ/AC 70 US$; das gegenüberliegende **Hotel Margaritas** ist besser und teurer. – Westlich um die Ecke vom Suites Caribe liegt das **Hotel Hacienda Cancún,** Sunyaxchén 24, Tel. 8843672, Fax 8841208; eine gute Wahl, mit Pool u.a. Annehmlichkeiten. In den Umgebungsstraßen gibt es etliche Restaurants. – **Hotel Canto,** Yachilán SM 24, Tel. 8841267, Fax 8849262, www.hotelcanto.com; viergeschossiger Bau, gute Mittelklase, zentral, DZ ab 45 US$. – **Hotel Best Western Plaza Caribe,** Calle Pino, genau gegenüber vom Busterminal, Tel. 8841377, Fax 8846352; gehobene Mittelklasse, Pool etc., ca. 90 US$.

Hotels in der Zona Hotelera

CREA-Youth Hostel (Jugendherberge), km 3,2 (ca. 5 km vom Busterminal, Anfahrt mit Zona-Hotelera-Bus von der Av. Tulúm), Tel. 8494360; kein Ausweis erforderlich, großer Bau am (nicht schönen) Strand mit Mehrbettzimmern, teils desolater Zustand, ca. 10 US$; strandseitig gibt es Platz zum Zelten.

Ein DZ in der Hotelzone ist kaum unter 70–80 US$ zu bekommen (abhängig von der Saison). Hier die kleine Auswahl „preiswerter" Zona-Hotelera-Hotels, Preise bitte telef. erfragen und ob es Discount gibt (Lage s. Karte):

Laguna Inn (Tel. 882055, ca. km 4, kurz vor dem Embarcadero rechts rein in die Calle del Pescador; gleich in der Nähe gibt es noch zwei, drei andere Hotels; meerseitig ist das *Teatro Cancún*). – **Laguna Real** (Tel. 8832899, km 7,7, Calle Quetzal 8); gleich nahebei noch zwei weitere: **Imperial Laguna** (Tel. 8830070, Quetzal 13) und **Blue Lagoon** (Tel. 8831215, Quetzal 39).

Campen/ Trailer Park

Es gibt keine Trailer-Parks für Campmobile in der Stadt. Am besten als Standplatz ist wohl die Jugendherberge (s.o.). Ausweichmöglichkeit: *Rainbow Trailer Park,* an der westl. Seite der Mex 307 nach Tulúm, etwa 1,5 km hinter der Abzweigung zum Flughafen, ausgeschildert. Uneinladend, laut durch Flugzeuge.

An der Straße von Puerto Juárez nach Punta Sam gibt es bei km 3, gleich nördl. von Cancún, den *El Mecoloco Trailer Park* mit Meeressicht. Sauber, kleiner Laden mit Trinkwasserverkauf, Wäscherei, Tel. 8430324).

Essen & Trinken

(Hinweis: alle Lokale sind im Stadtplan verzeichnet). Nahe des Busterminals, beim Hotel El Alux: **El Rincón Yucateca,** Frühstückbuffet. – **Günstig mexikanisch isst man** bei den volkstümlichen Loncherías am und um den **Parque Las Palapas (TIP),** z.B. bei *Tacos Israel,* Gladiolas 18, und auch beim **Mercado 28** gleich südl. der Post (westl. der Sunyaxchén). – Etliche eher touristische Lokale findet man in den Fußgängerstraßen westl. der Tulúm, z.B. in der Calle Tulipanes, gut und günstig ist dort **Los Antojitos,** No. 23 (abends zu). – Ausgelassene „Party-Gastronomie" mit Revolutionsambiente findet statt im **Los Pericos** (ein Gang durch die Räume lohnt). – Elegant im lauschig-stilvollen (teuren) **La Habichuela,** Margaritas 25 (Reserv. empfwt., Tel. 8843158). – Nicht nur für Heimwehkranke: **Bistro Alemán** (Ecke Yaxchilán/Sunyaxchén), ausgezeichneter Küche, das Tagesmenü ist preislich noch moderat.

Kommunikation **Post:** Ecke Av. Sunyaxchén/Xel-Ha, tägl. 8–16 Uhr, Sa/Sa 9–12.30 Uhr; PLZ 77500. – **Internet:** viele Cafés, s. @-Signets auf dem Stadtplan; in der Zona Hotelera meist in Shopping Malls (Plazas).

Bank / Geld In der Av. Tulúm gibt es etliche Banken (z.B. Bancomer, Tulúm 20, gleich daneben die Banamex), fast alle haben *cajas permanentes* (Bankomaten, ATM). Außerdem etliche Casas de Cambio (z.B. Cunex, Av. Tulúm 13, sie haben auch abends geöffnet, Kurse vergleichen). In der Zona Hotelera findet man ATMs in Plazas (Einkaufszentren).

Mietwagen Viele Gesellschaften mit Büros in der Stadt und am Airport. *Budget,* Av. Tulúm SM 20, Tel. 8840730, Airport Tel. 8860026. *Alamo,* Uxmal 21, Tel. 8860168. *Avis,* Tel. 8830044, Airport 8860221. *National,* Tel. 8812500, Airport Tel. 8860152, u.a.m. Tarifvergleich/Buchung übers Internet unter den Firmennamen, z.B. www.avis.com.mx. Weitere Web-Adressen s.S. 35. Auch Vermietung geländegängiger Fahrzeuge.

Notfall **Polizei:** Tel. 8850569, kostenloser **Notruf:** 060, **Touristen-Assistenz,** Tel. 8848073. – **Hospital:** American Medical Car Center, km 8, Tel. 8831001. – **Migración:** Nader 1/Uxmal, Tel. 8841749 (vormittags, s. Stadtplan).

Konsulate: von **D:** Punta Conoco 36 (s. Stadtplan), Tel. 8841898, Fax 8871283, Mo–Fr 9–14, Sa 9–12 Uhr; **CH:** Venus Building, Blvd. Kukulkán km 6,5, Tel./Fax 8848446, 9–13 Uhr. **A**: Tel. 2519792 (Calle Pecari, s. Stadtplan, innerhalb des Bürogebäudes einer großen Zeitung). **Belize (Schweizer bekommen dort ihr – teures – Belize-Visum):** Av. Nader 43/Ecke Lima, Tel. 8878417, Fax 887-8631, Mo–Fr 9–13 u. 15–17 Uhr.

Buchladen in der Av. Tulúm einige, an der Westseite z.B. FAMA, No. 105, gute Auswahl.

Einkaufen Supermercados: *Comercial Mexicana,* Ecke Uxmal/Tulúm; *Chedraui,* Ecke Tulúm/Cobá; u.a. in der Tulúm (Ostseite), Meist bis 23 Uhr auf. 24-h-geöffnet haben *Oxxo* und *Seven-Eleven.*

Unterhaltung *Cancún Centro:* Abendliche Treffs sind die Fußgängerstraßen westl. der Av. Tulúm und der **Parque Las Palapas;** Restaurants, Nachtleben und was sonst noch das Touri-Herz begehrt konzentriert sich auch in Av. Yaxchilán gleich südl. der Uxmal. *Zona Hotelera:* Im **Centro de Convenciones** tritt das **Ballet Folklórico** auf (mitreißende mexikan. Tänze und Musik, allabendlich 20 Uhr, Tel. 8810400), gleichfalls sehenswerte Tanzdarbietungen im **Teatro de Cancún** beim Embarcadero (km 4): **Cantos y Danzas de México** (Mo–Fr, 19 Uhr; um 21 Uhr **Tradición del Caribe,** karibische Tänze, jeweils 29 US$; Tel. 8494848, Karten auch jeweils über Ihr Hotel). Ansonsten gibt es in der Hotel-Zone jede Menge Discos (**TIP:** die große **Coco Bongo** beim Centro de Convenciones, mit großer Abendshow), Nachtclubs, Bars und Techno-Tempel. Was gerade „in" ist, wo man tanzen, feiern, dinieren und den Abend verbringen kann steht in den Touri-Werbemagazinen („Cancún-Tips", u.a.).

An- und Weiterreise

Bus Der Busterminal für 1.- und 2.-Klasse-Busse ist an der Calle Pino im Dreieck der Straßenkreuzung Tulúm und Uxmal. Ein moderner Terminal mit einem außerordentlich großen Angebot an Gesellschaften, Busklassen und Zielorten, so dass man innerhalb kurzer Zeit wegkommt. Es ist deshalb wenig zweckdienlich, hier all die vielen Verbindungen aufzulisten. Für Fernziele und Busse 1. Klasse empfiehlt sich jedoch Reservierung (Luxusbusse sind u.a. ADO GL, Línea UNO, Elite). Abfahrtszeiten kann man außerdem telefonisch erfragen, z.B. bei ADO unter Tel. 8868604 oder bei der Línea UNO unter Tel. 8871149.

Außerhalb vom Terminal, auf der anderen Seite der Pino-Straße, gibt es Büros weiterer Linien *(Elite),* und hinten stehen die (weißen) Busse von **Playa Express,** die als **Shuttle-Busse** in kurzen Abständen **die Riviera Maya bis Felipe Carillo Puerto runterfahren,** mit Stops an allen Orten entlang der Küste (Playa del Carmen, Tulúm, etc.).

Zur **Zona Hotelera** fahren im Minutentakt weiße „Hoteles"-Busse von der Av. Tulúm. – Zur **Isla Mujeres** über Puerto Juárez mit einem Ruta 13 „Puerto-Juárez"- oder „Punta Sam"-Bus. – Nach **Chichén Itzá** (2–3,5 h, je nach Bus) gibt es auch teure Tagesbusse hin- und zurück. – Nach **Belize** zunächst nach **Chetumal. –** Wer **Geld** braucht: in der Calle Pino gibt es einen Bankomaten. Wer **Hunger** hat: Gutes und günstiges Essen zum Mitnehmen verkauft der über der Tulúm-Straße liegende *Supermercado Comercial Mexicana.* Gleich hinter ihm ist eine kleine Grünanlage, in der man in Ruhe essen kann.

Flüge

Cancún als nationales und internationales Flugdrehkreuz bietet unzählige Verbindungen ins In- und Ausland, *Agencias de Viajes* und die Büros der Airlines (z.T. im Stadtplan eingezeichnet) erteilen Auskunft, oder man schaut selbst im Web nach und reserviert, z.B. unter www.mexicana.com.mx. *Mexicana/Aerocaribe* haben tägliche Verbindungen mit häufiger Frequenz zu allen wichtigen Städten auf der Yucatán-Península und Mexikos, mit *AeroCosta* und kleinen Cessna kann man alle touristischen Punkte auf der Yucatán-Halbinsel erreichen (Tel. 8840383). Interessant sind außerdem Flüge ins benachbarte Ausland, nach **Belize, Guatemala** (Linie Aviateca, nach Flores/Tikal) und **Kuba** (nur 1 h Flugzeit). Charterflüge von D mit Thomas Cook (Condor), LTU u.a., von den NL mit Martinair. Ständig Flüge von/nach allen Metropolen der USA.

Airport Cancún

Der nationale/internationale Airport Cancún liegt 19 km südlich von Ciudad Cancún, östlich der Mex 307. Allgemeine Auskunft Tel. 8860049.

Ankunft International

Bereits im Gepäckausgabe-Saal kann man sich mit Touristen-Werbemagazinen eindecken und überteuerte Wertgutscheine für die Airport-Colectivo-Taxis kaufen. Kostenpunkt derzeit ca. 10 US$/p.P., die Tarife hängen aus, ständige Abfahrten. Nach der Zollkontrolle – ob man den Koffer öffnen muss, bestimmt die Zufallsampel –, sollten Sie etwas Geld wechseln. Geldautomaten, *cajeros automáticos,* gibt es sinnvollerweise nur in der Abflughalle. Wer mit dem Flughafenbus nach Playa del Carmen oder zum Busterminal nach Cancún will kann dort seine Peso rauslassen.

ins Zentrum von Cancun

Variante 1: Am Ausgang besteht nochmals die Möglichkeit zum Kauf eines Taxi-Gutscheins. Die Fahrer der Großraum-Limousinen beginnen ihre Tour am südlichen Ende der *Zona Hotelera* und setzen die Fahrgäste bei ihren Hotels ab. Erst nach ca. einer dreiviertel Stunde wird Cancún-Centro erreicht.

Variante 2: Man hält Ausschau nach einem Privattaxi bei der Abflughalle. Preis Verhandlungssache, etwa 12–15 US$ (die Taxistas rechnen mit Dollars).

Variante 3: Es fährt ein **1.-Klasse-Airport-Shuttlebus** zum Hauptterminal von Cancún. Der „Riviera/ADO"-Ticketschalter ist am östlichen Ende der langen Departure-Halle. Abfahrten halbstündlich von 5.30 bis 24 Uhr, ca. 20 Peso, Fz etwa eine halbe Stunde.

Variante 4: Es fahren auch Busse für die Flughafenangestellten, die auch Touristen mitnehmen (mit wenig Gepäck). Dazu muss man vom Ankunftsterminal einen ca. 200-m-Fußmarsch in Richtung **Budget-Mietwagen** unternehmen. Links von Budget, absichtlich etwas versteckt, ist der Standplatz. Abfahrten so ca. alle 20 Min./ halbe Stunde. Aussteigen kann man beim Hauptterminal in Cancún oder schon vorher auf der Avenida Tulúm, dann dem Fahrer Bescheid sagen. *Am Flughafen wird man über diesen Bus keine Auskunft bekommen!*

Nach Playa del Carmen (50 km / 1 h) Desgleichen mit einem Bus von „Riviera Express“ (Schalter s. bei Variante 3). Man kann aber auch direkt zur Haltestelle gehen: Vom Ankunfts-Ausgang nach rechts wenden und bis ans Ende der langen Departure-Halle gehen, dann noch ein paar Meter weiter, wo man den Bus stehen sieht. Erste Abfahrt um 10.30 Uhr, dann ab 11.45 Uhr allstündlich, letzte 20.35 Uhr. 65 Peso.

Mietwagen Es gibt etliche Gesellschaften (s. „Mietwagen“ bei Adressen & Service). Wer von zu Hause aus vorbucht – was ratsam ist, übers Internet, am besten eine internationale Firma –, sollte darauf achten, den Wagen am Airport und nicht im Centro Cancún übernehmen zu können. Die Wagenparks liegen gleich vor dem Terminal.

Zum Airport von Cancún Vom Hauptterminal an Av. Tulúm mit dem Riviera-Airport-Shuttle von 4.30 bis 23.30, s.o. Variante 3. Der Bus von Variante 4 fährt entlang der Av. Tulúm wo man ihn abwinken kann; eine Haltestelle ist beim Monument des Nord-Süd-Dialogs (s. Stadtplan Cancún-Centro). Etwas südlich dieser Haltestelle, an der Calle Jaleb, ist eine weitere für Airport-Taxi-Colectivos. Offizielle Taxis kosten ca. 15 US$, von der Zona Hotelera etwa 20 US$, Fz ca. 20 Min. Man kann auch die Hotelrezeption fragen, ob die ein günstiges Taxi ans Hotel bestellen kann – das ist die bequemste Variante.

Abflug Beim Einchecken Touristenkarte bereithalten. Wer noch Peso übrig hat: der Geldautomat der Bital-Bank spuckt auch Dollarscheine aus. Nicht in die Heimat Rückfliegende müssen Airport-Tax zahlen, derzeit 20 US$.

Per Wagen Rtg. Mérida /Chichén Itzá **Die mautpflichtige Mex 180 D** ist sehr teuer (das „D“ ist entscheidend), man dirigiert ahnungslose Touristen listig auf diese fast immer leere Autobahn, die Mautstelle ist genau auf der Grenze zwischen Quintana Roo und Yucatán. **Besser die alte Mex 180** nehmen, Richtung Valladolid, und nicht der **Cuota**-Ausschilderung folgen (nötigenfalls vorab Ortskundige befragen).

Umgebungsziele Cancún

Isla Mujeres

Überfahrt zur Insel Es gibt zwei Fährableger nördlich von Cancún, von denen Shuttle-Fährschiffe zur Isla Mujeres ablegen: Der neue Pier heißt **Gran Puerto Cancún** (Katamaranschiffe von *Ultra Mar*) der ältere, nördlichere, ist in **Puerto Juárez** (3 km von Cancún). Direkte Anfahrt zu beiden Piers mit einem „Puerto Juárez“-Bus (Linie 13) von der Av. Tulúm in Cancún (Busterminal). Überfahrt bei beiden Piers ab 6.30 bis 11.30 Uhr im Halbstunden-Takt. Rückfahrzeiten dto. im Halbstunden-Takt von 6–21 Uhr. Fahrpreis 35 P/p.P., Überfahrt etwa 20 Minuten.

Auch von der **Zona Hotelera** fahren von folgenden Piers (teure!) Touristen-Boote: vom **Embarcadero/Playa Linda** mit der „El Mexicano“ um 9.30 11.30, 11.45, 13.15, 14.30 u. 17.45 Uhr (außerdem nach Garrafón); von der **Playa Tortugas** um 9, 11.50, 13.30 und 16 u. 18 Uhr; von der **Playa Caracol** (Club Nautico Dock) um 9, 11, 13 u. 15 Uhr.

Eine Autofähre (*transbordador,* auch für Personen), legt von **Punta Sam** ab, 5 km nördlich von Puerto Juárez. Abfahrten um 8, 11, 14.45, 17.30 und 20.15 Uhr (45 Min., 155 P für 2 Pers. u. ein Auto).

„Insel der Frauen“ Isla Mujeres liegt ca. 10 km von Cancún entfernt. Sie ist etwa 7,5 km lang, weniger als einen Kilometer breit und es leben hier ca. 14.000 *isleños.* Der Name „Insel der Frauen“ soll sich von kleinen weiblichen Tonstatuetten ableiten, die die Spanier bei ihrer Ankunft hier fanden (1517 unter Córdoba). Die Insel war von Maya bewohnt, die Meersalz gewannen und damit Handel trieben. An der Südspitze errichteten sie einen kleinen Tempel. Im 18. Jh. war Isla Mujeres ein Piratenversteck (u.a. für Mundaca und Lafitte).

Hat das Boot an der Muelle angelegt, ist man schon nach wenigen Metern mitten im Ort. Restaurant reiht sich an Restaurant und *tienda* an *tienda,* alles ist farbenfroh getüncht. Die wenigen Längs- und Querstraßen hat man schnell erkundet. Die Uferstraße auf der Festlandseite heißt *Av. Rueda Medina,* parallel zu ihr verlaufen die Straßen *Juárez,* die **Flaniermeile Hidalgo** und die *Guerrero.* **Hauptstrand** ist der nicht allzu große **Playa Norte.**

Wer noch mehr wissen will als hier aufgeführt kann in der Medina das **Turismo** besuchen (s. Karte) oder Touristen-Magazine durchblättern.

Pro & Contra

Aus der einst schläfrigen Isla Mujeres schuf man ein touristisches Anhängsel der Ferienmaschine Cancún. Tagtäglich schippern dutzende Fährschiffe tausende Tagestouristen herüber, der kleine Ort an der Nordspitze ist ein einziger Rummelplatz. Längst vorbei ist die Zeit, als Isla Mujeres noch *das* Globetrotter-Ziel der mexikanischen Karibik war. Aber immer noch kann man in kleinen und familiären Hotels unterkommen und an der Playa Norte relaxen, wobei die **Nebensaisonzeiten perfekt** sind, denn dann offerieren viele Bars und Restaurants ausgedehnte „Happy hours" („dos por uno"), was den Geldbeutel schont.

„Wenn man wie wir in der Nebensaison auf Mujeres ist, versprechen einige Tage hiersein Erholung pur: Palmen, Hängematten, die zwischen den Pfählen und der Strandbar aufgespannt sind, schöne Musik, warmes, kristallklares Wasser und eine absolut entspannte Atmosphäre unter lauter jungen Leuten aus vielen Nationen – wirklich traumhaft". Doch Paradiese gibt's bekanntlich nicht umsonst: Auf Mujeres ist **alles sehr teuer.**

Strände / Ausflüge

Die feinsandene, blendend weiße **Playa Norte** mit flachem Wasser wird nur von wenigen Palmen beschattet; mietbare Sonnenschirme und auch die Liegen sind sehr teuer. Alle anderen Strände auf Festlandseite sind fest in Restauranthänden und meist komplett bestuhlt, andere „zieren" auch Seegras.

Mit Roller, Moped und Fahrrad – meist in den Hotels mietbar – oder per Taxi (ihr Standplatz ist gleich beim Fähranleger, Preise zu den Zielen sind angeschlagen), Mietwagen oder mit einem **Golf-Cart** (es gibt viele Anbieter) kann man auf Inselerkundung gehen. Manche wandern auch, bis zur **Punta Sur** sind es etwa anderthalb bis zwei Stunden Fußweg entlang der Ostküste. Im Süden liegen die Strände *Playa Pescador, Playa Lancheros* (6 km, dorthin fährt auch ein Bus), *Playa Indios* und *Playa Parque Natural Garrafón.* Die Rundstraße bietet jedoch außer Meeresbiologie-Station *PESCA* (s.u.) nichts Interessantes, und auch die Strände sind nicht berauschend. Viele machen aber eine Tour zur **Isla Contoy** (s.u.).

Baden an der offenen, rauhen Karibikseite ist wegen gefährlicher Unterströmungen nicht empfehlenswert. **Schnorchler** (Ausrüstungen sind überall mietbar, s.u.) finden ihr Paradies im *Manchones* und *Mandera-Riff,* zertifizierte **Taucher** ihr Eldorado in der „Höhle der schlafenden Haie" *(cueva de los tiburones dormidos)* und bei gesunkenen Schiffen (Tauchfahrten sind möglich zur „Ultrafreeze", „Mercurio" und „San Geronimo").

El Garrafón und **Garrafón de Castilla Club**

Das nahe der Südspitze liegende „Schnorchelparadies" *El Garrafón* wurde zu einem wenig attraktiven *Parque Natural* deklariert (Etikettenschwindel; ein passenderer Name wäre „Vergnügungspark"; www.garrafon.com). Tagtäglich fallen von 8–17 Uhr Cancún-Ausflügler ein, ihre Fähr- und „Piratenschiffe" legen direkt am Garrafón-Landungssteg an. Das Eintrittsgeld – Basispreis 15 US$, all-inclusive 35 US$, das teure Leihen der Ausrüstung und die vielen Schnorchler – mehr bunte Flossen als bunte Fische – in ein paar Kubikmeter Wasser bei einem zerstörten Riff lassen von einem Besuch abraten.

Die **bessere Alternative** heißt **Garrafón de Castilla Club** am km 6 der Carretera Punta Sur, mit abgegrenztem Schwimmbereich, Restaurant, Duschen, Lockers, Sonnenschirme etc. Eintritt 1,50 US$, Schnorchelausrüstung 5 US$, tägl. 9–17 Uhr, Anfahrt per Taxi.

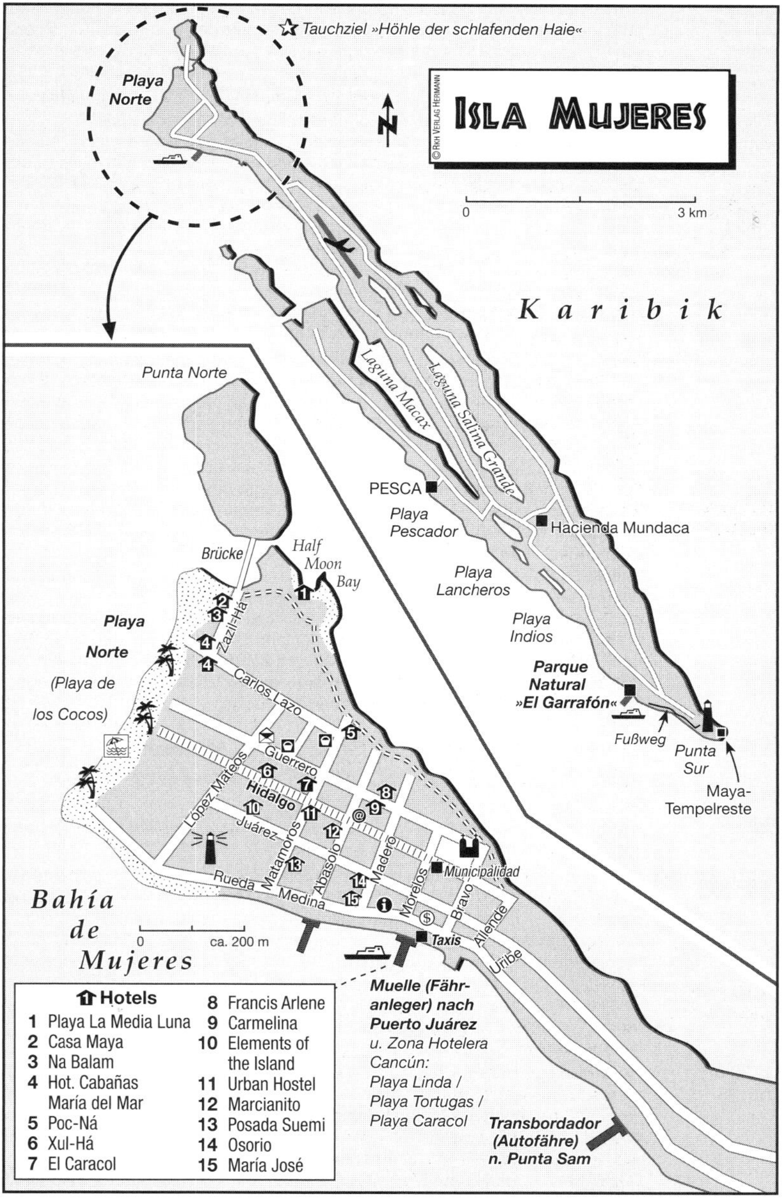

Isla Mujeres
©Rkh Verlag Hermann
Tauchziel »Höhle der schlafenden Haie«
Playa Norte
0
3 km
Karibik
Laguna Macax
Laguna Salina Grande
PESCA
Playa Pescador
Hacienda Mundaca
Playa Lancheros
Playa Indios
Parque Natural »El Garrafón«
Fußweg
Punta Sur
Maya-Tempelreste
Punta Norte
Brücke
Half Moon Bay
Playa Norte
(Playa de los Cocos)
Zazil-Há
Carlos Lazo
Guerrero
Hidalgo
López Mateos
Juárez
Matamoros
Abasolo
Madero
Morelos
Bravo
Allende
Uribe
Rueda Medina
Municipalidad
Taxis
Bahía de Mujeres
0
ca. 200 m
Muelle (Fähranleger) nach Puerto Juárez u. Zona Hotelera Cancún: Playa Linda / Playa Tortugas / Playa Caracol
Transbordador (Autofähre) n. Punta Sam
Hotels
1 Playa La Media Luna
2 Casa Maya
3 Na Balam
4 Hot. Cabañas María del Mar
5 Poc-Ná
6 Xul-Há
7 El Caracol
8 Francis Arlene
9 Carmelina
10 Elements of the Island
11 Urban Hostel
12 Marcianito
13 Posada Suemi
14 Osorio
15 María José

Reiseteil

Vom Parque Natural El Garrafón führt entlang der Klippen ein Fußweg zum aufgegebenen, doch (kostenlos) besteigbaren **Leuchtturm** *(Faro)* am Südkliff *(Acantilado Sur)* mit Überresten einer sehr kleinen **Maya-Ruine,** die einst der Göttin *Ixchel* geweiht war. Der verlangte Eintritt von ca. 3 US$ ist jedoch völlig überzogen. Dort fanden die Spanier die anfangs erwähnten Tonstatuetten.

Weiteres auf der Insel

An der Westküste befindet sich die Meeresbiologie-Station **PESCA,** in der in Becken und im Meer Meeresschildkröten aufgezogen werden (verschiedene Altersstufen). Man kann die Farm anschauen und bekommt Einzelheiten über die gefährdete Spezies erklärt (tägl. 9–17 Uhr, Eintritt 3 US$, für 1 US$ kann Futter gekauft werden). Etwas weiter auf der derselben Straße kommt man zur **Playa Tiburón** („Haifischstrand"), wo schwimmen mit Haien möglich ist (zuschauen umsonst, Ausflugslokal mit Grillfisch).

Die Überreste einer ehemaligen Piraten-Hacienda aus dem frühen 19. Jh. liegen in der südlichen Inselmitte (*Ruinas del Pirata Mundaca,* nur eine alte Hausruine, Eintritt 2 US$, Attraktion Jaguar im Käfig und Spider Monkeys). Von dort kann man zum Leuchtturm weiterfahren.

Isla Contoy

28 km nördlich von Isla Mujeres liegt die unbewohnte **Isla Contoy,** ein Ausflug dorthin ist ein Erlebnis und **empfehlenswert.** Touren mit dem Tagesprogramm (inkl. Fischen, Schnorcheln, Lunch und Getränken) werden überall angeboten, Preise derzeit zwischen 35 und 40 US$, inkl. Essen und Schnorchelausrüstung (Veranstalter sind u.a. auch *La Isleña* in der Morelos und das *Coral Scuba Dive Center* in der Matamoros). Contoy, eine langgestreckte etwa 7 km lange und 50–700 m breite Insel, ist vollständig mit Mangroven- und sattgrünen Palmenwäldern überzogen. Tausende Flamingos, Prachfregattvögel (*Fregata magnificens;* die Männchen erkennt man an ihrem roten Kehlsack), Pelikane und viele andere Seevögel – über 100 Arten – bevölkern dieses paradiesische Naturschutzgebiet. Am Bootsanleger wachsen die Palmen fotogen dicht an dicht und im *Centro de Visitantes* gibt es ein kleines Freiluftmuseum. In der Nähe steht ein Aussichtsturm mit Blick über die Insel. Nur autorisierte Touranbieter dürfen Touristen befördern, die Besucherzahl ist limitiert. Anfahrt ca. 2 Stunden. Unterwegs besteht die Möglichkeit am *Xlaches*-Riff zu schnorcheln. Gehen dem Bootsführer Fische an den Haken werden diese auf der Insel gegrillt. Sich vorab informieren/Fotos: www.islacontoy.org.

Adressen & Service Isla Mujeres

Turismo

Rueda Medina 130 zw. Morelos u. Madero, Tel. 01-**998**-8770307, Mo–Fr 8–20 Uhr, Sa/So von 10–14 Uhr, infoisla@prodigy.net.mx.

Internet

www.isla-mujeres.net • www.caribbean-on-line.com • www.garrafon.com • www.mexicancaribbean.com • u.a.

Unterkunft

Es gibt etwa 30 größere und kleinere Unterkünfte (darunter auch 5-Sterne-Hotels). Teuer sind diejenigen am Strand bzw. in Strandnähe. Da alles dicht beieinander liegt, ist es kein Problem, bei Nichtgefallen das Hotel zu wechseln. In der Hochsaison – Weihnachten bis Ostern und im August – erhöhen sich die Preise erheblich (dann ist außerdem alles schnell voll, morgens zwischen 10 und 12 Uhr hat man die besten Chancen). Zimmer in oberen Stockwerken sind, sofern vorhanden, vorzuziehen (bessere Belüftung). Auf gut funktionierende Ventilatoren sowie auf evtl. nächtliche Lärmbelästigung durch Musikkneipen achten. Preise sind in der Nebensaison verhandelbar.

ECO *bis 25 US$*

Hotel Xul-Há, Hidalgo 23, Tel. 8770075; einfach, Travellertreff, strandnah, DZ mit Bad, TV, Vent. u. Kühlschrank ca. 21 US$ (Aufpreis für AC); die Zi. zur Straße hin sind wegen Diskomusik laut bis frühmorgens! – **Poc-Ná,** Matamoros 15, Tel. 8770090; eine Art private Jugendherberge, großzügige Anlage, seit Jahren ein Traveller-Treff. Dormitorios mit 6–10 Betten kosten 10 US$/p.P., DZ/AC um 30 US$ (unterschiedliche Preise, je nach Ausstattung, aktuell auf der Seite www.pocnahostel.com, die auch Poc-Ná-Fotos zeigt). Zudem Hamaca- u. Zeltplätze, Garten, kleines Rest./Bar, Internet und Gästeküche (Frühstück ist inkl.). – **Urban Hostel,** Ecke Matamoros/Hidalgo (Matamoros No. 9), 1. Stock, Tel. 8799342, www.vipbackpackers.com, urbanhostel@yahoo.com; 24 Dorm-Betten zu 9 US$, 2 DZ zu 20 US$, Kochmöglichkeit, Lockers etc., gut. – **Hotel El Caracol,** Matamoros 5, Tel. 8770150; saubere Zi., durchschnittlich, doch nachts ist man lauter Musik von benachbarten Bars und Discos ausgesetzt. – Gleichfalls in der Calle Matamoros No. 12, linke Seite zw. Medina und Juárez, kleines rosa Haus: **Posada Suemi;** Familienbetrieb, 11 Vent./Zimmer mit 2–5 Betten, jedes Zi. kostet ca. 15 US$, sicher, sauber, nach vorn hin laut. – **Hotel María José,** Madero 21 (Ecke Madero/Medina), Tel. 8770245; Familienbetrieb, günstig, 2 DZ, Moped- und Radvermietung. – **Hotel Marcianito,** Abasolo 10, Tel. 8770011; zentral gelegen, keine AC, auch Mehrbettzimmer. – **Hotel Carmelina,** Guerrero 4, Tel. 8770006; AC, o.k., könnte aber billiger sein. – **Hotel Osorio,** Madero nahe Juárez, Tel. 8770294 (hotelosorio@hotmail); zweigeschossiges, langjähriges Familienhotel, sauber Zi. mit Vent., DZ um 15 US$.

FAM *bis 50 US$*

Hotel Francis Arlene, Tel./Fax 8770310, Guerrero zw. Abasolo u. Madero; dreigeschossig; komfortable, schöne (Balkon-)Zimmer mit Vent./AC u. Kühlschrank.

LUX

Playa La Media Luna (Half Moon Beach Hotel), Sección Roccas, Punta Norte, Tel./Fax 8771124; geschmackvoll eingerichtete Zimmer und Bungalows (AC/Vent.) mit Meeresblick, schöne Lage, hier rauscht noch romantisch das Meer von der offenen Karibik, zur Playa Norte 10 Gehminuten. 70–110 US$. – **Na Balam,** Playa Norte (Calle Lazo), Tel. 8770279, www.nabalam.com; zweistökkig, 31 Zimmer; wegen seiner Ausstattung und Lage gleich beim Strand was für Komfort-Traveller (alle Zimmer auf Meeresseite, manche mit Balkon, Gartenanlage, Pool, gutes Rest., Hängematten); ab 100 US$. – Gleich daneben: **Casa Maya,** Tel. 8770045, www.kasamaya.com.mx. Cabaña-Anlage direkt am Strand, Zimmer mit AC und Privatduschen, gemeinsame Küchenbenutzung, je nach Saison und pro Kopf 30–120 US$ (überteuert, handeln). – Etwas weiter südlich: **Hotel Cabañas María del Mar,** Tel. 8770179, angenehmes Strand-Hotel, 56 Zimmer, die meisten mit Meeresblick, Palapa-Bar, DZ/AC um 55 US$, NS 30 US$ (Zi. an der Ecke zur Playa Norte etwas teurer). – **Elements of the Island,** Av. Juárez 64, Tel. 8770736, www.elementsoftheisland.com. Dreigeschossiges Haus mit drei schön eingerichteten Studio-Apartments mit AC u. Kitchenette, Schweizer Leitung, Café-Rest., Yoga. HS 15. Dez.–30. Apr. 80 US$, übrige Monate 65 US$, Minimum 4 Nächte.

Essen & Trinken

Wo's gefällt und schmeckt. Es stehen dutzende Restaurants zur Auswahl, von einfachst bis gediegen. Die meisten findet man in den Straßen Hidalgo und Guerrero. Preisvergleiche lohnen durchaus, besonders bei Getränken. Aufpassen vor nachträglich verlangten hohen „Tips" (bis 15%!). Am Nordende der Hidalgo gibt es einige billig Taco-Buden. Auf den Speisekarten stehen hauptsächlich Fischgerichte (red snapper), Meeresfrüchte und immer wieder Pizzen (in der Matamoros 7 ist eine preiswerte Steh-Pizzeria mit leckeren Pizzen und Quiches). Gut ist auch *100% Natural* mit tollen Säften, allerdings schließen die abends früh. Zwei gute **Cafés:** *El Nopalito,* Guerrero/Ecke Matamoros und *Café Cito,* Matamoros 42**. Lebenmittel einkaufen** kann man im Supermercado *Francisco de Asís* in der Morelos am Zócalo.

Bank / Geld

Bital Bank, mit Bankomat, es gibt auch Casas de Cambio.

Fahrräder, Mopeds, Roller

Zahlreiche Vermieter in den Straßen Hidalgo, Madero und Guerrero und auch bei/über Hotels. Eine gute Adresse ist z.B. *Pepe's Moped Rental,* Hidalgo zw. Matamoros u. Abasolo (außerdem Golf-Carts; dafür muss ein Führerschein als Pfand hinterlegt werden). Immer den techn. Zustand eines Fahrzeugs prüf fen.

Schorcheltouren / Tauchen (Buceo)

Zuschriften warnen vor Schleppern, die auf der Straße und am Strand obskure und überteuerte Schnorchelfahrten anbieten. Nicht gleich das erste Angebot annehmen, Preise und Programmpunkte vergleichen (3-stündige Tour mit gegrilltem Fisch zum Mittagessen so um die 20 US$). In der Matamoros gegenüber der Posada Suemi gibt es einen alten Mexikaner, der Angel- und Schnorcheltouren anbietet, Schnorcheln an drei Stellen bei 2,5–3stündiger Dauer kostet bei ihm etwa 15 US$. Die Schnorchelboote starten direkt neben dem Fähranleger. Für **Taucher** zwei Adressen: *Coral Scuba Dive Center,* Matamoros 13A, www.coralscubadivecenter.com; *Bahía,* Medina 166 (bei der Autofähre); weitere in der Madero 11, an der Ecke Medina/Abasolo, u.a.

Internet

Es gibt zahlreiche Internet-Cafés, z.B. in der Abasolo 11-A, in der Madero No. 10 u. 17 und auch teils in Cafés.

Wäscherei

Lavandería Tim Phó, Juárez 94 (bei der Abasolo) und Wash Express, Abasolo

Strand-Tips

Tropische Meere, Strände und die Unterwasserwelt von Korallenriffen üben eine große Anziehungskraft aus. Doch es gibt auch Gefahren am Wasser. Machen Sie sich darüber vertraut – wie die Wellen- und Wassertiefenverhältnisse sind, ob Unterströmungen bestehen. Nicht jede Flachküste setzt sich vom Strand an gleichmäßig fort, plötzliche Steilabbrüche sind immer möglich. Auch an seichten Stränden können sich infolge des Zurückströmens des Wassers stellenweise starke Unterströmungszonen bilden, die ungeübte Schwimmer in Panik versetzen. Dann nicht dagegen ankämpfen, sondern ein paar Meter parallel zum Strand schwimmen, meist hört der Sog schon nach ein paar Metern wieder auf. Vorsicht auch vor Abdrift bei schräg auflaufenden Wellen, besonders an Fels- und Riffküsten! Dort möglichst auch Badeschuhe tragen, Verletzungsgefahr durch messerscharfe Korallen. Im Mai kann es an der mexikanischen Karibikküste zu einem Aufkommen ganz kleiner Quallen kommen.

Baden in der Brandung und bei Brechern (mexikanische Pazifikküste) ist durch Aufschlagen auf Felsen immer lebensbedrohend! Achtsam sein bei Spaziergängen bei Ebbe an Felsenküsten – wenn die Flut kommt, besteht evtl. keine Rückzugsmöglichkeit mehr. An hellen Sandstränden wird die Sonnenstrahlung wie durch einen Spiegel verstärkt – Sonnenschutzmittel mit hohem Lichtschutzfaktor verwenden. Ohne ein Badetuch unter dem Körper wird man oft Angriffsziel von Sandflöhen, und das kann ganz schön beißen. Noch ein Tip für was schönes: in ruhigem Meerwasser einmal nachts schwimmen – man erlebt sein leuchtendes Wunder!

Schnorcheln

Nie ohne T-Shirt schnorcheln, die Sonnenstrahlung ist an der Wasseroberfläche wesentlich stärker. Und gleichfalls Badeschuhe tragen, sonst besteht Verletzungsgefahr durch scharfkantige Korallen, Seeigel oder andere gefährliche Wasserbewohner (besser ist es, sich überhaupt nur schwimmend fortzubewegen, so zertappt man nichts). Unter dem Wasser nichts an- und nirgends hineingreifen (Feuer- oder Steinfische weichen nicht aus!), keine Korallen abbrechen (nach dem Kontakt mit einer Feuerkoralle versucht man's sowieso nicht mehr). Keinesfalls das Schnorchelrohr verlängern und nicht versuchen, durch sog. „Hyperventilisierung“ (minutenlanges, sehr starkes Atmen) Sauerstoff auf „Vorrat“ zu „tanken“ um die Abtauchzeit zu verlängern. Plötzliche Ohnmacht und Ertrinken könnten die Folge sein.

Tauchen

Flasche aufschnallen und hineinspringen – so läuft nichts. Man muss vorher eine Tauchschule besuchen und dazu wird wiederum ein ärztliches Attest benötigt. Bei Tauchabsichten in Mexiko möglichst schon zuhause einen Tauchkurs absolvieren und den Tauchschein machen, dann kann man Mexikos Unterwasserwelt von Beginn an genießen. Nie alleine tauchen. Vertrauen Sie sich in Mexiko nur einer Tauchschule mit gutem Gerät und anerkannten Ausbildern an. Das Palancar-Riff bei Cozumel ist der wohl schönste mexikanische Tauchgrund.

Riviera Maya

Für die paradiesische Schönheit des Küstenabschnitts Cancún – Tulúm (125 km) fiel den dollarsüchtigen mexikanischen Tourismusstrategen der verführerische Namen **„Riviera Maya“** ein. Große (US-)Investoren und internationale Hotelgruppen pumpten Multimillionen Dollar in gigantische All-inclusive-Resorts, in „Timesharing“- und „Condominium“-Objekte, in kommerzielle (sog. „ökologische“) Vergnügungsparks à la Disneyland wie *Xcaret, Xel-Há, Tres Ríos,* und alles muss logischerweise Rendite abwerfen, was sich dann an z.T. exorbitanten Preisen niederschlägt. Außer den dominierenden US-Touristen mit ihren locker sitzenden *dólares* heizen das Preisniveau zudem die kaufkräftigen Passagiere internationaler Kreuzfahrtschiffe an, 8 km südl. von Playa del Carmen baute man extra einen Hafen für sie, *Puerto Calica*. Derzeit gibt es an der Riviera Maya etwa 250 Hotelanlagen, die „Entwicklung“ von ehemals kleinen Fischerdörfern zu Mittelklasse-Badeorten verläuft ungebrochen rasant. Top-Touri-Ziele sind **Playa del Carmen,** die **Insel Cozumel** und die **Tulúm-Ruinen.** Der Karibikküste vorgelagert ist ein gewaltiges *Barriere-Riff* von etwa 250 km Länge, das etwa 10 bis 40 km vor der Küste verläuft.

Und dennoch: Man kann sie hier noch erleben, Traumtage unter Palmen mit Schnorcheln und Schwimmen in kristallklarem Wasser, das weiße, puderfeine Korallenstrände leckt. Auf der vierspurig ausgebauten Mex 307 sind alle Strandorte schnell zu erreichen. Entweder per Mietwagen oder von Cancún bzw. von Playa del Carmen mit einem der zahlreichen „Playa-Express“-Busse.

Web-Infos

Zum Stöbern: www.mayan-riviera.com • www.rivieramayaexpress.com • www.rivieramaya.com • www.caribemexicano.com • Riviera-Maya-Hotelangebote, Infos per eMail: rivieramayahotels@hotmail.com.

Kurzübersicht ab Cancún

Puerto Morelos: Relativ geruhsamer Fischerort, der angenehme Kontrast zu Cancún und Playa del Carmen
Tres Ríos: (Aqua-)Vergnügungspark
Punta Bete: Schöner Strand mit Bungalows, Cabañas und Campplätzen
Playa del Carmen: „Klein-Cancún“
Xcaret: Überteuerter Aqua-Vergnügungspark
Paamul: Schöne Bucht mit Palmen, Strand-Bungalows, Wohnmobile
Puerto Aventuras: Ausgedehnte Privat-Wohnanlage. Kein Touristenort.
Xpu-Há: Einer der schönsten Strände der Riviera Maya mit Strandhotels und Campplatz 27 km südl. von Playa del Carmen
Akumal: Teure, ausgedehnte Hotel- und Clubanlage an vier Stränden, südlich schließt sich Aventuras Akumal an.
Chemuyil und Xcacel: derzeit geschlossen
Xel-Há: Teurer Aqua-Vergnügungspark
Bahías de Punta Solimán / Tankah: Kleine, persönliche Beachfront-Hotels
Tulúm: Gleich südl. der archäologischen Stätte Tulúm gibt es zahlreiche, qualitativ unterschiedliche Cabañas.

Preise / Trinkgeld Riviera Maya

■ Das gesamte Hotel-, Gastronomie- und Freizeit-Angebot kann keinesfalls als preiswert bezeichnet werden, es gilt die Karibik-Gleichung: Tourist = Geld, also her damit. Die Preise steigen ständig. In **Touristen-Restaurants** werden auf die Rechnungssumme **meist 10–15 Prozent „Tip“ draufgeschlagen,** was rechtlich nicht richtig ist, weil seriöse Restaurants auf ihren Rechnungen darauf hinweisen, dass dieser Zuschlag freiwillig ist. Erkundigen Sie sich also **vor** dem Bestellen, wenn Sie diesbezüglich hinterher keine Überraschung erleben wollen (Wechselgeld kommt manchmal gar nicht zurück).

"Riviera Maya"
Cancun – Tulum
0
20 km
© RKH Verlag Hermann
Chiquiliá / Holbox
Cancún
MEX 180
MEX 180D
(Maut)
Aeropuerto Cancún
(Maut)
Rainbow Trailer Park
Cancún-Hotelzone (Zona Hotelera)
keine Ausfahrt!
Mérida
»Km 80«
El Ideal
MEX 180
MEX 180D
MEX 180 D = teure mautpflichtige Autobahn, besser die Mex 180 benützen!
MEX 307
Nuevo Xcan
Croco Cun Crocodile Park
Acamaya
Puerto Morelos
Jardín Botánico
(Autofähre)
Valladolid / Chichén Itzá
Punta Maroma
Tres Ríos (Vergnügungspark)
Cobá
Punta Bete
X'Calacoco
Shangri-La Palapas
Playa del Carmen – am Strand
Playa del Carmen
Playacar
Xcaret (Vergnügungspark)
Puerto Calica
(Autofähre)
Paamul
Cenotes Kantun Chi, Azul und Cristalino
Puerto Aventuras
San Miguel
Barcelo
Playa Xpu-Há
Club Maeva
El Dorado Resort
Isla Cozumel
Laguna Yal-Kú
Grutas Aktun Chen
Akumal
Cobá (45 km)
Chemuyil Pueblo
Aventuras Akumal
Chemuyil
Xcacel
Cenote Dos Ojos u. Nohoch Nah Chich
Xel-Há (Vergnügungspark)
Grand Cenote
Punta Solimán
Tankah
Tulúm Pueblo
Tulúm Ruinas
MEX 307
Tulúm-Cabañas (Punta Piedra)
Chetumal
s. Tulúm-Karte
Karibik
Boca Paila
Parque National Sian Ka'an
n. Punta Allen

Cancún – Playa del Carmen

Acamaya / Villas La Paz Croco Cun Crocodile Park

Gleich vor bzw. nördlich des Croco Cun Crocodile Parks gibt es einen 2,5 km langen Stichweg zum **Acamaya Reef Trailer Park** (ausgeschildert), ein kleiner, schmaler Platz mit schattenlosen unebenen Terrassenplätzen, doch mit Zugang zum Strand. Übernachten kann man in Cabañas. Im **Croco Cun Crocodile Park** gibt es Krokodile und in Yucatán heimische Tiere wie Affen, Schl-an-gen, Papageien; tägl. 8.30–18 Uhr, die 15 US$ Eintritt lohnen absolut nicht!

Puerto Morelos

Ew. 3000

✆ 01-998

Puerto Morelos ist ein langgestreckter Fischerort 36 km südl. von Cancún. Busse nach Playa del Carmen bzw. nach Cancún lassen einen an der Mex 307 am Abzweig der Stichstraße aussteigen. Für die 2 km in den Ort oder zu Ihrem Hotel bitte etwa 15 Peso in eines der wartenden Taxis investieren.

Puerto Morelos ist der älteste ex-spanische Hafen der Karibikküste. Von der großen Plaza sind es nur wenige Schritte zum Meer, in das ein langer Pier hinausragt. Alles ist hier überschaubar, ein Ort ohne Hektik und Touristengewimmel, keine schlechte Wahl für den Beginn einer Yucatán-Reise (in der Nebensaison ein totes Nest). Am vorgelagerten Korallenriffs, ca. 600 m vor der Küste, tolles Schnorcheln, auch Taucher kommen gerne. Ruhiges Meer, Strand nicht besonders, der von Playa del Carmen ist schöner. Web-Adresse: www.puertomorelos.com.mx.

Unterkünfte

gibt es viele, alle liegen in Fußweite zum Strand; www.puertomorelos.com.mx zeigt Fotoansichten und beschreibt Details. – **Amar Inn,** Calle J. Rojo Gómez, ein paar Blocks nördlich der Plaza, Tel. 8710026, amarinn@hotmail.com; rustikale Cabañas mit Kühlschrank, Dusche und WC, schattiger Palmeninnenhof. Der aufgestockte Teil heißt „Penthouse", dort hat man vom großen Bett freie Sicht auf den Sonnenaufgang, ca. 40 € mit Frühstück (verhandeln, Miguel spr. Englisch, die Mutter ist eine glänzende Köchin). – **Posada Amor,** R. Gómez, einen Block südl. der Plaza, Tel. 8710033, pos_amor@hotmail.com; kleines, freundliches und ruhiges Hotel mit bungalowähnlichen, sauberen Zimmern mit Vent. und Bad, 27–43 €; das Restaurant bzw. das Frühstück ist nicht ganz billig, dafür opulent. – Gleichfalls südl. der Plaza, an der R. Melgar am Meer, liegt das renovierte **Hotel Hacienda Morelos,** Tel./Fax 8710015: ruhiges, zweigeschossiges Strandhotel, 12 geräumige Zweibett-Zi. mit Kitchenette und AC/Vent., Terrasse/Balkon, Pool, Rest., freundliches Personal, Kk, 48 €. – Im **Hotel Inglaterra,** Niños Héroes (nordwestlich der Plaza), Tel. 8710418, kostet ein DZ 20–27 €, Ausstattung ist o.k., www.mexonline.com/inglaterra.htm. – Hübsch ist die **Posada El Moro,** Rojo Gómez 17, www.posadaelmoro.com. 6 saubere, gepflegte Zi., 30–42 €, inkl. Frühstück, freundlich, engl.-spr., mit Reisebüro, Patio – ein **TIP.** – Gute Mittelklasse bietet **Ojo de Agua,** Calle Rojo Gómez, 500 m nördl. der Plaza am Strand, Tel. 8710027, www.ojo-de-agua.com; Pool, freundliches Personal, gutes Rest., DZ mit AC 38 €;

alle anderen Details mit Fotos auf der ihrer Website (auch in dt.). – **Casa Caribe,** J. Rojo Gómez, vier Blocks nördl. vom Zócalo, links, Tel. 8710459, Seite bei www.us-masters.com, casacaribe_77@hotmail.com. Zweigeschossiges schönes Haus mit 6 gepflegten, sauberen Zimmern, nette US-Besitzer, Küche, Bar, Fußnähe zum Meer, kostenloser Radverleih, DZ 57 €, ingesamt empfehlenswert.

Was besonderes ist die **Rancho Libertad,** Tel. 8710181, ca. 15 Gehminuten bzw. 1,2 km südlich von der Plaza; große, fantasievolle Stein-/Palapa-Cabañas direkt am Strand, betrieben von einem sehr freundlichen und aufmerksamen amerikan. Paar, relaxte, etwas esoterisch angehauchte Atmosphäre, Gästeküche. Ein sehr gepflegtes Zi. mit Hängebetten für 2 Pers. kostet, inkl. reichem Frühstücksbuffet, um die 55 €, je nach Saison und Lage. Kostenlose Fahrräder für Puerto Morelos, gute Tips für Ausflüge zu Cenoten. Auf www.rancholibertad.com kann alles angesehen und erfahren werden.

Und: auf www.puertomorelosmexico.com kann man jede Menge Apartments ansehen und mieten, z.B. **Hostel Valsa,** voll eingerichtet für 30 €/Tag, zwei Blocks vom Strand und ca. 600 m von der Plaza, Tel. 044-998-8300305 (Maria, englischsprechend).

Essen & Trinken

Gut sind die kleinen Restaurants an und um die Plaza, sie servieren *comida corrida.* Ein Tip ist z.B. *Fisherman,* schmackhaft und günstig, an der Plaza. Südöstlich beim Meer liegt das kleine *Café del Puerto* – gute Speisen, guter Service, zivile Preise. Gleich über die Straße in Aussichtslage mit großem Palapadach das nicht billige (Fisch-)Restaurant *Los Pelicanos* mit Meerblick; südlich davon liegt *Las Palmeras,* Seafood und yucatekisch. Empfohlen wird auch die preiswerte *Lonchería Petita* nordwestlich der Plaza, gute Fischgerichte.

Infos

Reise- u. andere Infos beim Reisebüro **Marand Travel,** nahe Südwestecke des Parque bei der Kirche, Tel. 8710332, www.puertomorelos.com.mx. **Fahrzeiten** der Busse nach Playa del Carmen vom Flughafen bzw. nach Cancún/ Flughafen von Playa s. jeweils dort.

Fracht- und Autofähren *(transbordadores)* legen von hier nach Cozumel ab (ca. dreistündige Überfahrt). Man nimmt aber besser die Fähre von Playa del Carmen. Autofähren legen außerdem von **Calica** ab, 8 km südl. von Playa del Carmen.

Südlich von Puerto Morelos

Jardín Botánico

Etwa 2 km südl. vom Morelos-Abzweig liegt der *Jardín Botánico Dr. Alfredo Barerra Marín.* Auf einem 60 ha großen Gelände Pflanzen der Region und Yucatáns; tägl. 9–17 Uhr, überteuert, auch botanisch keine Empfehlung!

Tres Ríos

Ist der erste große „Eco"-Vergnügungspark südl. von Cancún (57 km). Eine naturbelassene Lagunenlandschaft an mangrovengesäumten Flüsschen und Cenoten mit sog. „jungle walks", Kanu- und Pferdetouren, Schnorcheln u.a. üblichen Lobpreisungen der Branche („All fun, all natural, all inclusive"). Eintrittspreise 21 und 70 US$, je nach Programmpunktewahl. Geöffnet 8.30–17.30 Uhr. Von Cancún und Playa del Carmen spezielle Busse. Web-Adresse: www.tres-rios.com.

Punta Bete

Liegt ca. 64 km von Cancún bzw. 7 km nördl. von Playa del Carmen und ist eine gute Alternative zum trubeligen Playa (wer mobil ist, kann sich trotzdem ins Vergnügen stürzen). Punte Bete hat einen etwa 3 km langen, eher felsigen Strand mit preislich gehobenen Beach-Bungalows und Cabañas, Camper finden einen Stellplatz bei *X'calacoco.* Nach der ca. 2 km langen Zufahrt von der Mex 307 erreicht man die empfehlenswerten *Coco's-Cabañas* (ca. 35 €/p.P., Schweizer Inhaber) und *Helmuts Restaurant* mit überzeugender Kochkunst. – Etwa 80 m weiter am Strand (kaum Schatten!) liegt das kleine Hotel *Los Piños* (preiswert, Camping möglich). – Weiter südlich liegen *Frederico's Restaurant* mit *X'calacoco Cabañas, Paradise Point Cabañas* und *Hotel Bahía X'calacoco.*

Entlang am Strand über Moxche sind es bis Playa del Carmen noch etwa 4 km.

Etwa 1,5 km nördlich der Zufahrt nach Punta Bete liegt *KaiLuum I,* eine sehr schöne Beach-Anlage, wo man unter Palapas in großen Zelten („Tentalapas") schläft – nicht billig, doch außergewöhnlich und ein **TIP** (heiraten kann man dort übrigens auch gleich ... Details und Preise bei www.mexicoholiday.com).

Über Punta Bete verlinkt www.google.com zu zahllosen Websites (wenig ergiebig ist www.mayan-riviera.com).

Playa del Carmen

Ew. 110.000

✆ 01-984

Ist die größte und schnellstwachsende Ferienstadt zwischen Cancún und Tulúm, und nach Cancún das wichtigste Touristenzentrum an der Riviera Maya („pittoreskes Fischerdorf", das war einmal, „Ibiza der Amis" passt besser ...). Der Bau-Boom ist noch nicht zu Ende und wird in den nächsten Jahren das Gesicht Playas noch weiter verändern, aber immerhin verunstalten keine Hochhäuser und Hotelkästen á la Cancún die Optik. Alles ist überschaubar, jeder kann hier finden was ihm zusagt, und für Mexiko-Neuankommende ist Playa ein angenehmer Einstieg zur Akklimatisierung. Der Strand ist attraktiv, das Restaurant-Angebot riesig und das Nachtleben abwechslungsreich. Außerdem kann man Ausflüge ins Hinterland machen (Cobá, Chichén Itzá), auf die Insel Cozumel rüberfahren, die südlich gelegene Maya-Stätte Tulúm besuchen oder wassersportlichen Aktivitäten nachgehen. Realität ist aber auch, dass Playas extreme touristische Prägung und der Rummel nicht jedermanns Sache ist.

Sollten die nachfolgenden Informationen für *Xaman-Há* (früherer Maya-Name von Playa del Carmen) tatsächlich nicht ausreichen, braucht man nur mal die überall ausliegenden touristischen Werbeheftchen durchzublättern, oder man geht z.B. ins **Café-Restaurant „Xlapak"** in der Fußgängerzone 5. Avenida zw. Calles 14 u. 14BIS (bzw. C. 16), wo sich unter Baumschatten bei frischen Fruchtsäften Traveller zum Info-Austausch treffen. Der mexikanische Archäologe Luís Echeverría konstruierte das kleine tropische Gartencafé wie eine Mayaruine mit Mayabögen, Wandmalereien und einem Fußboden aus Hieroglyphen. Angeschlossen ist im hinteren Bereich die deutsche Sprachschule *El Estudiante* (s.u. „Sprachschule"). Außerdem Internet und Vermittlung günstiger Hotels und Privatzimmer sowohl für Schüler und Nicht-Schüler.

Orientierung

Playas Straßen sind im Gitterraster angelegt. Von der Küstenstraße Mex 307 führt die **Hauptstraße Avenida Juárez** zum **Parque** am Strand. An der Juárez liegen Banken, Post, Geschäfte, Polizei, einige Hotels, das **Turismo,** und am Ende links der alte Busterminal (Kurzstrecken; der **neue große** ist an der **Av. 20/Ecke Calle 12,** s. Stadtplan).

Die Straßen parallel zum Strand heißen *Avenidas* (ihre Nummern erhöhen sich jedesmal um 5), die *Calles* verlaufen vom Meer ins Inland (nach Norden gerade Zahlen, nach Süden ungerade). Hauptschlagader und **Rummelmeile** ist die **5. Avenida,** auch **Quinta** genannt. Hier – und in den Seitenstraßen – buhlen unzählige Restaurants und Cafés, Musiklokale und Discos um Kunden. An der Südostecke des Parque befindet sich der Pier *(muelle)* der **Schiffsfähren nach Cozumel,** und südlich des Parque erstreckt sich das weitläufige, große Touristen-Resort **Playacar** (350 ha) mit teuren Hotels und „All-Inclusive"-Anlagen.

Strände Playa del Carmens Strände sind breit und langgestreckt, doch gibt es nur wenig Palmenschatten. Der weiße Korallensand hat den Vorteil, dass die Sonne ihn nicht übermäßig aufheizen kann. Das Meer ist ruhig, weil die vorgelagerte Insel Cozumel Winde und rauhen Seegang abhält. Tauch- und Schnorchelausrüstungen sowie Tauchtouren werden zahlreich angeboten (tauchen ist aber besser auf Cozumel). Richtung Norden können lange Strandspaziergänge gemacht werden. Achtung, keine Wertsachen mit an den Strand nehmen, Diebstahlgefahr!

Umgebungsziele Von Playa lassen sich viele Tagesausflüge unternehmen, empfehlenswert sind insbesondere die Maya-Stätten **Tulúm**, **Cobá, Chichén Itzá** und **Ek Balam.** Außerdem gibt es diverse sehenswerte **Schwimm- und Tauch-Cenoten** wie **Dzitnup** bei Valladolid oder **Aktún Chen** zwischen Akumal und Xel-Há, **Aqua-Vergnügungsparks (Xcaret, Xel-Há),** und man kann per Fährschiff zur **Insel Cozumel** rüberfahren.

Adressen & Service Playa del Carmen

Turismo/ Infos An der Nordwestecke des Parque steht ein Kabäuschen mit Prospekten etc. Das offizielle Turismo ist in der Juárez/Ecke Av. 15; 9–21 Uhr, So 9–17 Uhr, Tel. 01-**984**-8722804.

Unterkunft

Playa hat zahllose Hotels für jeden Geschmack und Geldbeutel. Wer etwas Zeit mitbringt, kann sich ja nach einer ersten Nacht weiter umschauen und in das für ihn geeignetste/schönste wechseln. Viele haben europäisches oder US-Management. Nachfolgend eine kleine, aber geprüfte Auswahl! Ganz aktuelle Hotel-Auskünfte, Preise, Empfehlungen und Reservierungen übers **Café-Restaurant Xlapak,** 5. Av. zw. C. 14 u. 16 (vorab auch über cafe-museo@reisebuch.de).

Allgemeine Faustregel: Je näher an der 5. Av. oder am Strand, desto teurer, landeinwärts liegende Unterkünfte sind billiger. Allgemein kostspielig ist die **Hochsaison von Mitte Dezember bis nach Ostern.** Wenn mal Touristen rar sind oder man zu handeln versteht (z.B. bei längerem Aufenthalt), kann man durchaus günstig unterkommen (Achtung: manchmal wird statt des Zimmerpreises der Preis pro Person verlangt!). Hotels mit innenliegendem Patio bzw. geschlossene Anlagen sind vorteilhaft.

ECO (bis ca. 20 €) **Youth Hostel Playa,** Ecke Av. 25/C. 8, Tel. 8033277, www.hostelplaya.com; nettes, großräumiges Hostel, freundlich, mit allem Üblichem, Gästeküche, Platz für Zelte sowie Hängemattenplätze, getrennte Dormitorios. Ca. 7 €, DZ 15 €. – **Urban Hostel DeLuxe,** Av. 5 zw. C. 4 u. 6, www.vipbackpackers.com; sauber, Küche, Dachterrasse, freundliche Leute. Dorm (12 Betten, Vent.) 9 €, Privatzimmer (2) 17 €, jeweils mit Frühstück.

Cabañas La Ruina, Calle 2 Nte s/n (von der 5. Av. die Calle 2 zum Strand runter, links ist die Rezeption), Tel. 8730405; gut, wenn man gleich beim Strand günstig – aber spartanisch! – unterkommen will, Travellertreff. Cabañas mit div. Ausstattung und Preisen (ab 13 €/p.P), *banõs común,* Zelt- und Hamaca-Plätze (5 €). – Ausweichalternative in der Nähe: **Posada Melissa,** einen Straßenblock südlich (Verlängerung Juárez, zwischen Bank und Drogerie, Tel. 8730485; große, einfache Zimmer, die oberen mit Meeresblick (vorher prüfen!), EZ 14 €, DZ 18 €.

Posada Lily, Av. Juárez/Calle 10, Tel. 8730116; Zuschrift: *„freundliche, Zimmer o.k., noch das beste von den wenigen Eco-Unterkünften";* ruhig, sau-

Playa del Carmen
© RKH Verlag Hermann
0
200 m
n. Cancún 70 km
MEX 307
Hotels
1 Hotel Paradise
2 Steffens Casa Blanca
3 Hotel Colibri
4 Hotel Siesta Fiesta
5 Youth Hostel Playa
6 Hotel Los Itzaes
7 La Jungla Caribe
8 Hotel Hul-Kú
9 Posada Papagayo
10 Hostel Urban
11 Pos. Barrio Latino
12 Casa de Gopala
13 Cabañas La Ruina
14 Posada Melissa
15 Posada Lily
Restaurants
1 Il Portico
2 Il Pescadore
3 Bip Bip
4 Steh-Pizzeria
5 100% Natural
6 Babe's
7 Yaxche
Restaurants
8 Casa Mediter-ranea
9 Los Almendros
10 Las Mañanitas
11 El Chino
12 Capitán Tutix
13 Billy the Kid
14 El Buey
15 Café de la Luna
16 Biergarten
17 La Tarraya
18 Coffee Press
19 El Sarape Grill / El Poblano
Calle 34
Calle 26
Calle 24
Calle 22
Calle 20 Norte
Av. Constituyentes
Calle 18
Calle 16
Calle 14 BIS
Calle 14
Calle 12-BIS
Calle 12
Calle 10 BIS
Calle 10
Calle 8
Calle 6
Calle 4
Calle 2
Av. Juárez
Calle 1 Sur
Calle 3
Av. 40
Av. 35
Av. 30
Av. 25
Av. 20
Av. 15
Av. 10
Av. 5
Av. 3
Av. 1
Stadion
Supermercado San Francisco
Café-Rest. Xlapak
Sprachschule »El Estudiante«
Club La Santanera
Hotelanlage Porto Real
»Blue Parrot«
Neuer Busterminal
Eingang
Municipalidad
Taxis
RB Tierra Maya
»Quinta«
Yucatek Divers
Colectivos n. Tulúm
FAMA-Bücher
Alter Busterminal
VISA-Geldautomat
Bancomer
Banamex
Turismo
Bital
(Mini-Info)
Taxis
Parque (Plaza)
Tickets für Cozumel-Fähre
Einkaufszentrum Paseo del Carmen
Supermercado Chedraui
Mietwagenfirmen
Continental
Muelle (Fähranleger) n. Cozumel
Aeropuerto
Hotelanlage Playacar
Plaza
Aviario
n. Tulúm 55 km
Karibik

ber, Safe, auch von der Lage her optimal (in Nähe Strand u. Busterminal, gegenüber ist ein guter Bäcker, die Juárez hoch gibt es preiswerte Lokale). Warmes Wasser nur zu bestimmten Zeiten. EZ ca. 10 €, DZ 12 €, 3 Pers. 15 €; keine Preiserhöhungen in der Hochsaison. (Eigentümer Francisco Cardoso lebt seit 36 Jahren in Playa del Carmen; als er kam, hatte Playa noch keine 200 Ew. Er war der einzige Lehrer, der alle Kinder Playas bis runter nach Tulúm unterrichtete; heute verlässt der alte Mann sein Hotel ungern, da ihm die ständigen Veränderungen und der Einzug der Moderne nicht geheuer sind.

Posada Papagayo, Av. 15 zw. C. 4 u. 6, Tel. 8732497; Zimmer sind in Ordnung, EZ 15 €, DZ 18 €.

FAM (ab 20 €)

Casa de Gopala, C. 2 zw. Av. 10 u. 15, Tel./Fax 8730054; zentral gelegen, 16 saubere, nette, geräumige und helle Zimmer (auch mit AC), schöner tropischer Garten, Pool auf der Rückseite, DZ um 45 €, aktuelle Saison-Preise auf der Website www.casadegopala.com, US-/Schweiz.-Management (Jolanda), nette Atmosphäre.

La Jungla Caribe, 5. Av./C. 8, Fax 8730650, www.jungla-caribe.com; hier wohnten Film- und TV-Prominente, wenn sie nach Playa kamen; der Münchner Modedesigner Rolf Albrecht hat hier ein Hotel mit viel Liebe zum Detail entworfen; sehr zentral, freundliches Personal, 16 riesige Suites und 10 – etwas in die Jahre gekommene – Zimmer, Pool (Benutzung aber nur bis 15 Uhr), Rest. In der Bar private Fotos aus der alten und neuen Filmszene. 46–62 €.

Siesta Fiesta, 5. Av. zw. Calle 8 u. 10, Tel./Fax: 8031166, www.siestafiestahotel.com; nur 70 m vom Strand, 20 große, sehr einfach, aber nett eingerichtete Zimmer mit King-size-Betten und Kühlschrank, Service jedoch mäßig. Viele Traveller, Privat-Terrasse mit Hängematte. DZ je nach Saison 20–35 € (Rabatt für längere Aufenthalte), Gäste bekommen Ermäßigung im angeschlossenen Restaurant bzw. in der Bar FAH mit nächtlich lauter Live-Musik.

Hotel Hul-Kú, Av. 20 zw. C. 4 u. 6, Tel./Fax 8730021, www.hotelhulku.com; 32 saubere und geschmackvoll eingerichtete Zimmer mit AC oder Vent., Balkon, TV, schöner Pool mit kleinem Wasserfall, familiäres Ambiente, nettes mexikanisches Ärzteehepaar, DZ/HS ca. 40 €, NS 27.

Steffens Casa Blanca, Calle 10 BIS zw. Av. 20 u. 25, Tel./Fax 8732964, www.hotel-playa-del Carmen.de; zentrale Lage (nahe Busterminal und Supermarkt), 10 geräumige Apartment-Zimmer mit Küche, Kühlschrank, TV u. Ventilator, Blick vom Balkon auf den tropischen Garten, DZ je n. Saison 20–30 €.

Posada Barrio Latino, Calle 4 zwischen Av. 10 u. 15 (zentral), Tel. 01-984-8732384, www.posadabarriolatino.com; 16 schöne, günstige Zi. (9 mit AC) Safe, Balkon mit Hängematte, ital. Frühstück im privaten tropischen Garten, Parkplatz, netter, origineller Besitzer.

Hotel Paradise, Av. 10 Nte zw. C. 20 u. 22 (ca. 300 m vom Strand), Tel. 8731397, Fax 8731398, www.hotel-paradise.com, info@hotel-paradise.com; hübsches neues, zweigeschossiges Hotel, 28 geräumige und sehr saubere Balkon- bzw. Terrassenzimmer und 4 Suiten mit Kitchenette, alle mit (leiser) Klimaanlage/Ventilator, tropischer Garten mit Pool, Safe an der Rezeption, nettes dt. Management, Rest. über die Straße, zur Quinta ca. 6 Min., Standard-DZ in der HS ca. 34 € (ZS 30 €, NS 24 €), keine Kk – **TIP!**

Restaurants in Hotel-Nähe, 2x echt italienisch: frühstücken bei *Il Portico,* Av. 5/Ecke C. 26, Loc. 3, Abendessen bei *Il Pescadore,* Av. 10 No. 309/Ecke C. 24. Sehr gute *fajitas,* stilvoll in der Pfanne serviert, gibt es im *Bip Bip,* und auch anderes sehr gutes Essen, netter Wirt; 5. Av./Ecke Constituyentes.

LUX (ab 50 €)

Ideal für Strandliebhaber: Hotel Colibri, Av. 1 Nte BIS zw. Calle 10 u. 12, Tel./Fax 8031090, www.hotel-colibri.com, info@hotel-colibri.com. Das Strandhotel lädt zum Relaxen ein. Es hat alles, was der moderne Urlauber sucht: 33 nett eingerichtete Zimmer mit Balkon und Hängematte mit Blick auf den tropischen Garten, Beachrestaurant und Schaukelbar. Lage im Zentrum von Playa del Carmen. Allerdings nächtliches Disco-Gewummere vom „Blue Parrot". Tauchschule im Haus. Je nach Saison u. Kategorie kostet ein Zimmer ab 50 €.

Hotel Los Itzaes, Av. 10 L No. 3 zw. Calles 6 BIS u. 8, Tel. 8732398/97, Fax 8732373, www.itzaes.com, reserva@itzaes.com. Schönes Hotel mit Maya-Replikaten in der Rezeption, ruhige Lage im Herzen Playas, einen Block von der berühmten 5. Avenida und 150 m vom Strand. 14 Doppelzimmer und zwei Junior-Suites, AC/Ventilator, Kabel-TV, Internetzugang, Fön, Safe, Mini-Bar und Balkon. Im Preis inbegriffen: Frühstück americano. Solarium mit Swimmingpool auf dem Dach mit Überblick über Playa und die Karibik. DZ ab 75 €, je nach Saison (s. Website).

Campen/ Trailer-Park

Campmobil-Standplatz evtl. beim CREA Youth Hostel (s.o.), direkt am Beach gegenüber dem Hotel Alejari in der Calle 6.

Essen & Trinken

Playa del Carmen quillt über von Restaurants aller Kategorien und Landesküchen, besonders zahlreich ist *italienisch* vertreten. Obwohl man in der **Fußgängerstraße 5. Avenida** häufig angemacht wird und es teuer ist, hier ein paar Tips: Empfehlenswert zum Essen ist **Las Mañanitas** zw. C. 4 u. 6. – *Vegetarisch* bei **100% Natural** zw. C. 10 u. 12 (Naturkost, Säfte-Cocktails, Kaffee, gutes Frühstück). – Ein sehr guter *Italiener* ist die **Casa Mediterranea** zw. Calle 6 u. 8 im Innenhof des Hotels El Jardín de Marieta; schönes Ambiente, Ruhetag Mi. – Im **Café-Restaurant „Xlapak"** zw. C. 14 u. 16 gibt es herrlich frischgepresste Fruchtsäfte, leckere Snacks und gute, preisgünstige Gerichte für alle Geschmäcker.

Stilvoll, doch nicht gerade billig, speist man *maya-yucatekisch* bei **Yaxché,** Calle 8 zw. 5 u. 10 Av. – Nicht nur Nudelfreunde, auch Liebhaber gewürzintensiver Speisen sind begeistert von **Babe's,** Calle 10 zw. 5 u. 10 Av., „eine Mischung aus thailändisch, vietnamesisch, griechisch und italienisch ..."

In der Av. 10/Ecke C. 6 ist **Los Almendros,** ein eher einfaches Mexi-Restaurant mit gutem preiswertem Frühstück und schmackhaften Gerichten (auch vegetarisch), leckere und große Fruchtmilk-Shakes, umfangreiche Karte, auch in engl.

In der 15. Avenida weiter konzentrieren sich an der Kreuzung mit der Calle 4 **etliche gute und preiswerte Lokale** (s. Stadtplan): **Tacos Bill,** C. 4/Ecke Av. 15. – Gleich daneben, Calle 4 in Richtung Meer: **Café de la Luna,** italienisch, gute Pasta, delikate Fische, nettes Ambiente, angenehme Musik, internationale Weine, echte *mojitos, noch* moderate Preise. – Daneben ist Mannes **Biergarten,** gezapftes Bier und *deutsche* Küche, freitags Spanferkel vom Drehgrill. – Gegenüber auf der anderen Straßenseite: **El Chino,** kein Chinese, ein mexikanisches Restaurant. – Zurück zur 15. Avenida; schräg gegenüber von Tacos Bill ist **La Barbacoa:** leckeres, typische Gerichte – Spezialität *Barbacoa* und Tacos in allen Variationen –, preiswert, Frühstück, Tagesessen, freundlich – **TIP.**

An der Hauptstraße Juárez gibt es ausgezeichnete *Enchiladas* und *Tacos al Pastor* bei **El Sarape Grill,** Av. Juárez/Ecke C. 25; die gleich daneben liegende günstig-gute Taquería **El Poblano** wird ebenfalls empfohlen, Sa Live-Musik. – Für guten Kaffee und prima Frühstück gehen viele Traveller gerne ins **Coffee Press,** Calle 2 beim Meer (rechts), zumal es dort auch gebrauchte Bücher zum Einheitspreis gibt. – Ein wenig weiter, am Ende der Calle 2 links liegt direkt am Strand mein Lieblingslokal für fangfrischen *Fisch,* **La Tarraya** – Blick aufs Meer, Füße im Sand, gut und günstig, was will man mehr ...

Sehr schmackhafte und preisgünstige **Take-away-Pizzen** verkauft ein kleiner Laden in der C. 12 zw. Av. 5 u. 10. – **Selbstverpfleger** können in einem der großen **Supermärkte** einkaufen: *Supermercado San Francisco,* Av. 30 zw. Calle 14 Bis u. 16 Bis, oder im riesigen *Supermercado Chedraui,* Av. 40 zw. C. 1 u. 3.

Kommunikation **Post:** Av. Juárez zw. Av. 15 u. 20, Mo–Fr 9–16.30, Sa 9–13 Uhr; PLZ 77710. – Telefon- und Fax-Casetas in der Quinta. – **Internet:** an jeder Ecke (s. einige @-Signets im Stadtplan), z.T. auch in normalen Geschäften, Läden und Cafés; erhebliche Unterschiede in Rechnergeschwindigkeiten und Preisen, schnell ist derzeit *Cybernet,* 5. Av./Ecke C. 8.

Sprachschule **El Estudiante,** Academia de Español, Leitung Christine Brenner (aus D) und Alfred Cerny (A). Preiswerter Einzel- und Gruppenunterricht, günstige Freizeit-Aktivitäten (Schnorcheln, Salsa, Pool- und Beach-Parties), Organisation von Touren (Chichén Itzá, Cobá, Ek Balam u.a.), Kontaktvermittlung zu einheimischen Familien und preiswerten Privat-Unterkünften (auch für Nicht-Schüler). Durch Studentenausweis Preisnachlass im angeschlossenen Café-Restaurant *Xlapak* und Vergünstigungen in anderen Geschäften in Playa. Für Sprachunkundige **ideal zum Beginn einer Mexiko-Reise.** Av. 5 zw. C. 14 u. 14BIS (bzw. C. 16), Tel./Fax von D aus: 0052-984-8793595 (örtlich: Tel. 044-984-8760616), info@playaspanishschool.com oder el_estudiante@gmx.net.

Tauchschule **Yucatek Divers,** Av. 15 zw. Calle 2 und 4, Tel. 8796486, Fax 8730054, www.yucatek-divers.com; Meeres- und Cenotetauchen, Schnupperkurse im Pool, kleine Gruppen, gutes Briefing, gute Instruktoren, von Absolventen empfohlen, Schweizer Leitung (Jolanda Moret).

Bank / Geld In der Quinta gibt es mind. ein halbes Dtzd. Casas de Cambio, Kurse vergleichen lohnt. Die Banken in der Juárez (Bancomer, Banamex, Bital, u.a., s. $-Signets im Stadtplan) haben Geldautomaten (cajeros automáticos, ATM). Travellerschecks bei der Banamex von 9–13 Uhr.

Reisebüros / Touren *Tierra Maya Tours,* Quinta/Ecke C. 6, Tel. 8032823; kompetentes und seriöses Reisebüro, freundlich, dt.-spr. (Anja), Spezialisten für Yucatán-Touren, Belize, Guatemala, Kuba (Flüge u. Pakete mit Unterkunft). *Turismo Aviomar Travel,* Calle 8 zw. Av. 5 u. 10. *Camelot-Tours,* Centro Comercial, Plaza Marina, Tel. 8732967, großes Tourenprogramm.

Mietwagen Etliche Agenturen in der Quinta und in der Fußgängerstraße beim Hotel Continental (Playacar, s. Stadtplan) wie Budget, Hertz, Avis, National, u.a. Preise vergleichen lohnt! Wagen beizeiten vorbuchen. Lokale Anbieter sind billiger als internationale – doch Vorsicht! Auch Hotels vermitteln Wagen.

Notfall **Polizei:** Juárez neben der Post, Tel. 8032823; **Touristenpolizei,** Tel. 8797133; Notruf 060. – Hospital: Centro de Saldud, Juárez zw. Av. 15 u. 20; **Ärzte:** Dr. Victor Macias Orosco, Av. 35 zw. Calles 2 u. privada 2, Tel. 8730493 (dt.-spr.). Zahnarzt: Manuel, López, Calle 2/Ecke Av. 25, Tel. 8769161 (dt. spr.).

Einkaufen Ladenzentrum *Paseo del Carmen* südöstl. vom Parque. Buchladen FAMA, Juárez zw. C. 10 u. 15; großer Supermercados: *San Francisco,* Av. 30/Calle zw. C. 14 u. 16, und *Chedraui,* Av. 40 zw. C. 1 u. 3.

Wäscherei Lavandería Maya 5. Av./Ecke C. 2; eine andere in der Av. 15 zw. C. 2 u. 4, u.a.

Unterhaltung **Live-Musik** aller Stilrichtungen, Qualitäten und Lautstärken in den Restaurants in der Quinta und in den Nebenstraßen sowie am Strand (z.B. im *Blue Parrot Inn,* C. 12). *Capitán Tutix* (C. 4, Party die ganze Nacht, fast immer voll). *Mambo-Café,* C. 6 zw. Av. 5 u. 10. Absolut in und derzeit *der* Treffpunkt in Playa ist der Club **La Santanera,** Calle 12 zw. Av. 5 u. 10; zweigeschossiges Gebäude, unten House Club mit internationalen DJs, oben hippe Lounge.

Tauchen, Windsurfen (am Strand werden Bretter verliehen), Umgebungs-Touren mit einem Rad oder Scooter. In Playacar gibt es das Aviario Xaman Há mit über 200 tropischen Vögeln und mehr als 60 Arten. Tägl. 9-17 Uhr; vom Parque die 10. Av. ca. 600 m südlich).

Rad-/ Scooter-Mietung Viele Vermieter, z.B. *Universal Rent,* 10. Av. zw. C. 10 u. 15; *Thomy's Mopeds,* wenn man von der Fähre kommt links gehen, dann die erste Straße rechts.

An- und Weiterreise

Der neue Terminal für Langstreckenbusse liegt an der **Av. 20/Ecke Calle 12,** der alte an der Ecke Juárez/Parque, Tel. 8730109, 8730444, vorwiegend Kurzstrecken. **Vom alten Terminal** ständige Abfahrten mit dem **Shuttle Playa Express** entlang der Küste **Richtung Cancún** und **Tulúm.** Abfahrten auch nach **Chetumal,** ca. anderthalbstündlich, Fz gut 4 h.

Nach Tulúm **am schnellsten/bequemsten mit Colectivos** von der C. 2 zw. Av. 15 u. 20 (s. Stadtplan), Abfahrten ständig 6–21 Uhr. Oder mit Tulúm/Chetumal-ADO-Bussen (310 km, 4 h) um 7, 9, 9.45, 10, 10.30, 10.45, 11.45, 12, 13, 14.30, 15.30, 16, 16.15, 17, 17.30, 18, 19 und 20 Uhr.

Vom neuen Terminal zahlreiche Abfahrten zu vielen Zielen mit einem verwirrenden Angebot an Gesellschaften, Busklassen und Preisen. Fernbus-Linien 1. und 2. Klasse sind ADO u. ADO GL, Altos, TRP, Oriente, Riviera, Mayab, Premier, Maya de Oro, Cristóbal Colón, u.a.

Wichtige Ziele: **Chichén Itzá** (270 km, 3,5 h) um 6, 7.30, 10 und 17 Uhr. – **Cobá** (110 km, ca. 1,5 h) um 7.30 und 10.30 Uhr. – **Mérida** (390 km, 4,5 h, über Tulúm und Cobá) um 5.15, 7.30, 7.45, 9.15 (ADO GL), 10, 12, 12.15, 14.45, 17 u. 21 Uhr. **Palenque** (800 km, 11 h) um 15.30, 16.45 und 18.45 Uhr. – **Valladolid** (210 km, 3 h) um 9.30, 10, 14.45, 17 u. 17.15 Uhr.

Zum Flughafen Cancún Der **Airport-Shuttle-Bus** von Riviera Express fährt **vom alten Busterminal** ab 8 Uhr zu jeder vollen Stunde, der letzte abweichend um 18.15 Uhr. Fz 50 Min., etwa 5 €. Es gibt auch Flughafentransfers mit Colectivos, die einen dann direkt vom Hotel abholen. Ticket einen Tag zuvor kaufen, auf Angebote in der Quinta oder in den Nebenstraßen achten, z.B. in der Calle 10/Ecke Av. 10, Preis ca. 12 €/p.P.

Flughafen Playa del Carmen Der kleine Airstrip befindet sich parallel zwischen der Juárez und der Playacar-Anlage. Fluglinien: Aerocaribe und Aerocozumel (Tel. 8730350) sowie Aero Saab (Tel. 8730804), Büros am Airport. Nach Cozumel mit Aerocozumel, u.a. Nahziele.

Fähren nach Cozumel Zwischen Playa del Carmen und Cozumel (16 km) verkehren verschiedene Fährschiffe (W/J Mexico, M/M Mexico II, M/M Mexico III (die „Mexicos" sind billiger als die gelb/blauen Fähren). Je nach Schiffstyp unterschiedliche Fahrtzeiten, durchschnittlich 45 Min. Tickets gibt es an mehreren Kartenstellen gleich südl. der Plaza vor dem Ablegepier, ca. 15 € hin u. zurück *(„redondo")*. Auskunft Tel. 8721508.

Von Playa del Carmen nach Cozumel: ab 6 Uhr im Stundentakt (außer 11, 13, 19 u. 21 Uhr). Von Cozumel nach Playa del Carmen: dto., ab 7 Uhr, außer 12, 14, 20 Uhr. Zeiten können sich ändern, Aushänge an den Kartenverkaufsstellen und am Pier beachten.

Bitte schreiben oder mailen Sie (rkhhermann@aol.com), **wenn sich in Mexiko Dinge verändert haben oder Sie Neues wissen.**

Isla Cozumel

Cozumel liegt 16 km vor Playa del Carmen und ist mit 53 km Länge und 14 km Breite die größte mexikanische Insel. Die Topographie ist flach, im Innern wuchert dichter Buschwald und gegen die Ostküste brandet der Atlantik. Die Strände der Westküste sind windgeschützter und daher ruhiger. An ihnen gibt es nur teure Hotels, ausgerichtet auf dollarschwere US-Urlauber. Wenn die zahlreichen Kreuzfahrtschiffe ihre Passagiere anlanden, wird die Situation extrem (*„... wir haben die Insel auf Kotzumel umgetauft“ – „sehr teuer, praktisch eine US-Kolonie ...“*). Größte und einzige Stadt ist **San Miguel de Cozumel.**

Wem also Playa del Carmen bereits zu touristisch oder zu kostspielig ist, dem wird Cozumel noch weniger gefallen. Viele machen deshalb von Playa del Carmen nur einen Tagesausflug und schnorcheln evtl. in **Chankanaab** (s.u.), eine Art Aqua-Vergnügungspark, der stark vermarktet wird, teuer und oft überlaufen ist. Eine Alternative wäre eine Rundfahrt um die südliche Inselhälfte per Mietwagen oder Roller.

Für **Taucher** ist Cozumel jedoch ein absolutes El Dorado. Die vielen Unterwasserriffe an der Westküste, vor allem das berühmte **Palancar-Riff** *(Palancar arrecife)* sind einzigartige Tauchgründe (die Riffe sind Teile des gewaltigen *Arrecife Maya,* das sich von der Isla Mujeres bis runter nach Honduras zieht). Das kristallklare Wasser erlaubt traumhafte Sichtweiten, die submarine Wunderwelt wimmelt von Riff-Fischen in allen nur erdenklichen Farben und es gibt baumhohe Korallenwälder. Ausrüstung kann in den zahllosen Dive-Shops und Tauchschulen gemietet werden (alle Riffs sind als Unterwasser-Nationalparks geschützt, das Sammeln von Korallen und anderer Meeres-„Souvenirs“ und auch das Harpunieren ist streng verboten). Gute Karte: **www.cozumeldivemap.com.**

Geschichte

Bis zur Ankunft der Spanier (erster war 1518 *Juan Grijalva,* der mit vier Schiffen von Kuba rübersegelte) war Cozumel der östlichste Punkt des Maya-Territoriums. Die Küstenmaya nannten die Insel *ah cuzamil peten* – „Platz der Schwalben“. Für sie war Cozumel ein bedeutendes Pilgerzentrum, verehrt wurde *Ix Chel,* die mayanische Regenbogen-, Mond- und Fruchtbarkeitsgöttin. Seefahrende *Putún-Maya* kamen mit ihren seetüchtigen Kanus vom nordyucatekischen Xicalango (beim heutigen Ciudad del Carmen) und errichteten Handelsstützpunkte, begehrt waren Honig und Chicle-Saft. Auf der Insel wurden über 30 verstreute kleine Maya-Stätten gefunden, alle aber verfallen und überwuchert. Die bedeutendste ist **San Gervasio** (s.u.).

Verlief Grijalvas Besuch bzw. die erste europäisch/mesoamerikanische Begegnung noch friedlich, so ließ der Inselbesuch von **Hernán Cortés** 1519 als Folge zerstörte Maya-Kultstätten und tödliche Pocken zurück. Bis 1600 waren alle Inselbewohner so gut wie ausgerottet. Doch immerhin hatten Mexikos Eroberer eine kleine Kirche gebaut (in der Nähe des heutigen Flughafens). Cortés hörte von einem „bärtigen Mann“ und fand seinen Landsmann **Aguilar** wieder, der 1511 als Schiffbrüchiger an die Küste von Yucatán gespült worden war und den die Maya als Gefangenen nach Cozumel gebracht hatten. Er soll vor *„Entzücken geweint haben“,* und es war wahrlich ein Rendezvous welthistorischer Dimension! Der inzwischen mayasprachige Aguilar – und die später an Bord genommene → **Malinche,** die sowohl Yucateca-Maya als auch die Aztekensprache Náhuatl beherrschte –, waren Cortés' wertvollste Begleiter bei der Eroberung des Aztekenreiches.

Im **17. Jh.** wurde Cozumel Stützpunkt und Versteck berüchtigter Karibik-Piraten wie Henry Morgan u.a. Als **1848** auf Yucatán der „Krieg der Kasten“ aus-

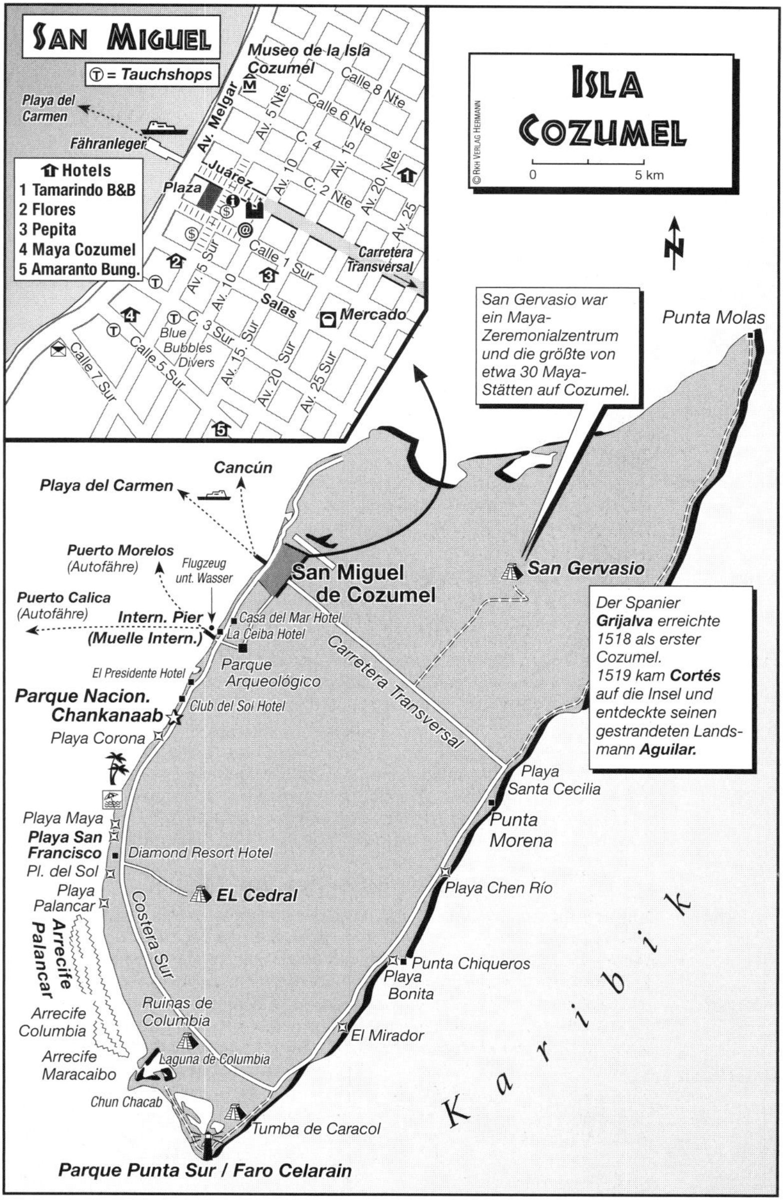
San Miguel
Ⓣ = Tauchshops
Museo de la Isla Cozumel
Playa del Carmen
Fähranleger
Av. Melgar
Hotels
1 Tamarindo B&B
2 Flores
3 Pepita
4 Maya Cozumel
5 Amaranto Bung.
Juárez
Plaza
Calle 8 Nte
Calle 6 Nte
Av. 5 Nte.
C. 4
Av. 15
Av. 10
C. 2 Nte
Av. 20 Nte.
Av. 25
Calle 1 Sur
Carretera Transversal
Av. 5 Sur
Av. 10
Salas
Mercado
C. 3 Sur
Blue Bubbles Divers
Calle 5 Sur
Calle 7 Sur
Av. 15 Sur
Av. 20 Sur
Av. 25 Sur
Isla Cozumel
© RKH Verlag Hermann
0
5 km
N
San Gervasio war ein Maya-Zeremonialzentrum und die größte von etwa 30 Maya-Stätten auf Cozumel.
Punta Molas
Cancún
Playa del Carmen
Puerto Morelos (Autofähre)
Flugzeug unt. Wasser
San Miguel de Cozumel
San Gervasio
Puerto Calica (Autofähre)
Intern. Pier (Muelle Intern.)
Casa del Mar Hotel
La Ceiba Hotel
Der Spanier Grijalva erreichte 1518 als erster Cozumel. 1519 kam Cortés auf die Insel und entdeckte seinen gestrandeten Landsmann Aguilar.
Carretera Transversal
El Presidente Hotel
Parque Arqueológico
Parque Nacion. Chankanaab
Club del Sol Hotel
Playa Corona
Playa Santa Cecilia
Punta Morena
Playa Maya
Playa San Francisco
Diamond Resort Hotel
Pl. del Sol
Playa Palancar
EL Cedral
Playa Chen Río
Arrecife Palancar
Costera Sur
Karibik
Punta Chiqueros
Playa Bonita
Arrecife Columbia
Ruinas de Columbia
El Mirador
Arrecife Maracaibo
Laguna de Columbia
Chun Chacab
Tumba de Caracol
Parque Punta Sur / Faro Celarain

Reiseteil

brach (s.S. 167), flüchteten viele vor den Kriegswirren nach Cozumel und sammelten *chicle*-Saft für den Kaugummi-Boom. Im 2. Weltkrieg diente die Insel zeitweise als US-Luftwaffenstützpunkt, der Ausbau zum heutigen Tourismus- und Tauch-Zentrum begann ab 1970, und heute hört man hier mehr Englisch als Spanisch.

San Miguel de Cozumel

Ew. 70.000

✆ 01-987

Orientierung

San Miguel de Cozumels Straßennetz ist ein Gitterraster. Hauptstraße entlang des Meeres ist die **Av. Rafael Melgar.** Vom Fähranleger geht es geradeaus in die **Av. Benito Juárez** zur **Plaza** *(Plaza del Sol)* mit umliegenden Fußgängerstraßen. Die Verlängerung der Juárez nach Osten, die *Carretera transversal,* quert nachfolgend die Insel. Die Parallelstraßen zur Juárez sind die *Calles,* Norte und Sur. Die Küstenstraße Av. Melgar wird nach Norden zur *Costera Norte* und nach Süden zur *Costera Sur.*

San Miguel bietet praktisch nichts, ist aber Freihandelszone. Die Plaza und die umliegenden Straßen sind voller Souvenir-, Schmuck- und Artesanías-Läden, auch Restaurants und Straßencafés gibt es viele. Wenn die *cruzeros,* die Passagiere internationaler Kreuzfahrtschiffe in die Stadt einfallen, dann klingeln die Kassen, und in der Saison vergeht kein Tag ohne mindestens eine Ankunft dieser Pötte. Kaufen Sie keine Korallen, schon gar keine schwarzen, die Einfuhr in die EU ist verboten.

Herumkommen

Zwischen San Miguel und den Hotels nördlich und südlich (Laguna Chankanaab) verkehren praktisch kaum Busse, das Transportmonopol haben mehr oder weniger die Taxis. Nach Chankanaab ca. 10 US$ einfach; Inselrundfahrt: s.u. bei „Rundfahrt“.

Museum

Das **Museo de la Isla de Cozumel** an der Melgar zw. Calles 4 u. 6 Nte ist sehenswert. Es zeigt die Geschichte, die Natur und das mayanische Erbe Cozumels (archäologische Funde, Maya-Hütte hinter dem Museum), interessante Fotos (z.B. vom Hurrikan 1988) sowie die Entstehungsgeschichte der Korallenriffe. Mit nettem Dachrestaurant, einem Laden mit Literatur (wer die archäolog. Stätte *Gervasio* besuchen will, sollte nach einer Broschüre über diese Stätte fragen). Tägl. 9–17 Uhr, Eintrittsgeb. 30 P.

Parque Arqueológico

Dieser liegt in der Verlängerungsstraße des Internationalen Piers (da wo die Kreuzfahrtschiffe anlegen) und am südlichen Ende der Av. 65 (s. Karte). In einer tropischen Gartenanlage sind über 60 naturgetreue Replikate prähispanischer Skulpturen, Stelen und Statuen ausgestellt: von den Maya, Olmeken (Olmekenkopf), Azteken (Coatlicue), Tolteken u.a. Außerdem kann eine typische Maya-Hütte besichtigt werden. Tägl. 8–18 Uhr, (teurer) Eintrittspreis.

Adressen & Service San Miguel

Turismo

An der Plaza del Sol beim Zócalo (links der Bancomer-Bank), 1. Stock, Tel. 01-**987**-8720972, Mo–Fr 9–17 Uhr; Info- bzw. Werbebroschüren über Cozumel, Karten. Ein Stadtplan mit Stränden und den Riffs (arrecifes) ist auch von Läden und Hotels erhältlich („Blue Guide“). Außerdem Spezielles für Taucher.

Internet

www.islacozumel.com.mx • www.travelnotes.cc/cozumel (Infos von der gesamten Insel) • www.cozumelparks.org.mx • www.go2cozumel.com • www.cozumel.net • Taucher stöbern bei www.cozumel-diving.com • u.a.

Unterkunft

Noch einigermaßen bezahlbare Unterkünfte (bis ca. 30 US$) liegen im Stadtzentrum. Die Zimmerqualitäten sind gut, fast alle haben AC. Außerhalb von San Miguel gibt es fast nur hochpreisige Strand- und Luxushotels.

Hotel Flores, Salas 72 (bei der 5. Av.), Tel. 8721429; zentral, sauber, **TIP** (Fr/Sa allerdings extrem laute Musik von der Salsa-Bar gegenüber); mit Dive-Shop Equalizers, www.equalizers.net. – **Hotel Pepita,** 15. Av. Sur 120 (gleich südl. Calle 1), Tel. 8720098; schöne Zi., Garten; leicht teurer als Flores. – **FAM: Hotel Maya Cozumel,** Calle 5 Sur (zw. Av. Melgar u. 5 Sur), Tel. 8720011; gut, Garten und Pool. – **TIP:** Das **Tamarindo B&B,** Calle 4 Nte 421, Tel. 8723614, www.tamarindoamaranto.com (DZ/F ab 25 US$) und **Amaranto Bungalows,** Calle 5 Sur zw. Av. 15 u. 20 (DZ ab 41 US$) gehören zusammen; klein, aber fein (s. Website-Fotos, Eigentümer ist Architekt); Tauchausrüstungen.

Essen & Trinken Viele Restaurants aller Kategorien (Fisch in allen Variationen). Wo Touristen einkehren ist es kostspielig (auf *comida corrida* achten). Preisgünstig ist es bei den Markt-Restaurants in der Salas zw. den Avenidas 20 u. 25.

Kommunik. **Post:** Melgar bei Calle 7 Sur (s. Stadtplan). **Internet:** Calle 1 Sur/Av. 10; u.a.

Bank / Geld Viele Casas de Cambio, um die Plaza etliche Banken mit Geldautomaten.

Buchladen / Karten *Agencia de Publicaciones Gracia,* Zócalo-Ostseite. *FAMA,* Av. 5 Nte zw. Juárez u. C. 2 Nte; Bücher auch im Museum (s.o.). Karten von Cozumel bekommt man außerdem bei Autovermietern.

Mietwagen *Localiza,* Calle 2 Nte/R. Melgar; *National,* Juárez 10; *Payless,* Melgar 685; *Rent-a-Car,* Av. 5 zw. Calle 1 u. Calle Salas; u.a. Auf Pisten darf meist nicht gefahren werden. Viele Autovermieter vermieten auch Motorroller.

Fahrräder, Mopeds, Motorroller Mieten kann man Fahrräder, Mofas und Motorroller (*motocicleta* – scooter). Ein vollgetanktes Mofa kostet ca. 25 US$ pro Tag (ein Tank reicht für eine Tagestour um den asphaltierten Inselteil). Vermieter an nahezu jeder Ecke und bei Hotels, oder z.B. bei *Rentadora Cozumel,* Av. 10 Sur 172 (zw. 1 Sur u. Salas). Preisvergleiche lohnen bzw. handeln! Faustregel für einen Roller: etwas weniger als der halbe Preis für einen Mietwagen. Fahrzeug-Zustand checken und Helm tragen!

Tauchen / Tauchshops Die ganze Branche (CADO – Cozumel Association of Dive Operators) verlangt stolze Preise für ihre Leistungen. Es gibt Aberdutzende von Tauchshops, hier nur zwei Adressen: *Blue Bubble Divers,* Av. 5 Sur 298 (C. 3 Sur) und *Aqua Safari,* Melgar/C. 5 Sur (andere: s. „T"-Zeichen in der Karte). Weitere gibt es an Stränden und Strandhotels. Vorab informieren: www.cozumel-diving.com.

Fähren Fähren nach **Playa del Carmen** legen ab vom Hauptpier *Muelle Turístico* (Tikkets dort), Abfahrten ab 6 Uhr im vollen Stundentakt (außer um 7, 12, 14, 16, 20 und 22 Uhr, s. Anschlag bei der Ankunft). Nach Cancún (Playa Tortugas/ Zona Hotelera) um 18 Uhr. Die Autofähre von/nach Puerto Morelos und die Kreuzfahrtschiffe legen an der **Muelle Internacional** an, ca. 4 km südlich von San Miguel (beim Hotel La Ceiba). Auskunft über Fahrzeiten der Autofähre nach Morelos: Tel. 8720827. Außerdem fahren Autofähren nach **Puerto Calica,** 8 km südl. von Playa del Carmen.

Flug Eilige fliegen in wenigen Minuten nach/von Playa del Carmen (mit Aerocozumel). Auch von/nach Cancún gibt es Verbindungen, sowie zu innermexikanischen Städten. Internationale Flüge von/nach USA. Der Airport befindet sich 2 km nördl. von San Miguel (es verkehren nur Taxis).

Sehenswertes auf der Isla Cozumel

Insel-Rundfahrt Für eine Tour Richtung Süden oder eine Rundfahrt mietet man sich ein Auto (es fahren keine Busse) oder einen Motorroller (evtl. kann ein Tages-Sonderpreis mit einem Taxifahrer ausgehandelt werden). Nachfolgend die Beschreibung der Küste bis zur Insel-Südspitze (Parque Punta Sur), der Ostküste und der *Carretera Transversal* mit der Maya-Stätte *San Gervasio* (sie schließt um 16 Uhr, bei einer geplanten Besichtigung berücksichtigen). Die Strecke von der Playa Santa Cecilia zur Nordspitze Punta Molas ist nicht asphaltiert. Zeitbedarf 1 Tag, Streckenlänge (mit Abstechern) ca. 80 km.

Strände und Wassersport Empfehlenswert sind z.B. *Playa del Sol* und die langgestreckte Playa *San Francisco.* Nördlich von San Miguel sind die Strände schmaler und felsiger. Alle Publikumsstrände verfügen über Palapa-Restaurants, Umkleidekabinen, Duschen, Schnorchel-Vermietung etc. Die Ostküstenstrände sind starker Brandung ausgesetzt und ziemlich felsig, schwimmen ist dort, außer an wenigen geschützen Stellen, lebensgefährlich! Wer nicht schnorcheln/tauchen kann oder will, kann die Unterwasserwelt auch von oben betrachten, nämlich durch ein **Glasboden-Boot** (Abfahrten z.B. in Nähe der Muelle Internacional), oder mit dem Elektro-**U-Boot „Atlantis"** (beim Hotel *Casa del Mar,* Rtg. Chankanaab, ca. 75 US$/p.P.).

Schnorcheln und Tauchen Erste gute Möglichkeit südlich von San Miguel ist z.B. der Strand des Hotels **La Ceiba** (das Hochhaus strandseitig) beim Kreuzfahrtschiff-Pier. Gleich in der Nähe liegt als Tauchziel ein für einen Film versenktes Flugzeug 10 m unter Wasser (ohne Motoren). Auch bei den nachfolgenden Hotelanlagen *El Presidente* und *Club del Sol* bestehen Tauch- und Schnorchelmöglichkeiten. Ein gutes, aber bestimmt nicht billiges Tauchzentrum ist z.B. auch *Dive Palancar* beim Diamond Resort Hotel nahe Playa San Francisco. Die meisten fahren aber gleich nach Chankanaab. Den Ruf Cozumels als eines der weltbesten Tauchparadiese begründete übrigens 1961 der Unterwasserforscher Jacques Cousteau, der die außergewöhnliche Schönheit des Palancar-Riffs publik machte.

Parque Nacional Chankanaab **Chankanaab** (maya, „kleines Meer") liegt ca. 8 km südl. von San Miguel. Wie schon erwähnt, handelt es sich dabei um einen touristischen Wasserpark. Die Lagune *Acuario natural,* ein großes, ovales Wasserbecken, ist durch einen unterirdischen Kanal mit dem Meer verbunden. Dadurch können die bunten Tropenfische rein- und rausschwimmen (schnorcheln u. schwimmen verboten). An der Laguna befindet sich außerdem ein botanischer Garten *(Jardín botanico tropical)* mit sehr vielen tropischen und subtropischen Pflanzenarten, in der *Zona Maya* sind u.a. Replikate von Maya-Bauten zu sehen. Schwimmen mit Delphinen bietet man gleichfalls an, kostet nur läppische 125 US$ …

Geschnorchelt und getaucht wird im felsigen Meer, in dem sich viele bunte Fische tummeln, die nicht mehr scheu sind. Man kann einige Unterwasserhöhlen gleich am Ufereinstieg antauchen. Weitere Tauchziele sind eine in der Nähe versenkte Madonnastatue und Überreste eines gesunkenen Schiffs (Anker, Kanonen). Außerdem wurde im Meer ein Floß verankert. Für Tauchgänge zum weiter draußen liegenden Chankanaab-Riff muss man mit einem Boot rausfahren.

Chankanaab besitzt außerdem ein Tauchmuseum, Palapa-Restaurants, Dive-Shops (Schnorchelgerät-Vermietung), Umkleideräume, Läden u.a.m. Eintrittsgebühr 12 US$. Geöffnet tägl. 7–17 Uhr.

Weitere Strände Südl. von Chankanaab liegen die Strände *Playa Corona, Playa Maya* und die schöne, langgestreckte **Playa San Francisco** (Restaurant, Tauchclub etc.). Etwa 1 km draußen liegt das submarine San-Francisco-Riff.

Nach dem *Diamond Hotel* zweigt nach links eine Straße zur **Maya-Stätte Cedral** ab (wohl die älteste der Insel, doch nicht unbedingt lohnend, 9–16 Uhr). Die kleine Ortschaft ist das Agrarzentrum Cozumels.

Playa Palancar Ein schöner Strand mit Palmen, hier gibt es Tauchbasen, von wo zu den Riffs rausgefahren wird. Das höhlendurchlöcherte Palancar-Riff zieht sich in etwa 1,5 km Abstand parallel zur Insel hin, ist 5 km lang und einzelne Sektionen dieses Unterwassergebirges erreichen Höhen bis zu 25 Meter. Es liegt *mas o menos* 27 m unter der Wasseroberfläche, südlichere Teile noch tiefer. Von der Playa Palancar sind auch Tauchgänge zum *Colombia-* und *Maracaibo-Riff* und noch zu vielen weiteren möglich. Die Tauchbasen wissen Bescheid und stehen für Informationen zur Verfügung.

Weiterfahrt nach Osten Die Straße führt vorbei an den **Ruinas de Columbia.** Danach zweigt eine 4-km-Stichpiste nach Süden ab in den **Parque Punta Sur** (Eintritt 110 P). Nach Passieren der kleinen Mayastätte *Tumba de Caracol* erreicht man den Leuchtturm **Faro Celarain** mit kleinem Museum (besteigbar, Aussicht). Der Strand mit Bar ist schön. Außerdem besteht die Möglichkeit, in der Lagune Krokodile zu beobachten und am Riff kann man schnorcheln.

Die Weiterfahrt nach Norden führt an der brandungsgepeitschten Ostküste entlang. Vom Punkt **El Mirador** blickt man über die windumtoste Küstenlandschaft. An der geschützten **Playa Bonita** vor der **Punta Chiqueros** ist Schwimmen möglich (Restaurant). Sicher Baden lässt es sich auch bei der **Playa Chen Río** (gutes Fisch-Restaurant, Cafetería). Hinter **Punta Morena** (Hotel und Restaurant) erreicht man bei der Playa Santa Cecilia (Restaurant) die Abzweigung ins Inland. Nach ca. 5 km zweigt nach rechts eine Stichpiste zur 8 km entfernten Maya-Stätte San Gervasio ab.

Maya-Ruine San Gervasio Tägl. 7–16 Uhr, Eintritt 50 P, Cafetería. Nur diese Maya-Stätte wurde auf Cozumel gründlicher ausgegraben, es ist zudem die besterhaltene. In dschungelartiger Umgebung gibt es in 6 Gruppen etwa 20 relativ kleine, bescheidene Bauten (einige wurden rekonstruiert). *Sakbeob,* „weiße Straßen", verbanden sie miteinander. San Gervasio war zeitgleich mit Tulúm und Chichén Itzá bewohnt, es war ein Zeremonialzentrum, hier huldigten die Maya ihrer Regenbogen-, Mond- und Fruchtbarkeitsgöttin *Ix Chel.*

Strände und Strandorte südlich von Playa del Carmen bis Tulúm

Um nachfolgende Strände und Orte bis einschließlich Tulúm zu besuchen, mietet man sich in Playa del Carmen am besten einen Wagen. Wer sich für den Ausflug Zeit lässt, ab und zu am Beach Pausen einlegt und sich dies und das ansieht, sollte dafür zwei Tage veranschlagen (übernachten kann man z.B. in Tulúm). Mittels Bussen direkt an die Strände zu gelangen ist nicht möglich, man kann nur jeweils an der Mex 307 aussteigen und muss dann auf Stichstraßen (bzw. Pisten) zum Meer gehen (jeweils etliche 100 m, nicht empfehlenswert in der Hitze). Der Playa Express und andere Busse 2. Klasse verkehren ständig auf der Mex 307.

Nachfolgende km-Entfernungen sind ca.-Angaben von Playa del Carmen (gemessen ab der Kreuzung Avenida Juárez/Mex 307). Sonnenschutz- und Moskitomittel nicht vergessen. Historischer Hinweis: In prähispanischen Zeiten waren nahezu alle nachfolgenden Orte Stützpunkte seefahrender Maya.

Xcaret Gelegen 6 km südl. von Playa del Carmen, von der Mex 307 noch knapp 2 km östl. Vom Parkplatz an der Straße pendelt so alle 20 Min. ein Zubringerbus zum Xcaret-Eingang, wo der nachgebaute **Arco de Labná** (s.S. 242) steht. „Schkaret" ist ein Wasservergnügungs- bzw. Themenpark, Disneyland in Maya-Version, für den an der Riviera Maya kräftig die Werbetrommel gerührt wird. Eintritt ca. **50 US$.**

Xcaret selbst nennt sich hochtrabend „Parque Eco-Arqueológico", also „Öko-Archäologischer Park“, weil zufällig hier eine kleine Maya-Ruine vorhanden ist und man so noch mehr „öko-gläubige“ Touristen anlokken kann (fehlt nur noch die Silbe „Bio“). Man kann sich ja am Eingang den bunten Prospekt geben lassen und danach entscheiden, ob man rein will.

Außer der Strandanlage mit ihren Lagunen gibt es außerdem einen teils unterirdischen Fluss, einen botanischen Garten, ein Aquarium für Meeresschildkröten, ein kleines Museum (mehr ein Verkaufsladen), Pferdeställe, vier Restaurants, Auditorium für Vorführungen, eine Kapelle (zum Beten), Vogelgehege, Artesanías-Läden, usw. usf., und wenn sich nicht zuviele Besucher auf den Zehen stehen, kann man sogar noch ein wenig schwimmen und schnorcheln (die Verwendung von Sonnenschutzmitteln ist verboten). Viele Dinge müssen nochmals extra bezahlt werden, wie z.B. schwimmen mit den Delphinen, Motorbootfahren, Schnorchelausrüstung mieten u.a. **Ein Highlight ist jedoch sicherlich die abendliche, mehrstündige Open-air-Folklore-Show, die mit der Vorführung des legendären Ballspiels der Maya beginnt** (Spielart „Ulama“, Ballspiel-Exkurs s.S. 204).

Öffnungszeiten: April bis Okt. Mo–Sa 8.30–22 Uhr, So 8.30–18 Uhr. Nov. bis März Mo–Sa 8.30–21 Uhr, So 8.30–17 Uhr. Alle weiteren und aktuellen Infos (u. Preise) unter **www.xcaretcancun.com**.

Transport ab Cancún mit den buntbemalten Xcaret-Bussen von der Plaza Caracol um 9, 10 und 11 Uhr (beim Coral Beach Hotel).

Puerto Calica

Calica liegt nur ein paar km südl. von Xcaret und ist ein Hafen für internationale Kreuzfahrtschiffe, außerdem legen von hier Autofähren nach Cozumel ab.

Paamul

Liegt 10 km südl. von Xcaret. Eine schön geschwungene, teils palmenbestandene Bucht. Der Strand mit Korallensand ist nicht allzu breit und eher felsig (nach Süden zu; ca. 2 km nördl. ein Traumstrand). Anfahrt von Playa del Carmen per Taxi oder Bus, die Zufahrtstraße ist ca. 350 m lang.

Unterkunft bieten 7 kleine Doppel-Bungalows (ab 70 US$) und 10 Cabañas (ab 80 US$); Palapa-Restaurant „Arrecifes“, Tauchshop, zahlreiche US-Dauercamper mit Wohnmobilen (ab 20 US$ pro Tag), US-amerikan. Management, Tel. 01-987-8751051.

Puerto Aventuras

Liegt 21 km südl. Playa del Carmen. Eine ausgedehnte, künstlich angelegte Privat-Wohnanlage *(condominios),* oder besser gesagt eine (langweilige) Kleinstadt mit Apartments, Luxus-Hotels, teuren Restaurants, einer großen Marina für Yachten, Tauchzentrum, Golfclub etc. an der *Caleta Chakalal.* Hier investierten Vermögende. Besichtigung ist möglich, Einlass am Tor nach Kontrolle (9–17 Uhr). Im CEDAM-Museo (Taucher-Museum) sind neben einigen Maya-Relikten und Zeugnissen zur Geschichte der Küstenregion auch geborgene Stücke der 1741 vor Akumal gesunkenen spanischen Galeone „Mantancero“ ausgestellt (Mo geschl.). Es gibt einen **Geldautomat.**

Barcelo / Cenotes

Barcelo, ca. 4 km hinter Puerto Aventuras, ist eine weitere Giganto-Ferienanlage. Gleich danach führen nach Westen ausgeschilderte Stichpisten zu nahe beieinanderliegenden, offenen Cenoten: *Kantun Chi, Azul* (der bessere zum Schwimmen) und *Cristalino.* Eintrittsgebühr.

Xpu-Há

Der traumhaft schöne Strandabschnitt „Schpu-Há“ liegt 28 km südl. von Playa del Carmen, etwa 1 km nach dem *Xpu-Há Palace All inclusive Resort.* Von Playa del Carmen mit dem Colectivo erreichbar: Kurz **vor** der großen Hotelanlage *Copacabana* muss man nach links in einen Strandweg abbiegen, markiert durch ein kleines „X 4“-Richtungsschild.

Die mit Palmen gespickte, weitgeschwungene Bucht besitzt einen sehr breiten und weißen Sandstrand, der sicher zu den schönsten der Riviera Maya zählt (leider bläst oft ein Wind). Übernachten kann man im ziegelroten, zweistöckigen **Hotel Villas del Caribe Xpu-Há** (Tel./Fax 01-984-8732194, Mobil 044-084-8769945, www.xpuhahotel.com, info@xpuhahotel.com). Inhaber ist der polyglotte León & Team. Es gibt zwölf geräumige und saubere Zimmer mit Meerblick sowie acht einfache Cabañas mit Preisen zwischen 30 und 52 €, je nach Saison und ob Zimmer oder Cabaña (die Hotel-Website spezifiziert sie). Das angeschlossene Restaurant *Café del Mar* bietet leckere Gerichte. Wer ein paar entspannte Strandtage verbringen möchte, ist hier richtig, Reservierung empfohlen.

Außerdem gibt es an der Bucht (teure) **Stellplätze für Campmobile,** direkt am Strand. Zu ihnen gleich **nach** der Hotelanlage Copacabana den Weg „X 5" nehmen. Nachdem man den Wagen auf dem leicht erhöhten Gelände abgestellt hat, erteilen die dortigen (Dauer-)Camper bzw. Besitzer weitere Informationen und wieviel zu bezahlen ist. Der mittlere Platz hat keine sanitären Anlagen. Am wohl besten steht man beim „Bonanza" (Einfahrt von der Mex 307 „X 7"), sofern Ihr Camper keinen „full hook-up" braucht. Der Inhaber, Samuel Mezo Diaz, vermietet auch einige Zimmer, Tel. 01-984-8762631. Weiter südl. schließen sich an: *Cabañas Samuel, Rest. Los Pinos, Rest. Rosalio, Cabañas Chalio.*

Club Maeva El Dorado Resort

Bei der Weiterfahrt nach Akumal kommt gleich hinter Xpu-Há die Zufahrt zum **Club Maeva** (ex dt. Robinson Club) und ein paar Kilometer danach die zum **El Dorado Resort.**

Akumal

Liegt ca. 37 km südl. von Playa del Carmen. Der „Platz der Schildkröte" – was *akumal* auf Maya heißt – ist eine große Hotel- und Clubanlage mit teuren Villen, Condos, Bungalows und Restaurants an vier schönen, langgezogenen Strandabschnitten. Von der Mex 307 ca. 500 m. Die Bucht am Ende der Zufahrtsstraße säumt ein breiter weißer Sandstrand, mit riffgeschütztem, ruhigem Wasser, schattigen Palapas und einigen Palmen. Nördlich schließt sich die große *Half Moon Bay (Bahía Media Luna)* mit der traumhaften *Laguna Yal-Kú* an (tolles Schnorcheln, 6 US$, Ausrüstung ist mietbar, Getränke und Essen selbst mitbringen.

Südlich liegen *South Akumal* und *Aventuras Akumal,* gleichfalls teure Luxus-Anlagen. Es gibt etliche Dive-Shops, neben dem Riff ist ein weiteres Tauchziel die spanische Galeone „Mantancero", die 1741 vor der Küste sank.

Wer sich für Meeresbiologie und die Ökologie in der Umgebung interessiert: Anlaufstelle ist das **Centro Ecológico de Akumal** (Eco-Center, www.ceakumal.org). Es leben und arbeiten hier viele junge, hilfsbereite Leute, die alles über die Ökologie hier wissen und wo angeboten wird, abends zu Strandstellen zu fahren, an denen **Schildkröten ihre Eier ablegen** (Juni, Juli und August). Das Centro bietet außerdem die paar einzig preiswerten Unterkünfte Akumals an, 10 US$/p.P. und Nacht.

Aktún Chen

4 km südl. von Akumal bzw. 112 km von Playa del Carmen führt eine westliche Zufahrt zu einem großen Höhlensystem, von dem Teile begehbar sind (Eintritt total überzogen – ca. 20 US$, tägl. 9–17 Uhr, nur Gruppenführungen, Dauer weniger als eine Stunde). *Aktún chen* (maya, „Höhle mit unterirdischem Fluss") ist eine eindrucksvolle Unterwelt aus Kalksteinformationen, Stalaktiten und Stalagmiten. 600 m nach dem Einstieg in die Haupthöhle wird ein ca. 12 m tiefer Cenote mit kristallklarem Wasser erreicht. Am Eingang kann man in einem kleinen Park Schlangen, Affen u.a. Tiere sehen, außerdem gibt es ein Restaurant. Fotos vorab im Web ansehen: www.aktunchen.com.

Chemuyil

Liegt 42 km südl. von Playa del Carmen. Ein schöner, weißsandener Strand mit Palmen an einer tiefeingeschnittenen kleinen Bucht. Derzeit geschlossen, geplant ist eine große Hotelanlage, was den Protest von Naturschützern hervorrief.

Xcacel

Befindet sich 3 km südl. von Chemuyil, geschlossen. Ursprünglicher, schöner Strand, an dem gleichfalls eine große Hotelanlage entstehen soll, doch dieser ist für Meeresschildkröten eine wichtige Brutstätte (ca. 150 Nester pro Kilometer Strand). Greenpeace zog deshalb gegen die spanische Hotelkette vor Gericht (Verstoß gegen das Artenschutzgesetz).

Xel-Há

Liegt 47 km südl. von Playa del Carmen und ca. 15 km nördl. von Tulúm.

„Größtes natürliches Aquarium der Welt", lobpreist der Buntprospekt, *„ein Phänomen der Natur in einem Land voller Magie und Schönheit ...!"*

„Schel-Há" ist ein (privater) Aqua-Vergnügungspark mit Nationalpark-Status (Fläche 4 ha), der wie Xcaret intensiv vermarktet wird, üblicher US-Touri-Rummel. Basis-Eintrittspreis Mo–Fr rund 50 US$, Schnorchelgerät 10 US$, mit allen Attraktionen und Schnorchelgerät ca. 50 US$, an Wochenenden etwa 25% billiger. Schwimmen mit Delphinen zuätzlich satte 65 US$. Doch wenn schon, ist Xel-Há die bessere Alternative als Xcaret. Geöffnet 8.30 bis 17 Uhr, ein Übersichtsplan ist an der Kasse erhältlich, weitere Infos unter www.xelha.com.mx. Vor dem Empfangsgebäude befindet sich ein großer Parkplatz für die vielen Tourbusse. Rechts davon Souvenirläden, Toiletten und ein **Geldautomat.**

In der Anlage gibt es etliche Restaurants, werden Liegestühle, Hängematten, Duschen, Schließfächer usw. bereitgestellt. Die zum Schnorcheln erlaubten Bereiche sind extra ausgewiesen. Im Wasser darf kein Sonnenschutzmittel verwendet werden. In den fingerförmigen Lagunen mit ihren kleinen Inselchen tummeln sich in glasklarem Salz- und Süßwasser vielfarbene Tropenfische, die durch die ständigen Schnorchler z.T. ziemlich zutraulich geworden sind. Man kann die Fische aber auch von den Wegen und Stegen entlang den Lagunen beobachten (beim Fotografieren durchs Wasser ist ein Polfilter nützlich). Wenn das Wasser trübe aussieht, liegt die Ursache in der Vermischung von Salz- mit Süßwasser, es gibt unterirdische Quellen, Grotten und Höhlen. In einer befindet sich ein Mayaaltar.

Das „kristallklare Wasser" (so heißt *xel-há* in maya) ist an manchen Tagen total überlaufen. Dann sieht man mehr bunte Flossen von Schnorchlern als bunte Fische. **Deshalb am besten frühmorgens eintreffen** (Linienbusse halten vorn an der Mex 307; von dort ist es noch ca. 1 km).

Schnorcheln in Xel-Há

Maya-Stätten Ca. 200 m südlich der Xel-Há-Zufahrt befinden sich westl. im Busch einige kleine Mayastätten. Man bezahlt Eintrittsgeld und erreicht nach ca. 200 m die „Estructura de las Pilastras" und die dahinterliegende „Estructura 136". Eine Mauer zeigt Fragmente von Wandmalereien. Weitere 200 m im Busch liegt die Jaguar-Gruppe mit der *Casa de Jaguar.* Rechts davor liegt ein großer Cenote. Auf dem Weg sind viele Iguanas zu sehen.

Cenote Dos Ojos / Nohoch Nah Chich Nur wenig später – Schilder zeigen es an – kommt wieder eine westliche Abzweigung zum **Cenote Dos Ojos,** der einige km landeinwärts liegt (10 US$ Eintritt). Die „Zwei Augen"-Unterwasserhöhlen mit ihrem kristallklaren Wasser sind für Schnorchler und zertifizierte Taucher ein Traum (Anbieter: „Hidden Worlds", kleine Höhlentour um 25 US$, große um 100 US$, schnorcheln angeblich 40 US$ …; gleich hinter der Zufahrt gibt es den Dive-Shop „La Tienda de dos Ojos"). Dos Ojos ist ein Teil des größten Unterwasser-Höhlensystems der Welt, **Nohoch Nah Chich,** mit kilometerlangen Grotten und unterirdischen Flüssen. Web-Infos und Fotos unter www.hiddenworlds.com.mx

Bahías de Punta Solimán / Tankah Ca. 2 km südl. der Dos Ojos-Abzweigung zeigt ein Schild an der Mex 307 nach Osten zu den *Bahías de Punta Solimán.* Auf einer Sandstraße kann man am Meer kleine Hotels und Restaurants anfahren, an der (nördlichen) Bahía de Punta Solimán liegt das empfehlenswerte, nicht allzu teure Restaurant *Oscar y Lalo.* Der südliche Abzweig führt zu ca. einem halben Dutzend weiteren (teuren) Hotel-Cabañas. Auf der Mex 307 ca. 2,5 km weiter kommt nochmals eine östliche Zufahrt zu einigen Beach-Hotels *(Soliman Reef, Tankah Reef, Tankah Inn)* und zum Restaurant *Casa Cenote* mit kleinen Casitas zum Übernachten.

Tulúm

Verschiedene „Tulúms" Tulúm liegt 55 km südl. von Playa del Carmen, wobei der Name zum einen die berühmte **Maya-Ruinenanlage** direkt am Meer meint, dann das langgezogene, hässliche Straßenstädtchen **Tulúm Pueblo** an der Mex 307 und schließlich die **Tulúm-Strandcabañas** südl. der Tulúm-Ruinen.

Wer mit dem Bus von Norden kommt steigt zur Besichtigung der Ruinen noch vor Tulúm Pueblo an der Kreuzung **(Crucero)** aus – die Busse halten hier sowieso. Von hier – und auch vom ADO-Busterminal im Ort Tulúm – kann später zurück- bzw. weitergefahren werden (Chetumal/Belize, Cobá/Valladolid u.a., s. Anschlagtafel mit Abfahrtszeiten; weitere Abfahrten vom Terminal in Tulúm-Ort).

Zu den Ruinen an der Kreuzung östlich gehen, vorbei an den Hotels und Taxis (Autofahrer können hier ihren Wagen parken, der offizielle – ausgeschilderte – Tulúm-Parkplatz ist teuer!). Nach ca. 200 m erreicht man das Tulúm-Touristenzentrum mit vielen Souvenir-Shops, Imbiss-Buden, Cafés, Toiletten und Geschäften im Gebäude – Achtung, „Touri-Falle": selbst 'ne Flasche Wasser ist superteuer!

Von einem hohen Mast lassen sich – abhängig vom Besucherandrang –, **Voladores** kopfunter an Seilen hängend herabdrehen (der Brauch dieser „fliegenden Menschen" geht auf die Totonaken zurück, er wird in ganz Mexiko an touristischen Punkten aufgeführt; Mexiko-Neuankömmlinge sehen die Zeremonie in Tulúm meist zum ersten Mal).

An der Kartenstelle löst man entweder das – für die kurze Strecke zu teure – *boleto* fürs „Bähnle", das einen im Pendelverkehr in 5 Minuten zu den Ruinen bringt, oder man geht die 700 m zu Fuß. Der Eintrittspreis für die Ruinen ist an der Kasse am Ruineneingang zu bezahlen (dort kann man zudem eventuelles Gepäck lassen). *Schwimmen an der schönen kleinen Badebucht neben dem „El Castillo" soll neuerdings verboten sein.*

Zu den Tulúm-Cabañas s.u. „Die Tulúm-Cabañas" bei „Zugang/Zufahrt".

Las Ruinas Tulúm

Info

Tulúm ist winters geöffnet von 7–17 Uhr, sommers 8–18 Uhr. Eintrittspreis 38 P, Videokamera 2,50 €. Letzte Rückfahrt mit dem „Bähnle" um 17.30 Uhr. Besichtigungszeit je nach Interesse ca. 1,5 h, einen Führer kann man sich sparen. In den ersten zwei Frühstunden hat man die Anlage ziemlich für sich alleine, danach rollen die Touri-Busse an und es ziehen ganze Karawanen durchs Gelände. Ab dem Mittag brennt gnadenlos die Sonne, es gibt keinen Schatten. Alle Bauten sind abgesperrt. Toiletten öffnen erst eine Stunde nach der Öffnungszeit.

Meistbesuchte Ruine Mexikos

Tulúm ist eines der wichtigsten Kulturdenkmäler Mexikos und die meistbesuchte Maya-Stätte überhaupt. Tulúm (yucatekisch „Mauer", „Wall") beeindruckt durch seine einmalige Lage direkt über dem türkisfarbenen Meer. Ruinen, Land und Wasser verbinden sich zu harmonischer Schönheit. Bitte keine monumentalen Bauten oder Pyramiden erwarten, sonst ist möglicherweise die Enttäuschung groß.

Tulúms früherer Name war **zamá,** was soviel wie „Morgenröte" oder „Sonnenaufgang" bedeutet. Die Stadt war einst ein Handels- und auch ein religiöses Zentrum und vor allen Dingen ein wichtiger Maya-Seehafen. Eine über 4 m hohe und insgesamt 600 m lange massive Mauer umschließt das 380 x 170 m große Areal, in dem über 50 (kleinere) Tempel, Häuser- und Palastreste liegen. **Haupttempel ist „El Castillo",** der auf dem höchsten Punkt des Kliffs steht. Mit → Cobá war Tulúm durch eine lange *sakbe* verbunden.

■ *Tulúm, Blick auf El Castillo mit Strand*

Wer es einrichten kann: Die Stimmung ist am schönsten frühmorgens! Dann gleich vorgehen zum Castillo (rechte Seite). Die Strahlen der noch niedrigstehenden Sonne umgleißen das Gebäude und auf den Steinen wärmen sich die ersten Iguanas, darunter gewaltige Exemplare. Anschließend vom Castillo zur Bucht runtergehen und hoch zum „Templo del Viento". Von ihm ergibt sich ein herrlicher Blick auf das Castillo mit Strand und Meer **(s. Foto).** Es ist das wohl meistfotografierte Motiv von Mexiko.

Geschichte: Seefahrende Maya

Tulúm hatte seine **Blütezeit in der Nachklassik von 1200–1400 n.Chr.** Erste Siedlungsspuren stammen jedoch aus wesentlich früheren Epochen, ältestes Zeugnis ist ein Stelenfund mit der Jahreszahl 564.

Tulúm war der östlichste Außenposten des yucatekischen Mayagebiets und bei der Ankunft der Spanier eine der letzten noch intakten Maya-Städte an der Küste. Die einst blühende Handelsstadt (u.a. Export von *chicle* und wildem Honig) profitierte durch ihre strategisch günstige Lage und als Verbindungspunkt zwischen Binnen- und Seehandel. An dem kleinen Strand legten die seetüchtigen Kanus der *Putún-Maya* an, deren Heimathafen **Xicalango** an der Nordküste Yucatáns über 800 km weiter westlich lag (beim heutigen Ciudad del Carmen, Tabasco). Die seefahrenden Maya fuhren bis nach Nito am Río

Dulce (heutiges Guatemala), Honduras (Naco am Río Ulúa) und sogar bis nach Costa Rica und Panama (in Tulúm fand man viele Gegenstände aus diesen Regionen). Zur sichereren Navigation wurden entlang der Küste in regelmäßigen Abständen Bauwerke errichtet, in denen Leuchtfeuer brannten, damit die Kanus auch bei Nacht ihren Weg fanden – auch im Castillo von Tulúm brannte einst ein solches Leuchtfeuer. Regelmäßig fuhren Boote außerdem zur Pilgerinsel Cozumel, dort wurden am Schrein von → *San Gervasio* der Regenbogen-, Mond- und Fruchtbarkeitsgöttin *Ix Chel* Opfer dargebracht.

1518 segelte die Expedition des *Juan Grijalva* an der Karibikküste entlang und sichtete Tulúm. *„... Eine Stadt so groß, dass Sevilla nicht bedeutender oder besser erscheinen möchte“,* schrieb später der Mitfahrer Juan Díaz in einem Bericht, *„man sah dort einen sehr hohen Turm. An der Küste ergingen sich viele Indios mit zwei Bannern, die sie hoben und senkten, während sie uns Zeichen machten, dass wir näherkommen sollten“.*

An Land ging jedoch *Grijalva* nicht – vielleicht hätte er dabei von seinen Landsleuten Aguilar und Guerrero gehört, den ersten europäischen „Touristen“, die 1511 als Schiffbrüchige an die Ostküste Yucatáns gespült worden waren ... (s.S. 138, Cozumel, „Geschichte“). 1544 wurde Tulúm von den Spaniern erobert und danach von ihren Bewohnern aufgegeben. 1842 besuchten die Yucatán-Forscher Stephens und Catherwood Tulúm, die Bauten waren aber damals schon längst dick vom Dschungel überwuchert, wie die Zeichnungen Catherwoods zeigen (s.S. 112). Während des Kastenkriegs ab 1847 (Exkurs darüber s.S. 167) diente Tulúm den Cruzob-Maya als Zufluchtsort. Erste archäologische Untersuchungen und Restaurierungen wurden 1916–22 durchgeführt.

Die Bauten

Tulúm zählt architektonisch **nicht** zu den Glanzpunkten der Mayaarchitektur. Die niedrigen und schwerfälligen, etwas windschief wirkenden Bauten stammen alle aus der nachklassischen Maya-Zeit. Sie haben Flachdächer statt typischem Maya-Kraggewölbe. Säulen mit Schlangenköpfen wie beim „El Castillo“ weisen auf maya-toltekischen Einfluss hin (Chichén Itzá). Überhaupt vereint Tulúm etliche yucatekische Stilelemente verschiedener Epochen und Herkunft.

Die Raumhöhen der Bauten und Eingänge sind sehr niedrig, was auf die kleine Körpergröße der früheren Bewohner hinweist. Wohnrecht im Stadtareal hatte nur die herrschende Priesterklasse, Baumeister, Astronomen, die Händler und Seefahrer. Die Bevölkerung lebte verstreut außerhalb und entlang der Küste in einfachsten Holzhütten und anderen vergänglichen Behausungen.

Tulúm, links der Templo de las Pinturas, im Hintergrund El Castillo

Zugang

Durch einen nördlichen Durchgang der ca. 6 m dicken und einst bis zu 5 m hohen **Mauer** tritt man in den Innenbereich Tulúms. Die Mauer diente zur Abschirmung der Zeremonialbauten und auch als Verteidigungswall. An der

Nord- und Südseite gab es jeweils zwei weitere Eingänge, die Eckpunkte wurden durch kleine Wachtürme verstärkt.

Bitte gehen Sie zunächst nach Süden, vorbei an der Estructura 25 **(Nr. 7),** bis zum **Templo de las Pinturas (1)** mit seinem würfelförmigen Aufsatz.

(Nr. 1) Templo de las Pinturas

Der **Tempel der Malereien** (Estructura 16) ist der wichtigste Tempelbau Tulúms mit den meisten dekorativen Elementen. Beachten Sie an den vier Gebäudkanten die Eckmasken, die den mayanischen Himmelsgott *Itzamná* darstellen. Vor dem Tempel steht unter einem Palapa-Dächchen die ca. 1,25 m hohe **Stele Nr. 2** mit der Jahreszahl 1261 in Maya-Zahlenzeichen.

Der Name *Templo de las Pinturas* leitet sich ab von Malereien auf der Wand hinter den vier Säulen, die Gottheiten darstellen; u.a. *Ix Chel,* die mayanische Regenbogen-, Mond- und Fruchtbarkeitsgöttin, die auf ihren Händen den kleinen Regengott Chaak trägt (**s. Abb.;** die Malereien zeigen übrigens seltsamerweise Stilelemente mixtekischer Códices der Region Oaxaca ...).

Im Fries oben sind Nischen eingelassen, in der mittleren befindet sich die beschädigte Stuckplastik eines „Herabstürzenden Gottes". Über der Tür des Oberbaus ist er nochmals zu sehen. Rötliche Farbreste an den Wänden, am Fries und an den Skulpturen deuten darauf hin, dass der Bau einmal bemalt war.

Zu den Bauten dieser Gruppe gehört auch die **Casa de Chultún** (in der Karte Nr. **2**, *estructura* 20), das „Haus des Wassers", benannt nach einer einstigen Wassersammelstelle. Catherwood hielt den Bau in einer Zeichnung fest.

Dios Descendente

Das Bildnis des „Herabstürzenden Gottes" *Dios Descendente* (auch „Herabfliegender", „Herabfahrender" oder „Tauchender Gott" genannt) in Form von Stuckskulpturen ist auf zahlreichen Kultbauten Tulúms angebracht. Er war Tulúms wichtigste Gottheit. Die Beine spreizen sich himmelwärts und sein Kopf ist unten. Aus Oberarmen und Schultern wachsen ihm Flügel und er hat den Schwanz eines Vogels. Er sieht aus, als würde er im Sturzflug vom Himmel herab ins Meer eintauchen. Der „Herabstürzende Gott" soll den beginnenden neuen Tag symbolisiert haben, er wird aber auch mit der Venus und den Bienen in Verbindung gebracht (Bienengott, Verehrung wegen des kostbaren Honigs). Auch in → Sayil (*Ah Mucen-Cab,* s.S. 241) und Cobá gibt es Dios-Descendente-Skulpturen.

(3) El Palacio

Nach dem Templo de las Pinturas nach rechts gehen, zum „Palast" (Estructura 21). Eine kleine Treppe führt hinauf zu vier Säulen, die rechteckige Kapitelle tragen. Dahinter stehen nochmals Säulen, zusammen trugen sie einmal ein Dach. „El Palacio" war einst die Residenz der Herrscher von Tulúm. Nun vor zum Hauptbauwerk Tulúms gehen, zum El Castillo („Burg").

(4) El Castillo

Durch dicke Mauern gelangt man ins Innere des großen Hofs. In der Mitte befindet sich die mächtige *Plataforma de la Danza,* auf der vielleicht einmal rituelle Zeremonien durchgeführt wurden. Links ein kleiner würfelförmiger Tempel *(Oratorio),* wahrscheinlich für den Oberpriester gedacht. Zu beiden Seiten des Treppenaufgangs zwei weitere kleine Kulthäuser zur Niederlegung von Opfergaben. Die Castillo-Tempelpyramide liegt erhöht auf den Klippen und ist das Resultat mehrerer Überbauungen von älteren Substrukturen. Den Tempelein-

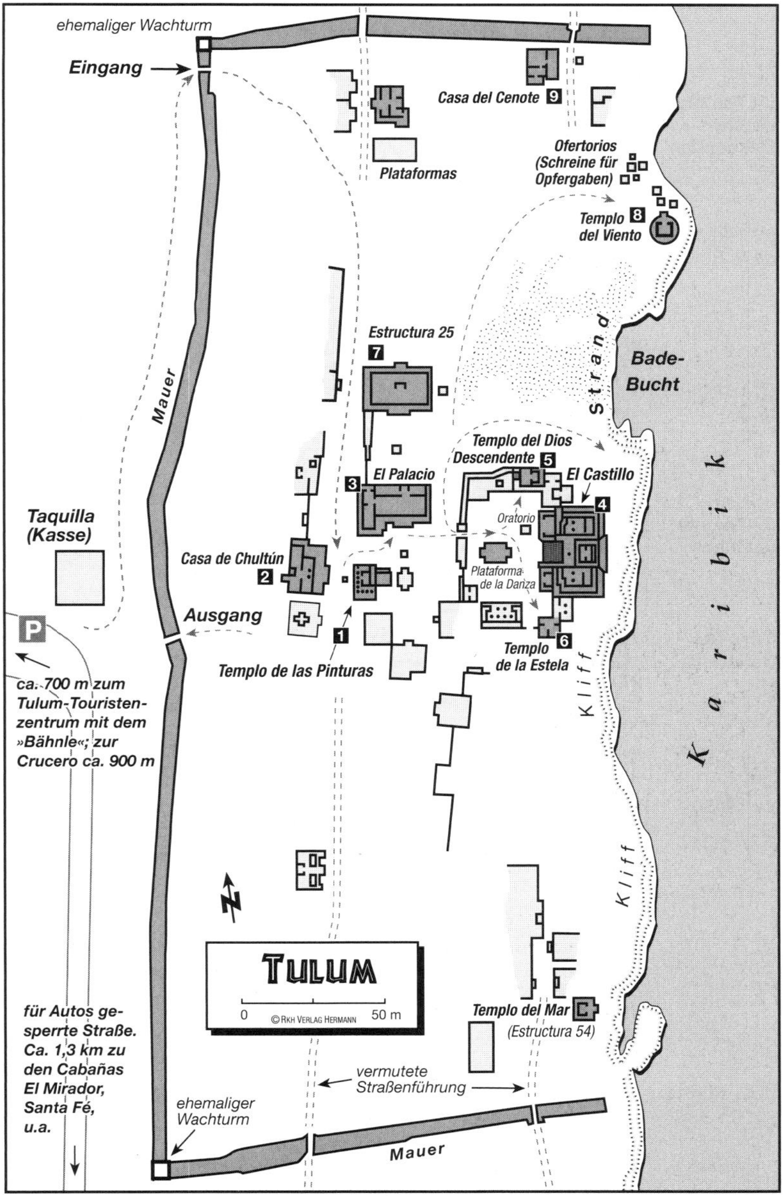
ehemaliger Wachturm
Eingang
Casa del Cenote 9
Plataformas
Ofertorios (Schreine für Opfergaben)
Templo 8 del Viento
Strand
Bade-Bucht
Estructura 25
7
Mauer
Templo del Dios Descendente 5
El Castillo
4
3 El Palacio
Oratorio
Taquilla (Kasse)
Casa de Chultún
2
Plataforma de la Danza
Ausgang
P
1
Templo de las Pinturas
6
Templo de la Estela
Kliff
Karibik
ca. 700 m zum Tulum-Touristen-zentrum mit dem »Bähnle«; zur Crucero ca. 900 m
Kliff
TULUM
0
50 m
© RKH VERLAG HERMANN
für Autos gesperrte Straße. Ca. 1,3 km zu den Cabañas El Mirador, Santa Fé, u.a.
Templo del Mar
(Estructura 54)
vermutete Straßenführung
ehemaliger Wachturm
Mauer

gang unterteilen zwei Säulen, die rechte ist an ihrem Fuß als Schlangenkopf ausgebildet (maya-toltekischer Stil, von unten nicht sichtbar). Am Kranzgesims sieht man in der mittleren Nische einen „Herabstürzenden Gott". Bei der Rekonstruktion von El Castillo diente Catherwoods Zeichnung als Vorlage.

(5) Templo del Dios Descendente

Nördlich bzw. links des Castillo steht der kleine und schiefe **Tempel des Herabstürzenden Gottes,** zu dem gleichfalls eine Treppe hinaufführt. Auch er wurde auf einer älteren Struktur errichtet. Auffällig ist seine trapezförmige Bauweise (unten schmaler). Über dem Eingang wieder eine Stuckplastik des „Herabstürzenden Gottes". An den Innenwänden gibt es Fragmente von Wandmalereien, die den Sonnen-, Regen- und Maisgott zeigen.

(6) Templo de la Estela

Südl. vom Castillo liegt der (abgesperrte) **Tempel der Stele** mit (kaum sichtbaren) Stuckfiguren auf der Fassade und einem Raum mit einem Altar. Hier fand der Yucatán-Forscher Stephens die *Estela 1* mit der Datierung 564 (berechnet nach der „Langen Zählung", vgl. „Der Kalender der Maya", s.S. 104). Die Stele ist heute im Britischen Museum in London. Es wird aber vermutet, dass die *Estela 1* zu einem späteren Zeitpunkt vom ca. 8 km nördlich gelegenen Tankah hierher nach Tulúm gebracht wurde. Nun wieder aus dem Hof und vor zur

(7) Estructura 25

wird auch **Casa de Halach Uinic** genannt, „Haus des großen Herrn". Ein ähnlicher Bau wie „El Palacio". Auch hier führt wieder eine kurze Treppe zu vier kapitelltragenden Säulen hinauf. Über dem Eingang unter einem Schutzdach wieder die Figur des „Herabstürzenden Gottes".

Nun entweder hochgehen auf die Rückseite des Castillo oder an der Bucht vorbei zum Templo del Viento.

(8) Templo del Viento

Der **Wind-Tempel** überragt die kleine Caleta (Bucht). Sein Name leitet sich ab von seiner Plattform, die mit ihren gerundeten Ecken den mesoamerikanischen Windgott assoziiert (in Personalunion mit → Kukulkán). Der Tempeleingang ist auf der Nordseite, im Innern befindet sich ein kleiner Altar und ein Sehschlitz nach Süden.

Casa del Cenote (9)

Nördlich befindet sich an der Mauer das „Wasserhaus", benannt nach einem unterirdischen Brunnen, über dem es erbaut wurde. In seinem Innern steht im hinteren Raum ein Altar und man fand außerdem ein Grab.

Ganz im Süden des Areals liegt der **Templo del Mar** (Estructura 54), von wo man Tulúm gleichfalls überblicken kann.

Tulúm Pueblo

Ew. 4500

✆ 01-984

Wie erwähnt, ist Tulúm Pueblo Ausgangspunkt für die Cabañas an der Boca-Paila-Straße. Manche übernachten in dem unschönen Kaff und fahren tagsüber mit einem Taxi an den Strand. Die kosten zu Ruinen ca. 30 P, zu den Cabañas, je nach Entfernung, 30–60 P (Festpreise, die *taxistas* lassen kaum mit sich handeln).

Tulúms lange Hauptstraße heißt *Avenida Tulúm* (Mex 307), die anderen Straßen tragen die Namen von Himmelskörpern (Venus, Orion etc.). Außer dem Busstop beim Crucero gibt es in Ortsmitte noch den Hauptterminal, wobei Terminal übertrieben ist, es ist mehr eine Haltestelle mit einem zu groß geratenen Wartehäuschen. Taxis stehen entlang der Avenida Tulúm und beim Busterminal. Etwas weiter südlich ist der Standplatz für Colectivos nach Playa del Carmen.

Unterkünfte

Vorab: **Tulúm-Hotels** bieten ein **schlechtes Preis-Leistungsverhältnis!** Die überteuerten Hotels *Acuario* und *Andrea's Tulúm* am **Crucero** (s. Karte) haben nur den Vorteil der nächsten Nähe zu den Ruinen, keine Empfehlung, außer vielleicht das noch teurere *Maya Riviera*. Dann doch gleich zur neuen und guten **Posada Luna del Sur,** Calle Luna Sur (vom Busterminal südl. gehen, 3.

Straße links), ca. 25 € für ein schönes Zimmer mit AC und Balkon, also wesentlich weniger als viele der überteuerten Strand-Cabañas; per Taxi dann zum Strand, z.B. zu *El Paraíso* (s.u., km 1,9). – Für **Traveller** ist ein **TIP** das **Hotel El Crucero** beim Busstop, Tel. 8712610, www.el-crucero.com. Gemütliche Atmosphäre, das Restaurant wird von einem sehr netten dt. Paar geführt und ist empfehlenswert, leckeres Essen, gPLV. Außerdem, Bar, Eisdiele. Ein Dorm-Bett kostet ca. 7 €, eines der sauberen und individuell bemalten DZ je nach Größe und Ausstattung zwischen 22 und 42 €. Garten, Internet, Radverleih, Galerie, Minimarkt, Tauchschule und mit **Tour Office CESiak für das Sian Ka'an-Reservat** (s.S. 160) mit Tourangeboten, Tel. 01-984-871-2499.

Die Hotels in Ortsmitte an der Avenida Tulúm sind wegen des Verkehrs laut (nicht empfohlen wird das *Hotel Maya Tulúm* gegenüber dem ADO-Terminal). Gut, aber preislich überhöht ist **L'Hotelito,** balinesischer Touch (zw. Orion- und Beta Norte, DZ um 35 €, mit ital. Rest.). Schräg gegenüber ist das **Chilam Balam,** relativ neu und gut, große DZ/AC 30 €, mit Vent. 22 €.

An der Cobá-Kreuzung liegt das **Hotel El Mesón,** gute DZ, ca. 18 €, ein Hotel für Taucher *(Aktún Dive Center)*. – Auch beim **Weary Traveler** kann man einfach übernachten (s.u.). Traveller, die gern mit anderen „rumhängen", sollten zur **Rancho Tranquilo** gehen, 3 Min. südl. der Bushaltestelle, sehr einfache Cabañas (10–18 €) mit *baño común,* Selbstkocher-Küche, eMail/Res. über www.vipbackpacker.com.

Backpacker Info-Center / Hostel

The Weary Traveler beim Busterminal ist ein **Info-Center** mit Internet-Café (Tel./Fax 01-**984**-8712461, eMail/Res. über www.vipbackpacker.com, Telefon-/Fax-Service, Büchertausch (auch Reiseführer), engl.-spr. Dort kann man Neues erfahren, z.B. über Belize und Guatemala, was trinken oder seine Mails erledigen. Gepäck kann deponiert werden. Weiterhin gibt es hier einen Beach-Shuttle-Bus, der zu *El Paraíso* fährt (s. Karte), wo man die Duschen und alles mitbenutzen kann. Des weiteren diverses Tour-Angebot.

Übernachten beim Weary Traveler kostet im Dormitorio 100 P, Frühstück inklusive; einfache Einrichtung mit Gitterverschlägen für das Gepäck unter den Betten, nette abendliche Atmosphäre beim Grillen.

Mietwagen / Scooter

Bei *Ana y José Car Rental* oder *Savana-Comunicación,* Hauptstraße, s. Karte. Vermietet Gab & Max, Av. Tulúm, 89, bei der Post, Tel. 8044304, oder *Los Cocos Locos* (der Weary Traveler weiß wo).

Internet

Websites: www.tulum.cc und www.info-tulum.com; **Internet** bei **Savana-Comunicación** (s. Karte).

Geld / Bank

Banken mit Geldautomat (ATM): Bank Bital, an der Hauptstraße neben der Polizei, eine andere weiter nördl. linke Seite (s. $-Signets). Wechsel von Bar-Dollars und Traveller-Schecks auch beim Busterminal. Nächster Geldautomat ist in Xel-Há, 15 km nördl. von Tulúm.

Wäscherei

Burbujas, Calle Jupiter Sur zw. Sol u. Mercurio.

Tauchen

Das Hotel El Mesón ist Basis des **Aktún Dive Center** (unter deutscher Leitung, Gunnar Wagner), Tel. 8712311, Fax 8712312. Wer tauchen möchte – ob in Cenoten oder im Meer – sollte dieses bewährte Tauchzentrum kontakten (neuwertige Ausrüstungen, Sicherheit wird groß geschrieben). Sehr informativ ist die Website www.aktundive.com.

Essen & Trinken Einkaufen

Auch in Tulúm wird auf fast alle Restaurant-Rechnungen automatisch ein 10%iger „Service-Charge" draufgeschlagen … Gegenüber vom Busterminal liegt **Charlie's,** hinten ist ein ruhiger netter Patio, gutes Essen. – An der Hauptstraße in Richtung Norden: links bzw. westlich liegt die günstige und sehr gute **Taquería El Mariachi,** auch leckeres Buffet. – In der Calle Alfa Sur bietet das **Café Expresso Tulúm** sehr gutes und einigermaßen preiswertes Frühstück. – Beim **Paris de Noche** gibt es ital.-/franz.-/mex. Gerichte zu noch zivilen Preisen; schräg gegenüber das geschmackvoll eingerichtete, sehr gute **Il Basilico** (super Zuccini-Pizza), und wieder zurück über die Straße verkauft an der Ecke Beta Sur **Pollo Bronco** Hähnchen vom Grill. – Gleiche Straßenseite, einen Block weiter: **Crocodilos,** schmackhaftes Essen, guter Fisch, kein Service-Charge; gleich daneben ist **La Nave,** empfehlenswert, leckerer Fisch aus dem Ofen, gute Pizzen. – Weiter nördlich, Ecke Orion: **Don Cafetos,** reichhaltige Mahlzeiten, gute Fische, gehobene Preise. – Sehr gut italienisch essen kann man bei **Tony y Simone** (sehr teuer, Mittw. Ruhetag). – Jeweilige Lagen der Restaurants s. Karte.

Einkaufen + Essen: an der Cobá-Kreuzung beim Hotel El Mesón liegt der **Supermercado San Francisco** von amerikanischem Kaliber – dort gibt es ein günstiges **Selbstbedienungs-Restaurant,** geöffnet 7–22 Uhr.

Reserva de la Biósfera Sian Ka'an

In das Reservat (Exkurs s.S. 160) nach **Punta Allen** (2 h) tägl. mit einem Colectivo vom Busterminal (oder von *Savana Comunicación,* s. Karte), als gebuchte Tour bei *Sian Ka'an Tours* (*CESiak,* Av. Tulúm, Hotel El Crucero, Tel./Fax 8712363) oder mit einem Mietwagen (*Ana y José Car Rental,* Av. Tulúm).

An- und Weitereise vom ADO-Terminal

Kleines Terminal, Gepäckabgabe möglich in dem dortigen kleinen Laden, für 8 P/Std. – Die **Verbindungen** sind recht zahlreich: nach **Cancún** (130 km, 1. Klasse ab 9.30 stündlich, 2. Klasse ab 7 Uhr halbstündl., oder nach Playa del Carmen und dort umsteigen). – **Chetumal** (250 km, über Felipe Carrillo Puerto, 2. Klasse ab 10.15 bis 17.15 Uhr stündl., auch 4 Busse 1. Kl.). – **Chichén Itzá** (7, 14.30, 17.30, 23 Uhr; 2,5–3 h). – **Cobá** (45 km) und **Valladolid** (6.30, 7, 8.30, 11, 14.30 und 18 Uhr; nach Cobá evtl. mit anderen per Taxi oder trampen). – **Mérida** (2x frühmorgens und um 14.30 Uhr).

– **Playa del Carmen** (65 km, halbstündl.), u.a. Ziele, auch einige nach **Palenque** (10 h). Wer in Etappen nach Playa del Carmen will, kann an der Straße jederzeit einen 2.-Klasse-Bus stoppen. Außerdem fahren nach Playa del Carmen ständig **Colectivos,** Abfahrtsstelle ist gegenüber vom „Weary Traveler", die bessere Idee, weil billiger und schneller als der Bus.

Die Tulúm-Cabañas

Anlagen sind unterschiedlich

✆ 01-984

Die Cabañas südlich der Tulúm-Ruinen sind bezüglich Preise und Niveau sehr verschieden. Zwischen den Tulúm-Ruinen und dem Straßendreieck (s. Karte) eher einfach bis primitiv, südlich davon komfortabler und teurer **– bis hin zur reinsten Abzocke! Handeln** ist erste **Touristenpflicht,** besonders bei mehreren Übernachtungen. Die Preise variieren übers Jahr stark, am **höchsten sind sie von Mitte Dezember bis Mitte Januar** – und trotzdem ist fast immer alles ausgebucht, und dann ist auch Handeln zwecklos. In der Nebensaison, ab etwa April/Mai, liegen viele Cabañas verlassen da, kaum Gäste. **Viele Cabañas akzeptieren keine Kreditkarten,** nur Bar-Peso bzw. Dollar, vorab klären! Es entstehen immer wieder neue Anlagen, andere verkommen, geben auf oder wechseln die Besitzer. Für Ihre persönliche Erfahrungen bin ich dankbar.

Infos von Web-Sites

Viele Cabañas haben Websites oder präsentieren sich gemeinsam, wie z.B. unter **www.hotelstulum.com** oder **www.tulumresorts.com.** Dort sind Fotos zu sehen, stehen die aktuellen Preise und man kann per eMail reservieren.

Cabaña-Qualitäten

Die spartanischen Strand-Cabañas südlich der Tulúm-Ruinen genügen vielen Travellern, doch für die dafür verlangten Preise fühlen sich manche „ausgenommen wie eine Weihnachtsgans" (Zuschrift). Üblich sind Gemeinschaftsbäder, Strom gibt es nur abends (Generatoren!). Die cabañaeigenen Restaurants sind überteuert und zum Einkaufen ständig mit einem Taxi nach Tulúm-Ort zu fahren summiert sich. Primitiv-Hütten haben meist nur Sandböden und Wände aus unverfugten Pfahlhölzern, durch die der Wind bläst, Moskitos und Krabbelgetier sind an der Tagesordnung (Rucksack bzw. Koffer wegen den Kaker-

Grand Cenote 3,8 km / Cobá 45 km / Valladolid
Airstrip
n. Xel-Há (15 km) / Playa del Carmen / Cancún
① Restaurants
1 Tony y Simone
2 Don Cafetos
3 Crocodilos + La Nave
4 Il Basilico
5 Paris de Noche
6 Taquería El Mariachi
7 Charlie's
8 Café El Espresso
Busstop
»CRUCERO«
Karten fürs »Bähnle«
Super-mercado San Fco.
MEX 307
P
Einkaufs-zentrum
TULÚM-RUINEN
Rest. Tony y Simone
1. Av. / Gemini Norte
Av. Tulúm
Cobá-Kreuzung
gesperrte Straße
STRAND VON Punta Piedra (s. Foto unten)
Leucht-turm
Straßenblockade
Orion Nte
Gab & Max Scooters
Andromeda-Ote.
Sol-Oriente
Venus-Ote.
Satelite Sur
Centauri Sur
Orion Sur
3,3 km
km 2
Cab. El Mirador
Cabañas Santa Fé
Cab. Zazil Kin
Cab. Mar Caribe
El Paraíso
Playa Condesa
Diamante K
Cabañas Lol Tun
TULÚM-PUEBLO
(nicht maßstäblich)
Taxis
Ana y José Car Rental
ATM
@Savana-Comunicación
km 1
Straßen-dreieck
km 0
Alfa Nte
Osiris
Beta Sur
Bank Bital ATM / Polizei
Boca-Paila-Straße
Tribal Village / Cab. Papaya Playa
Cabañas Copal
The Weary Traveller (Infos/Hostel)
Bus-Terminal
km 1
La Conchita / Punta Piedra /
Nohoch Tunich / Posada del Sol
Zamas
Piedra Escondida / La Perla / Zamas
km 2
Cancer
Luna Nte
Acuario Sur
Jupiter S
Sol
Alfa Sur
Neptuno Pte
Maya Tulúm
Rancho Hemingway / Pos. Margherita
Taxis zu Cabañas
Colectivos Playa del Carmen
km 3
La Flor / Aries
Luna Sur
Mercurio Sur
Los Arrecifes / Luz de la Luna
Cabañas Ana y José
Hotels
1 Maya Riviera
2 Acuario
3 Andrea's Tulúm
4 El Crucero/Sian Ka'an Tours CESiak
5 El Mesón / Aktún Dive Center
6 L'Hotelito
7 Chilam Balam
8 Rancho Tranquilo
9 Posada Luna del Sur
Felipe Carillo Puerto / Chetumal (250 km)
km 4
Cabañas Tulúm / Los Lirios
Ballena / Tropical Padus
Camping Oasis / Tita Tulúm / Caribe
km 5
Dolce Vita / Nueva Vida
Zacil-Há
La Zebra / Oliguana / Las Ranitas
km 6
Dos Ceibas / Los Arcos
Tierra del Sol
N
km 7
von den Cabañas Tierra del Sol sind es noch 12 km bis Boca Paila im Reserva de la Biósfera Sian Ka'an und von dort 37 km bis Punta Allen an der Südspitze der Landzunge
Blick auf den Strand Punta Piedra vom Leuchtturm
TULUM / CABANAS
© RKH VERLAG HERMANN
0 ca.1 km

laken immer verschlossen halten). Cabañas haben kaum Fenster, sind dunkel, und die Einrichtung besteht neben den obligatorischen Haken für Hängematten meist nur aus den Betten bzw. einem abgehängten Doppelbett. Moskitonetze sind obligatorisch. **Checkt immer zuerst die sanitären Anlagen.** Vor Diebstählen ist zu warnen, über Nacht nichts draußen lassen.

Die **teureren Cabañas** entlang der Boca-Paila-Straße sind nicht automatisch besser: Auch dort wird der Strom meist gegen 22.30 Uhr abgeschaltet, aus den Duschen kann salziges Wasser kommen und der Trip nach Tulúm, um z.B. mal Wäsche zu waschen, kann mit einem Taxi auf der Schlaglochpiste zu einer teuren, nervtötenden Angelegenheit werden. **Sporadisch soll jetzt auch ein Bus fahren,** die Cabañas sollten die Zeiten wissen.

Am **Meer** gibt es teilweise Palmenschatten, dafür auch Sandfliegen, und bei starkem Wind treibt **Seegras** an.

ACHTUNG! In geparkten Wagen nichts liegen lassen, es kann zu nächtlichen (spurenlosen!) Aufbrüchen kommen!

Mitbringen Für einfache Cabañas und einige Tage: Kerzen, Taschenlampe, Mücken-Repellent, Trinkwasser (Kanister). Hängematte und Moskitonetz sind im Preis fast immer mit drin, können auch gemietet werden.

Zugang/ Zufahrt **Zu Fuß von den Tulúm-Ruinen** zu den Cabañas El Mirador, Santa Fé und Zazil Kin: auf der Straße Richtung Straßenblockierung gehen, dann weiter und bei der ersten Möglichkeit links runter (Restaurante El Mirador). **Vom Busterminal** im Tulúm-Pueblo: mit Taxi. **Mit eigenem Wagen:** Vom Crucero noch ca. 700 m in Richtung Tulúm-Ort fahren, dann an der Cobá-Kreuzung nach links (Osten) abbiegen. Nach 3,3 km am **Straßendreieck** nach links oder rechts fahren.

Camper-/ Wohnmobile Wohnmobilfahrer finden Standplätze direkt am Sandstrand, z.B. bei den Cabañas El Mirador, Santa Fé, Cabañas Mar Caribe, auf einer Klippe am (steinigen) Strand kurz von den Cabañas Maya Tulúm (s.u.) und bei den südlichen Cabañas.

km 0 Cabañas vom Straßendreieck n. Norden/Tulúm-Ruinen

Km 0,9 Hier entsteht eine neue, schöne Cabaña-Anlage; es liegen uns noch keine Erfahrungen vor.

Cabañas Lol Tun (km 1) Ziemlich neue, einfache und saubere Cabañas, mit Doppelbett 14 US$, Estrichfußboden, Strom, *baño común,* einfaches und preiswertes Essen, baden am Sandstrand von Diamante K.

Cabañas Diamante K (km 1,1) Einzel-Cabañas je nach Ausstattung (Hängebetten, Betten, Hamacas, mit und ohne Privatbad) 25–40 US$, Privat-„Suites" 45–90 US$. Insges. 30 (dunkle) Cabañas. Sich alles zeigen lassen und prüfen, besonders den momentanen Zustand der Toiletten und Duschen. Rabatt, wenn man zwei Nächte oder länger bleibt. Diamante K ist eine idyllische Anlage mit vielen Sitz-, Liege- und Hängemattenplätzen sowie zahlreichen schattenspendenden Palmen, nachts romantische Stimmung durch brennende Fackeln. Schwimmen kann man an der kleinen, schönen Strandbucht. Leider meist unfreundliches Personal und muffiger Service. Backpackern wird das Ambiente weniger zusagen. Kleiner Laden, sehr teures und weniger zufriedenstellendes Restaurant. Ansehen/reservieren über www.diamantek.com, Handy-Tel. 044-984-8073894.

Cabañas Playa Condesa (km1,3) Gleich hinter der verlassenen Ranchita *Dzi-Baan-Actun* liegen die Cabañas *Playa Condesa* (18–40 US$): Cabañas mit Steinböden u. Moskitonetzen, 24 h Warmwasser, Strom 19–23 Uhr, insges. eher negative Zuschriften. Kleines Restaurant der Familie, die auch noch 2 Zimmer in ihrem Haus vermieten. Terrasse mit Aussicht, Schatten, Ruhe. Von Nachteil ist der felsige Strand (Sonnenschirme, Schnorchelverleih), doch zum Baden kann man etwas weitergehen.

Villa Vista al Mar, km 1,4 kleine Anlage, Cabañas mit Moskitonetz und ohne Dusche kosten 14 US$, mit Dusche 18 US$, Felsstrand.

Mezzanine km 1,5 Neue und sehr schöne, hochpreisige Anlage (DZ je n. Saison 150–225 US$), Pool, freundlich, Bar. Das Essen im Restaurant ist absolut Spitze. Details auf www.mezzanine.com.mx, Tel. 01-984-804-1452.

La Vita e Bella, km 1,7 Beach Club; Luxus-Bungalows mit Garten, Strom, AC und Warmwasser; über 100 US$. Das italienische Restaurant ist zwar toll eingerichtet aber überteuert und nicht der Hit.

El Paraíso (km 1,9) Beach Club y Cabañas; Anlage für Leute die es etwas komfortabler mögen; schöner, breiter Strand, Liegestühle, schattenspendende Palmen, Beach-Bar mit gutem Essen. Ein großes Zimmer in einem „Reihenbungalow" kostet mit Bad und Warmwasser um die 70 US$, mit kalter Dusche 55 US$.

Mar Caribe, (km 2,3) Weitläufige Anlage, ca. 2 Dutzend Cabañas, 14–28 US$, nicht schlecht, ein Tip für Campmobile. Direkt hinter den Cabañas befindet sich das freundliche **Restaurant Don Cafetos,** eine Zweigstelle jenes im Ort Tulúm. Gutes Essen, moderate Preise.

Cabañas Zazil Kin (ex Don Armand)o (km 2,5) 12–30 US$. Der Familienbetrieb mit nun neuer Leitung ist bei Travellern seit Jahren beliebt (Tel./Fax 01-984-8712417 u. 8779984, www.hotelstulum.com). Internationales Publikum, nette Atmosphäre, viele Pärchen, breiter Strand mit Sportmöglichkeiten. Oft ausgebucht, reservieren ist nicht möglich, man wird in Warteliste eingetragen, hat aber bei morgendlicher Ankunft immer eine gute Chance. Von den 45 Cabañas haben 5 Bad und Dusche, mit Doppel- oder Einzelbetten. Billig-Cabañas haben nur Sandböden, Kerzenlicht und *baños comunes* (ein Block für Toiletten, ein anderer für – kalte – Duschen). Bungalows verfügen über Strom. Security-Personal. Das Restaurant ist o.k, Getränke aber überteuert, geöffnet bis 22 Uhr, danach open-end an der Bar oder Tanz in der *Discoteca* (wegen der lauten Musik – meist bis nach 2 Uhr – und den Stromgeneratoren besser eine Cabaña Richtung Strand wählen). Der **Diveshop** *Aucatic Tulum* am Beach (www.aucatictulum.com) bietet – nicht gerade billige – Schnorchel- und Tauchtouren zum Riff u.a. zu Cenoten an.

Längerbleibende Sparfüchse fahren mit leerem Rucksack zum Einkaufen in den Supermarkt beim Hotel El Mesón. Zum Parkplatz des El-Mirador-Restaurants (s.u.) kommt ab und zu gegen 18 Uhr ein Wasserverkäufer (Fa. „Auqa Marino"), der in Kanistern (gegen Pfand) Wasser an Wohnmobilisten verkauft.

Cabañas Santa Fé (km 2,6) 12–25 US$ (plus Pfand fürs Bettzeug). Einfach- bis einfachste Cabañas mit Sand- oder Zementboden, primitive Sanitäranlagen. Das **Restaurant** aber ist gut, eine Abwechslung zu dem von Zazil Kin (manchmal Live-Musik), nette Atmosphäre. Schnorcheltouren zum nicht weit entfernten Riff.

Cabañas El Mirador (km 2,8) 13–25 US$. Unterschiedliche Ausstattungen (Beton- oder Sandboden, *hamacas* oder Betten, Moskitonetz sollte vorhanden sein). Kein Strom, *baño común*. Vom erhöht liegenden, nur mäßigen **Restaurante El Mirador** schöne Aussicht auf den Palmenstrand und aufs Meer (am Parkplatz Stellflächen für **Wohnmobile**). Schnorchelausfahrten zum Riff. Tel./Fax 8712092. Ansehen: www.hotelstulum.com.

Km 3,0 Straßenblockierung. **ACHTUNG! Gefährlicher Parkplatz! Hier wurden schon wiederholt geparkte AUTOS aufgebrochen!** Kein Risiko eingehen.

Reiseteil

km 0 Cabañas v. Straßendreieck n. Süden/Boca-Paila-Straße

Anfahrt nur möglich mit eigenem Wagen oder Taxi.
Km-Distanzen ab dem Straßendreieck (s. Karte).

Tribal Village (km 0,2) Kleine Anlage mit diversen sog. „Cabañas" (60 US$), „Villas" (85 US$) sowie einer „Casa" (150 US$). In der Nebensaison erheblich billiger, handeln. Nette Atmosphäre durch die verstreut liegenden Hütten, Palapas und Hängematten unter Palmen, kleiner Strand, Essen teuer. Südlich davon schließt sich an

Papaya Playa (km 0,5) Insgesamt 46 remodellierte Busch-Cabañas diverser Größen und Qualitäten (Sand- oder Steinfußböden) mit Preisen von 20 bis 100 US$. Ein, zwei oder drei Betten, *baño privado* oder *baño común,* Heißwasser. Längerbleibenden wird Rabatt eingeräumt, und auch zu Fuß ankommende Rucksackler. Die besten Cabañas liegen links oben auf dem Hügel mit Blick über den Strand. Strom von 18–24 Uhr. Info-Center engl.-spr., Frühstück, Essen, Bar, Wertfächer an der Rezeption, Tourangebote. Details auf www.papayaplaya.com.

Cabañas Copal (km 0,8) Große Auswahl diverser Cabaña- und Casita-Typen („garden-view"/„seaside-view" etc.), mit oder ohne Privatbad für jeden Geschmack und Geldbeutel, von 35 bis 150 US$ in der HS (bei mehreren Tagen Preise verhandeln). Am besten informiert man sich vorab auf der sehr gut gemachten und informativen Website www.cabanascopal.com. Cabañas mit Privatbad haben große Fenster, sind liebevoll eingerichtet und der Blick aufs Meer ist herrlich. Warmes Wasser vorhanden, aber kein Strom, abends Kerzenlicht-Ambiente. Das gute Frühstücksbuffet kostet 80. Insgesamt eine schöne, empfehlenswerte Anlage mit nettem Personal, Radverleih und div. Services wie Yoga, Spa, Fitness. Internet direkt neben der Anlage mit Kinofilmen/engl. auf großer Leinwand, Mini-Markt beim Eingang an der Straße. Tel./Fax 8712482. Reservierung/Verfügbarkeit: info@cabanascopal.com und cabanascopal@eco-res.com.

Beim km 1,0 ein halbes Dutzend nahe beieinanderliegende Cabañas:

La Conchita (km 1,0) DZ ab 100 US$. Acht gepflegte Cabañas (z.T. doppelstöckig). Tel. 8712092. Ansehen/reservieren: www.hotelstulum.com. Gleich daneben:

Punta Piedra DZ 15–35 US$. Sechs rustikale Cabañas mit Betonböden, *baño común,* Strom nur abends, netter Strand, Dive-Shop, Fahrradvermietung, div. Touren, Restaurant. An der Straße Geldwechsel und kleiner **Laden.** Tel./Fax 8769167. Ansehen/reservieren: www.hotelstulum.com. Gleich daneben:

Nohoch Tunich DZ 20–70 US$. Gemauerte doppelstöckige Bauten und Cabañas (direkt am Strand, Zustand prüfen!), insg. 18 Räume, Restaurant; Tel./Fax 8712470. Ansehen/reservieren: www.hotelstulum.com. – Gegenüber die

Posada del Sol österr.-mex. Leitung, 4 Bungalows, kein Blick aufs Meer, aber bessere und sauberere Zimmer als Nohoch Tunich (60 US$).

Piedra Escondida DZ 70–115 US$. Luxuriöse, zweistöckige Gebäude mit 8 schönen DZ mit Bad und Balkon (obere Zimmer sind teurer) am Strand. Mex.-ital. Rest., Bar. Tel. 8712217. Ansehen/reservieren: www.hotelstulum.com.

Hotel La Perla DZ mit Privatbad 65 US$, Cabaña mit *baño común* 25 US$. Kleine, geschmackvolle Hotelanlage mit 6 Zimmern und zwei Cabañas, Strom von 19–23 Uhr, Restaurant und Bar (mex.-franz.), Besitzerin Monica Koestinger spricht engl., Tel. 8712382, Fax 8712092. Ansehen/reservieren: www.hotelstulum.com, laperlatulum@hotmail.com.

Zamas (km 1,3) DZ 80–110 US$, je nach Saison, Lage und Cabaña-/Casita-Typ – und Preisverhandlungsgeschick ... Schöne Anlage an einer Bucht gleich beim Wasser. Das Restaurant gut, Preise aber gehoben. Freundlicher Service und netter Manager, der sich um seine Gäste kümmert und sie kostenlos zur Schnorcheltour mitnimmt. Tel./Fax 8778523. Ansehen/reservieren und aktuelle Preise unter www.zamas.com und www.hotelstulum.com.

Maya Tulúm (km 2,1) DZ 75–140 US$. Am Ende der Teerstraße; 37 Cabañas in 3 Kategorien mit Hängebetten, esoterisch/New Age ausgerichtet, viele US-Yoga-, Massage- und Meditationsjünger (Bhagwan lässt grüßen). Großes, gutes vegetarisches Palapa-Restaurant. Tel./Fax 8712429. Ansehen/reserv. www.mayantulum.com.

Ab jetzt ist die Straße nicht mehr asphaltiert.

Rancho Hemingway (km 2,4) Heruntergekommene Anlage an schönem Strand mit Holz-Cabañas; jene mit Meeresblick kosten in der HS nichtsdestotrotz bis zu 100 US$, andere 60 US$, die mit Sandböden ohne Strom und mit Gemeinschaftsbad 30 US$. Restaurant derzeit geschlossen; engl.-spr.

Posada Margherita Ein halbes Dutzend schöne, massive Cabañas, ca. 80 US$, italien. Leitung, sehr gutes Beach-Restaurant (italien.), freundlich, **rollstuhlfahrergerecht.** Fotos u. Details auf www.posadamargherita.com. In dieser Preiseklasse ein **TIP.**

Restaurant Posada Kin Há Das übernächste Restaurant nach dem Rancho Hemingway ist ein heißer Gourmet-Tip: Köstliche Fischgerichte, zubereitet – wie könnte es auch anders sein – italienischer Kochkunst, zu passablen Preisen. Chefin und Köchin ist Paola Slorizzi. Es gibt dort auch eine größere Cabaña.

La Flor (km 2,8) 15–35 US$. Cabañas im Familienbetrieb, Camping, nahebei einige Restaurants, schöner Strand, eine Alternative zum Rancho Hemingway.

Km 2,9: **Aries,** auch Camping möglich.
Km 3,3: **Los Arrecifes**.
Km 3,4: **Luz de la Luna**

Cabañas Ana y José (km 3,6) DZ Standard ab 75 US$, Beachfront-Cabañas um 140 US$. 17 gemauerte, komfortable Cabañas (zweistöckig) mit Terrasse und Privatbad (ohne großen Komfort), unaufdringliche, schöne Karibik-Anlage im Ethno-Stil direkt an einem Palmenstrand. Sportmöglichkeiten, gutes, tolles Restaurant und Bar. Von hier sind **Ausflüge** per Boot und Außenborder **ins Sian Ka'an-Reservat** möglich (nach Manuel fragen, Führer und Biologe, er spricht engl.). Tel. 01-984-8875470, Fax 8875469, Ansehen/reservieren unter www.hotelstulum.com und www.anayjose.com.

Cabañas Tulúm (km 3,7) 70–120 US$. Größere Anlage mit 32 teils abgewohnten Räumen/Zimmern an der Beachfront und in der zweiten Reihe, Tel. 8712092, www.hotelstulum.com. Gutes Essen, doch völlig überteuert.

Es folgen die Anlagen:

Cabañas/Hotel Los Lirios (km 3,9, www.hotelstulum.com), **Ballena** (km 4,1), **Tropical Padus** (km 4,2, sehr schöne, wirklich ökologische Anlage, www.tropicalpadus.net, Tel. 8762088), **Camping Oasis** (km 4,4), **Tita Tulúm** (km 4,6, zweistöckige, stillvolle Cabañas mit Balkon in idyllischer Gartenanlage für ca. 75 €) direkt am Meer, liebevoll eingerichtet, mit Rest., www.titatulum.com), **Caribe Dolce Vita** (km 4,7, auch Camping), **Nueva Vida** (km 4,8), **Zacil-Há** (km 5,1, auch Camping), **La Zebra, Oliguana, Las Ranitas** (km 5,7, www.lasranitas.com).

Dos Ceibas (km 5,8) DZ ab 70 US$. Schöne, unterschiedlich ausgestattete Cabañas auf „Öko"-Basis (Solarstromanlage), gutes Restaurant, Meditationraum etc., span. Leitung. Ansehen: www.dosceibas.com (Tel. 8762312).

Los Arcos DZ 80–160 US$, superschöne Anlage, italien. Managment, Tel. alles einzusehen auf www.tulumbeachvilla.com.

Beim km 6,2: **Cabañas Tierra del Sol**. Von hier sind es noch 12 km bis Boca Paila und von dort weitere **mühsam-langsame 37 km** bis Punta Allen.

Reserva de la Biósfera Sian Ka'an

Von den Cabañas Dos Ceibas und Tierra del Sol führt die Buckelpiste weiter ins **Biosphärenreservat Sian Ka'an** (am Beginn ein Kontrollposten). Die Landschaftsszenerie ist ziemlich monoton, links und rechts blickt man fast durchweg nur auf dichtes Grün. Autofahrer: vorher volltanken und Wasser mitführen.

„Sian Ka'an" bedeutet auf maya „wo der Himmel geboren wurde", es ist das bedeutendste Küstennaturschutzgebiet Mexikos. Eine über 5000 qkm große (ca. 10% der Fläche von Quintana Roo), feuchtheiße und weglose Wildnis an der *Bahía de la Asención,* fast ganz aus Sumpfland, Mangroven, Schilfgebieten, Lagunen und Seen bestehend. Der dichte Busch birgt auch noch manche überwachsene Maya-Stätte. Die Tierwelt ist sehr artenreich: über 300 Vogelarten (viele Kormorane), Störche *(jabirús),* Meeresschildkröten, Salzwasserkrokodile, Schlangen, Affen u.v.a. mehr, selbst Jaguare sollen noch herumstreifen (bei einer Fahrt nach Punta Allen wird man aber nicht vieles zu Gesicht bekommen). Der Küste vorgelagert ist das Große Maya-Riff, das zweitgrößte der Welt.

Kurz vor der *Boca Paila Fishing Lodge* liegt rechts das **CESiak-Naturschutz-Infozentrum** mit Übernachtungsmöglichkeit, Ökotourismus und Buchung geführter Kajaktouren (s.u.).

Die **Boca Paila Fishing Lodge** liegt an einem breiten, herrlichen Palmenstrand. Die Bungalows kosten rund 100 US$ (Details auf www.bocapaila.com).

Danach sind es über eine Brücke noch 37 weitere beschwerliche Kilometer bis zum kleinen Fischerort **Punta Allen** an der Südspitze der lattenschmalen Landzunge.

Die wenigen Unterkünfte in **Punta Allen** sind sehr teuer: *Cuzan Inn* (Hochsaison ca. 80 US$, Tel. 01-984-8340383, 8 rustikale Cabañas, Schnorchel- und Angeltouren zum Riff, Trips zur Vogelinsel Cayo Culebra). *Let it be Inn* (Bungalows am Meer, Hochseefischen u.a., www.letitbeinn.com). Außerdem gibt es einige einfache Fischrestaurants und einen Anbieter für Bootsfahrten zur Lagune, Vogelinsel (Pelikane, Fregattvögel, Tölpel u.a.) und zum Riff (nach Guía Manuel fragen). Schnorcheln am Riff ist fantastisch!

Von Tulúm aus kann man täglich mit einem Colectivo vom Busterminal oder von *Savana Comunicación* (s. Karte) nach Punta Allen fahren (2 h), eine Tour buchen oder man macht es in Eigenregie und mietet dazu einen Wagen *(Ana y José Car Rental).*

CESiak-Touren: CESiak *(Centro Ecológico de Sian Ka'an)* verschrieb sich dem Schutz des Biosphärenreservats und hat ein Büro am Crucero von Tulúm (Hotel El Crucero), Tel. 01-984-871-2499, **www.cesiak.org**. Ihre *Canal Tour* kostet derzeit 69 US$ (Preise für Wochentage verhandelbar). Die Touren sind gut organisiert und lehrreich, außerdem kann man in der schöngelegenen Cesiak-Ökoanlage übernachten und von dort Exkursionen per Boot oder als Buschwanderung unternehmen (rund 100 US$, all-inclusive). Weitere Details dazu s. Website.

Schnellere Alternativ-Anfahrt: Von Tulúm auf der Mex 307 nach Süden (Felipe Carillo Puerto) fahren. Nach ca. 44 km zweigt eine kleine Straße nach links ab (nicht verpassen, rechts an der Straße Schild „Playon"). Kurz danach Reservats-Beginn. Boots-Cooperativen bieten Touren an: Vogelinsel, Schnorcheln am Riff, Schwarze Lagune. Ca. 35 € für 5 h, **TIP!**

Straße Tulúm – Cobá

Cenotes

Auf der Strecke Tulúm – Cobá gibt es rechts und links der Straße einige Cenotes. Etwa 1 km ab der Kreuzung/Mex 307 kommt rechts ein Parkplatz mit Souvenir-Shop. Rechts davon – ausgeschildert, Eintritt ca. 3 € – beginnt ein kurzer Trampelpfad durch den Wald zum **Cenote Calavera** („Totenkopf"). Er besteht aus einem großen und zwei kleineren Deckeneinbrüchen. Nichts besonderes, halt ein Loch mit Wasser.

Zum Schwimmen, Schnorcheln und Tauchen ist bestens geeignet der **Gran Cenote** (3,8 km ab der Tulúm-Kreuzung, rechts, Eintritt ca. 6 €): Ein offenes, ca. 12 m tiefes großes Wasserloch mit äußerst klarem, kühlem Süßwasser und mit einem Höhlenteil mit Tropfsteinskulpturen und reizvoller Unterwasserwelt. Schnorchelausrüstung kann gemietet werden (Preis wie Eintritt). Schließt so um 16–17 Uhr.

Ein paar Kilometer weiter kommt auf der linken Straßenseite der **Cenote Car wash** (so geheißen, weil Einheimische hier früher ihre Autos wuschen). In dem kühlen und klaren Wasser kann man gut schwimmen, Schnorcheln lohnt weniger.

Auf der weiteren schnurgeraden Strecke gibt's nichts Aufregendes mehr, nur ab und zu ein paar Hütten, einfache Straßenrestaurants, Souvenirstände von Maya-Familien und viele Schlaglöcher ... 43 km nach Tulúm Pueblo kommt der Abzweig zum Cobá Pueblo (2,5 km).

Cobá Pueblo

Service in Cobá Pueblo

Cobá-Pueblo ist ein kleines Straßendorf am Lago Cobá. Ohne die Ruinen würde hierher kein Mensch kommen. Die *Parada de Autobuses* befindet sich am nördlichen Dorfanfang bei **Posada-Restaurante El Bocadito** (schmuddelige Zimmer, ca. 8 €). Dort auch Auskunft über Bus-Abfahrtszeiten (Eigentümer *Francisco Itzá Xuluc,* Tel. 01-**985**-8563738, www.cancunsouth.com/bocadito). Im El Bocadito kann man etwas trinken (Essen mäßig) und dann für die Dauer der Cobá-Besichtigung sein Gepäck hierlassen. Dazu der Straße folgen, am See (in dem es lt. Einheimischen über 15 Krokodile gibt) nach links wenden (rechts geht es zum Hotel Club Med Villa), vorbei an Souvenir-Buden bis zum Cobá-Eingang (ca. 1 km).

Bus-Abfahrszeiten (Linien Oriente und Mayab): Nach **Tulúm**/Playa del Carmen um 11.30, 16 u. 17 Uhr. – Richtung **Valladolid**/Mérida um 7.30, 9 (Chichén Itzá), 12, 13 (bis Mérida), 15 (bis Mérida) und 19 Uhr (Valladolid). Die Busse sind *de paso,* können also schon voll sein, notfalls mit einem Touristenauto trampen oder mit anderen ein Taxi teilen (ca. 160 Peso nach Tulúm).

Andere Unterkünfte/ Restaurants

An der Abzweigung zum Hotel Club Med Villa: **Restaurante Pirámide.** Weiter hinten: **Restaurante Nicté Há.** Und als teuerstes das Restaurant im **Hotel Club Med Villa** am Cobá-See, Tel. 01-985-8581527; schöne Anlage, 40 schöne, komfortable Zimmer um einen Pool, um 50 € (aktuelle Preise/Beschreibung und auch Buchung unter www.clubmedvillas.com). In der Nebensaison evtl. Rabatt. – Weitere Comedores (zivile Preise) beim Cobá-Parkplatz.

Punta Laguna

Das kaum besuchte *Reserva Natural del Mono Araña Punta Laguna* liegt etwa 20 km nördl. von Pueblo Cobá an der Straße nach Nuevo Xcan. Dort gibt es kleine Lagunen (Kanuvermietung) mit Wasservögeln und Schildkröten und als Attraktion im Wald Klammeraffen (*Ateles paniscus,* span. *monos arañas;* tagaktive Baumkletterer, die sich mit Hilfe ihres Greifschwanzes vorwiegend schwingend fortbewegen). Führungen mit Guías der örtlichen Comunidad (nicht gerade billig).

Archäologische Stätte Cobá

Lage: 45 km westl. von Tulúm.– Es hat sich längst herumgesprochen, dass die Maya-Bauten von Cobá im dichten Busch, fernab vom Tulúm-Touristenrummel, einen Besuch wert sind, und so rollt hier an manchen Tagen Tourbus um Tourbus an, die Ladungen am großen Parkplatz ausspuckend ...

Die Seitenwege des weitverzweigten Geländes sind jedoch keineswegs überlaufen, und deshalb kann man in diesem Naturschutzgebiet noch die Einsamkeit des yucatekischen Buschwaldes erleben, mit Vogelgeschrei, Zikadengezirp und Iguanas. Für die Anstrengung der langen Wegstrecken wird man von einer der höchsten Maya-Pyramiden mit einer weiten Sicht über topfebenes Land belohnt. Eine ausgiebige Besichtigung dauert Stunden, doch mit zweien kommt man hin, zumal man sich am Eingang ab 8 Uhr Räder mieten kann (ist empfehlenswert; man kann sich auch von einem **Trici-Taxi** chauffieren lassen). Getränk nicht vergessen, schwüle Hitze!

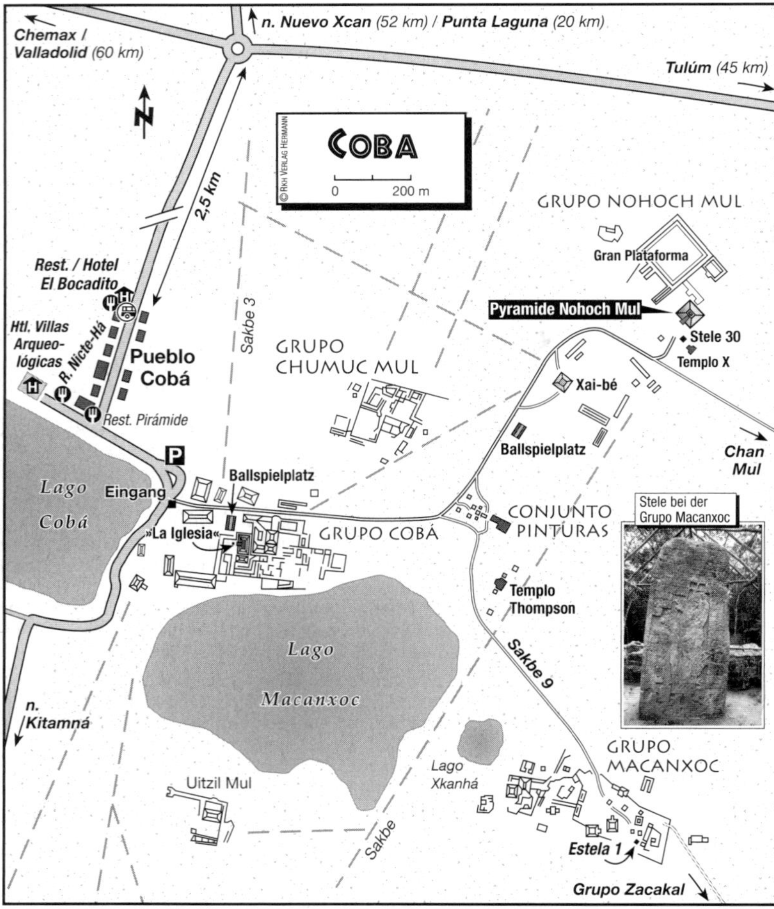

Cobá-Info Geöffnet tägl. von **7–18 Uhr,** Eintritt ca. 3 €, Parkplatz gebührenpflichtig. Um die Mittagszeit kann es sehr heiß werden, in der Regenzeit Moskitos. Evtl. Moskitoschutzmittel auftragen, Vorsicht vor Schlangen. Verlaufen kann man sich nicht, es gibt Wegweiser. Vor wichtigen Bauten Erklärungstafeln.

Größte Maya-Stadt Nordost-Yucatáns Cobá (maya, „windgekräuseltes Wasser") war in der Spätklassik das wichtigste Zentrum im Nordosten der Yucatán-Halbinsel und es ist die wohl ausgedehnteste Maya-Siedlung überhaupt. Auf einer Fläche von etwa 70 qkm liegen verstreut im Gelände abertausende unausgegrabener Bauten, erst ein Bruchteil wurde freigelegt und nur weniges ist rekonstruiert.

Zugänglich sind: die **Grupo Cobá** mit der Pyramide **La Iglesia** nahe des Eingangs, das Ensemble der Malereien, genannt **Conjunto Pinturas,** die Gruppe **Nohoch Mul** mit der hohen Pyramide (ca. 2 km vom Eingang) und die Stelen der **Grupo Macanxoc** südöstlich des gleichnamigen Sees (s. Karte).

Die weißen Straßen

Auf der Halbinsel Yucatán gibt es zahlreiche künstlich angelegte Straßen, sog. *sakbeob* (Sing. *sakbe; sak* heißt im yucatekischen Maya „weiß", *be* = Straße), die sowohl weit auseinanderliegende Mayastädte als auch innerörtlich in den Zentren Teilbereiche wie Tempelbezirke mit Wohnanlagen miteinander verbanden. Dammartig erhöht und schnurgerade zogen sich die *sakbeob* durch den dichten Busch Yucatáns und ersetzten so in dem flusslosen Land Wasserstraßen des Regenwalds. Mit über 100 km war **eine der längsten** die *sakbe* **zwischen Cobá und Yaxuná** (30 km südwestl. von Chichén Itzá; wer Chichén Itzá besucht hat, wird vielleicht auf der *sakbe 1* von der Kukulkán-Pyramide zum heiligen Cenote gegangen sein). Das **dichteste Straßennetz gab es in Cobá** (fast 50 *sakbe* mit einer Gesamtlänge von mehr als 150 km), kleinere regionale bestanden in Uxmal, Izamal und in anderen Mayastätten.

Der konstruktive Aufwand zum Bau der *sakbeob* war beträchtlich: mit großen Steinen wurden zunächst mehrere Meter breite Begrenzungsmauern angelegt, die man mit Geröll und Schutt auffüllte. Anschließend wurde das Fundament mit Steinwalzen eingeebnet und mit einer Deckschicht aus flachen, hellen Kalksteinen versehen (deshalb „weiße Straßen"). Spalten und Fugen wurden mit einem Kalkmörtelbrei ausgegossen der zementartig erstarrte und die Dämme wetterfest machte. Die Güte der Konstruktion war so solide, dass die Straßen über 1000 Jahre hielten. An den Knotenpunkten der gradlinigen *sakbeob* entstanden später oft Siedlungen und Dörfer.

Die Überland-*sakbeob* ermöglichten den Transport und Austausch von Gütern und Waren. Dazu konnten die Maya aber keine Fuhrwerke bzw. Radfahrzeuge einsetzen, weil es ja in ganz Mittelamerika keine tauglichen Zugtiere gab. Also wurden alle Lasten auf menschliche Rücken gepackt ...

Die *sakbeob* besaßen für die Maya obendrein eine mythologische Bedeutung: Nach den Büchern des → Chilam Balam verbanden sie als in den Himmel führende Bänder auch symbolhaft die Menschen mit den Göttern.

Ein großräumig verzweigtes Netz von fast 50 **sakbeob** (Dammstraßen, s. Exkurs) verband Bauten, Ortsteile und das Hinterland. Eine **sakbe** führte von Cobá sogar bis nach Tulúm an die Karibikküste und eine andere 100 km bis nach *Yaxuná,* 30 km südwestl. von Chichén Itzá. Dieses Straßennetz entstand zwischen 600 und 800 n.Chr. und war das dichteste ganz Mesoamerikas.

Zwei größere und drei kleinere Seen sicherten die Wasserversorgung der Bewohner (im 8. Jh. über 50.000 Menschen), und nur die ständige Wasserverfügbarkeit ermöglichte eine solch gewaltige Bau- und Siedlungsleistung. Der Architekturstil der Bauten weist Ähnlichkeiten mit Tikal in Guatemala auf, aber auch mit Tulúm. Bis jetzt fand man über 30 reliefierte Stelen und viele Altäre.

Cobá war bereits um 100 n.Chr. besiedelt, seine Blütezeit, ca. 600–900 n.Chr., fällt in die Epoche der Maya-Klassik. In der Endklassik wurde es aufgegeben und 1200 wiederbesiedelt. Bewohnt war Cobá noch bis ins späte 15. Jh., die Spanier entdeckten die Stadt jedoch nie. 1891 besuchte es Yucatán-Forscher und Fotograf Teobert Maler, 1973 begannen die Ausgrabungen.

Rundgang

Grupo Cobá

Etwa 80 m hinter dem Eingang geht es rechts zur Cobá-Gruppe, zur größten Konzentration von Bauwerken. Zahlreiche Tempel, Wohnbauten, Hofgruppen, Plazas, Stelen und ein Ballspielplatz bildeten den Kern von Cobá, dominiert von der nahezu 25 m hohen Pyramide **La Iglesia** – „die Kirche" (der Name rührt daher, dass die Maya vor der – überdachten – Stele 11 am Treppenaufgang Opfergaben niederlegten). Die angerundeten neun Etagen der Pyramide ummanteln ältere Substrukturen und gekrönt wird sie von einem kleinen Tempel (Aufstieg gesperrt).

Beim Gang zurück zum Hauptweg kommt man rechts gehend zum rekonstruierten **Ballspielplatz.** Ungewöhnlich sind die steilen Böschungen mit eingesetzten Reliefs und offenen Schmalseiten. Oben zwei Zielringe (ausführlicher Ballspiel-Exkurs s.S. 204). Der Baum an einem Ende ist eine Ceiba.

Conjunto Pinturas

Auf dem Weg zur Pyramide Nohoch Mul (Schild „Gran Pirámade") führt nach rechts ein kurzer Seitenweg zur Gruppe Conjunto Pinturas, deren Bauwerke man der letzten Besiedlungsphase Cobás zurechnet. Hier steht eine kleine (gesperrte) Pyramide aus groben Steinen mit einem kleinen überdachten Kammertempel (die Türsturze und Friese sind innerseits farbig bemalt, daher der Name Pinturas). Vor der Pyramide Säulen, die einmal ein Dach trugen, und 13 kleine Steinschreine bzw.- altäre, die die sakrale Bedeutsamkeit des Conjunto Pinturas unterstreichen. Nordwestl. steht eine weitere überdachte Stele.
Nun entweder diagonal durch den Conjunto Pinturas vor zum Hauptweg gehen oder auf der Sakbe 9 südlich zur Grupo Macanxoc (ca. 1 km).

Grupo Macanxoc

Dort befinden sich zahlreiche monolithische Altäre und unter Palmschutzdächern meterhohe skulptierte Stelen, die vermutlich zur Erinnerung an Cobá-Herrscher aufgestellt wurden (viele sollen Frauen von Tikal gehabt haben). Einige sind stark erodiert, doch die des **Retrato del Rey** ist sehr gut erhalten, trotz des zerstörten Gesichts. Er tägt einen Quetzal-Federbusch und in seinen Armen Zeremonialstäbe. Die wichtigste ist die **Estela 1** (jene hinter der Mauerwand, **s. Abb.**), die **in der Maya-Welt einmalig** ist: ihre Oberfläche ist mit 313 Glyphen und vier wichtigen Datumsangaben versehen, darunter auch der derzeitige Maya-Kalenderzyklus aus 13 *baktun,* der nach 5128 Jahren – nämlich am 23. Dezember 2012 – zu Ende gehen wird (Näheres s.S. 105, „Der Kalender der Maya", Stichwort „Lange Zählung").

Auf dem Rückweg und weiter zur Nohoch Mul-Pyramide kann durch den Conjunto Pinturas hindurch abgekürzt werden.

Ceiba-Bäume (Kapok)

In vielen Maya-Ortschaften (meist beim Parque Central bzw. Zócalo), bei Tempeln oder bei *cenotes* ist häufig ein hoher, gradstämmiger Baum mit weißlicher, stachelbewehrter Rinde zu sehen – die **Ceiba** (Kapokbaum, *Ceiba pentandra* oder *Ceiba aesculifolia,* Fam. *Bombacaceae*). Auf Maya **ya'axché** („grüner Baum"), oder *pochote.* Ausgewachsene Ceibas sind leicht an ihren erst in der Krone waagrecht wegwachsenden Ästen zu erkennen. Ihre Silhouette ähnelt einem hohen Kreuz. Ceibas kommen als imposante Überständer im Regenwald und in Galeriewäldern vor, der häufig von mächtigen Brettwurzeln gestützte Baum kann bis zu 70 m hoch werden. Verbreitet ist er von Mexiko bis Brasillien, Nicaragua trägt einen im Staatswappen. Zu Beginn der Trockenzeit wirft er sein Laub ganz oder teilweise ab. Die großen, glockenförmigen Blüten lassen wie Baumwolle aus den Samen Fasern wachsen, die als Kapok bezeichnet werden und als Füllmaterial (Schwimmwesten, Polster, Matratzen) dienen.

Die Ceiba ist seit Jahrhunderten der heilige Baum der Maya, er wird verehrt und es ranken sich viele Legenden und Erzählungen um ihn. In ihrem kosmologischen Modell verkörpert er den → **Weltenbaum,** die Verbindungsachse zwischen Erde und Kosmos, wobei seine Wurzeln bis in die Unterwelt *xibalba* runterreichen. Anhand der Baumblüte zwischen August und September konnten die Maya vorhersagen, ob im Verlauf kommender Monate viel oder wenig Regen fallen würde: voller Blütenstand bedeutete reichlich Niederschläge, bei wenigen Blüten musste eine Trockenperiode – und damit auch leere Wasserlöcher – befürchtet werden. Im wasserarmen Yucatán ein wichtiges Prognosemittel für die Feldbestellung und die Erträge.

Ballspielplatz / Pyramide Xai-bé

Rechts liegt ein rekonstruierter Ballspielplatz mit Schrägböschungen und Zielringen wie jener bei der Grupo Cobá.
Der nächste Seitenweg führt rechts rein zur **Pyramide Xai-bé,** die mit ihren abgerundeten Kanten und mit der in den Baukörper eingeschnittenen Auf-

gangstreppe eine architektonische Ausnahmerscheinung ist (der ovale Grundriss erinnert an die „Pyramide des Zauberers“ in Uxmal). Sie befindet sich an den Kreuzungspunkten mehrerer Sakbeob.

Grupo Nohoch Mul

Etwa 100 m vor der Pyramide steht rechts die überdachte **Estela 30.** Das Relief der Herrschergestalt ist stark erodiert, klarer erkennen kann man es als Umzeichnung auf der Erklärungstafel vor der Nohoch-Mul-Pyramide (der Regent steht auf den Rücken kniender Gefangener). Die Glyphen datieren das Jahr 30. Nov. 780.

Die Pyramide **Nohoch Mul** (maya, „großer Berg“) ist mit 42 m die höchste der nördlichen Yucatán-Halbinsel. Ein beeindruckender Anblick wenn man um die Ecke biegt. Ihre Grundfläche beträgt 60 x 60 m. Die 6 Etagen sind stark zerfallen und kaum mehr als solche erkennbar. Ihr Kern entstand im 7. Jh., in späteren Epochen wurde sie mehrfach über- und umgebaut. Rechts neben der breiten Zentraltreppe stand ebenerdig ein Kammertempel. Links eine Seitentreppe, die zu einer kleinen Plattform führt, auf der gleichfalls ein Tempel stand.

Pyramide Nohoch Mul

Für die Aussicht von oben müssen (mindestens) 117 Stufen erklommen werden. Der die Pyramide krönende Tempel ähnelt in Details dem Tempel-Architekturstil Tulúms, zudem ist er wesentlich jünger als die Nohoch-Mul-Pyramide selbst. Im Fries sind Nischen mit Skulpturen des „Herabstürzenden Gottes“ (mehr über diese wunderliche Maya-Gottheit s.S. 150).

Aus dem grünen Walddickicht ragt die Pyramide Xai-bé hervor, sieht man in der Ferne den Macanxoc- und Cobá-See (rechts) sowie die Spitze der La-Iglesia-Pyramide. Nördlich blickt man auf die voluminöse **Gran Plataforma,** das mächtigste, doch unvollendete Bauwerk von Cobá. Zurück zum Eingang sind es noch ca. 2 km.

Auf der Mex 307 von Tulúm nach Chetumal

Die ca. 270 km zwischen Tulúm und Chetumal sind recht einsam. *Felipe Carrillo Puerto* ist der einzige Verkehrsknotenpunkt in dieser spärlich besiedelten Region. Dort zweigt die Mex 184 Richtung Ticul und Mérida ab (Autofahrer vorher volltanken).

Felipe Carrillo Puerto

hieß früher **Chan Santa Cruz** und es war die Hauptstadt und letzte Bastion aufständischer Maya im „Kastenkrieg“ 1847–1933 (s. Exkurs). Viel los ist hier nicht. Westlich der Durchgangsstraße Mex 307, am Ende der Calle 69, befindet sich im *Santuario de la Cruz Parlante* (Hinweisschild) eine kleine Kapelle mit einem Kreuz, das an den Kult des „Sprechenden Kreuzes“ erinnert, wie auch das alljährliche „Fest vom Heiligen Kreuz“ vom 3.–8. Mai. Am Parque in Ortsmitte steht die alte Kirche *Balam Na* mit ihrem Tonnengewölbe. Gleich daneben die *Casa de la Cultura* (Handwerk-Ateliers). Übernachten im Hotel *El Faisán y Venado* an der Mex 307, das Restaurant offeriert u.a. yucatekische Spezialitäten.

Rund 70 km südl. von Felipe Carrillo Puerto erreicht man **Limones,** von wo man 6 km westl. zur relativ neu ausgegrabenen Mayastätte **Chacchoben** kommt (Stufenpyramide u.a. Strukturen, Rest.). Lohn nur für Mayafreaks.

Abstecher: Costa Maya

Kurz danach zweigt von **Cafetal** eine breite Straße nach Osten ab, nach **Mahahual** an der **Costa Maya** (60 km, Militärkontrollen, Tankstellen vorhanden). Zwischen *Punta Herrero* im Norden und *Xcalak* im Süden erstrecken sich auf 130 km Länge einsame, wunderschöne Strände. Doch auch dieser Küstenbereich wird bereits „erschlossen", Cabañas, Bungalows und Beachfront-Hotels sind im Entstehen. 30 km vor der Küste liegt das riesige **Chinchorro-Atoll** *(Banco Chinchorro),* das zweitgrößte der Welt, das Taucher anzieht (mit Schiffswracks). Tel.-Vorwahl Küstenorte: 01-983.

Mahahual

war einst ein isoliertes, beschauliches Fischerdorf, doch wenn die nicht wenigen Kreuzfahrtschiffe anlegen, wird es bereits nervig (Jetski-Lärm). Am langen Pier ist für die Landgänger ein Luxus-Vergnügungs-Areal entstanden, hoffentlich entsteht hier kein 2. Playa del Carmen. Zum Schnorcheln am nahegelegenen Riff muss man ein wenig rausschwimmen, Ausrüstung kann geliehen werden; Ausflüge zum Chinchorro-Riff sind sehr teuer, Fz ca. 2 h. Kein Geldautomat. Eine Tienda am Ortseingang tauscht US-Dollar.

Mahahual selbst zieht sich weit die Küste entlang und das Meer ist selten mehr als 20 m von einer Unterkunft entfernt. Für ein paar relaxte Tage genau das richtige. Gleich hinter dem Pier kann man bei den einfachen *Cabañas de Fernando* günstig unterkommen. Das *Hotel Mahahual* in Ortsmitte verlangt für ein einfaches DZ überteuerte 35 US$. In Richtung Süden liegen die einfachen *Cabañas del Doctor,* DZ 15 US$, *baño común,* mit Privatbad 25 US$. Gleich dahinter ist das Café *Casa del Mar,* dt. Betreiber, Infos aller Art, gutes Frühstück.

Busverbindungen: Chetumal – Mahahual (via Limones, 210 km) um 6 u.15.15 Uhr, Fz 4 h (alte Klapperkisten), Abfahrt vom Terminal 1. Klasse. Die Busse fahren weiter bis Xcalak, man kann also direkt an den Cabañas aussteigen. Mahahual – Chetumal (via Limones) um 6, 9 u. 15.30 Uhr von Dorfmitte Mahahual; die anderen Busse kommen von Xcalak; ab und zu fährt auch ein Colectivo. Außerdem auch Busse von Felipe Carrillo Puerto (190 km).

Küste

Von Mahahual sind es 60 weltverlorene Kilometer nach Xcalak, zu erleben gibt es hier nix. Übernachten kann man im *Balamku,* lt. der Website www.balamku.com beim km 5,7; eine sehr schöne Anlage mit gemauerten Rundhäusern, Besitzer sind Kanadier, DZ 65 US$; Kajaking, Restaurant, traumhaftes Frühstück. Etwa 7 km südl. erreicht man die schönen *Cabañas Kohulan Beach,* direkt am Strand, 35 US$, Besitzer die freundliche Amerikanerin Janet und der Mexi Guillermo.

Bei *Xiq'ita* (km 8,6) gibt es ein Bungalow-Resort mit Restaurant (Eigentümer ist der Schweizer Simion mit mex. Frau Violeta, Camping möglich). 22 km von Mahahual finden sich herrliche Camper-Standplätze direkt am Meer. Etwa 2 km vor Xcalak kommt man zu dem Cabaña-Resort *Costa de Cocos* (DZ ab etwa 100 US$, www.mexicoholiday.com) und zum schönen, zweigeschossigen Beach-Front-Hotel *Tierra Maya,* nur 6 DZ, 60–85 US$, www.tierramaya.net, ÚS-/Mex. Tom & Yamira.

Xcalak, ein Fischerdorf mit etwa 400 Einwohnern, besitzt gleichfalls einige Unterkünfte verschiedener Preislagen sowie Fischrestaurants. Preiswert ist das kleine *Hotel Caracol.* Websites von Xcalak: www.xcalak.info • www.bill-in-tulsa.com • www.yucatantravel.com/hotesl/xcalac.

Laguna Bacalar

Wenige Kilometer hinter der Abzweigung nach Mahahual kommt das Dorf Pedro Antonio de los Santos. Dahinter geht es östlich zu *Federicos Lago Azul Camping/Cabañas* (Hinweisschild, 3,2 km).

Ab und zu sieht man die handtuchschmale, doch über 50 km lange **Laguna Bacalar** (weil sie so schillert auch *Laguna Siete Colores* genannt).

Übernachten: nicht in der teuren *Rancho Encantado,* besser ist das Hotel *Puerta del Cielo,* ca. 1 km weiter bei km 40 (wer aus Bacalar kommt: ca. 1,5 km nach der Einmündung der Ausfahrtsstraße in die Mex 307), Tel. 01-983-8370413, ca. 25 €. – Ein **TIP** ist *Casita Carolina,* wunderbar gemütlich direkt am See (in Bacalar am Zócalo vorbei in Richtung See und dann Seestraße nach rechts). Wenige kleine Casas, ca. 25 €, Gastgeberin Kanadierin Carolyn, alles weitere auf www.casitacarolina.com.

Am großen **Cenote Azul** (mehr ein Badeweiher, Hinweisschild, ca. 200 m)

Der „Krieg der Kasten“ und das „Sprechende Kreuz“

Das geschichtlich wichtigste Ereignis der Yucatekischen Halbinsel seit der Eroberung durch die Spanier war der über **85 Jahre dauernde** sog. „Krieg der Kasten“ *(La Guerra de las Castas)* von 1847 bis 1933. Der Kastenkrieg war die längste und erfolgreichste indianische Rebellion auf dem ganzen amerikanischen Kontinent und ein (letzter) Versuch der mexikanischen Maya, auf Yucatán einen eigenen unabhängigen Staat zu etablieren. Der Name *La Guerra de las Castas* stammt von einer damaligen Regierungsproklamation *(„Unámonos todos los de las otras castas ...“)*, einem Aufruf an alle „Kasten“ bzw. an alle Bevölkerungsgruppen Yucatáns. Heute wird der Krieg auch **„La Guerra Social Maya“** genannt.

Gegen Mitte des 19. Jh. nahm die herrschende Oberschicht Yucatáns zur Vergrößerung ihrer Zuckerrohr- und Sisalplantagen immer mehr indianisches Gemeindeland in Besitz, insbesondere im Osten und Süden Yucatáns, wo sich seit der Kolonialzeit viele Mayagruppen in weitgehender Unabhängikeit hatten behaupten können (damals lebten auf der Halbinsel etwa 500.000 Menschen, von denen 75% reinblütige Maya waren). Es kam zu bewaffneten Zusammenstößen, doch letztendlicher Grund für den Bürgerkrieg waren vorausgegangene interne Machtkonflikte mestizischer Mexikaner, bei dem die rivalisierenden Gruppen auch ihre Maya-Landarbeiter bewaffneten – doch nur mit dem Effekt, dass die Maya selbst Kampferfahrung und Waffen sammeln konnten.

1847 vereinigten sich die aufständischen Maya unter ihrem Führer **Cecilio Chi** (1823–48), und dieser funktionierte den Bürgerkrieg der mexikanischen Oligarchie in einen Befreiungskrieg der Mayas gegen die *blancos* um. Die Rebellen, oft nur mit Buschmessern und harmlosen Flinten bewaffnet, eroberten binnen kurzer Zeit nahezu das ganze nördliche Yucatán mit Ausnahme von Mérida und Campeche. Es kam zu grausamen Exzessen und Racheorgien. Erst zwei Jahre später gewannen die Regierungstruppen wieder die Oberhand. Der Krieg hatte ein Drittel der Bevölkerung Yucatáns dahingerafft. Die restlichen Aufständischen wurden in den dünn besiedelten Osten Yucatáns vertrieben (in das heutige Quintana Roo), oder sie flüchteten mit ihren Angehörigen dahin. Dort riefen 1850 die Maya-Rebellen einen eigenen Staat aus mit der Hauptstadt **Chan Santa Cruz** („kleines heiliges Kreuz“).

Der Kult des „Sprechenden Kreuzes“ („Cruz Parlante“) war ein Produkt des Kastenkriegs. Initiiert wurde er 1850 von dem Aufständischenführer *José María Barrera,* der agitatorisch den Glauben der Maya ausnutzte, die Götter könnten durch Bilder und Zeichen zu den Menschen sprechen. Er ritzte drei Kreuze in die Rinde eines Baums und ließ sie mit Hilfe des Bauchredners Manuel Nahuat Aufforderungen und militärische Befehle verkünden. Dieser Kult wurde dann zur treibenden Kraft, zum Krieg der **Cruzob-Maya** gegen die Mexikaner (*cruzob* ist spanisch/maya und meint „diejenigen vom Kreuz“ oder „die dem Kreuz folgen“).

1857 gab es zwischen den Staaten Campeche und Yucatán Streitigkeiten und das „Sprechende Kreuz“ ließ verlauten, dass die Zeit für einen Angriff günstig sei. Die Cruzob-Maya konnten den Vorteil nutzen und Gebiete erobern, 1858 nahmen sie die Festung San Felipe bei Bacalar ein. Ab 1863 bekamen sie Waffennachschub vom südlichen Nachbarn Britisch-Honduras (heute Belize).

In den nachfolgenden 30 Jahren dezimierten sowohl interne Maya-Konflikte als auch Epidemien die Reihen der Cruzob-Rebellen (mit ihren Angehörigen waren es noch etwa 10.000 Personen), und 1893 versiegte auch die Unterstützung aus Britisch-Honduras. Doch erst 1901 gelang es den Truppen der mexikanischen Zentralregierung unter *General Ignacio Bravo,* nach vielen zermürbenden Guerilla-Kämpfen, die letzten Cruzob-Bastionen *Tepich, Tihosuco* und schließlich **Chan Santa Cruz** einzunehmen. Dieses wurde danach in **Felipe Carrillo Puerto** umbenannt. (In Tihosuco, an der Mex 295 zwischen Felipe Carrillo Puerto und Valladolid, gibt es das *Museo de la Guerra de Castas.*) 1902 entstand dann aus Teilen der Staaten Yucatán und Campeche der neue mexikanische Bundesstaat **Quintana Roo.**

Bis 1915 flammten immer wieder Aufstände auf (die Cruzob hatten sich tief in den Busch zurückgezogen), doch erst 1933 besiegelte dann endgültig ein Friedensvertrag zwischen Mexikanern und Maya deren lange Kapitulation. Damit war Traum eines unabhängigen Mayastaats endgültig ausgeträumt.

kann man sich erfrischen, es gibt ein Palapa-Restaurant und den primitiven *Cenote Azul Trailer Park;* auch beim Restaurant kann Übernacht parkiert werden. Morgens, wenn die Nebelschwaden über den See wabern und von der aufsteigenden Sonne langsam aufgelöst werden, ist es dort wunderschön. Südlich von Bacalar passiert man den unansehlichen Betonklotz des Hotels *La Laguna* (mit einem Trailer Park), und ca. 600 m weiter kommt der einfache Campplatz *Los Coquitos.* Schön ist es außerdem beim *Balneario Rancho Alegre,* gleichfalls südlich von Bacalar (ausgeschildert).

Bacalar ist ein kleines, reizloses Städtchen mit etwa 10.000 Ew. Sehenswert ist östl. der Plaza Principal der vierzackige, kanonenbestückte *Fuerte de San Felipe,* von den Spaniern 1729 gegen Piratenüberfälle errichtet. 1858 nahmen die Cruzob-Maya die Festung ein. Heute beherbergt sie ein kleines Museum zur Geschichte der Region (tägl. 8–13 Uhr, schöne Aussicht über die Lagune).

Am nördlichen Ende Bacalars ist an der Lagune ein Badeplatz (beim Zócalo Treppe hinunter, dann rechts); sehr flaches Wasser, Restaurant nicht gut.

Übernachten: Gleich in der 3. Avenida, dort wo die Festung steht bzw. am Ende der Plaza Calle 24 auf der linken Seite vermietet eine Familie schöne saubere Zimmer für nur 100 P die Nacht. Weitere Möglichkeit: *Rancho Tranquilo 2,* 5. Av. No. 830. Cabaña-/Haus mieten über www.villasecotucan.com, Sophie und Arturo, beide nett, engl.-spr. Oder Casita Carolina, s.o.

Hinter **Xulhá** geht es geradeaus nach **Chetumal,** nach rechts auf die **Mex 186** Richtung **Escárcega** auf die **Ruta Río Bec** mit vielen Maya-Stätten (Beschreibung der Strecke und Stätten hinter Chetumal).

Chetumal

Ew. 200.000

✆ 01-982

Chetumal, die Hauptstadt des Bundesstaates Quintana Roo, liegt an der riesigen *Bahía Chetumal* und an der Mündung des *Río Hondo.* Eine ziemlich ruhige Stadt ohne Massentourismus, ganzjährig sehr heiß und schwül, Umsteigepunkt von und nach Belize/Guatemala. Ein paar Dinge sind sehenswert, vor allem das **Museo de la Cultura Maya,** oder die karibischtypischen bunten **Holzhäuser,** von denen es in der Stadt einige gibt (eines befindet sich gleich vor dem Museum). Nur ein paar Schritte südlich des Museums steht auf der Nord-Süd-Hauptstraße *Avenida de los Héroes* das Denkmal **Alegoria de Mestizaje,** das an die erste europäisch-amerikanische Familie erinnert: Der spanische Schiffbrüchige → *Gonzalo Guerrero,* der 1511 an der Küste gestrandet war (s.S. 112, „Estado Quintana Roo"), nahm sich in Chetumal die Maya-Häuptlingstochter *Zazil Há* zur Frau und hatte mit ihr Nachwuchs. Rechts der bärtige Guerrero, in der Mitte das erste Mischlingskind Mexikos.

Hier in Denkmal- bzw. Museumsnähe ist auch die beste Gegend zum Übernachten.

Geschichte In prähispanischer Zeit war *Chacetemal* („Platz, wo die roten Bäume wachsen") für die Maya-Indianer ein natürlich-geschützter Hafen und ein Platz, wo sie ihre seetüchtigen Handelsboote bauen konnten. Das heutige Chetumal ist eine strategische Gründung von 1898 unter dem Namen *Payo Obispo,* um den Waffennachschub für die aufständischen Cruzob-Maya (→ „Krieg der Kasten", s.S. 167) von Belize abzuschneiden (damals Britisch Honduras). 1955 verwüstete einer der immer wieder auftretenden karibischen Wirbelstürme die Stadt, danach wurde sie mit breiten Straßen modern wieder aufgebaut.

Orientierung Hauptzugangsstraßen in die Stadt sind von Westen die Mex 186 (von Escárcega, 275 km) und von Norden die Mex 307 (von Playa del Carmen, 330 km).

Einfahrt über die Avenida Obregón. Die meisten Geschäfte, Hotels und Restaurants liegen am südlichen Ende der Av. Héroes. Der Busterminal 1. Klasse liegt im Norden (s. Karte). Entlang der Meeresbucht zieht sich der kilometerlange *Boulevard Bahía.* In den Straßen fahren reichlich Taxis.

TIP: Museo de la Cultura Maya

Der klotzige Bau an der Ecke Héroes/Gandhi ist nicht zu übersehen. Di–Do u. So 9–19 Uhr, Fr/Sa 9–20 Uhr. Eintritt relativ teuer. Taschenabgabe, Fotografieren ohne Blitz und Stativ erlaubt.

Dieses Museum vermittelt einprägsam und mit einigen interaktiven Displays die Geschichte und Kultur der gesamten Maya-Welt. Präsentiert werden auf drei Ebenen, die das kosmologische Universum der Maya symbolisieren (im Untergeschoss die Maya-Unterwelt *xibalba* mit der *ceiba sagrada,* dem heiligen Weltenbaum, drüber Erde und Himmel) etliche Modelle bedeutender Maya-Städte, z.T. unter Glasfußboden. Außerdem Replikate von Stelen (Yaxchilán, Copán, die „Königin von Uxmal"), Videos archäologischer Stätten, Maya-Gebrauchsgegenstände, Bilder und Schautafeln zu diversen Themen u.v.a. mehr. Sehr eindrucksvoll ist der (verkleinerte) **Nachbau des Raums 1 von → Bonampak** mit seinen herrlich-bunten Wandmalereien (Beschreibung s.S. 308). Zudem kann man sich in die Maya-Arithmetik und in die Systeme der Maya-Kalender einführen lassen. Alle Erklärungen auch in Englisch.

Umgebungsziele Chetumal

Calderitas: steinige kleine Strände befinden sich 8 km nördlich von Chetumal in Calderitas, Anfahrt mit einem Bus von der Colón zw. Belice und Héroes oder mit Minibus vom Minibus-Terminal Hidalgo/Ecke Verdad. Es gibt dort einige, Fischrestaurants, viel Betrieb am Wochenende, Campmöglichkeit, ansonsten nicht lohnenswert. Nach → **Bacalar** an der *Laguna Bacalar* (ca. 35 km) auch vom Minibus-Terminal. Nach **Mahahual** und **Xcalak** (210 km, s. Mahahual) an der Costa Maya gleichfalls von dort. Zur Maya-Stätte → **Kohunlich** (65 km westl.) mit einem Mietwagen.

Adressen & Service Chetumal

Turismo

Info-Kiosk an der Héroes/Aguilar (s. Stadtplan), Mo–Sa 8–13 u. 15–20 Uhr. *Secretaría de Turismo,* Calzada del Centenario 622, Tel. 01-**982**-8350860, Fax 01-982-8350880. Ein Info-Módulo auch an der Blanco/Ecke Reforma und im Busterminal. Website Chetumal: über www.qr.gob.mx.

Unterkunft

Beim Busterminal: **Hotel Posada** gegenüber Terminal; billig, sauber, o.k.

ECO: Hotel María Dolores, Obregón 206, Tel. 8320508; dito, div. Mehrbettzimmer, mit gutem *Rest. Sosilmar.* – **Villa Juvenil Chetumal** (CREA-Jugendherberge), Calzada Veracruz, Tel. 8320508; billige, sehr einfache *dormitorios* und wenige Einzelzimmer. – **Hotel Ucum,** Gandhi 167 (gleich **beim Museum**), Tel. 8320711; sehr viele einfache, doch saubere *cuartos con AC y ventiladores,* Parkplatz im Hof, hinten Pool; noch die beste Wahl unter den preiswerten, ein hinteres Zimmer nehmen, nicht zur Straße hin, die sind laut. – Westlich des Museums: **Hotel Real Azteca,** Av. Belize 186, Tel. 8320720; Motel, gleichfalls in Fußnähe zum Museum.

FAM (ab 20 €): **Hotel Principe,** Héroes 326, Tel. 8321764 (geb.-frei 01-800-7146379); gutes Haus mit Rest., kleinem Pool, Parkplatz, ein **TIP** (außer dass es nicht zentral liegt). – **Hotel Caribe Princess,** Obregón 168; Tel. 8320900; gut, mit AC. – **Hotel Casa Blanca,** Obregón 312, Tel. 8321248; saubere Zi. mit AC oder Vent., Parkplatz. – **Hotel los Cocos,** Héroes 134 (Ecke Chapultepec), Tel. 8320544; Garten m. Pool, Rest., gut für das Gebotene zu teuer.

Campen/Trailer-Park: *Sunrise on the Caribbean Trailer Park* in Calderitas (hoffentlich ist der Umbau jetzt vollendet); mit Palmen und Karibik-Blick.

Essen & Trinken

Günstige Loncherías findet man auf dem Mercado Altamirano, an der Av. Héroes gibt es viele Restaurants. **Mein TIP: Restaurante El Fenicio,** Héroes 74 (s. Karte): populär, günstig, gut. – **Restaurante Sosilmar** im Hotel María

Dolores, Obregón 206. – Vegetarisch: **Restaurante Vegetariano La Fuente,** Cárdenas zw. Independencia u. Juárez. – **Café-Restaurante Los Milagros,** Zaragoza zw. Héroes u. 5 de Mayo, viele Studenten. – **Sergio's Pizza,** Obregón 182.

Kommunikation **Post:** Calles 2-A/Ecke 5 de Mayo, Mo–Fr 9–16 Uhr, Sa 9–13 Uhr; PLZ 77000. **Internet:** s. Signets im Stadtplan.

Bank / Geld Bancomer u. eine Casa de Cambio an der Héroes, Banamex an der Obregón.

Konsulate Belize: Retorno Carranza 562. Col. Flamboyantes (weit außerhalb), Mobil-Tel. 044-982-8387728; Bürger aus EU-Ländern brauchen für Belize kein Visum, Schweizer ja, 50 US$! Mo–Fr 9–14 u. 15–18 Uhr, Sa 9–14 Uhr. Guatemala: Av. San Salvador Norte 501, Tel. 8323045 (EU und CH-Bürger kein Visum; Mo–Fr 9–14 Uhr).

Fluglinien / Reisebüros *Aerocaribe/Mexicana:* Héroes 123-L, Plaza Baroudi Loc. 23 u. 24., Tel. 8320465; Flüge nach Mérida, Cozumel, Cancún, Palenque u.a.; keine Direktflüge nach **Tikal** (über Cancún oder von Corozal in Belize, erster größerer Ort nach der Grenze). Chetumal-Airport: westl. an der Obregón. **Reisebüro:** *Premier,* Juárez 117 Ecke Cárdenas, u.a. **ADO-Bustickets:** In der Av. Belice zw. Colón u. Gandhi.

Unterhaltung Zwei Musikschuppen am südl. Ende der Juárez zw. Blanco u. Merino: *El Palamar* und *Scorpion's.*

An- und Weiterreise Die **Central Camionera** (ADO 1. Klasse, Tel. 8325110) liegt ca. 3,5 km nördl. des Zentrums. Mit Restaurant, Läden etc., auch Info-Stelle (doch kein Geldautomat; gleich neben dem Terminal befindet sich ein Supermarkt, dort kann man an einem Bankschalter Geld bekommen – VISA, MasterCard, Traveller-Schecks). Auch an der Grenze ist der Wechsel von Peso und US-Dollar in Belize-Dollar möglich (1 US$ = 2 B$, fixiert!).

Ins **Zentrum** mit einem Taxi, sie stehen nach dem Ausgang gleich links.

Nach Mexiko Bem.: *Kommt man von Flores mit San Juan Travel an, wird man gleich angesprochen, ob man mit einem San-Juan-Kleinbus weiter nach Tulúm gefahren werden möchte – dieser wird dann kräftig vollgestopft; der normale Bus kostet nicht mehr und ist bequemer.*

Sehr viele Busverbindungen, die wichtigsten: **Nach Bacalar** (8.30 Uhr; oder über Laguna Milagros/Cenote Azul vom Minibus-Terminal Hidalgo/Ecke Verdad, oder vom 2.-Klasse-Busterminal). – **Cancún** (380 km, 5,5 h) um 8.30, 10.30, 13.30, 14.30, 15.30, 16.30, 18, 19.30, 23.30 Uhr. – **Escárcega** (270 km) 10.45, 12, 18.30, 21, 22.30 Uhr. – **Felipe Carillo Puerto** (160 km) um 12 u. 13 Uhr. – **Mérida** (460 km, 8 h) 7.30, 13.30, 17.30, 23.30 Uhr. – **Palenque** (ca. 8 h) 19.45, 21.15, 23 und 1.30 Uhr, einige fahren weiter nach San Cristóbal de las Casas. – **Playa del Carmen** (310 km, 4 h) 8.30, 10.30, 13.30, 14, 15, 16.30, 18, 19.30, 23.30 Uhr. – **Tulúm** (250 km, ca. 3,5 h), 8.30 Uhr, u.a.; oder mit einem Playa del Carmen/Cancún-Bus. – Für **Uxmal** über **Ticul.**

Nach **Mahahual** und **Xcalak** s. „Umgebungsziele".

Nach Belize Nach **Belize City** (160 km) mit Novelos 10.45, 14 u. 17 Uhr; oder mit Mundo Maya um 6.30, 10, 13.30, 21 Uhr (3 h 15 Min). 2. Klasse: 13 u. 15 Uhr, Mundo Maya um 22 Uhr. Oder vom Terminal 2. Klasse (Busse 2. Klasse sind in Belize längst nicht so komfortabel wie mexikanische!). Auch Busse nach Corozal u. Orange.

Nach Guatemala Immer über Belize City; für Tikal zuerst nach **Flores** (insges. 8,5–9 h) mit Mundo Maya um 6.30, 10, 13.30, 21 Uhr und 22 Uhr (letzterer 2. Klasse). Oder mit *San Juan Tour & Travel* (Privat-Linie) nach Flores um 7 und 14 Uhr.

Grenze Der Grenzübergang liegt 20 km außerhalb von Chetumal. Man steigt mit seinem Gepäck aus, durchläuft die Migración und steigt wieder in den Bus.

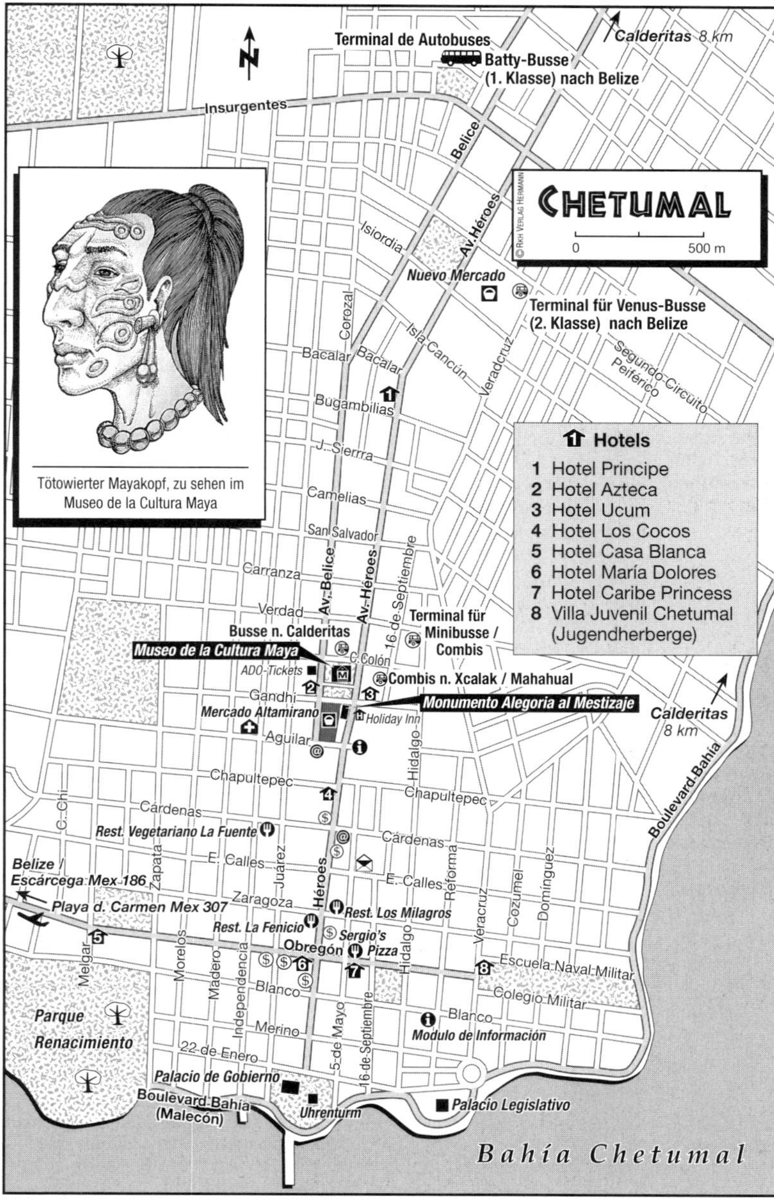

Tötowierter Mayakopf, zu sehen im Museo de la Cultura Maya

Reiseteil

Grenzgebühren

Mexiko, Ausreise: kostenlos. Derzeit 100 Peso, wenn man die Touristenkarte zur späteren Wiedereinreise **„Doble Entrada“** stempeln lässt (vorher muss ein Formular ausgefüllt werden). Neuerdings soll es auch ohne Doble-Entrada-Stempelung der Karte gehen. Mehr über die Touristenkarte s.S. 22.
Belize, Einreise: kostenlos (Wagenbesitzer zahlen Desinfektionsgebühren). **Ausreise:** 15 US$ (auch wenn nur Transit); wer länger als 24 h im Land war muss zusätzlich 7,50 B$ „Conservation fee“ bezahlen (3,75 US$; **Transit-Reisende jedoch nicht!**). Zahlungen auch möglich in US$ oder mex.-Peso. *Schweizer* Staatsangehörige benötigen für Belize ein *Transitvisum* (normalerweise vorab in Mexiko, z.B. in Cancún, aber auch bei Einreise möglich, Passbild erforderlich, Preis 50 US$.
Guatemala, Ein- und Ausreise: kostenlos; 90 Tage Aufenthaltserlaubnis. Doch wird versucht, jeweils 40 Quetzales bzw. 5 US$/50 P zu verlangen!

La Ruta Río Bec

Mex 186 Chetumal – Escárcega (ca. 275 km, ohne Abstecher zu den arch. Zonen)

Die südlichsten Gebiete der Bundesstaaten Campeche und Quintana Roo nennt man **Río-Bec,** eine Region mit einer ungewöhnlich hohen Konzentration an Maya-Stätten – über 45 Stück. Die größte ist **Calakmul.** Für die Besichtigung dieser „Mundo-Maya“-Stätten ist ein Mietwagen nötig. (Es geht zwar auch sehr umständlich mit den selten fahrenden Bussen und teuren Taxifahrten dazwischen, doch da muss man schon ein arger Maya-Fan sein … auch die lange Autoanfahrt von Uxmal runter über Hopelchén nach Xpuhil ist nicht unbedingt empfehlenswert). Wer in Chetumal ist, kann eine Stippvisite zum schönen **Kohunlich** machen.

Río-Bec-„Nabelschnur“ ist die wenig befahrene **Mex 186,** die sich fast schnurgerade von Ost nach West durch den Busch zieht. Die Ausschilderung ist gut, *Xpuhil, Becán* und *Chicanná* liegen z.B. gleich direkt neben der Straße, die kleinen Straßenorte, die Unterkünfte (s. „Hoteltips“) und die Tankstellen jedoch weit auseinander. Tanken Sie in Ucum nochmals voll, die nächste Tankstelle liegt 6 km vor bzw. östl. von **Xpuhil,** und das ist zudem der einzig größere Ort zwischen Chetumal und Escárcega. Die meisten Stätten öffnen um 8 Uhr und schließen um 17 Uhr. Einige bieten Führerdienste an.

Río-Bec-Architekturstil / Reservas de la Biósferas

Die Bauten sind überwiegend im **Río-Bec-Stil** erbaut, der sich in dieser Region um 900 n.Chr. durchgesetzt hatte (Blütezeit der Maya-Stätten 600 bis 1200 n.Chr.). Charakteristisch für ihn sind – er ist übrigens dem *Petén-Stil* des nördlichen Guatemala äquivalent –, kompakt-schlanke, kantengerundete und nicht besteigbare (weil zu steile) Türme ohne Innenräume, meist in Zwillingsausführung (oft werden die Türme auch „Schein- oder „falsche“ Pyramiden genannt). Architektonische Zierelemente an Bauten und Strukturen sind vielfach Darstellungen des mayanischen Schöpfergottes *Itzamná,* entweder als vollplastische Stuckporträts oder in Form zusammengesetzter steinerner Mosaikmasken an Fassadeneingängen. Ein weiteres Río-Bec-Erlebnis ist die magische Urwald-Atmosphäre mit zahllosen Pflanzenarten, mit blühenden Blumen, Bromelien und Bäumen wie *chico zapote, jabin, ceiba* oder *ramón* (Brotfruchtbaum) und die sehr artenreiche Fauna mit bunter Vogelwelt, taumelnd-großen Schmetterlingen, Brüllaffen, bunten Papageien, Tukanen usw. Mit etwas Glück kann man außerdem noch einen Jaguar sehen. Alles Land um die archäologischen Stätten steht unter Naturschutz *(Reserva de la Biósfera).*

Dzibanché / Kinichná

Ca. 39 km vom Straßendreieck Mex 307/Mex 186 führt von der Mex 186 nach Norden eine Stichstraße auf 24 km nach **Dzibanché** (über Morocoy, die letzten 6 km sind schlecht). Zeitbedarf für Hin-/Rückfahrt und Besichtigung ca. 2 h. Sehr sehenswert! Eintrittsgebühr gilt für beide Stätten.

Dzibanché wurde im Jahr 1927 entdeckt und war höchstwahrscheinlich ein Vasallenstaat Calakmuls. Zu Zeiten der höchsten Besiedlungszahl lebten hier etwa 40.000 Menschen. Beeindruckend sind die vier Pyramiden um die Hauptplaza. Von der höchsten (Templo I) hat man eine weite Sicht über das Blätterdach der Selva. Die Ausgrabungen förderten glyphen- und reliefgeschmückte Aufgangstreppen und im Templo I ein reich ausgestattetes Königsgrab zutage. Im Templo VI entdeckte man glyphengeschmückte Türsturze aus sehr hartem *jabin*-Holz. Nach diesen *dinteles* bekam Dzibanché seinen Namen: „geschrieben in Holz".

Kinichná („Haus der Sonne") liegt 2 km nördl. von Dzibanché. Dort ist die enorme Acrópolis-Pyramide sehenswert.

Kohunlich

Kurz danach führt von der Mex 186 nach Süden der 9-km-Abzweig nach **Kohunlich** (61 km östlich von Chetumal). Am Abzweig liegt die *Backpackers Lodge* mit einfachen Cabañas.

■ *Eine der Stuckmasken am Templo de los Mascarones*

Kohunlich (sprich: Ko-unn-litsch; der Name leitet sich ab vom englischen *cohoon ridge, cohoon* ist eine Palmenart) gehört definitiv zu meinen Río-Bec-Lieblingsstätten, weil viele der Strukturen idyllisch im Dschungel an Waldwegen zwischen anmutigen Corozo-Palmen und weißlichen Jabin-Bäumen liegen. (Die Nüsse der Corozo-Palme liefern ein wertvolles Öl und das harte Jabin Holz verwendeten die Maya als Türsturze). Bekanntgemacht haben Kohunlich jedoch vor allem seine sechs großartigen, über 2 m hohen frühklassischen **Stuckmasken** am Treppenaufgang des *Templo de los Mascarones,* die den großäugigen, dicklippigen und die Zunge heraushängenden mayanischen Sonnengott **Kinich Ahau (s. Foto.)** darstellen. Interessant ist ihre ehemals sattrote Bemalung.

An der Kasse ist ein INAH-*miniguía* erhältlich und am Eingang befindet sich eine Lagekarte. Vor den Bauten sind Erklärungstafeln angebracht. Rechnen Sie mit ca. 1–1,5 Stunden Besichtigungszeit. Bei der Rückfahrt zur Mex 186 können Sie beim hügelwärts gelegenen superteuren Hotel *The Explorean Kohunlich* eine Pause einlegen.

Die Río-Bec-Bauten Kohunlichs wurden zwischen 800 und 1050 n.Chr. errichtet, Gebäude der ersten Bauphase stammen aus der Zeit zwischen 450 und 600 n.Chr. Aufgegeben wurde es im 12./13. Jh. und wiederentdeckt 1912. Das überbaute Areal umfasst ca. 2 qkm. Ungeachtet der Verbindungen mit anderen Río-Bec-Stadtstaaten (und mit Tikal) entwickelte Kohunlich eigenständige Architekturmerkmale. Nahezu alle Bauten muss man sich überwiegend rot angemalt und stuckverziert vorstellen. Außergewöhnlich ist auch das ehemalige komplexe Drainage-System zum Sammeln von Regenwasser in *aguadas.*

Vom Eingang gelangen Sie zur **Plaza de las Estelas** mit dem *Palacio de las Estelas,* links überragt von der **Acrópolis.** Der Bau gleich rechts heißt **El Rey.** Geradeaus geht es direkt zu den Stuckmasken, rechts an El Rey vorbei durch den Wald zu diversen Bauten (zum enorm großen Wohn- und Verwaltungskomplex *Los 27 Escalones,* Ballspielplatz u.a.); am Ende des Waldwegs gelangt man gleichfalls zum Tempel der Masken, er ist unterwegs ausgeschildert. Achten Sie hinter El Rey rechts in den Mauerspalten auf die kleinen Steinchen bzw. auf die Wellenlinien – darunter sind die Mauersteine noch original, oberhalb wurden sie rekonstruiert.

Xpuhil und Umgebung

Vor dem Ort Xpuhil zweigt eine Straße nach Süden in die Selva ab zur Agglomeration 14 spätklassischer Río-Bec-Stätten (Bez. A–N, meist nur ein Gebäudekomplex). Nach ihnen bekamen der Architekturstil und die Region ihre Namen. Nur die ersten 6 km der rauhen Strecke sind asphaltiert.

Von Xpuhil führt nach Norden eine relativ gut befahrbare Straße (Asphalt mit Schlaglöchern) über Zoh-Laguna, Bel-Há, Xkanhá, Xmaben, Ucum nach Dzibalchén und weiter nach Hopelchén bis Uxmal. Unterwegs keine Tankstelle mehr!

Auf der Mex 186 weiter kommt ein Militär-Kontrollpunkt („mann" ist mit dt. Heckler & Koch-Gewehren bewaffnet), die Tankstelle – tanken Sie –, und schließlich das hässliche Straßenstädtchen **Xpuhil.** Am Ortseingang rechts ist der ADO-Busstop.

Übernachten Am Ortsausgang links oben auf der Anhöhe liegt das unscheinbare **Hotel Mirador Maya,** das Cabañas und zwei schöne neue, ans Restaurant angebaute DZ bietet (300 P), Tel. 01-983-8716005. 12 km westlich außerhalb, km 142, liegt **Río Bec Dreams,** www.riobecdreams.com, kanad./britsch. Paar, Rick & Diane. Kleine, einfache *Jungalows* (380 P) im Buschwald und etwas bessere Cabañas (650 P), Palapa-Restaurant.

Noch in Xpuhil ist rechts die Einfahrt zur **archäologischen Stätte Xpuhil** („Katzenschwanz"). Die drei 18 m hohen, erodierten Türme – bei anderen Stätten meist nur zwei – sieht man schon von weitem (**Foto** s.S. 234). Sie wurden auf einer Plattform errichtet. Rätselhaft-monumental wirken sie außerdem von ihren Rückseiten. Den mittleren Turm dekoriert eine grimmige Jaguar-Maske.

Von Xpuhil kann man in südwestlicher Richtung nach **Hormiguero** fahren (23 km, über das Dorf Carrizal; in Xpuhil findet man das Hinweisschild für Hormiguero nur in der Ortsmitte in Fahrtrichtung Chetumal; nach 12 km guter Straße der Beschilderung nach rechts folgen, dann noch 8 km auf einer *sehr* ruppigen Stichstraße, hochbeiniger Wagen nötig). Schön und sehenswert ist dort der zoomorphe Fassadendekor des (baufälligen) Edificio II in Form eines aufgerissenen Monsterrachens, ähnlich wie in Chicanná, Chenes-Stil.

Becán

Becán liegt 6 km westl. von Xpuhil und 500 m nördl. der Mex 186 auf einem Hügel. Eine der bedeutendsten Stätten der Río-Bec-Region und sehr sehenswert. Früheste Siedlungspuren Becáns stammen aus dem 7. Jh. v.Chr. Der aufwendige Ausbau des Stadtkerns mit Pyramiden, Tempeln und Palästen fällt in die Zeit zwischen 600 und 730 n.Chr. Wiederentdeckt wurde Becán (maya, „Graben") 1934. (Nebenbei: Am Parkplatz kann man mit einem Campmobil gut übernachten).

Das besondere an Becán ist, dass die etwa 12 ha große, ovale Stadtanlage von einem 2 km langen Wall- bzw. Wassergraben umschlossen wird (ca. 5 m tief und 15 m breit), der, zusammen mit 7 kontrollierbaren Brückenzugängen und einer Brustwehr an der inneren Grabenwand, diese einst mächtige regionale Metropole für jeden Eindringling unüberwindbar machte.

Wer möchte, kann sich im Kassenhäuschen einen INAH-*miniguía* kaufen und damit die Anlage umfassend informiert durchstreifen. Beachten Sie, noch bevor es über den Steg des Wassergrabens geht, links das Stadtmodell. In der Anlage zunächst links hochgehen zur *Plaza A* bzw. zur Plaza Este (interessant ist am Treppenaufgang außerdem die *Würgefeige (Ficus lapathifolium),* span. *matapalo,* die ihren Wirtsbaum einmal erdrosseln wird. Die Hofgruppe der Plaza A mit einem flachen Rundaltar umgeben verschiedene Bauwerke, die (südliche) *Estructura I* wird von voluminösen und Río-Bec-charakteristische Zwillingstürmen flankiert. Vier obere Öffnungen dienten einmal astronomischen Beobachtungen.

Vom unteren Platz geht es danach durch einen ca. 60 m langen und engen Maya-Kraggewölbegang zu den inneren Stadtstrukturen und Plazas. Nach dem Gang liegt an der Plaza B (Plaza Central) rechts die monumentale *Estructura VIII,* die an ihren hinteren Ecken kleine Eingänge zu ungewöhnlichen, lichtlosen Kammern besitzt. An der Nordseite der Plaza steht das höchste Bauwerk Becáns, die 30 m hohe *Estructura IX.* Weiter hinten bzw. westlich liegen *Estructura X,* die West-Plaza mit dem Ballspielplatz und weitere Bauten, an denen Rekonstruktionsarbeiten im Gange sind.

Hoteltips **2 km westl. von Becán** kommt eine Kreuzung, links geht es nach **Chicanná** (400 m), rechts zur Bungalow-Anlage **Chicanná Ecovillage Resort** (DZ ca. 75 €; gebührenfreie Reservierung Tel. 01-800-8493996, Fax 019-8111618, www.mayanroutes.com/hotels/calakmul). Anlage mit komfortablen Hütten, Pool, Rest. usw. Wer weiterfahren will, kann das *Hotel Puerta Calakmul* ansteuern, gleich am Beginn der Stichstraße nach Calakmul (dorthin sind es noch weitere 45 km). Bei einer Übernachtung dort können Sie in aller Frühe nach Calakmul hineinfahren! Am Parkplatz von Chicanná kann man mit einem **Campmobil** gut übernachten.

Chicanná

Chicanná (maya *chi* Mund, *can* Schlange, *ná* Haus = „Haus des Schlangenrachens", nämlich die *Estructura II*), ist eine kleine Stätte (entdeckt 1966). Hier kann man Bauten in Chenes- und Río-Bec-Architektur sehen. Chicanná war vermutlich eine Außenresidenz der Eliten Becáns.

Vom kleinen Palapa-Eingangsgebäude (Führungsliteratur ist erhältlich) gelangt man auf einem schattigen Fußweg zur zweistöckigen **Estructura XX,** deren (beschädigte) Frontfassade schön ornamentiert ist. Aus den oberen Kanten ragen übereinandergesetzte Masken des Regengotts Chaak vor, gekrönt wurde der Bau einmal von einer Crestería.

Durch lichten Buschwald geht es weiter zum Markenzeichen von Chicanná, zur **Monstermasken-Fassade** der *Estructura II* (erbaut ca. 750 n.Chr., Foto s.S. 234). Eine geschosshohe Portalwand, die in Mosaiktechnik komplett mit unzähligen geometrischen Ornamenten verblendet wurde, wobei der Eingang (hölzerner Sturz) den aufgerissenen Rachen eines Ungeheuers symbolisiert – nämlich den Maya-Schöpfergott *Itzamná* („Erdmonster"). Deutlich treten die unteren und oberen Reißzähne hervor, die Augen sind als Rechtecke ausgebildet. Eingänge dieser Art in Form anthropozoomorpher Mosaikmasken – halb Mensch, halb Tier – sind typisch für den *Chenes-Stil.* Den Río-Bec-Kontrapunkt bildet die gegenüberliegende *Estructura I* mit kantengerundeten, steilen Scheintürmen.

Calakmul

Ca. 45 km westl. von Chicanná (bzw. 53 km nach Xpuhil) zweigt noch vor dem Dorf Conhuás eine gebührenpflichtige Straße (40 P Wagen, 20 p.P., So frei) nach Süden ab, die zur archäologischen Zone **Calakmul** führt. An der Zufahrt ist eine *Oficina de Registro*, eine Zahlstelle. Die *Reserva de la Biósfera Calakmul* bedeckt eine Fläche von über 7000 qkm. Calakmul ist tägl. geöffnet von 7–18 Uhr, Eintrittsgebühr. Zeitbedarf Besichtigung etwa 2–3 Stunden.

Übernachten: *Hotel Puerta Calakmul,* nach der Schranke gleich nach links fahren, nach 500 m wird die wenig besuchte Palapa-Anlage erreicht (Tel. Cancún 01-998-8480417, puertacalakmul@starmedia.com). DZ 35–70 €, je nach Zimmer und Verhandlungsgeschick. Einfaches Restaurant mit mäßigem Essen, Infos. Frühaufsteher können am Abend vorher ein Lunchpaket bestellen.

Die 59 km lange Fahrt durch die manchmal enge, urwüchsige Waldkulisse dauert gut eine Stunde und ist ein schönes Erlebnis. Vielleicht toben irgendwo Brüllaffen. Nach 19 km kommt eine weitere Kontrollstelle mit Schranke.

Der **Maya-Stadtstaat Calakmul** war einst – zusammen mit Tikal in Guatamela (100 km südl.), mit dem es in ständigem Kampf um die Hegemonialherrschaft lag –, das bedeutendste und **mächtigste Maya-Machtzentrum und gleichzeitig die größte aller Maya-Städte überhaupt!** Auf einem Areal von ca. 25 qkm entdeckte man über 6000 Bauten und Strukturen (Tikal besitzt in seinem 16 qkm großen Zentralbereich ca. 3000), die ehemalige Zahl der Bewohner wird auf 60.000–100.000 geschätzt. Außerdem stellten die Herrscher Calakmuls über 115 Stelen mit Inschriften auf – mehr finden sich nirgendwo in *Mayab!* Archäologen und Restauratoren werden in Calakmul noch über viele Jahre Arbeit haben. In mehreren Herrscher-Gräbern fand man einige aus Jademosaik gefertigte ausdrucksvolle **Totenmasken (s. Abb.),** die in Campeche ausgestellt sind (s. dort). Erwarten Sie aber trotz alledem kein zweites Palenque, sondern lange Wege, schwüle Hitze und je nach Jahreszeit auch viele Moskitos.

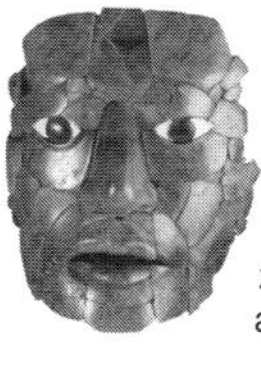

Im Besucherzentrum kann man einen INAH-*miniguía* kaufen, Hinweispfeile lotsen Sie durch das ausgedehnte Gelände, es gibt Lage- und Erklärungstafeln. Nicht auslassen: den Aufstieg auf die 45 m hohe Pyramide **Estructura II** an der Gran Plaza (mit Stelen vor und auf der mächtigen Freitreppe), dort wurde das Grab des Sohns des Herrschers Yuknoom des Großen gefunden (s.u.). Oben geht es weiter auf die dahinterliegende Pyramide, mit 53 m die höchste Calakmuls und nach Tikal (65 m) die zweithöchste der Maya-Welt. Im Süden ragt in etwa 30 km Entfernung aus dem grünen Teppich der Selva *El Mirador* in Guatemala hervor.

■ Die meisten Stelen Calakmuls sind stark verwittert

Stelen: Leider sind sie meisten epigraphischen Inschriften der vielen Calakmul-Stelen stark verwittert (was auf eine schlechte Qualität des örtlichen Kalks zurückgeht, der gebrannt als Mantel auf zurechtgehauene Steinsäulen aufgetragen und dann mit Glyphen und Bildnissen skulptiert wurde), und deshalb ist auch die zeitliche Abfolge der (Dynastie)-Geschichte Calakmuls bruchstückhaft. Die älteste Stelen-Inschrift datiert das Jahr 16. Sept. 431 (gefunden bei der Estructura II). Ein bedeutender Herrscher war *Tuun Kab Hix* (ca. 520–550 n.Chr.), unter dem Calakmul in der Klassischen Periode zum *Cuchcabal Kul Kanal Ajaw* („Königreich des Schlangenkopfs") aufstieg, mit Bündnissen und Allianzen mit Uaxactún, Nakbé, El Mirador u.a. Im Jahr 562 besiegte Calakmul den Rivalen Tikal und stieg nun für über 130 Jahre zur beherrschenden Supermacht der Region auf (Stele 4 berichtet von den Kriegen mit Tikal). Auch Palenque, das mit Tikal verbündet war, wurde 611 von Calakmul angegriffen. Unter König *Yuknoom des Großen* (Thronbesteigung 636) erreichte Calakmul dann seine größte Machtausdehnung. Es war jedoch am Ende Tikal, das Calakmul 695 endgültig besiegte – ein Schlüsselereignis in der Geschichte des Tieflands, denn danach begann der Zerfall der gesamten politischen Systeme und Ordnungen und letztendlich die Aufgabe aller Maya-Städte im Tiefland (s.S. 290). Mit dem Jahr 810 enden die letzten inschriftlichen Zeugnisse in Calakmul (Estructuras IV-B und X), außerhalb 849 in Seibal.

Nehmen Sie sich Zeit und durchstreifen Sie noch die anderen Bereiche dieser einst glanzvoll-grandiosen Stadt (Vorsicht! Es gibt giftige Schlangen!). Vielleicht wird Calakmul einmal *die* Touristenattraktion des südlichen Yucatáns werden.

Balamkú

An der Mex 186 liegt gleich westlich des Calakmul-Abzweigs das Dorf Conhuás. 2,5 km hinter Conhuás nach Norden abbiegen, dann noch ca. 3 km bis Balamkú (ausgeschildert).

Balamkú (*balam* Jaguar, *kú* Tempel = Tempel des Jaguars) wurde erst 1990 entdeckt und ist nur etwa einen Quadratkilometer groß. Hauptattraktion ist bei der *Casa de los Cuadros Reyes* eine vollplastische Stuckfassade aus dem 6. Jh. n.Chr., über 16 m lang und nahezu 2 m hoch. Der einst rote Fries zeigt Figuren einer Kröte und zweier Krokodile, aus deren weit aufgerissenen Rachen *reyes* – Könige – entstiegen sind. Die Tiere hocken auf *cauac*-Masken, die das Erdmonster symbolisieren und sind umgeben von Jaguaren und vogelfressenden Schlangen. Die geheimnisvollen Geschöpfe symbolisieren das Universum der Maya und zählen zu den schönsten Stuckfiguren des Maya-Tieflands überhaupt.

Zum Straßenknotenpunkt **Escárcega** (s.S. 264) sind es von Conhuás rund 100 km (Tankstelle/Hotel).

Bundesstaaten Yucatán und Campeche

Einstieg Die dünnbesiedelte Halbinsel Yucatán ist mit einer Fläche von 200.000 qkm etwa fünf Mal so groß wie die Schweiz. Sie teilt sich auf in drei (nahezu gleichgroße) mexikanische Bundesstaaten: **Quintana Roo, Yucatán** und **Campeche.** Neben Chiapas und Guatemala ist die Yucatán-Halbinsel **das Land der Maya,** und die Erkundung ihrer Welt ist wie eine Zeitreise von der Vergangenheit in die Gegenwart. Großartige archäologische Stätten, reizvolle koloniale Zeugnisse und freundliche Menschen machen aus der *Península yucateca* eine Reiseregion mit größter Anziehungskraft. Mehr über die Maya und ihre Kultur s.S. 97, „Die Welt der Maya".

Hinweis: Damit die *Halbinsel* Yucatán nicht mit dem *Bundesstaat* Yucatán verwechselt wird, ist nachfolgend im Text bei „**auf** Yucatán" die gesamte Halbinsel gemeint, „**in** Yucatán" meint den Bundesstaat Yucatán.

Internet www.yucatan.gob.mx (Bundesstaat Yucatán) • www.qroo.gob.mx (B.-Staat Quintana Roo) • www.campeche.gob.mx • www.cancun.com (Cancún und die Karibikküste) • www.mayayucatan.com •

Karten *Mundo Maya,* von Quimera (gut!) • *Yucatán-Halbinsel,* Reise Know-How.

Klima In beiden Bundesstaaten ist es nahezu ganzjährig schwülwarm bis schwülheiß, besonders im Inland, wo sommers oft Extremwerte erreicht werden. Am unangenehmsten ist es wegen der Niederschläge von Juni bis September. Ausgeglichener ist es am Golf von Mexiko.

Geologie und Topographie Die Yucatekische Halbinsel ist von ihrer natürlichen Beschaffenheit anders als das übrige Mexiko. Es ist eine riesige Kalk- und Karsttafel, flach wie eine Tortilla und nur wenige Meter über den Meeresspiegel hochragend. Der trockene Nord- und Nordostteil ist bedeckt mit einem eintöni-

■ *Schwimmen in einem Cenote*

gen Teppich aus dichtem Busch und ausgedehnten Sisalfeldern. Im Osten und im Grenzbereich zu Guatemala wuchert feucht-tropischer Dschungel. Die höchsten „Erhebungen" finden sich in der hügeligen Puuc-Region (350 m) südlich Méridas.

Yucatán ist sehr trocken, auf dem kalkigen, porösem Untergrund versickern schnell alle Niederschläge. Flüsse konnten sich deshalb nur **unterirdisch** bilden, und durch die Jahrtausende hindurch spülten und wuschen diese unzählige Grotten und Höhlen aus. Wo deren poröse Decken einstürzten, entstanden Seen und Wasserlöcher, auf Yucatán **Cenotes** genannt. Die Begriffe *cenotes, actunes* und *chultunes* werden dem Yucatán-Reisenden immer wieder begegnen.

Yucatán – alles dreht sich um das Wasser

Ohne Wasser kein Leben, besonders auf der knochentrockenen Yucatán-Kalksteinplatte. Deshalb ist es nicht verwunderlich, wenn die archaischen Maya ihren Wasserlöchern geradezu göttlichen Status verliehen. Erst die Wasserlöcher ermöglichten Ansiedlungen und viele wurden zu Kultstätten. Begriffe:

■ **Cenote:** ganzjährig wasserführender, trichter- oder schüsselartiger Einbruch im Erdboden (Einsturz-Doline). *Cenote ist* die spanische Umformung des Maya-Wortes *tz'onot.*

■ **Actunes:** trockene bzw. versandete *cenotes* heißen **actunes.**

■ **Chultún:** Mit einer wasserfesten Tonschicht oder mit Steinen ausgekleidetes Wasserauffangbecken (Zisterne).

■ **Aguada:** (spanisch „Wasserstelle"), gleichfalls ein künstliches Reservoir zum Sammeln von Wasser.

■ **Chaak:** War der Regen- und Wassergott der Maya. Sein rüsselnasiges Abbild ist in Form von unzähligen furchterregenden Masken und Fratzen an vielen Maya-Tempeln zu sehen. Um ihn gutmütig zu stimmen und um Regen zu erbitten, wurden in die heiligen *cenotes* oft Opfergaben geworfen.

Archäologische Highlights

Yucatán und Campeche sind mit archäologischen Stätten geradezu übersät. Höhepunkte sind die beiden größten Zentren der Maya, **Chichén Itzá** und **Uxmal.** Verstreut im Land gibt es noch unzählig weitere, die durch ihre Abgeschiedenheit nicht weniger beeindruckend sind, z.B. Edzná bei Campeche. Ruinen-Liebhaber können von Mérida aus außer Uxmal auch einige weitere anfahren, wie *Sayil, Kabáh* oder *Labná* **(Ruta Puuc),** und entlang der Mex 186 im Süden von Campeche verläuft die **Ruta Río Bec** (s.S. 172) mit den Stätten *Kohunlich, Xpuhil, Becán* oder *Calakmul.*

Wirtschaft

Wirtschaftliche Grundlagen Yucatáns sind Sisalagaven, Fischerei, Holzeinschlag und der **Chico-zapote-Baum**, aus dessen Saft Kaugummi produziert wird (der saftzapfende *chiclero* gehörte viele Jahre zum Bild Yucatáns). Eine intensive Landwirtschaft ist wegen des schnell versikkernden Oberflächenwassers und wegen langer Trockenperioden nicht möglich. Das meiste Geld erwirtschaftet man durch den internationalen Tourismus.

Routen und Reisen

Die Abfolge der Stationen unserer **Hauptreiseroute von Cancún bis nach San Cristóbal de las Casas** im Hochland von Chiapas ist folgendermaßen (s. hintere Klappenkarte):

> **Cancún –** (Abstecher *Isla Holbox*) **– Valladolid** (Abstecher *Ek Balam* u. *Río Lagartos*) **– Grutas de Balankanché – Chichén Itzá – Izamal – Mérida** (Abstecher *Celestún, Dzibilchaltún, Progreso*) – Uxmal mit Ruta Puuc – Campeche mit Abstecher *Edzná* – Palenque (Abstecher Guatemala) – Ocosingo (Abstecher *Toniná*) – San Cristóbal de las Casas.

Busreisende haben auf den Hauptstrecken gute bis sehr gute Verbindungen, es verkehren überdies **viele Luxusbusse.** Für den Besuch von Dörfern, kleineren Ruinenstätten oder abgelegener Strandorte müssen Busse 2. Klasse genommen werden.

Mietwagenreisende haben den Vorteil freier Zeitgestaltung und Unabhängigkeit. Die Straßen sind gut und der Verkehr auf dem Land ist gering. Die Fahrt durch kleine yucatekische Dörfer und zu kaum besuchten Maya-Stätten ist ein bleibendes Erlebnis (s.u. „Tips für Autofahrer").

Zeitkalkulation / Saison / Preise

Für die Yucatekische Halbinsel sollte man mindestens zwei, besser drei Wochen zur Verfügung haben. Ideale **Reisezeit** ist September bis Mitte Dezember und Ende Januar bis April (mit Engpässen in der Osterzeit). Absolute **Hochsaison** ist die Weihnachts-/Neujahrszeit, dann sind nicht nur ausländische Touristen, sondern auch nur viele Mexikaner unterwegs. Die Preise für Hotels sind dann an höchsten. Dagegen sind in der Sommer-Nebensaison immer Preisnachlässe drin, man muss nur danach fragen. Bei den Zimmern sollte in den schwülheißen (Sommer-)monaten wegen den Moskitos auf Moskitonetze oder vergitterte Fenster geachtet werden, harmlose Geckos an Decken und Wänden jagen die Plagegeister.

Tips für Autofahrer

Autofahren auf Yucatán ist gleichbedeutend mit endlosem Fahren auf nahezu kurvenlosen Straßen, durch dicht verfilzten Busch und vorbei an endlosen Agavenfeldern. Nicht gerade abwechslungsreich, aber stressfrei. Die Straßen sind für mexikanische Verhältnisse gut ausgebaut, **die Autobahn Cancún – Mérida ist mautpflichtig und sehr teuer!** Hauptstrecke entlang vom Golf von Mexiko ist die Mex 180. Zu kleinen archäologischen Stätten muss oft noch auf Pisten gefahren werden, die nach kräftigen Regen verschlammen. Etwas Proviant und Wasser sollte man immer dabeihaben, für lange bzw. abgelegene Strecken immer vorher volltanken.

Auto-Camping: Im Inland, abseits touristischer Punkte, sind Campingplätze sehr rar und die Standplatzsuche ist ein Problem, weil der Busch so dicht ist. Möglichkeiten bieten z.B. die Parkplätze kleinerer archäologischer Stätten, doch auch dort werden immer mehr „No acampar"-Schilder aufgestellt.

Die Golfküste

An der gesamten Golfküste, die geprägt ist von Mangroven, Sandbänken und Lagunen, ist die touristische Infrastruktur weniger gut ausgebaut. Die Küstenorte sind meist nur über Stichstraßen zu erreichen und von Ort zu Ort verkehren nur wenige Busse.

Den Beginn an der nordöstlichen Spitze Yuxatáns markiert die **Isla Holbox,** ein gutes Ziel, wer dem Karibik-Kommerz entgehen will. Daran an schließt sich **Río Lagartos** mit dem *Parque Natural Riá Lagartos* mit Flamingo-Kolonien – Badestrände jedoch Fehlanzeige. Etwas besser sieht es damit aus auf dem Abschnitt von *Dzilam de Bravo* bis nach *Progreso.* **Celestún** mit der *Reserva de la Biósfera Ría Celestún* und seinen Flamingos ist ein schöner Abstecher von Mérida. Von *Celestún* bis *Campeche* ist die Küste kaum zugänglich *(Reserva de la Biosfera Los Petenes).* Auf der Strecke *Campeche – Champotón* wechseln sich sandige und felsige Abschnitte ab und gibt es ein paar kleine lokale Badorte. Die danach folgende Küstenstrecke bis *Ciudad del Carmen* lohnt nicht.

Geschichte und Maya

Als die Spanier von Kuba aus Expeditionen nach Westen unternahmen, war Yucatán das erste Gebiet, das von Mexiko entdeckt wurde. 1517 erkundete *Hernández de Córdoba* die Nordküste Yucatáns, doch die *yucatanecos* töteten seine halbe Mannschaft bei Champotón. Der nächste war 1518 **Juan de Grijalva (s. Abb.),** der die Insel Cozumel umfuhr und im weiteren Verlauf seiner Seereise die Golfküste erkundete. Gleichfalls an der Nordküste Yucatáns entlang segelte 1519 der Eroberer Mexikos, *Hernán Cortés,* auf seinem Weg nach Veracruz.

Der Name „Yucatán“ soll so entstanden sein: Als die Spanier die Einheimischen nach dem Namen ihres Landes fragten, sollen sie immer wieder *„ci-u-thán, ci-u-thán“* – „wir verstehen euch nicht, wir verstehen euch nicht“ geantwortet haben, woraus „Yucatán“ wurde. Vorher war die Halbinsel als *Mayapán* oder **Mayab** bekannt.

Die Berichte der ersten Spanier genügten, um die Jagd nach Gold, Reichtum und Eroberung anzustacheln. Maßgeblich beteiligte Konquistadoren waren **Francisco de Montejo** (Vater – **s. Abb.** – und Sohn, ab 1527), der jüngere gründete 1542 *Mérida,* die erste spanische Hauptstadt Yucatáns. Dann folgte dem Feldzug der Kreuzzug, das Kreuz traf genauso hart wie das Schwert. Ketzer- und Inquisitionsgerichte wurden inszeniert, das schrecklichste war das *Auto de fé* von → *Maní* („Glaubensakt“, Verkündung und Vollstreckung eines kirchlichen Urteils) am 12.07.1562. Schriftlich belegt ist, dass dort über 10.000 Maya zu Tode geschlagen oder zu Krüppeln gefoltert wurden.

Zu traurigem Ruhm brachte es auch der zweite Bischof der Stadt Mérida, **Diego de Landa,** der versuchte, den Glauben der Maya dadurch auszurotten, indem er ihre unersetzlichen Handschriften verbrennen ließ. In diesen **códices** war das Wissen der Maya niedergeschrieben (s.S. 102).

Auf Yucatán kam es immer wieder zu **Aufständen:** zuerst gegen die koloniale Ausbeutungsherrschaft der Spanier, später gegen die Oberschicht der weißen *criollos,* und schließlich gegen die Zentralgewalt der fernen Regierungshauptstadt. 1840, 19 Jahre nach der Unabhängigkeit Mexikos von Spanien, erklärte sich Yucatán von Mexiko unabhängig. Die Autonomiebestrebungen Yucatáns – u.a. eine Folge der Vernachlässigung und der Isolation vom restlichen mexikanischen Staatsgebiet –, mündeten 1847 durch die Schlacht bei Valladolid in den **Krieg der Kasten,** einem Aufstand der Landbevölkerung gegen despotische Großgrundbesitzer (Exkurs darüber s.S. 167).

Nach einem Vernichtungsfeldzug durch mexikanische Regierungstruppen wurde Yucatán 1848 endgültig dem mexikanischen Staatenbund einverleibt. Doch die volle rechtliche und politische Integration gelang erst in den 1930er Jahren unter Präsident Lázaro Cárdenas – was die unterprivilegierte Landbevölkerung Yucatáns jedoch bis heute nicht davon abhält, sich immer wieder der langen Tradition yucatekischen Widerstandes zu besinnen, wenn es gilt, Missstände zu beseitigen oder sozialen Fortschritt zu erkämpfen.

Diego de Landa

Diego de Landa, Bischof von Yucatán, war eine höchst kontroverse Persönlichkeit, denn niemand anders wie er interessierte sich so sehr für die Kultur der Maya und verübte gleichzeitig so entsetzliche Verbrechen an ihnen. Ganz im Geist seiner Epoche versuchte er mit fanatischer Macht und Gewalt und auch mit den Foltermethoden der Inquisition den Eroberten die christliche Religion aufzuzwingen. Über seine brutalen Bekehrungsversuche berichten Dokumente. Trauriger Höhepunkt war das schreckliche *Auto de fé* von *Maní*.

Historiker aber sind ihm zutiefst dankbar, denn fast nahezu alles, was man heute über die Geschichte Yucatáns und die nachklassischen Maya dort weiß, verdankt man seinen Studien und Beobachtungen, die er in seinem Hauptwerk *Relación de las Cosas de Yucatán* („Bericht über die Angelegenheiten von Yucatán", s. Ausgewählte Mexiko-Literatur, Anhang) festhielt (1566; von Pater → *Brasseur* 1864 veröffentlicht). So beschreibt er z.B. das bedeutsame Ereignis der Gefangennahme von → Aguilar und → Guerrero und auch für Geografen, Archäologen und Ethnologen sind seine Aufzeichnungen allererste Informationsquellen. Sie enthalten geografische Notizen, Skizzen von Maya-Ruinen (Chichén Itzá) und von Städten (Tihó, auf dem Mérida erbaut wurde), Wesensmerkmale der Maya-Ethnien, Zeichnungen von Glyphen u.v.m. An dem Versuch jedoch, ein mayanisches Alphabet zu schaffen, scheitert er, es wurde „nur" eine Silbenliste. Insgesamt fällt sein Urteil über die Maya nicht negativ aus, im Gegenteil, er lässt immer wieder durchklingen, wie sehr er ihre kulturellen Leistungen bewundert. – Landa wurde am 12.11.1524 in Cifuentes in Spanien geboren, nach einem Klosteraufenthalt ließ er sich als Ordensmönch für Yucatán anwerben. Über Veracruz kam er 1549 dorthin, 1552 wurde er Klostervorsteher von → Izamal, 1560 von Mérida und 1572 erfolgte die Weihe zum Bischof. Er starb 1579 in Mérida.

Stirn-Abplattung

Die Gesichtszüge der heutigen Maya erinnern frappierend an die ihrer archaischen Vorfahren, deren Profile von den damaligen Künstlern in Stein gehauen wurden. Besonders charakteristisch sind die fliehende Stirn und die erhöhte Nase, aber auch die „Mongolenfalten" der Augen. Für die Stirnabplattung wurden die Köpfe der Babies mit Kopfbinden und Hölzern deformiert (zu sehen auf Abbildungen im Anthropologischen Museum in Mérida), dies begünstigte das Tragen von Rückenlasten mit einem Stirnband. Zum Schönheitsideal gehörte es außerdem, schiefäugig oder schielend zu sein (auch *Itzamná,* der Himmelsgott, ist so dargestellt). Dazu hängte man Säuglingen kleine Kugeln knapp vor die Augen. Yucatáneco-Frauen sollen überdies ihre Zähne spitz zugefeilt haben, in die sie dann, nachdem sie sie angebohrt hatten, Edelsteine einsetzten.

El Idioma Maya

In weiten Teilen der Península Yucatán wird auch heute noch fast ausschließlich das alte **yucateca-Maya** gesprochen, besonders auf dem Land. Eine melodische, metapherreiche Sprache mit vielen Wortspielereien (Gold heißt z.B. *takin* – „Exkrement der Sonne", glühendes Holz „Feuerblume" und alte Männer sind „mächtige Felsen"). Charakteristisch sind spezielle Klick- und Knack-Töne und dass es keine äquivalenten Laute zu unserem „d" und „f" gibt; auch „r"-Laute sind selten.

Maya-Wörter werden fast durchweg auf der letzten Silbe betont, das oft vorkommende **„x"** (Xlapak, Xibalba, Uxmal) **wird als „sch" ausgesprochen,** wie in *Sch*uh, „c" immer wie „k" (chaac), „ch" (Chetumal, Chan, Chichén) wie

„tsch“ in Ki*tsch,* -ich (Kohunlich, Tunich) wie -itsch, das „h“ bleibt so gut wie stumm (Ko-unn-litsch). Der Plural wird mit der Endsilbe *-ob* gebildet (sakbe – sakbeob, ahau – ahauob). In der neueren Maya-Orthographie verdrängt das „k“ zunehmend das „c“ (chaac = chaak, Kukulcán = Kukulkán),

Einige Wortbeispiele und Zahlen: *ahau* – König (geschrieben *ajaw*), Führer; *balam* – Jaguar; *na* – Haus; *ki* – Sisal; *cutz/tzo* – Truthahn; *kin* – Sonne; *chen* – (als Endung) = Brunnen; *chultún* – Zisterne; *ki-hic* – Markt; *witz* – Berg.

1 – *hun.* 2 – *ca.* 3 – *ox.* 4 – *can.* 5 – *ho.* 6 – *uac.* 7 – *uuc.* 8 – *uacax.* 9 – *bolon.* 10 – *iahun.* 11 – *buluc.* 12 – *iahca.* 13 – *oxlahum.* 14 – *canlahum.* 15 – *holahun.* 16 – *uaclahun.* 17 – *uuclahun.* 18 – *uacaclahun.* 19 – *bolontahun.* 20 – *hunkal.*

Für einen Europäer ist Maya sicherlich nur sehr schwer zu erlernen (möglich z.B. in der Sprachschule *El Estudiante* in Playa del Carmen, s. dort). Weiteres über die Maya-Sprachen s.S. 267.

Cocina yucateca – die yucatekische Küche

Neben ihrem eigenständigen sprachlichen Erbe und ihren alten Sozialstrukturen bewahrten sich die Yucateco-Maya auch ihre speziellen kulinarischen Traditionen. Hauptbestandteil der *comida yucateca* ist natürlich der Mais, aber auch Bohnen-, Huhn-, Fleisch- und Fischgerichte, meist nach besonderen Rezepten zubereitet, kommen auf den Tisch. Dazu gibt es zahlreiche Beilagen und spezielle Gewürze. Mit Ankunft der Spanier wurden die traditionellen Speisen mit europäischen Zutaten kombiniert und so entstanden ungewöhnliche, doch sehr schmackhafte Gerichte. In Chetumal kann man z.B. „gefüllten Käselaib“ bestellen, einen warmen Edamerkäse mit einer Füllung aus Hackfleisch, Rosinen und einheimischen Gewürzen. Dazu gibt es Soße und die immer präsenten Tortillas. An der Küste warten Meeresfrüchte in allen Variationen, aber auch z.B. **Panuchos de cazón,** das sind mit Haifischfleisch gefüllte Tortillas. Während die Panuchos zuerst leicht angebraten, dann gefüllt und fritiert werden, sind die weitverbreiteten yucatekischen **Salbutes** nur fritiert und mit den Zutaten belegt (z.B. Truthahnfleisch, gehackte Zwiebel und Avocadoscheiben). Die fritierte Tortilla ist also sozusagen der „essbare Teller“ für die Zutaten.

Eine vielverwendete Zutat der yucatekischen Küche ist **recado**, eine Paste aus Pomeranzensaft, Gewürzen und *Achiote* (gekochte Samen des Orleanstrauches). Zu kleinen Blöcken oder Kugeln gepresst kann man es auf allen Märkten kaufen. Es wird verwendet, um Fleisch- und Fischgerichten, die in Bananenblätter eingewickelt und in einer Erdgrube geschmort, Farbe und Geschmack zu geben. Das bekannteste dieser Gerichte ist **Cochinita pibil,** zerkleinertes Schweinefleisch (vom Spanferkel) mit einer scharfer Soße. Es schmeckt vorzüglich. **Pollo pibil** ist auf die gleiche Weise zubereitetes Hühnerfleisch. Desgleichen in Bananenblätter eingewickelt und im Erdofen gegart wird **Mukbil pollo,** ein spezielles yucatekisches Gericht für den *Día de los Muertos* am 1. November. Es ist ein großer Tamale-Laib mit einer satten Füllung aus Huhn, Schweinefleisch, Chile-Soße und *achiote.*

Auf Yucatán gibt es auch sehr schmackhafte und exotische Eintöpfe, meist mit Huhn, z.B. der **Puchero,** ein Hühnereintopf mit verschiedenen Gemüsesorten und Kochbananen, die dem ganzen einen leicht süßlichen Geschmack verleihen. Ein leichtes Gericht, vor allem für sehr heiße Tage geeignet, ist die bekannte und delikate **Sopa de lima,** zubereitet mit Hühnerfleisch, Tortillastreifen, Limetsaft und diversen Gewürzen. Sehr schmackhaft und erfrischend! Bedingt durch die mittägliche Hitze fällt das Frühstück meist üppiger als das Mittagessen aus. Es gibt eine Vielzahl deftiger Frühstücksvariationen, von denen **Huevos motuleños** und **Papadzules** am bekanntesten sind. Papadzules sind Tortillas, gefüllt mit hartgekochten Eiern und serviert mit einer Kürbissamensoße.

Huevos motuleños sind gebratene Eier, die auf einer *tostada* (fritierte Tortilla) serviert werden. Obendrauf kommt noch ein Schlag schwarzes Bohnenpüree, Tomatensoße mit Schinken- und Käsestückchen sowie einige Scheiben fritierte Kochbanane. Etwas schwierig zu essen, aber dafür sehr lecker und vor allem sättigend.

Wie überall in Mexiko werden auch auf Yucatán zu fast jedem Essen *salsas* serviert, eine Spezialität ist **Xni pec,** eine Mischung aus feingehackten Tomaten, Habanero-Chiles (Vorsicht, sehr scharf!), Koriander, Zwiebeln und etwas Essig oder saurem Orangensaft. Auf Yucatán gilt beim Essen der Grundsatz: Möglichst viel probieren, denn es gibt immer wieder Außergewöhnliches zu entdecken.

Typische Yucatán-Gerichte und Wörter

achiote – gekochte Samen des Orleanstrauches, würzt und färbt Speisen gelb bis rot
atropelados – Speise aus Kokosnuss und Süßkartoffeln
chaya – eine Art Spinat
cochinita pibil – zerkleinertes Schweinefleisch (Spanferkel) in Bananenblättern im Erdofen geschmort.
huevos motuleños – Tortillas mit Eiern, Bohnenpüree, Tomatensoße, Schinken u. Käse.
ic – Chile
itz – Süßkartoffel
mukbil pollo – großer Tamale-Laib mit einer Füllung aus Huhn, Schweinefleisch, Chile-Soße und *achiote*
muxubbak – Tamales
on – Avocado
p'ac – Tomate
panuchos – ähnlich wie *salbutes,* doch gefüllt mit schwarzen Bohnen und vielerlei Zutaten
papadzules – sind yucatekische Tacos, gefüllt mit zerschnittenen Eiern und mit einer Kürbissamensoße und, oder einer speziell gewürzten Soße aus Tomaten.
pavo relleno negro – gefüllter Truthahn mit dunkler Soße.
poc-chuc – Schweinefleisch mit Zwiebeln und einer sauren Orangen- oder Zitronensoße.
pollo pipil – Huhn, ähnlich zubereitet wie *cochinita pibil*
puchero – gut gewürzter Eintopf mit vielen Gemüsesorten und Fleisch
put – Papaya
salbutes – fritierte Tortillas, belegt mit Truthahnfleisch, Zwiebeln, Avocadoscheiben und Tomaten
sopa de Lima – delikate Hühnersuppe mit Tortilla-Streifen, Limettensaft, Gemüse und diversen Gewürzen.
tikin-xic – mit Achiote gewürzter und gegrillter Fisch
tzamna – schwarze Bohnen
txobilchay – Maispaste, Kürbiskerne und hartgekochte Eier
uah –Tortillas
Xtabentún – ein Anis-Honig-Likör, erhältlich als *seco* (trocken), oder *crema* (süß)

Von Cancún nach Mérida

Von Cancún gibt es nach Mérida und Chichén Itzá ständig Busverbindungen. Selbstfahrer sollten, wie erwähnt, nicht die teure mautpflichtige („Cuota") **Mex 180 D** nehmen (das „D" macht den Unterschied), sondern die alte Mex 180 in Richtung Valladolid. In *El Ideal* („Kilometro 80") kann man nördlich abbiegen zur *Isla Holbox.*

Isla Holbox

Ew. 1500

✆ 01-984

Die kleine Isla Holbox (sprich *olbosch* – maya, „schwarzes Loch") ist ein Insel-Anhängsel der langgezogenen und lattenschmalen Landzunge Holbox an der Nordostspitze von Yucatán. **La Villa de Holbox,** der kleine, verschlafene Insel-Fischerort blieb bislang vom karibischen Kommerz-Tourismus verschont, hier wartet man noch auf den großen Boom. Wer es *muy tranquilo* liebt, liegt – oder hängt – hier richtig, kann bei den freundlichen *holboxeños,* darunter etliche ausgewanderte Italiener, prächtig entspannen. Über die Sandstraßen rollen nur ganz wenige Autos, Hauptverkehrsmittel sind hier Golfcars und Motorroller, beide kann man mieten. Die Strände sind weniger schön, dafür praktisch menschenleer, und im seichten Meer kann man ewig weit rausgehen. Mai bis Sept. ist Walhai-Saison (Bootsausflüge). Ein Problem sind, besonders in der Regenzeit von Juli bis Oktober, die **Moskitos** und auch die **Sandfliegen!**

Alle wichtigen Infos mit Schiffs- und Busverbindungen sowie einige historische Anmerkungen zu Holbox stehen in einer kleinen Broschüre, die im **Internet-Café** erhältlich ist (dort kann man auch Traveller-Schecks tauschen, Kurs aber schlecht). Eine Wäscherei gibt es, aber keine Bank, deshalb vorsorgen. Zu kaufen gibt es Hängematten, die hier geknüpft werden. Weitere umfassende Holbox-Infos bietet die gute Website von Villas Chimay, www.holbox.info. Eine andere ist www.holboxisland.com.

Übernachten Es gibt etwa 25 Unterkünfte und kleine Hotels im Ort sowie Cabaña-Anlagen am Strand, etliche in europäischer Hand. Die Preisspanne ist sehr groß und reicht von 15–100 €, abhängig von der Saison (HS: 20.12.–30.04 und 01.07.–31.08). Vor Ort dann mehrere Unterkünfte inspizieren ist eine gute Idee. Empfohlen werden **Hotel Mawimbi,** Tel. 8752003, www.mawimbi.com.mx.; 6 Zimmer (um 30 €) und eine Cabaña mit Küche, Besitzer ist das nette italien. Paar Carmelo & Ornella, und **Villas Chimay**, Tel./Fax 8752220, www.holbox.info. Eine sehr schönes Idyll 1 km westl. des Dorfs am Strand (*chimay* ist das Maya-Wort für „Fregattvogel"), geführt vom Schweizerpaar Dunja & Gabriel. Die ökologischen Cabañas kosten um die 50 € (Preisdetails/Angebote auf der Website), sehr gutes Restaurant. – Andere: *Posada La Raza,* Westseite Parque Juárez; an ihm liegt auch das preiswerte Hotel *Dinorah;* das *Puerto Holbox* ist am Meer beim kleinen Flugplatz, Mittelklasse. Teuer sind *Xaloc Resort* (www.holbox-xalocresort.com) und *Villas Flamingos* am Strand in der letzten fertigen Anlage Richtung Osten (über www.mexicoholiday.com) – einfach, aber sehr gepflegt, schönes Restaurant.

Essen Einige kleine **Restaurants** und einfache Loncherías bieten überwiegend Fische und Pizzas an. Für gute Fischgerichte ist z.B. die Pizzeria am Hauptplatz ein Tip. Zur Abwechslung dann mal gefüllte Kartoffeln im *Restaurante Pelican* probieren, das auch ein gutes und preiswertes Frühstück bietet und auch Sonderwünsche gerne erfüllt.

Was tun? Nichts, Seele baumeln lassen. Zur Abwechslung kann man mal mit den Fischern aufs Meer fahren (morgens um 5 Uhr, später erfolgt dann die Anlandung des Fangs, interessant). Oder eine Bootsfahrt zu einer der umliegenden Lagunen oder Inseln machen, zur *Isla Pájaros,* wo es Pelikane und ein paar Flamingos gibt (letztere erst so ab September). Die angebotenen Bootsausflüge sind jedoch fast durchweg überteuert und das verlangte Geld kaum wert, höchstens man bringt eine Gruppe zusammen, wodurch der Preis sinkt (max. passen 6 Leute in ein Boot, Dauer 3–5 h).

Anfahrt **Von Cancún** Busse um 7.50, 12.30 (Mayab), 13.45 Uhr (Noreste), Fz 3,5 h, 65 P. **Von Valladolid** fahren mehrmals tägl. Busse über Nuevo Xcan und El Ideal (dort umsteigen) nach Chiquilá. Außerdem gibt es einen Nachtbus **von Mérida** über Valladolid. Fährschiffe verbinden die Insel über die *Laguna Yalahau* mit dem Festland (40 P, Fz 25 Min.). Abfahrten Chiquilá – Holbox: um 6, 8, 10, 12, 14, 16, 17 u. 19 Uhr (auf der Insel angekommen, Golfcar-Taxi zur Unterkunft nehmen. Vorsicht, manche Taxistas versuchen ein anderes Hotel aufzuschwatzen!). Holbox – Chiquilá: 5, 7, 9, 11, 13, 15, 16 u. 18 Uhr, außerdem auch Colectivo-Boote für 6–8 Personen. Autofahrer lassen ihren Wagen in Chiquilá auf einem bewachten Parkplatz zurück. – Von **Chiquilá nach Cancún** gibt es tägl. 3 Busse mit Fähranschluss, um 5.30, 7.30 und 13.30 Uhr. Vom Haupttterminal in Cancún muss dann der Flughafenbus genommen werden. Reisende **von Holbox nach Valladolid/Merida** müssen die Frühfähre um 5 nehmen, da der einzige *Direktbus* dorthin zwischen 5.30 u. 6 Uhr fährt. Es geht aber auch zu späterer Zeit, und zwar so: Mit nimmt den Cancún-Bus bis nach El Ideal *(kilometro 80),* 1 km östl. der Einmündung in die Hauptstraße 180, und hat von dort an einem kleinen Busterminal alsbald Anschluß nach Westen nach Valladolid/Mérida.

Valladolid

Ew. 65.000

✆ 01-985

Valladolid liegt 40 km östlich von Chichén Itzá. Die koloniale Stadt besitzt zwar einige interessante Dinge (**Hauptattraktion** ist der außerhalb liegende **Cenote Dzitnup**), ist aber in erster Linie ein Verkehrs- und Umsteigepunkt mit guten und häufigen Verbindungen. Sie liegt genau im Schnittpunkt der Straßen Mex 180 (Cancún – Chichén Itzá) und Mex 295 (Río Lagartos – Felipe Carillo Puerto). Außerdem gelangt man von hier nach Cobá und Tulúm/Karibikküste. Sobald der neue Flughafen zwischen Valladolid und Chichén Itzá seiner Bestimmung übergeben ist, wird die Stadt noch mehr touristischen Aufwind bekommen.

Valladolids Außenbezirke sind eher trist und in den engen Straßen lärmt laut der Verkehr. Hübsch und lebendig ist jedoch der große **Zócalo** *(Parque Fran-*

cisco Cantón), auf dem eine riesige mexikanische Flagge weht. Auf der Südseite ragt als Orientierungspunkt die doppeltürmige **Iglesia San Gervasio** (1706) auf. Unter schattenspendenden Bäumen trifft man sich zum morgendlichen Plausch (und zum abendlichen *paseo*), fotografieren Touristen die *Yucateca*-Brunnenstatue, werden buntbestickte *huipiles* und *blusas* zum Verkauf an die Umzäunung gehängt und sonntagabends ertönt hier Live-Musik. Um die Plaza Hotels, Geschäfte und Restaurants. Im **Palacio Municipal** (Ayuntamiento) an der Südostecke dokumentieren *Murales* (Wandbilder) die bewegte Geschichte der Stadt, dort befindet sich auch das städtische **Turismo** (mit sauberer Toilette).

Valladolid spielte bei der Niederwerfung Yucatáns eine wichtige Rolle: sie wurde von den Spaniern 1545 auf den Grundmauern der von ihnen eroberten Maya-Stadt *Zací* gegründet (drei Jahre nach Mérida). Zaci war ein wichtiges politisches und religiöses Zentrum der Maya, erst nach zweijähriger Gegenwehr gaben sich die Verteidiger geschlagen. Als auf Yucatán 1847 der Kastenkrieg ausbrach (s.S. 167), griffen 13.000 Maya-Aufständische Valladolid als eine der ersten Städte an, da hier die Bevölkerung jahrhundertelang besonders stark unterdrückt worden war. Nach der Racheorgie lag Valladolid ausgeblutet da und fristete über hundert Jahre ein Schattendasein (s.a. Museo San Roque).

Busterminals / Orientierung

Es gibt zwei Busterminals (s. Stadtplan): der neue 1.-Klasse ADO an der Ecke der Straßen 54/37 war in 2005 immer noch nicht in Betrieb, bis es soweit ist, fahren alle Busse nach wie vor zum Terminal 2. Klasse an der Ecke 39/46. Busse 1. Klasse der Strecke Mérida – Cancún (u. vice versa) lassen Reisende mit Zielort Valladolid an einem Bushof an der Autobahn aussteigen von wo sie zum innerstädtischen Terminal Ecke Calles 39/46 gefahren werden. Gleich gegenüber fahren Colectivos nach Piste und **Chichén Itzá** ab.

Valldaolids Straßenzüge verlaufen mehr oder weniger im Gitterraster: Nord-Süd-Calles haben gerade Nummern, Ost-West ungerade. Achtung **Autofahrer:** Die **Straßenschilder** nach Chichén Itzá/Mérida und nach Cancún **lotsen** euch **auf die kostenpflichtige teure Autobahn** („Cuota") nördlich von Valladolid! Besser die alte Mex 180 benutzen (Ausfahrten s. Stadtplan).

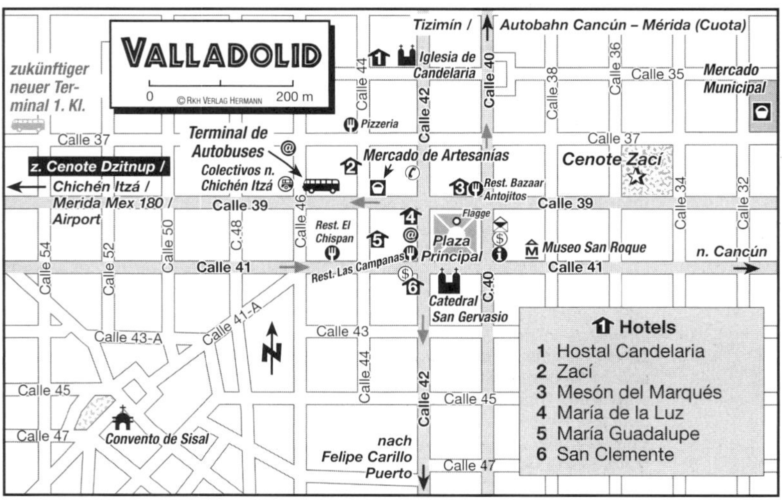

Sehenswert Neben etlichen Kirchen besitzt Valladolid auch eines der ältesten Klöster Yucatáns, das 1552 erbaute **Convento de Sisal** mit der *Iglesia San Bernardino de Siena*. Wer mit dem Wagen/Taxi auf dem Weg zum Cenote Dzitnup ist, könnte den Umweg machen (durch die Calle 41-A, wo es restaurierte kleine Kolonialhäuser gibt).

Der offene **Cenote Zací** liegt in einem kleinen Park zweieinhalb Cuadras östl. vom Zócalo. Ein großes, dunkles Algen-Wasserloch, zu dem Stufen hinabführen; Restaurant und Mini-Zoo. Nicht unbedingt lohnend.

Museo San Roque: Es zeigt Objekte und Dokumente zur Geschichte Valladolids, besonders aus der präshispanischen bzw. Maya-Zeit. Calle 41 beim Zócalo, tägl. 9–21 Uhr.

Einen Besuch Wert ist evtl. der **Mercado de Artesanías,** Calle 39.

Cenote Dzitnup (X'keken) **Sehr sehenswert** ist der unterirdische und außerhalb liegende **Cenote Dzitnup** (anderer Name: X'keken), einer der schönsten ganz Yucatáns. Das durch einen Deckendurchbruch hereinflutende Sonnenlicht lässt eine geheimnisvolle Unterweltstimmung entstehen (bester Einstrahlwinkel von 12–14 Uhr). Wer möchte, kann in dem türkisen, glasklaren Wasser ein erfrischendes Bad nehmen (ca. 20 °C, Handtuch nicht vergessen). Vorsicht, glitschige Stufen! Tägl. 7–18 Uhr, Eintritt ca. 1,50 €. Dzitnup wird stark vermarktet, deshalb unschöne Begleiterscheinungen: nervende Kinder, Souvenirhändler, Reisegruppen-Invasion; außerdem ab und zu Eigentumsstreitereien, so dass er manchmal geschlossen wird.

Anfahrt: Der Cenote liegt 7 km westl. außerhalb von Valladolid an einer südl. Seitenstraße der Mex 180 nach Chichén Itzá. Ausfahrt mit dem Wagen aus Valladolid auf der Calle 39, am Ortsausgang geht's an einer Polizeistation vorbei, von da noch 3 km bis zu einer Abzweigung links (ausgeschildert), dann noch 2 km. Oder: per **Colectivo** von der Calle 44 beim Hotel María Guadalupe (es fahren aber relativ wenige); **Taxi** mit Wartezeit ca. 100 P; oder einen **Bus** nach Piste/Chichén Itzá nehmen, an der Abzweigung aussteigen und vollends trampen. Oder problemlos per **Fahrrad,** zu mieten in der Calle 44, gegenüber den o.g. Colectivos.

Noch vor dem Cenoten Dzitnup liegt unmittelbar davor auf der rechten Straßenseite der **Cenote Sak Mul Há** (nicht beschildert), der weniger spektakulär als der Dzitnup ist. Durch die Öffnung in der Höhlendecke wachsen die Wurzeln eines alten Baumes dem Wasser entgegen. Eintritt 20 P, Schwimmen möglich, ggf. vor dem Dzitnup besichtigen. Wer Zeit hat, kann sich auch noch das typische Maya-Dorf Dzitnup ansehen.

Adressen & Service Valladolid

Turismo Im Palacio Municipal (mit Arkaden), Zócalo-Südostecke (Ecke Calles 40/41), Tel. 01-**985**-8562063; 9–20 Uhr, So 9–13 Uhr; Prospekte und auch Toilette. **Internet:** www.valladolid.com.mx.

Unterkunft ECO **Hostal La Candelaria** (AMAJ-Hostel), Calle 35 No. 201-F (zwischen Calle 42 u. 44 am Parque la Candelaria), Tel. 8562267, www.lugaresdemexico.com, candelaria_hostel@hotmail.com. Ein Super-Hostal mit entspannter Atmosphäre und einem schönen kleinen Garten, „Mexikos gemütlichstes und familiärstes Hostel, einhellige Meinung aller Gäste", schrieb jemand. Gästeküche, Internet, Lockers, Wäsche-Service, TV-Raum, freies Trinkwasser, nettes Personal und gute Infos, Radvermietung für Cenote Dzitnup. Dormitorio mit Vent. und 33 Betten, Einzelbett 6 €, DZ 13 €; außerdem werden interessante und preiswerte Touren angeboten (Cenote, Höhlen, **Ek Balam**). Am Platz gegenüber des Hostals ist ein nettes Café (gute Säfte und Speisen). Südlich davon, Calle 44/Ecke C. 37, eine Pizzeria. Alles in allem der absolute **Budget-TIP**. – **Hotel María Guadalupe,** Calle 44 No. 198 (zw. 39 u. 41), Tel. 8562068; einfache, wenige Zimmer, o.k. für seine Kategorie, DZ 12 €.

FAM **Hotel Zací,** Calle 44 No. 191 zw. 37 u. 39, Tel./Fax 8562167; 50 schöne Zimmer (AC oder Vent.), kleiner Pool, Garten, Rest., alles sauber und ordentlich, DZ ca. 24 €. Gleich gegenüber liegt das einfache, preiswertere **Hotel Lily.** – *Drei Hotels am Zócalo:* **Hotel San Clemente,** Calle 42, No. 206 (Zócalo-Südwestecke), Tel. 8562208; 64 schöne, große Zimmer mit AC oder Vent., einladender Pool, Parkplatz, Restaurant, DZ 26 € mit AC, m. Vent 21 € (frühstücken dann besser im gegenüberliegenden Restaurant *Las Campanas*). – **Hotel María de la Luz,** Calle 42 No. 193, Tel./Fax 8562071 (maria_luz@chichen.com.mx); modernes Hotel mit guten AC-Zimmern, Pool, umfangreiches und gutes Frühstücksbuffet (ca. 3,50 €), das Rest. ist mittel; DZ 25 €. Das Hotel bietet auch **Ausflüge nach Ek Balam** an.

LUX **Hotel Mesón del Marqués,** Calle 39 No. 203, Tel. 8562073, Fax 8562280 (h_marques@chichen.com.mx); stilvolles Kolonialgebäude aus dem 16. Jh., mehrstöckig, 90 Zi. (AC, hintere sind ruhiger!), 2 begrünte Patios, Pool, Bar, Preise je nach Zimmergröße u.-art 38–45 €. – Das **Ecotel Quinta Real** ist eine tolle Anlage. Calle 40 No. 160A bei C. 27, Tel. 8563472, Fax 8562422. Fotos anschauen/buchen unter www.ecotelquintareal.com.mx.

Essen & Trinken Im **El Bazaar Antojitos** beim Zócalo, Ecke Calles 40/39, gibt es eine Ansammlung günstiger Brutzelstuben bzw. *loncherías,* doch ihr Essen ist mäßig. – Ein gutes Frühstücksbuffet bietet das Rest. des Hotels **María de la Luz,** Zócalo-Nordwestecke. – Gleichfalls *comida yucateca* im **Restaurante Las Campanas,** Zócalo-Südwestecke; große, leckere Portionen (günstiger als im María de la Luz), nettes Ambiente, abends Live-Musik. – **Restaurante Yepez,** Calle 41 No. 148 (eine halbe Cuadra von der Zócalo-Südostecke, gegenüber Museo San Roque), gut. – **Restaurante El Chispan,** Calle 41 zw. 44 u. 46; typisch-mexikanisch, toll hergerichtet. – Eine italienische **Pizzeria** ist in der Calle 44/ Ecke 37. – Am allerbilligsten satt wird man bei den hausgemachten Deftigkeiten in der Calle 39, vom Zócalo aus westlich ... Den Maya-Anis-Honig-Likörs *Xtabentún* (sprich schta-bentunn), eine Yucatán-Spezialität, der in Valladolid hergestellt wird, sollte man mal probieren.

Adressen / Fest **Bank:** Bancomer am Zócalo (Calle 40) und Zócalo-Südwestecke bzw. Calle 41 (Hotel San Clemente). – **Internet:** Zócaloseite Calle 42; Calle 37 Ecke C. 46; Calle 43 No. 200-G zw. 38 u. 40, u.a. – **Mercado de Artesanías:** Calle 39 Ecke C. 44. – **Mercado Municipal:** östl. vom Cenote Zací, s. Stadtplan. – **Post:** am Zócalo, Calle 40. – **Supermercado:** *Super Maz,* Calle 39 zw. 48 u. 50. – **Fiesta:** Eine große alljährlich vom 27.01. bis 02.02. (Virgen de Candelaría).

An- und Weiterreise Der 1.-Klasse-Busterminal liegt an der Ecke der Calles 54/37 (beachte oben den Hinweis bei „Busterminals/Orientierung“). **2. Klasse Calle 39/Ecke 46,** Linien *Expreso de Oriente, Autotransportes de Oriente* u.a. Die Verbindungen sind so zahlreich, dass man ohne langes Warten fast überall hinkommt.

Nach **Chichén Itzá** (45 km) direkt zum westl. Haupteingang. Oder mit einem schnelleren Minibus gegenüber vom Busterminal. Oder mit jedem Bus 2. Klasse nach Mérida (**Chichén Itzá öffnet um 8 Uhr, früh dort sein, den 7.15 Uhr Bus nehmen,** Fz ca. 1 h). – Nach **Cobá** ('ne gute Stunde)**/Tulúm** (2 h) um 9.10, 9.30, 13.25, 14.45 u. 17.15 Uhr (Rückfahrten von Cobá s.S. 161, man kann also Cobá auch als Tagesausflug von Valladolid aus besuchen). – Nach **Río Lagartos** ein- bis zweistündl. (7, 9, 11, 11.30, 12.30, 14.30 Uhr usw.). – Außerdem Busse nach Cancún, Chetumal, Chiquilá, Izamal u.a.

Umgebungsziele von Valladolid

Abstecher zum Golf von Mexiko Valladolid ist Ausgangspunkt für Ausflüge nach Norden an die Küste, nach **Río Lagartos** (103 km, Flamingo-Bootstouren; wer eigens die Tiere sehen möchte, sollte vorzugsweise die Flamingo-Kolonien in → **Celestún** westl. von Mérida besuchen). Auf der Strecke nach Río Lagartos ist der Abstecher zur archäolo-

Reiseteil

gischen Stätte von **Ek Balam** obligatorisch. Die Zufahrt zweigt **25 km nördl. von Valladolid** von der Mex 295 nach Osten ab (ausgeschildert, 14 km).

Ek Balam

Eine schöne, nur wenig besuchte Stätte, zu der noch keine Direktbusse fahren. Anfahrts-Varianten für Leute ohne Auto: 1. in Valladolid ein Taxi anheuern (etwa 150 P, einschließlich 1–1,5 h Wartezeit für die Besichtigung); 2. eine Tour über das Hostal *La Candelaria* oder Hotel *María de la Luz* buchen, oder 3., einen Colectivo zum Straßendorf **Santa Rita** nehmen (doch es fahren nur wenige), von dem es zu Fuß noch 2 km nach Ek Balam sind (kurz hinter Santa Rita gibt es ein neues Hotel, *Ek Balam*). Ek Balam besitzt ein kleines Empfangsgebäude. Eintritt ca. 3 €, bei den Bauten gibt es Erklärungs-tafeln; ein INAH-*miniguía* ist erhältlich. Geöffnet tägl. 8–17 Uhr.

■ *Die grandiose Stuckfassade an der Hauptpyramide*

„Strahlender Jaguar"

Ek Balam ist eine alte Mayastadt und heißt eigentlich **Tiquibalon,** *Ek Balam* („Strahlender Jaguar") war ein Herrscher Tiquibalons. Den Spaniern war das Mayazentrum seit dem Ende des 16. Jahrhunderts bekannt.

Es ist eine sehr schön instandgesetzte kompakte Anlage, umgürtet von einem ungewöhnlichen doppelten Ringwall. Die Hauptbauten mit zwei Plazas – darunter auch ein kleiner Ballspielplatz – liegen alle innerhalb des etwa 1 qkm großen Areals und datieren aus der Zeit der End- und Postklassik (700–1000 n.Chr.), der Blütezeit Ek Balams. Die Ringmauer besitzt vier Zugänge, von denen vier *sakbeob* („weiße Straßen", s.S. 163) nach Norden, Süden, Osten und Westen führen. An der Südseite – dort tritt man ein – gibt es zwei Zugänge, und eine weitere *sakbe*. Außergewöhnlich ist die Bauweise der Eingangs-Struktur mit ihren abgerundeten Ecken.

Hauptattraktion am Aufgang der voluminösen, über 150 m breiten und 30 m hohen Hauptpyramide („La Torre") ist eine **Stuckfassade** mit grandiosem Dekor und spektakulären, vollplastischen Skulpturen. Sie wurde erst 1998 entdeckt, ihr Erhaltungszustand und der Detailreichtum des Frieses sind in der Mayawelt einzigartig! Fantastisch ist auch die Ausgestaltung eines Portals als zähnebewehrter Schlangenrachen. Diesen → *Chenes*-Dekorstil findet man fast nur im Süden Yucatáns – überhaupt ist das Konglomerat von Baustilen in Ek Balam völlig ungewöhnlich und ein großes Rätsel in der Mayaforschung!

Die Mex 295 strebt fast schnurgerade weiter durch flaches Busch- und Weideland. Nach 50 km wird die Stadt Tizimín erreicht.

Tizimín

Ew. 50.000

✆ 01-986

Tizimín („Platz des Tapirs") ist eine ruhige Kolonialstadt mit zwei alten Klöstern. Hier kann man eine Pause einlegen. Von Süden einfahrend gelangt man auf der Calle 50 zum **Parque Principal,** von Norden auf der Calle 52. Um ihn gibt es ein paar Geschäfte, auf der Nordseite liegt der *Palacio Municipal* und im Osten das Kloster *Tres Reyes Magos.* Die Busterminals der 1. und 2. Klasse befinden sich an der Ecke der Calles 46/47 bzw. in der Calle 47 (zahlreiche Verbindungen in alle Richtungen). In der Nähe, an der Ecke der Calles 47/48, ist Markt.

Essen: am Parque Principal liegt an der Westseite das *Restaurante Tres Reyes,* der Spruch „La mejor comida del mundo" braucht zwar nicht ernstgenommen zu werden, doch ist z.B. *Pavo en relleno negro,* Truthahn mit schwarzer Füllung, einen Versuch wert ... – **Übernachten:** *Posada María Antonia,* Calle 50 No. 408 (Ostseite Parque de la Madre, der an der Südostseite des Parque Principal beginnt), Tel. 8632384. – **Internet**: Calle 52 No. 368 zw. 43 und 45. – **Fiesta:** Um den Jahreswechsel steigt in Tizimín die große *Feria de los Reyes* (Heilige Drei Könige, 26.12.–15.01.): Prozessionen, Stierkämpfe und viel Folklore.

Río Lagartos

Ew. 3500

✆ 01-986

Das ruhige Fischerstädtchen liegt 50 km nördlich von Tizimín am *Golfo de México.* Wen es hierher verschlägt, kommt in erster Linie wegen der **Flamingos,** deren Populationen jedoch heutzutage nicht mehr die Größe wie früher haben.

Gleich östlich von Río Lagartos erstreckt sich entlang des *Estero Río Lagartos* (*lagartos* = Echsen) das Naturschutzgebiet **Parque Natural Ría Lagartos** (470 qkm), ein Paradies für zahllose Vogelarten und Zugvögel. Hunderte Spezies sind hier heimisch, vor allem Reiher *(garzas),* Kormorane, Ibisse, Störche, Pelikane u.v.a.m. Mit etwas Glück wird man bei einer Bootsfahrt außerdem Salzwasser-Krokodile *(cocodrilos)* sehen. Der Estero ist keine Flussmündung, sondern ein sehr schmaler Meeresarm mit einer höheren Salzkonzentration als das Meer, in dem sich eine spezielle Flora entwickelte, besonders *manglares* (Mangroven, Exkurs s.S. 254).

Ortsbeschreibung, Hotels / Restaurants

Mit einem Wagen fährt man auf der Calle 10 in den Ort hinein, bis vor zum *Monumento al Flamenco* (Flamingo-Statue). Dort links in die Calle 19 abbiegen, entweder bis ganz ans Ende zum **Restaurante Isla Contoy** (frische Fischgerichte, allgemeine Auskünfte, Treffpunkt, für Flamingo-Touren nach dem Guide *Ismael Navarro* fragen), oder eine Cuadra vorher rechts abbiegen, in die Calle 14, die nördlich zum Meer führt. An ihrem Ende an der Pierstraße liegt links die empfehlenswerte **Villa de Pescadores** (DZ ca. 25 €, Tel. 8620020, obere Zimmer mit schönem Panorama über die Boote und den Estero). Eine Cuadra vorher liegt an der Calle 14/Ecke Calle 11 die preisgünstige **Posada Leydi** von Doña Tere, Zimmer mit Meeresblick, mein **TIP** für Rucksackler. Westlich um die Ecke von der Villa de Pescadores liegt das **Restaurante Macumba.**

Busankömmlinge werden von vielen „amigos" erwartet, die sofort das passende Hotel und Touren parat haben ... Doch sich selbst mal umsehen: auf der Calle 19 westlich bis zum *Monumento al Flamenco* gehen und von dort wie beschrieben auf der Calle 14 bis vor zum Meer. An der Calle 14, nahe des Restaurants Isla Contoy, ragt der hässliche Klotz des Hotels *Holk Koben* hoch – immer noch eine Bauruine?

Flamingo-Bootstouren

Bootstouren-Schlepper passen Touristen schon am Ortsbeginn ab, man bekommt ständig Offerten. An der Pierstraße stehen drei *Casetas de Información turista* von der *Unión de Lancheros Flamingos.* Ein Boot, in das 4–6 Personen reingehen, kostet plus/minus 38 € – handeln bzw. sich mit anderen zusammentun; auch abhängig davon, wie lange man ingesamt unterwegs ist und wie weit man fährt. Bis *Angostura* sind es ca. 1,5 Stunden bzw. über 30 km. Vorteilhaft sind frühmorgendliche oder nachmittägliche Abfahrten (doch nicht später als 14.30 Uhr). An Sonnenschutz denken (Hüte fliegen im Fahrtwind davon), beim Fotografieren ist ein Teleobjektiv vorteilhaft.

Der Lanchero steuert nach Osten und man sieht auf Bäumen und in den Mangroven allerlei Vogelarten und Wassertiere. An einer Engstelle wird unter einer Holzbrücke durchgefahren, danach weitet sich der Estero wieder. *Yoluk* und *Emal* sind Flamingostellen. Man passiert einen *mirador* (Aussichturm) und die **Flamingo-Punkte** *Angostura* und *Puntameco.* Sind keine Flamingos im Wasser, wird angelegt und es geht es ein Stück zu Fuß zu einer Kolonie. Das Wasser bedeckt weißer Schaum, der sich durch die Vogelexkremente bildet. Die meisten Flamingos sieht man im Juli und August (Flamingo-Exkurs s.S. 253). Als qualifizierte **Guías** für spezielle Bootstouren zu Flamingos, Meeresschildkröten und auch zu Krokodilen (Nachtfahrten) bieten *Diego Nuñez Martínez* (nunez@chichen.com.mx) und *José Ismael Navarro* ihre Dienste und Kenntnisse an. Auskunft über das Restaurante Isla Contoy, Tel. 8620000.

Die **Feria de Santiago** findet in Río Lagartos alljährlich Ende Juli statt (Beginn am Samstag vorm 25.6., Dauer eine Woche). – **Día de la Marina:** 1. Juni.

Ausflüge von Río Lagartos

Von Río Lagartos lohnt sich ein Abstecher zu den östl. liegenden **Salinas Las Coloradas** (25 km). Dazu mit dem Wagen von Río Lagartos zunächst kurz südlich fahren und dann an einer Kreuzung östlich abbiegen (westl. geht es nach San Felipe). Man passiert die Salzfabrik und sieht haushohe, gleißende Salzhalden und rötliche Salzseen. Am Ende der Straße liegt der kleine Ort Las Coloradas. Schon die Maya gewannen hier in Verdunstungsbecken Meeressalz.

San Felipe, 10 km westl. von Río Lagartos (Busverbindungen), ist ein abgeschiedenes, **friedvolles Fischerdörfchen** mit bunten Holzhäusern und schöner Hafenpromenade mit schattigen Sitzbänken. Wenige, doch günstige und einfache Unterkünfte (z.B. Hotel San Felipe de Jésus, Calle 9), essen in rustikalen Fischrestaurants (Hummer!). Die Fischer bieten Bootsfahrten (nur ca. 2,50 €) zu einem schönen Strand mit Palmenhütten an, toll zum Relaxen!

Westlich von Valladolid: Grutas de Balankanché

Die (touristisch ausgebauten) Tropfsteinhöhlen *Grutas de Balankanché* liegen gut 40 km westlich von Valladolid bzw. 6 km vor Chichén Itzá (1,5 km östl. des Hotels Dolores Alba) an der Mex 180 an einer kurzen Stichstraße von dieser (ausgeschildert). Anfahrt mit jedem Bus zwischen Valladolid und Piste, dem Fahrer Bescheid sagen („por las grutas"), oder als Taxi-Ausflug von Piste.

Balankanché (maya, „Thron des Jaguars") wurde – wie z.B. auch die Loltún-Höhle und viele andere Kalkgrotten auf der Yucatán-Halbinsel – von den Maya einstens als Wasserstelle und Kultstätte genützt (Verehrung von Regengott Chaak und später auch von Tláloc, der toltekische Wassergott, von ca. 300 v.Chr. bis 1200). Höhlen spielten in der Weltsicht der Maya eine besondere Rolle, da sie als Eingänge in die Unterwelt *xibalba* und als Sitz von Göttern und Ahnen galten.

Am Zugangsweg zur Höhle wurde ein kleiner **Botanischer Garten** mit interessanten Sträuchern und Bäumen angelegt (u.a. Ceibas, jene mit stachligem Stamm; auch ein Chicle-Baum).

Das ausgedehnte Höhlensystem besteht aus sieben großen Kammern, drei davon sind zugänglich. Im Zentrum der Hauptkammer formten Stalagmiten und Stalaktiten in tausenden von Jahren eine Säule, um die eine Vielzahl von Opfergaben liegen – unberührt seit mindestens 700 Jahren. Man beließ die

Schüsseln, Urnen, Töpfe, Krüge, *incensarios* (Räuchergefäße), Figürchen, Maismahlsteine (*xca* bzw. *metates*) und anderen Dinge an Ort und Stelle.

Am Eingang Schautafeln und Fotos, Café, Museum, kleiner Laden. Tägl. geöffnet von 9–17 Uhr, Eintritt 50 P. Die Besichtigung ist nur mit Führung möglich, „offiziell" Minimum 6 Pers., Dauer 40 Min. Scheinwerfer strahlen die Höhlen farbig aus und eine (störende) Tonanlage erzählt Maya-Legenden – **„Espectáculo de Luz y Sonido";** Span. um 9, 12, 14 und 16 Uhr, Engl. um 11, 13 und 15 Uhr, Franz. 10 Uhr. Die Maya-Unterwelt ist jedoch nicht ganz das richtige für klaustrophobe Gemüter – zudem die **pure Sauna** und stickige Luft!

Piste / Chichén Itzá

Vorüberlegungen zum Besuch von Chichén Itzá

Von Valladolid oder von Mérida aus jeweils als Tagestour hin- und zurück. Wegen der Mittagshitze in Chichén Itzá unbedingt früh aufbrechen, so dass man um 8 Uhr am Eingang ist. Damit erspart man sich das (teure) Übernachten bei den Ruinen bzw. in Piste. Nach der Besichtigung kann man natürlich nach Mérida weiter- bzw. nach Valladolid zurückfahren.

Chichén Itzá intensiv/mit Muße erleben: Nachmittags dort eintreffen, später eine erste Besichtigungsrunde drehen, am Abend die Luz-y-Sonido-Show ansehen und am anderen Tag frühmorgens den Rest der Ruinen ablaufen. Als Hotel praktischerweise eines beim **Ost-Eingang** wählen (oder das Dolores Alba, s.u.). Chichén Itzá hat nämlich zwei Eingänge, **Haupteingang** ist der **westliche**). Zunächst zum naheliegenden Ort *Piste.*

Piste

✆ 01-985

Der kleine unschöne Straßenort liegt ca. 2 km nordwestl. von Chichén Itzá und lebt fast ausschließlich vom Chichén-Tourismus. Die Durchgangsstraße Mex 180 heißt im Ort Calle 15. Es gibt einen Geldautomaten.

An- und Weiterfahrt von Piste

Anfahrt mit dem Bus von Valladolid (45 km) oder Mérida (120 km) s. jeweils dort. Nahezu alle Busse von Mérida machen den Schlenker **bis zum Haupteingang von Chichén Itzá.** (Wer in Piste aussteigt, muss auf der Stichstraße von der Mex 180 bis zum Haupteingang noch etwa 15 Min. zu Fuß gehen, es fahren aber auch Taxis/Colectivos). An der Durchgangsstraße von Piste gibt es zwei Bushaltestellen, eine östliche und westliche. Am östl. Ortsrand zwischen den Hotels *Pirámide Inn* und *Posada Novela* liegt der Stop von Oriente (Tel. 01-985-8510052).

Busse 2. Klasse fahren nach **Mérida** (2,5 h) allstündlich um 7.30, 8.30, 9.30 usw. bis 21.30 Uhr. Gleiche Zeiten nach **Valladolid** (50 Min., dorthin auch ständig Colectivos) und nach **Cancún** (4,5 h). – **Busse 1. Klasse** nach **Mérida** (knapp 2 h) um 15 u. 17 Uhr, **Cancún** (2,5 h) 16.30 Uhr, **Cobá** (1,5 h) und **Tulúm** (2,5 h) um 8, 14.25 u. 16.30 Uhr (die beiden Nachmittagsbusse fahren weiter nach **Playa del Carmen,** 3,5 h).

Chichén Itzá An- u. Weiterfahrten

Vom Parkplatz des Haupteingangs von Chichén Itzá fahren Busse 1. und 2. Klasse nach **Mérida** um 9, 10, 11, 12, 13, 14, 15, 16.15 und 17 Uhr, nach **Valladolid** (1 h, evtl. dort Umsteigen für Cancún u.a. Ziele) um 9.30, 10.30, 11.15, 11.30, 12.30, 13.30, 14.30, 15.30 und 16.30 Uhr, **Cancún** (2,5 h; 2.-Klasse 4,5 h) 8.30, 9.30, 10.30, 11.30, 12.30, 13, 14.30, 15.30, 16.30 und 17.15 Uhr, **Playa del Carmen** (3,5 h) um 14.45 und 16.30 Uhr, **Cobá** (1,5 h) 8 und 16.30 Uhr und nach **Tulúm** (2,5 h) um 8, 14.45 und 16.30 Uhr. Der Fahrkartenschalter bzw. die Taquilla befindet sich im Souvenir-Gebäude links des Eingangs. **Bitte die Abfahrtszeiten vorab nachprüfen!**

TIP: Bei der Weiterfahrt nach Valladolid (2. Klasse) evtl. bei den **Balankanché-Höhlen** unterbrechen (Beschreibung s.o.).

Unterkunft

Unterkünfte sind in Piste nicht gerade preiswert, aber wesentlich günstiger als jene bei den Ruinen: **Posada Olalde,** Calle 6 (ca. 130 m auf einer unbefestigten Straße, abgehend von der Calle 15 gegenüber vom Restaurant Carousel, oder, wenn man vom Busstop kommt, bei *Artesanías Guayacá* nach links), Tel. 8510086; einfach und ruhig, die Zimmer nach hinten sind wegen des Patios schöner, freundlich, ca. 14 €. – **Posada Maya,** zw. Calles 41 u. 42, wenige Meter nördl. der Hauptstraße, günstiger als das Olalde, aber dunkle, bescheidene Zimmer. – **Posada Novelo,** beim Busstop bzw. beim Hotel Pirámide Inn (somit am nächsten zu Chichén Itza); abgewohnt, mufflige Betten, leicht feucht, der (meist verschmutzte) Pool des Stardust Inn darf benutzt werden, DZ 12 €.

Kategorie FAM: Hotel Pirámide Inn, Calle 15-A No. 28x20 (Mex 180, östliches Ende von Piste, gleich beim Busstop, nur ca. 1,5 km bis zum Ruineneingang), Tel. 8510115, www.piramideinn.com; 50 gepflegte Zimmer mit AC oder Vent., Rest., Pool, schöne Gartenanlage (Zimmer nach hinten sind besser bzw. ruhiger), ca. 32 €. Hier kann man auch preiswert seine Hängematte aufhängen oder im Innenhof zelten. – **Hotel Stardust Inn,** beim Hotel Pirámide Inn, Tel./Fax 8510122; Rest., AC, Pool, nicht gut, DZ um 28 €. Es bietet **Platz für Campmobile. – Cuarto Camping,** gegenüber vom Stardust und neben der Bushaltestelle; große, ordentliche DZ, Pool im Garten, günstig, empfehlenswert.

Restaurants

Entlang der Hauptstraße gibt es viele Touri-Restaurants, billiger isst man bei den kleinen Lokalen beim kleinen Zócalo (westliches Ortsende). Dort ist außerdem **Restaurante Poxil,** Buffet, Preise und Service sind o.k., doch gähnende Leere wenn keine (Gruppen-)Touristen da sind.

TIP: Das Restaurant im Empfangsgebäude von Chichén Itzá bzw. das Café im Gelände sind teuer, in Piste evtl. was zum Essen kaufen und mitnehmen.

Hotels nahe der Chichén-Itzá-Ruinen (Lage s. Karte)

Nachfolgende drei Hotels liegen jeweils nur ein paar hundert Meter vom Ost-Eingang der Ruinen – und diese Vorzugslage muss teuer bezahlt werden! Einen heißen Besichtigungstag Chichén Itzás kann man jedoch dort abends, nach einem evtl. Besuch der Luz-y-Sonido-Show, stilvoll ausklingen lassen.

Einzig kostengünstigere Alternative zu den drei Hotels beim Ost-Eingang ist das **Hotel Dolores Alba** an der östlichen Zufahrtsstraße zu den Ruinen (die alte Mex 180), km 122, zwischen der Balankanché-Höhle und Chichen Itzá. Tel. 01-**985**-8581555 (gebührenfrei 1-800-849-5060), Fax 01-985-9283163, www.doloresalba.com, asanchez@sureste.com. 40 einfache, motelähnliche, geräumige DZ mit Vent./AC in Gartenanlage direkt an der Straße, Restaurant, 2 Pools, Parkplätze, DZ 27–33 €, **keine Kk** (aber Traveller-Schecks). Kostenloser Transport den Ruinen (2,5 km, nur hin) und zur Balankanché-Höhle (1,5 km), **TIP** (in der HS Reservierung ratsam!). Anfahrt mit einem 2.-Klasse-Bus allstündlich von Mérida oder Valladolid, dem Busfahrer Bescheid sagen, er hält vor dem Hotel. Der Fam. Sánchez gehört auch das Hotel Dolores Alba in Mérida, s. dort.

Falls Dolores Alba voll sein sollte: genau gegenüber liegt – ca. 400 m zurückgesetzt im Busch und an einem Cenote – die Bungalow-Anlage **Ik Kil** (teurer als das Dolores Alba) mit Restaurant, Tel. 01-985-8510039, Fax 8510000.

Club Med Villas Chichén Itzá, Tel. 01-985-8656000, Fax 8566008; wie die anderen Club-Med-Hotels stilvoll gestaltet, 40 DZ, Pool, Rest., Bar; von den drei Hotels am Ost-Eingang mein **TIP** (reservieren ratsam, oft durch Gruppen belegt); DZ so ab 60 € ohne Frühstück, NS ca. 40 € – aktuelle Preise/Beschreibung/Buchung unter www.clubmedvillas.com.

Hotel Mayaland, gleich rechts des Ost-Eingangs, Tel. 01-985-8872450 (geb.-frei 01-800-2354079), Fax 8844510, www.mayaland.com; die größte Luxus-Hotelanlage Yucatáns, riesiger Garten mit Bungalows, 3 Pools, über 100 Zi., intern. Gruppen, 4 (sehr teure) Restaurants, Sicht auf Kukulkán-Pyramide, morgens laufen Pfauen über den Rasen … – DZ ab 140 US$.

Hotel Hacienda Chichén, Tel. 01-985-9242150, Fax 9245011, www.yucatanatravel.com/hotels/chichen/hachfactsheet.html; sehr schöne Hacienda-Anlage in tropischem Garten, aber ab 110 US$ gleichfalls unverhältnismäßig teuer, zudem negative Zuschriften.

Ruinas Chichén Itzá

Überblick

Chichén Itzá liegt ca. 2 km südl. von Piste an der Mex 180, die das Ruinen-Areal in einem großen Bogen umrundet (früher führte die Straße mitten hindurch). Es ist **die berühmteste archäologische Stätte Yucatáns** und, zusammen mit Tulúm an der Karibik, die meistbesuchte ganz Mexikos! Tausende Touristen (darunter zahllose aus Cancún) besuchen sie täglich. Zusätzlicher Andrang herrscht um den 21. März und 23. September, in den Tagen der Tagundnachtgleiche (s.u. Marginalie „Equinoccio"; das genaue Datum und was da an Unterhaltung geboten wird, kann man vorab auf der Homepage des Hotels Pirámide Inn – s.o. – einsehen). In dieser Zeit ist die Kukulkán-Pyramide gesperrt.

Man unterscheidet drei Ruinen-Zonen: **Zona Norte** (mit Kukulkán-Pyramide), **Zona Central** und die frühe **Zona Sur** (hier nicht beschrieben). Außer dem **Haupteingang im Westen** gibt es noch den Ost-Eingang, den überwiegend die Gäste der dortigen Hotels benutzen. Mit seiner Eintrittskarte bzw. mit dem Plastikarmband am Handgelenk kann man an beiden Ausgängen beliebig oft raus- und reingehen.

„Unidad de Servicios"

heißt das monumentale Chichén-Itzá-Empfangsgebäude am großen (gebührenpflichtigen) Parkplatz, wo auch der Busstop ist. Es ist „mit allem" ausgestattet: Info-Stelle, Restaurant-Cafetería, Laden (Souvenirs, **Bustickets** (Abfahrten s. vorne beim Ort Piste), Literatur, Filme, Postkarten etc.), außerdem gibt es eine Geldwechselstelle. Eine kostenlose **Gepäckabgabe** ist gleichfalls vorhanden (beim Ticket-Schalter). Ruinenführer bieten ihre Dienste an, doch vor den meisten Bauten gibt es Erklärungstafeln in Spanisch, Englisch und Maya. Die allermeisten Bauten darf man nicht mehr betreten (Kukulkán-Pyramide nach wie vor).

Das **Chichén-Itzá-Modell** (beim Restaurant) zeigt die Gesamtausdehnung und das sehenswerte **Museum** (8–17 Uhr) dokumentiert mit Schautafeln, Stelen, einem Chak Mool, skulptierten Säulen, Fotos von Ausgrabungen, Fundstücken aus dem *Cenote Sagrado* u.a.m. die Geschichte Chichén Itzás. Schön ist das farbige Küstendorf-Bild (s.S. 107) aus dem Templo de los Guerreros. Außerdem gibt es einen Vortragssal *(Auditorio)* mit audiovisuellen Vorführungen in Engl. um 12 und 16 Uhr.

Geöffnet ist Chichén Itzá täglich von 8–18 Uhr, das Unidad de Servicios von 8–22 Uhr.

Eintrittspreise

Der **Eintritt** kostet 88 P, eine Videokamera ca. 35 P. Der Eintrittspreis berechtigt auch zur abendlichen „Licht- und Tonschau" – doch dazu dann das Plastikarmband unbedingt am Handgelenk lassen (s. nächsten Abschnitt „Licht- und Tonschau"). Der Parkplatz ist gleichfalls gebührenpflichtig.

Rundgang

Ein Gesamtrundgang mit ausgiebiger Besichtigung aller der auf einer Fläche von ca. 8 qkm verstreuten Bauten nimmt (mit nötigen!) Pausen einen ganzen Tag in Anspruch. Wer dies wirklich vorhat, sollte sich gegen die **mittäglich glühende Sonne** wappnen, auf lange Fußmärsche eingestellt sein und was zum Trinken mitführen. Die meisten belassen es mit einem Besuch der Hauptmonumente, was aber auch drei, vier Stunden dauert.

Bei der Kukulkán-Pyramide gibt es ein **WC** und südl. davon ein **Café,** außerdem werden auf dem Weg zum Cenote Sagrado Getränke verkauft (gleichfalls ein WC). **TIP:** Bei einer Ganztagesbesichtigung sollte überlegt werden, zur Mittagspause und zum Essen in eines der Hotels am Ost-Eingang rauszugehen (bei gleichzeitiger Abkühlung im Hotel-Pool).

Licht- und Tonschau *„Espectaculo de Luz y Sonido"*

Allabendlich findet bei der Kukulkán-Pyramide eine **Licht- und Tonschau** statt (wie in Uxmal). Bei diesem – etwas theatralischen – historischen Hörspiel werden Kukulkán-Pyramide und Nebenbauten von Scheinwerfern farbig angestrahlt, dramaturgisch passend zur Musikuntermalung. Mächtige Bauten im Dunkel, ein klarer Sternenhimmel, bedeutungsschwangere Stimmen, die die Geschichte Chichén Itzás erzählen – und viele Touristen, die versuchen, diese eindrucksvolle Atmosphäre mit ständigem Foto-Blitzlichtgewitter einzufangen (dabei gibt es im Museumsshop so tolle Postkarten davon …).

Beginn 19 Uhr (November bis März), **20 Uhr** (April bis Okt.), Dauer 45 Minuten. Gegen 25 Peso und **Pass** oder **Führerschein als Pfand** erhält man einen Übersetzungskopfhörer *(traductor)* mit den wählbaren Sprachen Deutsch, Englisch, Französisch u. Italienisch. Wer zuerst abends die Schau besucht und am nächsten Tag die Ruinen, zahlt 50 Peso und am nächsten Tag die Differenz zum regulären Eintrittspreis. Es ist zwar ratsam für die Schau rechtzeitig da zu serin – da es nur eine bestimmte Anzahl an Kopfhörern und Stühlen zum Sitzen gibt –, doch öffnet die Kasse erst etwa 20 Minuten vor Beginn.

■ *Blick auf die Kukulkán-Pyramide vom Templo de los Guerreros*

Geschichtlicher Abriss

Wer waren die ersten?

Über die ersten Bewohner Chichén Itzás gibt es keine gesicherten Erkenntnisse, nur Mutmaßungen und Legenden (die Chronik der Stadt ist deshalb so schwer zu bestimmen, weil nur ganz wenige Stelen mit Datierungen oder Inschriften über Herrscher gefunden wurden; die älteste Notation stammt aus dem Jahr 842). Chichén Itzá heißt soviel wie „Stadt der Itzá am Rande des Wassers", aber da es in der Gegend keinen Fluss oder See gibt, können damit nur die beiden Cenotes gemeint sein.

Zweimal in Besitz genommen

Nach dem Maya-Forscher Dr. Morley wanderten *Itzá-Maya* aus der Petén-Region (heute nördliches Guatemala) zwischen 455 und 495 nach Yucatán ein und siedelten sich in Chichén Itzá an. Ihr Anführer war der Hohepriester *Lakin Chan,* auch **Itzamná** genannt, und nach ihm hießen die Bewohner der Stadt *Chanes* oder *Itzáes.* Noch vor dem Jahr 700 sollen sie aber Chichén Itzá in südwestlicher Richtung (heutiges Tabasco) wieder verlassen haben und dann vor dem Jahr 1000 erneut – und zwischenzeitlich kulturell stark beeinflusst von Nahua-Stämmen des Hochlandes – als *Chontal-(Putún)Maya* unter dem Anführer *Nacxit Xuchit* nach Chichén Itzá gezogen sein.

Vielleicht handelte es sich bei den Rückkehrern aber auch um **Tolteken** aus dem mexikanischen Hochland, denn diese sollen ja, nach einer vielzitierten Theorie, im Jahr 987 aus Tollán (→ Tula, nordwestl. von Mexiko-Stadt) nach Chichén Itzá gewandert sein, ihr Führer war der legendäre **Ce Acatl Topiltzin Quetzalcóatl** (s. „Quetzalcóatl und Kukulkán"). Diese Hypothese ist allerdings widersprüchlich zu wesentlich älteren toltekischen Datierungen in Chichén Itzá. Wie auch immer: Durch die 2. Besitzergreifung wurde der Stadt neues Leben in Form innovativer Bauideen eingehaucht (maya-toltekische Architektursynthese).

Niedergang

Noch zu Beginn des Postklassikums war Chichén Itzá der mächtigste Stadtstaat Yucatáns, doch kurz nach 1200 ging auch diese nachklassische Renaissance zu Ende. Die Herrscher des Stadtstaates **Mayapán** (s.S. 248) okkupierten Chichén Itzá und beendeten damit die **Liga von Mayapán.** In dieser Dreier-Allianz waren Mayapán, Chichén Itzá und Uxmal vorher nahezu 200 Jahre lang politisch verbunden gewesen.

Die Neuzeit

Spätestens um 1400, vielleicht schon früher, wurde Chichén Itzá dann endgültig verlassen, über die Gründe und Umstände gibt es wiederum verschiedene Hypothesen. **1533** besetzten es die Spanier unter *Francisco de Montejo* („El Adelantado"), doch der Gedanke als Hauptstadt Yucatáns wurde bald darauf wieder aufgegeben, trotz der positiven Darstellung in einem (späteren) Bericht von Bischof → **Diego de Landa:** *„Chichén Itzá ist ein sehr ansehlicher Ort, der etwa 10 Meilen von Izamal und 11 von Valladolid entfernt liegt ... Hier regierten drei Herrscher gemeinsam ... Sie verehrten ihren Gott sehr und errichteten ihm beeindruckende Gebäude"* (*Relación de las Cosas de Yucatán* – „Bericht über die Angelegenheiten von Yucatán"). Hinterher lag Chichén Itzá jahrhundertelang mehr oder weniger vergessen im Busch (doch der große Cenote blieb für die Maya-Bevölkerung immer ein Wallfahrtsort). Neuzeitliche erste Grabungen wurden 1841 durchgeführt, in diesem Jahr waren auch → Stephens und der Zeichner → Catherwood hier, später besuchten es gleichfalls → Maudslay und → Maler. Ab 1904 wurde erstmals der Cenote Sagrado erforscht, große wissenschaftliche Ausgrabungen und umfangreiche Rekonstruktionen fanden von 1923 bis 1943 statt. Die Zeit hatte allen Bauten schwer zugesetzt, sie waren zerfallen und zugewuchert, auch die Kukulkán-Pyramide bot ein klägliches Bild (vgl. ihre Südseite, die im vorgefundenen Zustand belassen wurde). 1988 wurde Chichén Itzá von der UNESCO zum Weltkulturerbe erklärt.

Verschiedene Epochen, verschiedene Baustile

Bauhistorisch ist Chichén Itzá das Resultat vieler Zeitepochen und verschiedener Kulturen (u.a. sind Stilelemente und Einflüsse aus der Golfküste und von Oaxaca identifizierbar), weist jedoch alle architektonischen und städtebaulichen Komponenten eines mesoamerikanischen Stadtzentrums auf: Zeremonialzentren, Ballspielplätze, Pyramiden, Tempel und Paläste. Und sogar – einzigartig – einen speziellen Bau zum Beobachten der Gestirne, ein Observatorium.

Ältester Teil ist die **Zona Sur,** in der etliche kleinere Tempelreste stehen, vieles überwuchert ist und Ausgrabungen noch im Gange sind.

Von den Bauten der **Zona Central** sind die älteren noch im rein mayanischen → **Puuc- oder** → **Chenes-Stil** errichtet (Casa Colorada, La Iglesia, An-

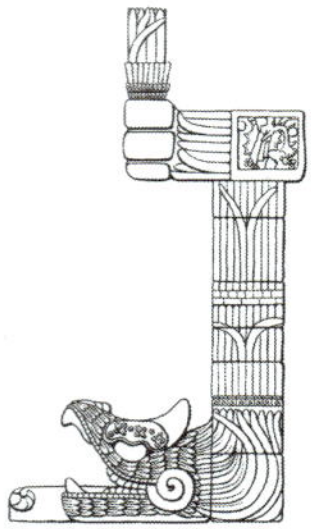

exo de las Monjas u.a), während bei den monumentalen Bauten der **Zona Norte** (Kukulkán-Pyramide, „Tempel der Krieger", Ballspielplatz, Tzompantli u.a.) der toltekische bzw. der **maya-toltekische Hybridstil** vorherrscht, der Elemente aus dem zentralmexikanischen Hochland bzw. aus der früheren Tolteken-Hauptstadt Tollan mit Formen und Stilen der Maya-Architektur kombiniert. **Dominierend** in der **Ikonographie** Chichén Itzás sind zahllose stilisierte Darstellungen der Gottheit **Kukulkán** in Form des **„Vogel-Schlangen-Manns"** und der **„Gefiederten Schlange" (s. Abb.).**

Quetzalcóatl und Kukulkán

Quetzalcóatl – „die mit den Federn des Quetzal-Vogels geschmückte Schlange" war die wichtigste Gottheit und die zentrale Figur der gesamten mesoamerikanischen Götterwelt, der Urgott aller Nahua-Stämme. Das Mischwesen war Schutzpatron der Künste und symbolisierte die Dualität und die Erde, die Grundlage allen Lebens. Die toltekischen Priesterkönige von Tollán (Tula) trugen gleichfalls den Titel Quetzalcóatl. Ein historischer Quetzalcóatl, **Topiltzin Quetzalcóatl** bzw. Ce Acatl Topiltzin Quetzalcóatl (*ce acatl* = aztekisch, Jahr 1 Rohr), soll um das Jahr 1000 den Zug der Tolteken vom Hochland nach Chichén Itzá geleitet haben. Die Nahua-Gottheit Quetzalcóatl mutierte dann bei den Maya-Völkern zu **Kukulkán** (maya *kukul* = Vogel bzw. Quetzal, *kán* = Schlange), symbolisiert durch **gefiederte Schlangen** bzw. Schlangenköpfe und den **Vogel-Schlangen-Mann:** aus einem weit aufgerissenen Schlangenrachen schaut ein menschlicher Kopf hervor **(s. Foto).** Wie wichtig er für Chichén Itzá war zeigt die Häufigkeit seiner Darstellungen, nirgendwo anders auf Yucatán wurde er so verehrt wie hier. Bedeutsam war außerdem der Kult um den Regen- und Wassergott → **Chaak,** der als dekorative Maske mit charakteristisch-rüsselartigen Nase viele Bauten ziert.

Kukulkán-Pyramide

Diese Pyramide auf dem großen Grasplatz in der Zona Norte ist das eindrucksvollste Bauwerk und das Wahrzeichen von Chichén Itzá. Wegen ihrer imponierenden Größe nannten sie die Spanier **El Castillo** – „die Burg" (alle Bautennamen Chichén Itzás sind spanische Fantasiebezeichnungen). Sie ist Kukulkán geweiht, dem mayanischen Quetzalcóatl, symbolisiert durch zwei mächtige Schlangenköpfe, die die Nordtreppe bewachen.

„Dieses Gebäude hat vier Treppen, die in die vier Himmelsrichtungen gehen, 33 Fuß breit sind und jeweils 91 Stufen haben, die zu ersteigen eine unerträgliche Mühe ist (...); jede Treppe hat zwei niedrige Geländer, die ebenso wie die Stufen zwei Fuß breit sind und aus gutem Mauerwerk wie das ganze Gebäude bestehen ...", schrieb Diego de Landa.

Im Zentrum der ZONA NORTE:
Kukulkán-Pyramide
El Cenote Sagrado
n. Piste / Mérida
MEX 186
Sakbe 1
CHICHEN ITZA
0
200 m
© RKH VERLAG HERMANN
n. Piste
ca. 1,5 km bis Ortsbeginn
Templo del Hombre Barbado
Tzompantli (»Schädelgerüst«)
Juego de Pelota (Ballspiel-platz)
Plataforma de Jaguares y Águilas (»Plattf. der Jaguare u. Adler«
Plataforma de Venus
Templo de las Mesas
Edificio Sur
Templo de los Jaguares
Zugang zur inner. Pyram.
ZONA
Templo de los Guerreros
P
Unidad de Servicios (Haupteingang)
Aufstieg
M
Kukulkán-Pyramide
WC
Columnata Norte
NORTE
Grupo u. Plaza de las Mil Columnas
Columnata Oeste
Columnata Noreste
Ballspielplatz
Snacks / Getränke
El Palacio de las Columnas Esculpidas
Pyramide El Osario
El Mercado
Baño de Vapor (Schwitzbad)
Plataforma Venus
Plataforma Redonda
Casa de los Metates
Casa del Venado
Tempel
Neben-(Ost)Eingang
ZONA
Cenote Xtoloc
Casa Colorada
Sakbe 5
CENTRAL
Hotel Mayaland
El Caracol
Templo de los Tableros
La Iglesia
Club Med Villas Chichén Itzá
Hotel Hacienda Chichén
La Casa de las Monjas
Anexo de las Monjas
Templo Akab D'zib
1,2 km
MEX 186
ZONA SUR
zum Hotel Dolores Alba 1,3 km
Valladolid (45 km)
Cancún

Die Maya begannen mit ihrem Bau vor 800 (s.u., „Die innere Pyramide"), vollendet wurde sie später, im 1100–1300 Jh. von den Tolteken. Sie ist ein architektonisches Meisterwerk, perfekt in Symmetrie und Ausführung. Der Grundriss ist quadratisch, die Länge einer Seite beträgt 55 m, die Höhe 25 m (ohne Tempelaufsatz). Vier axiale und 45 Grad steile Treppen mit 91 Stufen führen über 9 Etagen bzw. Plattformen auf die Spitze (begehbar sind nur die Nord- und die Westtreppe). In welchem Zustand sich die Pyramide vor der Restaurierung 1923–33 befand, sehen Sie hinten auf der Ost- und Südseite.

Kein wichtiges Maya-Bauwerk ohne **astronomisch-astrologische Hintergründe** und Zahlenmystik, die Kukulkán-Pyramide vereint perfekt Raum und Zeit! Die 4 x 91 Stufen plus der Sockelstufe des Hochtempels ergibt die Gesamtzahl 365, also die Anzahl der Tage eines Sonnenjahres. Eine Pyramidenseite hat 9 Plattformen, die die 9 Ebenen der mayanischen Unterwelt symbolisieren, und durch die Treppe zweigeteilt ergibt dies 18, was den 18 Monaten (zu je 20 Tagen) des Maya-Gemeinjahrs *Haab* entspricht (s.S. 104). Außerdem beträgt die Anzahl der rechteckigen (zurückspringenden) Dekor-Paneele auf einer Pyramidenseite 52, was den 52-Jahres-Zyklus der Maya-Zeitrechnung symbolisiert, der höchsten Einheit der Maya-Zeitrechnung (Kalenderrunde).

Wie zu beobachten ist, fällt vielen der Abstieg von der Pyramide nachher schwerer als der Weg nach oben …

Von der oberen Plattform kann man die quadratkilometergroße Ausdehnung Chichén Itzás überblicken: im Süden ragt aus dem Buschwald die Kuppel des *Caracol* (Observatorium) und die *Casa de las Monjas* hervor, im Westen liegt der große *Ballspielplatz,* nach Norden geht es zum *Cenote sagrado* und der beherrschende Bau Richtung Osten ist der auf einem pyramidalen Unterbau stehende *Templo de los Guerreros* (Kriegertempel) mit der „Gruppe der Tausend Säulen".

Der **Tempel der Kukulkán-Pyramide,** dessen Fries mit Chaak-Masken verziert ist, besitzt auf jeder Seite einen Eingang. Im Innern überdacht mayatypisches Kraggewölbe die vier Kammern, die Wände und Stützpfeiler zeigen Reliefs von Kriegern. Das breitere Hauptportal befindet sich auf der Nordseite, wo zwei skulptierte Säulen den darüberliegenden Sturz aus Zapote-Holz (!) tragen.

Die beiden Säulen sind leider nicht mehr komplett: Ursprünglich war jeder Säulenfuß als Schlangenkopf mit aufgerissenem Rachen ausgebildet und am oberen Säulenende ragten die beiden Schwanzspitzen um 90 Grad abgewinkelt nach oben. Solche **Schlangensäulen** sind ein elementares **architektonisches Element Chichén Itzás,** man kann sie bei den Bauten Chichén Itzás einige Male sehen. In sehr massiger Ausführung z.B. am *Templo de los Jaguares,* auf dem *Templo de las Mesas* oder auf dem **Templo de los Guerreros.** Blicken Sie gleich rüber, es sind die zwei hohen Säulen **(s. Abb.).** Vor ihnen kann man die **Skulptur des Chak Mool** erkennen, eine weitere Besonderheit von Chichén Itzá.

Die innere Pyramide

Nicht zu erkennen ist, dass die Kukulkán-Pyramide als Mantel über eine ältere Substruktur erbaut wurde. Diese Ursprungspyramide war etwa 16 m hoch. Man kann in sie einsteigen, der Zugang befindet sich bei den Schlangenköpfen (geöffnet nur von 11–15 u. 16–17 Uhr).

Über einen schmalen Treppengang geht es durch schwülheiße Saunaluft (gepaart mit dem Duft transpirierender Touristen) hoch zum ehemaligen Tempel der alten Pyramide. Dort befinden sich in zwei hintereinanderliegenden

Räumen zwei Steinskulpturen, ein **Chak Mool** und ein zinnoberroter **Jaguar (s. Abb.)** – das heilige Tier der Maya –, der wohl einst die Funktion eines Throns hatte. Seinen Kopf wendet er Chak Mool zu, sein mit vier Reißzähnen bestücktes Maul dabei weit aufreißend. Grüne Jadesteine symbolisieren die Fellflecken. Die Entdeckung der kleineren Pyramide mit diesen unberührten Skulpturen war eine Sensation.

Chak Mool

Ein Chak Mool (maya, „roter Jaguar") ist eine halb rücklings liegende mysteriöse menschliche Skulptur mit seitlich gewendetem Kopf, angezogenen Beinen und einer Schale oder einem Tablett auf dem Bauch, wo Kultgaben für die Götter niedergelegt wurden, oder, nach toltekischem Brauch, die noch zuckenden Herzen menschlicher Ritualopfer (Menschenopfer zelebrierten die Maya verstärkt durch den Einfluss der Tolteken). Ein Chak Mool hatte die Funktion eines Wächters vor Heiligtümern oder war eine Art Götterbote. Der Name ist eine Fantasiebezeichnung und geht auf den französischen Archäologen Le Plongeon zurück, der auf der „Plataforma de Venus" (s.u.) eine solche Skulptur ausgrub. Originär stammen sie vom mex. Hochland, im toltekischen *Tollán,* im Haupttempel von *Tenochtitlán* und bei anderen archäologischen Stätten des Zentralplateaus fand man solche Skulpturen. Bei keiner anderen Stätte kommen sie jedoch so gehäuft vor wie in Chichén Itzá.

Equinoccio / Tagundnachtgleiche

Die Kukulkán-Pyramide ist exakt auf den Einfall der Sonnenstrahlen der **Tagundnachtgleiche** (Äquinoktium bzw. *equinoccio*) um den 21. März und um den 23. September ausgerichtet. Dabei wirft die tiefstehende Sonne – infolge der Kanten der 9 Plattformen – ab ca. 16.30 Uhr ein gewelltes Schattenband auf die Seitenbalustrade der nördlichen Aufgangstreppe mit ihren unteren Schlangenköpfen, so dass der Eindruck entsteht, als würde sich die Schlange von oben herabwinden („Herabstieg Kukulkáns", s. das gezackte helle Band auf dem **Foto**). Wegen dieses Phänomens reisen Tausende extra an (hoffentlich ist dann der Himmel nicht bedeckt, im Herbst besteht die Gefahr eher). Auf dem Platz vor der Pyramide findet ein fröhliches Fest statt mit Musik und Folkloretänzen. Das Ereignis, das vom Fernsehen übertragen wird, dauert etwa 3 Stunden und wiederholt sich morgens bei aufgehender Sonne auf der gegenüberliegenden Seite der Pyramide. Der Effekt ist aber auch in den 5 Tagen vor und nach der Tagundnachtgleiche gut erkennbar. Er wurde erst 1972 von einem mexikanischen Archäologen entdeckt und verdeutlicht ein weiteres Mal die kosmisch-kreativen Bauideen der Maya (s.a. den Website-Hinweis am Kapitelanfang bei „Überblick").

Templo de los Guerreros

Der „Tempel der Krieger" auf einem Pyramidenstumpf gegenüber der Kukulkán-Pyramide ist in Anlage und Bauplan zweifelsfrei eine größere Kopie des abgegangenen Morgensterntempels von Tula (Tlahuizcalpantecuhtli). Die rechteckigen Pfeiler vor dem (gesperrten) Treppenaufgang trugen das Dach einer Halle. In sie sind **toltekische Krieger (s. Abb. nächste Seite)** in typischem Hochland-Ornat eingemeißelt, jeder in individueller Ausführung, was wie eine in Reih' und Glied stehende Armee anmutet und den militärischen Charakter des Tempels unterstreicht.

Am oberen Ende der Aufgangstreppe sind links und rechts über den zwei Schlangenköpfen zwei vollplastische kleine Figuren zu erkennen, in ihren gefalteten Händen steckten Banner. Es sind Standartenträger, sie waren einst in der Architektur des zentralen Hochlands (Tula und Azteken) weit verbreitet. Zwischen den beiden bewacht Chichén Itzás berühmter **Chak Mool** den Eingang zum Tempel (von unten nur durch etwas Abstand sichtbar). Die zwei Pfeiler hinter der Skulptur in Form aufgerichteter Schlangenleiber mit weit aufgerissenen Rachen trugen auf ihren nach vorn abgewinkelten Schwanzspitzen einst die Dachkonstruktion des Tempels bzw. den Sturz der drei Eingangsportale. Die Wände des Innenraums waren mit Wandmalereien verziert, bekannt ist das „Küstendorf", eine Dorfszene mit Booten auf dem Meer und Kriegern an Bord (Abb. s.S. 107, ein Verweis auf die von Chichén Itzá militärisch kontrollierten Seehäfen an der nördlichen Küste Yucatáns).

An den Außenmauern des Tempels sind Reliefs und Masken angebracht. Rechts und links, zwischen den eingerollten Rüsselnasen der Chaak-Masken (Maya-Regengott), sieht man den **Vogel-Schlangen-Mann** bzw. **Kukulkán:** aus einem aufgerissenen Schlangenrachen mit herabhängend-gespaltener Zunge schaut ein menschlicher Kopf hervor, umgeben vom Federdekor eines Vogels mit Krallenfüßen.

Links des Kriegertempels befindet sich der rekonstruierte (und gleichfalls gesperrte) **Templo de las Mesas,** der „Tempel der Tische", der seinen Namen wegen eines Altars oben im Tempel, aus großen, tischähnlichen Steinplatten bekam (von unten nicht sichtbar). Am Ende der Treppe eine kolossale Schlangensäule und dahinter ihr Schwanzstück mit plastischer Darstellung der charakteristischen Schwanzschuppung einer Klapperschlange.

Grupo de las Mil Columnas

Südlich des Templo de los Guerreros erstreckt sich die große, baumbestandene **Plaza de las Mil Columnas,** gesäumt von den Nord-, West-, Ost- und Nordwestkolonnaden (Columnatas). In ihrer Gesamtheit werden die Säulen und Pfeiler, die aus Einzelsegmenten zusammengesetzt sind, **Grupo de las Mil Columnas** genannt (es sind aber nur etwa 400). Die längste Säulengruppe ist die westliche (Columnata Oeste) gegenüber der Kukulkán-Pyramide. Darübergelegte Holzbalken trugen einst Dachkonstruktionen, so dass man sich hier riesige, luftige Säulenhallen vorzustellen hat – gewiss ein grandioser Anblick! Mit der Verwendung hölzerner Träger gelang auf Yucatán erstmals die Überdachung großer Flächen – doch wegen des vergänglichen Baumaterials leider nicht dauerhaft durch die Jahrhunderte wie mittels Maya-Kraggewölben.

Wenn Sie Zeit und Lust haben, können Sie die östlichen Bauwerke besuchen, ansonsten weitergehen zur Plataforma de Venus.

Gehen Sie vom Templo de los Guerreros durch die **Columnata Norte** (hier tragen die Säulen Kapitellplatten) östlich bzw. folgen Sie den Pfeilen im Plan. Am Ende rechts abbiegend gelangen Sie zum **Palacio de las Columnas Esculpidas** mit seinen üppig skulptierten kurzen Säulen (Details s. dortige Erklärungstafel). Dann rüber- bzw. runtergehen zur **Columnata Noreste.** Dahinter liegt ein Ballspielplatz.

Anschließend südlich zum **Baño de Vapor** (Dampfbad), in das man sich zur rituellen Reinigung des Körpers begab, ein uralter Brauch mesoamerikanischer Kulturen. Von der Vorhalle sind nur noch die Pfeiler übrig, in den Dampfraum schlüpfte man unten durch die kleine Öffnung. Dampf wurde wie in einer Sauna erzeugt: über erhitzte Steine goß man Wasser. Gehen Sie rechts um das Gebäude herum, dort sehen Sie runde Löcher, aus denen der Rauch des Feuers und der Dampf entweichen konnte.

Westlich des Dampfbads liegt der **Mercado.** In einem Innenhof stehen die 25 höchsten Säulen Chichén Itzás, sie trugen einmal ein Dach (aus vergänglichen Materialen). Es ist aber nicht erwiesen, ob hier tatsächlich einst Markt abgehalten wurde. Nun durch die Plaza de las Mil Columnas zurückgehen zum Platz der Kukulkán-Pyramide.

Plataforma de Venus

Auf dem Weg zum Cenote Sagrado passiert man auf dem Hauptplatz die **Venusplattform.** Ein quadratischer Altarbau mit über 20 m Seitenlänge mit vier axialen Aufgangstreppen, deren Wangen oben mit Schlangenköpfen enden. Das Bauwerk hat seinen Namen nach den Venus-Sternzeichen an den vier Ecken, ein halber vierstrahliger Stern in Kombination mit einem Rutenbündel, dem Symbol für Jahre. Ihm gegenüber diagonale Streifen, Symbol für das Monatszeichen *pop* im Maya-Kalender, und dazwischen, ins Mauerwerk eingelassen, Kukulkán mit heraushängender und gespalten-eingerollter Zunge. Die Venus war für alle altmexikanischen Völker ein wichtiges Mythologie-Element, sie bestimmte z.B. die Kriegszüge, galt als böses Omen. Ihr 584tägiger Umlaufzyklus war für die Maya ein wichtiger Berechnungsfaktor ihrer Kalendersysteme (s.S. 104).

Die Plattform heißt auch „Tumba de Chak Mool", weil hier der französische Archäologe Le Plongeon 1875 eine solche Skulptur fand. Sie sehen sie an der Ostseite.

Cenote Sagrado

Vom Hauptplatz nun weitergehen zum **Heiligen Cenote.** Er ist mit der Kukulkán-Pyramide durch die schnurgerade **Sakbe 1** verbunden, eine mehrere hundert Meter lange, dammartige Zeremonialstraße. Man lokalisierte in Chichén Itzá über 20 dieser „weißen Straßen" (s.S. 163), die Stadtsektoren miteinander verbanden.

Der mächtig große Cenote mit seinem algengrünen Wasser hat einen Durchmesser von 60 m **(s. Abb.)**, die Wassertiefe beträgt ca. 30 m. Da durch die senkrechten Wände und durch den ca. 25 m tieferliegenden Wasserspiegel das Ausschöpfen von Wasser mühsam und gefährlich war (problemloser ging dies beim südlichen Cenote *Xtoloc*), diente dieses Wasserloch allein religiösen Zwecken.

„In diesen Brunnen", schrieb Diego de Landa, *„werfen und warfen sie schon damals nach altem Brauch Menschen lebendig als Opfer für die Götter, wenn Dürre herrschte, und sie glaubten, sie stürben nicht, obwohl sie sie nie wiedersahen. Sie warfen auch viele andere Dinge hinein, Edelsteine und Dinge, die ihnen wertvoll waren."*

Der Cenote wurde mehrmals untersucht, Ausbaggerungen und Tauchgänge unter Leitung des amerikanischen Konsuls und Hobby-Archäologen Thompson förderten 1904–1911 vom schlammigen Grund tausende Gegenstände und Opfergaben aus Silber, Gold, Jade, Holz, Ton und Obsidian zu Tage. Darunter auch Textilfragmente, Copal-Harzklumpen und kostbare Scheiben aus getriebenem Gold mit eingravierten Motiven (eines zeigt die Opferung eines dahingestreckten Menschen, dem die Brust aufgeschnitten wird). Obendrein noch etwa drei Dutzend Skelette und Schädel, und die Fremdenführer erzählen hier ihren Gruppen gerne schauerliche Geschichten von geopferten „Jungfrauen". Man barg aber sowohl weibliche als auch männliche Skelette aller Altersstufen.

Einige Cenote-Fundstücke sind im Museum am Eingang ausgestellt, andere im Archäologischen Museum in Mérida (die meisten Stücke befinden sich jedoch im Museum der Harvard-University in den USA).

Auch nachdem Chichén Itzá von seinen Bewohnern verlassen worden war blieb der Cenote in den nachfolgenden Jahrhunderten ein Kult- und Wallfahrtsort der yucatekischen Maya.

Tzompantli Auf dem Rückweg vom großen Cenote kommt man am Hauptplatz am **Tzompantli** (náhuatl „Schädelgerüst") vorbei, eine etwa 60 x 12 m große, T-förmige Plattform, auf der nach span. Quellen die abgeschlagenen Köpfe besiegter Feinde zur Schau gestellt wurden. Gleichzeitig war es auch die Schädelstätte für religiöse Menschenopfer. Der Fries zeigt in vier Reihen ca. 500 eingemeißelte Totenköpfe, die auf dem mittleren Band auf Pfähle aufgespießt sind. Tzompantlis findet man außerdem in Zentralmexiko. – Neben dem Tzompantli liegt die

Plataforma de Jaguares y Águilas Die „Plattform der Jaguare und Adler" sieht aus wie eine kleinere und niedrigere Version der Venusplattform. Ihre Treppenwangen enden oben wieder mit großen Kukulkán-Schlangenköpfen. Die Plattform ist ein militärisches Monument, gewidmet den gefürchteten Elite-Einheiten der toltekischen Adler- und Jaguartruppen. An den Wänden befinden sich Reliefplatten mit den Symbolen dieser grausamen Krieger, Adler und Jaguar (man kann die Flecken des Fells erkennen), die Menschenherzen verschlingen **(s. Abb.).** Laut dem Chronisten Landa war das Monument auch Podium für rituelle Tänze und zeremonielle Handlungen.

Foto-TIP: mit einem Weitwinkel-Objektiv einen Schlangenkopf (Westseite) groß links oben in den Bildvordergrund plazieren, im Hintergrund dann die Kukulkán-Pyramide.

Templo de los Jaguares Bevor es in den Ballspielplatz hineingeht, kommt man am hinteren – gesperrten – Anbau des hochragenden **Jaguar-Tempels** vorbei. In dem ebenerdigen Raum steht zwischen den beiden Säulen ein gut erhaltener, steinerner Jaguar, ähnlich dem im Innern der Kukulkán-Pyramide. Er dürfte als Zeremonienthron gedient haben. Die Pfeiler sind mit Flachreliefs verziert, die diverse Szenen zeigen. Auf der hinteren Wand (schwer erkennbar) ein Würdenträger, der auf einem Jaguar-Thron sitzt, speertragende Krieger sowie mit Schlangen kämpfende Priester.

Blickt man am Tempel hoch, sind ca. 3 m von oben am Fries abwechselnd Jaguardarstellungen und Schilde zu erkennen. Von den vier Eckpunkten ragen Schlangenköpfe heraus.

Zum Obergeschoss des mächtigen Baus führt eine – gleichfalls gesperrte – Seitentreppe (der obere Raum ist mit mit kriegerischen Wandfresken ausgeschmückt). Dieser Raum öffnet sich zum Spielfeld des Ballspielplatzes hin (gehen Sie dazu in das Spielfeld rein, rüber auf die linke Seite): Sie sehen wiederum zwei dicke Schlangensäulen, deren Schwänze den schweren Überbau stützen.

Juego de Pelota Gleich nachdem Sie in den Platz eingebogen sind, sehen Sie rechts an der Mauerkante einen Schlangenkopf und auf der Schrägmauer darunter Flachreliefs von Ballspielern. Es ist eine ganze Prozession mit Arm- und Knieschonern, Hüftschutzgürteln, Nasenpflöcken und Federkopfschmuck (je nach dem Son-neneinstrahlwinkel mehr oder weniger gut erkennbar). Bevor es zu den zentralen Relief-Szenen in der Mitte des Platzes geht noch ein paar Daten zum Platz:

In Chichén Itzá gibt es über ein Dutzend größerer und kleinerer Ballspielplätze, der monumentalste und schönste ist dieser hier. Er ist gleichzeitig der größte, der je in Mesoamerika gebaut wurde: die Länge beträgt 168 m, die Breite 70 m, der Grundriss ist doppel-T-förmig. Das Spielfeld

■ *Das Spiel im Ballspielplatz von Chichén Itzá*

selbst hat die Maße 145 m x 37 m und die Seitenmauern sind 8 m hoch. An beiden Wänden sind oben steinerne Ringe angebracht, verziert mit den Reliefs zweier miteinander verschlungener Schlangen. Durch diese **Zielringe** musste beim Spiel die Kautschukkugel befördert werden, was sicherlich viel Geschick erforderte. Bemerkenswert ist außerdem die Akustik des Platzes: klatscht man laut in die Hände, schallt das Echo siebenfach wider.

Nun zu den Reliefszenen unter den Zielringen **(linke Platzseite):** Unten am Boden sehen Sie einen **Spielball,** der mit einem **menschlichen Totenkopf dekoriert** ist (in seiner Mitte fehlt ein Stück) und aus dessen Mund eine Volute bzw. das Symbol für „Tod" quillt. Rechts des Balls kniet ein Enthaupteter, aus dessen Hals Blutströme in Form von Schlangen nach oben schießen. Der Spieler ihm gegenüber hält mit seiner linken Hand seinen abgetrennten Kopf, die rechte umklammert das Obsidian-Messer, mit dem er die Tat vollzog.

Auf der gegenüberliegenden (rechten) Platzwand ist eine fast gleiche Enthauptungsszene eingemeißelt, wieder mit einem Totenkopf.

■ *Enthauptungs-Relief und der Totenkopf der rechten Platzseite*

Veranschaulicht diese makabre Szene nun das bizarre Ende eines Ballspiels, nämlich die Tötung des Spielführers der unterlegenen Mannschaft – eine weitverbreitete Annahme –, oder ist sie eher die bildliche, symbolische Umsetzung des ewigen Kreislaufs vom Werden und Vergehen? Darauf vermag die Maya-Forschung (noch) keine definitive Aussage zu treffen, der Schlüssel liegt vielleicht, so ein Ansatz, in den mythenhaften Ballspiel-Erzählungen des Maya-Buches → Popol Vuh (s.a. Exkurs „Das mesoamerikanische Ballspiel").

Die südliche Schmalseite des Ballspielplatzes wird von einem beschädigten Tempel begrenzt, dem **Edificio Sur.** Auf seinen Pfeilern sind Krieger abgebildet. Der Abschlusstempel im Norden ist der **Templo del Hombre Barbado,** der „Tempel des bärtigen Mannes". Das Abbild dieser mysteriösen, barttragenden Person befindet sich in der Mitte der Tempelrückseite. Gesichter bärtiger Männer gibt es in der Maya-Welt höchst selten.

Das mesoamerikanische Ballspiel

In den prähispanischen Städten der Maya und in vielen anderen Zentren mesoamerikanischer Kulturen war das Spiel mit dem Kautschukball – *juego de pelota* – zentraler Bestandteil des gesellschaftlichen Lebens. Doch es war weder reiner Freizeitspaß noch sportlicher Wettkampf, sondern vielmehr ein Spiel mit religiöskosmischen Dimensionen. Das ergibt sich schon aus den Standorten der Ballspielplätze in der Nähe von Zeremonialzentren, respektive waren Ballspielplätze Bestandteile von Zeremonialzentren. Und so wie in unseren Städten die größten Bauwerke Kirchen und Stadien sind, waren es in den Städten Mesoamerikas die Ballspielplätze (und Pyramiden).

■ *Ballspieler (Codex Magliabechiano)*

Ein **kulturübergreifendes Phänomen** also, dessen Spuren tief zurückreichen. Schon eine mythische Erzählung im Maya-Buch **Popol Vuh** beschreibt es (Spiel des Bruderpaares Jun und Wuqub Junajpu als religiöses Drama auf ihrem Weg in die Unterwelt). Die bis dato **älteste archäologische** Spur war 1998 die Freilegung einer etwa **3400 Jahre alten Spielanlage** bei *Paso de la Amada* an der mexikanischen Pazifikküste. Die **meisten** Ballspielplätze Mexikos – **24** Stück – wurden in → **Cantona** (Puebla) entdeckt. Besonders kultiviert wurde das Spiel auch in → **El Tajín,** wo 17 Ballspielplätze ausgegraben wurden.

Darstellungen und Abbildungen des Ballspiels gibt es zahllose: Ballspieler als Tonfiguren von der Insel Jaina und von Tlatilco, Reliefs auf Steinmonumenten in Tikal und Yaxchilán (als zu Bällen verschnürte Menschen, s. **Abb. nächste Seite**), als ballspielende Götter in den Códices, als Verzierungen auf Tonvasen und Bildnisse in der Gefäßmalerei, als Illustrationen in alten Büchern oder als totenkopfdekorierter Spielball in Chichén Itzá.

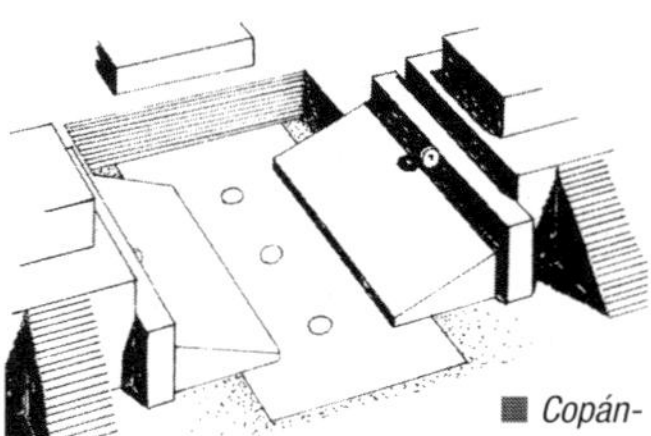

■ *Copán-Ballspielplatz mit Markern*

Genug Beweise also, dass das Ballspiel schon immer tief im religiösen, sozialen und auch politischen Leben der Völker Mesoamerikas verankert war. Bei den Azteken hieß das Ballspiel *tlaxtli* („einen Stern ausgraben"), bei den Maya *pok ta pok* (im Mayagebiet wurden die meisten Plätze im Klassikum zwischen dem 3. und 9. Jh. n.Chr. angelegt).

Erfunden respektive entwickelt hat sich das Spiel aller Wahrscheinlichkeit nach in den tropischen Gegenden Mexikos, am Golf von Mexiko bei den Olmeken bzw. der **La Venta-Kultur.** Denn dort wachsen *Heveen* (Castilla-Bäume), aus deren geronnener Latexmilch (Kautschuk) die Spielbälle hergestellt wurden (in → La Venta gibt es gleichfalls einen sehr alten Ballspielplatz, der zwischen 1000 und 700 v.Chr. erbaut wurde).

Die **Spielfelder** wurden I- oder doppel-T-förmig ausgeführt, wesentliches **Unterscheidungsmerkmal** sind die seitlichen Begrenzungen: Die **Frühformen** der Plätze der Tolteken (Tula), Zapoteken (Monte Albán), Totonaken (El Tajín) und Maya hatten **schräge Böschungen,** die Ballspielplätze der Azteken und Mixteken besaßen dagegen überwiegend senkrechte **Prallmauern** mit in der Mitte angebrachten steinernen Ringen, durch die der Ball gespielt werden musste (also wie Chichén Itzá). Bei den Plätzen mit Böschungen – also der Maya-Typ – waren auf dem Spielfeld eine oder mehrere Marker bzw. **Markierungssteine** in Form von runden Scheiben angebracht. Es gibt auch noch Mischformen wie nahezu quadratische Plätze (Guatemala). Manchmal wurden die Spielfelder außerdem in die Erde eingesenkt (Monte Albán). Ballspielplätze waren darüber hinaus Kulisse und Bühne für Riten und Kulthandlungen, denn man spielte nicht nur vor Menschen, sondern auch vor den Göttern.

Die **Größe der Anlagen** war unterschiedlich: die Länge bewegte sich zwischen 30 und 60 Metern, die Breite zwischen 7 und 25 Metern (der Ballspielplatz in Chichén Itzá ist als der größte Mesoamerikas ein Sonderfall). Die Spielfläche kleinerer Plätze waren meist mit Steinen ausgelegt, größere beließ man grasbewachsen.

Die **Spieler** trugen dick gepolsterte Schutzkleidung, um die Hüfte mit einem hufeisenförmigen sog. Joch (span. *yugo,* s. Abb. rechts), und mochten annähernd so ausgesehen haben wie Michelin-Männchen oder amerikanische Football-Spieler. Um den Aufprall des teuflisch harten Kautschukballs zu mildern (er wog etliche Kilogramm) oder bei Stürzen keine Verletzungen davonzutragen wurden auch Arme, Knie und Hände bandagiert (Spieler mit Knie- und Armschonern sind zu sehen bei den Reliefs des Ballspielplatzes in Chichén Itzá, Spieler mit Joch-Hüftschutz in El Tajín).

Der genaue **Spielverlauf** und die exakten Spielregeln sind unklar, ob z.B. Mann gegen Mann, Paare gegen Paare oder Mannschaft gegen Mannschaft (in Yaxchilán gibt es auch Darstellungen von Frauen als Ballspielerinnen). Nach unterschiedlichen Regeln gespielt wurde sicherlich in geböschten Anlagen und in hochwandigen Plätzen (dort auch mit kleineren Bällen), und im Laufe der Jahrhunderte bildeten sich sicherlich viele regionale Spielversionen heraus. Ein Team bestand etwa aus drei bis sieben Spielern, auf großen Plätzen spielten auch noch mehr mit. Der Ball flog über eine Mittellinie zwischen den Mannschaften hin und her und durfte nur mit dem Ellbogen, dem Knie, der Hüfte oder dem Gesäß geschlagen werden (eine Abart, **Ulama** genannt, bei dem die Hüfte benutzt wird, wird noch heute in abgelegenen Bergdörfern nördlich von Mazatlán im Bundesstaates Sinaloa gespielt). Wer die Kugel auf den Boden fallen ließ, bekam vermutlich Strafpunkte. Wahrscheinlich benutzten manche Völker dazu auch – wie in Teotihuacán – gekrümmte hölzerne Schläger, wie Relief-Darstellungen zeigen (ähnlich wie beim modernen Jai-Alai-Spiel). In einem Platz mit Prallwänden musste der Ball durch die Seitenringe geschossen werden, was dann den sofortigen Sieg bedeutete. Der Tourismus machte es möglich, dass man sich heute das **Maya-Ballspiel wieder ansehen kann,** und zwar im Aqua-Vergnügungspark → **Xcaret** südlich von Playa del Carmen (Spielform *Ulama,* mit einem 4 kg schweren Gummiball).

Als die **Spanier** das Spiel mit dem elastischen Ball zum ersten Mal sahen, waren sie zutiefst beeindruckt. Cortés nahm sogar indianische Spieler mit nach Spanien, wo sie das Spiel vorführen mussten – Kautschuk war ja in Europa bis dahin ein völlig unbekanntes Material. Ein Augenzeuge war auch der spanische Mönch und Chronist *Diego Durán,* der noch in der 2. Hälfte des 16. Jh. aztekische Ballspiele miterlebte und darüber Aufzeichnungen verfasste.

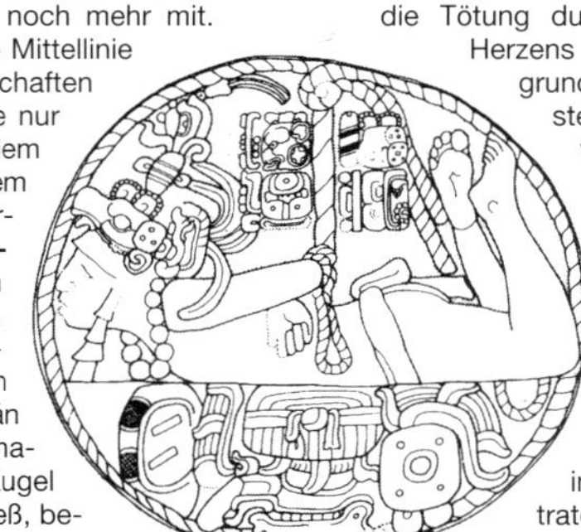

Ob das Ballspiel aber jedesmal auch **ein Spiel um Kopf und Kragen** war, die Verlierer bzw. die Spielführer der unterlegenen – oder gar der siegreichen Mannschaft – getötet bzw. geopfert wurden, ist nach wie vor unklar (Opferreliefs gibt es nicht nur in Chichén Itzá, sondern auch z.B. in *El Tajín,* wobei die Totonaken die Tötung durch Herausschneiden des Herzens vollzogen). Der Hintergrund der bizarren Tötungs-Darstellungen kann aber auch, wie eingangs angeführt, eine Anlehnung und bildliche Umsetzung des religösen Dramas im Popol Vuh sein, bei dem die beiden Heldenbrüder Jun Junajpu und Wuqub Junajpu nach ihrer Selbsttötung von einem Ballspielplatz aus den Weg in die Unterwelt *xibalba* antraten.

Abb. oben: *Ballspieler mit Hüftschutz; kleine Tonfigur von der Insel Jaina, Klassik.* – **Mitte:** *Ballspiel-Marker von Chinkultic, der Spieler schlägt gerade den Ball mit der Hüfte; außen herum Maya-Zahlen: 591 n.Chr.* – **Unten:** *zu einem Ball verschnürter Mensch, Ballspiel-Szene, Yaxchilán.*

Reiseteil

Zur Zona Central

Von der Zona Norte geht es nun zur **Zona Central,** wo weitere Bauwerke stehen, die fast durchweg im Klassikum entstanden sind (ca. 500–900 n.Chr.). Hauptmonument dort ist *El Caracol,* das Observatorium.

Tumba del Gran Sacerdote („Grab des Hohenpriesters")

Diese neunstufige rekonstruierte Pyramide im maya-toltekischen Stil mit vier axialen Treppen und den schlangengestaltigen Balustraden mutet an wie eine kleinere Ausgabe der Kukulkán-Pyramide. Sie wurde über einer natürlichen Höhle erbaut, in der man 7 Gräber mit Opfergaben und den knöchernen Überresten Bestatteter – vermutlich Priester – fand. *Osario* – „Beinhaus", lautet deshalb ein anderer Name der Pyramide. Vor ihr befinden sich **Plataforma Redonda** und **Plataforma de Venus,** letztere ähnelt sehr der Venusplattform der Zona Norte. Beide waren vermutlich Podien für rituelle Handlungen und Tanzdarbietungen. Plattformen und Pyramide bilden zusammen einen eigenen kleinen Zeremonialkomplex.

Gehen Sie nach rechts hinter die Pyramide, dort steht neben der südlichen Aufgangstreppe ein rekonstruiertes Eckstück des ehemaligen Tempels auf der Pyramide mit schönen Chaak-Masken.

La Casa Colorada

Dieser Tempel im Puuc-Stil (glatte untere Wände, Erbauung etwa ums Jahr 850) steht auf einem Unterbau und wird von einem reichverzierten Dachkamm *(crestería)* gekrönt. Auf den Innenwänden gibt es Reste roter Bemalung, wovon der Name herrührt (anderer: *El Chichanchoob*). Außerdem wurden in der Hauptkammer Hieroglypheninschriften gefunden, die Ereignisse protokollierten.

El Caracol

(span. Schnecke, auch „Observatorium" genannt). Eines der interessantesten Gebäude Chichén Itzás und einer der ganz wenigen Rundbauten in der Welt der Maya **(s. Foto).** Der teilrekonstruierte, heute nicht mehr betretbare monumentale Bau stammt aus der Übergangsphase zwischen 900 und 1000 (maya und maya-toltekisch), ist insgesamt 22 m hoch und wurde auf einer zweistöckigen Plattform mit breiten Aufgangstreppen errichtet. Ausgrabungen fanden zwischen 1925 und 1931 statt. Der Name „Schnecke" leitet sich ab von einer Wendeltreppe, die im Innern in den obersten Aufbau führt (seine Nordseite ist zerstört).

Von diesem Rundbau (Höhe und Durchmesser ca. 11 m) beobachteten die Maya durch schmale Fenster den Lauf und die Positionen der Gestirne, wobei sie die Fensterkanten als Visierlinien benutzten. Aus den heute noch drei vorhandenen Fenstern wurden aus jenem über der Aufgangstreppe in Westrichtung die Sonnenuntergangspunkte an den Tagundnachtgleichen im März und September sowie der nördlichste Stand der Venus angepeilt, aus dem Fenster rechts daneben der südlichste Stand der Venus und aus dem dritten, das nach Süden ausgerichtet ist, südliche Gestirne.

■ *Ein Maya-Astronom beim Fixieren mit dem Kreuzstab (Codex Bodley)*

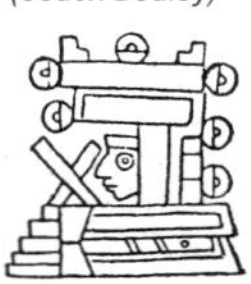

Auf der Grundlage ihrer astronomischen Beobachtungen bestimmten die Maya dann die Zyklen ihrer beiden Kalendersysteme, *Haab* und *Tzolkin* (s.S. 104), konnten lange im voraus Sonnen- und Mondfinsternisse berechnen oder die Zeiten der Aussaat festlegen. Ihre Aufzeichnungen betrieben sie Nacht für Nacht, Jahr für Jahr, über Jahrzehnte hinweg. Optische Instrumente besaßen sie keine, nur einfache Hilfsmittel zum Peilen und logisches Denkvermögen. Das flache Land ohne topographische Hindernisse und der fast immer wolkenfreie Nachthimmel waren dabei von großem Vorteil. Die Astronomie stand bei den Maya in engem Zusammenhang mit ihrer Weltauffassung, wonach der

Kosmos Spielbühne der göttlichen Mächte ist. – Vom Caracol nun weitergehen zu dem hohen Bauwerk mit der breiten mächtigen Treppe.

La Casa de las Monjas

Das voluminöse „Haus der Nonnen“ ist das größte Bauwerk von Chichén Itzá aus der Klassischen Zeit, wegen den vielen Räume im Innern meinten die Spanier, es wären Wohnungen von „Nonnen“ bzw. Maya-Priesterinnen. Die Grundfläche beträgt 70 x 35 m, die Höhe 18 m. Der Bau weist Puuc- und Chenes-Stilmerkmale auf und ist das Resultat mehrerer Überbauungen von mindestens sechs Substrukturen. Näheres zu den verwirrend-verwickelten Bauphasen steht auf der Erklärungstafel.

La Iglesia

Links davon der freistehende Bau der „Kirche“ (der „Nonnen“) mit ihrer fast vollständig dekorierten oberen Fassade (Puuc-Stil, 7./8. Jh.) und hoher *Crestería.* Sie besitzt nur einen Raum. Schmuck-Hauptmotiv ist die Maske des Regengotts Chaak, dessen hakenförmige Nase an den Gebäudekanten, über dem Eingang und vom Dachkamm hervorstehen. Sehen Sie oben zwischen den Schwalbenschwanz-Friesbändern die wellenförmig gezackte Schlange? Sie hat zwei Köpfe, die an beiden Gebäudekanten herausragen.

Links und rechts der zentralen Chaak-Maske sind in zwei Nischen jeweils zwei Tierfiguren (Gürteltier, Schnecke, Schildkröte und Krebs), sog. *bacabs,* Gottheiten, deren Aufgabe es war, den mayanischen Himmel zu stützen. Den Platz zwischen den unteren Friesbändern ornamentieren geometrische Mäander. Nun rechts an der Kirche durchgehen.

Anexo de las Monjas

Um die Ecke befindet sich der **Anexo de las Monjas,** der „Anbau des Nonnenhauses“. Die komplett in Mosaiktechnik dekorierte Fassade ist zweifelsohne die schönste und ästhetischste ganz Chichén Itzás. Das Monsterrachen-Portal (darüber die Reißzähne) und der Schmuck mit Chaak-Masken, Mäandern und unzähligen geometrischen Ornamenten erinnert an Bauwerke des Chenes-Stils. Zwischen den oberen Friesbändern sieht man wieder eine gezackte Schlange, den Türsturz ziert ein kleiner Totenkopf und im Oval darüber thront ein Fürst mit prächtigem Federkopfschmuck – bei der Maya Machtzeichen der Herrscherklasse. Von dieser Fassade war schon der Zeichner Catherwood beeindruckt, er hielt sie 1841 in einer Zeichnung fest.

Man kann ganz um das „Haus der Nonnen“ herumgehen und danach wieder zurück in Richtung Kukulkán-Pyramide.

TIP: Sehen Sie noch den **Cenote Xtoloc** an.

Cenote Xtoloc

Man nimmt dazu die **Sakbe 5,** die vom **El Caracol** zu ihm führt, ein wunderschöner Weg durch den yucatekischen Dschungel. Der Cenote Xtoloc war trotz seiner Kleinheit das **Hauptwasserdepot** der Bewohner von Chichén Itzá. An seinem Rand befindet sich ein kleiner Tempel. Im Gegensatz zum nördlichen großen Cenote, der durch seine Menschenopfer ja den Tod bedeutete, symbolisierte diese Wasserstelle das Überleben.

Durch das Gebüsch erreicht man den Hauptweg und den Ostausgang.

Zona Sur („Chichén Viejo“)

Etwa 1 km südlich der Casa de las Monjas liegen verstreut im dichten Busch viele weitere kleinere Ruinen, doch wohl nur ausgesprochene Archäologie- und Ruinen-Enthusiasten werden diese auch noch sehen wollen. Dazu braucht man einen Führer.

Izamal

Ew. 20.000

✆ 01-988

Die kleine Stadt liegt auf der Hälfte der Strecke von Chichén Itzá nach Mérida bzw. 70 km östlich von Mérida. Wegen ihrer vielen Pyramiden-Hügel wurde Izamal früher „La Ciudad de los Cerros" genannt, doch bekannter ist sie heute als „La Ciudad Amarilla", als „gelbe Stadt", weil der überwiegende Teil ihrer Häuser und Bauten – und auch die Hauptattraktion, der **Convento de San Antonio de Padua** – ockergelb getüncht ist. Das monumentale Kloster, das größte Yucatáns, liegt im Zentrum. Ein paar Straßen nördlich erhebt sich die restaurierte und besteigbare **Kinich-Kakmó-Pyramide,** die größte und bedeutendste von rund einem Dutzend (*Itzamatul, Kabul, Habuc* u.a.). Izamal selbst ist ein gemächliches Kolonialstädtchen mit je einem großen Platz an der Schmal- und Breitseite des Klosters bzw. des Atriums. Dort, an der Calle 30, befindet sich der Palacio Municipal. *Calesa victorias,* altmodische Pferdekutschen, warten vor dem Kloster auf Fahrgäste.

Der Busterminal liegt hinter dem Palacio Municipal an der Calle 32 zw. 31 u. 33. Zum Kloster braucht man auf der Calle 31-A nur einen Block östlich zu gehen, vorbei am Palacio Municipal. Rechts der Markt.

Geschichtliches

Gegründet wurde das prähispanische Izamal (das älter ist als Chichén Itzá und Uxmal) vermutlich um das Jahr 300. Es entwickelte sich zu einer ausgedehnten Zeremonialstätte und zu einem Pilgerziel, verehrt wurde *Itzamná,* der Himmels- und Schöpfergott der Maya. Mit anderen Mayastätten, wie *Aké* und *Kantunil,* war Izamal durch breite *sakbeob* verbunden. Die verwickelte Frühgeschichte des einst bedeutenden Stadtstaates ist auch im Buch → *Chilam Balam* dokumentiert. 1882 hielt sich der französische Yucatán-Forscher *Désiré Charnay* in Izamal auf und fertigte Skizzen der Pyramiden und der Plaza an.

Der Bau des Klosters

1553, 11 Jahre nach der Grundsteinlegung Méridas, führte der Franziskanerorden (nur er war anfänglich in Yucatán vertreten) mit Izamal die Reihe seiner Klostergründungen fort: nach Mérida, Campeche und → Maní wurde hier das 4. und größte Kloster gebaut. Es war eine wohldurchdachte und gezielte Entscheidung, auf Maya-Heiligtümern beeindruckende Kirchenbauten zu errichten, um der Bevölkerung Größe und Glanz des christlichen Glaubens vor Augen zu führen, und Izamal war – neben Maní –, eines der wichtigsten religiösen Maya-Zentren. Kein Geringerer als der Prälat von Izamal, der später als Bischof von Yucatán berühmt gewordene **Diego de Landa** (s.S. 181), tat sich dabei besonders hervor. Das Kloster und die Kirche von Izamal stehen auf der geschleiften Maya-Pyramide des Regengottes *P'ap'hol-chaak,* 12 m über Erdhöhe …

Das Kloster misst ca. 400 x 500 m und wurde 1562 vollendet, geweiht ist es *San Antonio de Padua.* Das weitläufige **Atrium,** nach dem der Kirche im Vatikan das zweitgrößte der Welt, wird von einem überdeckten Säulengang mit 75 Arkaden umschlossen. Über drei Rampen kann man zum Platz hochsteigen. 1993, genau 440 Jahre nach Baubeginn des Klosters, besuchte Papst Johannes Paul II. bei seinem Mexikobesuch auch Izamal und knüpfte damit wieder an die vatikanisch belastete Vergangenheit an. Er zelebrierte eine Messe und bekannte sich zur moralischen Verpflichtung der katholischen Kirche gegenüber den indigenen Völkern Amerikas (seine Statue steht im Atrium vor dem Eingang zur Kirche).

Das Kloster von Izamal und die Statue von Bruder Landa …

Kirche und Kapelle

Die relativ schmucklose, einschiffige Kirche mit ihrer typischen dreieckigen Glockenwand *(espadaña)* wurde wie viele der ersten Kirchen Yucatáns in Form einer dickmaurigen Wehrkirche ausgeführt. Sie ist der *Virgen de la Inmaculada Concepción* geweiht, der Schutzpatronin Yucatáns, die Diego de Landa von Guatemala mitgebracht hatte. Ihr Bildnis sieht man im Fenster über dem Eingang und im Innern steht sie als weißgewandete Statue im Zentrum der hochbarocken Altarwand im Presbyterium. Sie ist außerdem von einem dahinterliegenden Kapellenraum sichtbar, sofern das Türchen hinter ihr auf ist. Auf Schienen kann sie zurückgefahren werden und da sie zudem auf einem Drehteller steht, kann sie sich den Gläubigen von vorn zeigen. Um in den oberen Raum zu gelangen aus der Kirche links raustreten und rechts die Treppe hochgehen. Gleich hinter der Tür in dem Kapellenraum hängen links an der Wand Gemälde, eines zeigt **Fray Diego de Landa** (eine Statue von ihm steht auch auf der Plazuela auf der Südseite des Klosters). Interessant sind außerdem die beiden Kreuzgänge des Klosters, der mit den doppelstöckigen Arkaden ist der ältere (16. Jh.).

Noch mehr zur Geschichte des Konvents und Izamals kann man im kleinen **Museo de la Comunidad** gleich beim Kloster am Parque 5 de Mayo (Calle 31) erfahren (geöffnet 9–14 u. 18–21 Uhr).

Pyramide Kinich-Kakmó

Die voluminöse, über 30 m hohe Pyramide **Kinich-Kakmó** liegt an der Calle 27 zw. 28 u. 28 A ein paar hundert Meter nördl. des Klosters (man sieht sie von der nördl. Schmalseite des Atriums hinter dem großen Platz). Sie wurde rekonstruiert, die Maße ihrer Grundfläche betragen 200 x 180 m. Damit ist sie eine der größten Mexikos (Sonnenpyramide in Teotihuacán: 225 x 222 m). Bauzeit vermutlich um 1200, die Basis bzw. ihre Substrukturen sind jedoch wesentlich älter. Von oben ergibt sich ein schöner Blick auf das Kloster, Izamal und die Umgegend. Das Gelände ist umzäumt und wird um 17 Uhr geschlossen.

Adressen & Service

Turismo: Im Palacio Municipal, Ecke der Calles 32A/31A, Tel. 01-**988**-9540009. – **Markt:** Calle 30 am Plaza 5 de Mayo, Südwestecke des Klosters. – **Essen und Trinken:** An den beiden Plazas gibt es Restaurants. Empfehlenswert ist das *Restaurante Kinich-Kakmó,* neben der Pyramide in der Calle 27 No. 299 (zw. C. 28 u. 30). – Authentisch hinterhalb des Mercados: *El Toro;* einfach, aber gut, nette Leute. – *Tumben-Lol,* Calle 22 No. 302, zw. 31 u. 33; *comida yucateca,* Touri-Restaurant, manchmal Musik.

Unterkunft: *Hotel Green River,* Av. Zamna 342, Tel. 9540337 (südwestl. des Klosters, auf der Calle 33 bis Calle 38 gehen, dann links). – *Macan Che,* Calle 22 No. 33 (zw. 33 u. 35, 3 Blocks östl. des Klosters), Tel. 9540287; schöne Gartenanlage mit 12 liebevoll hergerichteten Doppel-Bungalows für dafür günstige 300 Peso inkl. üppigem Frühstück. Andere gute u. preiswerte Mahlzeiten nach Vorbestellung. Pool. Die Website www.macanche.com. informiert auch über Izamal, z.B. über Daten von Festen. Bestimmt ein **TIP.** In der gleichen Straße das oben erwähnte Rest. *Tumben-Lol.*

Fiestas: Alljährlich ab 18. Oktober wird in Izamal 10 Tage lang eine große Fiesta gefeiert (Tanzdarbietungen in den Nächten vom 25.–28.). Am 8. Dez. steigt das große Fest der Schutzheiligen *Virgen de la Inmaculada Concepción.*

An- und Weiterreise

Der Busterminal liegt hinter dem Palacio Municipal an der Calle 32 zw. 31 u. 33. Es fahren ADO-(1. Klasse)-Busse und Autobuses de Centro del Estado. Direkt nach Mérida (ca. halbstündl., 75 km, 1,5 h), Valladolid (ca. zweistündl., 2,5 h) und Cancún (tägl. 2 ADO-Busse; 2.-Klasse-Busse ca. alle 2 Stunden). Für Chichén Itzá mit einem Valladolid-Bus, aussteigen in Piste bzw. am Eingang der Ruinen oder beim Hotel Dolores Alba (s.o., Chichén-Itzá-Hotels). Bus-Umsteigeort für Izamal ist *Kantunil.* – **Mit dem Zug nach Izamal:** s. Mérida.

Mérida

Ew. 850.000

✆ 01-999

Mérida, die Hauptstadt des Bundesstaates Yucatán, ist eine betriebsame Geschäfts- und Verwaltungsstadt. Ihren Beinamen *Ciudad Blanca* – „weiße Stadt“ soll von dem weißen Kalkstein herrühren, mit dem viele ihrer Gebäude errichtet wurden – doch heute sind die nicht mehr weiß, was dem ständigen Auspuffqualm in den Straßen zu verdanken ist.

Mérida wird in Reiseführern allenthalben als „sehenswerte Stadt im Kolonialstil“ gepriesen, doch viel Sehenswertes hat Mérida nicht zu bieten. In engen, verstopften Einbahnstraßen lärmt der Verkehr, die Luft ist abgasbelastet und die Hitze, besonders während der Regenzeit von Juni bis September, ist erdrückend ... Wer z.B. Oaxaca kennt, dem wird Mérida nicht gefallen. Wer von der Karibik kommt, für den ist sie jedoch die erste größere mexikanische Kolonialstadt mit einem großen kulturellen Angebot. Doch fast alle Gringos nervt es, ständig zum Kauf einer Hängematte oder eines Panamahuts angequatscht zu werden.

Täglich Tanzdarbietungen und Musik

Trotzdem hat Mérida seine Reize. Die Stadt setzt voll auf den Tourismus und bietet Besuchern ein umfassendes Kulturprogramm: allabendlich finden Folklore-Veranstaltungen, Open-air-Konzerte, Musik- und Tanzdarbietungen statt (meist freier Eintritt), die von städtischen Tanzgruppen und Orchestern und der Folkloregruppe der Universität bestritten werden. Angefangen hatte es einst vor vielen Jahren mit **Serenatas Yucatecas** im kleinen Parque Santa Lucía, dort gaben – und geben donnerstags immer noch – Gitarrengruppen Balladen, Liebes- und Volkslieder und Verse zum Besten *(trova).*

Hier der Wochenplan (aktuelle Details, Änderungen bzw. Neuigkeiten sowie viele nützliche touristische Tips zur Mérida und seiner Umgebung stehen im monatlich neu erscheinenden Heft **„Yucatán Today“** (engl./span.), kostenlos erhältlich beim Turismo und außerdem in Hotels.

Montag, 21 Uhr: *Vaquería Regional,* Musik und Tanzdarbietungen vor dem Palacio Municipal am Zócalo mit dem *Orquestra Jaranera del Ayuntamiento.* Eine *vaquería* ist ein ländliches yucatekisches Volksfest.

Dienstag, 20.30 Uhr: *Remembranzas Musicales,* Big-Band-Musik mit der Banda del Ayuntamiento im Parque de Santiago, Calle 72 zw. 57 u. 59 (s. Stadtplan). – *Martes de Trova* („Dienstag der Troubadoure“) im Centro Cultural „El Olimpo“ neben dem Palacio Municipal, Eintritt frei.

Mittwoch, 21 Uhr: offiziell keine Veranstaltungen, doch es ist immer wo was los; evtl. Ballet Folklórico im Teatro Peón Contreras oder eine Veranstaltung in der *Casa de la Cultura,* Calle 63/Ecke 64 bei der Iglesia de las Monjas.

Donnerstag, 21 Uhr: *Serenata Yucateca* im kleinen Parque Santa Lucía, Calle 60/Ecke 55. Das ist der Abend der *merideños,* immer gut besucht. Gedicht- und Gesangsvorträge und zum Abschluss *Jarana*-Tänze.

Freitag, 21 Uhr: Musik und Tänze mit dem *Ballet Folklórico* der Universität, Universidad de Yucatán, Calle 60/Ecke 57 (Eintrittsgeb., nicht April, Aug. Dez.).

Samstag, 19 Uhr: *El Corazón de Mérida/Noche Mexicana.* Musik und Lieder Mexikos, Paseo de Montejo zw. den Calles 47 u. 49. Ab 19 Uhr werden die Straßen um den Zócalo abgesperrt, die Restaurants stellen ihre Tische und Stühle auf die Straßen, auf der Calle 60 vom Zócalo bis zum Parque St. Lucia und spielen Bands – viel Spaß und Tanz bis weit nach Mitternacht.

Sonntag, 9–21 Uhr: *Mérida en Domingo,* **der wöchentliche Höhepunkt.** Große Volksfiesta mit Ganztagesprogramm und reger Teilnahme der Bevölkerung, es rollen viele Touristenbusse an. Konzert und *Tianguis* (Markt) auf dem Zócalo und Parque Santa Lucía. Tanzdarbietungen auf dem Platz vor dem Palacio Municipal. Die Straßen um den Zócalo und die Calle 60 – in der abends wieder am meisten los ist –, sind ab 8 Uhr morgens für den Verkehr bis hoch zum Parque Santa Ana gesperrt.

Jarana Yucateca

Bei der **jarana yucateca** tanzen die jaraneros (sie im *terno de gala,* er im weißem Anzug) mit stampfenden Füßen und erhobenen oder auf dem Rücken verschränkten Armen umeinander herum, wobei der Oberkörper möglichst ruhig gehalten und nur die Beine bewegt werden. Manchmal wird dabei auch gleichzeitig eine Flasche auf dem Kopf balanciert (oder gleich ein ganzes Tablett), suerte genannt. Oder es wird auf einer almude, einer umgedrehten Kiste getanzt, was das Stakkato der knallenden Absätze verstärkt. Auch ein bunter Bändertanz im Kreis um eine Stange wird als Tanzfigur oft eingebaut.

Die Jarana entstand aus der Verbindung von Tänzen spanischen Ursprungs (Zaragoza) mit prähispanischen yucatekischen danzas. Jarana bedeutet im Spanischen „lärmend“, „lustig“, „fröhlich“ sein. Die *Banda de Jarana* besteht aus je zwei Klarinetten, Trompeten und Posaunen, einer Kesselpauke und dem güiro, einem Kalebassen-Schlaginstrument. Die langsamen Musikteile werden im 3/4-Takt gespielt, die rhythmischen und stampfenden im 6/8-Takt. Während des Tanzes ruft einer der Jaraneros „bomba“, worauf die Musik unterbricht und einer der Tänzer seiner Partnerin lauthals Komplimente macht: über ihr schönes Kleid, ihr Aussehen, seine Liebe und Heiratsabsichten. Zum Ende einer Jarana-Vorführung spielt das Orchester traditionell noch den *torito,* der einen Stierkampf nachahmt und voller Lust- und leidenschaftlicher Anspielungen steckt. Die Jarana zu beherrschen und gekonnt vor-zuführen braucht viel Erfahrung. Deshalb wird schon Kindern früh Unterricht gegeben oder sie lernen den Tanz von den Eltern. Im Palacio Municipal wird regelmäßig geübt, und in den Karnevalstagen wird halb Mérida zur Jarana-Bühne.

Basis für Ausflüge

Mérida ist Ausgangspunkt zu vielen interessanten Sehenswürdigkeiten und archäologischen Stätten der Umgebung wie *Chichén Itzá, Uxmal, Ruta Puuc* (das Turismo bietet verschiedene Touren an), *Izamal,* Abstechern zur Küste (*Progreso* und *Celestún*), u.a. Zwei Tage sollte man in Mérida schon verbringen, und dabei auch nach **Celestún** zu den Flamingos ans Meer fahren, ca. 95 km, **TIP**). Falls es mal Probleme geben sollte: In Mérida gibt es eine Touristen-Polizei, erkenntlich an weiß-brauner Uniform und einer „Policía Turística“-Plakette.

Reiseteil

Geschichte

Die *merideños* verhehlen ihren Lokalpatriotismus nicht und sind stolz auf ihre alte Maya-Kultur. Nachdem Cortés 1521 Tenochtitlán (Mexiko-Stadt) erobert hatte, versuchte im Süden 1527 **Francisco de Montejo y León** („El Adelantado“) Yucatán zu unterwerfen. Seine ersten Gefechte gegen die Maya verlor er jedoch. Erst sein gleichnamiger Sohn (**„El Mozo“** – der Jüngling, **s. Abb.**) erreichte durch bessere Taktiken und geschickte Bündnisse mit den Maya das koloniale Unterwerfungsziel: am 06.01.1542 gründete „El Mozo“, auf den Resten der alten Maya-Ansiedlung Ichcaanzihó (Tihó), **Mérida** (benannt nach der gleichnamigen spanischen Stadt). Nachfolgend entwickelte sich Mérida zum militärischen, politischen und wirtschaftlichen Zentrum der gesamten Yucatán-Halbinsel. 1618 verlieh ihr König Philipp II. Wappen und Stadtrechte (war also direkt der span. Krone unterstellt). Im 17. und 18. Jh. wurde die Stadtgrenze durch 7 Torbogen *(Arcos)* markiert, von denen heute noch drei stehen (Arco San Juan, Arco Dragones und Arco El Puente). Während des Kastenkriegs ab 1847 (s.S. 167) schafften die Maya-Rebellen es nicht, Mérida – und Campeche – einzunehmen.

■ Untrennbar mit Mérida verbunden ist auch **Sisal** bzw. **Henequén** (Maya-Wort), jene Agaven-Faser, die einst auf dem Weltmarkt für die Herstellung von

Seilen, Schnüren und Teppichen so begehrt war (Sisal-Exkurs s.S. 217). Der Sisal-Boom spülte Mitte des 19. Jahrhunderts viel Geld in die Stadt und die architektonischen Zeugnisse des damaligen Reichtums kann man heute noch sehen: prunkvolle Stadthäuser, Parkanlagen, die Prachtallee **Paseo de Montejo** und vor den Toren Méridas herrschaftliche Haciendas. Auch die Eisenbahnlinie wurde in der Zeit des Sisalbooms gebaut. Haupteinnahmequellen sind heutzutage verarbeitende Industrien *(maquiladoras)* und der ständig wachsende Tourismus.

Orientierung Mérida Einbahnstraßen verlaufen im Gitterraster, doch gibt es kaum Straßennamen. Ost-West-Straßen haben ungerade Zahlen (absteigend nach oben) Nord-Süd-Straßen gerade Zahlen. Adressen werden meist so geschrieben: Calle 61 x 60 y 58, d.h., ein Haus liegt in der Straße 61 zwischen *(entre)* den Calles 60 und 58. Durchgangs- und Hauptstraßen sind die Calles **59** und **60,** der Zócalo wird von den Calles 63 und 61 sowie von 60 und 62 eingeschlossen. Die breite Prachtstraße im Norden der Stadt ist der **Paseo de Montejo.** Dort stehen große Villen aus der reichen Sisalzeit, befindet sich das **Anthropologische Museum** (Museo Cantón), gibt es teure Hotels und Restaurants. Das Innenstadt-Leben spielt sich hauptsächlich vom Zócalo nördlich entlang der Calle 60 ab, dort liegen die meisten Hotels, Restaurants, Geschäfte etc.

Stadtunterteilung: *Cuadras* (Häuserblocks) bilden zusammen *Manzanas* und *Secciones,* Stadtviertel und -vororte heißen *Colonias.* Die große Ringstraße um Mérida heißt *Periférico.* Wer mit dem Auto ins Zentrum fährt, kann als Orientierungspunkt die beiden hohen rotweißen Funkmasten anpeilen, die nordwestl. vom Zócalo aufragen.

Herumkommen Es gibt zahlreiche (grüne) Stadtbusse (mit komplizerten Fahrtrouten) und (weiße) VW-Colectivos, doch im Centro kann alles Wichtige zu Fuß erreicht werden. Taxis stehen an *sitios* (z.B. an der Zócalo-Nordostecke und Plaza Hidalgo). Man kann seine Besichtigungstour außerdem auf gemächliche Art machen: mit einer *calesa,* einer Pferdekutsche (obwohl einem diese Pferde schon leid tun können). Standplätze beim Zócalo (Calle 61) und Parque St. Lucía. Außerdem gibt es in Mérida viele Mietwagenfirmen für Fahrten in die Umgebung (Ruta Puuc / Ruta de los Conventos).

Sehenswertes in Mérida

Zur ersten Wahl der sehenswerten Dinge im Zentrum von Mérida gehören ein paar Kolonialbauten um den Zócalo und die Kathedrale. Besuchenswert sind außerdem ein, zwei Museen und das Museo Regional de Antropología am Paseo de Montejo (nördlich). Gleichfalls erlebenswert ist der große Markt von Mérida (s. „Adressen & Service").

Zócalo / Kathedrale Die große *Plaza de la Independencia* – auch *Plaza Principal* genannt – ist das Herz und der Treffpunkt der Stadt. Hier kann man unter Lorbeerbäumen spazierengehen, sich auf einer Bank ausruhen (lustig sind die steinernen Sitzbänke in S-Form – *confidenciales* – so kann man sich gut unterhalten) oder einfach nur die Atmosphäre genießen. Budenhändler warten auf Kundschaft, es gibt Essensstände und man wird von Hängemattenverkäufern, Bettlern und Schleppern angegangen. Täglich um 8 und 18 Uhr vollziehen sich hier militärische Flaggenappelle.

Unübersehbar ragt östlich, auf der geistlichen Platzseite, die mächtige **Kathedrale** auf. Ihr gegenüber der weltliche **Palacio Municipal** (mit einem Uhrenturm). Auf der Südseite des Platzes steht das Haus des **Stadtgründers Montejo,** während die Nordseite den Bauten der Regierungsgewalt vorbehalten ist. Dort befindet sich an der Ecke der Calles 60/61 der **Palacio de Gobierno.**

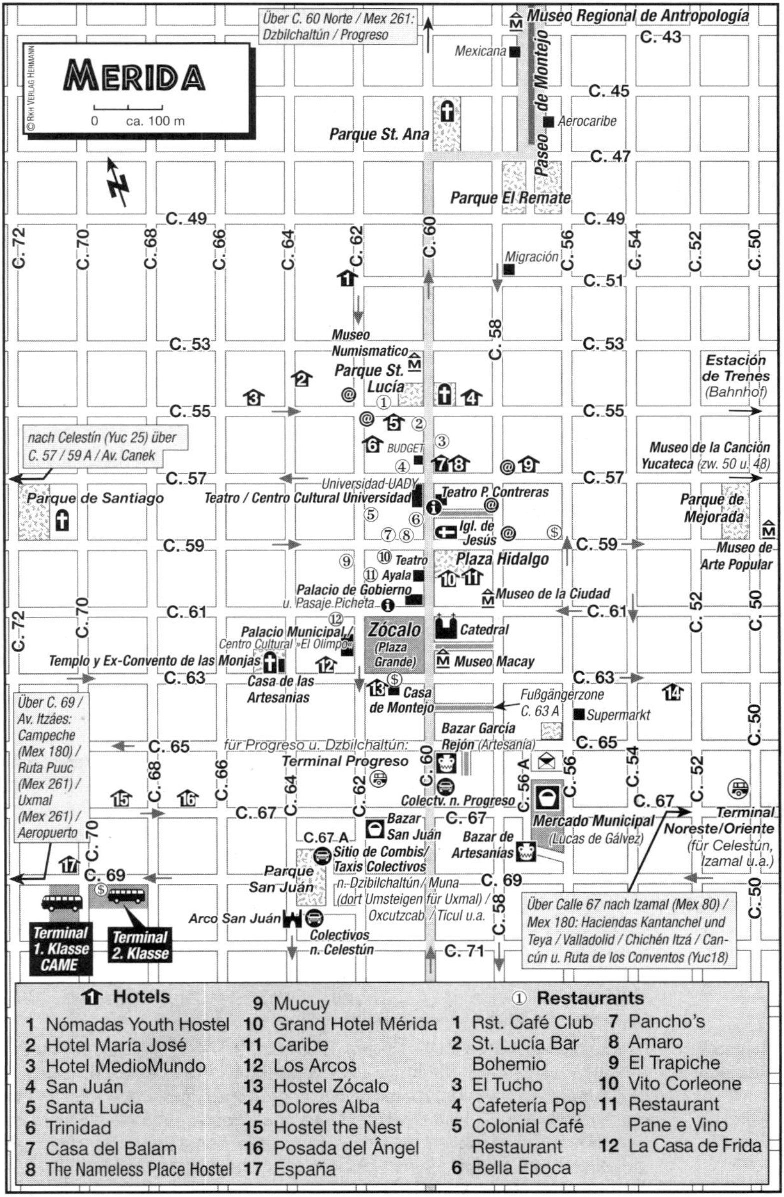
MERIDA
0 ca. 100 m
©RKH Verlag Hermann
Über C. 60 Norte / Mex 261: Dzbilchaltún / Progreso
Museo Regional de Antropología
C. 43
Mexicana
Paseo de Montejo
C. 45
Aerocaribe
Parque St. Ana
C. 47
Parque El Remate
C. 49
C. 72
C. 70
C. 68
C. 66
C. 64
C. 62
C. 60
C. 58
C. 56
C. 54
C. 52
C. 50
Migración
C. 51
Museo Numismatico
C. 53
Parque St. Lucía
Estación de Trenes (Bahnhof)
C. 55
nach Celestín (Yuc 25) über C. 57 / 59 A / Av. Canek
BUDGET
Museo de la Canción Yucateca (zw. 50 u. 48)
C. 57
Universidad-UADY
Parque de Santiago
Teatro / Centro Cultural Universidad
Teatro P. Contreras
Parque de Mejorada
Igl. de Jesús
C. 59
Museo de Arte Popular
Teatro Ayala
Plaza Hidalgo
Palacio de Gobierno u. Pasaje Picheta
Museo de la Ciudad
C. 61
Palacio Municipal / Centro Cultural »El Olimpo«
Zócalo (Plaza Grande)
Catedral
Templo y Ex-Convento de las Monjas
Museo Macay
C. 63
Casa de las Artesanías
Casa de Montejo
Fußgängerzone C. 63 A
Supermarkt
Über C. 69 / Av. Itzáes: Campeche (Mex 180) / Ruta Puuc (Mex 261) / Uxmal (Mex 261) / Aeropuerto
Bazar García Rejón (Artesanía)
C. 65
für Progreso u. Dzbilchaltún: Terminal Progreso
C. 56-A
Colectv. n. Progreso
Mercado Municipal (Lucas de Gálvez)
C. 67
Terminal Noreste/Oriente (für Celestún, Izamal u.a.)
C. 67 A
Bazar San Juán
Bazar de Artesanías
Sitio de Combis/ Taxis Colectivos n. Dzibilchaltún / Muna (dort Umsteigen für Uxmal) / Oxcutzcab / Ticul u.a.
Parque San Juán
C. 69
Arco San Juán
Colectivos n. Celestún
Über Calle 67 nach Izamal (Mex 80) / Mex 180: Haciendas Kantanchel und Teya / Valladolid / Chichén Itzá / Cancún u. Ruta de los Conventos (Yuc18)
Terminal 1. Klasse CAME
Terminal 2. Klasse
C. 71
Hotels
1 Nómadas Youth Hostel
2 Hotel María José
3 Hotel MedioMundo
4 San Juán
5 Santa Lucia
6 Trinidad
7 Casa del Balam
8 The Nameless Place Hostel
9 Mucuy
10 Grand Hotel Mérida
11 Caribe
12 Los Arcos
13 Hostel Zócalo
14 Dolores Alba
15 Hostel the Nest
16 Posada del Ângel
17 España
Restaurants
1 Rst. Café Club
2 St. Lucía Bar Bohemio
3 El Tucho
4 Cafetería Pop
5 Colonial Café Restaurant
6 Bella Epoca
7 Pancho's
8 Amaro
9 El Trapiche
10 Vito Corleone
11 Restaurant Pane e Vino
12 La Casa de Frida

Palacio de Gobierno

Der Regierungspalast wurde 1892 in neoklassizistischem Stil erbaut und 1905 umgebaut. Sehr sehenswert sind die Gemälde im 1. Stock, zumal kostenlos. Man geht an den Soldaten vorbei in den Innenhof und die hintere Treppe hoch. Im Aufgang ein Wandbild mit dem Motiv der Entstehung des Maya-Menschen aus Mais (nach dem Buch → Popol Vuh, s. Textplakette). Den *Salón de la Historia* schmücken große Gemälde des lokalen Malers *Fernando Castro Pacheco,* die eindrucksvoll die überwiegend leidvolle Geschichte Yucatáns und der yucatekischen *raza maya* zeigen: „Guerra de Castas" (Krieg der Kasten), „El Henequén", „Fray Diego de Landa" (Méridas Bischof bei der Verbrennung von Idolen und Códices, s.S. 246, Maní), „Venta de Indios", die Montejos (Vater, Sohn und Neffe, die Eroberer Yucatáns), u.a. Die Gemälde entstanden zwischen 1971 und 1978 und werden durch Schilder erklärt.

Nach dem Heraustreten unter den Arkaden nach rechts wenden, gleich neben dem Palacio de Gobierno geht es rein zur **Galería Pasaje Picheta.** Am Eingang ist eine alte Kutsche ausgestellt, es gibt einige Läden, Restaurants und auch ein Büro von **Ticket Bus** für Bustickets (www.ticketbus.com.mx). – Nun rübergehen zur Kathedrale.

El Catedral San Ildefonso

(Von 12–16 Uhr geschl.).– Dies ist die älteste Kathedrale auf dem nordamerikanischen Kontinent, sie wurde (in Rekordzeit) zwischen 1561 und 1598 erbaut (Mexikos Kathedrale benötigte 240 Jahre; vielleicht ging es in Mérida nur so schnell, weil bereits die Steine der vormaligen Maya-Siedlung Tihó „dalagen" …).

■ *Kathedrale San Ildefonso*

Der massige Baukörper, die strenge Geometrie und die schmucklose Frontfassade mit ihren drei Renaissance-Portalen erinnert an eine Wehrkirche (alle ihre ersten Kirchen und Klöster erbauten die Spanier so trutzig). Im Zentrum des Halbbogens oben das mexikanische Staatswappen. Es wurde 1822 nach der mexikanischen Unabhängigkeit angebracht.

Das schlichte Innere beeindruckt durch die riesig-dicken Säulen, Rundbögen und hohe, kreuzgerippte Kuppeln. Im Presbyterium steht ein 12 m hohes Kreuz mit einem mächtigen Christus aus Mahagoni-Holz. An der nördlichen Wandseite des Kirchenschiffs eine Kopie der *Virgen de Guadalupe* mit mex. Flagge und ganz hinten links, in einer Seitenkapelle, der schwarze **Cristo de las Ampollas** („Christus der Brandblasen"). Er stammt von 1645 und ist *die* religiöse Kostbarkeit der Kirche (Prozessionsfest am 27.09. für zwei Wochen). Auf der Südseite, rechts des Altars, hängt ein Gemälde mit dem Maya-Häuptling **Titul-Xiú** bei seiner Taufe (vgl. Maní, s.S. 246). Während den antiklerikalen Unruhen der Mexikanischen Revolution wurde 1915 die Kirche gestürmt und die gesamte Einrichtung schwer verwüstet (und Orgel). 1993 besuchte Papst Johannes Paul II. die Kathedrale.

Museo Macay

(Öffnungszeiten Mi–Mo 10–19 Uhr, Eintrittsgeb. ca. 2 €). – Dieses Gebäude gleich rechts der Kathedrale war ursprünglich das Haus (Baubeginn 1573) des Bischofs von Yucatán, **Diego de Landa** (s.S. 181), jetzt ist hier das sehenswerte *Museo de Arte Contemporáneo Ateneo de Yucatán* untergebracht. In 15 Sälen werden wechselnde Kunst- und Gemäldeausstellungen präsentiert, meist Modernes. – Jetzt zur Mitte der Zócalo-

Südseite gehen, zum Montejo-Palast mit dem mächtigen Portal.

Casa de Montejo

Dieses Haus war die Residenz des Stadtgründers von Mérida, **Francisco de Montejo y León** („El Mozo"). Bauzeit vermutlich zwischen 1543 und 1549 und somit das älteste Gebäude der Stadt. Bis 1980 befand es sich noch im Besitz der Nachfahren der Montejos, heute nutzt die Bank Banamex die historischen Räume. Beeindruckend ist vor allem das hohe, platereske Portal mit einem kleinen Balkon **(s. Abb.)**. Unter ihm ein Mann, der den Unterbau auf seinen Schultern trägt (vermutlich der Architekt).

Der bärtige vollplastische Kopf links ist Montejo, rechts seine Frau. Rechts und links der Balkontür weitere interessante Details: die spanischen Konquistadoren mit ihren Schwertern und Hellebarden stehen triumphierend auf abgeschlagenen Köpfen besiegter Maya, deren Münder schmerzvoll weit aufgerissen sind. Ein drastisches Beispiel für die Macht und die Dominanz der Kolonialherren. Diese Siegespose zur Demütigung unterlegener Gegner war bereits bei den prähispanischen Tolteken und auch bei den Maya archetypisch.

Palacio Municipal

Das doppelgeschossige Rathaus mit Glockenturm wurde 1735 im spanisch-maurischen Stil erbaut. An der Eingangsseite sind links und rechts zwei *murales* (Wandbilder) angebracht (links „Crisol de 2 Razas" – „Schmelztiegel der zwei Rassen"). Einige Wandgemälde der oberen Stockwerke zeigen gleichfalls Szenen der Geschichte Mexikos und Yucatáns. Angeschlossen an der Palacio Municipal ist das **Centro Cultural „El Olimpo"** (Programm beachten). Jeden Montag gibt vor dem Rathaus um 21 Uhr Tanzdarbietungen, sonntags wird eine „Mestizo-Hochzeit" aufgeführt (13 und 18 Uhr).

Plaza Hidalgo

Vom Zócalo die Calle 60 nordwärts gehen, ab und zu erblickt man Art-deco-Architektur. An der Ecke mit der Calle 59 liegt rechts die kleine, baumbestandene *Plaza Hidalgo,* die Statue zeigt General Peraza. Rechts das traditionsreiche *Gran Hotel* und hinten in der Ecke das *Hotel Caribe.* Von einem der Restaurants und Cafés kann man das Geschehen beobachten, manchmal wird Marimba gespielt, Hängemattenverkäufer wollen ein Geschäft machen (manchmal auch Mennoniten mit ihrem Käse; man kann sich mit ihnen auf Deutsch unterhalten).

Über der Straße steht die doppeltürmige Jesuitenkirche **Iglesia de Jesús** (Tercera Orden); innen sind schöne Fresken zu sehen und ein imponierender Runddom. Beim Weitergehen kommt rechts der kleine *Parque a la Maternidad* mit einer Statute. Dann nähert man sich dem

Teatro José Peón Contreras

(Mo–Fr 9–13 Uhr). – In diesem mächtigen Bau mit Außensäulen im oberen Stockwerk ist das **Turismo** untergebracht („Yucatán Today" besorgen). Angeboten werden **geführte Touren,** z.B. nach **Uxmal und Kabah,** für etwa 29 €/p.P. (ohne Eintrittsgelder), dafür aber mit Mittagsbuffet im Hotel Misión Uxmal.

Einst stand hier der Colegio San Javier, das im 20. Jh. zum Contreras-Theater umgebaut wurde (Contreras war ein bedeutender yucatekischer Dramaturg). Der Architekt verwendete viel italienischen Marmor, wie ein Blick ins Treppenhaus und ins Foyer zeigt. Sehen Sie im ausgehängten Programm nach, was Interessantes geboten wird (Ballet-Folklórico-Aufführungen meist 2x monatlich mittwochs um 21 Uhr). Auf der anderen Straßenseite das Teatro/Centro Cultural Universitario. Genau auf der

Ecke der Calles 57/60 befindet sich die gut sortierte *Librería Dante.* Ihr gegenüber das (etwas zurückgesetzte) Eingangsportal der

Universidad Autónoma de Yucatán Dieses Universitätgebäude von 1711 *(Colegio San Pedro)* wird heute als das Uni-Kulturzentrum genützt, zweimal im Monat finden hier **freitags** um 21 Uhr **Konzerte** im Patio statt (freier Eintritt; Termine an der Auskunftsstelle erfragen bzw. Anschläge beachten). Die oberen Arkadenbögen sind hispano-maurischen Stils. – Einen Straßenblock weiter auf der Calle 60, an der Kreuzung mit der Calle 55, liegt links der kleine

Parque de Santa Lucía Auch als „Parque Los Héroes" bekannt. Dort steht ein Obelisk (Colonel Molas) und übers Eck auf Säulen die Büsten berühmter yucatekischer Komponisten bzw. Troubadoure und Poeten. Jeden Donnerstagabend um 21 Uhr finden hier Darbietungen von Sängern, Musikern und Dichtern statt *(Poesía y trova)*. Sonntagmorgen ab 9 Uhr ist hier Flohmarkt, man kann da günstig essen. Gegenüber, auf der anderen Straßenseite, die Kirche *Santa Lucía* von 1575.

Yucatáns Troubadoure

Ende des 19. Jahrhunderts entwickelte sich in Yucatán eine spezielle Form von Musik und Balladenliedern, die als **trova yucateca** bekannt wurde. Sie vereint traditionelle spanische, karibische – hauptsächlich kubanischer *son* – und mestizische Musik mit Lyrik und Poesie. Gitarrentrios oder Solisten erzählen von Musen und Rosen, Träumen und Illusionen, den Mühen des Alltags und enttäuschter Liebe. So inbrünstig, dass viele *trovadores* mit ihren Liedern und Texten weit über die Grenzen Yucatáns hinaus bekannt wurden. In jener Epoche gab es in Mérida große Sanges- und Musikwettbewerbe. Wer heute ein erfolgreicher *trova*-Künstler werden möchte, muss erst einmal die „Feuerprobe" auf der Plaza Santa Lucía bestehen. Dort stellt man sich der dichtgedrängten Zuhörerschaft, wird rezitiert und deklamiert, werden romantische Trova-Lieder gesungen und spielt die *Banda del Ayuntamiento de Mérida* auf. Beschlossen wird der Abend mit Jarana-Tanzdarbietungen.

Paseo de Montejo

Wer noch Lust hat, geht die Calle 60 weiter hoch bis zum *Parque Sta. Ana* und biegt dann nach rechts in die Calle 47 ab, vor zum Beginn des überbreiten und sehr langen **Boulevard Paseo de Montejo.**

Diese baumbestandene Prachtstraße – Méridas „Antwort" auf den Pariser Champs-Elysées – war Anfang des 20. Jh. die erste Adresse der Stadt. Hier setzten sich die reichen Besitzer von Sisal-Plantagen Denkmäler in Form mächtiger Herrschaftshäuser. Sie sind im französischem Stil erbaut und beherbergen heute meist teure Hotels, Banken, Restaurants und Luxusgeschäfte.

5 Cuadras bzw. ein paar hundert Meter weiter oben steht in der Straßenmitte das halbkreisförmige **Monumento a la Patria,** das symbolhaft Episoden der mexikanischen Geschichte darstellt (u.a. in der Mitte die Geburt der Maya, links der Adler auf dem Kaktus symbolisiert die Gründung Tenochtitláns). Noch vor dem Monument biegt nach links die **Av. Colón** ab (Calle 37), an der große amerikanische Hotels liegen: Holiday Inn, Fiesta Americana, Hyatt u.a. (und teure Geschäfte, Restaurants etc.).

Ein ganzes Stück weiter befindet sich der *Parque de las Américas* (Paseo Colón/Calle 20). Dort sind Bäume aus allen Ländern Süd- und Nordamerikas. Doch die meisten wird am Paseo de Montejo nur das **Museo Arqueológico** interessieren. Es liegt in der Calle 43, links.

TIP: Museo Regional de Antropología

Paseo de Montejo/Ecke Calle 43 (anderer Name: „Palacio Cantón"). **Sehenswert.** Eintritt ca. 2,50 €, Di–Sa 9–20, So 8–14 Uhr. Wichtigste Erklärungen auf Englisch. An der Rezeption eine Auswahl an Literatur.

Der Prachtbau war einst die Residenz des Generals Francisco Cantón. In dem Museum, das größte seiner Art in Yucatán, werden in 10 Räumen neben frühgeschichtlichen Funden auch Gegenstände von Maya-Stätten repräsentiert: u.a. ein Chak Mool, Zeremonialurnen, Stelen (beachtenswert ist die 2 m hohe Tabi-Stele), Keramiken, Figuren von der Insel Jaina, Replikate der Fresken vom Templo de los Frescos in Tulúm, u.a.m. Außerdem Opfergaben aus dem „Heiligen Cenote" von Chichén Itzá (Jade-Figuren). Replikate von Tempelgemälden und Schaubilder, z.B. die Technik der Stirnabplattung bei Maya-Kleinkindern, ergänzen die Ausstellung.

Sisal – das „Grüne Gold"

Seinen ehemaligen Reichtum verdankt Mérida der Sisalagave *(Agava atrovirens, Agava sisalana),* aus deren großen, schwertartigen Blättern *henequén* gewonnen wird, hanfartige Fasern, die sich bestens zu Säcken, Matten, Teppichen und Seilen (für die Seefahrt) verarbeiten lassen. In der 2. Hälfte des 19. Jh. hatte Yucatán darauf das Weltmonopol und Mérida war sehr wohlhabend, es besaß bessere öffentliche Einrichtungen als jede andere mexikanische Stadt. Der Name **Sisal** stammt von der gleichnamigen kleinen Hafenstadt nördl. von Mérida am Golf von Mexiko, von wo die begehrte Faser in alle Welt exportiert wurde (Hauptabnehmer waren vor allem die USA).

Das „grüne Gold" Yucatáns fand im trokkenheißen Norden der Halbinsel ideale Bedingungen, wo auf riesigen Plantagen indianische *peones* (Tagelöhner) schufteten. Deren Armut stand im krassem Gegensatz zum Reichtum der *hacendados,* die sich große Haciendas und prächtige Villen in Mérida bauten. Der Boom begann um 1870 und brach nach dem 2. Weltkrieg, nach dem weltweiten Siegeszug synthetischer Fasern (Nylon) so schnell zusammen wie er einst entstanden war (mehr über Agaven s.S. 80).

Henequén-Raspel-Maschine (19. Jh.)

Weitere Museen in Mérida

Museo de Arte Popular

6 Cuadras östl. vom Zócalo, in der Calle 59/Ecke 50, befindet sich in einem ehemaligen Kloster das Volkskunst-Museum. Zu sehen sind *artesanías* – Trachten, Masken, Töpferkunst, Webwaren, *huipiles* etc. aus allen Teilen Yucatáns und Mexikos. Angeschlossen ist das **Centro Cultural de los Pueblos Mayas,** das Zentrum für Maya-Kultur. Für daran Interessierte sehenswert. Di–Sa 9–20 (Mittagspause), So 8–14 Uhr.

Museo de la Ciudad

Calle 61/Ecke 58, im ehemaligen Templo San Juan de Dios (der eigentlich noch älter ist als die Kathedrale). Zu sehen gibt es Dokumente, Grafiken und Exponate zur Geschichte Méridas von den Anfängen bis zur Gegenwart (Mo–Sa 10–14 Uhr).

Museo de la Canción Yucateca

Calle 57 zw. 50 u. 48, Di–Sa 9–20 Uhr. – Die Sammlung dieses kleinen Musik-Museum ist den Musiktroubadouren Méridas und der Musik Yucatáns gewidmet (*trova yucateca,* s. Exkurs „Yucatáns Troubadoure"). Ausgestellt sind in drei Räumen Ölgemälde von Komponisten und Poeten, alte Grammophone, Instrumente, Fotografien u.ä.m. Nicht wirklich spannend.

Museo Numismatico
Das Haus für Münzsammler: Calle 60 No. 469 zw. 53 u. 55. Sa–So 9-13.30 Uhr u. 16.30–20.30 Uhr.

Huipil, Terno und Guayabera

Die (nahezu einzige) traditionelle Tracht der yucatekischen (Maya-)Frauen ist ihr weißer, kurzärmeliger **huipil yucateco,** ein gleichermaßen einfaches wie elegantes Kleidungsstück. Er ist weitgeschnitten, wird knielang getragen und ist um den unteren Saum und am rechteckigen Halsausschnitt mit schönen bunten Stickereien verziert. Aus Leinen gefertigt ist er *das* luftige und praktische Alltagsgewand der yucatekischen Frauen und Mädchen in der Hitze Yucatáns.

Die edle, meist seidene Ausführung des huipils ist der **terno de gala,** der zu Festlichkeiten, beim Ausgehen und beim Jarana-Tanz getragen wird. Der *terno* („Anzug") setzt sich aus drei Teilen zusammen: Aus dem *jubon,* der über dem *huipil* getragen wird, ein gleichfalls prächtig buntbestickter Überwurf mit weitem Halsausschnitt. Der untere, knöchellange Rock ist der *fustán,* der ebenso wie *huipil* und *terno* reich mit Spitzen besetzt und bestickt ist. Die farbigen Muster stellen Blumen, Blüten und traditionelle Ornamente dar, in Handarbeit gefertigt dauert dies Monate.

Über die Schultern und um die Oberarme geschlungen trägt die *mestiza yucateca* ihren *rebozo „Santa María",* ein langes Schulter- und Halstuch. Ihr schwarzes Haar hat sie zu einem Knoten mit Spange zusammengesteckt, mit farbigen Bändern und Blumen verziert. Hochhackige weiße Schuhe, zahlreiche goldene Hals- und Armketten sowie filigraner und gleichfalls goldener Ohrenschmuck vervollständigen das elegante Erscheinungsbild (viel goldener Schmuck gilt als Symbol femininer Unabhängig- und Selbständigkeit). *Huipil* und *terno* sind heute geradezu Sinnbilder für Yucatáns Frauen und die eigenständige Kultur Yucatáns. (Bemerkung: *huipil* ist ursprünglich ein *náhuatl*-Wort).

Die yucatekischen Männer tragen gleichfalls traditionell weiße Kleidung: das lockere, lang- oder kurzärmelige Hemd **Guayabera,** das mit vier Taschen besetzt ist (und ursprünglich aus Kuba stammt), die **manta**-Hose und **guaraches,** Sandalen mit Absätzen. Den Kopf bedeckt der geschmeidige und gleichfalls weiße *Jipijapa*-Hut, geflochten aus feinen Palmfasern. Einziger Farbtupfer ist das **paliacate,** ein rotes Einstecktuch, das aus einer Tasche hervorlugt.

Adressen & Service Mérida

Turismo

Das Haupt-Turismo ist im *Teatro Peón Contreras,* Calle 60 (Südwestecke bzw. Ecke Calle 60/Callejón de Congreso, nicht zu übersehen). Mo–So 8–20 Uhr, Tel. 01-**999**-9249290; Verteilung von Touristenbroschüren und -heften wie „Yucatán Today", „Discover Yucatán", u.a.

Weitere Auskunftstellen *(Módulo de Información Turistíca)* an der Nordwestseite des Zócalos, im Flugplatz (am Ausgang) und im CAME-Busterminal (1. Klasse).

Internet

www.merida.gob.mx • www.cityview.com.mx/merida • für Touristen: www.yucatantoday.com • u.a.

Unterkunft

In Mérida gibt es zahllose Hotels aller Preislagen. Nachfolgend aufgeführte befinden sich ziemlich alle in Zócalonähe. Teure und internationale Hotels liegen entlang des Paseo de Montejo nördlich des Zentrums. Hotels im Zentrum sind meist alte Kolonialgebäude (straßenseitige Zimmer sind laut). Saison ist von Weihnachten bis Ostern, da ist vieles ausgebucht. Im schwülheißen Sommer ist auf eine Klimaanlage (AC) kaum verzichtbar.

Hotels nahe den Busterminals

Hotel Español, Ecke C. 69/70, nur wenige Schritte vom CAME.

Bestes **Hostel** in Terminalnähe (ca. 400 m) ist **the NEST,** Calle 67 No. 547B zw. 68 u. 70, Tel. 9288365, www.nesthostel.com; neu erbaut, schön u. sauber, Gästeküche, Dachterrasse, TV, Travel-Infos u.v.a. mehr, auch kleiner Pool. Dorm-Bett 85 P, inkl. Frühstück mit vielen Früchten, auch DZ mit AC/Vent., engagiertes Personal – **TIP!** Falls voll: gleich östlich liegt die (weniger gute) **Posada del Ángel,** Calle 67 No. 535 zw. 66 u. 68, Tel. 9232754; Zi. m. AC.

ECO (bis ca. 22 €)

Nómadas Youth Hostel, Calle 62 No. 433 (bei C. 51, 5 Blocks von Zócalo); Tel. 9245223 (nomadas1@prodigy.net.mx, www.nomadasmexico.com). Insges. 28 Betten in div. Zimmern (nach Moskitonetz fragen) und 2 Dormitorios; großer, baumbestandener Hof mit Hängematten, in denen auch geschlafen werden kann; Gästeküche, Internet, Reisebüro, Cenote-Touren (toll ist die Tour nach Cuzama, s.S. 249); friedlich, günstig (5–12 €, inkl. Frühstück).

The Nameless Place, Privathaus-Hostel mit „Öko-AC“ (Eigentümer Raul Espejo ist Ingenieur, engl.-spr.). Calle 57 zw. 58 u. 60, neben dem großen Hotel Casa del Balam (Schild „Hostel“), r_espejo@yahoo.com; Dormitorio mit 9 Einzel- u. 3 Doppelbetten (4/6 € p.P.), 6 Zi. für 1–6 Personen, DZ mit Privatbad 11 €; Gästeküche, Wäscheraum, Internet, Dachterrasse, Travel-Infos, familiäres Ambiente, Shuttle-Service zum Busterminal und Airport.

Hotel Los Arcos, Calle 63 No. 501 zw. 62 u. 64 (einen halben Block vom Zócalo), Tel. 9249728; das Hotel liegt innen im hübschem Patio, engl.-spr. Eigentümer, liebevoll eingerichtete, sehr saubere Zimmer, sehr zentral und günstig: DZ mit Bad und Vent. 13 €, mit AC u. TV 22 €; morgens kann man in der kleinen Küche Kaffee trinken oder im nebenan liegenden Hotel (Rtg. Zócalo) *San José* frühstücken – **mein TIP** (Bem.: Etliche Taxistas boykottieren die Adresse, da sich der Besitzer – mit Recht – weigert, Provisionen an sie abzudrücken; steigt dann eben am Zócalo aus. Lasst euch nicht zum *Hotel „del“ Arco* fahren!). – Der **2. TIP am Zócalo** ist das

Hostel Zócalo, Zócalo-Südseite, Calle 63 No. 508 (nahe Ecke C. 62, Eingang durch einen winzigen Souvenir-Shop), über www.hostelz.com. Neues Hostel in einem stattlichen Kolonialgebäude (früheres Haus des Poeten José Peón Contreras), zentraler geht's nimmer. Hängematte 40 P, Dorm 75 P, EZ 100 P, DZ 160 p.P., immer inkl. Frühstück. Schöne Atmosphäre, überhohe Zimmer, große Küche, TV/DVD, Internet, Wäsche-Service, netter Besitzer Moises, der auch Touren unternimmt (z.B. nach Cuzama, s.S. 249).

Hotel Mucuy, Calle 57 No. 481 zw. 56 u. 58, Tel. 9285193; sauberes Traveller-Hotel (tägl. Wäsche-/Handtuchwechsel), einfach, freundlich, familiär, stimmiges PLV, DZ ca. 14 €. Gleich daneben: **Hotel Flamingo,** Pool, sauber.

Hotel Trinidad, Calle 62 No. 464 zw. 57 u. 55, Tel. 9232033; mal etwas anderes: Ein altes Patio-Haus, umgebaut zum Hotel und dekoriert mit Skulpturen, alten Möbeln und modernen Gemälden. 19 diverse Zimmer (ein gutes im Neubauteil aussuchen, auch Mehrbett), DZ ca. 22 € mit Frühstück, ab 2 Nächten Rabatt. Freundliches Personal, freies Trinkwasser, Kaffee und Tee. Kein Pool, aber man kann den eines anderen Hotels benutzen. **TIP.**

FAM

Hotel María José, Calle 64 No. 456 zw. 53 u. 55, Tel./Fax 9287037 u. -038; www.hotelmariajose.com.mx. Neues, schönes Haus, sehr saubere und komfortable Zi. (AC/Vent.), schöne Bäder, geschmackvolle Einrichtung, relativ ruhige Lage, Möglichkeit für Frühstück u. Snacks, DZ ca. 36 €, **TIP**. – Nahebei:

Hotel MedioMundo, Calle 55 No. 533 zw. 64 und 66, Tel./Fax 9245472, www.hotelmediomundo.com; **mein TIP,** ein Traum von einem Kolonialhotel, komplett saniert und liebevoll eingerichtet; die 10 großzügigen, stilvollen Zimmer gruppieren sich um einen Innenhof, im zweiten ist ein Pool und eine Bar. Je nach Bettentyp DZ 40–55 €, ein sehr gutes PLV, Gastgeber und Personal sind sehr nett, alles Nähere u. Fotos auf d. Hotel-Homepage. **Reservieren!**

Hotel Santa Lucía, Calle 55 No. 508, direkt am Parque Santa Lucía, Tel.

9282672, Fax 9282662; 51 Zimmer mit Vent./AC, Pool, Cafetería, DZ ca. 31 €, ein schönes Zimmer verlangen und vorher inspizieren.

Hotel San Juán, Calle 55 No. 497 A zw. 58 u. 60, Tel./Fax 9241742 u. 9241688; 60 große, saubere Zimmer (mit Safe) und mit prima Bädern auf 3 Stockwerken mit AC um einen Pool, Cafetería, gPLV, DZ ca. 33 €, **TIP.** Gegenüber (No. 496) *Café Club,* günstige Comida Corrida.

Hotel Dolores Alba, Calle 63 No. 464 zw. 52 u. 54, Tel. 9285650, gratis 01-800-8495060, Fax 9283163, www.doloresalba.com; asanchez@sureste.com; Hotelneubau hinter dem kolonialen Altbau am Eingang (der ist preislich günstiger, allerdings evtl. Straßenlärm). 95 ruhige, schöne große Zi. mit Vent./AC auf 3 Geschossen um einen gepflegten Pool, 30–35 €. Sehr gute Mittelklasse, Rest.-Cafetería, sicheres **Parken im Hof** möglich – **TIP.** In der HS vorausbuchen. Die Fam. Sánchez betreibt außerdem das Dolores Alba an den Chichén-Itzá-Ruinen, Reservierung für dort ist möglich.

Hotel Caribe, Plaza Hidalgo (hintere Ecke; es soll jedoch vor der Schließung stehen (?), Tel. 9249022, Fax 9248733, www.hotelcaribe.com.mx; superzentral und trotzdem ruhig, freundlich, 30–45 € (Parterre-Zimmer sind ohne AC, deshalb billiger). Patio mit Restaurant, Reisebüro, Pool auf dem Dach, Parkplatz zwei Straßen weiter. Falls voll oder zum Vergleich, 50 m davor:

Grand Hotel Mérida, Plaza Hidalgo Südseite, Tel. 9247730, Fax 9247622, www.grandhoteldemerida.com.mx; stilvolles Traditionshaus vergangener Tage, doch keineswegs so teuer wie der Name klingt (DZ ca. 47 €). Kein Pool, doch zentraler geht's nimmer, ruhige Zimmer (1–4 Betten) um den alten Patio, Zi. mit Blick auf die Plaza Hidalgo verlangen.

LUX

Wer luxuriös in Zentrumsnähe wohnen möchte: **Hotel Mérida,** sehr teuer, und **Hotel Casa del Balam,** Calle 60 zw. 57 und 55, Tel. 9242150, Fax 9245011, www.yucatanadventure.com.mx; sehr stilvoll, empfehlenswert, ca. 70 €.

Weitere teure Hotels gibt es entlang des Paseo de Montejo, z.B. das **Hotel Montejo Palace,** No. 483C, gegenüber das **Hotel Paseo de Montejo.** Weitere Luxushotels in der Av. Colón, westl. abgehend vom Paseo de Montejo.

Haciendas

In der näheren und weiteren Umgebung Méridas gibt es einige ehemalige Sisal-Haciendas, die stilgerecht restauriert und zu exklusiven „Gran Lujo"-Hotels umgebaut wurden (auch mit Gourmet-Restaurants). Z.B.: Hacienda Santa Rosa; Hacienda Temozón Sur (s.S. 228); Hacienda San Antonio Cucul (im Norden von Mérida, Calle 28 No. 340A); Hacienda Teya (von 1683, km 12,5 an der Mex 180 Rtg. Chichén Itzá/Cancún, Tel. 9281885, Restaurant); Hacienda Katanchel (gleichfalls an der Mex 180, km 25,5 östl. von Mérida; 37 Suiten, Top-Restaurant, sehr teuer, Tel. 9234020); u.a.

Campen / Trailer Park

Rainbow Trailer Park, nördl. von Mérida, an der Mex 261 nach Progreso (aus Mérida über den Paseo de Montejo rausfahren), am km 8. Leider nur nach ein Fragment des früheren, laut. – *Oasis RV-Campground.* Vom Zentrum über die Calle 65 auf die Mex 180 Rtg. Chichén Itzá bzw. Cancún fahren, ca. 3 km außerhalb, auf großes Schild achten. Teurer u. lauter als der Rainbow, keine Bäume.

Essen & Trinken

Méridas Gastronomieangebot ist vielfältig, Yucatekisches sollte mal probiert werden (*pollo pibil, cochinita pibil, poc-chuc* u.a., s.S. 182). Ärgerlich: Auch in Mérida wird nun das Trinkgeld fast überall auf die Rechnung draufgeschlagen!

Die warmen Abende sind das richtige für Freiluft-Restaurants – doch leise Plätze sind rar. *Merideños* und Touristen sitzen meist an der Nordseite vom Zócalo unter den Arkaden, wo etliche Restaurants sind (an der Nordwestecke *El Louvre,* gute *tortas* und *comida corrida*). Unter den Arkaden befindet sich auch der Eingang zur innenliegenden **Pasaje Picheta,** in der es auf mehreren Stockwerken etliche (Schnell)-Restaurants und Cafés gibt. Mehrere touristische Freiluftrestaurants und -cafés säumen die Südseite der **Plaza Hidalgo**. Im Freien sitzen kann man gleichfalls etwas weiter nördlich, beim **Café Restaurante Peón Contreras** (Theater-Südseite), doch es ist kein Tip. Das noch vorher auf der anderen Straßenseite liegende **Restaurante La Bella Epoca** (Calle 60 No. 495) besitzt ein geschmackvolles Belle-Epoque-Ambiente (Essen mäßig), im 1. Obergeschoss man kann nett auf Mini-Balkonen sitzen, Do–So Live-Musik (im hinteren Teil ist eine ruhige, romantische Terrasse mit einem beleuchteten Springbrunnen, www.hoteldelparque.com.mx). **Preiswerte** *comida corrida* findet man in mexikanischen Restaurants in den Nebenstraßen, und ganz billige Futterstellen bietet der **Markt,** Calle 56/67, mit zahlreichen *fondas* bzw. *loncherías.*

Hier eine Auswahl an Restaurants, ziemlich alle liegen im Bereich nördlich vom Zócalo, s. Stadtplan:

Restaurante Amaro, Calle 59 No. 507 zw. 62 u. 60. Einigermaßen vom Straßenlärm geschützt sitzt man in einem schönen Innenhof (was man sich bezahlen lässt) und kann unter vielen guten Gerichten wählen (auch Vegetarisches. Mal *berenjena meshe* – Auberginen –, den Maya-Spinat *chaya* oder *Crepes caramel* mit Walnüssen probieren). Geöffnet ab 11.30 Uhr, etwas übereifriger Service. Preise jetzt nicht mehr moderat, sondern gehoben, und das bei kleinen Portionen; auch Touristengruppen haben das Amaro entdeckt und fallen ab und zu ein wie die Heuschrecken. (In dem Haus wurde übrigens der yucatekische Poet und Politiker *Andrés Quintana Roo* geboren; nach ihm wurde der mexikanische Bundesstaat an der Karibik benannt).

Gleich in der Nähe, westlich Ecke 59/62: **Italienisch** bei **Vito Corleone,** Calle 59 No. 508 zw. 60 u. 62; prima billige Pizzen (die *mediana* reicht locker für zwei Leute) sowie andere preiswerte Gerichte, **TIP.** – Oder vorgehen zur Calle 62 No. 491, dort liegt an der Ecke mit Calle 59 **El Trapiche,** ein kleines, einfaches Lokal, das sowohl von Einheimischen wie auch von Touristen sehr gerne besucht wird; das Angebot reicht von sehr guter *comida corrida* über Pizzen bis zu lokaler Kost in riesigen Portionen zu sehr moderaten Preisen mit freundlicher Bedienung – der RKH-Leser-**TIP. –** Und noch eine sehr gute Italo-Adresse, in Richtung Zócalo: **Restaurante Pane e Vino** (Calle 62 No. 496 zw. 59 u. 61); selbstgemachte Pasta, „wie bei Mama …". Jedoch nur abends geöffnet.

Mein TIP: westlich vom Zócalo liegt **La Casa de Frida** (C. 61 zw. 64 u. 66, vom Zócalo kommend links, pinkfarben): exzellente Gerichte bei stimmigem PLV, mexik./yucatek./internat., Fisch, vegetarisch. Haus-Spezialität ist *chiles en nogada* (90 P). Der Innen- und der nette Außenbereich sind stilvoll mit Fotos und Bildern von Frida & Diego dekoriert, angenehme Hintergrundmusik. Di–Sa 18–24 Uhr, ab ca. 19 Uhr reservieren, Tel. 9282311.

Wer die **Calle 62** nach Norden geht, findet zwischen C. 59 u. 57 (No. 478) das **Colonial Café Restaurant,** das ein Leser wie folgt beschreibt: *„Ein Super-Tip für ein **Frühstücksbuffet**, das beste, das wir in Mexiko überhaupt hatten! Für 55 Peso, inkl. Getränke (Kaffee, Tee, Jugos) kann man sich an einem All-you-can-eat-Buffet bedienen, von Früchten über Pfannkuchen bis zu fajitas …!* Zum gleichen Preis gibt es dort auch ein **Mittagsbuffet** (o. Getränke)." – Ein opulentes **Frühstücksbuffet** für rund 6 € bietet auch das (Luxus-)**Hotel Mérida,** Calle 60 zw. 57 und 55.

Etwas weiter nördlich, Calle 57 zw. 60 u. 62: **Café-/Frühstück-/Comida yucateca** beim **Cafetería Pop,** („pop" nicht von „populär" oder „Popcorn", *pop* ist der Name des ersten Monats im Mayakalender); richtig guter Kaffee zum prima Frühstück, bunte Mischung von Leuten, Portionen aber nicht allzu groß. – Benachbart das teure **El Pórtico del Pergrino,** schönes koloniales Ambiente, yucatekische Gerichte, eher mäßig. – Wer um den **Parque St. Lucía** wohnt, sollte ins **Restaurant Café Club** Calle 55 zw. 60 u. 62 gehen: für enorm günstige Preise bietet es sehr gute Küche, auch z.B. ein vegetarisches Tagespaket mit Suppe, Hauptgang und Getränk für 40 P. Auch gibt es eine Frühstückskarte.

Kommunikation **Post:** Calle 65 zw. 56 u. 56-A (im Palacio Federal, 3 Cuadras südöstl. vom Zócalo), Mo–Fr 8–15, Sa von 9–12 Uhr; PLZ 97000. **Mexpost:** C. 58 zw. 53 u. 55. – **Telefon:** etliche Casetas (mit **Fax**), z.B. *Telplus,* Calle 61 No. 497 zw. 58 u. 60 oder *Tel-World,* Calle 60 No. 486 A zw. 55 u. 57 (gegenüber Hotel Mérida). – **Internet:** etliche Cafés in der Calle 60, auch in der C. 58 zw. 59 u. 57 (s. Stadtplan, @-Zeichen).

Bank / Geld Fast alle Banken haben Bankomaten. Banamex, Zócalo-Südseite (Casa de Montejo). Bancomer, Calle 65 No. 506 u. Calle 30 No. 92. Etliche Casas de Cambio, z.B. unter den Arkaden an Zócalo-Nordseite, oder Finex, Plaza Hidalgo (Calles 60/59); Del Sureste, Calle 56 zw. 57 u. 59 oder in der Calle 61 zw. 52 u. 54. American Express, Paseo de Montejo 492, Ecke C. 43, Tel. 9428200.

Reisebüros, Touranbieter Davon gibt es in Mérida jede Menge. Alle bieten Touren in die nähere und weitere Umgebung an (Ruta Puuc, Uxmal, Chichén Itzá etc.), außerdem Stadtrundfahrten, Flugtickets. Zwei Adressen von vielen: *Turismo Bolontikú,* Calle 60 No. 468 zw. 55 u. 57, Tel. 9247285. – *Yucatán-Trails,* Calle 62 No. 482 zw. 57 u. 59, Tel. 9282582 (engl.-spr., erfahren, gut).

Mietwagen Es gibt über ein Dutzend Firmen in der Stadt, **es darf gehandelt werden ...** In der Calle 60 zwischen 57 u. 55 liegen dicht beieinander: *National,* No. 486F, Tel. 9232493 (Flughafen Tel. 9461394). – *Hertz,* daneben, Tel. 9242834 (Flughafen Tel. 9461355), gegenüber: *Budget,* Tel. 9251900 (Flughafen Tel. 9461393). – Günstig ist *Thrifty Car Rental,* Calle 55 No. 508 zw. 60 u. 62 (neben Hotel Santa Lucia), Tel. 9232040; mit Handeln bekommt man dort z.B. einen Nissan Tsuru für ca. 55 € für 2 Tage (Vollkasko mit 10% Selbstbeteiligung). – Weitere Lokal-Anbieter: *Mexiko-Rent-a-Car,* Calle 57-A, Depto. 12 zw. 58 u. 60 (Callejón del Congreso) und Calle 62 No. 483-A, Tel. 9233673, Fax 9274916, mexikorentacar@hotmail.com; freundlicher Familienbetrieb, gepflegte Autos, geben Tips über interessante Besichtigungspunkte, engl.-spr., VW-Käfer ca. 30 €/Tag. – *Kimbila Car Rental,* Calle 58 No. 485 zw. 55 u. 57, Tel. 9239316; netter, günstiger Vermieter: Ca. 190 € für 5 Tage Mittelklasseauto mit AC inkl. Full insurance ohne Selbstbeteiligung (!); der Wagen kann auch am Flughafen zurückgegeben werden.

Notfall **Notruf:** Tel. 060, kostenlos. – **Touristenpolizei:** Tel. 9252555, App. 260 (Av. Reforma Calle 72 zw. 39 u. 41). – **Touristen-Arzt**: Dr. O. Moguel, Tel. 9258011. – **Migración:** Calle 58 No. 448 zw. 51 u. 49 (Pasaje Camino Real), Tel. 9285823, 9–13 Uhr. – **Konsulate:** von *Belize:* Calle 53 No. 498 (C. 58), Tel. 9286152; *Deutschland:* Calle 7 Diag. 217 por 20 y 20-A, Col. Chubruná, Tel. 9812976 (tautorat@sureste.com), 8–13 Uhr; *Österreich:* Av. Colón 501 (zw. C. 60 u. 62), Centro, Tel. 9256386, Fax 9258068, 9–12.30 Uhr; *Niederlande:* Calle 64 No. 418 zw. 47 u. 49, Tel. 9243122. – **Ángeles Verdes** (Autonotdienst): Tel. 9831184.

Buchladen *Librería Dante,* auf der Ecke Calles 57/60 (Teatro José Peón Contreras), engl./amerik. Zeitungen, Postkarten etc. (leider fast alle Bücher in Folien eingeschweißt). Eine weitere Dante-Librería ist an der Nordostecke der Plaza Hidalgo (Calle 59). Gleichfalls in der Calle 59, zw. 60 u. 62: *Librería Burrel,* ihr gegenüber nochmals eine *Librería Dante.*

Mercados / Einkaufen **Generell: In Mérida lohnt das Vergleichen und Verhandeln sehr, und das nicht nur auf den Märkten. Dann erhält man oft erstaunliche Rabatte!**

Méridas bunter und erlebenswerter **Mercado Municipal El Grande** *(Mercado Lucas de Gálvez)* ist eine Touristenattraktion. Er befindet sich südöstl. vom Zócalo hinter der Post um die Calles 65/67 und 54/56 und schiebt sich bis in die umliegenden Straßen rein. Hier wird (Mo–Sa ab 9 Uhr) alles angeboten und umgeschlagen, was man sich nur vorstellen kann. Vor einem Kauf wird kräftig gehandelt. *Fondas* und *loncherías* bieten gute, preiswerte Gerichte an. – Es gibt außerdem noch einen Touristen-Markt, den **Bazar García Rejón** (s.

Stadtplan), mit reichlich *Artesanías.* – Zentral gelegene Artesanías-Läden findet man in der Calle 59 zw. 60 u. 62; sehr originell ist z.B. der Sammlerladen **Miniaturas,** der tausenderlei Dinge und Kleinigkeiten bietet. – Ein Paradies für Dekoratives aller erdenklichen Art in unglaublicher Auswahl und Vielfalt auf drei Etagen ist **Galerías El Triunfo,** Calle 56A ó Paseo Montejo 474 (auch Versand). – Eine staatliche **Casa de las Artesanías** (tägl. geöffnet, auch sonntagvormittags) gibt es in der **Casa de la Cultura del Mayab,** die wiederum zum ehemaligen Nonnenkloster *Templo de las Monjas* gehört (bei der Iglesia de las Monjas, Calle 63/Ecke 64). Mit Café, Buchladen und Galerie.

Das Geschenk der Indianer – Hamacas

Eine Hängematte ist der Inbegriff für Muse und Entspannung, und Mérida ist das Hängematten-Zentrum Mexikos. In traditioneller, kunstvoller Art geknüpft werden sie z.B. noch im Dorf *Tixkokob,* auch in Chumayel oder Teabo. Doch extra dort hinzufahren lohnt nicht, Mérida ist voll von *hamacas.*

Wie entstand der Name „Hängematte"? Die Spanier übernahmen das Wort *amaca* bei den Ureinwohner auf den Antillen, machten daraus *hamaca,* die Engländer *hammock* und die Franzosen *hamac.* Im Niederländischen mutierte das Wort zu *hangmak* und dann zu *hangmat* – zur „hängenden Matte".

Wichtigster Punkt vor einem Kauf: Aus welchem Material soll sie sein? Aus **Nylon, Sisal** (*henequén,* wird so gut wie nicht mehr angeboten) oder **Algodón** (Baumwolle)?

Nylon ist leichter, dauerhafter und pflegeleichter als Baumwolle, die sich im Freien bei Nässe vollsaugt. Dafür liegt man in Baumwollgewebe in heißem Klima kühler und es ist hautsympathischer, als Zimmerhängematte sind sie am besten. Als Reisehängematte ist dagegen eine möglichst kompakt zusammenlegbare und leichte die bessere Wahl. Auf das Garn achten: es muss dünn, glatt und fest sein. Je mehr Maschen geknüpft wurden, desto besser liegt man, das Knüpfmuster muss gleichmäßig sein.

Ausschlaggebend für den **Liegekomfort** ist die **Breite** der Hängematte. Je mehr Endfäden *(brazos)* es sind, desto breiter ist sie. Eine normal breite heißt *sencillo* (etwa 50 Paare von *brazos*), eine doppelte *doble. Familiar* oder *matrimonial*-Hängematten haben etwa 150 brazos, noch breitere heißen *matrimonial special* oder *hamaca de cuadro cajas.* Hängematten sollten auch möglichst **lang** sein. Man ruht am bequemsten, wenn man sich ein wenig **diagonal** reinlegt. Hängematten mit Querhölzern oder mit seitlichen „Vorhängen" sind keine „echt mexikanischen".

Wer aus Gewichtsgründen keine Hamaca von Mexiko mitbringen kann hier eine Website mit Verkauf: www.haengematten.de

Méridas Angebot an Guayabera-Hemden, Lederwaren Sisalprodukten ist riesig. Qualitativ gute **Kleidung aus naturbelassener Baumwolle** bei *Mexicanisimo,* Parque Hidalgo, rechts des Grand Hotels. **Panama-Hüte** (*Sombreros de Panamá, Jipijapa*-Hüte, sie kommen von → Becal in Campeche): *La Casa de los Jipis,* Calle 56 Nr. 526. **Hängematten:** *Hamacas el Aguacate,* Calle 58 No. 604, wird empfohlen. *Tejidos y Cordeles Nacionales,* Calle 56 Nr. 516B, Tel. 9285561, Zuschrift: „Hängematten sind dort günstig und von guter Qualität in großer Auswahl; der Chef Jorge Razu ist freundlich und spricht auch ein wenig deutsch." Zentral liegt ein Laden an der Calle 60/Ecke 59, 1. Stock (hart handeln!). *Hammocks Rada* ist in der C. 60 No. 527A zw. 65 u. 67 (anderthalb Blocks südl. vom Zócalo). Geschäfte verkaufen aber nicht unbedingt billiger als Straßenhändler. Anfangspreise um mindestens ein Drittel runterhandeln. Heimversand per Post oder über ein Geschäft ist sehr teuer.

Supermarkt *San Francisco,* Calle 56 zw. 63 u. 65, gleich daneben noch ein weiterer.

Wäscherei *Lavandería Santiago,* Calle 59 Nr. 580 B zw. 72 u. 74. *La Fe,* C. 61 No. 518 zw. 62 u. 64. Eine weitere rechts vom Hotel Flamingo, C. 57 No. 485 zw. 56 u. 58.

Unterhaltung **s. vorne am Mérida-Kapitelanfang das Wochenangebot der Stadt.** Zahllose Musikkneipen, Discos, Nightclubs, Bars, Kinos etc. lassen abends keine Langeweile aufkommen. Wer den Trova-Donnerstagabend am Parque St. Lucía versäumt hat: **Santa Lucía Bar Bohemio** con Música de Trova, Calle 60 zw. 55 u. 57, allabendlich. – Entlang der **Calle 60** gibt es einige Lokalitäten für Gesellige/Tanzwütige, z.B. **El Tucho,** Calle 60 No. 482 zw. 55 u. 57; populäres, großes Restaurant mit Musik- und Unterhaltungsshows. – **Live-Musik** von Do–So im schönen **Restaurante La Bella Epoca** (No. 495), auch oft im (Außen-)Café des Teatro José Peón Contreras, schräg gegenüber. – **Pancho's,** Calle 59 No. 509 zw. 60 u. 62; im Stil der mex. Revolution und Zapatas mit entsprechend gewandetem Personal, so wie sich mancher schon immer Mexiko vorgestellt hat – open-air, teurer Touri-Remmidemmi, nix für Individualisten. – Die Luxushotels entlang des Paseo de Montejo bieten die üblichen Hotels-Shows mit Mariachi-Kapellen. Eine Abwechslung kann evtl. die Show „Magia Tropical Cubana" im Meson La Hacienda sein (Calle 31 No. 331/Calle 24, Col. Alemán, Di–Sa 15.30 und 20 Uhr, So 15.30, Reserv. Tel. 9260564). Und was sonst noch gerade aktuell ist, steht im Heft „Yucatán Today".

Feste

Außer den nationalen Fest- und Feiertagen wird alljährlich am 27.9. für zwei Wochen die kirchliche Fiesta „Cristo de las Ampollas" begangen (mit Prozessionen).

Karneval: die närrischen Tage werden in Mérida ausgelassen und aufwendig gefeiert, vom Donnerstag bis Aschermittwoch finden nachmittags und abends kilometerlange Festzüge *(desfiles)* statt, die sich vom Paseo de Montejo (Aufstellung beim Monumento a la Bandera) nach Süden durch die Calle 60 über den Zócalo am Palacio Municipal vorbei bis zur Calle 65 bewegen (die Festwagen – *carros alegóricos* – werden von Firmen gesponsert). Die Straßen werden dazu abgesperrt. Wer um die Karnevalszeit in Mérida ist, sollte das Tages- bzw. Nachtprogramm studieren (Turismo, Zeitungen).

In **Ticopo,** 21 km östl. von Mérida, wird samstags um 16 Uhr (Wintersaison 17 Uhr) die großartige **Freiluft-Aufführung „Siete momentos en la Vida de los Mayas** („Sieben Augenblicke im Leben der Maya") aufgeführt. Über 450 Darsteller, Tänze, Trachten etc. Eintritt 120 P/p.P., Dauer eine starke Stunde, Busanfahrt 30 Min. Infos bei *Teatro Espectáculos,* Calle 76 No. 500 zw. 59 u. 61, Tel. 9244465.

An- und Weiterreise

Mérida ist Yucatáns wichtigste Verkehrsdrehscheibe mit zahllosen Verbindungen in alle Richtungen.

Ankunft

Die zwei Hauptterminals der 1. und 2. Klasse liegen nebeneinander an den Calles 69 und 70, etwa 1 km vom Zócalo. Allerbeste Verbindungen zu unzähligen Nah- und Fernzielen. Auch zu Nahzielen fahren oft 1.-Klasse-Busse. Alle Verbindungen werden angezeigt, je nach Linie und Bustyp sind die Preise für gleiche Ziele jedoch leicht unterschiedlich. Einige 1.-Klasse-Buslinien haben den Schalter im Terminal 2.-Klasse, doch Abfahrt ist dann im CAME. In beiden Terminals gibt es Auskunftsstellen (Auskunft und Bustickets auch bei **Ticket Bus** in Mérida in der *Pasaje Picheta* am Zócalo, www.ticketbus.com.mx).

Am besten gleich nach der Ankunft die nächsten Verbindungen prüfen und vorausbuchen, **besonders für die Strecke nach Palenque und nach Cancún/Tulúm/Playa del Carmen** (Besichtigungsunterbrechung in **Chichén Itzá).** Vorbuchung ist auch ratsam für die Rundtour **„Ruta Puuc"** (s.u.).

Ins Zentrum von Mérida bzw. zum Hotel am besten mit einem Taxi, die an den Ausgängen stehen (Zonenpreise). Gegenüber dem Busterminal 1. Klasse gibt es eine **Gepäckaufbewahrung**, ca. 8 P/h, abhängig von der Größe des Gepäckstücks, Öffnungszeiten wie bei Busterminal.

Busterminal 1. Klasse CAME

(Tel. 9248391 u. 9234440). Von dort fahren die Linien ADO und ADO GL, UNO, Altos, Maya De Oro u.a. ab. Viele der hier aufgeführten Ziele können außerdem mit Bussen der 2. Klasse erreicht werden! **Cancún** (320 km, 3,5–4 h; stündl.

und kürzer, viele Gesellschaften und Bustypen). – **Campeche** (200 km direkt über Becal/Mex 180, um 8.30, 9.55, 10.30, 11.15 und 12 Uhr; oder über Uxmal/250 km). – **Chetumal** (für Belize, 460 km, 8 h; 7.30, 13, 18, 23 Uhr).

Chichén Itzá: um 7.20, 8.20, 9.20, 10.20 11.20 Uhr usw. (120 km, **Fz 2 h**) vom Terminal der 2. Klasse mit der Linie „Oriente". Die Busse fahren direkt zum Eingang der Chichén-Itzá-Ruinen. Busse der **1. Klasse** fahren nur etwa vier, die ersten um 6, 9.15, 11 Uhr. **Diese sind wesentlich schneller!** Rückfahrt nac Mérida um 17 Uhr (u. andere vorher). Weiterfahrtszeiten von Chichén Itzá nach Valladolid, Cancún, Playa del Carmen, Cóba u.a. s. dort.

Cobá 6.30 und 13 Uhr. – **Mexiko-Stadt** (TAPO und NORTE, 1550 km) 14 u. 17 Uhr, ca. 20 h. – **Palenque** (550 km, ca. 9 h) 8.30, 19.15, 21.30, 22 und 23.30 Uhr. ACHTUNG! Lt. Zuschriften passieren auf den Nachtfahrten nach Palenque Diebstähle in den Bussen (aus dem Handgepäck)! – **Playa del Carmen** (390 km, knapp 5 h) ADO GL 13.30 Uhr, ADO 1. Kl. 8, , 9.45, 10, 11, 12, 13 Uhr, Mayab 2. Kl. 6, 9.30, 14 und 20 Uhr. – **San Cristóbal de las Casas** (800 km) 19.15 und 21.30 Uhr. – **Tulúm** (320 km über Cobá, ca 5 h) um 6.30, 11 u. 13 Uhr. – **Uxmal** s.u. – **Tuxtla Gutiérrez** (1000 km, 14 h) 19.15 und 21.30 Uhr. – **Valladolid** (160 km, 3 h) halbstündlich. – **Veracruz** 3x tägl. – **Villahermosa** (9 h) 3x täglich.

Nach Uxmal und Ruta Puuc

NUR nach Uxmal: vom Terminal 2. Klasse mit einem ATS-Bus um 6, 9, 10.30 und 12 Uhr, Fz 1 h 20 Min., 80 km (man kann aber auch den **„Ruta Puuc"-Bus um 8 Uhr** nehmen, s.u.; oder notfalls mit einem Colectivo nach Muni fahren, Abfahrtsstelle 3 Straßenblocks südl. vom Zócalo, s. Stadtplan, in Muni umsteigen n. Uxmal). Retour von Uxmal 15.30 u. 17.15 Uhr.

KOMBI-TIP: Uxmal zusammen mit der Rundtour „Ruta Puuc": gleichfalls mit ATS, Abfahrten tägl. um **8 Uhr.** Nacheinander fährt der Bus zuerst **Labná, Xlapak, Sayil, Kabáh** und schließlich **Uxmal** an. Aufenthaltsdauer in den kleineren Stätten zwischen 30 und 40 Minuten, in Uxmal 1,5 Stunden. Rückfahrt des Ruta Puuc-Busses von Uxmal nach Mérida um **14.30 Uhr,** an 15.45 Uhr. **Puuc-Sonntagsbusse** sind meist schnell ausgebucht, da an diesen Tagen die Mexikaner freien Eintritt haben. Speziell für die „Luz y Sonido"-Show fährt ein ATS-Bus von Mérida um 18 nach Uxmal und in der Nacht zurück.

Weitere Option für Uxmal

Mt einem Autotransportes del Sur (ATS)-Bus nach Sta. Elena / Hopelchén um 6, 8, 9, 10.30, 12, 14.45, 17 und 18 Uhr. Ausstieg dann an der Straße, die zur Stätte von Uxmal runterführt, ca. 200 m Fußweg, s. Karte „Uxmal".

Wer länger in der Puuc-Region bleiben möchte und/oder eine preiswerte Übernachtungsstätte bzw. eine Basis für die anderen Puuc-Stätten sucht (Kabáh, Sayil, Labná u.a.), fährt nach der Besichtigung Uxmals (oder gleich direkt) zu *Sacbe Bungalows,* Tel. 01-985-8581281, www.sacbebungalows.com.mx (Edgar und Annette). Bushaltestelle direkt davor, dem Fahrer Bescheid sagen. Der Bus fährt tägl. zurück nach Mérida (Abfahrten 6x tägl.), zu den Puuc-Stätten oder auch weiter nach **Campeche** (Verbindungen vage, einer nachmittags so um 16/16.30 Uhr, umsteigen in Hopelchén). Edgar kennt die Zeiten, er ist bei allem behilflich, kann z.B. den Transport nach Uxmal und zurück organisieren. Weitere Details zu Sacbe Bungalows s.u. bei der Randspalte „Hotels vor und bei Uxmal".

Busterminal 2. Klasse

Er liegt gleich um die Ecke vom CAME, Tel. 9232287. Von hier fahren Busse gleichfalls zu obigen 1.-Klasse-Zielen, sowie nach Becal, Chichén Itzá, Izamal (auch vom Oriente-Terminal), Muna, Oxkutzcab, Ticul, Tulúm, Uxmal, Valladolid u.a. Zielen. Linien: ATS, TRT, TRP, SUR, Mayab, Oriente, u.a.

Ziele von weiteren Mérida-Terminals (2. Klasse)

Nach **Celestún** vom **Terminal Noreste/Oriente,** Calle 67 Ecke 50 um 6.10, 7, 8, 9, 10, 11, 12, 12.45, 13.30 Uhr u. später mit der Buslinie *Occidente* (95 km, Fz 2 h; s.a. bei „Colectivos"). Vom Terminal Noreste/Oriente fahren auch *Expresso de Oriente*-Busse nach **Izamal** (etwa halbstündlich, 75 km, Fz 1,5 h). Außerdem Busse zu weiteren nordöstlich liegenden Yucatán-Orten, wie *Tizimín* und *Río Lagartos,* auch bis *Cancún,* sowie zu kleineren Orten dazwischen. Des weiteren Busse für die Orte der **Ruta de los Conventos,** wie *Acancéh, Telchaquillo,* **Maypán-Ruinen** (8.30 Uhr), *Tekit, Maní, Oxkutzcab, Ticul* u.a. (relativ wenige Abfahrten, s.a. bei „Colectivos").

Nach **Progreso** und **Dzibilchaltún** fahren Busse vom **Progreso Busterminal** südlich vom Zócalo (Calle 62 No. 524 zw. 65 u. 67, Tel. 9283965); Abfahrten praktisch ständig (35 km, Fz 45 Min.). Der Sitio für Progreso-Colectivos liegt einen Block östlich in der Calle 60 zw. 65 u. 67 (s. Stadtplan).

Colectivos

ins Umland von Mérida fahren vom **Parque de San Juan** zw. den Calles 62 u. 64 ab (z.B. nach *Dzibilchaltún, Muna* (dort umsteigen für Uxmal), *Ticul* , *Oxkutzcab* u.a.). Von der Südseite des Parks auch nach *Celestún.*

Bahn

Der Bahnhof ist an der Calle 55 zw. 46 u. 48, ca. 9 Blocks nordöstl. vom Zócalo. Der Personenzugverkehr wurde eingestellt, sonntags fährt aber ein **Touristen-Zug nach Izamal.** Programm: 8.15 Uhr Abfahrt, Ankunft in Izamal 9.50 Uhr, Stadtbesichtigung bis 13 Uhr, dann Mittagessen und Folklore-Ballett. Um 15.20 Rückfahrt nach Mérida. Buchbar in Reisebüros.

Flüge / Airport

Airlines: *Aerocaribe* und *Mexicana,* Paseo de Montejo 500B, Tel. 9286790, Mexicana Tel. 9461332. – *Aeroméxico,* Paseo de Montejo 460, Tel. 9461400. – *Aviacsa,* Calle 30 No. 130, Tel. 9269087. – *Aviateca* (nach **Tikal** – dorthin günstiger von Cancún aus –, u. Guatemala, Copán, Salvador, Costa Rica, Managua, Panama), Paseo de Montejo 475 C (zwischen C. 37. und 39.), Tel. 9461296. – *Bonanza* (f. **Palenque**), Calle 56 A No. 579 (zw. C. 67 u. 69), Tel. 9260609.

Es gibt sehr viele Flugverbindungen zu Zielen auf der yucatekischen Halbinsel (z.B. nach Chetumal) und auch nach Zentral- und Nordmexiko. Die meisten Flüge zu Yucatán-Zielen haben **Aerocaribe** und Mexicana. Nur wenig internationale Flüge (überwiegend USA), Cancún ist dafür der bessere Airport. Aerocaribe fliegt außerdem tägl. nach **Kuba** (Havanna und Varadero).

Airport: Der Flughafen *Manuel Cresencio Rejón* liegt ca. 8 km südwestlich an der Mex 180. Am Ausgang ein Info-Desk mit Hotel-Nachweis und Prospektmaterial. Mietwagen-Gesellschaften rechts vor dem Ausgang (Hertz, National, Budget). Nach dem Ausgang kann man einen Taxi-Gutschein lösen (zum Zócalo bzw. zu einem Hotel 110 P). Zum Bus nach rechts gehen (No. 79, er fährt zur Ecke der Calles 67/60), oder einen Colectivo nehmen (Transporte Terrestre, wieder per Wertgutschein). *Zum Flughafen* fährt der Bus „Airport" bzw. „Aviación" No. 79 von der Ecke der Calles 67/60, ca. halbstündlich von sehr früh bis ca. 21 Uhr. **Autofahrer:** Ausfahrt aus Mérida s. Stadtplan.

Autofahrer

Die *Super Carretera* Mex 180 nach Cancún kostet derzeit ca. 23 US$ *cuota* (bis Chichén Itzá ca. 4 US$, aktuelle Preise bei www.capufe.gob.mx). **Richtungsschilder „Cancún" und „Playa del Carmen" leiten auf die teure Autobahn!**

Abb.: *Das alte Mérida, als noch keine Autos die Straßen verstopften …*

Umgebungsziele Méridas

1. Uxmal, Ruta-Puuc-Stätten und Ruta los Conventos
2. Progreso, Dzibilchaltún, Celestún (TIP). Izamal s.S. 208

Übersicht Ziel und „Pflicht" eines Mérida-Touristen ist die naheliegende Ruinenstätte **Uxmal.** Doch die **Sierra Puuc,** das sanfte Hügelland südlich von Mérida (*pu'uk* heißt im yucatekischen Maya „Hügelkette"), bietet noch andere interessante Dinge: die Landschaft ist geradezu vollgepackt mit archäologischen Stätten, wie **Kabáh, Sayil** und **Labná** u.a. Diese Stätten mögen zwar alle ähnlich sein, doch jede hat ihren eigenen Charakter. Man kann sie von Mérida aus hintereinander auf einer Rundtour besuchen, auf der **Ruta Puuc.** „Zugaben" auf der Strecke sind die alten Sisal-Haciendas **Yaxcopoil** und **Ochil** sowie die **Höhle von Loltún.** (Achtung: letzte Führung dort um 16 Uhr, im Zeitplan berücksichtigen, oder die Tour „am Ende" beginnen !). Ideal kombinieren bzw. anschließend fortsetzen lässt sich die Ruta Puuc mit der **„Ruta de los Conventos".** Auf der „Route der Klöster" lernt man typische kleine yucatekische Landstädtchen, uralte Kirchen und Klöster, Märkte, Cenotes sowie die einst sehr bedeutende Maya-Stadt **Mayapán** kennen.

Die Ruta Puuc und die Ruta de los Conventos ergeben also zusammen eine sehr abwechslungsreiche Rundtour, auf der man viel von Yucatán sehen und kennenlernen kann. Allerdings erfordert diese **Kombination beider Touren** einen **Mietwagen** (Zweitagestour, ca. 250 km, Übernachtung erforderlich). **Nachfolgend werden alle Ziele beider Routen hintereinander als Autotour beschrieben.** Start- und Endpunkt ist jeweils Mérida. Das Autofahren selbst gestaltet sich problemlos, es herrscht kaum Verkehr, die Straßen sind gut und die sehenswerten Dinge kommen im Viertelstundentakt (vor und in den Ortschaften aber unbedingt auf die vielen Straßenschwellen achten, auf die *topes*). Zum Übernachten gibt es Hotels und auch Campingplätze (s. unten bei Uxmal, „Unterkunft").

Ruinen-Tips Ruinenbesichtigungen möglichst früh beginnen, bevor die Touri-Busse anrollen und die Sonne gnadenlos herunterbrennt. Eine **Kopfbedeckung** mitnehmen, auch ein **Sonnen- und Mückenschutzmittel** ist nützlich. Schuhe mit **rutschfesten Gummisohlen** bzw. Tennisschuhe sind fürs Ruinenklettern – und außerdem für Höhlen – am sichersten. Vorsicht vor lockeren Pyramidensteinen! Eine (kleine) **Flasche Trinkwasser** einpacken. Beim Herumstreifen im Busch ein wenig aufpassen, es gibt Schlangen. Ungefährlich sind die vielen Iguanas (Echsen). Genügend Filme mitnehmen (Nachkauf möglich in Uxmal). Keine Steine bzw. „Erinnerungsstücke" von Ruinen als Souvenir mitnehmen! **Sonn- und feiertags** sind die Stätten **meist überlaufen,** da an diesen Tagen die Mexikaner keinen Eintritt zahlen müssen.

Reiseteil

1. Uxmal, Ruta-Puuc-Stätten und Ruta de los Conventos

Ausfahrt Mérida Mit dem eigenen Auto verlässt man Mérida auf der gut ausgebauten Mex 180 (wer sein Fahrzeug auf dem Flughafen anmietet: vorne an der Hauptstraße nach links einbiegen) Richtung **Umán** (Richtungsschilder für Uxmal: „Campeche"). Wer möchte, kann in Umán (maya, „sein Weg") an der großen Plaza anhalten (schöne große Bäume). Dort steht eine wuchtige

Franziskaner-Kirche von 1790 (durchbrochener Glockenturm). Danach weiter auf die Mex 261 Richtung **Muna.** Auch hier ist die Plaza mit der Kirche evtl. einen Stop wert. Doch auf der „Ruta de los Conventos" kommen noch viele nette Städtchen dieser Art.

Hacienda Yaxcopoil

Eintritt ca. 3 €, Öffnungszeiten Mo–Sa 8–18 Uhr, So 9–13 Uhr. Kleiner Laden, Getränke.

Nach knapp 20 km durch flache Landschaft liegt rechts, nicht weit von der Straße und noch innerhalb des Ortes, die ehemalige *hacienda henequenera* **Yaxcopoil** (erkennbar von weitem an dem maurischen Doppel-Torbogen). Sie wurde im 17. Jh. für die Produktion von Sisal *(henequén)* gegründet und ist ein Beispiel für die klassische ländliche Architektur Yucatáns (der Staat und private Investoren versuchen, noch weitere alte Sisal-Haciendas um Mérida zu renovieren). Yaxcopoil („Ort der grünen Pappeln") diente schon als Filmkulisse und hat eine Landfläche von über 11.000 ha. Der Höhepunkt des Sisal-Booms in Yucatán war zwischen 1870 und 1910.

Man fährt vor bis zum großen Platz, links ist das Hauptgebäude mit einem dreiportaligen Torbogen. Lassen Sie sich von einem der herumsitzenden Jungen die Anlage erklären oder fragen sie nach einem Prospekt *(„folleto")* in deutsch bzw. englisch. Besichtigen kann man das Hauptgebäude und die umliegenden Verwaltungs-, Arbeits- und Wohnräume und eine kleine Kapelle. In den Räumen und in der Küche Einrichtungsgegenstände, Möbel, Gemälde und Bücher aus dem 17. und 18. Jh. Außerdem ein kleines Museum mit Maya-Funden der Umgebung.

In der weitläufigen Gartenanlage ist ein Tiefbrunnen mit Schöpfwerk, um den großen Platz liegen Werkstätten, Ställe und das Lager- und Maschinenhaus. In letzterem befindet sich ein riesiger Dieselmotor aus Hannover, der einst die Sisalmaschinen antrieb. Die Arbeitsbedingungen waren sehr hart.

Hotel Hacienda Temozón Sur

Biegt man bei der Weiterfahrt auf der Mex 261 Rtg. Uxmal nach ein paar Kilometern nach links (östl.) ab, gelangt man über Sihunchén auf ca. 7 km nach **Temozón Sur.** Diese Hacienda von 1889 wurde aufwendig und sehr gelungen zu einem erstklassigen, superteuren Hotel mit stilgerechtem Restaurant restauriert.

Hacienda Ochil

Weiterfahrend auf der Mex 261 erreicht man später (rechts) die restaurierte Hacienda Ochil mit Sisalagaven-Anbau und alter Fabrikanlage. In den Künstler-Werkstätten wird produziert, es gibt ein Café und ein kleines Museum mit einem Artesanías-Laden. Recht interessant und die Besichtigung wert.

Hinter Muna wird es dann – kaum glaubhaft – kurze Zeit hügelig!

Hotels vor und bei Uxmal

Uxmal ist kein Ort, es gibt aber einige Hotels in unmittelbarer Nähe der Ruinen. Billigunterkünfte gibt es nur in Ticul oder bei Sacbe Bungalows in Sta. Elena.

Motel Rancho Uxmal, ca. 4 km vor Uxmal; Rest., Pool, alles wenig vertrauenserweckend … keine Gäste, kein Geld zum Renovieren … Auf der Straße folgen dann zwei Restaurants.

Hotel Misión Uxmal (Park Inn), ca. 2 km vor Uxmal, erhöhte Lage und klotzige Bauweise; inakzeptabel teuer, doch schöne Aussicht von der Terrasse (Pool) auf die „Pyramide des Wahrsagers" von Uxmal.

Hotel Hacienda Uxmal (Mayaland-Resort-Hotel), links, kurz vor der Abzweigung nach Uxmal, Tel. 01-997-9242099, Fax 01-997-9246290, www.mayaland.com (mit Fotos und Reservierung); die zweigeschossige Anlage mit Balkonzimmer gruppieren sich um einen schönen Pool mit tropischem Garten; ab 75 € (nach April weniger).

The Lodge at Uxmal, unmittelbar vor dem Uxmal-Parkplatz, gleichfalls ein Mayaland-Resort-Hotel, Tel./Fax/Web wie das Hotel Hacienda Uxmal (wesentlich teurer!); Bungalows mit insges. 80 Zi. um einen Pool; gleich daneben ist ein großes Palapa-Restaurant (Cola trinken und dann in den Pool hüpfen).

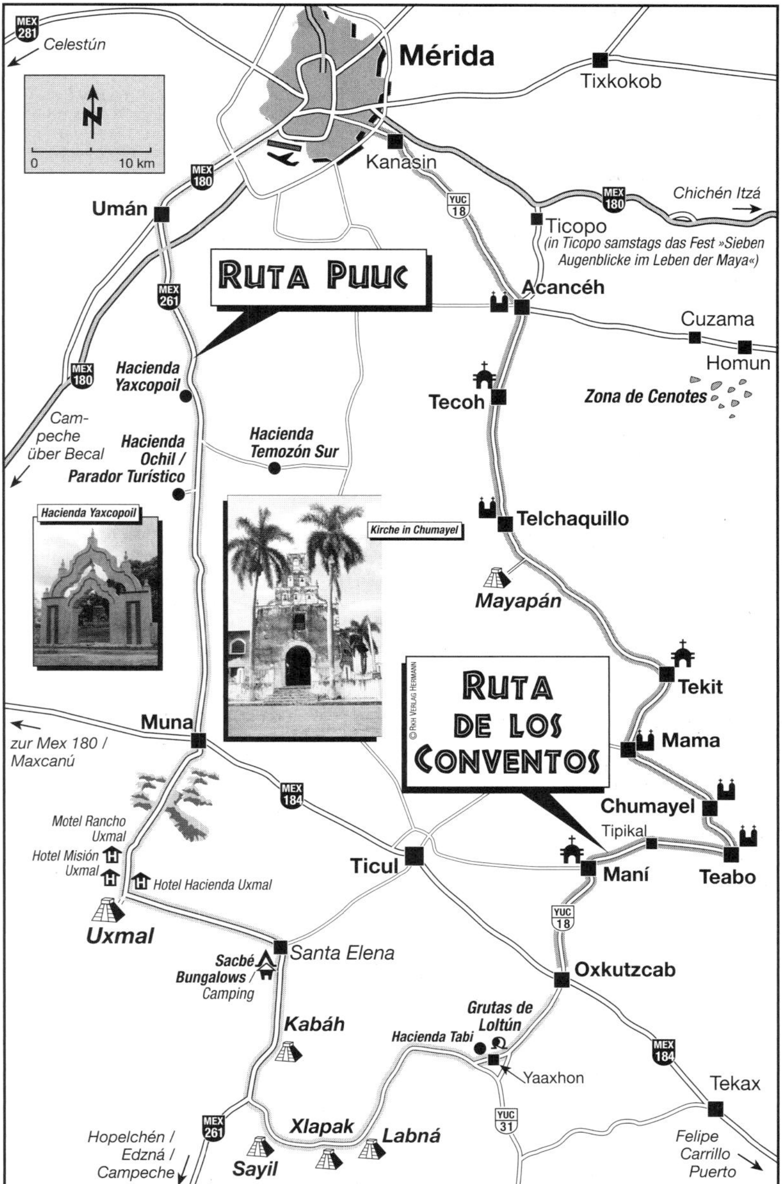
MEX 281
Celestún
0
10 km
Mérida
Tixkokob
Kanasin
MEX 180
Umán
YUC 18
MEX 180
Chichén Itzá
Ticopo
(in Ticopo samstags das Fest »Sieben Augenblicke im Leben der Maya«)
RUTA PUUC
Acancéh
MEX 261
Cuzama
Homun
MEX 180
Hacienda Yaxcopoil
Tecoh
Zona de Cenotes
Campeche über Becal
Hacienda Ochil / Parador Turístico
Hacienda Temozón Sur
Hacienda Yaxcopoil
Kirche in Chumayel
Telchaquillo
Mayapán
© RKH Verlag Hermann
RUTA DE LOS CONVENTOS
Tekit
Muna
zur Mex 180 / Maxcanú
Mama
MEX 184
Chumayel
Motel Rancho Uxmal
Tipikal
Hotel Misión Uxmal
Ticul
Maní
Teabo
Hotel Hacienda Uxmal
Uxmal
YUC 18
Santa Elena
Sacbé Bungalows / Camping
Oxkutzcab
Kabáh
Grutas de Loltún
Hacienda Tabi
MEX 184
Yaaxhon
Tekax
YUC 31
MEX 261
Xlapak
Labná
Hopelchén / Edzná / Campeche
Sayil
Felipe Carrillo Puerto

Club Med Villas Uxmal, 100 m weiter die Straße vor, Tel. 01-997-9746020; schöne Anlage mit Pool im Innenhof, drumherum liegen die 36 Zimmer (riechen etwas muffig), DZ ab ca. 50 € o. Frühstück, aktuelle Preise u. Buchung unter: www.clubmedvillas.com. Gutes Restaurant, Bar, Bücherei, u.a. Evtl. darf mit einem Campingfahrzeug auf dem Parkplatz übernachtet werden, **TIP.**

■ **Sacbe Bungalows** (www.sacbebungalows.com.mx, sacbebungalow@hotmail.com, Tel. 01-985-8581281). Die Anlage liegt 14 km hinter Uxmal beim Dorf Sta. Elena, gleich nach dem südl. Ortsausgang Richtung Kabáh auf der rechten Straßenseite (km 127). Wer eine preiswerte Unterkunft und einen Ausgangspunkt für Puuc-Ruinenbesichtigungen sucht, sollte dorthin fahren, 2.-Klasse-Busse von Mérida nach Sta. Elena um 6, 8 Uhr (Tour-Puuc-Bus, passiert Sacbe um 9.30 Uhr), 9, 10.30, 12, 14.45, 17 und 18 Uhr (dem Busfahrer sagen, dass man erst bei Sacbe Bungalows aussteigen will). Annette und Edgar, ein nettes franz./mexikan. Paar, bieten in ruhiger Lage sieben beschattete Bungalows mit Privatbad (Heißwasser), Ventilator und Moskitonetz; außerdem Standplätze mit Stromanschluss für Campingautos, Palapas für Hängematten und Grasflächen für Zelte. Ein Bungalow für 2 Pers. kostet je nach Ausstattung 14–19 €, Frühstück 2,50 €. Das Abendessen kommt mit franz. Einschlag. **TIP.**

Etwa 250 m weiter, am Ortseingang von Santa Elena, liegt rechts das exzellente **Restaurant** *El Chac Mool* (das dazugehörende kleine Hotel ist wegen der Straße eher laut). Mehr über Santa Elena s.S. 239.

Die Bushaltestelle für Busse nach **Mérida** (6x tägl., 1,5 h) und Richtung **Campeche** (über Hopelchén, ca. 3 h) und auch für die Puuc-Stätten **Kabáh, Sayil** und **Labná** befindet sich **direkt** vor dem Eingang. Zu den **Loltún-Höhlen** um 7.30 Uhr. Edgar weiß die Abfahrtszeiten und ist bei allen Fragen behilflich, z.B. kann er den Transport nach Uxmal und zurück organisieren. Eine ideale Basis für Ruinenbesichtigungen und/oder ein, zwei Ruhetage.

The Flycatcher Inn ist ein stilvolles B&B am Ortseingang von Sta. Elena, Besitzer Kristine (USA) und Santiago (Mex). Von Uxmal kommend ca. 800 m vor Sacbe Bungalows, recht Seite; drei sehr schöne, ruhige Zimmer mit Doppelbetten und Bad, Terrasse und Hängematte im Palmengarten, ca. 23/30 €, die Suite 50 €, jeweils mit reichhaltigem Frühstück; ansehen und reservieren: www.mexonline.com/flycatcherinn.htm, flycatcherinn@yahoo.com.

Uxmal

Uxmal (sprich: „Usch-máll) liegt ca. 80 km südwestlich von Mérida und ist mit Chichén Itzá die bedeutendste aller Maya-Stätten der Yucatán-Halbinsel. **An- und Rückfahrt per Bus:** s. Mérida „An- und Weiterreise" und oben bei „Sacbe Bungalows", oder an der Kasse erfragen, es fahren auch Colectivos. **Besichtigungszeit:** ca. 2–3 Stunden.

Weiterfahrt von Uxmal nach **Campeche** um 13.15 und 18.15 Uhr (wieder erfragen) und zur Carretera Mex 261 hochgehen).

Unidad de Servicios

So heißt das Empfangsgebäude mit seinem quadratischen Innenhof. **Geöffnet** ist Uxmal tägl. von **8–17 Uhr,** der **Eintritt** kostet 88 P, eine Videokamera ca. 35 P. Der Eintrittspreis berechtigt auch zur abendlichen „Licht- und Tonschau" – doch dazu dann das erhaltene Plastikarmband unbedingt am Handgelenk lassen; (s. nächsten Abschnitt „Licht- und Tonschau").

Der Parkplatz ist gebührenpflichtig. Ruinenführer bieten ihre Dienste an, doch vor den meisten Bauten gibt es Erklärungstafeln in Spanisch, Englisch und Maya.

Rechts nach der Kartenstelle ist der Zugang zum Auditorium, wo zu bestimmten Zeiten Filme bzw. Videos laufen („Eso es Yucatán", „Uxmal y Chichén Itzá", „Equinoccio", „Chichén Itzá", „Ruta Puuc" u.a.; die Zeiten sind angeschrieben). Daneben liegt das kleine **Museum** mit Uxmal-Funden wie Stelen (eine mit dem großen Uxmal-Herrscher *Chan Chaak* mit Federkopfschmuck), Zielring des Ballspielplatzes, Keramiken u.a. Dahinter das **Restaurant** (die Hotelrestaurants draußen sind noch teurer …). Auf der anderen Seite gibt es Ladengeschäfte (Filme) und einen sehr gut bestückten Buchladen. Neben der Kartenstelle am Eingang werden gleichfalls Postkarten und Bücher verkauft.

Licht- und Tonschau *„Espectaculo de Luz y Sonido"*

Allabendlich wird im Nonnen-Viereck (Nord-Tempel) eine Licht- und Tonschau dargeboten. Dabei werden Uxmals Bauten von Scheinwerfern abwechselnd farbig angestrahlt (die Kukulkán-Schlange als grünes Neon-Band), dramaturgisch passend zur Erzählung und zur Musik. Das etwas theatralische Hörspiel schildert die Entstehungsgeschichte Uxmals, das Leben seiner Bewohner und Herrscher, die Kriegszüge und die Anrufung *Chaaks* um Regen. In warmer Nacht unter einem klaren Sternenhimmel recht eindrucksvoll.

Von November bis März **Beginn 19 Uhr,** April bis Okt. **20 Uhr,** Dauer 45 Minuten. Gegen 25 Peso und **Pass** oder **Führerschein als Pfand** erhält man einen Übersetzungskopfhörer *(traductor)* mit den wählbaren Sprachen Deutsch, Englisch, Französisch u. Italienisch. Wer zuerst abends die Schau besucht und am nächsten Tag die Ruinen, zahlt 50 Peso und am nächsten Tag die Differenz zum regulären Eintrittspreis. Es ist zwar ratsam für die Schau rechtzeitig da zu sein – da es nur eine bestimmte Anzahl an Kopfhörern gibt –, doch öffnet die Kasse erst etwa 20 Minuten vor Beginn.

Wer diese Show sehen und anschließend noch nach Mérida zurückfahren will, sollte sich schon tagsüber nach einer Rückfahrmöglichkeit erkundigen. Normalerweise fährt ein ATS-Bus um 22 Uhr nach Mérida zurück.

■ *Blick von der Pyramide des Zauberers über das „Viereck der Vögel" ins dahinterliegende Nonnen-Viereck*

„… Aura architektonischer Symmetrie … "

Auftakt

Kennzeichnend für Uxmal sind neben Pyramiden sog. **Cuadrángulos,** große rechteckige Plätze, um die Bauten gruppiert sind. Die (teils rekonstruierten) Gebäude sind überwiegend im **Puuc-Stil** errichtet, also mit vielfältigem, plastischem Friesdekor. Einmalig in der Maya-Welt ist die „Pyramide des Zauberers" mit ihrem ovalen Grundriss. Uxmals Architekturstil wirkt streng, doch insgesamt harmonisch.

„Es gibt keine Grobheit oder Barbarei in Anlage und Proportionen, im Gegenteil, das Ganze hat eine Aura architektonischer Symmetrie und Großartigkeit", schrieb der amerikanische Abenteurer und Amateur-Archäologe *John Lloyd Stephens,* der 1841 Uxmal besuchte. (Sein Kollege *Frederick Catherwood* fertigte eindrucksvolle Zeichnungen der damals verfallenen Ruinen an.)

Uxmal besaß keine *cenotes,* keine unteriridischen Wasserdepots, zu tief liegt das Grundwasser unter dem Kalkgestein. Das lebenswichtige Nass mussten die früheren Bewohner deshalb in *chultunes* sammeln, in Zisternen. Die zentrale Bedeutung des Wassers bzw. der Regenzeiten für Uxmal spiegelt sich in vielen Darstellungen des rüsselnasigen **Regengottes Chaak** an den Bauten wider (er war überhaupt der Hauptgott der Puuc-Region).

Über die realen und sozialen Lebensverhältnisse der ehemaligen Bewohner und über die dynastische Geschichte ist nur sehr wenig bekannt. Es herrscht nicht einmal Gewissheit über Sinn und Funktion der bestehenden Gebäude. Alle ihre Namen sind spätere Fantasiebezeichnungen. Die Hieroglyphen auf den wenigen aufgefundenen Stelen und Steinplatten konnten wegen ihres schlechten Zustands bis jetzt noch nicht entziffert werden.

Der **Name** Uxmal könnte von den yucatekischen Mayawörtern *„ox"* (drei) und *„mal"* (mehrmals) stammen, also sinngemäß „dreimal erbaut". Möglich ist aber auch die Ableitung von *„ox"* (ernten, pflücken), also die „Dreimal Ertragreiche", was wegen des Ackerbaupotentials bei Oxkutzcab gleichfalls einen Sinn ergeben würde.

Geschichtliches

Erste Spuren Uxmals können bis ins Jahr 400 n.Chr. zurückverfolgt werden, ihre Blütezeit als politisches, wirtschaftliches und religiöses Zentrum erlebte der Stadtstaat zwischen 800 und 1000 n.Chr. In dieser Zeit war Uxmal das dominierende urbane Zentrum der Region, vergleichbar mit → Chichén Itzá und → Mayapán (mit denen zeitweilig Allianzen – „Liga von Mayapán" – bestanden). Alle größeren Bauten entstanden um 900 unter dem Regenten *Chan Chaak,* damals lebten in Uxmal etwa 20.000 Menschen. Mit den kleineren Maya-Siedlungszentren der Umgegend (Kabáh u.a.) war Uxmal durch aufgeschüttete Straßen verbunden, sogenannten *sakbeob* (s.S. 163).

Nach der toltekischen Invasion der Yucatekischen Halbinsel war Uxmal spätestens um 1200 von seinen früheren Bewohnern verlassen worden. Zuvor waren aber bereits die **Xiú** aufgetaucht, eine gleichfalls aus Zentralmexiko eingewanderte Toltekengruppe, die in Uxmal den Kult des Wassergottes Tláloc *(Chaak)* und der „gefiederten Schlange" *Quetzalcóatl (Kukulkán)* einführte. Die Xiú beherrschten Uxmal, zusammen mit Mayapán, bis in die Mitte des 15. Jahrhunderts. Danach lag Uxmal vergessen im Busch, doch seine Existenz war den Spaniern seit der Eroberung Yucatáns bekannt. Intensive wissenschaftliche Ausgrabungen begannen ab 1929 unter Frans Blom.

■ *60 Grad steil – die Pyramide des Zauberers (derzeit nicht besteigbar)*

Pirámide del Adivino

Am Zugangsweg ragt unübersehbar das bekannteste Bauwerk und das Hauptmonument Uxmals auf, die wuchtige, 38 m hohe „Pyramide des Zauberers" oder „Wahrsagers" (der Name rührt von einer lokalen Legende, nach der die Pyramide von einem Zauberer in einer einzigen Nacht erbaut wurde). Sie besitzt einen in der Welt der Maya ungewöhnlichen ovalen Grundriss (85 x 50 m), die abgerundeten Kanten erinnern an die Rundwände typischer Maya-Hütten. Die Pyramide ist das Resultat von **fünf Überbauungen bzw. Ummantelungen früherer Baukörper und Zeitepochen** (8.–11. Jh.). Gekrönt wird sie vom *Tempel V,* dem zuletzt erbauten. Nach einer Pyramide in Calakmul und der 42 m hohen Pyramide Nohoch Mul in Cobá ist die „Pyramide des Zauberers" die dritthöchste auf der Halbinsel Yucatán. 117 Stufen führen ohne einen Zwischenabsatz steil hinauf, der Neigungswinkel beträgt etwa 60 Grad. Nun an ihr links vorbeigehen in den Hof dahinter, in den *Cuadrángulo de los Pájaros.*

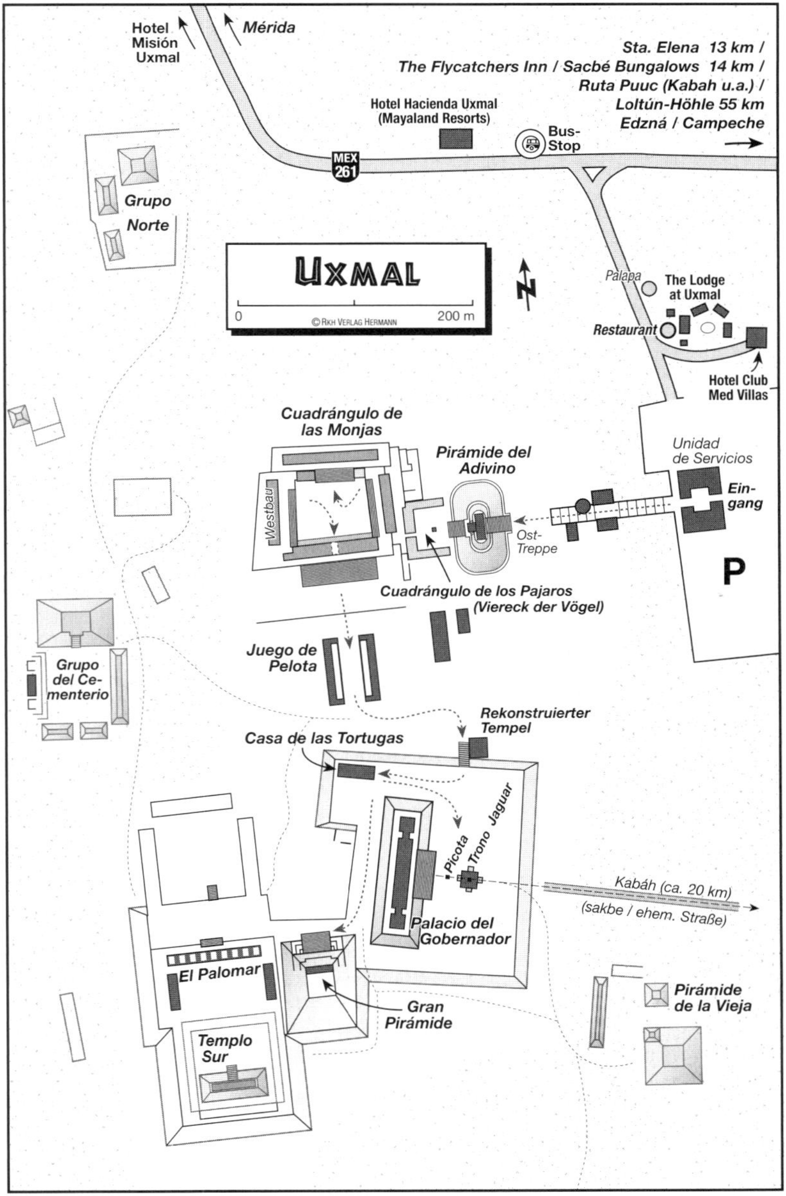
Hotel Misión Uxmal
Mérida
Sta. Elena 13 km /
The Flycatchers Inn / Sacbé Bungalows 14 km /
Ruta Puuc (Kabah u.a.) /
Loltún-Höhle 55 km
Edzná / Campeche
Hotel Hacienda Uxmal (Mayaland Resorts)
Bus-Stop
MEX 261
Grupo Norte
UXMAL
0
200 m
© RKH VERLAG HERMANN
Palapa
The Lodge at Uxmal
Restaurant
Hotel Club Med Villas
Cuadrángulo de las Monjas
Pirámide del Adivino
Unidad de Servicios
Eingang
Westbau
Ost-Treppe
P
Cuadrángulo de los Pajaros (Viereck der Vögel)
Juego de Pelota
Grupo del Cementerio
Rekonstruierter Tempel
Casa de las Tortugas
Trono Jaguar
Picota
Kabáh (ca. 20 km)
(sakbe / ehem. Straße)
Palacio del Gobernador
El Palomar
Gran Pirámide
Pirámide de la Vieja
Templo Sur

Maya-Baustile

■ **Puuc-Stil:** ein Architekturbaustil der Maya (der Name leitet sich ab von der hügeligen Gegend südlich Méridas), Blütezeit zwischen 800 und 1000 n.Chr. In reiner Ausführung enthält er keine *toltekischen* Stilelemente, wie sie z.B. in Chichén Itzá auftreten. Charakteristisch sind **schmucklose, glatte untere Mauerflächen** und **überreich verzierte obere Bauteile** (Friese, Gesimse und Türsturze). Stuckreliefs, wie z.B. in Palenque, kommen nicht vor. Als Wanddekor dienen geometrische Ornamente (Dreiecke, Quadrate, Kreuzstäbe, Mäander-Bänder), zusammengesetzt aus zuvor präzis zugeschnittenen Einzelsteinen. Charakteristisch für die Bauplastik des Puuc-Stils sind auch (die meist übereinandergesetzten) Masken des Regengottes Chaak, der durch seine nach unten gebogene Nase und großen Augen leicht identifizierbar ist. Wichtigste Stätten in reinem Puuc-Stil sind neben Uxmal noch *Kabáh, Labná* und *Sayil.* Es gibt außerdem Mischformen.

Foto: Nonnen-Viereck, Westbau

■ **Chenes:** gleichfalls ein (lokaler) Maya-Baustil, doch aus dem End-Klassikum, benannt nach der Region **ch'e'en** im Osten des heutigen Bundesstaates Campeche, wo er gehäuft vorkommt und zahlreiche Orte die Endsilbe *chen* haben (Bolonchén, Hopelchén; *chen* heißt im yucatekischen Maya „Brunnen"). Kennzeichnend für ihn sind mit geometrischen Mustern überladene Fassaden und Eingänge in Form überdimensionaler Schlangen- oder Monsterrachen, die Portale zur Unterwelt symbolisieren (s. in Uxmal der Eingang des Chenes-Tempels hinten auf der „Pyramide des Zauberers"). Auch anthropozoomorphe Darstellungen (halb Mensch, halb Tier) sind bezeichnend. Wichtige Chenes-Stätten sind *Hochob, Dzibilnocac* und *Chicanná* (**Foto: Chicanná, Struktur II).**

■ **Río Bec:** Dieser Stil weist ähnliche Merkmale auf wie der Chenes-Stil. Erkennungsmerkmale sind kompakte, kantengerundete und nicht begehbare (weil zu steile) Türme bzw. Scheinpyramiden, meist in Doppelausführung. Der Name leitet sich ab von der Entdeckung (um 1907) einer Anzahl stilistisch ähnlicher Bauten nahe eines Flusses mit Bäumen (*bec* ist der Mayaname einer großen Baumart) im Süden Yucatáns an der Grenze zu Guatemala, der heutigen Region Río Bec. Die Bautenarchitektur der dortigen Stätten *Río Bec,* **Xpuhil (s. Foto),** *Becán* u.a. wird von diesem Stil bestimmt (Ortslagen s. hintere Klappenkarte).

Cuadrángulo de los Pájaros

Das **„Viereck der Vögel"** (oder **Guacamayo-Hof**) wurde 1996 wiederrekonstruiert. In der Mitte befindet sich ein quadratischer Sockel mit einem Phallus – auch bei den Maya ein Symbol der Fruchtbarkeit. Beim Blick die Pyramidentreppe hoch sehen Sie den würfelförmigen **Chenes-Tempel,** so genannt wegen seines reinen Chenes-Baustils. Seine Eingangsseite ist in Form einer gigantischen Maske gestaltet, das Portal stellt dabei den geöffneten Rachen dar. Über dem Eingang ragt eine Nase hervor und darüber sind zwei große Augen zu sehen. Auch die Zähne in Form von auf die Spitze gestellten kleinen quadratischen Steinen unter dem Türsturz sind erkennbar. Die Außenkanten des Tempels zieren übereinandergesetzte, mächtige Chaak-Masken. Unter dem Eingang befindet sich auf den Treppenstufen ein kleines, vorgebautes Podest bzw. die Maske eines Gottes – vielleicht war dies ein Opferaltar. Es wird angenommen, dass hier Räuchergefäße zum Verbrennen von → *copal* standen.

Links und rechts des Treppenfußes befinden sich zurückgesetzt je sechs übers Eck gestellte, großartige Chaak-Masken, ähnlich denen oben beim Chenes-Tempel. Die Mauerreste der Vorgängersubstruktur I sind mit Säulchen in Dreiergruppen verblendet. In ihr fand man einst die Skulptur der – fälschlicherweise so bezeichneten – **„Königin von Uxmal",** ein etwa 80 cm hoher, tätowierter Kopf, der aus einem Schlangenrachen herausschaut und der mit seinen Ohrpflöcken und einem Jadestirnband wohl ein Kukulkán-Priester war **(s. Foto).** Das Meisterwerk befindet sich im Anthropologischen Museum in Mexiko-Stadt.

Auf der Westseite des Hofs ist ein schönes Kragbogentor, die Friese rechts und links von ihm sind mit dicht aneinandergesetzten Halbsäulchen, sog. Colonetten, verblendet. Vorbild waren die zusammengebundenen Holzpfähle der Maya-Hütten, ein Stilelement, das man an vielen Bauten Uxmals und auch an anderen Stätten der Puuc-Region immer wieder entdecken kann.

Links des Tordurchgangs ein Anbau mit drei Eingängen. Sein Fries ist wie ein Mayahüttendach mit Palmwedeln verziert, die kleinen steinernen Vögel sind **Grünflügel-Aras** (Guacamayas), nach denen der Hof seinen Namen ableitet. Oben am Eck ragt die Skulptur eines Schlangenkopfes mit weit aufgerissenen Kiefern hervor.

Der südliche Bau mit seinen Rundsäulen und quadratischen Kapitellplatten ist gleichfalls eine Rekonstruktion. Der Längsgang mit den oben eingelassenen Rundhölzern ist ein perfektes Beispiel des Maya-Gewölbebogens.

Nun aus dem „Viereck der Vögel" in den großen Innenhof des „Nonnen-Vierecks" gehen.

Cuadrángulo de las Monjas

Das Geviert des „Nonnen-Vierecks" besteht aus vier langgestreckten Gebäuden auf drei unterschiedlichen Bauebenen (weil die Anlage den spanischen Mönch Cogolludo im 17. Jh. an eine Klosteranlage für Nonnen erinnerte, kam es zu diesem Namen).

Für eine Rundumsicht begibt man sich am besten in die Mitte des vertieften Platzes (ca. 50 x 60 m), wo die Reste einer einst riesigen Steinsäule liegen. Gemäß der Maya-Zahlensymbolik und -mystik hat jeder de Flügelbauten, die sowohl religiösen als auch weltlichen Zwecken dienten, eine andere *ungerade* Zahl von Türöffnungen (5, 7, 9 – mit Torbogen – und 11). Die Eingänge führen in lange, hintereinander liegende Doppelräume.

Das Hauptgebäude

Das höchste und das mächtigste Bauwerk ist der ca. 80 m breite Palast auf der **Nordseite** (Edificio Norte). Eine breite Aufgangstreppe, flankiert von zwei Tempelbauten, führt hinauf. Die schmucklose untere Mauer ist ein charakteristisches Beispiel des Puuc-Baustils. 11 Eingänge – der mittlere ist quadratisch – führen in 26 Räume in 13 Doppel-Einheiten.

Der breite Fries – rechts ist er fast ganz zerstört – ist üppig dekoriert. Interessant sind Details über dem 3. und 5. Eingang von links: dort sind stilisierte Maya-Hütten mit Palmdächern zu erkennen *(chozas),* über ihnen windet sich je eine waagrechte Schlange mit 2 Köpfen. Über dem 5. Eingang bzw. unter der Hütte die Skulptur eines doppelköpfigen Jaguarkopfs im Profil. Beeindruckend sind außerdem die vier (verbliebenen) Maskentürme mit übereinandergesetzten **Chaak-Masken.** (Auch an der rechten Gebäudekante ragen seine Rüsselmasken heraus.)

Ostbau

Der Edificio Oriente mit seiner breiten Treppe besitzt 5 Eingänge. Der Fries mit seinem Gittermuster ist wohl der schönste aller vier Bauten. Die nach oben breiter werdenden 8 horizontalen Stäbe stellen doppelköpfige Schlangen dar. Unten an der Basis, über den Türen und oben am Gesims befindet sich eine durchgehende Reihe kurzer runder Halbsäulchen. Über dem mittleren Eingang drei Masken des Regengottes Chaak. Er blickt außerdem an der linken und rechten Gebäudekante herab. Durch die Übereckposition wirken die Masken sehr plastisch, über den eckigen Zahnreihen steht die lange Nase hervor (meist jedoch fehlt sie).

Westbau

Der Edificio Poniente mit seiner siebenstufigen Treppe besitzt 7 Eingänge, der mittlere ist wieder quadratisch. Sein Fries ist von allen Bauten am komplexesten und üppigsten mit Mäandermotiven, Figuren und Chaak-Masken geschmückt (vieles ist beschädigt). An den Gebäudekanten links und rechts blicken wieder übers Eck gesetzte Chaak-Masken herab. Über dem mittleren Eingang ist eine Art Thron mit einem Baldachin aus Federn. Darunter der kleine Kopf eines Herrschers mit Pectoral. Interessant sind wieder die Nachbildungen von Maya-Hütten über einigen Eingängen, wie über dem ganz rechts. Links davon die vollplastische Darstellung einer **Schlange (s. Abb.)** mit aufgerissenem Rachen, aus dem ein menschlicher Kopf herausschaut: Eine Darstellung des mesoamerikanischen Ur-Gottes **Quetzalcóatl,** der sich bei den Maya zu **Kukulkán** wandelte (Vogel-Schlangen-Mann). Das Schlangenende hängt von oben herab, die Schwanzspitze ist wie bei einer Klapperschlange geschuppt. Da Klapperschlangen aber nur im trockenen mexikanischen Hochland vorkommen ist dies ein Indiz auf die vom Hochland nach Yucatán eingewanderten Tolteken. Ihren Gott Quetzalcóatl hatten sie mitgebracht.

Rechts des Schlangenkopfes sehen Sie die kleine Figur eines Mannes mit einem abgeschlagenen Bein. Offenbar sehnten sich schon die Männer der Maya nach einem Wundermittel wie Viagra, wie das schlaff herabhängende Genital vermuten lässt. Über dem Mann ein Jaguarkopf (Foto s. Maya-Baustile).

Südbau

Der Edificio Sur ist der niedrigste und nach dem Nordpalast der zweitälteste. Er besitzt 8 Eingänge und einen Torbogen. Exakt über jedem Eingang ist wieder das Maya-Haus zu erkennen und der Fries ist mit steinernem Flechtwerk verblendet.

Durch das große, schöne **Kragbogentor** geht es nun hinaus aus dem Nonnenviereck Richtung Norden bzw. zum Ballspielplatz.

Juego de Pelota

Der einstige **Ballspielplatz** liegt genau in der Achse des Durchgangs. Seine beiden ca. 35 m langen Prallmauern sind ziemlich verfallen und er ist bei weitem nicht so eindrucksvoll wie der in Chichén Itzá. Auf dem Spielfeld liegen zu beiden Seiten aneinandergereihte Rundstücke einer langen steinernen Schlange. Der Zielring rechts oben ist aus Kunststoff (das Original befindet sich vorn im Museum).

Das zeremonielle Ritual des Ballspiels war einst das bestimmende Element mesoamerikanischer Kulturen und aller urbanen Zentren der Maya (ausführlicher Exkurs s.S. 204). Doch der Ballspielplatz von Uxmal ist weder monumental noch von Tempeln wie anderswo umgeben.

Casa de las Tortugas

Nach dem Ballspielplatz nach links gehen (rechts geht es zur Gruppe del Cementerio). Vor einem rekonstruierten Tempel mit zwei dicken Säulen rechts die Treppe hochgehn. Man steht jetzt auf einer kolossalen, künstlich aufgeschütteten Plattform (etwa 180 x 150 m), die als Fundament für den „Palast des Gouverneurs" und für das „Schildkrötenhaus" dient (rechts hinten).

Die Casa de las Tortugas ist ein nüchterner, aber proportional ausgewogener rechteckiger Bau am Rand der Plattform mit schön modellierten Schildkrötenplastiken am oberen Kranzgesims. Wahrscheinlich ein Tempel für den Wasserkult (sofern die Panzer Wasser- und keine Landschildkröten darstellen sollen; Schildkröten spielten aber auch in den Maya-Schöpfungsmythen eine wichtige Rolle). Zwischen den Kranzgesimsen oben und unten ziehen sich um das gesamte Gebäude dicht aneinandergesetzte Halbschäfte. Diese könnten sowohl Schilfrohr als auch die Holzpfähle von Maya-Hütten symbolisieren.

Von der Stirnseite führen drei Eingänge in den Bau, gleichfalls von der Breitseite. Geht man dort hinein, sieht man beim Blick nach oben die Konstruktion des Mayagewölbebogens. Aus dem hinteren dachlosen Raum ergibt sich ein schöner Durchblick nach Norden.

Palacio del Gobernador

Mit seinen harmonischen Proportionen und der prunkvollen Dekoration des Frieses ist der „Palast des Gouverneurs" unzweifelhaft **das herausragendste architektonische Meisterwerk Uxmals, wenn nicht gar Mexikos!** Er ist knapp 100 m lang und damit der längste Fassadenbau der Maya überhaupt (Breite 12 m, Höhe über 8 m). Er diente als Versammlungshaus für Adlige und war die Residenz von Regenten, wie von *Chan Chaak,* der um 900 in Uxmal herrschte und in dessen Regierungszeit dieses gewaltige Symbol der politischen Macht Uxmals entstand (die Skulptur über dem zentralen Eingang stellt ihn dar).

Der Palast ist in drei Teilstücke gegliedert. An den Hauptbau sind links und rechts Seitenflügel angefügt, getrennt durch rückspringende und pfeilförmig-spitze Kraggewölbe (einst konnte man durch sie auf die andere Seite des Baus gehen.) Im Gegensatz zur kahlen unteren Fassade **(s. Foto)** ist die obere bzw. der Fries mit Gittersteinen, geometrischen Mäandermotiven und mit über 200 Chaak-Masken in auf- und absteigender Linie dekoriert (ein weiteres Indiz, wie sehr Uxmal vom Wasser abhängig war). Zur Herstellung benötigte man etwa 20.000 sorgsam vorgefertigte Steine.

Es gibt insgesamt 11 Eingänge, die in parallele Doppelräume hineinführen, wobei diejenigen hinter den drei mittleren Eingängen mit 20 m Länge die längsten sind. Sie – und alle anderen Räume – weisen das übliche mayatypische Kraggewölbe auf (in die rückwärtigen Kammern fällt kaum noch Licht, die Steine sind schmierig-schwarz verdreckt, überall haben Schwalben ihren Kot hinterlassen).

Der Palast wurde astronomisch genau auf die südlichste Deklination der Venus ausgerichtet, also auf den südlichsten Winkelabstand zum Himmelsäquator, wie durch Nachmessungen herausgefunden wurde. Außerdem führte auf dieser Linie eine über 20 km lange *sakbe* direkt zum → *Arco von Kabáh.*

Picota

Vor dem Palast ragt eine monolithische Säule im 45-Grad-Winkel aus der Erde. Sie war einst mit verstuckt und mit Hieroglyphen und symbolischen Ornamenten bemeißelt. Vermutungen gehen in Richtung Phallus-Kultobjekt, doch die Säule könnte genauso etwas mit der Zentralachse des Maya-Weltensystems zu tun gehabt haben (→ Weltenbaum). Eine dritte Theorie sieht in der Säule einen Schandpfahl *(picota)*, an dem Leute angebunden und ausgepeitscht wurden.

Trono del Jaguar

Der zweiköpfige Jaguar auf einer Altarplattform *(adoratorio)* mit Aufgangsstufen ist aus einem einzigen Steinblock gehauen. Er war ein Symbol königlicher Macht und diente den Herrschern Uxmals wohl als Thron. Die zwei Köpfe stehen vermutlich für den Dualismus Gott und Mensch bzw. für die göttliche Herkunft der Herrscher. Unter ihm wurden Kleinobjekte aus Jade und Obsidian gefunden.

Gran Pirámide

Hinter dem Gouverneurspalast erhebt sich die imposante „Große Pyramide", die mit 30 m Höhe nur wenig niedriger ist als die Pyramide des Zauberers. Nur die Nordseite ist (makellos) rekonstruiert, die anderen drei Pyramidenseiten sind mit Geröll und Gestrüpp bedeckt.

Über die sehr steile Treppe **(Foto)** gelangt man nach oben. Für die Anstrengung des Aufstiegs belohnt eine weite Aussicht. Die Fassade des Tempels wurde mit kleinteiligen Puuc-Ornamenten verblendet, darunter sind auch Blumen- und Vogeldarstellungen (Grünflügel-Aras, deshalb „Templo de Guacamayas", zu sehen rechts und links des Eingangs).

El Palomar

Geht man nach hinten, blickt man runter zum „Taubenhaus". Dieser zerfallene Komplex ist älter als die anderen Bauten Uxmals. Von ihm ist nur noch eine Mauer erhalten, die einen brüchigen und dreieckig gezackten Dachkamm trägt, dessen Durchbrüche den Maya-Forscher Stephens an Taubenschläge erinnert haben sollen. Die Mauer war einst Teil einer großen, rechteckigen Patioanlage, ähnlich wie das Nonnen-Viereck.

Links davon die noch nicht ausgegrabene Pyramide der „Grupo Sur" mit einem zerfallenen Tempel obenauf. So haben viele Bauten und Pyramiden Uxmals einmal ausgesehen.

Weitere Bautengruppen

Von der Großen Pyramide sieht man auch die **Grupo del Cementerio,** die „Friedhofsgruppe". Sie besteht aus einigen stark zerstörten und verwachsenen Bautenresten um einen Patio. Friese zeigen Totenköpfe, gekreuzte Knochen, Hieroglyphen und andere Motive. Gräber wurden aber keine gefunden. Vom Ballspielplatz führt durch den Busch ein (derzeit verbotener) Pfad zu ihr.

Die Pyramiden der weiter nördlich liegenden **Grupo Norte** sind noch nicht oder kaum ausgegraben, da wartet sicherlich noch manche Überraschung!

Südöstlich des „Palast des Gouverneurs" liegt isoliert die ebenfalls noch nicht freigelegte **Pirámide de la Vieja,** die „Pyramide der alten Frau" mit dem „Haus der alten Frau". Dieses trägt einen turmartigen Aufbau und ist eines der ältesten Bauwerke Uxmals (erbaut um das Jahr 700).

Weitere archäologische Stätten der Ruta Puuc

Weiterfahrt / Unterkunft

Die Öffnungszeiten nachfolgender Ruinenstätten sind täglich von 8–17 Uhr. Bis auf kleine Getränke- und Souvenirshops gibt es keine größeren Services (bei den Loltún-Grotten ein Restaurant). Die **Eintrittspreise** betragen jeweils plus/minus 30 Peso, eine Videokamera etwa den gleichen

Betrag (die Erlaubnis gilt dann für alle Puuc-Stätten), und auch auf den Parkplätzen wird abkassiert. Da die letzte Führung der Loltún-Höhle um 16 Uhr ist, muss dies im Zeitplan berücksichtigt werden.

Für die Weiterfahrt nach Kabáh der Straße Mex 261 folgen, man passiert bald **Santa Elena.** Dort ist am Zócalo sehenswert die erhöht stehende Francisco-Kirche (1779) mit angeschlossenem *Museo de las Momias* mit mumifizierten jungen Mädchenleichen in 12 Särgen aus dem 19. Jh., die man 1980 im Erdreich unter der Kirche fand. Museum tägl. geöffnet 8–19 Uhr, die Kirche nur nachmittags. Ihr Turm kann bestiegen werden.

Kabáh

Die Mex 261 führt mitten durch das Gelände dieser alten Maya-Stadt, die nach Uxmal die zweitwichtigste war. Kabáh ist eine sehr weiträumige Anlage, noch vieles ist unausgegraben. Blütezeit war vom 9. bis zum 11. Jh. Besichtigungszeit ca. 45 Min.

Palacio de los Máscaras

Nach dem Eingang nach rechts gehen und dann die Treppe hoch zum „Palast der Masken" **Codz-Poop,** was auf maya-yucatekisch soviel wie „eingerollte Matte" heißt, abgeleitet von den Chaak-Masken mit ihren einwärts gerollten Nasen.

Der links und rechts zerfallene, ca. 45 m breite und 6 m hohe Palast steht auf einer künstlich aufgeschütteten Plattform. Sein mäanderdurchbrochener Dachkamm ist über 3 m hoch. Vor der Aufgangstreppe liegen auf dem Boden verstreut viele Steine und Teile von Masken, die darauf warten, von den Restauratoren wieder zusammengepuzzelt zu werden.

■ *Kabah, Palast der Masken*

Faszinierend ist die Fassade des Palasts: die gesamte Front ist mit einem Gewimmel von identischen Masken des Regengottes Chaak bedeckt (**Foto,** also auch die sonst beim Puuc-Stil untere kahle Wand!). Über 250 Chaaks in drei Längsreihen mögen es einstmal gewesen sein. Kein anderes Maya-Bauwerk der Yucatán-Península ist so reichhaltig mit den Masken des Regengotts dekoriert. Sie sind mosaikartig zusammengesetzt, zwischen den Steinzapfen-Augen ragt die rüsselförmige Nase hervor. Leider sind diese fast alle abgebrochen (eine elegant nach innen gebogene ragt von der rechten Gebäudekante vor). Unter der Nase öffnet sich der Mund mit den Zahnreihen, und rechts und links haben die Masken Ohren in Form von quadratischen Ohrpflöcken mit Löchern in der Mitte. Jeweils ein linkes und ein rechtes Maskenpaar teilt sich ein gemeinsames Ohrloch.

Vier Eingänge führen in zehn paarweise angeordnete Räume, wobei als Treppenauftritte gleichfalls Chaak-Masken bzw. ihre breiten Nasen dienen. Perfekt bearbeitet ist die untere durchgehende Schwelle und das mäanderverzierte Gesims links über dem linken Eingang.

Rückseite

Nun um die eingefallene linke Ecke des Bauwerks auf seine Rückseite gehen. Dort sind oben über der gittermusterverzierten Wand am Fries zwei ausdrucksstarke Männerstatuen in natürlicher Größe zu sehen (einer fehlt der Kopf), die ihre stummeligen Arme vorstrecken (beachte die kurzen Finger und die Penisse). Sie ähneln Atlanten, Krieger in typischer Hochland-Rüstung. Zwischen den beiden eine stilisierte Maya-Hütte. Einen Eingang verschönern besonders schön gearbeitete (rekonstruierte) Reliefs. – Nun die hintere Treppe runtergehen, nach links zum Palast hoch.

El Palacio

Ein gut erhaltener, zweigeschossiger Palast, ein typisches Beispiel reiner bzw. früher Puuc-Dekoration (erbaut um das Jahr 800). Der Palast steht auf einer Plattform, die 14 Zisternen *(chultunes)* hatte, was auf eine einst hohe Bevölkerungszahl schließen lässt. Der Dachkamm ist durchbrochen, doch die wenigen Verzierungen können es nicht mit der Ausdrucks- und Detailkraft des Maskenpalasts aufnehmen. Im Innern gibt es ca. 30 Räume. Rundsäulen mit quadratischem Kapitell unterteilen zwei Eingänge. Vor dem Palast steht eine kurze monolithische Säule, ähnlich wie der Picota (Schandpfahl) von Uxmal (Erklärung s. dort). Weitere Bautenreste liegen verstreut im buschbestandenen Gelände.

Nun über die schöne Grasfläche zum Eingang zurückgehen und die Straße überqueren.

Arco de Kabáh

Ein weiteres Schmuckstück Kabáhs ist der berühmte **Torbogen.** Nach der Straßenüberquerung rund 200 m vorgehen. Rechterhand ist ein Hügel aus losen Steinen, die „Gran Pirámide" oder *teocalli* („Götterhaus").

Der allein auf weiter Flur stehende Arco ist ein nüchternes (restauriertes) Monument, mit seiner Puuc-Strenge ein deutlicher Kontrapunkt zu den restlichen Dekorbauten Kabáhs. Mit ca. 6,50 m Höhe ist er der höchste aller Maya-Torbogen, auch seine Spannweite mit über 4 m dürfte wohl kaum übertroffen werden (noch höher und breiter ist statisch kaum mehr möglich). Hier wurde mit der Technik des Maya-Gewölbes ein eigenständiges architektonisches Element geschaffen. Vielleicht trennte der Torbogen einst die innere Stadt von der äußeren, doch wahrscheinlicher ist, dass er einst den Beginn bzw. das Ende einer Straße nach Uxmal markierte, denn Kabáh war eine Tochterstadt Uxmals. Beide Zentren waren durch eine *sakbe,* eine über 20 km lange Straße miteinander verbunden (in Uxmal entdeckte man das Pendant des Torbogens, er ist noch nicht zugänglich).

Alle Maya-Städte der Puuc-Region waren mit *sakbeob* verknüpft, schnurgerade verliefen die „weißen Straßen" durch den dichten Busch. Es gibt sie auch in vielen anderen Stätten Yucatáns (Exkurs s.S. 163).

Sayil

El Palacio

Bei der Weiterfahrt nach Sayil – 9 km von Kabáh – muss an der Straßengabelung der Mex 261 (meist Militärkontrolle) nach links abgebogen werden. Besichtigungszeit der Stätte ca. eine halbe Stunde.

Sayil („Ort der Ameisen") war einst das große städtische Zentrum eines dichtbesiedelten Gebiets zwischen 750 und 1000 (Stadtausdehnung ca. 3,5 qkm). Mit seinem Umland und anderen Städten war es durch Sakbeob verbunden.

Man geht vorbei an zwei Stelen durch ein kleines Waldstück und steht nach ca. 150 m vor einem imponierenden Palast im Puuc-Stil. Ein breiter, dreistökkiger Terrassenbau von klassischer Schönheit und harmonischen Proportionen (Größe 80 x 40 m; er ähnelt ein wenig dem Stufenpalast von Edzná). Kennzeichnend ist die verschiedenartige architektonische Fassadengestaltung seiner Stockwerke – unten nüchtern, in der Mitte üppig und oben wieder schlicht. Er entstand in mehreren Bauetappen zwischen 650 und 900 n.Chr. und war wohl Residenz und Verwaltungszentrum in einem. Im Innern gibt es nahezu

■ *El Palacio, Sayil*

100 Räume. Das Gestein schimmert zart-rötlich (stärker spätnachmittags und frühmorgens), die Ursache sind Eisenoxydeinschlüsse.

Der rechte Teil der Anlage ist stark zerfallen, die linke Seite wurde rekonstruiert. Nun auf der breiten Treppe zur ersten Terrasse hoch und dann nach links gehen. Zwei schmale und vier breite Einlässe, die durch dicke, kapitelltragende Rundsäulen unterteilt sind, führen in den Tempel hinein. Die Wandstükke dazwischen sind mit gebündelten Halbsäulen (Colonetten) verkleidet. Mögen sie auf den ersten Blick auch wie „Abflussrohre" aussehen – es sind stilisierte Nachbildungen der Rundholzpfähle typischer Maya-Hütten *(chozas),* wobei die Manschetten die Seilverbindungen nachahmen (auch die Mauer rechts des Treppenaufgangs ist mit Colonetten oben durchgehend verblendet.)

In der Mitte des Frieses ragt eine wuchtige, raumgreifende **Chaak-Maske** heraus **(s. Abb.),** links und rechts von ihr über den schmalen Eingängen Darstellungen des **„Herabstürzenden Gottes"** *Ah Mucen-Cab* („Bienengott"). Mit seinen nach oben gespreizten Beinen soll er bei den Maya den beginnenden neuen Tag symbolisiert haben. Auch in Tulúm (vgl. dort) und in Cobá tritt dieser Gott auf, Sayil muss also bis zur Karibikküste Verbindungen gehabt haben.

An der linken Außenkante des Frieses ragt nochmals die Rüsselnase einer prächtigen, übers Eck gesetzten Chaak-Maske heraus.

Mirador / Yum Kep

In den vor dem Palast angrenzenden Trockenwald führt schräg nach links ein Pfad hinein (auf kleines Schild achten). Auf dem schattigen Spaziergang wird nach etwa 200 m die kleine Tempelpyramide „El Mirador" erreicht. Dieses Bauwerk trägt eine überhohe, perforierte *crestería* (früherer Puuc-Stil). Vorbild waren vielleicht die hohen Tempel-Dachkämme der Städte der Petén-Region im heutigen Guatemala, wie z.B. Tikal oder Uaxactún.

Links am Mirador vorbei führt der Waldweg weiter. In der Stille und Einsamkeit kann man sich wie ein früher Entdecker fühlen. Nach ca. 60 m wird eine unter einem Palapa-Schutzdach stehende seltsame Stele (Nr. 9) erreicht: der Phallusgott (maya: *yum kep*), eine Figur mit übergroßem Penis. Die dürfte in der Mayawelt ziemlich einmalig sein. Phallus-Darstellungen finden sich in der Puuc-Region außerdem noch in Labná und Loltún (am Eingang der Grotte). Sie waren wohl Symbole der Fruchtbarkeit.

Xlapak

El Palacio

Die nächste archäologische Stätte auf der Straße nach Labná ist **Xlapak** (sprich: Schla-Pak). Es ist die kleinste an der Ruta Puuc, ca. 6 km von Sayil entfernt (Besichtigungszeit ca. 15 Min.). Von der Hütte des Wärters geht es etwa 80 m durch trockenen Buschwald.

Hier steht nur ein einzelner Tempel aus dem Maya-Spätklassikum in reinem Puuc-Stil. Die untere Fassade ist eine schmucklose Mauer, der gleichhohe wuchtige Fries ist üppig mit Chaak-Masken, Mäandern und einem Sims aus Säulchen dekoriert (diese ziehen sich auch an der Basis entlang). Von den Kanten des Baus ragen die großen Nasen des Regengottes gleichfalls heraus. Die Innenräume sind dunkel, aber behaglich kühl – diese Rückzugsmöglichkeit in der Hitze muss für die damaligen Maya geradezu eine Wohltat – vielleicht auch ein Privileg – gewesen sein.

Die Rückseite bzw. der hintere Eckbereich des Tempels ist eingefallen, aber dadurch wird im Querschnitt die Bautechnik des Maya-Gewölbes sichtbar. Über dem mittleren hinteren Eingang prangt eine raumgreifende, hohe Doppelmaske, die mit ihren Nasen, Augen und den aufgerissenen großen Sägemäulern ein besonders prächtiges Beispiel der hochentwickelten Maya-Steinmetzkunst darstellt. – Nach ca. 4 km wird Labná erreicht.

Labná

Labná (yucateco-Maya „alte Häuser") wird vor allen Dingen wegen seines berühmten Torbogens **Arco de Labná** besucht. Besichtigungszeit ca. 45 Min.

Labná war einst eine recht bedeutende Stadt und ihre Ausdehnung beachtlich, wie aus den über 70 entdeckten *chultunes* (Zisternen) in ihrer Umgebung gefolgert werden kann. Die wichtigsten Bauwerke stammen zwischen 750 und 1000. Gegenwärtig sind vier Hauptbauten zugänglich, viele weitere sind noch unausgegraben oder der Busch hält sie umklammert. Erste Berichte von Labná verfasste in der Mitte des 19. Jahrhunderts das „ruinenbewährte" Entdekker-Gespann Stephens/Catherwood. Catherwoods Stich des Labná-Torbogens machte diesen weltbekannt.

Grupo El Palacio

Nachdem man etwa 100 m durch ein Wäldchen gegangen ist öffnet sich eine ausgedehnte Grasfläche mit einer quer darüber hinwegführenden, dammartig erhöhten *sakbe.* Mit den Bäumen und Bauten ergibt sich so das Bild einer harmonischen Parkanlage. Gleichfalls etwas erhöht liegt linkerhand der langgestreckte „Große Palast". Seine vielen Anbauten, Seitenteile und Vorsprünge mit Ein-, Durch- und Ausgängen machen eine Beschreibung dieses verschachtelten Baus sehr schwierig. Die baulichen Modifikationen in gemischten Architekturstilen stammen aus unterschiedlichen Zeitepochen, Einflüsse von Chichén Itzá und anderen maya-toltekisch geprägten Zentren sind gleichfalls erkennbar. Hinten rechts ragt ein zweites Stockwerk mit einem Palast auf, seine breiten Eingänge sind mit Säulen unterteilt. Der gesamte Komplex war wohl der Wohnbereich der herrschenden Schicht Labnás.

Am besten man geht vor bis zu dem großen knorrigen Baum vor einem Patio, setzt sich in seinen Schatten und lässt die Anlage auf sich wirken. Aus dem Patio führt eine 5stufige Treppe zu der Front des Tempels hinauf. Wie in Sayil sind die Türen und teils auch die Wandflächen mit Säulen bedeckt. Auf den Friesen bestimmen Mäandermotive, Ornamentbänder und Masken die Dekoration. Sie ist nicht einheitlich, doch alles wurde perfekt und nahtlos in- und aneinandergefügt.

Interessant ist der schmale Mayabogen-Durchgang zwischen dem Bau links und dem vorspringenden Seitenbau rechts (cuarto 18). Über dem seitlichen Eingang dieses Seitenbaus schaut eine geradezu fantastisch geformte Maske herab: Die Nase biegt sich nach oben und das Maul ist mit kräftigen Sägezähnen bestückt.

Rechts davon befindet sich auf der Gebäudekante eine weitere Besonderheit: Aus einem weit aufgerissenen Tierrachen schaut ein menschlicher Kopf hervor **(s. Abb.).** Wegen der Zähne kann es keine Schlange sein, es ist eher ein Krokodilsrachen. Der Kopf stellt vermutlich den Schöpfergott Itzamná dar oder es ist → **Kukulkán.**

Vom Palast geht es nun auf der historischen **Sakbe** aus festem Kalkschotter Richtung Süden zum Torbogen. Links, hinter Bäumen verborgen, liegt der ca. 40 m lange **Templo de las Columnas.** Weiter vorne ragt links auf einer Pyramide bzw. auf einem Geröllhügel der **Templo Mirador** empor, gekrönt von einer dramatisch-hohen Crestería. Nicht wie sonst üblich in der Mittelachse, sondern über der Vorderfassade. Und dann steht man vor Labnás architektonischer Glanzleistung.

Arco de Labná

Der Arco de Labná ist ein 6 m hohes Baukunstwerk, der schönste Maya-Bogen überhaupt. Das Prinzip des „falschen Gewölbes" wurde bei ihm – ähnlich wie beim Bogen von Kabáh – als ein eigenständiges architektonisches Element angewendet (den Maya gelang es ja bekanntlich nicht, das Prinzip des „echten" Rundbogens mit dem Schlussstein in der Mitte zu erfinden, obwohl sie mit ihrem Kraggewölbe nahe dran waren). Der Arco war kein Triumphbogen für einen Herrscher oder Heerführer, wie es sie z.B. im alten Rom gibt, er verbindet lediglich zwei tiefer liegende Patios.

Man blickt zunächst auf die Rückseite. Der obere Teil ist links und rechts mit geometrischen Motiven verziert. Mit etwas Fantasie kann man darin je ein Augenpaar mit einer keilförmigen Nase aus Quadersteinen erkennen, und in der Tat ist es die stilisierte Maske des Regengottes. Das horizontale Zickzack-Band darunter stellt eine Schlange dar.

Die andere Seite des Torbogens ist vielfältiger und schöner **(s. Foto).** Bis auf die restaurierte Oberkante bzw. den Dachkamm befindet sie sich noch genau in jenem Originalzustand, wie ihn einst Stephens und Catherwood 1844 vorfanden (s. links die **Zeichnung** von **Catherwood**).

Links und rechts des Durchgangs gibt es unten zwei kleine Altarräume mit Türen, darüber liegt ein waagrechtes Zickzackband, auf dem wiederum zwei palmwedelgedeckte Maya-Hütten stehen. In den Öffnungen wurden einst Idole aufbewahrt (kleine Götterfiguren). Das steinerne Flechtwerk und die restliche Ornamentik (an der linken Kante ist eine Maske) unterstreicht die Ästhetik des Bauwerks.

Neben dem Bogen steht links drüben eine Mauer, die zu beiden Seiten ihres Durchgangs wunderbar mit Mosaiken, Wandsäulen, Mäander-Mustern und eingesetzten Ornamentsteinen dekoriert ist – sie könnte jederzeit als Vorlage für ein modernes Stoff-Design dienen. Man sollte die Schönheit dieses Gesamt-Ensembles von Pyramide im Hintergrund, Torbogen und verzierter Mauer auf sich einwirken lassen.

Grutas de Loltún

„Steinblume“

Genug von Steinen und Ruinen? Dann kommt jetzt die passende Abwechslung (sofern es nicht später als 16 Uhr ist): der Einstieg in die Kalktiefen Yucatáns, in die **Grutas de Loltún, die eindrucksvollsten und größten** der vielen Höhlen Nordyucatáns. Sie liegen 8 km südlich von Oxkutzcab bzw. 22 km hinter Labná (hinter Labná an der Straßengabelung links fahren, es geht durch das Dorf *Yaaxhon*). 10 km hinter Labná tauchen Bananen- und Orangenhaine auf, die Landschaft wird üppig-tropisch, ein Zeichen für reichlich vorhandenes Grundwasser. Ein Schild weist auf die ehemalige **Hacienda Tabi** hin, die links ein paar km in den Feldern liegt (früher Anbau von Sisal, Mais und Zuckerrohr, 8–17 Uhr).

Bei der Weiterfahrt kommt dann gleichfalls links das (teure) Restaurant „El Huinic de Loltún“ (Schild beachten), wo man eine Pause einlegen kann. Vom hinteren Bereich führt eine Treppe nach unten, direkt in den Ausstieg der Loltún-Höhle (kann man Gäste cleverer in sein Restaurant lotsen?). Vom Parkplatz des Restaurants verläuft ein Fußweg zum offiziellen Eingang der Loltún-Höhle (ca. 600 m), doch man wird wohl mit seinem Wagen hinfahren.

Auf yucateca-Maya heißt *lol* „Blume“ und *tún* „Stein“, also „Steinblume“, der passende Name für diese eindrucksvolle Unterwelt aus Kalkstein- und Felsformationen, Stalaktiten und Stalagmiten. Urzeitliche Höhlenmenschen und Mayas ließen sich einst in dem hohen, weitverzweigten Grottensytem häuslich nieder oder nutzten es als Kultstätte (bei den Maya galten Höhlen als Sitz von Göttern und Ahnen), wie Keramikfunde, Knochenreste, Wandmalereien, Feuerstätten und Felszeichnungen belegen. Außerdem gab es hier nie versiegende Wasserdepots und der feine Höhlenlehm war zum Töpfern bestens geeignet. Während des Kastenkriegs im 19. Jh. (s.S. 167) war die Höhle außerdem geheime Zufluchtsstätte der Aufständischen.

Gleich am Eingang ist links das Felsrelief eines Kriegers zu sehen, der in seinen beiden Händen Waffen hält. Sein Alter wird auf über 2000 Jahre geschätzt. Die *cámaras,* die Gänge, Kammern und Hallen werden effektvoll beleuchtet („espectacula de luz y color") und sind nach ihrem Aussehen benannt: „Catedral", „El Cuarto de las Estalactitas", „La Galería del Grand Cañón" usw. An einer Stelle ist die Höhlendecke eingebrochen, effektvoll scheint die Sonne herein, Moose und Wurzeln hängen herab.

Info-Loltún

Die Loltún-Höhlen stehen unter der Regie der INAH (nat. mex. Institut für Archäologie und Geschichte). Höhlenausdehnung ca. 850 x 500 m, ca. 45 m unter der Erde, Gehstrecke ca. 1 km, Höhlentemperatur 25 °C. **Achtung,** wenn möglich Schuhe mit Profilsohlen anziehen, **sehr rutschig! Öffnungszeiten** tägl. 9–17 Uhr. Besichtigung nur mit Führer (auch in Englisch) um 9.30, 11, 12.30, 14, 15 und 16 Uhr, Dauer gut eine Stunde. **Eintrittspreis** ca. 8 €, Videokamera ca. 2,50 €, Fotografieren mit Blitz ist erlaubt. Info-Prospekt an der *taquilla.* Kostenpflichtiger Parkplatz. Restaurant und Toiletten. Die kleine Außenanlage schmückt eine monolithische Phallus-Säule.

Anfahrt mit dem Bus von Mérida (Tagesausflug, Fz ca. 3 h, da der Bus überall hält): vom Terminal Noreste/Oriente über Ticul nach Oxkutzcab, von dort per Colectivo oder Taxi. Schnellere Alternative: Mit einem Colectivo vom *Sitio de Combis* südl. vom Zócalo (s. Stadtplan) nach Oxkutzcab und vom dortigen Marktplatz per Taxi oder einem Colectivo zur Loltún-Höhle; Fz etwa 1,5 h. Retour nach Mérida vice versa. Nächster Ort nach den Grutas ist **Oxkutzcab.** Dort beginnt die **Ruta de los Conventos.**

La Ruta de los Conventos

Die „Route der Klöster"

Südöstlich von Mérida liegen an der Yuc 18 viele kleine Orte, aneinandergereiht wie die Perlen einer Kette. Diese Städtchen haben ihre eigene, beschauliche Atmosphäre, dort kann man das dörflich-bäuerliche Yucatán und freundliche Menschen kennenlernen (Frauen tragen weiße, rotbestickte *huipiles*). An **Sonn- und Feiertagen** oder z.B. zur Karnevalszeit ist mehr los, da trifft und vergnügt sich Jung und Alt auf den meist übergroßen Dorfplätzen bei Musik, Tanz und Spiel, und manchmal kommt kommt man gerade recht zu einem Jahrmarkt oder Stierkampf.

Sehenswert und historisch interessant sind vor allem die **Kirchen** und **Klöster** der Städtchen (nach ihnen bekam die *Ruta de los Conventos* ihren Namen), fast ausnahmslos Gründungen der Franziskaner-Mönche aus dem 16. und 17. Jh. (sie kamen 1523 nach Mexiko). Wie die meisten Bauwerke dieses Ordens sind es architektonisch schlichte, einschiffige Kirchen mit massiven Mauern und kahlen Fassaden, überwölbt von durchgehenden Tonnendächern. Sie wurden meist auf zuvor zerstörten Mayatempeln errichtet und wegen der ständigen Aufstände glichen viele eher Festungen. Typisch ist die **espadaña,** der dreieckige Glockengiebel, in dem in Durchbrüchen die Glocken hängen. Das Kircheninnere ist dunkel und karg und ohne schwelgerische Kirchenkunst, also genau das Gegenteil der überladenen Barockkirchen im mexikanischen Hochland. Die größte architektonische Neuerung in der Neuen Welt waren die an die Kirche angefügten (offenen) „Indio-Kapellen" *(capillas abiertas),* weil ungetaufte Maya Kirchen nicht betreten durften.

Hinweis: manche der Kirchen sind über die Mittags-/Nachmittagszeit geschlossen, aber meist kann jemand in der Nähe aufschließen. Kolonialgeschichtlich interessant sind vor allem **Maní** und die alte Maya-Stadt **Mayapán.** Viele der Bauten sind leider stark verfallen.

Reiseroute **Oxkutzcab – Ticul – Maní – Teabo – Chumayel – Mama – Tekit – Telchaquillo – Mayapán – Tecoh – Acancéh – Mérida.**

Es verkehren nur wenige Busse zwischen den Orten! Abfahrten von Mérida vom Terminal Noreste/Oriente an der Calle 67/52.

Oxkutzcab

Oxkutzcab heißt auf yucateca-Maya „Butter, Tabak und Honig“, ein kurioser Name. Im Umland des Städtchens wachsen auf Plantagen viele tropische Früchte, wie z.B. Mangos, Avocados, Mamey, Saramuyos, Guayas, Mandarinen und vor allen Dingen zahllose Orangenbäume (Ende Oktober/Anfang November findet in Oxkutzcab eine zweiwöchige Orangen-Fiesta statt). In der **Markthalle** im Ortszentrum, die ein bunt-naives Gemälde ziert, das die Orangenernte und Frauen in *huipiles* zeigt, werden die Produkte umgeschlagen. Das Früchteangebot der Straßenhändlerinnen ist gleichfalls verlockend. Zum Transport von Gütern und als „Taxi des kleinen Mannes“ benutzt man *triciclos,* dreirädrige Fahrradkarren – welch’ eine gelassene Fortbewegungsart (es gibt sie auch in anderen Orten).

Gegenüber vom Markt steht die Franz von Assisi geweihte **Kirche,** 1581 begonnen und 1699 vollendet. Ihre beiden Türme haben drei große Durchbrüche, oben ist die Figur Assisis zu sehen. Die Offene Kapelle wurde als Altarraum an die heutige Kirche angepasst. Im Innern gibt es barocke vergoldete Altarbildnisse, die Christus und Heilige darstellen.

Übernachten: *Hotel Puc,* Calle 55 (300 m vom Zentrum, am Zócalo ausgeschildert), Tel. 01-**997**-9750103; sauber, komfortabel und ruhig, DZ 250 P, mit Rest. – **Essen:** *La Cabaña Suiza* bei der Plaza. – **Weiterfahrt**: Mit einem Colectivo zu den *Grutas de Loltún.* – **Fiesta:** 10.–16.08.

Ticul

(Bem.: Von Oxkutzcab kann auch gleich nach Maní gefahren werden).

Ticul ist eine etwas größere Stadt, 70 km südl. von Mérida. Für Reisende ein Übernachtungs- und Umsteigeort für Uxmal, für die Grutas de Loltún, Mérida, Felipe Carrillo Puerto, Chetumal (Karibikküste) und auch für Campeche (die meisten Busse jedoch *de paso*). Zum Straßenverkehr gehören gleichfalls zahlreiche *triciclos.*

Historisch ist der Ort weniger bedeutend, sieht man einmal von der Tatsache ab, dass Ticul („Platz der Pyramiden“) vor dem Einfall der Spanier zum Stadtstaat Maní gehörte (s.u.). Einen Blick wert ist die bescheidene *Iglesia de San Antonio* (17. Jh., zwei niedrige Glockenwände) und das Franziskaner-Kloster an der **Plaza,** die sich an der Calle 26 zw. 23 u. 25 befindet (mit Banamex, eMail-Café, Museum, Polizei, Post, Kirche und *Plaza de la Cultura*).

Hauptstraße ist die **Calle 23** (auch C. Principal genannt, samstags wegen Straßenmarkt gesperrt). Sie führt westlich nach Muna/Mérida, von ihr zweigt die C. 34 nach Santa Elena ab. Der **Mercado** ist in der Calle 23/21 (3 Cuadras westl. der Plaza). Neben landwirtschaftlichen Produkten ist Ticul hauptsächlich ein Zentrum für günstige Schuhe, Terrakotta- und Keramikwaren, es gibt viele Läden mit großem Angebot. Spezialität sind wirklichkeitsgetreue Nachbildungen alter Maya-Kunstwerke, eine Werkstätte mit Verkauf ist **Arte Maya** in der Calle 23 No. 301 (ein Laden ist auch in der gleichen Straße, No. 269-J).

Unterkunft: *Hotel Plaza,* am Zócalo (Calle 23/C. 26), Tel. 01-**997**-9720484, www.hotelplazayucatan.com; sauber Zi., z.T. mit AC, ca. 23 € mit AC, **TIP.** – *Hotel Las Bougambillias,* außerhalb, am Ende der Calle 25 nahe der Straße nach Muna. – In der Nähe, westliches Ende der Calle 23, liegt das *Motel Cerro Inn,* für Autofahrer u. Campmobile.

Restaurants gibt es einige um die Plaza, *Loncherías* in der Calle 23.

Busverbindungen: Die Central Camionera befindet sich eine Cuadra von der Plaza hinter der Kirche an der Calle 20. Ständige Abfahrten nach Mérida und zu vielen anderen Orten. **Colectivos/Combis** für Umgebungsziele (Loltún-Höhle u.a.) gleichfalls in der Calle 20/Ecke 25. Nach Uxmal zunächst nach Muna und dann umsteigen, oder schneller über **Sta. Elena,** Abfahrten nach dort von der Calle 30 zw. C. 25 und 25-A.

Fiesta: 5. April. – **Autofahrer:** Die Mex 184 nach Felipe Carrillo Puerto (ca. 200 km) ist ziemlich einsam, es gibt wenig Versorgungspunkte!

Maní

Dieser kleine Ort ist der geschichtsträchtigste der Region, wenn nicht der ganzen Yucatán-Halbinsel! Bevor es die Spanier eroberten war Maní die große Hauptstadt des Maya-Stadtstaates **Xiú** mit dem Herrscher **Titul-Xiú.** Wegen Kleinkriegen mit anderen Maya-Stadtstaaten der Region zeigte Xiú aber schon Auflösungserscheinungen, als der Eroberer *Francisco de Montejo* anrückte. So hatten die Spanier leichtes Spiel. Die Xiú beherrschten zuvor Uxmal und hatten um 1450 Mayapán zerstört (s.u.). 1542 nahm Titul-Xiú als erster Maya-Herrscher die Religion der neuen Herren an und machte damit den Weg frei für flächendeckende Christianisierungen. Zwanzig Jahre später, am **12. Juli 1562,** war die große Plaza von Maní Schauplatz für einen sog. „Glaubensakt" *(Auto de fé),* ein schreckliches Ketzergericht, inszeniert durch den damaligen Bischof von Mérida, **Diego de Landa** (s.S. 181). Man schnitt den „Ketzern" die Haare ab, peitschte sie aus und quälte sie zu Tode (durch Kreuzigung!). Etwa 5000 *ídolos* („Götterbilder"), 13 *altares* und viele religiöse Maya-Kunstgegenstände wurden zerstört und vor allem unschätzbar wertvolle **Maya-Handschriften** verbrannt (27 sollen es gewesen sein). In diesen papierenen → **Códices** war das Wissen und das Maya-Gedankengut vieler Jahrhunderte handschriftlich festgehalten worden.

„Wir fanden bei ihnen eine große Zahl von Büchern mit diesen Buchstaben", schrieb Landa, *„und weil sie nichts enthielten, was von Aberglauben und Täuschungen des Teufels frei wäre, verbrannten wir sie alle, was die Indios zutiefst bedauerten und beklagten ..."*

Nur drei Maya-Códices blieben übrig, sie wurden nach ihren späteren Verwahrungsorten benannt: „Dresden" (der wertvollste), „Paris" und „Madrid" (der „Codex Grolier" ist nur ein Restfragment.)

So gesehen war der Maya-Name Maní – „Platz, wo alles passierte" – von den Gründern einst geradezu prophetisch gewählt worden. Als Landa später seinen Irrtum erkannte, begann er alles niederzuschreiben, was er von den Maya und von Yucatán wusste. Sein Werk *Relaciónes de las Cosas de Yucatán* wurde später eine der wichtigsten Quellen der Mayaforschung (und auch das Buch *Chilam Balam,* s.u. bei „Chumayel").

Die wuchtige **Kirche** bzw. das Kloster an dem großen Atrium-Platz besitzt links eine angebaute muschelförmige *Capilla abierta,* von der einst zu versammelten Indígenas gepredigt wurde. Bereits 1549 gegründet ist es das drittälteste Kloster Yucatáns, tausende Indígenas mussten jahrelange Fronarbeit leisten. Über dem Portal ist ein Fenster und darüber sieht man in einer Nische die Figur des Erzengels Michael, dem die Kirche geweiht ist. Im Innern ist der Hallenbau ohne Schmuck, kostbar sind jedoch die bemalten hölzernen Seitenaltäre. Die Kanzel befindet sich gleichfalls seitlich und von der Vorderwand blicken 6 Heilige herab. Es soll auch ein kleines Museum geben (bitte danach fragen). In Maní finden in der Oster- bzw. in der Karwoche eindrucksvolle religiöse Feiern statt.

■ *Die Kirche von Maní – „wo alles passierte ..."*

Vorhanden ist außerdem noch das Haus von Diego de Landa und ein unterirdischer Cenote an der *Plaza de los Cedros* (etwa 150 m von der Kirche entfernt, die Straße rechts neben der Municipalidad runtergehen). Der Cenote ist mit einer Steinmauer umgeben, eine steile Treppe führt in die sehr dunkle Wasserhöhle hinab.

An der Calle 26 No. 208 (rechts an der Straße, die von Oxkutzcab in den Ort führt) ist das Restaurant *El Principe Titul-Xiú,* mit einem Gedenkspruch an die Tragik des *Auto de fé* von Maní.

Teabo

Von Maní nach Teabo sind es über das kleine Dorf Tipikal ca. 11 km. Teabos zackengeschmückte **Kirche** wurde zwischen 1664 und 1696 erbaut und ist *San Pedro y San Pablo* gewidmet. Sie besitzt einen kleinen, farbig bemalten kostbaren Holzaltar. Westlich der Kirche kann man Reste eines alten Maya-Friedhofes besichtigen, darin steht die Statue des einstigen *encomendero* (Landbesitzers). Rechts der Kirche befindet sich zu Ehren des Maya-Caciquen *Andrés Ek* die rotgestrichene *Capilla de los Indios,* der Herrscher spielte bei der Christianisierung der Maya eine wichtige Rolle. Im Garten der Kirche ist eine Quelle, die einst ein Bewässerungssystem von Kanälen mit Wasser versorgte.

Sonntagnachmittags finden auf dem Platz neben der Kirche manchmal Stierkämpfe statt, ansonsten ist Teabo außerdem für seine schön bestickten *huipiles* bekannt. Fiestas: 3. Mai und 14. Sept.

Chumayel

Von Teabo nach Chumayel sind es nur 4 Kilometer. Dieser Ort wurde dadurch berühmt, weil hier ein umfangreiches und wichtiges Teilbuch des **Chilam Balam** gefunden wurde, das u.a. die Erschaffung des mayanischen Universums beschreibt. Chilam Balam – „Bücher des Jaguarpriesters“ – ist der Sammelname für über 10 Maya-Handschriften. Die *chilam* (oder *chilanes*, „Wahrsager“, „Dolmetscher“, „Priester“) waren bei den Maya zuständig für Orakel und Weissagungen und zweifellos auch hervorragende Kenner der Geschichte. Diese Enzyklopädie enthält auf über 1000 Seiten Berichte vom Schöpfungsmythos der Maya, Prophezeihungen, Legenden, ihr kosmologisches und astronomisches Wissen sowie Chroniken vergangener Zeiten. Nach ihrer Übersetzung im 16. und 17. Jh. wurde sie für die Maya-Forschung zu einer der wichtigsten Quellen.

Die **Kirche (s. Foto)** an der Plaza gegenüber dem Palacio Municipal stammt aus dem 16. Jh. und ist der *Purísima Concepción* geweiht. Der Glockengiebel ist sechsfach durchbrochen, vor der Kirche stehen zwei schlanke, hohe Palmen. In dem langen Hallenbau hängen an der Hinterwand 6 goldgefasste Christus- und Heiligenbilder (18. Jh.). Vor dem Altar steht rechts ein hölzerner Torbogen, darunter ein Kreuz mit einem schwarzen Christus. Im Mai findet in Chumayel das große Fest *Santa Cruz* statt.

Mama

Die festungsartige *Iglesia La Asunción* mit ihren seitlichen Stützmauern ist wieder eine Franziskanergründung und die wohl älteste Kirche der Ruta de los Conventos. Die dreieckige *espadaña* ist sechsfach durchbrochen. Das Eingangsportal und der Fensterrahmen darüber sind reich verziert, über dem Fenster ist eine Nische mit der Asunción-Jungfrau. Im Kircheninnern gibt es Säulen und am Ende des Kirchenschiffs Christus- und Heiligenbilder. Sehr schön sind die bemalten hölzernen Seitenaltäre. Im Kirchgarten (links der Kirche) befindet sich unter einem Kuppelbogen namens *media naranja* („Halborange") eine Quelle mit einem hölzernen Wasserschöpfwerk, *Noria* genannt, ursprünglich in arabischen Ländern gebräuchlich.

Tekit

Dieses Dorf gehörte einst zum Bereich des Maya-Kaziken von Maní, Titul-Xiú. Während des Kastenkrieges (s.S. 167) fand in Tekit 1847 eine blutige Schlacht statt. An der großen Plaza befindet sich der Ex-Convento *San Antonio de Padua,* eine schöne Kirche aus dem 16. Jh., und die *Capilla de San Cristóbal.* Noch bevor man den nächsten Ort Telchaquillo erreicht, geht es links ab zu den Ruinen von Mayapán.

Mayapán

Öffnungszeiten von 8–17 Uhr, Eintritt ca. 2 € (fragen Sie nach einem INAH-*miniguía*). – Mayapán („Banner der Maya") war vermutlich eine Frühgründung der *Itzáes.* In der einst dichtbesiedelten, von einer 8 km langen Verteidigungsmauer umschlossenen Stadt lebten auf einer Fläche von 3 x 2 km etwa 10–15.000 Menschen, wie man aus tausenden von Hausfundamenten hochrechnete. Die Wasserversorgung sicherten Dutzende *cenotes.* An der von Mayapán gegründeten politischen Allianz „Liga von Mayapán" war neben Uxmal auch das benachbarte mächtige Chichén Itzá beteiligt, das kurz nach 1200 von den Herrschern von Mayapán okkupiert wurde. Dadurch wurde Mayapán zur dominierenden Stadt Yucatáns mit Handelsbeziehungen zu weit entfernten Städten (bis Honduras), bis es schließlich im 15. Jh. von den Xiú-Maya aus Uxmal erobert und 1451 zerstört wurde. Die Xiú machten anschließend Maní (s.o.) zu ihrer Metropole.

Von der einstigen Größe Mayapáns zeugen zahllose überwachsene Hügel und Bautenfragmente. Im Zentrum an der Gran Plaza wurden Rekonstruierungsarbeiten erfolgreich abgeschlossen. Beeindruckend sind Castillo- bzw. **Kukulkán-Pyramide** (mit nebenliegender – dachloser – Säulenhalle) und das begehbare **Caracol-Observatorio,** beides kleinere Kopien der berühmten Originale in Chichén Itzá (vielleicht wollten Mayapáns Herrscher damit an die Größe und Bedeutung Chichén Itzás anknüpfen). Auch die davorliegenden Plattformen sind kleinere Nachbildungen der **Venus**- und **Tzompantli-**Plattform von Chichén Itzá. Sehenswert ist außerdem die teilweise freigelegte stucküberladene Substruktur des Haupttempels. Die Qualität der Architektur bzw. die der Mauern ist allerdings bei weitem nicht so gut wie in Chichén Itzá oder wie bei anderen Maya-Stätten. Die Archäologen werden in Mayapán noch Arbeit für Jahrzehnte haben.

Telchaquillo

Die Bedeutung des kleinen Ortes rührt vom nahen Mayapán her. Die kleine Kirche am *Parque Principal* ist bescheiden und schmucklos. Unter dem Platz liegt ein früher für die Maya wichtiger Cenote, in den man runtersteigen kann.

Tecoh

Ist die nächste Stadt („Platz des Pumas"). Sie liegt in einem ausgedehnten Agaven-Anbaugebiet mit zahlreichen Cenotes. Die *Iglesia y Ex-Convento La Asunción* aus dem 17. Jh. am Zócalo mit ihren beiden dreistufigen Türmen wurde auf den Resten einer ehemaligen Maya-Pyramide erbaut. Die Tafeln hinter dem Altar im Chorraum und die Gemälde sind einen Blick wert. Im Pfarrgarten gibt es eine Quelle. Hungrig? Dann ab in die Markthalle. Fiestas: 2. Febr. und 1.–5. Mai.

Acancéh

Hier kann man an der großen *Plaza de las Tres Culturas* (prähispanische Pyramide, koloniale und moderne Kirche – also die historische, leidvolle Identität Mexikos) die *Iglesia de Nuestra Señora de la Navidad* ansehen. Die Kirche aus dem 16. Jh. besitzt zwei aufgesetzte Glockentürme mit einer Uhr in der Mitte und ist eine Franziskanergründung. Neben ihr erhebt sich – als Kulturkontrast – eine vierfach gestufte Pyramide, ca. 15 m hoch, mit einer Aufgangstreppe. Die vier Seiten der Pyramide schmücken überdimensional große Stuckmasken, menschliche Köpfe mit Ohrenschmuck, Kopfputz und symbolischen Zierattributen.

Ein paar hundert Meter weiter (vier Cuadras) befindet sich noch eine weitere kleine Stufenpyramide. Auf ihr steht der *Palacio de los Estucos* mit ausgefallenen Tierfiguren auf Reliefplatten (Acancéh heißt „Röhrender Hirsch“, einem solchen wurde auf der Plaza ein Denkmal gesetzt). Nun sind es nur noch 30 km bis Mérida. Ins Stadtzentrum den grünen „Centro“-Schildern folgen.

Abstecher Cuzama

Wer mit seinem Wagen Richtung Chichén Itzá unterwegs ist, sollte östlich über die Dörfer und über *Izamal* fahren. Südlich von Cuzama/Homún (s. Karte) gibt es eine *Zona de Cenotes,* die touristisch noch völlig unberührt ist: In **Cuzama** mit dem Fahrradtaxi 4 km zu einer verlassenen Hacienda fahren (10 P). Dort einen Maya-Führer engagieren und umsteigen auf einen uralten Agaven-Transportwagen, der auf Gleisen und gezogen von einem Pferd in die Sisalfelder der Hacienda fährt (vier Personen ca. 130 P). Die drei Cenoten dort sind sehr schön und man kann schwimmen. Wenn man in Cuzama ankommt geht alles wie von selbst, da dort Touristen nur wegen den Cenoten auftauchen.

Von Mérida kann man auch mit einem Colectivo anfahren, den Fahrer bitten, bis zu den Cenoten zu fahren.

Von Mérida nach Norden und Westen: 2. Progreso, Dzibilchaltún, Celestún

Reiseteil

Progreso

Ew. 30.000

✆ 01-969

Progreso liegt 35 km nördlich von Mérida langgezogen am Meer. Es ist eine Hafen- und die Badestadt der *merideños,* die an Wochenenden und besonders im schwülheißen Juli und August hierherströmen. Wer später nicht an die Karibikküste reist, mag also vielleicht den Abstecher nach Progreso machen. Dabei lohnt evtl. eine Unterbrechung bei der Maya-Stätte **Dzibilchaltún** (s.u.).

Puerto Progreso wurde im Jahr 1856 gegründet und hatte bald danach dem damals wichtigen Henequén-Exporthafen *Sisal* den Rang abgelaufen. 4 km westlich von Progreso, in **Yucalpetén** am *Lago Fraga,* befinden sich der Handelshafen, eine Marinebasis, und Marinas für Yachten. Wegen des seichten Meeres bzw. wegen der weit ins Meer hinauslaufenden yucatekischen Festlandplatte musste für die Schiffe ein 2 km langer Pier gebaut werden (*Muelle Héroes Aduaneros,* Bauzeit 1936–47). Mit seinen Rundbögen ist er Progresos Wahrzeichen. Später verlängerte man ihn um 4,5 km bis zur künstlichen Insel *Terminal remota,* an der Hochsee- und Kreuzfahrtschiffe anlegen. Der Pier ist einer der längsten der Welt.

Der **Busterminal** liegt an der Calle 29. Zum Malecón (Calle 19) auf der C. 29 einen halben Block östlich gehen und dann links in die Calle 80 abbiegen; nach ca. 250 m bzw. nach 5 Blocks ist man dann an der Meeresstraße. Geht man die Calle 80 nach rechts, wird nach einem Block der Zócalo erreicht.

Progreso bietet nicht viel Sehenswertes, unter der Woche ist es ziemlich ruhig. Man kann am Meer oder mal die Muelle rausspazieren und evtl. den Leuchtturm (El Faro) nahe der Calle 25 besteigen (Erlaubnis vom Wärter nötig). Der Stadtstrand ist wenig einladend, zum Baden besser auf der Küstenstraße Yuc 27 nach Osten oder Westen fahren (das Meer ist meist spiegelglatt und sehr flach). Durch neue Tourismusprojekte erhofft man sich einen wirtschaftlichen Aufschwung der gesamten Golfküste.

Westliche Küste

Hinter **Yucalpetén** (Badestrand, Hotel-/Beach Club Sian Ka'an) liegt ca. 8 km westl. von Progreso das kleine Fischerdorf **Chelem** mit etlichen Hotels und vielen Restaurants. Über *Chuburná* wird nach weiteren 50 km der historisch interessante und älteste Yucatán-Hafen *Sisal* erreicht. Sehenswert sind dort die Wälle gegen einstige Piratenüberfälle. **Anfahrt** nach Chelem am besten mit einem Colectivo vom Supermercado „San Francisco de Assís", Calle 80 zw. 29 u. 31 (beim Zócalo).

Östliche Küste

Bessere Strand-Optionen gibt es an der östlichen Costa (obwohl sie fast ganz mit Privathäusern zugebaut ist): Erster lohnender Punkt ist der kleine Fischerort **Chicxculub** (6 km), zuvor kommt man an etlichen Strandhotels und -Restaurants vorbei: *Club Gaviotas, Royal Beach V, Club Cocoteros, Cocomar, Villa León, Costa Brava, Sol y Mar* u.a.). In Chicxculub gibt es zwei Hotels und etliche Restaurants. Ca. 2 km dahinter die schöne Strandanlage *Margaritas Ville* (ca. 45 €, Tel. 01-969-9441434, www.margaritas.com.mx). **Anfahrt** nach Chicxculub u. Telchac Puerto vom lokalen Busterminal Ecke Calle 29/82 (Autobuses del Noreste) oder mit einem Combi/Colectivo vom o.g. Supermarkt.

Mit einem Wagen erlebt man entlang der Küstenstraße mit einsamen Lagunen und Palmen einen erfrischenden Kontrast zum nervigen Mérida. Die Gegend steckt touristisch noch in Kinderschuhen. Die Preise sind günstig und die Menschen freundlicher und herzlicher als in den Touristenzentren. Täglich bekommt man fangfrischen Fisch in allen Variationen.

Die nächsten Orte heißen **Uaymitún** (dort steht gleich neben der Straße ein Flamingo-Aussichtsturm), *San Benito* und *San Bruno.* Hinter dem Beach Resort *Kokomo* (km 27) liegt 2 km im Inland die sehenswerte Maya-Stätte *Xtampú*. Eine Stichstraße führt gleich danach zum *Reef Club.* Entlang der *Laguna Rosada* wird 35 km östl. von Progresso **Telchac Puerto** erreicht, ein etwas größerer Ort mit Hotels (preiswert und sehr nett: *Posada Liz,* direkt am Ortseingang an der Dorfstraße, engl.-spr., DZ 14 €). Nuevo Yucatán beim verfallenen Großhotel Maya hat einen schönen, frei zugänglichen Strand mit Palmen, der Parkplatz ist gleichzeitig für ein Wohnmobil geeignet.

Die Yuc 27 führt dann weiter an der Küste entlang, durch die Fischerdörfer *San Crisanto, Chabhihau* und *Santa Clara* bis nach **Dzilam de Bravo.** Auf der Mex 178 kann nach Mérida zurückgefahren werden, oder weiter auf einsamer Strecke nach Tizimín.

Adressen & Service Progreso

Turismo: Casa de la Cultura, Calle 80 zw. 25 u. 27, Tel. 01-**969**-9250104. Eine Información Turística auch an der Stadteinfahrt links. – **Unterkunft:** Entlang des Malecóns gibt es etliche Hotels, doch sind sie überteuert. Empfwt. ist **Hotel San Miguel** (preiswert, ruhig), Calle 78 No. 148 zw. 29 u. 31, Tel. 9351357. Ähnlich, schräg gegenüber: **Hotel Progreso,** Calle 78 No. 142. – **Essen & Trinken:** An der Uferstraße liegen viele Restaurants, *pescado frito* und Meeresfrüchte zuhauf. Am Malecón sind empfehlenswert: *Restaurante Carabela* und (Ecke Calle 20) und *Los Pelícanos,* einen halben Block östlich.

An-/Rückfahrt: Von Mérida mit Autoprogreso-Bussen (s. dort). Busterminal in Progreso: Calle 29 No. 131 zw. C. 30 u. 32; ständige Mérida-Abfahrten. Von Progreso direkt nach Dzibilchaltún ist nicht möglich, man muss einen lokalen semi-directo-Bus oder einen Colectivo nehmen (v. Supermercado s.o.), und dann an der Straßenkreuzung nach Dzibilchaltún aussteigen und voll trampen.

Dzibilchaltún

Lage

Die archäologische Stätte Dzibilchaltún liegt 21 km nordöstlich von Mérida bzw. ca. 7 km östl. der Straße Mex 261 nach Progreso. Dzibilchaltún („Platz mit Inschriften auf flachen Steinen") ist ein sehr altes, vielleicht sogar das älteste Maya-Zentrum in Nord-Yucatán. Auf einer ausgedehnten Fläche von ca. 16 qkm liegen verstreut ca. 8400 *estructuras,* die meisten noch unausgegraben. Großartige Paläste, Tempel oder Pyramiden dürfen keine erwartet werden. Wegen vieler seltener Tier- und Pflanzenarten wurde das Umland Dzibilchaltúns als ein 540 ha großer *Parque Eco Arqueológico* ausgewiesen.

Anfahrt: Von Mérida mit einem Progreso-Bus, der einen direkt am Eingang absetzt, oder mit einem Colectivo vom Parque San Juan (s. Mérida-Karte). Bei der Ankunft Rück- bzw. Weiterfahrtszeiten erfragen. – **Öffnungzeiten:** tägl. von 8–17 Uhr (Museum Mo geschl.), Eintritt 38+20 Peso. – **Parador Turistico:** Beim Eingang gibt es einen Parkplatz, ein Restaurant, Artesanías-Verkauf u.a. Ein INAH-*miniguía* mit Erklärungen der Bauten Dzibilchaltúns ist erhältlich.

Museum: Im modern konzipierten und informativen **Museo del Pueblo Maya** sind neben Kleinfunden, Keramiken, Maya-Gebrauchsgegenständen, Stelen u.a. auch die 7 handgroßen Tonpüppchen vom „Tempel der Sieben Puppen" ausgestellt. Dokumentiert ist außerdem die spanische Eroberung der yucatekischen Halbinsel (Piratenüberfälle). Die Stelen und Skulpturen auf dem Museums-Weg sind gleichfalls interessant.

Historisches

Dzibilchaltún war seit etwa 900 v.Chr. bis zur Ankunft der Spanier um 1500 kontinuierlich bewohnt. Blütezeit war um 830, damals hatte die Stadt etwa 30–40.000 Bewohner. Aus dieser Zeit stammt die Mehrzahl der erhaltenen Inschriften mit Angaben über die Herrscher. Zwölf *sakbeob* verbanden das Zentrum um den **Cenote Xlacah** („alte Stadt") mit den umliegenden Teilstädten und führten auch zu ferneren Maya-Zentren. Nach 1200 ging die Bautätigkeit zurück. Die spanischen Eroberer nutzten Dzibilchaltún als Steinbruch für die Häuser und Kirchen von Mérida.

Besichtigung

Vom Museum geht man zum Sakbe 1, dort nach links wenden. Am Ende des Wegs liegt der rekonstruierte **Templo de las Siete Muñecas** („Tempel der Sieben Puppen", *Estructura 1-sub*), Fundort der 7 Tonfigürchen. Der Tempel ist das bekannteste Bauwerk Dzibilchaltúns. Ein auf einer pyramidalen Plattform stehender quadratischer Bau mit vier Eingängen und maya-unüblichen Fensterchen. Das Flachdach krönt ein kleiner Aufbau. Wie die Kukulkán-Pyramide von Chichén Itzá wurde der Tempel bzw. die Fluchten seiner Türen und Fenster exakt auf den Ost-West-Einfall der Sonnenstrahlen der Tagundnachtgleichen *(equinoccio)* um den 21. März und 23. September ausgerichtet.

In westlicher Richtung der Sakbe 1 gibt es noch andere Bauten(-reste). Um die Plaza Central liegen der 130 m breite *Palacio (Estructura 44),* die von den Spaniern erbaute *Capilla abierta* und der *Cenote Xlacah.* Er war einst die Hauptwasserquelle Dzibilchaltúns und diente wohl auch als Opferbrunnen, denn man barg aus ihm zahllose hineingeworfener Gegenstände (Tiefe ca. 40 m). Wer Badekleidung dabei hat, kann sich dort zum Abschluss ein Bad gönnen. Nördlich der Sakbe 1 liegen die Estructuras 36 und 38 und in der Verlängerung der Sakbe 1 beginnt Sakbe 2 mit dem *Templo Parado (Estructura 57).*

Von Mérida nach Westen: Celestún

Ew. 5000

✆ 01-988

Das schläfrig-kleine Fischerstädtchen liegt 95 km westl. von Mérida am Ende der Mex 281 direkt am Meer auf einer langgestreckten Landzunge. Ein beliebter Ausflugsort für *merideños,* aber auch für Traveller, die eine preiswerte Alternative zu den teuren Karibik-Stränden suchen.

Der Reiz Celestúns besteht zudem in den Bootstouren **zu tausenden rosaroter Flamingos.** Die meisten sieht man **März/April** und **Juni/Juli,** beträchtlich kleiner sind die Populationen August bis Oktober.

Noch vor Ortsbeginn überquert man auf einer langen Brücke die tief eingeschnittene *Laguna Río Esperanza.* Hinter der Brücke befindet sich links das **Unidad Turística Celestún** mit der Bootsablegestelle (Busse stoppen, doch nicht automatisch). Man kann aber auch nach Celestún hineinfahren, bis zum Zócalo sind's noch 1,7 km (Einfahrt auf Calle 11). Von ihm sind es über die staubigen Straßen noch 100 m bis zum Meer.

Der Strand ist breit und muschelübersät. In manchen Monaten spült es vermehrt Algen und Pflanzen an, dann ist das Meer grün und trüb und reizt nicht zum Baden. In einem der rustikalen Fischrestaurants die Beine in den Sand strecken und kühles Bier trinken kann man aber immer. Die schläfrige Szenerie wird nur belebt von wenigen, einfachen Hotels und zwei alten Türmen – einer ist der ehemalige Leuchtturm –, oder wenn die Fischer ihre Fänge anlanden. In der Gegend wird außerdem Salz gewonnen.

Bootstouren zu den Flamingos

Die meisten machen ihren Flamingo-Bootstrip von der Brücke aus, was in der Regel die bessere Entscheidung ist. Wer am Zócalo aussteigt, auf den stürzen sich meist gleich Schlepper. Auch am Strand werden einem Touren angetragen, oder man erkundigt sich z.B. im Restaurant Celestún an der Ecke der Calles 11/12. Preis abhängig von Teilnehmerzahl und Verhandlungsgeschick, Richtwert pro Nase ca. 150 Peso bei 6 Personen und 2,5 Stunden Dauer. Bei diesen Touren dauert die Anfahrt zu den Flamingos wesentlich länger, weil die *lancheros* erstmal nach Süden fahren müssen und dann nördlich die Lagunen hinauf. Die Verweildauer bei den Flamingos ist dann evtl. kürzer.

Bei den Booten an der Brücke soll man den angeschlagenen **Festpreis** bezahlen, der sich aus Boots-, Personen- und Eintrittpreis in das Biosphären-Reservat zusammensetzt bzw. aufaddiert. Ein Boot für 2 Stunden kostet derzeit 800 P, für 1 Stunde 400 P bei 4–8 Teilnehmern bzw. 480 P für 2 Personen … die Preise wechseln ständig. In der Nebensaison, wenn nur wenige Touristen auftauchen und man lange auf Mitfahrer warten muss, kann und sollte man handeln, oder man versucht es im Ort, s.o.

Wer nachher in dem unten erwähnten Süßwasserteich schwimmen will, sollte Badekleidung anziehen, umziehen ist möglich in den Toiletten bei der Kasse. Für formatfüllende Flamingoaufnahmen wird ein langes Teleobjektiv benötigt. Ein Fernglas ist auch keine schlechte Idee.

Der Bootsman fährt die Lagune nach Norden hoch, Richtung Isla Pájaros (am *embarcadero* gibt es eine Lagetafel des Gebiets). Bald tauchen die ersten Flamingos auf, und dann sieht man sie in riesigen Schwärmen. Dies ist auch abhängig vom Wasserstand: bei Flut mehr, weil sich die Tiere dann auf den verbliebenen seichten Stellen sammeln. Der Außenborder wird ausgemacht, und in der Stille kann man das tolle Schauspiel der stelzenden rosaroten Flamingos genießen und fotografieren (bitte sie nicht aufscheuchen). Wird die Fluchtdistanz – etwa 80 m – unterschritten, weichen die scheuen Flamingos zurück und kreisen das Boot in weitem Bogen ein, oder sie rennen mit raumgreifenden Schritten los und starten elegant in die Lüfte. Anschließend fährt der Bootsmann durch einen dichten Mangrovenwald *(Canal de Mangle)* zum Auge *(Ojo)* der *Agua Baldiosera.* Dies ist ein glasklarer Süßwasserquellteich, in dem man schön – aber relativ kurz – schwimmen kann.

■ *Grüne Mangroven, blaues Meer und rosarote Flamingos*

Eine andere Bootstour führt die Lagune südlich runter, vorbei am *Bosque petrificado* zum aufgegebenen Fischerdorf *Real de Salinas.*

Flamencos Rosas

Celestún liegt innerhalb der etwa 600 qkm ha großen **Reserva de la Biósfera Ría Celestún** (eine *ría* ist eine schmale und lange, tief in das Land eindringende Meeresbucht). Diese ausgedehnte, sumpfige Lagunen- und Mangrovenlandschaft ist das Brut-, Lebens- und auch Überwinterungsgebiet für unzählige Wassertiere und Vögel, wie Reiher *(garzas),* Kormorane, Pelikane, Fregattvögel u.v.a. mehr. Zu Tausenden siedeln vor allem *flamencos rosas (Phoenicopterus ruber)*, die ein spezielles Habitat benötigen, nämlich niedriges, tropisches Salzwasser, das vor direkter Flut und Ebbe geschützt ist (ähnliche Lebensbedingungen finden die **Flamingos** im 250 km östlich gelegenen *Parque Ria Lagartos*). Verantwortlich für die lachsrote Gefiederfärbung sind Farbstoffe, Karotinoide, die in kleinen Krebsen und Kieselalgen enthalten sind und die die Langbeiner hier in großen Mengen finden. Mit einem Sieb am Schnabelrand werden sie aus dem Bodengrund geseiht. Ohne diese Nahrung wird das Gefieder wieder weiß.

Unterkunft Fast alle Hotels – ca. ein halbes Dutzend – liegen an der Calle 12, die parallel zum Strand verläuft. An Wochenenden kann es voll werden, **Hochsaison ist Juli und August.** Obere Hoteletagen – sofern vorhanden – fangen kühlende Meeresbrisen besser ein.

Hotel María del Carmen, Calle 12 (bei C. 15), Tel./Fax 01-988-9162170, Lage direkt am Meer, 14 meerseitige Balkonzimmer mit Vent. od. AC, DZ ab 15 €, Rest. – **Hospedaje Sol y Mar,** billiger als das María del Carmen. – **Hotel Gutiérrez,** Calle 12 (bei. C. 13), Tel. 9162170; am Strand mit Meeresblick, einfach, große Zimmer, DZ ca. 18 €, Nebensaison billiger.

Einfache **Hostels** gibt es auch: **Ría Celestún Hostel,** Calle 12 No. 104A/ Ecke C.13 (pinkfarben, eine Cuadra vom Zócalo, 30 m zum Strand); Dorm-Betten und DZ, dazugehörend das gegenüberliegende günstige Frühstücks-Café, aber mit teurem **Internet.** – **Casa Cirilo Hostel,** Calle 12, No. 76, direkt am Strand, nur 2 Räume.

Am nördlichen Ortsausgang liegt das **Ecohotel Flamingo Playa,** auf zwei Etagen 12 Zimmer (oben die neueren), Pool, DZ ca. 30 € – für das Gebotene überteuert, anzusehen über www.yucatantravel.com/hotels/celestun. – Gleich daneben und ganz neu: **Hotel Malgrena,** 24 große Zi. mit AC und TV sowie 4 Luxus-Cabañas; kein Pool, aber dafür direkt am Meer, DZ 60 US$.

Bank / Geld **Achtung!** Es gibt **weder eine Bank zum Wechseln noch einen Geldautomaten!** Wer beabsichtigt länger zu bleiben sollte genügend Bares mitbringen.

Essen und Trinken Viele Restaurants bieten Fangfrisches aus dem Meer (gut sind *cangrejos,* Krebse). Mir schmeckte es an den familiär-rustikalen Fischrestaurants am

Reiseteil

Strand, z.B. im **Tipe La Boya** oder im **La Palapa.** Das **Chivirico** ist in der Calle 12 No. 100. Allgemein grassiert die Addition überhöhter „Servicio"-Zuschläge.

Günstig und gut und eine Abwechslung sind die pikanten Pizzen von **El Lobo,** gelegen an einer Ecke vom Zócalo (gegenüber der Kathedrale). Besitzer ist ein nettes holländisches Pärchen. Nur morgens und abends ab 18 Uhr geöffnet. Der „Wolf" ist auch ein **Frühstücks-Tip,** guter Kaffee.

Frisches Obst kann man im kleinen Markt kaufen.

Anfahrt

Von Mérida vom **Terminal Noreste/Oriente,** Calle 67/50 (s. dort). Rückfahrten von Celestún nach Mérida ab dem Zócalo i.d.R. zur vollen Stunde allstündlich, letzter Bus um 20 Uhr. Weiterfahrt mit dem Wagen Richtung Campeche: die diagonale Abkürzung rüber nach Halacho an der Mex 180 ist zwar sehr schlecht, doch noch richtig dörflich yucatekisch.

Mangroven

Mangroven *(manglares)* sieht man immer wieder an den tropischen und subtropischen Küsten Mexikos, an Flussmündungen und Brackwasserküsten. Es sind anspruchslose, salztolerante und immergrüne Pflanzen in Busch- oder niedriger Baumform, die oft ganze Wälder bilden. Ihre Wurzeln befinden sich bei Flut unter der Wasseroberfläche, bei Ebbe stehen sie stelzig im Schlick. An ihren Blättern befinden sich Salzdrüsen, die überschüssig aufgenommenes Salz wieder ausscheiden können. Es gibt viele Arten: schwarze, rote und weiße, Knopfmangroven tragen zur Verlandung von Küsten bei. Die Braunfärbung des Wassers rührt von einem Farbstoff her, den die Wurzeln absondern.

Mérida – Campeche

Um von **Mérida** nach Campeche zu gelangen, gibt es zwei Streckenmöglichkeiten: entweder über die kürzere Route (*Vía Corta,* Mex 180, 190 km) oder über die längere *Vía Larga* (Mex 261), auf der es über **Uxmal** und Hopelchén geht.

Auf der Mex 180 kommt man 85 km hinter Mérida nach **Becal,** ein Herstellungsort der weißen Panamahüte *(Sombreros de Panamá),* auch **Jipijapa** genannt (Jipijapa ist ein Ort in Ecuador, wo dieser Huttyp ursprünglich hergestellt wurde). Das Flechten der Hüte aus den feinen Fasern der Guano-Palme *(Sabal mexicana)* geschieht in Heimarbeit in Kalksteinhöhlen, deren feuchte Luft die Palmfasern geschmeidig hält. Wer dies sehen will, muss einen 2.-Klasse-Bus von Mérida nehmen und in Becal aussteigen.

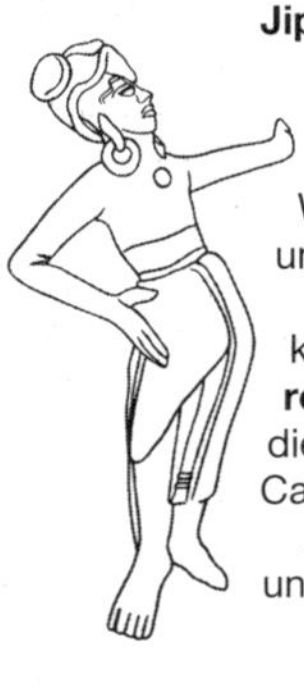

Gut 30 km weiter wird **Hecelchakán** erreicht, wo es am Zócalo ein kleines Museum gibt (Mo geschl.), das die berühmten kleinen **Tonfiguren (s. Abb.)** der gleich vor der Küste liegenden **Insel Jaina** zeigt, die die Maya zur Totenbestattung nutzten. Nach etwas mehr als 60 km wird Campeche erreicht.

Auf der *Vía Larga* von Merida können Selbstfahrer zwischen Uxmal und Hopelchén die *Grutas de Xtacumbilxunán* besichtigen, s.S. 263.

Campeche

Ew. 200.000

✆ 01-981

Campeche liegt am Golf von Mexiko und ist die Hauptstadt des gleichnamigen Bundesstaates. Gegründet wurde die Stadt am 04.10.1540 als *„La Villa Española de San Francisco de Campeche"* von *Francisco de Montejo* („El Mozo", d.J.). Doch der erste Europäer, der hier bei der alten Maya-Siedlung *Ah Kin Pech* am 22.03.1517 auftauchte, war der spanische Seefahrer *Hernández de Córdoba* (in Champotón versetzten ihm die Maya dann eine verheerende Niederlage, s.o.). Das spanische Stadtrecht erhielt Campeche erst 1777. Für die Spanier war Campeche das Einfallstor für ihre Yucatán-Eroberungszüge und danach lange Zeit Haupt- und der einzige Hafen der Halbinsel. Heute sieht man von ihm nichts mehr.

Einst Beute der Piraten …

Die hier zur Verschiffung nach Europa lagernden Güter (Silber, Kakao, Jade u.a.) lockten im 16. und 17. Jh. englische, französische und holländische **Piraten** an (Henry Morgan, William Parker, Laurentt Graff u.a.), die die Stadt häufig plünderten. Nach einem wieder verheerenden Überfall ließen die Spanier 1686 eine gewaltige Stadtmauer bauen, die nach ihrer Fertigstellung 18 Jahre später 3 m dick, 8 m hoch und 2,5 km lang war! Sieben **Baluartes,** meterdicke Verteidungsbastionen, verstärkten den ringförmigen Wall an Eckpunkten und machten Campeche von nun an uneinnehmbar. Vier gleichfalls schwer gesicherte *Puertas,* Stadttore, waren die einzigen Zugänge. 1893 wurde die Mauer, bis auf wenige Teilstücke, geschleift, um Platz für den aufkommenden Straßenverkehr zu schaffen. Erhalten geblieben sind außerdem noch die beiden Stadttore *Puerta de Tierra* (landeinwärts) und *Puerta de Mar.*

Nach der mexikanischen Unabhängigkeit 1821 verlor Campeche an Bedeutung und hatte Mitte des 19. Jahrhunderts zudem schwer unter dem yucatekischen Kastenkrieg zu leiden (s.S. 167). Wirtschaftlichen Aufschwung brachte im 20. Jh. die Erdölförderung vor der Küste.

… heute Unesco-Weltkulturerbe

Eine Stadt als frühere Festungsanlage ist in Mexiko außergewöhnlich und ziemlich einmalig. Campeches historischer Stadtkern wurde 1999 in das Weltkulturerbe der UNESCO aufgenommen. Mit buntgestrichenen Häusern und renovierten Zeugnissen kolonialer Vergangenheit präsentiert sich Campeche als eine Stadt mit eigener Atmosphäre abseits des großen Yucatán-Touristenstroms von Ruine zu Ruine. (Beachte aber den Bushinweis für Palenque und San Cristóbal de las Casas bei „An- und Weiterreise!"). Wegen seiner Lage am Meer und der dadurch permanenten Schwüle ist das Leben in Campeche aber alles andere als hektisch – *campechanos* frönen der Gemächlichkeit.

Orientierung

Alles Sehenswerte liegt innerhalb der (ehemaligen) Stadtmauer, an der außen die Ringstraße *Avenida Circuito Baluartes* entlangführt. Ost-West bzw. parallel zum Meer verlaufende Straßen haben gerade Straßennummern, Nord-Süd-Straßen ungerade. Die Calle 59 verbindet die beiden Stadttore.

Die **Busterminals** der 1. und 2. Klasse liegen verschieden. Die **2. Klasse** befindet sich ca. 600 m von der Stadtmauer bzw. vom Baluarte San Pedro in der *Av. Gobernadores.* Für ein Hotel in der Nähe des *Parque Principal* (Zócalo) am besten ein Taxi nehmen. „Centro"- bzw. „Gobernadores"-Busse, gegenüber dem Busterminal, fahren bis zum *Baluarte San Pedro* oder *Baluarte San Francisco* (kein Busverkehr ins Centro Histórico!). Der Terminal der **1. Klasse** liegt ca. 3 km außerhalb der Stadtmauer an de Av. Central, Taxiverkehr.

Entlang des Meeres verläuft der durch Aufschüttung nachträglich verbreiterte **Malecón** bzw. die *Avenida Ruíz Cortínez,* die nach Süden als Mex 180 nach Champotón / Ciudad del Carmen / Villahermosa weiterführt (auf ihr geht es auch zum Fuerte de San Miguel mit Museum und zur Playa Bonita).

Sehenswertes

Bis auf Baluartes und die bunten Häuser bietet Campeche im Zentrum nichts Bedeutsames. Anschauen kann man alle sieben Bastionen, doch nur zwei sind interessant: **Baluarte de San Carlos** mit dem kleinen *Museo de la Ciudad* und **Baluarte de la Soledad** mit dem *Museo de Arqueología.* Eine Fußtour entlang der ehemaligen Stadtmauer zu allen (Bal. Santiago, San Pedro, San Francisco, San Juán und Santa Rosa) kann bei stechender Sonne eine schweißtreibende Unternehmung werden. Ansehen sollte man sich aber auch die zwei Stadttore **Puerta de Mar** und **Puerta de Tierra,** letztere mit Kanonen und gleichfalls einem kleinen Museum. Die buntgestrichenen Häuser fotografiert man vorteilhaft frühmorgens (oder abends) bei flacher Sonneneinstrahlung.

Bequemerweise könnte man für eine Stadtbesichtigung auch die **Tranvía de la Ciudad** besteigen, einen luftigen, bunten Touristenbus in der Art der früheren Straßenbahnen der Stadt. Die ca. 45 minütige Tour ist jedoch nicht unbedingt lohnend. Abfahrt tägl. vom Parque um 9.30, 10.30, 11.30, 12.30, 18, 19 und 20 Uhr. Es wird abgewartet, bis sich mindestens 7 Fahrgäste eingefunden haben, danach geht es schwungvoll um die Ecken. Erklärungen nur in Spanisch und wegen dem Motorengeräusch kaum verständlich, Fotostops werden keine eingelegt. Der Tranvía **El Guapo** fährt zu den Fuertes (s.u.)

Außerhalb der Stadt /

liegen auf Hügeln die ehemaligen Festungen *Fuerte de San José* (nördlich, Rtg. Mérida) und *Fuerte de San Miguel* (südlich, 4 km vom Zentrum in Rtg. Champotón). Beide wurden in der Piraten-Epoche zur Abwehr derselben errichtet, Fuerte San José ist kleiner. Das dortige (kleine) *Museo de Barcos y Armas* zeigt Waffen und Maritimes.

Museums-TIP im Fuerte de San Miguel

Eindrucksvoller ist **Fuerte de San Miguel** mit seinem **Museo Arqueológico e Histórico** und kostbaren Schätzen der **Maya:** Objekte aus Edzná, filigrane Jademasken aus Calakmul **(s. Abb.),** Figurinen von der Insel Jaina, das etwa 40 km nordöstl. von Campeche liegt, und viele weitere Fundstücke von Maya-Stätten des Staates Campeche. *„Das kleine Museum besticht durch Darstellungskraft und ist glatt 2 Sterne wert …"*

Vom Fuerte de San Miguel mit seiner gleichfalls sehenswerten Architektur (Wallgraben, Kanonen) hat man zudem eine schöne **Aussicht** auf Campeche, herrlich sind da oben die Sonnenuntergänge.

Geöffnet 9–20 Uhr, Mo geschl., Tel. 8162460, Eintritt ca. 2 €. Anfahrt per Taxi oder mit der Tranvía **El Guapo** tägl. um 9 und 12 Uhr vom Parque (zum Fuerte San José um 10.30 und 18.30 Uhr). Da aber die Tranvías nicht warten, muss in die Stadt zu zurückgegangen werden oder per Taxi. Man kann den Fuß des Festungshügels auch mit einem gewöhnlichen Stadtbus erreichen und in 10 Gehminuten zur Festung hochgehen. Busabfahrt von der Av. 16 de Septiembre (in der Nähe des Baluarte de Santiago). Danach kann mit der gleichen Linie weitere 5 km bis zur Endstation **Playa Bonita** gefahren werden, dem Meeresbad der Campechanos.

■ *Straßenzug in Campeche*

Rundgang vom Zócalo entlang des Circuito Baluartes

Die nachfolgende Fußtour entlang der Stadtmauer und zu allen Baluartes beginnt am Zócalo (Parque Principal) und verläuft gegen den Uhrzeigersinn. Wegen der Hitze morgens oder spätnachmittags starten.

TIP: Wer einen Baluarte besichtigt hat die Eintrittskarte aufbewahren, denn damit kommt man auch in die anderen kostenpflichtigen rein sowie auf die Stadtmauer.

Parque Principal

An der Ostseite steht die doppeltürmige **Catedral de la Concepción** (Grundsteinlegung 1540, damit älteste Kirche von Yucatán, doch erst um 1700 in heutiger Form vollendet).

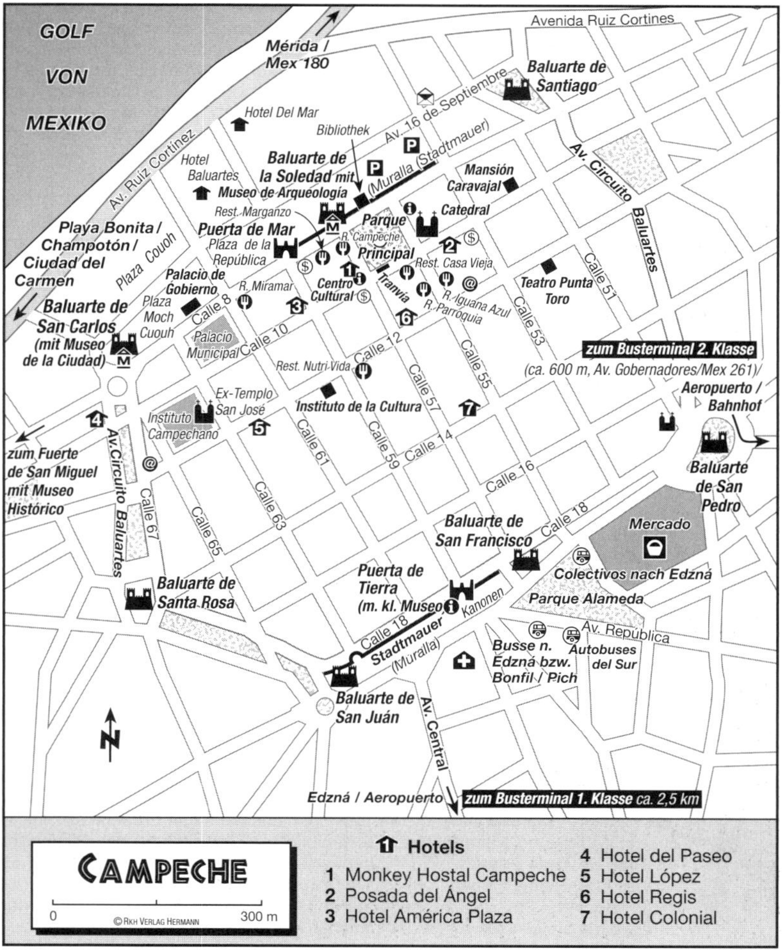

Hübsch angelegt ist die Grünanlage mit Bänken und dem zu einem Café umgebauten Quiosco. Auf der Nordseite, mit doppelten *portales,* der ehemalige *Palacio de Gobierno* (oben ist das Restaurant *Casa Vieja,* von da lässt sich das Geschehen auf dem Platz überblicken, schön ist es dort abends). Auf der Westseite, Ecke Calle 10, ist das **Centro Cultural,** ein ehemaliges herrschaftliches Wohnhaus aus dem 18. Jh. Es kann besichtigt werden und besticht durch Architektur und Mobiliar. Gleichzeitig dient das Gebäude als **Touristeninformation** und es ist auch eine Buchhandlung untergebracht. An der Platz-Nordseite befindet sich der Bau der **Stadtbibliothek.**

Wer nicht den ganzen Rundgang macht, kann zunächst – oder später – vom Parque östlich in die Calle 10 gehen, zum Stadtpalast

Parque Principal

An der Ostseite steht die doppeltürmige **Catedral de la Concepción** (Grundsteinlegung 1540, damit älteste Kirche von Yucatán, doch erst um 1700 in heutiger Form vollendet). Hübsch angelegt ist die Grünanlage mit Bänken und dem zu einem Café umgebauten Quiosco. Auf der Nordseite, mit doppelten *portales,* der ehemalige *Palacio de Gobierno* (oben ist das Restaurant *Casa Vieja,* von da lässt sich das Geschehen auf dem Platz überblicken, schön ist es dort abends). Auf der Westseite, Ecke Calle 10, ist das **Centro Cultural,** ein ehemaliges herrschaftliches Wohnhaus aus dem 18. Jh. Es kann besichtigt werden und besticht durch Architektur und Mobiliar. Gleichzeitig dient das Gebäude als **Touristen-information** und es ist auch eine Buchhandlung untergebracht. An der Platz-Nordseite befindet sich der Bau der **Stadtbibliothek.**

Wer nicht den ganzen Rundgang macht, kann zunächst – oder später – vom Parque östlich in die Calle 10 gehen, zum Stadtpalast

Mansión Caravajal

Dieses zweistöckige Gebäude war einst im Besitz von Don Fernando Caravajal, eines sehr reichen *hacendado* während der Kolonialzeit. Erbaut wurde es im 19. Jh. im Mudejarstil, wie die charakteristisch-maurischen Bögen um den Patio zeigen. Heute nutzt es die Stadtverwaltung. – Nun zurück zum Parque. Links neben der Bibliothek befindet sich der *Baluarte la Soledad.*

Baluarte de la Soledad / Puerta de Mar

Dieser Festungsbau beherbergt das kleine **Museo de Arqueología** bzw. das *Museo de las Estelas* (Eintrittsgeb., tägl. außer Mo., So 9–13 Uhr). Zu sehen sind etwa 50 Stelen aller Art und Größen, Türsturze, Hieroglyphentafeln und andere Objekte, die in Ruinenstätten Campeches gefunden wurden (Calakmul, Edzná, Jaina, Dzibilnocac u.a.).

Dann rechts die Rampe auf den Baluarte hinaufgehen (Museum-Eintrittskarte erforderlich) und auf der Mauerkrone vor bis zur **Puerta de Mar.** Dort ist eine Glocke und die Nachbildung einer Schiffs-Takelage. **Das Meer reichte einst bis kurz vor das Tor,** hier machten die spanischen Galeonen fest!

Nach dem Abstieg auf der Calle 8 in Richtung Baluarte de San Carlos gehen (noch vor der Calle 59 liegt linkerhand das Restaurant *Marganzo*). Weiter vorn passiert man den rechtsliegenden *Palacio de Gobierno* (mit Wandgemälde, ein Spanier beugt sich über den Bauplan von Campeche). Danach kommt gleich der Baluarte de San Carlos.

Baluarte de San Carlos

Er ist der älteste von allen. Guterhalten beherbergt er das kleine **Museo de la Ciudad** (geöffnet 9–20.30 Uhr, So 9–13 Uhr, Eintritt 24 P) mit Zeugnissen der historischen Stadtentwicklung (Kommentare nur Span.). Interessant ist vor allem das Stadtmodell mit der Mauer und den Bastionen und wie weit das Meer an die Stadt heranreichte. Zu sehen sind außerdem Schautafeln, alte Fotografien, Schiffsmodelle, die Porträts der beiden Yucatán-Eroberer *de Montejo* (Onkel und Neffe) und die Gewinnung und Verschiffung des Blauholzes **Palo de Tinte** (Haematoxilum campechianum, **s. Abb.**), dessen Farbstoff für das indigoblaue Färben von Textilien in Europa – bis zur Synthetisierung des Indigo im 19. Jh. – äußerst begehrt war. Danach hinten auf das Flachdach des Baluarte steigen, wo einige alte Kanonen stehen und man aufs Meer sieht.

Nun entweder am **Instituto Campechano** vorbei die Calle 63 bis zur Calle 18 hochgehen, oder die Calle 67 bis zum Baluarte de Santa Rosa nehmen. (Das Instituto Campechano mit der Ex-Klosterkirche Templo San José ist ein ehemaliges Jesuitenkloster). Beim Näherkommen an den Baluarte de Santa Rosa sieht man den Ansatz der Mauer, die einst runter zum Baluarte de San Carlos verlief.

Baluarte de Santa Rosa

Dieser ist nicht immer geöffnet. Ein paar hundert Meter weiter östlich liegt der *Baluarte de San Juán.* Dort beginnt das längste Stück der erhaltenen – und begehbaren – Wehrmauer, der Aufstieg ist an der Puerta de Tierra. Dazu auf der Calle 18 entlang der Mauer vorgehen.

Puerta de Tierra

Im Tordurchgang des „Landtors“ mit der mächtigen Kanone befindet sich eine Touri-Infostelle und links ein kleines Museum mit alten Waffen und Porträts der Piraten die einst Campeche überfielen (Rock Brasiliano, Henry Morgan u.a.). Interessant sind außerdem die Kanonen hiner dem Durchgang. Der Wärter lässt einen nach Zahlung einer kleinen Gebühr die Mauer hochsteigen, auf der man hin- und hergehen kann (beachte die Schießöffnungen am Boden über dem Torbogen). Wenn man wieder runter will, die Glocke läuten. An der Puerta de Tierra findet **Freitag- u. Samstagabend** um 20.30 Uhr eine „Licht- und Ton-Show“ statt **(„Espectáculo de Luz y Sonido“),** eine szenisches Spektakel der Geschichte Campeches mit einem „echten Piratenangriff“, sehenswert! Wer keine Lust mehr hat zum Weitergehen kehrt durch die Calle 55 zum Parque zurück (unterwegs evtl. ins *Instituto de la Cultura* reinschauen, Calle 12 zw. 59 u. 61).

Baluarte de San Francisco

Dieses Bollwerk, benannt nach Franz von Assisi, wurde Ende des 17. Jahrhunderts erbaut und diente u.a. zur Aufbewahrung von Pulver und Munition. 1899 wurde es teilweise abgebrochen und später erneuert.

Baluarte de San Pedro

In diesem verkehrsumbrandeten Bollwerk gibt es eine kleine Artesanías-Verkaufsstelle. Man kann hochsteigen, gegenüber liegt der große Markt.

Baluarte de Santiago

Dieser Baluarte wurde 1704 vollendet und benannt nach dem Heiligen Santiago (Jakobus), Schutzheiliger der Konquistadoren bzw. Spaniens. Anfang des 20. Jahrhunderts wurde er geschleift und 1955 wieder teil-rekonstruiert. In ihm wurde ein kleiner, aber hübscher botanischer Garten mit vielen Pflanzenarten angelegt *(Jardín Botánico Xmuch'Haltun).*

Adressen & Service Campeche

Turismo

Es gibt mehrere: am **Parque Principal** befindet sich an der Südwestecke das **Centro Cultural Casa No. 6,** Tel. 01-**981**-8161782, Mo–So 9–21 Uhr. Erhältlich ist ein Stadtplan mit 10%-Ermäßigungs-Gutscheinen für div. Hotels, Restaurants, Autovermietungen, Tour-Anbieter u.a. Info-Stellen gibt es auch im *Baluarte de San Carlos* und *San Pedro* (9–19 Uhr), bei der *Puerta de Tierra* sowie im 1.-Klasse-Busterminal.

Für den Staat Campeche ist zuständig: *Secretará de Turismo,* Av. Ruíz Cortínez/Plaza Moch Couoh, Tel. 8166767, 18–15 u. 16–21 Uhr.

Unterkunft

Campeches Zimmerangebot und -qualität hat sich verbessert, das Preis-Leistungsverhältnis lässt bei einigen Hotels jedoch noch immer zu wünschen übrig. Wer nach der Ankunft gleich weiter muss: Gegenüber vom Busterminal 2. Klasse gibt es Hotels.

ECO

Monkey Hostal Campeche, Ecke Calle 57/Calle, direkt an der Plaza Principal an der Südwestecke im 1. Stock, Tel. 8116500 (geb.-frei 01-800-CAMPECHE), www.hostalcampeche.com (e-Mail-Reservierung möglich). Hostel mit allem was der Traveller möchte: 24-h-Dienst, Internet, Schließfächer, Küche, Wäscheservice, Büchertausch, Radvermietung, Gepäckdepot, Dachterrasse mit schöner Aussicht, Info-Center und **Shuttle-Service zu Maya-Stätten wie**

Reiseteil

Edzná u.a. sowie Ökö-Tourangebote. Jedes Zimmer mit Balkon und Ventilator, ingesamt 40 Betten in 6- und 8-Bett-Dormitorios, ab 7 €/p.P., DZ 14 €, inkl. Frühstücksbuffet (für Frühaufsteher :-)

Ausweichalternative in der Nähe: **Hostal del Pirata,** Calle 59 No. 47, Tel. 8111757; noch keine Erfahrungen, preislich angeblich geringfügig unter dem Monkey-Hostel, über www.hostellingmexico.com. – **Hotel Colonial,** Calle 14 No. 122 zw. 55 u. 57, Tel. 8162222; gleichfalls Traveller-Unterkunft, schöner Innenhof, etwas abgewohnte Zimmer mit Vent. oder AC, DZ Vent ca. 15 €. – **Posada del Ángel,** Calle 10 No. 307 zw. 53 u. 55; einfach, Zimmerfenster nur zum Patio hin, AC-DZ 26 €.

FAM **Hotel Regis,** Calle 12 No. 148 zw. 55 u. 57, Tel. 8163175; große Zimmer mit AC um einen Patio, bequeme zentrale Lage, DZ ca. 25 €. – **Hotel América Plaza,** Calle 10 No. 252 (nahe der Ecke mit Calle 59), Tel. 8164588, Fax 8110556, www.hotelamericacampeche.com; mehrstöckiges Kolonialhaus mit 52 sauberen Zimmern einfacher Ausstattung, Vent. oder AC; ein DZ kostet ca. 29 €, mit geräuschvoller AC 37 €, inkl. bescheidenem Frühstück und einer Internet-Freistunde am Tresen-Computer. – **Hotel López,** Calle 12 No. 189, Tel./Fax 8163344; 39 zufriedenstellende Zimmer, DZ/AC 25 €.

FAM–LUX **Hotel del Paseo,** Calle 8 No. 215, Tel. 8110100, Fax 8110097, www.hoteldelpaseo.8k.com; gutes Mitteklasse-Hotel in der Nähe vom Baluarte de San Carlos; 42 Zi., Rest., Reisebüro, Parkplatz u.a. mehr.

Richtung Meer gibt es einige hochpreisige Hotels mehr (s. Stadtplan), z.B. das **Hotel Baluartes** (Av. 16 de Septiembre 128, Tel. 8163911, das DZ überhöhte 850 P), oder das noch teurere **Hotel Del Mar,** Av. Ruíz Cortínez 51, Tel. 8162223, ein hässlicher Riesenklotz.

Campen / Trailer Park

Campeche Trailer Park; wenn man von Süden die Küste entlangkommt etwa 3 km vor der Stadt (ausgeschildert, Richtung Universität und dem Ort Samula), o.k. Oder beim Campground *Club Nautico* bei km 12, Seybaplaya. Oder kostenlos in Lerma, an der Anlegestelle der Fischerboote, gut für eine Nacht. Camping ist auch möglich bei der Jugendherberge an der Av. Melgar, Colonia Buenavista (südl. der Stadt am Meer entlang).

Essen & Trinken

Eine Spezialität von Campeche ist *pan de cazón,* Haifisch-Tortillas. Mit Cafés ist die Stadt nicht gut bestückt. Restaurants schlagen durchweg 10% Service drauf, was z.T. nicht auf den Karten steht!

Touristen(-gruppen) marschieren alle zielstrebig ins **Restaurante Marganzo,** Calle 8 No. 262, 7–22 Uhr; nett eingerichtet, Bedienung in Campeche-Tracht, oft Live-Musik, sogar eine deutsche Karte; zwar gutes Frühstück und (Fisch-)Gerichte sowie lokale Spezialitäten, aber wir bekommen vermehrt Klagen über nachlässigen Service und überhöhte Preise. – Alternativen liegen nicht weit am **Parque Principal.** Westseite: **Restaurante Campeche** und gleich nebenan das **Restaurante El Parque,** beide mit typisch mex. Küche (auch Fisch) zu günstigen Preisen. – Am gemütlichsten sitzt man am Parque bei den Portales an der Südseite oben in der **Casa Vieja,** schön eingerichtet mit Bildern und Fotos, abends friedliche Stimmung mit Blick auf den Platz und die Kirche. Essen aber teuer! – In der Calle 55 (s. Stadtplan) zwei weitere Restaurants: **Iguana Azul** (nur abends, gut, eher gehobene Preise) und **Parroquia** (24 h geöffnet). – Naturkostfreunde (Säfte etc.) gehen zum kleinen **Nutri Vida** (Calle 12 bei Ecke 59). – Ein Fischrestaurant: **Miramar,** Calle 8/Ecke C. 61. – Nördlich außerhalb, bei der ehemaligen *Iglesia San Francisco* bzw. bei den *Portales de San Francisco* befindet sich das Restaurant **Cenaduría Portales** mit leckeren *campechana*-Gerichten in kolonialem Ambiente (ab 17 Uhr).

Kommunikation

Post: Ecke 16 de Septiembre/Calle 53; Mo–Fr 9–17 Uhr, Sa 9–13 Uhr; PLZ 24000. – **Internet:** in der Calle 12, s. Stadtplan.

Bank / Geld Siehe $-Signets im Stadtplan, fast alle mit Cajas Automáticas. Banamex: Calles 53/10.

Reisebüros Gibt es einige in der Stadt (z.B. in der Calle 16 No. 348 oder Calle 8 No. 201) und auch in größeren Hotels. Stadtbesichtigungen, Touren nach Edzná.

Mietwagen Rent-a-Car, im Hotel Del Mar, Av. Ruíz Cortínez (s.o), u.a.

Notfall Polizei: Calle 55, Tel. 8162309. – Cruz Roja Mexicana, Tel. 8152411.

Mercado / Einkaufen Mercado: Circuito Baluartes, beim B. San Pedro. Casa de Artesanías: Calle 55 zw. 12 u. 14. Supermercado: bei der Post, Plaza Comercial Ah Kin Pech.

Wäscherei Calle 55 Nr. 22 (zw. 12 u. 14).

Unterhaltung Samstagsbends um 20 Uhr (Sept.–Mai) auf der Plaza de la República (bei der Puerta de Mar) Folkloretänze und Musik. Sonn- und Donnerstagabend ab 19 Uhr Konzert mit der *Banda del Estado* auf dem Parque Principal. An der Puerta de Tierra findet Freitag- u. Samstagabend um 20.30 Uhr ein „Espectáculo de Luz y Sonido" statt (geschichtliches Szenenspiel). *Aktuelle Veranstaltungen bitte im Hotel oder beim Turismo am Parque erfragen* (während der Urlaubszeit/in den Sommermonaten erweitertes Angebot). Ab 15. Sept. findet die zweiwöchige San-Román-Fiesta statt (zu Ehren des schwarzen Christus in der San-Francisco-Kirche).

An- und Weiterreise

Campeche ist ein Verkehrsknotenpunkt mit guten Busverbindungen. Wie eingangs bei „Orientierung" erwähnt, befinden sich die beiden Busterminals der 1. und 2. Klasse außerhalb in verschiedenen Richtungen (s. Stadtplan).

Weitere Busse/Colectivos (für Nahziele) fahren vom Mercado ab. **Hinweis:** Tickets für die Weiterfahrt gleich nach der Ankunft kaufen!

Weiterfahrt-Optionen Um nach **Mérida** zu gelangen, gibt es zwei Streckenmöglichkeiten: entweder über die kürzere Route *(Vía Corta)* Mex 180 (190 km) oder über die längere *Vía Larga* (Mex 261), auf der es über Hopelchén und **Uxmal** geht.

Auf der Mex 180 nach Mérida erreicht man nach gut 60 km **Hecelchakán,** wo es am Zócalo ein kleines Museum gibt (Mo geschl.), das die berühmten kleinen **Tonfiguren (s. Abb.)** der gleich vor der Küste liegenden **Insel Jaina** zeigt, die die Maya zur Totenbestattung nutzten.

Ca. 30 km weiter liegt **Becal,** ein Herstellungsort der weißen Panamahüte *(Sombreros de Panamá),* auch **Jipijapa** genannt (Jipijapa ist ein Ort in Ecuador, wo dieser Huttyp ursprünglich hergestellt wurde). Das Flechten der Hüte aus den feinen Fasern der Guano-Palme *(Sabal mexicana)* geschieht in Heimarbeit in Kalksteinhöhlen, deren feuchte Luft die Palmfasern geschmeidig hält. Wer dies sehen will, muss einen 2.-Klasse-Bus nach Mérida nehmen und in Becal aussteigen.

Wer vor Mérida zuvor noch Uxmal besuchen möchte, was sich anbietet, nimmt gleichfalls einen 2.-Klasse-Bus nach Mérida über *Hopelchén* und *Sta. Elena,* Abfahrten um 4.30 Uhr (für jene, die mit dem Nachtbus von Palenque kommen), weiter um 6, 9.15, 12, 14.30 und 17 Uhr. Aussteigen dann 14 km vor Uxmal am Ortsanfang von Sta. Elena, direkt bei **Sacbe Bungalows** (linke Straßenseite, Ankunft ca. 12 Uhr, weitere 20 Min. bis Uxmal). Sacbe Bungalows hat gute Übernachtungsmöglichkeiten, Details siehe bei Uxmal, „Unterkunft". Sacbe Bungalows ist außerdem eine gute Basis zum Besuch der Puuc-Stätten Kabáh, Sayil, Labná u.a. – Weiterfahrten mit dem Bus von Sacbe Bungalows bzw. von Uxmal nach Mérida täglich, mindestens 6x.

1. Klasse, Linien *ADO* und *ADO GL, Cristóbal Colón, Maya de Oro, ALTOS* u.a. Ziele: **Cancún** (500 km, 2 Nachtbusse, 8 h; oder nach Mérida und dann von dort). – **Chetumal** (420 km, 1x tägl., 7 h). – **Edzná** (s. dort). – **Hopelchén** (90 km, 2. Klasse, fast ständl., 2 h). – **Mérida** (über Becal, etwa ständl., 2,5 h).

– **Mexiko-Stadt** (1350 km, 4x tägl., ca. 18 h). – **Palenque** (360 km, einziger Tagesbus um 11 Uhr, weitere um 21.45, 24, 0.30 und 2 Uhr, ca. 5,5 h). – **San Cristóbal de las Casas** (820 km, um 21.45 Uhr, 13,5 h). – **Veracruz** (870 km, 2x tägl., 12 h). – **Villahermosa** (450 km, 5x tägl., 7 h).

■ **ACHTUNG! 1.-Klasse-Busse nach Palenque** und **San Cristóbal de las Casas** fahren in Mérida ab, man bekommt in Campeche nur noch restliche Plätze, deshalb **gleich reservieren,** besonders um Weihnachten, Ostern und an Feiertagen. Auskunft und Bustickets auch bei **Ticket Bus,** Av. Central 32 (ungünstige Außenlage).

Autofahrer Von Campeche gelangt man auf 83 km nach **Hopelchén.** Von dort führt nach Süden eine relativ gute Straße – Asphalt mit Schlaglöchern – über Becanchén, Dzibalchén, Ucum, Xmaben, Xkanhá, Bel-Há und Zoh-Laguna nach Xpuhil und **Calakmul.** Zwischen Hopelchén und Xpuhil keine Tankstelle!

Bahn Der Bahnhof liegt an der Héroes de Nacozari (abgehend von der Av. Gobernadores), ca. 2 km nordöstl. des Zentrums, hin mit Bus „China" vom Mercado. Die unzuverlässigen Zugverbindungen nach Mexiko-Stadt, Mérida und Palenque wurden jedoch eingestellt.

Flug Der Airport befindet sich gleichfalls in der Verlängerung der Nacozari, ca. 4 km außerhalb. In die Stadt mit Colectivos oder Taxi, hin mit Taxi.

Umgebungsziele von Campeche

Edzná

Anfahrt Edzná In der näheren und weiteren Umgebung Campeches gibt es einige Maya-Stätten, die bekannteste – doch wenig besucht – ist **Edzná** (ca. 60 km südöstlich). Man gelangt dorthin entweder bequem (und teuer) mit einem Touranbieter oder in Eigenregie mit einem **Bus von der Av. República** gegenüber vom Parque Alameda (etwa 1,5 h) oder auch schneller (1 h) mit einem **Colectivo** gegenüber vom Markt (s. Stadtplan). Busse (Fahrtrichtung Bonfil/Pich) fahren um 7, 10 und 11 Uhr (vielleicht noch welche dazwischen). Nach Rückfahrzeiten fragen (normalerweise 13 und 14 Uhr), man kann aber außerdem gut nach Campeche zurücktrampen oder man passt einen Colectivo ab (an der Hauptstraße, dort wo die Stichstraße nach Edzná abzweigt; von der Stätte ca. 10 Min./500 m zu Fuß).

Geöffnet tägl. 8–17 Uhr, Eintritt ca. 2,50 €, kleine Empfangspalapa (evtl. den Edzná-*miniguía* der INAH kaufen, doch vor den Bauten gibt es auch Erklärungstafeln). Zeitbedarf ca. eine gute Stunde.

Historisches Edzná war eine bedeutende Maya-Stadt, besiedelt seit etwa 600 v.Chr. Blütezeit zwischen 600 und 900 n.Chr. Von seinen Bewohnern verlassen wurde es erst um 1500, wiederentdeckt 1907. In ihrer geschlossenen Form ist die gesamte Anlage außergewöhnlich und für Maya-Bewunderer ein Muss.

Der Name Edzná leitet sich von *Itzáes* ab, was auf Maya „Haus der Itzáes" heißt, der vermutliche Name der Edzná-Herrscherdynastie zwischen 800 und 1000. In seiner Spätphase war die Stadtanlage ein Teil des mächtigen Hegemonialstaates → Calakmul (gelegen an Grenze des heutigen Guatemala).

Rundgang Man geht zunächst durch eine Palapa mit Stelen (die ältesten Hieroglypheninschriften Edznás datieren das Jahr 652) und dann etwa 150 m durch trockenen Buschwald zu einem weiten, grasbewachsenen Platz (etwa 160 x 110 m groß), an dem auf der *Gran Acrópolis* unübersehbar das 32 m hohe „Gebäude der Fünf Stockwerke" – **Edificio de los Cinco Pisos** – aufragt.

Das Bauwerk steht auf einer aufgeschütteten Plattform und weist sowohl

■ *Edificio de los Cinco Piscos*

Charakteristika einer Pyramide als auch die eines Palastes auf (Chenes- und Puuc-Stilelemente, letztere überwiegend; erkennlich ist eine gewisse Ähnlichkeit mit dem Stufenpalast von → Sayil). Bauzeit in fünf Epochen im Maya-Klassikum (200–909 n.Chr.).

Die Stockwerke haben zusammen 27 Räume mit teils säulengeschmückten Eingängen und der Tempelaufbau auf der Spitze wird durch einen meterhohen, durchbrochenen Dachkamm gekrönt (*crestería,* ähnlich wie in Tikal/ Guatemala).

Wer sich die rekonstruierte, steile Aufgangstreppe hinaufgearbeitet hat, wird durch eine großartige Fernsicht belohnt – flach, flach, flach ... Linkerhand die *Casa de la Luna,* davor der Südwest-Tempel, rechts der Nordwest-Tempel. Auf der anderen Seite der Plaza Principal das langgestreckte **Nohochná,** das „große Haus“, obenauf standen einmal vier lange Pfeilerhallen. Die frontbreite Treppe erinnert an die Tribüne eines Stadions, von der aus Zeremonien auf dem Hauptplatz bestens überblickt werden konnten.

Zu dem etwa vier Quadratkilometer großen Zeremonial-Areal gehören noch weitere Gebäude und Tempel. Sehenswert ist der **Ballspielplatz** an der Südseite des großen Platzes und der dahinterliegende kleine **Templo de los Mascarones** (Estructura 414), der seinen Namen von künstlerisch großartig gearbeiteten Stuckmasken ableitet (Bildnisse des großäugigen Sonnengottes *Kinich Ahau* – ähnlich wie die Masken von → Kohunlich –, die den Sonnenauf- und -untergang repräsentieren).

Zur Versorgung der Edzná-Bewohner mit Wasser legte man *chultunes* an (unterirdische Wasser-Reservoirs), und darüber hinaus wurde das gesamte Gelände – ca. 25 qkm – durch ein ausgeklügeltes System von verzweigten Kanälen be- und entwässert.

Grutas de Xtacumbilxunán

Hat man einen Wagen und fährt von Hopelchén – in der Gegend leben deutschstämmige Mennoniten – auf der Mex 261 Richtung Uxmal, erreicht man kurz vor dem Dorf **Bolonchén** (die Endung „chen“ bedeutet im yucatekischen Maya „Brunnen“, bolon „9“ oder „Mine“) einen westlichen Abzweig, der in etwa 1 km zur *Grutas de Xtacumbilxunán* führt, ein nur wenig erforschtes Höhlensystem. Am kleinen Parkplatz mit der Hütte des Wärters, der etwa 2 € fürs Lichtanmachen verlangt, geht es auf überwachsenen Stufen hinab zum Höhleneingang.

Viel zu sehen gibt es in ihr nicht, es ist feucht und schlüpfrig. Tief im Innern verlaufen einige kleine Bachläufe, die in Cenotes münden, aus denen die Maya früher ihr Wasser holten.

Es ist jene Höhle, von der der Zeichner *Frederick Catherwood* im 19. Jh. eine eindrucksvolle Zeichnung schuf **(s. Abb.):** Auf einem riesigen, wackligen Leitergerüst steigen Männer in die Tiefe um ihre Tonkrüge mit Cenote-Wasser zu füllen.

Campeche – Palenque

Champotón wurde von den Maya *Potonchan* genannt, war schon in prähispanischer Zeit ein wichtiger Hafen. Es war das Tor, durch das die Tolteken Einfluss auf die Mayakultur nahmen, und hier gingen die ersten spanischen Seefahrer an Land (1517, unter *Hernández de Córdoba*). Doch der Mayahäuptling *Moch-Cohuo* machte mit den Ankömmlingen kurzen Prozess: Über die Hälfte der Mannschaft wurde getötet, der Rest segelte nach Florida, wo auch Córdoba seinen Wunden erlag. Darauf nannten die Spanier die Hafenstadt „Puerto de la mala pelea" – „Hafen des schlechten Kampfes". Erst *Francisco de Montejo* konnte 1541 Champotón für die spanische Krone unterwerfen.

Im 17. und 18. Jahrhundert wurde Champotón, genau wie Campeche, häufig von Piraten heimgesucht. Aus diesem Grund wurde 1719 eine Festung erbaut, von der noch Teile erhalten sind und die besichtigt werden können.

Heute hat die Stadt 25.000 Einwohner. An der Küstenpromenade liegen Fischerboote. Es werden Bootsausflüge angeboten, die den Fluss Champotón (knapp 50 km Länge) hinaufführen. Großer Busterminal mit sehr vielen Verbindungen. Hotel nahebei: *Géminis* (FAM), Calle 30 No. 10 (ruhiges Zimmer weg vom Innenhof und dem Pool verlangen). Oder *Hotel Venezia,* an der Hauptstraße nach Süden ziemlich am Ortsende, in der Nähe viele gute Fischrestaurants. Andere Unterkünfte liegen alle nahe beieinander südl. des Flusses. Selbstfahrer: in Richtung *Ciudad del Carmen* viele unberührte Strandabschnitte mit Muschelbänken und unzähligen Pelikanen.

Escárcega Unwichtige Kleinstadt am Aufeinandertreffen der Straßen Mex 261 u. 186, letztere ist die Straße der **Ruta Río Bec** (s.S. 172) nach Chetumal (275 km). Alle Fernbusse legen hier einen Zwischenstop ein. Von hier kann als Tages-Tour **Balamkú** und **Calakmul** (s.S. 175) besucht werden, mit einem Taxi handelseinig werden. Unterkunft Nähe Busterminal: *Hotel Escárcega,* an der Mex 186, ca. 300 m östl. der Hauptkreuzung (DZ 300 P). Restaurants: ein paar wenige westl. der Kreuzung. **Erste Klasse ADO,** an der Kreuzung: tägl. Verbindungen nach Palenque (um 4 Uhr morgens und 13 Uhr), Villahermosa, Chetumal, Campeche, Mérida, Cancún u.a. Der Busstop 2. Klasse liegt ca. 1,5 km westl. der Kreuzung. Nach Palenque sind es von Escárcega knapp 210 km.

Villahermosa Die **Hauptstadt von Tabasco** zählt 340.000 Ew. und liegt an zahllosen Gewässern (*Río Grijalva*, *Río Carrizal*). Ständig schwülheißes Klima. Sehenswert ist der **Parque Museo La Venta,** ein schön angelegtes Freiluftmuseum, das der **Olmeken-Kultur** gewidmet ist (Blvd. Adolfo Ruíz Cortínez, nordwestl. außerhalb des Zentrums, tägl. 8–17 Uhr). Zu sehen sind u.a. vier der berühmten, 3000 Jahre alten Olmeken-Kolossalköpfe. Nett spazierengehen kann man im Fußgängerviertel **Zona de la Luz,** wo sich das kleine **Museo de Historia de Tabasco** befindet (Ecke Juárez/27. Febrero). Liebhaber der mesoamerikanischen Kulturen besuchen das **Museo Regional de Antropología** (südl. der Plaza de Armas am Río Grijalva, Di–So 9–18 Uhr), das Objekte aller mexikanischen und mesoamerikanischen Geschichtsepochen und Kulturen zeigt.

Turismo: Instituto de Turismo, Tabasco 2000, Av. de los Ríos (diagonal hinter dem Palacio Municipal), Tel. 3163633, www.tabasco.gob.mx. Telefon-Vorwahl: 01-993. – **Busterminal:** Central de Autobuses (1. Klasse): Av. Javier Mina/Ecke Lino Merino. Ticketkauf auch im Zentrum bei Ticket-Bus: Paseo Tabasco/Ecke L. Alejo 402, Tel. 3142325. – **Unterkunft: Hotel Madan,** Madero 408, Tel. 3121650, DZ ca. 38 €, gut geführt (kostenloses Parken im Parkhaus in der östl. Parallelstraße, von dort direkter Zugang zur Madero). Alternative: **Hotel Miraflores,** Reforma 304, zentral in der Zone Luz, Tel. 3120022, DZ ca. 42 €. – **Essen & Trinken:** In der *Zona de la Luz* in den Straßen Reforma, Juárez u.a. gibt es viele Restaurants, Cafeterías, Loncherías, Taquerías und Niverías (Eissalons); Fisch z.B. in der *Cocktelería Rock and Roll,* Reforma 307, gegenüber Hotel Miraflores.

Chiapas

Einstieg

Mexikos südlichster Bundesstaat ist mit seiner ethnischen und kulturellen Vielfalt und der Fülle landschaftlicher Schönheiten ganz anders als das stark spanisch überprägte Mittel- und Nordmexiko. Es ist das Tor zur Welt der **Maya-Völker** und wohl **die interessanteste mexikanische Reiseregion.** Unzählige sehenswerte Dinge und wissenswerte Themen warten auf den Besucher – aber auch Gegenwartsprobleme und Konflikte. Die bunten Trachten und kulturellen Traditionen der Indígenas wurden geradezu zu einem Symbol für Chiapas, doch noch bekannter machten Land und Leute die **Zapatisten** (Exkurs s.S. 269) bei ihrem Aufstand gegen Ungerechtigkeit und Unterdrückung. Chiapas' Name leitet sich von den *Chiapa* ab, die einst in der Nähe des Río Grijalva siedelten. Hauptstadt ist **Tuxtla Gutiérrez,** die Landesfläche beträgt ca. 75.000 qkm.

Internet

www.turismochiapas.gob.mx (Homepage der Secetaria de Turismo de Chiapas, SECTUR, mit vielen Links zu Städten und archäologischen Stätten) • www.mundochiapas.com/turismo/

Geschichtliches

Schon die Azteken unter *Ahuítzotl* (1486–1502) versuchten Chiapas zu unterwerfen, konnten aber nur einige Stämme tributpflichtig machen. Nach der Eroberung des zentralen Mexiko zog es die spanischen Konquistadoren *Gonzalo de Sandoval* und *Pedro de Alvarado* (der Eroberer Guatemalas) nach Süden, denn dort wurde ein geheimnisvolles Territorium vermutet. 1524 erreichte *Diego de Mazariegos* die Region, er gründete 1528 das heutige *San Cristóbal de las Casas.* Die geistliche und geistige Eroberung geschah anfänglich durch Mercedarier-Mönche und später durch Dominikaner (bedeutende Klöster gibt es in Chiapa de Corzo, San Cristóbal de las Casas, Tecpatán u.a.). 1532 wurde Chiapas dem

Reiseteil

Generalkapitanat Guatemala unterstellt, von wo aus es dann jahrhundertelang verwaltet wurde. 1823 erklärte sich Chiapas unabhängig und ein Jahr später schloss es sich endgültig der 1821 unabhängig gewordenen Republik Mexiko an.

Das Land

Chiapas ist ein überwiegend waldreiches Bergland. Die wichtigste Gebirgskette ist die *Sierra Madre de Chiapas,* deren Höhenregionen, **Los Altos de Chiapa,** im Mittel 2000 m hoch liegen. Doch dampfende Regenwälder, mäandernde Urwaldflüsse *(Río Usumacinta),* schöne Seen *(Lagunas de Montebello, Agua Azul, Laguna Miramar)* oder Vulkankegel *(El Chichonal u.a.)* zählen genauso zu der Landschaftsvielfalt wie endlose Pazifikstrände, hohe Wasserfälle *(Misol Há, El Aguacero)* oder die berühmten **Stätten der Maya** *(Palenque, Yaxchilán u.a.).* Sehr eindrucksvoll ist der tiefeingeschnittene **Sumidero-Canyon,** der durch den aufgestauten *Río Grijalva* gebildet wird und der mit Booten befahren werden kann. Höchster Berg ist mit 4093 m der Vulkan *Tacaná.*

Äußerst artenreich in den diversen Vegetationszonen zwischen Regenwald und klimatisch gemäßigtem Hochland ist die **Flora** und **Fauna.** Kein anderer mexikanischer Bundesstaat kann es mit dieser biologischen Vielfalt aufnehmen, was Chiapas wiederum für **Öko-Tourismus** und **Naturschutzgebiete** prädestiniert. *Reservas de la Biósferas, Parques Naturales* oder *Reservas ecológicas* sind z.B. Montes Azules, La Encrucijada, El Ocote, Huitepec, Lacantún oder El Triunfo.

Klimatisch ist Chiapas gleichfalls ein Land der Gegensätze: an der schmalen Küstenregion (Soconusco) ist es sehr heiß, im Hochland gemäßigt (in den Wintermonaten dort gar kalt) und in den Regenwäldern ganzjährig schwülheiß. Man muss sich auf **empfindliche Temperaturunterschiede** einstellen, die sowohl zwischen Tag und Nacht auftreten als auch beim Reisen vom Tiefland ins Hochland, und zwar schon innerhalb kurzer Reisedistanzen! Regenzeit ist in Chiapas etwa von Mai bis Oktober.

Die **Wirtschaft** basiert überwiegend auf bäuerlicher Produktion nur für den Eigenbedarf (Subsistenzwirtschaft), die Campesinos bauen Mais, Bohnen, Kartoffeln, Tomaten u.a. an. Viele Männer suchen ihr Auskommen aber auch auf den **Bananen-, Kakao-** und **Kaffeeplantagen** des Landes. Es gibt viele Bodenschätze und große Erdöl- und Erdgaslagerstätten, aber kaum eine verarbeitende Industrie. Dafür sehr vielen **hydroelektrischen Strom,** wesentlich mehr, als Chiapas selbst verbrauchen kann – abgeschiedene Dörfer sind noch kaum an das Stromnetz angeschlossen. Für die Erzeugung wurde der Río Grijalva mehrere Male zu mächtigen Staudämmen aufgestaut (*Presa Belisario Domínguez, Presa Chicoasén* – das ist der Sumidero-Canyon – und *Presa Nezahualcóyotl*). Die Einnahmen aus dem (internationalen) **Tourismus** werden für Chiapas immer wichtiger. Das größte Potential an Ressourcen birgt jedoch der **Regenwald,** dessen Bestand durch Abholzung, Ölbohrungen, Besiedlungsdruck und damit einhergehender Brandrodung immer mehr zerstört wird, besonders in der *Selva Lacandona.*

Die Menschen

Schon vor der spanischen Conquista lebten im weitläufigen Territorium von Chiapas zahlreiche Maya-Ethnien, deren Traditionen, Brauchtum *(costumbre),* Sprachen, Religionen, Trachten *(trajes típicos)* und Kulturen bis heute noch lebendig sind, wobei der Tourist mit der indigenen Welt besonders im Hochland um San Cristóbal de las Casas in Berührung kommt. Heute leben im *Estado Chiapas* etwa 3,3 Mio. *Chiapanecos,* davon rund ein Drittel Maya-Ethnien. Damit besitzt Chiapas – nach Oaxaca – den **größten indigenen Bevölkerungsanteil** aller mexikanischen Bundesstaaten. Größte Ethnien im Hochland sind die **Tseltales** und **Tzotziles,** kleinere Gruppen die *Tojolabales, Mames, Chuj, Zoques* und weitere. Im Hoch- und Tiefland leben die *Choles* (Richtung Villahermosa) und im Tiefland westlich des Río Usumacinta die *Lacandones.*

Hinweis: beim Fotografieren von Indígenas generell vorsichtig sein, mancherorts, wie z.B. in Chamula, kann man sonst größte Probleme bekommen. Ist ein Fest angesagt, sollte man sich die Gelegenheit nicht entgehen lassen, fast immer sind Tänze, Trachten oder Umzüge zu sehen.

Die uralte Welt der Maya-Sprachen

Die Sprache Maya wird in Mesoamerika seit 3000 Jahren gesprochen, heutzutage vor allem im Maya-Kernland Guatemala und in Mexiko auf der Yucatán-Halbinsel *(yucateco-maya),* in Chiapas und in Tabasco. Das linguistisch verwandte *huasteca* ist ein Einsprengsel im Náhuatl-Sprachgebiet des mittleren Nordostmexiko.

Maya ist eine eigenständige, geschlossene Sprachfamilie mit vielen Untergruppen und primär **zwei Hauptgruppen: Tiefland-Maya** *(Yucateco-Maya)* und **Hochland-Maya,** das in Chiapas und in Guatemala *(Quiché)* gesprochen wird (mit fließenden Übergängen). Zu den Hochland-Sprachen zählen auch noch *Chontales* in Tabasco und *Chortí* in Honduras.

Linguisten vermuten, dass es bis zum Ende des Klassikums, also bis etwa 900 n.Chr., eine einheitliche Mayasprache (Proto-Maya) mit nur dialektalen Varianten gab, erst danach setzte die Diversifikation ein. Von etwa 1000 bis 1500, als in das nördliche Yucatán náhuatlsprachige Gruppen (Tolteken) vordrangen, erfuhr das Yucateco-Maya Modifikationen im Vokabularium, jedoch nicht in Grammatik und Syntax. Auch das *castellano* bzw. Spanische als Staatsprache in allen mittelamerikanischen Ländern konnte Maya nicht verdrängen. Nach Schätzungen sprechen heute etwa **6 Millionen** Menschen über **30 Maya-Sprachen.** In Chiapas gibt es acht Maya-Sprachen: *Tseltal, Tzotzil, Tojolabal, Chol, Lacandón, Mam, Chuj* und *Zoque,* wobei Tseltal als Umgangsprache zwischen den Gruppen dient *(lingua franca).*

Ein bunter linguistischer Flickenteppich ist **Guatemala,** dort werden über 20 Maya-Sprachen gesprochen (einige auch grenzüberschreitend mit Mexiko). Hauptsprachen dort sind *Quiché, Mam, Cakchiquel* und *Kekchí.* Weiteres über „El Idioma Maya“ s.S. 181.

Probleme

Chiapas ist in den Augen vieler Mexikaner meist nur der fremdartige, rückständige Süden, arm und unterentwickelt und voller Konfliktherde. Dort zeigen die mexikanischen Gegensätze ein krasseres Erscheinungsbild: Es gibt hohe Analphabeten- und Arbeitslosenquoten, auch die Säuglingssterblichkeit ist hoch. Landreformen, allgemeine Schulbildung und ein Gesundheitswesen für alle – einst Ziele der Mexikanischen Revolution – konnten in Mexikos südlicher Grenzprovinz nie richtig verwirklicht werden. Auch heutige Hilfsgelder versickern meist in den Taschen korrupter Beamter und Parteibonzen. Große Teile des bebaubaren Landes befinden sich in den Händen weniger *mestizos,* und diese halten außerdem die politische Macht in den Händen. So bleibt vielerorts für die *indígenas* nur ein hartes Leben – früher bei den Spaniern als Zwangsarbeiter im kolonialen Ausbeutungssystem der → *encomiendas* (die in Chiapas erst 1720 abgeschafft wurden), heute als landlose Bauern oder Kaffeepflücker oder Wanderarbeiter. Ausbeutung, Ungerechtigkeit, Unterdrükkung und Armut – das ist in Chiapas seit hunderten von Jahren schmerzliche Realität.

Kein Wunder also, wenn es deshalb hier schon in der Kolonialzeit und

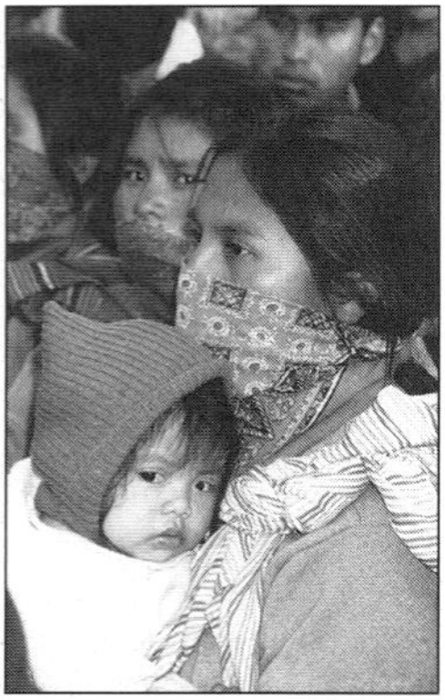

■ *Zapatista-Frauen in San Cristóbal de las Casas*

bis heute immer wieder **Revolten** und bewaffnete Erhebungen gab (die Indígenas wehrten sich damit außerdem gegen ein Aufgehen ihrer Kultur und Lebensart in der mexikanischen *mestizo*-Gesellschaft): 1712 Tseltales-Aufstand von Cancuc, 1772 Gómez de la Gloria, 6000 revoltierende Indígenas, 1869 Chamula-Rebellion, 1911 Tzotziles und Tseltales-Aufstand. Und am **1. Januar 1994** brach der Aufstand der **Zapatisten** los, der mit militärischer Macht niedergeschlagen wurde. Dieser Konflikt öffnete Mexiko die Augen über die wahren Zustände im Süden des Landes. Es wird wohl nicht das letzte Aufbäumen der Rechtlosen sein.

Routen und Reisen

Reisen in Chiapas ist wegen der in manchen Regionen nur schwachen Infrastruktur nicht immer ganz einfach. Das Straßennetz ist weitmaschig, die Strecken kurvenreich und voller Höhenunterschiede und lange Regenfälle können selbst gute Straßenverbindungen über Nacht unpassierbar machen. Auch auf kurzen Distanzen kommt man nur langsam voran.

Haupttransportmittel sind Busse, eine (bedeutungslose) Eisenbahn gibt es nur im Tiefland bei Palenque und entlang der Pazifikküste. Von Wichtigkeit für den Personen- und Gütertransport sind außerdem die schiffbaren Flüsse *Río San Pedro* und *Río Usumacinta.* Abgelegene Orte im Hinterland werden oft mit kleinen Propellermaschinen angeflogen.

Die **Mex 199** verbindet Yucatán mit Palenque und San Cristóbal de las Casas. Wichtigste Straße im Hochland ist die **Mex 190, die Panamericana,** die von Guatemala (Grenzübergang Cuauhtémoc//La Mesilla) über San Cristóbal de las Casas und Tuxtla Gutiérrez zum Golf von Tehuantepec führt. Von Tuxtla Gutiérrez schlängelt sich die **Mex 195** nach Villahermosa, und entlang der Pazifikküste verläuft die **Mex 200** nach Tapachula zur guatemaltekischen Grenze.

Touristische Highlights in Chiapas sind **Palenque** (schönstgelegene archäologische Stätte Mexikos) mit **Agua Azul** (herrliche Wasserfälle, Bademöglichkeit), **Bonampak** (Maya-Tempel mit *murales*), **Yaxchilán** (eindrucksvolle Maya-Stätte im Urwald am Río Usumacinta), **San Cristóbal de las Casas** (Zentrum der Hochland-Indígenas mit kolonialer Kulisse, Indígena-Dörfer im Umland) mit dem **Parque Nacional Lagunas de Montebello** (schöne Seen in Naturlandschaft, Ausflug von San Cristóbal de las Casas) sowie der schon erwähnte **Sumidero-Cañón** (Bootsfahrt) bei Tuxtla Gutiérrez.

Autofahrer können Chiapas' fantastische Landschaftsszenerien auf den Berg- und Urwaldstraßen hautnah erleben. Die Hauptstraßen sind alle asphaltiert, doch oft in schlechtem Zustand. Immer vorsichtig und defensiv fahren, denn auf den unübersichtlichen Straßen tummeln sich noch viele andere Verkehrsteilnehmer: Viehherden, lastentragende Campesinos, Radfahrer, Busse und oft verkehrsunsichere Lastwagen. Außerhalb der touristischen Orte gibt es so gut wie keine kommerziellen Campingplätze.

Hinweis: Wegen unstabiler politischen Verhältnissen in Chiapas führt das Militär an den Straßen **Pass- und Personenkontrollen** durch – meist junge Soldaten mit „staatstragender" Miene. Touristen waren in Chiapas bislang jedoch noch nie gefährdet.

Los Zapatistas

Ins Rampenlicht der Weltöffentlichkeit geriet Chiapas am 1. Januar 1994, als bewaffnete und maskierte Männer die Rathäuser von *San Cristóbal de las Casas, Las Margaritas, Ocosingo* und die von sechs weiteren Dörfern angriffen und besetzten. Wie einst der legendäre Revolutionsheld *Emiliano Zapata* fordert das *Ejército Zapatista de Liberación Nacional, EZLN* (Zapatistisches Heer der nationalen Befreiung) soziale Gerechtigkeit, aber auch kulturelle Autonomie für die Indígenas.

Die Regierungstruppen konnten die besetzten Rathäuser alsbald blutig zurückerobern, bis heute kontrollieren die Zapatisten allerdings einige Zonen und Dörfer im Hinterland (eine Zapatisten-Hochburg ist z.B. Altamirano, etwa 80 km östl. von San Cristóbal de las Casas). Bereits am 12. Januar 1994 begann ein Waffenstillstand – bis dahin hatte es mindestens 150 Tote gegeben –, der jedoch immer wieder von blutigen Zwischenfällen unterbrochen wurde. So starben am 22.12.1997 bei dem Ort Acetal 45 Personen in einem Massaker (die meisten Frauen und Kinder), beschuldigt werden paramilitärische Gruppen, die den Schutz von mächtigen Lokalpolitikern genießen.

Die langwierigen Verhandlungen zwischen dem damaligen Präsidenten Carlos Salinas de Gortari und den Zapatisten führten zu keiner Einigung, und auch der im Juli 2000 gewählte Präsident Fox konnte sein großspuriges Wahlversprechen, den Konflikt „in nur 15 Minuten“ zu lösen, nicht einhalten. Sein Entwurf für ein Indígena-Autonomiegesetz wurde abgelehnt, da er die Vorlage der Zapatisten zum Nachteil der Indígenas veränderte. Seither liegt der Friedensdialog auf Eis.

Wenn die Regierung die Aufständischen dennoch nicht militärisch eliminiert, so liegt das sicher auch daran, dass ihr Anführer, der inzwischen als *Rafael Sebastián Guillén* aus Tampico (Tamaulipas) identifizierte **Subcomandante Marcos** einen geschickten Medienkrieg in die Wege leitete und mit seinen *Comunicados* und literarischen Anklagen weltweit Aufsehen erregte. Sein mit einer Sturmmaske vermummtes Gesicht ging durch die Weltpresse, prangte in Chiapas von Hauswänden und auf T-Shirts und ist als Postkarte wie weiland Che Guevara erhältlich. Ein großer Zapatistenzug konnte im Jahr 2001 unbehelligt durch halb Mexiko bis in die Hauptstadt ziehen und Kundgebungen veranstalten.

Zu Beginn des Aufstands sympathisierten sehr viele Chiapanecos – besonders natürlich die Indígenas – mit den Forderungen der Zapatistas, doch mit der Zeit verlor die Rebellion ihre breite Zustimmung. Unter anderem auch deshalb, weil in San Cristóbal de las Casas die Touristen ausblieben und darunter die gesamte Branche zu leiden hatte, einschließlich der kleinen Straßenhändler und der Bettelnden. Nach Angaben der Zapatisten sind seit 1994 bis Ende 1999 mehr als 1000 Guerilleros und sympathisierende Indígenas umgekommen, und mehr als 15.000 Menschen wurden aus ihren Dörfern und Städten vertrieben.

Gegenwärtig weiß niemand, welches Ende der Aufstand einmal nehmen wird, in den Medien ist es ruhig um die Zapatisten geworden.

Bewahrheitet hat sich allerdings deren Befürchtung, dass das zum 1. Januar 1994 – am Tag des ersten Rebellenschlages – in Kraft getretene Freihandelsabkommen (NAFTA) mit den USA und Kanada die Indígenas noch stärker verarmen würde: Eine Untersuchung der *Carnegie Foundation for International Freedom* (Washington, 2003) zu den Folgen des Abkommens für Mexiko berichtet u.a. von einem bedeutenden Arbeitsplatzschwund in der Landwirtschaft, einem spektakulären Anstieg der Landflucht in Richtung USA und der ständig bedrohlicheren Schädigung des Ökosystems infolge struktureller Veränderungen der Anbaumethoden.

Mehr über die EZLN und die Zapatisten auf ihrer Homepage www.ezln.org.

■ ***Subcomandante Marcos***

Santo Domingo de Palenque

Ew. 35.000

✆ 01-916

Wenn schon Maya-Ruinen oder Pyramiden in Mexiko – dann die von Palenque! Eingebettet in tropischem Regenwald sind sie die wohl eindrucksvollsten aller klassischen Maya-Stätten Südmexikos. Sie liegen 8 km außerhalb des Orts Palenque (eigentlicher Name **Santo Domingo de Palenque,** eine Dominikanergründung von 1564). In diesem sehr unattraktiven Ort gibt es so gut wie nichts zu sehen, nur viele Touristen, alle auf dem Weg zu den Palenque-Ruinen, nach Agua Azul, Bonampak, Yaxchilán oder nach Tikal/Guatemala. Der nie abreißende Besucherstrom beschert Palenque eine gute Einnahmequelle, ständig werden neue Restaurants, Hotels oder Reisebüros eröffnet. Das allgemeine Preisniveau ist hoch, und allzu höflich geht man hier i.d.R. mit Touristen nicht um – warum auch, morgen kommen schon wieder Hunderte neue.

Wer alle Reiseziele in der näheren und weiteren Umgebung wahrnehmen will **(Palenque-Ruinen, Agua Azul, Misol Há, Yaxchilán, Bonampak)** benötigt 2–3 Tage. Die Palenque-Ruinen, Agua Azul und Misol Há lassen sich jedoch auch an einem Tag besichtigen, und die Reiseagenturen führen die Tour Bonampak - Yaxchilán - Flores (Guatemala) gleichfalls an einem Tag durch (s.S. 276).

Im übrigen dämpft die **brutale Schwüle und Hitze** Palenques jegliche weitere Unternehmungslust erheblich.

Zurechtfinden

Die nördliche Anfahrtsstraße Mex 199 von Catazajá bzw. von Yucatán/Villahermosa führt über *Pakalná* (Palenques kleiner Airport u. Bahnhof) zum **Straßendreieck Cabeza Maya (Mayakopf-Monument),** wo die Straße zu den Palenque-Ruinen und nach San Cristóbal de las Casas abzweigt und die **Hauptstraße Av. Juárez** beginnt. Sie führt auf etwa 800 m vor bis zum **Zócalo** bzw.

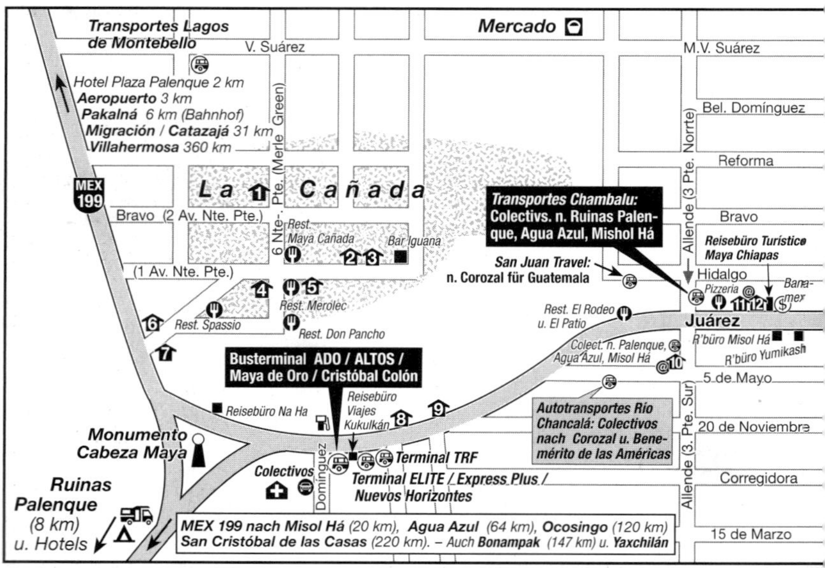

zum **Parque** (abends ist dort Markt mit unglaublich lautem Vogelkonzert). Etwa 80 m nach der Cabeza Maya befinden sich rechts die Busterminals. Davor warten Taxis; für ca. 25 P kann man sich zu seinem Hotel fahren lassen.

(Hinweis: Palenque wechselte seine früheren Straßennamen in nummerierte Calles und Avenidas, doch stehen auf den neuen Straßenschildern noch die alten bzw. beide Straßenbezeichnungen).

Adressen & Service Palenque

Turismo Juárez Ecke Abasolo (1 Poniente Nte), eine Cuadra vom Zócalo an der sog. „Plaza de Artesanías" (div. Läden), Tel. 01-**916**-3450356. Infos, Karten, Hotelprospekte. Mo–Sa 9–21, So 9–13 Uhr. **Web-Infos:** www.palenque.com.mx.

Unterkunft

Palenque ist voller Hotels aller Preiskategorien. Die im Ort liegen überwiegend an der **Hauptstraße Juárez** und in „2. Reihe" südlich und nördlich. Daneben gibt es noch einen zweiten, ruhigeren Hotelbezirk westlich am Ortsrand, im etwas abgelegenen **Waldgebiet „La Cañada"** (dort überwiegend Unterkünfte der FAM-Kategorie). Hotels im Centro haben den Vorteil, dass man kurze Wege zu Restaurants, Reiseagenturen und Geschäften hat. Vom ADO-Terminal ist es etwa gleich weit bis zum Zócalo und zu den „La Cañada"-Unterkünften. Neuere und teure Hotels für Touristengruppen liegen an der Straße Mex 199 zum Airport bzw. Rtg. Villahermosa. Eine **dritte Gruppe von Hotels befindet sich entlang der Straße zu den Palenque-Ruinen.** Das sind die richtigen für Leute mit einem eigenen Fahrzeug und für Traveller, die gerne naturnah logieren. Es gibt dort etliche Campingplätze mit Cabañas (Hängematten sind mietbar), **und Vorteil ist, dass man von dort zu Fuß** (z.B. von *El Panchán, Park Mayabell*) **zu den Ruinen laufen** und abends – mit netten Leuten – eine wunderschöne Urwald-Atmosphäre erleben kann.

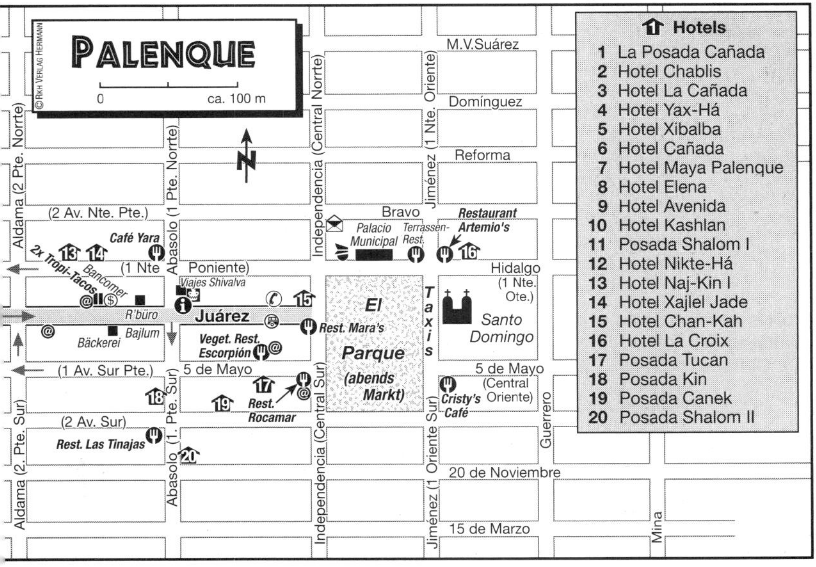

Durch den ständigen Colectivo- und Taxi-Verkehr zwischen den Ruinen und Palenque-Ort ist der Transport in die Stadt problemlos.

Wie erwähnt ist das **Preisniveau aller Hotels hoch,** der gebotene Komfort jedoch nicht. **Wegen der drückenden Schwüle auf gut funktionierende Ventilatoren achten oder gleich ein Zimmer mit AC nehmen!**

Hotels im Ort

Reihenfolge ab den Busterminals, es sind nicht alle aufgeführt, fast alle sind „fußläufig" erreichbar.

Hotel Avenida (ECO), 80 m vom Busterminal rechts stadteinwärts, schräg über die Straße; sehr große (heiße) Zimmer, aber mit tollem Pool. Vorteil: kurze Distanz zu den Bussen. Alternative nebenan: **Hotel Los Ángeles.**

Hotel Kashlan (ECO–FAM), Av. 5 de Mayo 117, Tel. 3450297, Fax 3450309 (kashlan@hotmail.com); zweistöckig, Zimmer div. Größe mit Vent. oder AC, Rest., Internet-Café. Engl.-spr. Besitzer, Frau Ada Luz Navarro u. Cesar García. Gäste mit einem Reise-Know-How-Führer bekommen 15–20% Rabatt; DZ 250 P, mit AC 600 P (überhöht, handeln!). Über der Straße ist eine Wäscherei.

Posada Shalom I (ECO), Juárez 156, Tel./Fax 3450944; 18 saubere, preiswerte Zimmer (DZ 13 €) mit Vent., für die zentrale Lage an der Juárez ein **TIP** (Nachteil: die kleinen Zimmer heizen sich bei starker Schwüle stark auf! Dann besser gleich ins rechts danebenliegende Nikte-Há gehen). Sollte die Posada Shalom I voll sein – es gibt auch die (billigere) **Posada Shalom II,** Ecke Abasolo/Corregidora (einfach, sauber, DZ 12 €).

Hotel Nikte-Há (ECO), Juárez 133, Tel. 3450597; 12 nicht leise und dunkle Zimmer mit TV und lauter AC, DZ ca. 15 €.

Hotel Naj-Kin I (ECO), Hidalgo 72 (nördl. Parallelstraße zur Juárez); Tel. 3451126; (obere) Zimmer sind o.k, relativ ruhige Lage, preislich wie Shalom I. Etwas weiter östl. liegt, zum Vergleich, das

Hotel Xajlel Jade (ECO), Hidalgo 61, Tel. 3450463; der „Jadestein" offeriert einfache, günstige Ventilator-Zimmer ohne Fenster.

Posada Tucan (ECO), 5 de Mayo, zw. Abasolo u. Independencia, Tel. 3451859. Relativ neue, zweistöckige Posada, kleine Zimmer (heiß!), doch tiptop sauber und schön eingerichtet, sehr nette Leute, ca. 13 € mit Vent., mit AC 20 €; gegenüber Rest., nicht weit zum Zócalo, **TIP.**

Posada Kin (ECO), Abasolo 1, Tel. 3451714, relativ neu, einfach, sauber, DZ mit Vent. um 13 €, **TIP.** Anderthalb Blocks südl. liegt die bereits oben erwähnte *Posada Shalom II.* Gleichfalls nahebei die

Posada Canek (ECO), 20 de Noviembre 42; eine Art Hostel, sehr einfach und billig, große Räume div. Qualitäten. – Gleich bei der Pos. Canek (fragen): **Hotel y Agencia Fernández:** lt. Zuschrift sehr billig (DZ 9 €) und gut, auch ihre ganztägigen Touren nach Agua Azul und Misol Há.

Hotel Chan-Kah Centro (FAM), Ecke Juárez/Independencia (nicht zu verwechseln mit dem Chan-Kah an der Straße zu den Ruinen), Tel. 3450318; zentral am Zócalo, (sterile) Mittelklasse, mit Restaurant und Reisebüro.

Hotel La Croix (ECO), Hidalgo 10 (Zócalo-Nordostecke); für Sparbewusste.

Hotels im Waldgebiet „La Cañada"

Sie sind nach Reihenfolge aufgeführt. Gleich nach der Cabeza Maya das **Hotel Maya Palenque** (FAM–LUX); überteuerte Mittelklasse (Best-Western-Gruppe), freundliches Personal, große Zi. mit AC u. TV, Pools im Garten, DZ ab 50 €, handeln möglich. – Direkt gegenüber: **Hotel La Cañada;** ordentliche Zimmer mit AC (jene zur Straße hin laut), Pool, ca. 35 €, je nach Zimmer, keine Kreditkarten. – **Yax-Há** (ECO–FAM), 1. Av. Nte (schräg gegenüber vom Hotel Tulipanes), Tel. 3450447. – **La Posada Cañada** (ECO–FAM), 6. Calle Pte Nte, Tel. 3450437; 20 Räume, sehr ruhig und günstig (ca. 9 €, verhandelbar), freundlich, Essen lt. Zuschrift gut. – **Hotel Xibalba** (ECO–FAM), 1. Av. Nte, rechte Seite (nach dem Rest. Merolec), im oberen Stockwerk der Morales-Reiseagentur *Viajes Shivalva,* Tel. 3450411; die (guten) Zimmer befinden sich in 2 Gebäuden an der Straße etwas weiter an der rechten Seite. Mit Cafetería. –

Hotel Chablis (FAM), 1. Av. Nte, linke Seite, gegenüber der Reiseagentur Viajes Shivalva; ähnlich gut wie Hotel Xibalba, doch etwas billiger; mit Rest. – **Hotel La Cañada** (ECO-FAM), 1. Av. Nte, linke Seite, Tel. 3450102, Fax 3450392; ältere und neuere Zimmer in einfachen Bungalows in tropischer Gartenanlage; mit Restaurant *El Bambu* und *Bar Iguana.* **Rest.-TIP** für das La-Cañada-Gebiet: **Restaurante Maya Cañada** (nicht billig).

LUX

Chan-Kah Resort Village, Beschreibung s.u. – **Hotel Misión Palenque,** ganz am Ostrand Palenques, Rancho San Martín, Tel. 3450241, Fax 3450300, www.misionpark.com.mx; für Anspruchsvolle, tropischer Garten, 210 Zi. um Pool, alle Annehmlichkeiten. – **Hotel Plaza Palenque,** 2 km außerhalb an der Straße nach Catazajá (km 27), Tel. 3450555, www.hplaza-palenque.com.mx; 96 Zimmer, Rest. Pool etc. – An der Catazajá-Straße noch weitere gute Hotels.

Unterkünfte an der Straße zu den Ruinen

An der etwa 7 km langen Straße zu den Palenque-Ruinen reihen sich weitere Hotels, Campingplätze und Cabañas (mehr als hier aufgeführt). Für jeden Geschmack und Geldbeutel ist etwas dabei. Tolle nächtliche Geräuschkulisse. **Für die Ruinen dann den Weg hinter dem Museo de Sitio links den Wald hochgehen,** schönes frühmorgendliches Naturerlebnis.

Hotel Cabañas Safari, km 1 (beim DIF Regional), Tel. 3450026; schöne Cabañas-Anlage. – **Motel Los Leones** (FAM), km 2,5. – **Villas Kin-Ha Trailer Park,** km 2,7; Tel. 3450954 (kinhapa@tnet.net.mx); groß, komfortabel, viele Amerikaner, Pool, Rest., auch Cabañas (DZ ca. 25 €).

Gegenüber vom Kin-Ha liegt auf einer kleinen Anhöhe **La Aldea** (Tel. 01-916-3451693), man geht etwa 100 m hinauf zur Rezeption, wo es auch ein gutes Restaurant gibt. Um einen kleinen runden Swimmingpool gruppieren sich in einiger Entfernung 22 einfache Cabañas, alle mit Palmdächern, einer Terrasse mit Tischchen und Stühlen und zwei Hängematten; Gemeinschaftsduschen/-Toiletten. Preis zwei Pers. ca. 16 €, Einzel 12 €.

Chan-Kah Resort Village (LUX), km 3,1 (mit Eingangsbögen), Tel. 3451100, Fax 3450820, www.chan-kan.com.mx. Bungalow-Anlage, schönes Ambiente, 3 traumhafte Pools, alles perfekt, DZ m. Frühstück ca. 80 €. – **Campground/Trailer Park María de Sol,** nach Chan-Kah, mit Rest.

Camping El Panchán; km 4,4, schöne Lage im Urwald – für alle, die es einfach, billig und „kultig" lieben ... Es gibt vier Bereiche mit verschiedenem Management: *Panchan, Rakshita's* (rakshita@yahoo.com), *Chato's Cabañas* und *Margarita & Ed* (Tel. 01-916-3410063, edcabanas@yahoo.com). – Das ältere US-/mex. Paar **Margarita & Ed** bietet Hütten und 6 sehr schöne Zimmer mit je zwei großen Betten und Bad in ihrem neuerbauten Haus mitten im Urwald für ca. 18 €, klar ein **TIP!** – *Rakshita's* einfache Dormitorio-Cabañas mit *baño común* (ca. 5 €), DZ-Cabaña mit Privatbad u. Frühstück ca. 12 €; auch Palapas für (eigene) Hängematten, vegetarisches Restaurant. Insgesamt gibt es drei Restaurants, beim Italiener isst man gut, aber auch bei *Don Mucho,* abends häufig Live-Musik. Außerdem Internetcafé und Tourangebote, z.B. geführte Dschungeltouren.

Youth Hostel Elementos Naturales, km 5, relativ neu, Übernachtung in Cabañas für bis zu 6 Personen 6 €/p.P. (Hängemattenplätze noch weniger), DZ-Cabaña ca. 12 €, sehr gutes Frühstück, sauber und freundlich, schöne Anlage mit Palapas, Zuschriften zeichnen Elementos mit einem **TIP** aus.

Campground/Trailer Park Mayabell, gleichzeitig **AMAJ-Hostel** (bei km 6, etwa 2 km vor den Ruinen, linke Straßenseite; Tel. 3450125, mayabell82@hotmail.com, über www.lugaresdemexico.com); eine Alternative, gleichermaßen vor tropischer Kulisse: Camping u. Hängematten ab 2,50 €, gute Cabañas mit Vent. ab 20 € für 2 Pers., 14 Privatzimmer. Duschen, Pool, Restaurant, Reitmöglichkeit, Gepäckaufbewahrung etc.; das Palenque-Museum liegt ein paar 100 m straßenaufwärts. Früh da sein, nachmittags rollen die Reisebusse an.

Hotel Nututun Viva, gelegen an der Straße nach Ocosingo, 3,5 km nach der Abzweigung von der Ruinen-Straße; motelähnlich, schön gelegen am Río Chacamax mit Aussicht, Pool, mit Platz für Camping-Fahrzeuge. Bademöglichkeit am Fluss **(„Balneario Nututun").** Gegenüber die preiswerte *„Posada Carmen"*, wem das Hotel Nututun zu teuer ist.

Essen & Trinken

Palenque bietet ein breites Angebot an Restaurants, Cafés, *loncherías* usw. Doch über den schlechten Service, hinzuaddiertes Trinkgeld u.ä. kamen schon etliche Frust-Schreiben. Viele Restaurant, Taquerías und Cafés findet man in der Hauptstraße **Juárez,** doch es ist besser, sich in den Nebenstraßen nach weniger überlaufenen/günstigeren Möglichkeiten umzusehen. Dazu zwei Tips: **Café Yara,** Ecke Abasolo/1 Nte. Poniente: relativ neu, halboffene Bauweise mit oberer Etage, freundliche Bedienungen, leckere Gerichte (Frühstück, Abendessen), Preise mittel; südlich der Juárez empfiehlt sich in der 2. Av. Sur 41 das sehr gute und günstige **Las Tinajas** mit großen Portionen (Lage s. jeweils Stadtplan).

An der **Zócalo**-Nordostecke ist **Artemio's,** Pizzas und mex./italien. Gerichte. – Vom gegenüber liegenden Rest./Café kann man von oben das Zócalo-Leben beobachten. – An der Ecke Juárez/Zócalo ist **Mara's Restaurant,** dessen zentrale Lage mit überhöhten Preisen und mit Servicezuschlag zu bezahlen sind; besser auf der anderen Zócalo-Seite zu **Cristy's Café** gehen, gleich neben Hotel Palenque - guter Kaffee und div. kleine Menüs. – Keine Lust mehr auf Bohnenmus und Tortilllas? Dann zur **Pizzeria Palenque,** nahe Ecke Allende (jedoch nicht gerade preiswert).

Kommunikation

Post: Ecke Independencia/Bravo; Mo–Fr bis 20 Uhr, Sa 9–13 Uhr; PLZ 29960. – **Telefon:** eine Caseta in der Juárez 4 beim Zócalo und im ADO-Terminal. – **Fax:** Gleichfalls in der Juárez 4, u.a. **Internet:** einige Cafés in der Juárez u. Nebenstraßen, s. Signets im Stadtplan.

Bank / Geld

Bancomer, Juárez 96, *Banamex,* Juárez 62 (beide mit Geldautomaten, Wechsel von Travellerscheck nur bei Bancomer; Bargeldwechsel in beiden Banken nur 10–12 Uhr. – Casa de Cambio: *Operdivisa de Sureste,* Av. Juárez 119, tägl. 7–21 Uhr. Es wechseln auch Hotels und Reiseagenturen, schlechte Kurse.

Mietwagen

Budget Rent-a-Car, Velasco Suárez, Tel. 3450177, und beim Veranstalter *Turística Maya Chiapas,* Juárez 123.

Notfall

Polizei: Palacio Municipal, Tel. 3451844. – **Hospital:** Hospital an der Juárez, westl. Ende, hinter Busterminal 1. Klasse, Tel. 3450788. – **Migración:** An der Straße Palenque – Catazajá, hinter Pakalná beim km 6, mitten auf der grünen Wiese" (Col. Las Joyas), Tel. 3450795, www.inami.gob.mx, 9–13 Uhr.

Wäscherei

Eine gegenüber vom Hotel Kashlan, Calle Allende Sur (3 Pte Sur).

An- und Weiterreise

Bus

Von den Busterminals der 1. Klasse und 2. Klasse, die an der Juárez alle nebeneinanderliegen, fahren zahlreichen Gesellschaften ab: ADO (Tel. 3451344), ALTOS, Cristóbal Colón, Maya de Oro, ELITE, Express Plus, Nuevos Horizontes, Autotransportes Tuxtla Gutiérrez, Transportes Rudolfo Figueroa (TRF, bekommt keine guten Kritiken) u.a. Die Busse 2. Klasse bedienen überwiegend Nahziele. Gepäckaufbewahrungsmöglichkeit direkt neben TRF.

Am besten einen Tag vorher reservieren bzw. **das Ticket zu den Fernzielen Playa del Carmen, Tulúm oder Mérida gleich bei der Ankunft kaufen! ACHTUNG!** Lt. Zuschriften passieren auf den Nachtfahrten nach Mérida Diebstähle aus dem Handgepäck, gleichfalls auf der Strecke Mérida – Palenque! Buslinien mit einer Website s.S. 48.

Agua Azul / Misol Há: mit Colectivos, s.u. – **Campeche** (360 km, um 8, 21 u. 23.45 Uhr, 5,5 h; oder mit Mérida-Bus; oder mit Colectivo nach (Crucero) Emiliano Zapata, dort passieren div. Busse aus Richtung Villahermosa nach Campeche u. Mérida). – **Cancún** (860 km, 17.30, 20, 21.15 Uhr; 12–13 h).– **Chetum-**

al (südl. Karibikküste, 500 km, 17.30, 20 u. 21.15 Uhr; 7,5 h). – **Mérida** (550 km, um 8, 21, 22.30 u. 23.45 Uhr; 8 h). – **Mexiko-Stadt** (1000 km, 18, 20 u. 21 Uhr; ca. 14 h). – **Oaxaca** (800 km, 17.30 Uhr; anstrengende 15,5 h mit 5 Stops). –**Ocosingo** (100 km, fast stündl.; 2 h 45 Min.). – **Playa del Carmen** (800 km, 17.30, 20 u. 21.15 Uhr; 11–12 h). – **San Cristóbal de las Casas** (190 km, 9.45, 11.30 u. 14 Uhr; 5,5 h, 20 Min. Pause in Ocosingo; rechte Sitze sind für die Aussicht besser, sehr, sehr kurvenreiche Strecke mit unzähligen Topes!). – **Tulúm** (750 km, 17.30, 20 Uhr, ADO 22.45 Uhr; 11 h). – **Villahermosa** (140 km, 7, 8, 12, 13.30, 15, 16.40 u. 17.30 Uhr; 2,5 h). Und weitere Ziele. Nach Guatemala s. nächsten Abschnitt.

Carretera Fronteriza del Sur

Zum **Parque Nacional Lagunas de Montebello/Comitán:** Auf der *Carretera Fronteriza del Sur,* die parallel zur guatemaltekischen Grenze verläuft, kann man von Palenque aus „hintenrum" ins Hochland von Chiapas gelangen. Dazu einen Colectivo von Autotransportes Río Chancala in der 5 de Mayo (s. Stadtplan) nach *Benemérito de las Américas* nehmen (200 km, Hotels), oder besser gleich bis nach *Chajul.* Von dort bzw. von Benemérito dann weiter nach Tziscao (→ *Lagunas de Montebello*) und Comitán (spärlicher Verkehr; Benemérito – Tziscao 230 km).

Eine nicht alltägliche Variante, um **von Palenque über das Lacandonen-Dorf Nahá nach Ocosingo** zu gelangen und von dort nach San Cristóbal de las Casas, wird bei Ocosingo beschrieben (s.S. 320), allerdings in Gegenrichtung von Ocosingo aus. Von Palenque aus müßte man dazu zunächst nach Nahá fahren.

Bahn

Palenques Bahnhof befindet sich ca. 6 km nördlich außerhalb an der Mex 199 in *Pakalná* (Richtung Catazajá), und auch der kleine **Airport** (5 km). Der Zugverkehr nach Mexiko-Stadt u. Mérida wurde bis auf weiteres eingestellt.

Flug

Wer von Guatemala einfliegt, bekommt nur 2 Wochen Aufenthalt. Keine Geldwechselmöglichkeit; in die Stadt mit dem Taxi, Festtarif. **Aerocaribe** fliegt nach **Flores/** Tikal am Mo, Mi, Do und Fr um 16.15 (Flugzeit 50 Min.) und mit diesem Flug weiter nach **Cancún** (an 20.25). Wer eine Rundtour machen möchte: Rückflug von Tikal nach Palenque am Mo, Di, Do, Fr um 9 Uhr. Auskunft in Reisebüros. – **Letzte Meldung: Der Aiport bleibt vorerst geschlossen**.

Übersicht der Umgebungsziele von Palenque

Ziele

Palenque-Ruinen, Cascadas Agua Azul und *Cascada Misol Há, Agua Clara, Bonampak, Yaxchilán.*

Cascadas Agua Azul und Misol Há / Agua Clara /

Für den kombinierten **Agua Azul/Misol Há-Ausflug** gibt es mehrere Möglichkeiten (Beschreibungen ab S. 351):

1. ■ Vorzugsweise mit einem Transportunternehmen, z.B. mit **Transportes Chambalu;** das Büro/Terminal ist an der Allende zw. Juárez u. Hidalgo, ihre Colectivos bedienen auch die Palenque-Ruinen. Abfahrten um 9, 10 und 12 Uhr, Kostenpunkt 110 Peso (Eintrittsgebühren *nicht* inklusive). Ticketverkauf im Büro, nicht im Colectivo, Palenque kostet extra). Man fährt zuerst zum **Misol-Há-Wasserfall,** dort eine Stunde Aufenthalt, dann geht es weiter zu den **Cascadas Agua Azul.** Aufenthalt dort ±4 Stunden (bei den Abfahrten um 10 u. 12 Uhr nur 3 h). Wiederankunft in Palenque-Ort um ca. 16 bzw. 18 Uhr.

- oder Kombination Palenque / Agua Azul / Misol Há

Oder zeitsparende **Frühfahrt vor 8 Uhr nach Palenque** und anschließend mittags weiter nach Agua Azul u. Misol Há.

2. ■ Man den Trip auch bei einer der zahlreichen Reiseagenturen buchen, s.o. Manche bieten den Service **Abholung vom Hotel** und wieder zurückbringen. In jedem Fall sich immer vergewissern, was alles im Preis mit eingeschlossen ist (Eintritte) und wie lange die jeweiligen Aufenthaltszeiten sind. Als „Extra" wird oft **Agua Clara** angefahren, ein schöner Badeplatz am Río Shumulhá, 8 km vor Agua Azul.

3. ■ Auch mit einem Privattaxi könnte man zu den Cascadas Agua Azul und Misol Há fahren bzw. sich eines teilen, Preis Verhandlungssache. Dabei auch Agua Clara besuchen.

4. ■ Man könnte außerdem mit einem 2.-Klasse-Bus oder mit einem Colectivo Richtung San Cristóbal de las Casas fahren. Dann an der Stichstraße zum Misol-Há-Wasserfall aussteigen, die kurze Strecke kann gut gelaufen werden. Länger ist es runter nach Agua Azul (ca. 4 km), aber dort ist immer Verkehr.

Agencias de Viajes / Tour-Anbieter für Agua Azul, Misol Há, Yaxchilán, Bonampak, Flores/Tikal (Guatemala)

Es gibt jede Menge Agenturen. Alle bieten auf ihren Flyern Standard- und Kombinationstouren an: nach *Agua Azul/Misol Há (Agua Clara), Yaxchilán, Bonampak* (Lacandonendorf *Lacanjá Chansayab*), zudem auch Ausflüge bzw. den Transport nach *Flores* in Guatemala (für Tikal). Auch wenn sich die verlangten Preise nicht groß unterscheiden mögen (die Touranbieter haben sich anscheinend abgesprochen), sollte man trotzdem genau hinsehen, handeln und die Leistungen vergleichen: sind z.B. die offiziellen Eintrittsgebühren bei den Stätten mit eingeschlossen (*„incluye entradas"*)? Kommen unterwegs noch Nebenkosten für mögliche Führer, fürs Essen und Übernachtungen dazu? Ist die Verpflegung reichlich? Gruppengröße meist 4 bis 10 Personen, Tourbeispiele s.u.

Eine Zweittagestour nach Bonampak und Yaxchilán mit Übernachtung in Frontera Corozal und mit Mittag-/Abendessen sowie Frühstück und danach Weiterfahrt nach Flores kostet derzeit zwischen 65 und 75 €, eine Yaxchilán-/Bonampak-Tagestour um die 40 €. In Eigenregie (s.u.) ist auch möglich und mag billiger kommen, doch dann muss man genügend Zeit mitbringen.

Hinweise: Praktisch alle (Agentur-)Reisende nach Flores sind in Bethel/Guatemala auf die Klapperbusse des verrufenen Monopol-Reiseunternehmens San Juan Tour & Travel angewiesen (s.S. 297). – Um Kosten zu sparen, laden Touranbieter mit den Zielen Agua Azul, Misol Há und Agua Clara die Fahrgäste halbvoller Kleinbusse unterwegs an Treffpunkten um. – Die **Ein- und Ausreise Guatemala kostet jeweils keine 5 US-Dollar! Abzocke!**

Knapp an Zeit?

Interessant für **Leute in Zeitnot** ist die Kombinationstour *Bonampak – Yaxchilán – Flores/Guatemala* und die Tour *Palenque Ruinen – Misol Há – Agua Azul – San Cristóbal de las Casas* (Colectivo) **jeweils an nur einem Tag!**

Lage der Agenturen auf dem Stadtplan von Westen her:

Viajes Na Ha, auf der Verlängerung der Juárez, gegenüber vom Cabeza Maya, Tel. 3481960, 6–21 Uhr. Großes Tourangebot (14 Packages, u.a. beide obige Kombinationen), engl.-spr., engagierter Besitzer Ivan Velasquez. Flugtickets, Locker-Service, **TIP.** – **Viajes Kukulkán,** Juárez s/n, Tel. 3451506, obige Kombinationen und auch günstig Agua Azul, Misol Há und Agua Clara – wird empfohlen! – **Turística Maya Chiapas,** Juárez 123 (links der Banamex-Bank), Tel. 3450767, turismaya@tvcabledepalenque.net.mx; gut, kompetent, engl.-spr., wechseln auch Traveller-Schecks. – **Yumikash,** Juárez 46, Tel. 3452856, yumikash@prodigy.net.mex; kompetent und seriös; bei einer Tour nach Flores beinhaltet der derzeitige Preis von 350 P auch den Transport von **Flores nach Tikal. – Kichan Bajlum,** Juárez s/n, Tel. 3452452, www.kichanbajlum.com; seriös, kompetent. – **Viajes Misol Há,** Juárez 148, Tel. 3452271; wird empfohlen, gute Touren. – **Viajes Shivalva,** Juárez, Ecke Abasolo (1 Pte Nte, im Gebäude „Casa de Artesanías" wo das Turismo ist), Tel. 3450822, Flugtickets.

Nach Yaxchilán, Bonampak und Tikal/Guatemala

Palenque, Yaxchilán (sprich: Yasch-tschi-lán) und **Tikal** in Guatemala sind **Höhepunkte der Maya-Welt.** Es liegt also auf der Hand, nach Palenque auch Yaxchilán (u. Bonampak) sowie Tikal zu besichtigen. Von Tikal bzw. Flores könnte man anschließend weiterfahren nach Belize und von dort über die mex. Grenzstadt Chetumal wieder zurück nach Mexiko/Tulúm (s. hintere Klappenkarte).

Yaxchilán liegt am Río Usumacinta südöstlich von Palenque-Ort. Über die asphaltierte *Carretera Fronteriza* sind es ca. 190 Straßenkilometer plus 18 Flusskilometer von Frontera Corozal, einer Siedlung am Río Usumacinta, dem Grenzfluss zu Guatemala. **Yaxchilán ist wesentlich interessanter als Bonampak,** das „nur" blasse Wandfresken bietet. Diese kleine Stätte liegt etwa 150 Straßenkilometer von Palenque entfernt.

Beispiel Eintagestour

1.Tag: Abholung vom Hotel 6 Uhr. Frühstück unterwegs um 7.30 Uhr. 9 Uhr Ankunft **Bonampak,** Weiterreise um 10.30 Uhr. Um 11.30 Uhr Ankunft in *Frontera Corozal* (früherer Name Frontera Echeverría) am Río Usumacinta, dann Fahrt mit dem Boot flussabwärts (ca. 40 Min.) mit zwei- bis dreistündiger Besichtigung von **Yaxchilán.** Um 15 Uhr einfaches Essen, 16 Uhr Rückfahrt mit dem Boot nach Frontera Corozal (flussaufwärts dauert es länger, eine gute Stunde). Rückfahrt nach Palenque, Ankunft 19.30 Uhr.

Beispiel Zweitagestour

Bei zwei Tagen wird meist zuerst Yaxchilán angesteuert, auf der Rückfahrt dann Besuch des Lacandonen-Dorfs *Lacanjá Chansayab* bei Bonampak. Dort Abendessen und Übernachtung. Anderntags Frühstück und kurze Fahrt nach Bonampak (zwecks „Erlebnis Urwald" kann dorthin auch mit einem Lacandonen-Führer gewandert werden, 9 km). Oder man verbringt den Tag in Lacanjá mit Baden im Fluss, wandert zu Ruinen im Wald oder zu einem Wasserfall am Río Cedro. – Wird auch als **Eintagestour** angeboten.

Bonampak – Yaxchilán – Flores in einem Tag

Von Palenque nach Bonampak, danach Frontera Corozal und von dort flussabwärts nach Yaxchilán. Rückfahrt nach Frontera Corozal, Lunchpause. Weiterfahrt bis Bethel (Guatemala), von dort mit dem Bus nach Flores, Ankunft ca. 21 Uhr. Von Flores reisen Individualreisende weiter nach Belize (oder durch Guatemala), Ausflügler kehren nach Palenque zurück, entweder im Rahmen einer dreitägigen All-inklusiv-Tour, oder in Eigenorganisation (Details s. bei Flores).

„Nur-Fahrt" direkt nach Flores

Eine **„Nur-Direkt-Fahrt" von Palenque nach Sta. Elena/Flores** machen die Reisebüros fast durchweg in Zusammenarbeit mit dem guatemaltekischen Unternehmen **San Juan Tour & Travel.** Abfahrten nach Frontera Corozal **um 6** und **8 Uhr,** Ankunft Flores 14 bzw. 16 Uhr. Die Kosten betragen je nach Agentur zwischen 22 und 28 €. Die **mexikan. Migración** ist in Frontera Corozal, s.u.

In Eigenregie nach Flores

Die Sache ist etwas umständlich und zeitaufwendig. Man besteigt dazu einen Colectivo von *Autotransportes Río Chancala* in der Calle 5 de Mayo (s. Stadtplan, Abfahrten um 5 und 7.30 Uhr, Fz 3 h) nach Frontera Corozal bzw. nur bis zum Crucero Corozal und nimmt dort einen Colectivo runter nach Frontera Corozal. Per Boot wie gehabt flussaufwärts nach Bethel und dann mit einem 2.-Klasse-Bus nach Flores. Dies ist im Prinzip die gleiche Route wie bei einem Touranbieter. (Von Palenque nach Corozal fahren übrigens außerdem – die weniger zu empfehlenden – Busse der Linie *Lagos de Montebello,* Terminal s. Stadtplan links oben; derzeit nur ein Bus am Tag, um 12.15 Uhr). Will man unterwegs auch **Yaxchilán** ansehen, muss man in Frontera Corozal sehen, wie man per Boot dorthin gelangt, z.B. sich einer Gruppe anschließen. Vielleicht hat man Glück bei einer Nachfrage im dortigen *Hostel Escudo Jaguar.* Weitere Unterkünfte – und Comedores – gibt außer in Frontera Corozal auch in Bethel, im Lacandonen-Dorf Lacanjá Chansayab (für Bonampak-Besichtigung) und 3 km davor am Crucero Bonampak (Camping Margarito). Nach **Lacanjá Chansayab** fahren um 10 u. 12 Uhr „Chamoan"-Colectivos von der Hidalgo 137.

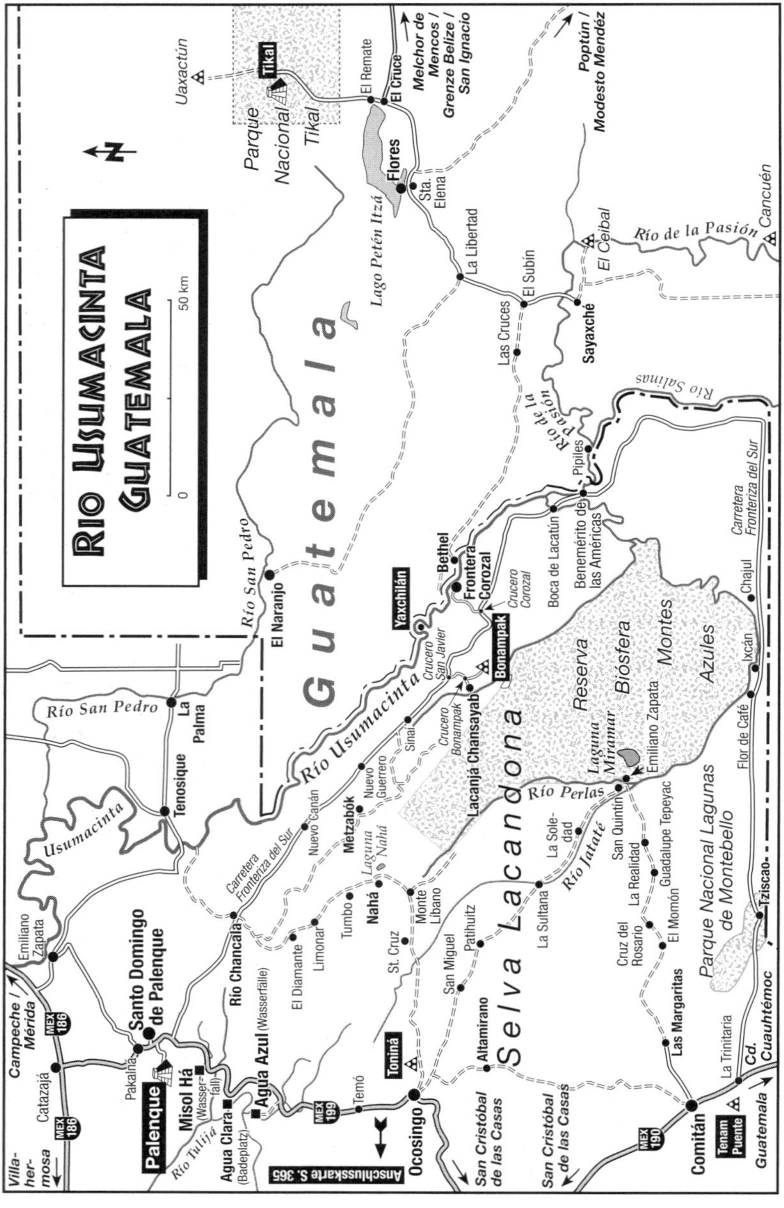
Río Usumacinta Guatemala
0
50 km
Guatemala
Selva Lacandona
Reserva Biósfera Montes Azules
Parque Nacional Lagunas de Montebello
Parque Nacional Tikal
Tikal
Uaxactún
El Remate
El Cruce
Melchor de Mencos / Grenze Belize / San Ignacio
Poptún / Modesto Mendéz
Flores
Sta. Elena
Lago Petén Itzá
La Libertad
El Subín
Sayaxché
El Ceibal
Río de la Pasión
Cancuén
Las Cruces
Río Salinas
Pipiles
Benemérito de las Américas
Boca de Lacatún
Carretera Fronteriza del Sur
Chajul
Ixcán
Flor de Café
Bethel
Frontera Corozal
Crucero Corozal
Yaxchilán
Bonampak
Crucero San Javier
Crucero Bonampak
Lacanjá Chansayab
Río Usumacinta
Río San Pedro
El Naranjo
La Palma
Tenosique
Usumacinta
Emiliano Zapata
Santo Domingo de Palenque
Palenque
Pakalná
Catazajá
Campeche / Mérida
MEX 186
Villahermosa
Misol Há (Wasserfall)
Agua Azul (Wasserfälle)
Agua Clara (Badeplatz)
Río Tulijá
Río Chancalá
El Diamante
Limonar
Tumbo
Nahá
Laguna Nahá
Metzabók
Nuevo Canán
Nuevo Guerrero
Sinaí
Monte Líbano
St. Cruz
Toniná
Ocosingo
Temó
MEX 199
Anschlusskarte S. 365
San Miguel
Patihuitz
Altamirano
San Cristóbal de las Casas
La Sultana
La Soledad
Río Jataté
Río Perlas
Laguna Miramar
Emiliano Zapata
San Quintín
Guadalupe Tepeyac
La Realidad
El Momón
Cruz del Rosario
Las Margaritas
Comitán
MEX 190
Tenam Puente
La Trinitaria
Cd. Cuauhtémoc
Guatemala
Tziscao

Weitere Grenzübergänge nach Guatemala

Außer den Hauptgrenzpunkten Frontera Corozal//Bethel gibt es noch die umständliche Möglichkeit, von *Benemérito de las Américas* nach *Pipiles* in Guatemala überzuwechseln. Von da fahren auf dem Río de la Pasión sporadisch Frachtboote flussaufwärts nach Sayaxché. Auch über *Laureles* in Guatemala soll eine Reisemöglichkeit nach Sayaxché bestehen (Details vor Ort erfragen). Von Sayaxché (in der Nähe die Maya-Stätte El Ceibal) fahren Busse nach Flores und ins südliche Guatemala. Achtung: In Benemérito gibt es keinen mex. Grenzpostenm muss in Frontera Corozal erledigt werden! Einstens ging die traditionelle Route von Palenque nach Tikal über Tenosique nach La Palma am Río San Pedro. Von dort nahm man ein Flussbot bis El Naranjo (Guatemala) und dann einen Bus nach Flores.

Ausrüstung

Sonnencreme Mückenschutzmittel, Kopfbedeckung und Wasserflasche. **Reisepass und Touristenkarte sind zwingend vorgeschrieben,** es gibt Militärkontrollen. Für einen möglichen Marsch von Lacanjá Chansayab nach Bonampak durch die Selva bzw. für eine 2-Tages-Tour lauffeste Schuhe, lange Hosen und langärmliges Hemd, Waschzeug, Badekleidung, Taschenlampe (ebenfalls gut für Yaxchilán), Toilettenpapier und evtl. Regenschutz.

Fortsetzung Yaxchilán und Bonampak u. Fahrt nach Flores s.S. 295

Sitio Arqueológico Palenque

Anfahrt

Palenque ist tägl. geöffnet von 8–17 Uhr. Das **Museum** unten an der Straße hat von 9–17 Uhr auf und ist montags zu.

Anfahrt zu den Ruinen am besten mit einem **Colectivo** von **Transportes Chambalu** von der Allende (s. Karte, zw. Juárez u. Hidalgo), oder mit Colectivos von **Transportes Palenque** von der Allende zw. 20 de Noviembre u. der Corregidora. Chambalu fährt von frühmorgens bzw. schon vor 8 Uhr in kurzen Abständen (die Ruinen öffnen um 8 Uhr). Preis ca. 1 €, **doch keine Rückfahrt lösen,** so kann man jederzeit mit einem beliebigen Colectivo zurückfahren, was einem zeitlich viel mehr Freiheit gibt, und man muss nicht auf das richtige warten. Oder man stellt sich an die Avenida Juárez und stoppt einen „Ruinas“-Colectivo (wer in La Cañada wohnt, geht vor bis zum Maya-Kopf und wartet dort eines ab). Distanz von Palenque-Ort zu den Ruinen ca. 8 km. **Wer wenig Zeit hat** und noch vor 12 Uhr mit der Besichtigung Palenques fertig ist, **kann** anschließend **nachmittags** mit Chambalu **nach Agua Azul/Misol Há** fahren (dann morgens Chambalu sagen, es wird eine Zeit zur Abholung oben vor dem Ruineneingang ausgemacht, so um 12 Uhr).

■ *Pacal, König von Palenque mit hohem Kopfputz*

Wegen der eindrucksvollen Stimmung am frühen Morgen und der bald danach drückenden Saunaschwüle sollte man mit der Besichtigung so früh wie möglich beginnen. Aber auch die späteren Nachmittagsstunden haben ihren Reiz, und im Gegensatz zum Vormittag sind dann weit weniger Reisegruppen unterwegs.

Eingang

Der Eintritt kostet 88 P, Videokamera ca. 35 P, Fotostativ ist nicht erlaubt. An der *taquilla* (Kartenstelle) gibt es Toiletten und rechts daneben ein Restaurant. Gegenüber, entlang des Parkplatzes, reihen sich Souvenir-Stände. Beim „Servicio de Guía“ können (unnötige) Führer angeheuert werden. *Lacandones* verkaufen am Eingang den Touristen Pfeile und Bögen, lassen sich als Kuriosität fotografieren, von einem hohen Mast schweben *Voladores.* An der Ticketkontrolle 50 m weiter vorne steht eine Tafel mit Wissenswertem über Palenque. Eine Lagekarte zeigt die überaus große Fläche der Stadt, vgl. den Ausschnitt der Karte in diesem Buch (die aber auf den Kopf gestellt werden muss, weil auf der Schautafel Norden seltsamerweise unten ist ...).

Museum

Das sehenswerte Palenque-Museum (Museo de Sitio Alberto Ruz Lhuillier, mit Nachbildung von Pacals Grab, **montags geschlossen**) befindet sich ca. 2 km vor dem Haupteingang unten an der Straße, nach dem Campingplatz Mayabell auf der rechten Seite (das mittlere der drei Gebäude). Man kann es sowohl vor oder nach der Besichtigung Palenques besuchen (Eintrittskarte aufbewahren, wer nicht zweimal bezahlen will). Details zu den ausgestellten Exponaten s.S. 292. Mo geschl.

Genehmigung für Pacals Grab

■ **Wichtig: Wer in die Gruft des „Tempel der Inschriften"** hinabsteigen will, muss sich zuvor hier eine Sondergenehmigung holen. Dazu zwischen 10–14 Uhr ins Bibliotheksgebäude neben dem Museum gehen – zeitig da sein, es dürfen nur 50 Personen pro Tag ins Grab runter. Neben persönlichen Daten müssen Sie Ihr Anliegen wortreich schriftlich begründen (z.B. „Student der Archäologie", am besten vorschreiben, auch Engl. ist erlaubt). Dann erhält man eine offizielle Bestätigung, mit der man zu der vorgegebenen Zeit, nämlich ab 16 Uhr, das Grab in kleinen Gruppen (ca. 10 Leute) besichtigen kann (max. 20 Min.). Zugang über die Pyramide-Rückseite, dort den Schein vorlegen.

Rundgang-Tips

Je nach Interesse dauert die Besichtigung 2 bis 4 Stunden. Nützlich sind rutschfeste Schuhe, Sonnenhut, evtl. Mückenmittel, Flasche mit Trinkwasser (Wasser ist am Eingang teuer; drinnen wird nichts angeboten, Essen mit hineinnehmen ist verboten). Vor den Bauten sind Tafeln angebracht mit Erklärungen in Spanisch, *Tseltal* und Englisch.

■ Am Ende seiner Besichtigung sollte man **nicht zum Eingang zurückgehen,** sondern von der Nordgruppe aus in ca. 20 Min. einem Weg runter durch den Wald folgen, der unten wieder auf die Zufahrtsstraße trifft (s. Palenque-Plan). Doch dies muss zwingend **vor 16.30** Uhr sein, sonst wird man nicht mehr runtergelassen! Nach einem evtl. Museumsbesuch (es schließt um 17 Uhr) für die Rückfahrt nach Palenque an der Straße einen Colectivo stoppen.

Geschichtliches

„Palenque" heißt auf Spanisch „Holzpalisade", man übernahm einfach den Namen des Dorfes Santo Domingo de Palenque. Der authentische Name der Mayastadt ist – wie so oft – nicht bekannt (vermutlich **Lakamha,** „Ort des Wassers"). Die Urwaldstadt wurde an strategisch günstiger Stelle zwischen dem Bergland von Chiapas, den Ausläufern der Selva Lacandona und der Tiefebene von Tabasco erbaut, außerdem in nicht allzugroßer Entfernung des Usumacinta (alle großen Maya-Zeremonialstätten der Region liegen nahe dieses großen Flusses). Höhenlage von Palenque: 200 m.

Palenque stammt aus der **Klassischen Periode** von 300 bis 900 n.Chr. Somit ist Palenque zwar nicht die älteste (und auch nicht die größte) aller Maya-Städte, doch wegen ihrer architektonischen Fantasie und Harmonie vor tropischer Kulisse die wohl schönste aller mexikanischen Maya-Städte. Sie ist geradezu das Sinnbild einer versunkenen und wiederauferstandenen Stadt.

■ Der **Tempel der Inschriften** und die **Pyramide XIII** sind die **berühmtesten Maya-Pyramiden Mexikos,** denn sie dienten nicht ausschließlich als Kultstätten, wie einst angenommen wurde, sondern waren außerdem die **Grabmäler von Herrschern,** so wie die ägyptischen Pyramiden. Beide Gräber sind schon lange keine Einzelfälle mehr in der Welt der Maya und man darf jetzt schon gespannt sein, welche Geheimnisse noch die vielen anderen unausgegrabenen Maya-Pyramiden offenbaren werden.

Erste Siedlungspuren Palenques werden auf ca. 100 v.Chr. datiert, seine **Blütezeit** erlebte dieses politische und religiöse Zentrum **zwischen 650 und 750 n.Chr.,** hauptsächlich unter zwei Generationen einer mächtigen **Herrscherfamilie:** Unter König **Pacal** (603–683) und seinem Sohn **Chan-Bahlum II.** (635–702). Die beiden waren bestimmend für die außergewöhnlichen Bauten, das reiche Kunstschaffen und die Großmachtstellung von Palenque. Ihrem hieroglyphischen Nachlass verdanken die Maya-Experten die detailliertesten historischen Kenntnisse der Maya-Klassik überhaupt.

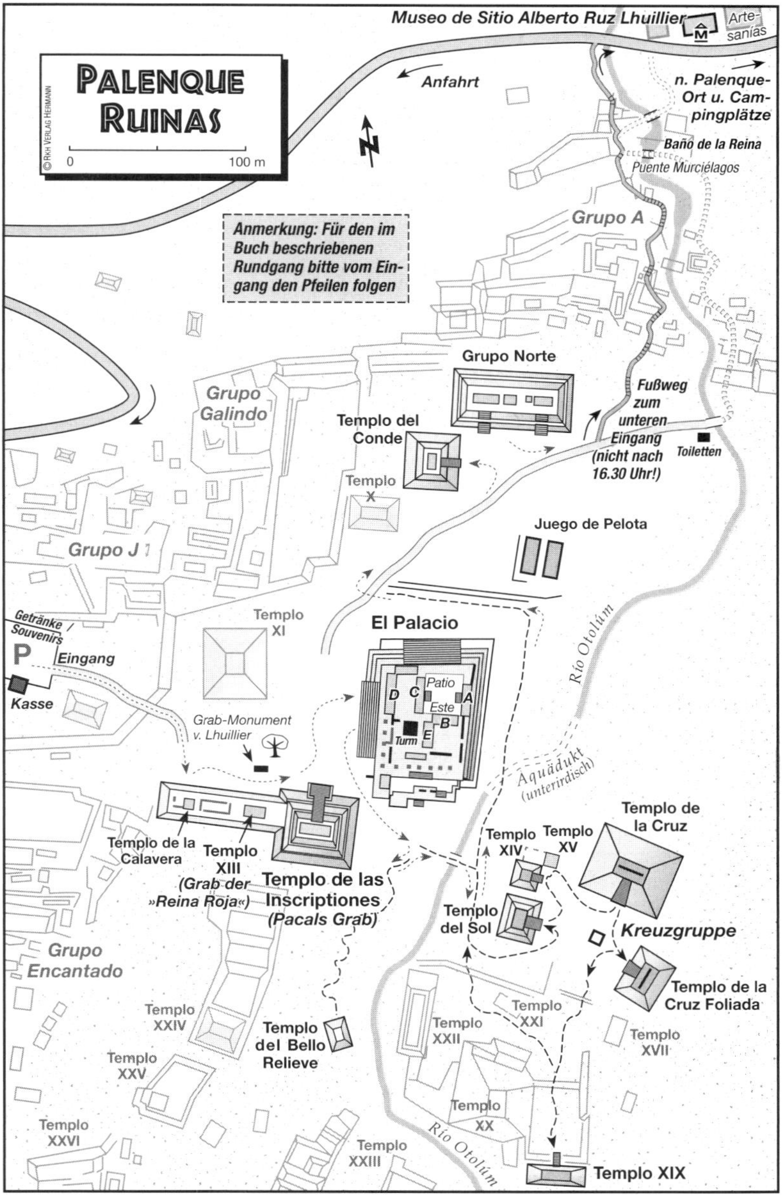

PALENQUE RUINAS
© RKH VERLAG HERMANN
0
100 m
Museo de Sitio Alberto Ruz Lhuillier
M
Artesanías
Anfahrt
n. Palenque-Ort u. Campingplätze
Baño de la Reina
Puente Murciélagos
Grupo A
Anmerkung: Für den im Buch beschriebenen Rundgang bitte vom Eingang den Pfeilen folgen
Grupo Norte
Fußweg zum unteren Eingang (nicht nach 16.30 Uhr!)
Toiletten
Grupo Galindo
Templo del Conde
Templo X
Juego de Pelota
Grupo J
Getränke / Souvenirs
P
Eingang
Kasse
Templo XI
El Palacio
Patio
Este
A
B
C
D
E
Turm
Río Otolúm
Grab-Monument v. Lhuillier
Aquädukt (unterirdisch)
Templo de la Calavera
Templo XIII (Grab der »Reina Roja«)
Templo de las Inscriptiones (Pacals Grab)
Templo XIV
Templo XV
Templo de la Cruz
Templo del Sol
Kreuzgruppe
Grupo Encantado
Templo de la Cruz Foliada
Templo XXI
Templo XXII
Templo XVII
Templo XXIV
Templo del Bello Relieve
Templo XXV
Templo XX
Templo XXVI
Templo XXIII
Río Otolúm
Templo XIX

Reiseteil

Als durch politische Destabilisierungen und wohl auch durch langanhaltende ökologische Krisen die Maya-Zentren sich aufzulösen begannen (Exkurs darüber s.S. 290), kollabierte auch Palenque, der Stadtstaat wurde von seinen vielen Tausend Bewohnern verlassen (um 810). Der wuchernde Urwald verschlang alles, und was sich den späteren Wiederentdeckern bot, war ein ganz anderes Bild als heute.

Entdecker und Archäologen

Erste Ausgrabungen führte 1786 der spanische Hauptmann *Antonio del Río* durch. Von 1832 bis 1834 hielt sich zu Gemäldestudien der (exzentrische) österreichische *Graf Waldeck* in Palenque auf. 1841 veröffentlichte der amerikanische Entdecker und Archäologe *John Lloyd Stephens* sein berühmtes Buch „Incidents of Travel in Central America, Chiapas und Yucatán", illustriert mit Lithographien seines Begleiters, des Engländers *Catherwood.* Durch dieses Buch wurde Palenque weltbekannt. Andere Palenque-Forscher waren der Franzose *Désiré Charnay* (der ab 1859 erste Fotografien herstellte), der Engländer *Alfred Maudslay* und der Deutsch-Österreicher *Teobert Maler* (1842–1917). Im 20. Jh. der Däne *Frans Blom* (verstorben 1963, s. San Cristóbal de las Casas, „Na Bolom"; sein wichtiges Werk heißt „Tribes and Temples"), der mexikanische Archäologe *Alberto Ruz Lhuillier* (Ausgrabungen von 1945–52, er fand das Grab Pacals), und schließlich öffnete sein Landsmann *Arnoldo González Cruz* 1994 das Grab der „Roten Königin" in der Pyramide XIII.

■ *Der Palenque-Forscher Alfred Maudslay oben im Turm des „Palacio" (19. Jh.)*

Die Anlage

Unter Einbeziehung der Topographie und unter der mayaüblichen Beachtung astronomischer Gesetze wurden die Bauten Palenques so angelegt, dass eine offene Stadtstruktur entstand, wobei sich die wichtigsten Bauten (Tempel der Inschriften u.a.) an einen urwaldbewachsenen Höhenzug anschmiegen. Doch das, was der Tourist heute an Pyramiden und restaurierten Gebäuden auf einer Fläche von ca. 500 x 800 m sieht, ist nur ein ganz kleiner Teil eines einst quadratkilometergroßen Stadt-Areals (ausgedehnte Wohngebiete lagen westlich des Eingangs und östlich über dem Río Otulúm). Die Anzahl aller Gebäude wird auf über 500 geschätzt, ausgegraben wurden aber bis dato nur etwa 10 Prozent! Weitere Freilegungen und Forschungen sind im Gange.

Außerdem muss man sich vorstellen, dass alle wichtigen Bauwerke einst mit feinen Stuckreliefs verziert und die dunklen Mauern **zinnoberrot** angestrichen waren, was in der hellen Tropensonne unter einem azurblauen Himmel vor sattem Urwaldgrün bestimmt fantastisch aussah.

Typisch für den Baustil der Palenque-Tempel sind ihre relativ breiten Eingänge und ganz besonders ihre steilen **Mansarddächer (Abb.),** oft dekoriert mit Skulpturen und gekrönt von durchbrochenen, gitterartigen **Dachkämmen,** den **Cresterías** (noch gut zu sehen beim *Templo del Sol* und beim *Templo de la Cruz Foliada*). Diese Kämme erzeugen eine optische Erhöhung, wodurch die Tempel weit weniger wuchtig wirken. Die Gesamtarchitektur Palenques erscheint offener und ästhetischer als die anderer Maya-Städte.

Ein besonderes Charakteristikum von Palenque sind die künstlerisch exzellenten **Stuck-Tableaus** im Innern der Tempel der **Kreuzgruppe.** Sie zeigen Abbildungen früherer Herrscher und wichtige Szenen ihrer Regentschaft. Auch Wände und Pfeiler anderer signifikanter Gebäude wurden mit (bunten) Reliefplatten (Tempel XIX) und Hieroglyphen-Panelen versehen (Inschriften-Tempel).

Durch das Gelände schlängelt sich das Flüsschen *Otulúm,* das hinter dem Palacio von einem unterirdischen Aquädukt begleitet wurde. Wahrscheinlich diente dieser als Abwasserkanal. Seit 1981 ist Palenque ein mexikanischer Nationalpark (1780 ha) und UNESCO-Weltkulturerbe.

Palenque ist Magie! Eine geradezu magische Stimmung breitet sich aus, wenn frühmorgens dichte Nebelschwaden über den Tempeln hängen und angsteinflößendes Geheul von Brüllaffen *(monos aulladores)* aus dem Wald schallt, das sich mit Vogelstimmen und Zikadengezirpe vermischt ... – ich wünsche unvergessliche Stunden.

Besichtigung

Templo de la Calavera Nachdem man vom Eingang durch ein kurzes Waldstück gegangen ist sieht man rechts oben den **Templo de la Calavera** („Totenkopf-Tempel") Sein rechter Teil ist verfallen. Geht man die Treppe hoch, ist an dem linken Pfeiler links unten ein hasenkopfähnlicher Stuckschädel zu erkennen. Von ihm hat der Tempel seinen Namen. Wie alle Tempel Palenques war er blau und rot bemalt.

Die Pacal-Dynastie

Die chronologische Linie des mächtigen palenquischen **Herrscher-Geschlechts Pacal** lässt sich durch die epigraphischen bzw. hieroglyphischen Protokolle Palenques über viele Generationen bis in das Jahr 431 zurückverfolgen. In jenem Jahr wurde ein Mann namens *Bahlum-Kuk* (geb. 397) zum König gewählt, er war der Stammvater einer langen Herrscherdynastie, die nachfolgend bis zum letzten König von Palenque, K'inich K'uk Balam II., führte.

Die wichtigsten Palenque-Herrscher waren aber **Pacal der Große** und sein **Sohn Chan-Bahlum II.** In der Genealogie gab es auch zwei bedeutende Frauen, **Kanal-Ikal** und **Zac-Kuk,** die letztere war die Mutter von Pacal.

Pacal der Große (der Name bedeutet „Schild"), 603–683, Regierungszeit 615–683 (68 Jahre).

Chan-Bahlum II. („Schlange-Jaguar"), 635–702, Pacals erster Sohn, Regierungszeit 684–702 (19 Jahre).

Kan-Xul II. (auch Kan Hok' Chitam genannt, „Kostbares Tier"), 643–711, Pacals zweiter Sohn, Regierungszeit 702–711. Er wurde wahrscheinlich vom Herrscher von Toniná gefangengenommen und 711 getötet.

■ *Tablero-Abbildung anlässlich der Inthronisation von Kan-Xul II., 2. Sohn von Pacal dem Großen: links Pacal, in der Mitte Kan-Xul II. (auf Sklaven sitzend) und rechts Kan-Xuls Mutter Apo-Hel*

Die letzte Zeitangabe eines Thronantritts der Dynastie Pacal, die die Glyphologen entschlüsseln konnten, war das Jahr 764 mit K'inich K'uk Balam II. (Regierungszeit 764 bis ca. 783). Die letzte Datumsglyphe Palenques notiert das Jahr 799. **Nach 810** war Palenque von seinen Bewohnern **verlassen.**

2003 machten Archäologen einen neuen sensationellen Grabfund mit einem prunkvoll bestatteten Herrscher. Wahrscheinlich ist es *Kan Joy Chitam I.,* der als einer der ersten Regenten von 529 bis 565 über Palenque herrschte. Von diesem nach Pakal zweiten unversehrten Königsgrab erhoffen sich die Forscher einen Quantensprung im Verständnis sowohl von Palenque als auch der gesamten Mayawelt.

Reiseteil

Pirámide XIII „La Reina Roja"

Die Pyramide mit dem überdachten Eingang ist die Pyramide XIII. Im Innern wurde ein Grab entdeckt, das am 10. Juni 1994 durch den mexikanischen Archäologen *Arnoldo González Cruz* geöffnet wurde. Es war die **zweite archäologische Sensation** in Palenque, nach der Entdeckung der Grabgruft Pacals 1949 in der danebenliegenden Inschriften-Pyramide.

Die Forscher stießen auf einen verdeckten Gang, an dessen Ende sich eine zugebaute Kammer befand, die einen 3 m langen, 2 m breiten und über 1 m hohen Steinsarkophag barg. Abgedeckt und verschlossen mit einer Steinplatte und unberührt seit mehr als 1200 Jahren. Als man die Platte abnahm, lag darunter das Skelett einer etwa 40 Jahre alten und 1,70 m großen Frau mit einer aus vielen Jadeplättchen zusammengesetzten Gesichtsmaske. Grabbeilagen waren Brust- und Armschmuck. Sarkophag und Skelett waren ganz in zinnoberrot, die Farbe, die die Maya auch für Begräbniszeremonien verwendeten. Da keine Glyphen in der Gruft oder am Sarkophag gefunden wurden, ist die Identifizierung und die zeitliche Einordnung schwierig. Wenn die DNA-Analysen bestätigen, dass eine Verwandtschaft mit der Pacal-Dynastie besteht, dann handelt es sich evtl. um eine der beiden Priesterköniginnen dieses Herrschergeschlechts und damit um das erste hochrangige weibliche Maya-Grabmal. Der Fund wurde wegen des roten Sarges „La Reina Roja" – **„Die rote Königin"** getauft. Man fand noch zwei weitere Skelette von Geopferten, die die „Königin" auf ihrem Weg in die Unterwelt *xibalba* begleiten sollten.

Direkt vor der Treppe der Pyramide XIII befindet sich das Grabmal von **Alberto Ruz Lhuillier** in der Form eines kleinen Palenque-Tempels. Er war der Entdecker des Grabmals im „Tempel der Inschriften" und wollte neben seiner Lebensentdeckung beigesetzt werden.

Templo de las Inscripciones

Besuch ist nur möglich mit einer Sondergenehmigung! *(s.o., „Genehmigung für Pacals Grab"). Eine Nachbildung des Grabs ist im Museo de Sitio zu sehen*

Der **„Tempel der Inschriften"** ist nicht nur das interessanteste Bauwerk Palenques, sondern auch eines der bekanntesten Maya-Monumente Mesoamerikas überhaupt. Die Pyramide war von Beginn an als Grabmonument geplant, sie enthält die Totengruft des bedeutendsten Palenque-Herrschers **Pacal der Große** († 683), vollendet von seinem Sohn **Chan-Bahlum II.** im Jahr 692 auf der zuvor fertiggestellten Krypta Pacals. Ihre Entdeckung 1949 als erstes Pyramiden-Grab der Maya durch den Archäologen *Alberto Ruz Lhuillier* war eine Jahrhundert-Sensation.

Die Pyramide mit ihren neun Plattformen bzw. Etagen ist zusammen mit dem Hochtempel etwa 21 m hoch (die *crestería* ist leider zusammengestürzt). Er ist deutlich größer als alle anderen Tempel Palenques. Vor der Aufgangstreppe liegt ein trommelförmiger Altarstein.

■ *Tempel bzw. Pyramide der Inschriften*

Wer im Besitz einer Besichtigungs-Genehmigung ist (s.S. 280), hat von oben eine schöne Sicht auf den Palacio gegenüber. Die vier Pfeiler des Tempels sind an ihren Vorderseiten mit Stuckfiguren dekoriert, doch man kann kaum noch was erkennen (auf den äußeren Pacal, wie er seinen kleinen Sohn und Nachfolger Chan-Bahlum II. in den Händen hält).

Innenräume Der Portico wird oben von einem spitzgiebligen Kragstein-Gewölbe abgeschlossen (umgedrehtes V). Die Löcher an den Gewölbeschrägen dienten zur Aufnahme von Querhölzern. Die Maya waren Meister im konstruktiven Auffangen schwerer Decken und Lasten, wovon nachher beim Abstieg zur Grabkammer auch die Gewölbekonstruktion der Krypta zeugt, die die ungeheure Last der darüberliegenden Pyramide beschädigungslos über 1300 Jahre trug. Das System der Kragsteingewölbe (span. *bóveda*) hatte aber den Nachteil, dass damit keine allzu großen bzw. weitgespannten Räume überdeckt werden konnten. An den Wänden rechts und links des Eingangs zum rückwärtigen Raum sind jeweils zwei ca. 2 x 5 m große Glyphentafeln angebracht. Auf der linken ist eine lange dynastiegeschichtliche Liste eingemeißelt – Pacals Herrschergeschlecht. Diese Glyphen („Inschriften“) gaben dem Tempel seinen Namen.

Im hinteren Raum ist an der Wand ein weiteres Glyphen-Tableau zu sehen und auf dem Boden liegt eine dicke Steinplatte mit 2 x 6 Reihen Rundlöchern. Mit einer solchen Platte war der Abgang zur Gruft verschlossen und die runden Aussparungen gaben dem Archäologen Lhuillier die Idee, dass darunter etwas verborgen liegen könnte.

Pacals Grab In feuchtwarmer Grabkammerluft geht es auf einer 22 m langen Treppe über 66 Stufen nach unten. Auf halber Strecke ein Zwischenpodest. Achten Sie auf ein etwa 10 x 10 cm großes quadratisches Tonrohr links unten an der Treppe, das schlangengleich Stufe für Stufe bis hinab in die Krypta führt – das war Pacals Psychodukt oder „Seelenkanal“, dadurch konnte die Seele des Verstorbenen mit der Welt der Lebenden in Verbindung treten.

■ *Pacals Totenmaske*

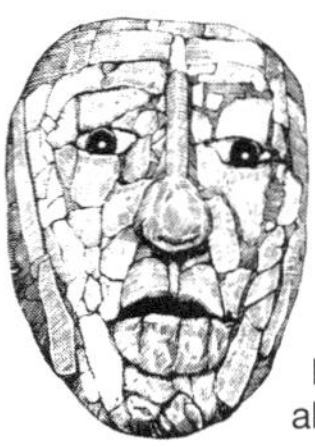

Der Vorstoß durch den geheimen Treppenabgang bis in die Grabkammer war aufregend wie ein Krimi. Drei Grabungsperioden bzw. Jahre benötigten Lhuillier und seine Arbeiter, bis sie hunderte von Tonnen Schutt und Geröll mühselig in Eimern heraufgetragen hatten. 1952 war es endlich soweit. Nach dem Durchbruch einer Wand standen sie vor einer hohen, dreieckigen Steinplatte, die sich um sich selbst drehen ließ. Davor lagen die Skelette von fünf Geopferten. Sie sollten einst den verstorbenen Herrscher bei seinem Weg nach *xibalba* (Unterwelt) begleiten. Als die große Türplatte umgedreht war, blickten die Männer in einen Grabraum mit dreieckigem Gewölbe, in dem auf 6 Steinsockeln ein mächtiger Sarkophag stand, der mit seinen Ausmaßen fast den gesamten Raum einnahm (9 x 4 m, Höhe 7 m). Den Sarg deckte eine reliefverzierte, monolithische Grabplatte ab (Maße 3,8 x 2,2 m, Dicke 25 cm, ca. 5 t schwer). Unter ihr lag das entfleischte und über 1300 Jahre alte Skelett des großen Mayaherrschers **Pacal.** Sein (einstiges) Gesicht war bedeckt mit einer **Totenmaske (s. Abb.)** aus zusammengefügten Jadeplättchen mit Augen aus Obsidian. An den Außenflächen des Sarkophags waren Bildnisse früherer Herrscher der Pacal-Dynastie eingemeißelt.

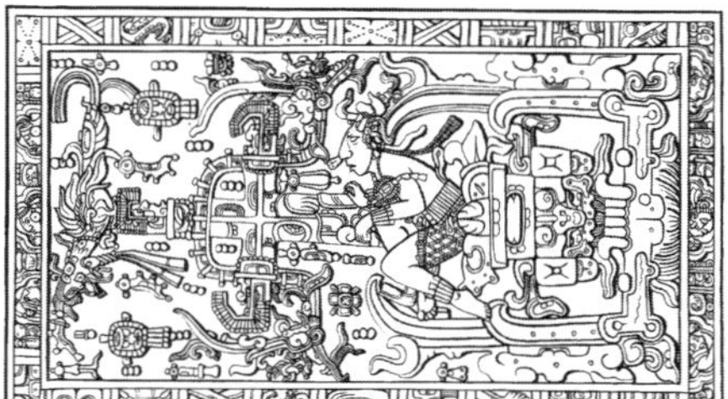

Die **Grabplatte (s. Abb.)** ist heute etwas angehoben, damit man in die Grabwanne blicken kann. Auf ihrer Oberseite ist die Platte nahezu vollständig mit religiösen Reliefmotiven bedeckt. Den Mittelpunkt bildet Pacal, der in Hockstellung und mit vorgebeugtem Oberkörper dem Rachen der Unterwelt entsteigt, dem kreuzförmigen → Weltenbaum *wacah chan* entgegen, dem Maya-Symbol der Achse der Welt. Seine Stirn ist mayatypisch deformiert und sein Hinterteil berührt die Maske des Erdungeheuers, Metapher für die Unterwelt *xibalba*. Das wohl berühmteste Bildnis der Maya-Kunst wird umrahmt mit vielen Glyphen, Symbolen, Monstern und anderen Motiven der Maya-Kosmologie und -Mythologie.

Unter den Grabbeigaben – überwiegend Schmuck aus Jade – lagen unter dem Sarkophag außerdem zwei **Stuckköpfe** in menschlicher Originalgröße. Sie stellten beide höchstwahrscheinlich **Pacal** dar **(s. Abb.),** einst als Jüngling und später als Herrscher mit hohem Kopfputz (letzterer könnte aber auch der Stammvater Bahlum-Kuk, Regierungszeit 431–435, gewesen sein, so wird vermutet). Diese künstlerisch formvollendeten Köpfe avancierten zum Emblem Palenques und zu Symbolen der Maya-Welt schlechthin.

Den Besuch im Pacal-Hades wird man sicherlich nicht so schnell vergessen, und immerhin ist es eine der bedeutendsten Grabkammern ganz Amerikas! Eine Nachbildung der Krypta und des Grabschatzes ist im Anthropologischen Museum von Mexiko-Stadt zu sehen.

Templo XI Vor dem Tempel der Inschriften und gegenüber vom Palast liegt der durch Büsche und Bäume verdeckte unausgegrabene Tempel XI.

El Palacio

Neben der Inschriften-Pyramide erstreckt sich auf einer ca. 10 m hohen Plattform der nicht minder beeindruckende **Palast** mit einer breiten Haupttreppe an der Westseite. Mit einer Grundfläche von 80 x 100 m ist es der größte Baukomplex von Palenque und er diente sowohl religiösen als auch weltlichen Zwecken. Erbaut wurde er von Pacal und seinen Söhnen Chan-Bahlum II. und Kan-Xul II. über einen Zeitraum von fast einem Jahrhundert, **von 615 bis 711**. Unter Chan-Bahlum II. wurde als letzte Ergänzung der markante, dreistöckige Turm hinzugefügt, der als **Observatorio,** als Sternwarte diente. Er ist 15 m hoch, im Querschnitt nahezu quadratisch und sein eigentümliches Mansarddach gleicht genau der Dachform des kleinen Tempels bei der Grupo Norte. Der *torre* ist der einzige seiner Art in ganz Mesoamerika (der obere Turmteil wurde 1955 rekonstruiert).

■ *El Palacio mit dem dreistöckigen Turm*

Die vielen Pfeiler des Palasts zieren zahlreiche Götter- und Menschendarstellungen auf Stucktafeln, sein Inneres ist verschachtelt und verwinkelt. Es gibt zahlreiche Räume, Korridore, Pfeilergalerien, „Casas" (überdeckte Bereiche bzw. Kammern), vier Innenhöfe (Patios) und auch unterirdische Gänge.

„Zum ersten Mal betraten wir ein von den Ureinwohnern des Landes errichtetes Gebäude, welches schon stand, ehe die Europäer von dem Dasein dieses Kontinents etwas wussten …" schrieb 1841 John Lloyd Stephens, einer der ersten Palenque-Forscher. *„Wir trafen Anstalten, unter einem Dache unsere Wohnung aufzuschlagen, und wählten den vorderen Korridor dazu. Den Truthahn und die Hühner ließen wir im Hof, der derartig von Bäumen überwachsen war, dass wir kaum über ihn hinwegsehen konnten, frei herumlaufen. […] Da eine abergläubische Furcht die Indianer nicht zur Nachtzeit in den Ruinen bleiben ließ, waren wir des Nachts die einzigen Bewohner dieses Palastes unbekannter Könige."*

Besichtigung

Gehen wir zunächst die 60 m breite Treppe links hoch zur **Casa D** (ist im Palenque-Plan eingezeichnet). Der Bau besitzt 5 Portaleingänge (bei den Maya war die Zahl der Öffnungen an Gebäuden immer ungerade!) und das palenque-typische Mansarddach (der Dachkamm fehlt). Auf der rechten Seite der Casa D stand einst ein identischer Bau, jetzt sieht man nur noch die Mauernstümpfe der Portale.

Werfen Sie vor dem Eintreten in den Portico von Casa D einen Blick auf die reliefgeschmückten Pfeiler. Wie trotz starken Beschädigungen gut zu erkennen ist, waren die Stuckreliefs, die Priesterdarstellungen zeigen, einmal von meisterhafter Qualität (weitere finden sich auf den Pfeilern der östlichen Palastseite). Alle Stuckreliefs von Palenque waren ursprünglich farbig bemalt, an diesen hier sind noch Farbreste zu erkennen.

Nun nach rechts durch die Casa D gehen, oben sind wieder Maya-Kraggewölbe mit Aussparungen für hölzerne Querstreben zu sehen. Die T-förmigen Nischen in den Mauern werden mit dem Windgott assoziiert (kühlende Belüftung). Ist man durchgegangen, steht man vor dem Turm (Aufstieg verboten). Linkerhand, zwischen Casa D und Casa C, befindet sich der tieferliegende West-Patio. Die 6 Pfeiler sind reich skulptiert.

Jetzt nach rechts weitergehen bis zu einer Abgangstreppe. In diesem Hof mit seinen vielen Mauernstümpfen sind im Boden etliche Löcher bzw. Lochsteine zu sehen (ca. 1,5 m links der Treppe und auch 4 m rechts von ihr). Dies waren Wasserabflusslöcher für Bäder (Temazcal, für rituelle Reinigungen) oder für Waschplätze. Nun die 7 Stufen hinabgehen, direkt auf die gegenüberliegende Wand zu.

Pacals Krönung

In die Wand der Casa E ist eines der schönsten Kunstwerke Palenques eingelassen, eine ovale Tafel *(lápida oval)* mit der Darstellung von **Pacals Inthronisation** im Jahr 615. Ein Bildnis von grafischer Meisterschaft. Auf der linken Seite ist **Pacals Mutter Zac-Kuk** zu sehen, die ihrem Sohn den königlichen Kopfputz zur Krönung und damit die Insignien der Macht reicht. Der junge Pacal ruht erhöht auf einem doppelköpfigen Jaguarthron. Gut erkennbar ist seine fliehende Stirn und ein schielendes Auge, bei den Maya bekanntlich Attribute der Schönheit. Auch andere Details sind wirklichkeitsnah dargestellt, z.B. seine Fingernägel oder das Muster auf der Bluse der Mutter (die in ihrer ärmellosen Form als *huipil* noch heute von den Maya-Frauen getragen werden). Oben links und rechts Namensglyphen der beiden Personen.

Geht man von der Tafel nach rechts, kommt man nach wenigen Metern zu einer Treppe, die hinab in die unterirdischen Gänge des Palastes führt. Doch wir wenden uns zunächst nach links und gehen durch den Korridor hinab in den abgesenkten Ostpatio.

Patio Este

Der große Ostpatio wird von den Casas **A, B** und **C** eingerahmt (s. Plan). Vom Patio führt zur Casa A eine fünfstufige Treppe hoch. Sie wird flankiert von 9 Reliefplatten (links 4, rechts 5), auf denen voluminöse Personen mit ausdrucksstarken Gesichtern abgebildet sind (leider sind einige stark verschmutzt, so dass man kaum noch die Konturen erkennen kann). Der Stil erinnert ein wenig an die Olmeken, obwohl die Köpfe die charakteristisch-fliehenden Maya-Stirnpartien aufweisen. Vermutlich waren es Gefangene oder Sklaven, denn sie bekunden mit unterschiedlichen Gesten Unterwerfung (hochgehobene Arme; auf der linken Seite der Treppe zeigt die – stark verschmutzte – 2. Platte von rechts einen sklavisch-Knienden). Diese massigen Gestalten bilden einen ungewöhnlichen Kontrast zu den sonst so filigranen Personendarstellungen Palenques. Datiert werden sie auf den Anfang des 8. Jahrhunderts.

Die gegenüberliegende Treppe (in Richtung Casa C) wird gleichfalls von zwei geneigten Platten eingefasst, die – wie die Setzstufen der Treppen – Figurenreliefs zeigen. Rechts und links der Treppe sind in Feldern Glyphen zu sehen.

Anschließend den Palacio verlassen und, vorbei am „Tempel der In-schriften", in Richtung Kreuzgrupe gehen. Noch vor dem Flüsschen Otulúm beginnt nach rechts in Pfad den Wald hinauf. Er führt zu einem im Wald liegenden kleinen Tempel.

Templo del Bello Relieve

Es geht ca. 90 m aufwärts. Der Tempel ist stark ramponiert, auch das Relief an der Wand einer Innenkammer, von dem der „Tempel des schönen Reliefs" seinen Namen bekam, ist kaum noch erkennbar. Weitere Details über ihn stehen auf einer Erklärungstafel.

Es lohnt kaum da hochzugehen, nur wer etwas Ruhe und Schatten sucht. Unter dem Blätterdach ist es düster, feucht und modrig, man erlebt sattes Grün – Dschungel-Atmosphäre, auch das ist Palenque.

Die Kreuzgruppe

Nun über das Flüsschen Otulúm gehen, dann nach rechts, vorbei an Bananenbäumen und durch ein Wäldchen die Stufen hoch. An der Weggabelung links halten, zur „Plaza de la Cruz" (Schild), zum Platz der Kreuzgruppe.

■ *Der Templo del Sol (li.) und Templo XIV (re.), im Hintergrund die Pyramide der Inschriften*

Diese Hofgruppe bzw. Tempel-Triade setzt sich zusammen aus dem **Templo del Sol** (Tempel der Sonne, gleich links), dem dominierenden **Templo de la Cruz** (Tempel des Kreuzes) und dem **Templo de la Cruz Foliada** (Tempel des Blattkreuzes, rechts). Die sich ähnelnden Bauwerke wurden zu Ehren und zur Feier der Inthronisation 644 von Chan-Bahlum II. erbaut, Sohn und Nachfolger von Pacal. In der Mitte des Platzes befindet sich ein kleiner Altaraufbau.

Die Tempel stehen jeweils auf mehrstufigen pyramidalen Fundamenten. Auffällig ist das **Dreier-Prinzip:** in jeden Tempel führen drei Eingänge hinein, und im Tempelinnern gibt es hinter dem Vorraum jeweils drei weitere Kammern, von denen die mittleren jedesmal breiter sind. Sie heißen auf Maya **Pib na** („unterirdisches Haus"), Schrein- oder Sakralräume, ihre Hinterwände sind mit kunstvollen Relieftafeln dekoriert. In allen drei Tempeln werden die Motive auf den mittleren Haupttafeln jeweils rechts und links immer von männlichen Personen flankiert – es ist jedesmal König Chan-Bahlum II. und sein (jeweils kleinerer) Vater Pacal (die Reliefs sind unterschiedlich gut erhalten und ihre Konturen sind nicht immer klar erkennbar). Die begleitenden Hieroglyphentexte berichten vom Machtwechsel zwischen Vater und Sohn und den Weihefeiern Chan-Bahlums II. Auch die Eingangspfeiler eines jeden Tempels sind mit Bildtafeln von Zeremonien um Chan-Bahlum II. dekoriert, und die überreichliche Darstellung der mayanischen Götterwelt diente den Pacals wohl vor allem als Beweis ihrer direkten Abstammung von den Göttern.

Templo del Sol

Der von allen dreien am besten erhaltene **Tempel der Sonne** steht auf einem Pyamidensockel und mit seinem gut erhaltenen Dachkamm *(crestería)* ist er einer der schönsten von Palenque. Eine breitere und dann eine schmalere Treppe führen hinauf, die Pfeiler sind (in Fragmenten) mit Glyphen und Bildtafeln verziert. Am Fries des Mansarddachs sind gleichfalls Reste plastischer Stuckskulpturen zu erkennen.

Der rückwärtige Raum ist dreigeteilt, Hauptraum ist der *pib na* in der Mitte. An seiner Hinterwand sind Flachreliefs und Figurentafeln angebracht. Sie erin-

nern an die Geburt von Chan-Bahlum II. im Jahr 635 und an seine Inthronisation 684. Die mittlere **Tafel** zeigt ein Kriegsschild mit dem Kopf eines Jaguars und gekreuzten Speeren **(s. Abb.),** darunter einen Thronsessel, der von knienden Göttern auf ihren Schultern getragen wird. Rechts davon steht Chan-Bahlum II. auf dem Rücken einer kleinen Person. Mit seinem hohen Kopfschmuck und erhobenen Händen offeriert er eine kleine Gottheit aus Jade. Der linke kleinere Mann steht ebenfalls auf den Schultern einer niederknienden Person. Es ist Pacals Vater (der damals schon tot war). Die kleinen Bildreliefs über dem Schild und links oben sind Hieroglyphentexte, sie ermöglichten den Glyphologen die exakte zeitliche und historische Interpretation der figuralen Zusammensetzung (Jahresglyphe 642).

Templo XIV Der kleinere Tempel XIV gleich rechts des Templo del Sol auf einem zweistufigen Unterbau wurde von Kan-Xul II. als Erinnerung an seinen Bruder Chan-Bahlum II. nach dessen Tod im Jahr 702 erbaut. Von ihm stehen nur noch die Mauern. Das durch ein Gitter geschützte Relief-Tableau ist aber sehr gut erhalten. Es zeigt eine rituelle, posthume Szene, nämlich Chan-Bahlums Auferstehung aus der Unterwelt Xibalba. Man sieht ihn tanzend rechts, während ihm seine Mutter Apo-Hel eine Gottheit offeriert. Dieses Ritual fand 260 Tage nach dem Tode von Chan-Bahlum statt.

Templo VX Im rechten Winkel zum Tempel XIV steht der noch kleinere **Templo VX,** von dem nur noch die Mauernfundamente zu sehen sind. Er wurde gleichfalls von Kan-Xul II. erbaut. In dem Hügel und hinter dem Gebäude wurden je drei Gräber mit insgesamt 18 Skeletten gefunden, alle nach Norden ausgerichtet. Außerdem einen Sarkophag mit den Überresten eines vermutlichen Herrschers.

Templo de la Cruz Der **Tempel des Kreuzes** mit seinem mächtigen Dachkamm ist der größte und höchstliegende, er dominiert die Kreuzgruppe. Er ähnelt dem Sonnentempel und wurde gleichfalls in der Regierungszeit Chan-Bahlums II. im Jahr 692 errichtet. Archäologen vermuten, dass in der Tiefe der Pyramide vielleicht Chan-Bahlum II. begraben liegt. Der Portico bzw. der vordere Teil des Tempels ist bis auf einen Pfeiler auf der linken Seite weggebrochen. 71 sich verschmälernde Treppenstufen führen über 5 Absätze nach oben.

Der Name des Kreuztempels leitet sich ab vom Hauptmotiv der zentralen **Relieftafel** im *pib na* (**s. Abb.;** Replikat, Original im Anthropologischen Museum in Mexiko-Stadt). Sie zeigt den kreuzförmigen, stilisierten → **Weltenbaum** (*wacah chan;* im mythologischen Verständnis der Maya war der Weltenbaum die verbindende Achse zwischen Erde und Kosmos). Auf seiner Spitze thront der Himmelsvogel und unten sitzt ein Monster. Rechts davon steht Chan-Bahlum II., links wieder der kleinere (schon verstorbene) Pacal. Es sind außerdem lange Glyphenbänder zu sehen.

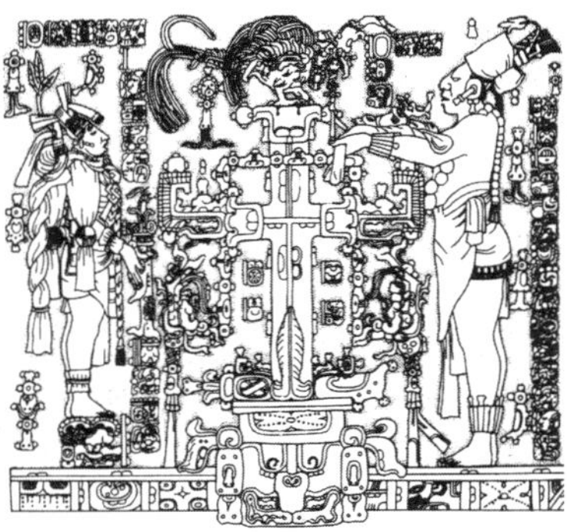

Die **vordere** rechte Tafel zeigt den Gott „L" der Unterwelt Xibalba, wie er eine Zigarre raucht, die linke wiederum Chan-Bahlum II.

Außerhalb des Tempels wurde an der Südseite das Grab eines Noblen mit bedeutenden Beigaben gefunden. Vom Tempel ergibt sich ein schöner Panoramablick zum Palacio, zum Tempel der Inschriften und zum Templo del Sol.

Reiseteil

Warum gaben die Maya ihre Städte auf?

Nach wie vor nicht endgültig gelöst ist das Rätsel der Aufgabe der Maya-Städte in der Endphase des Klassikums, etwa im Zeitraum zwischen 750 und 900 n.Chr.

Wie sich anhand letzter Inschriften und Datumsglyphen in den Maya-Städten ermitteln lässt, begann der Kollaps im Westen des Maya-Gebiets (Palenque 799) und erfasste danach nacheinander einst bedeutende und mächtige Stadtstaaten im Zentrum des Tieflands bzw. im Einzugsgebiet des Río Usumacinta: Yaxchilán (808), Piedras Negras (810), Naranjo und Uaxacatún (849), Tikal (879). Am längsten hielten sich Städte an der extremen Peripherie, wie z.B. Calakmul (909) oder Toniná, wo gleichfalls 909 das allerletzte in klassischem Stil geschriebene Datum in den Stein gemeißelt wurde. Nur ganz wenige kleine Zentren konnten ihre Entwicklung bis in die Zeit der spanischen Eroberung fortsetzen. Die im Tiefland des nördlichen Yucatáns entstandenen Mayastädte und -reiche wie Chichén Itzá, Mayapán u.a. verfielen in der Postklassik.

Dem Zusammenbruch im Klassikum ging eine Reihe begleitender Phänome voraus: Die Maya errichteten keine Stelen mehr, stellten den Bau von Monumental-, Prestige- und Wohnbauten ein, verfassten keine Hieroglyphen- und Schriftdokumente mehr und gaben den Gebrauch ihrer → „Langen Zählung" auf.

Theorien über auslösende Faktoren, die das über viele Jahrhunderte erfolgreiche politische und wirtschaftliche System der Maya zerfallen und versinken ließen, gibt es viele. Erklärungsansätze sind z.B.:

■ machtpolitische Destabilisierungen und langdauernde Kriege (Tikal – Calakmul)

■ Zerfall des Gottkönigtums und der tragenden Institutionen und Führungsschichten durch interne Turbulenzen.

■ Erweiterung des bis dahin vorherrschenden religiösen Maya-Bewusstseins durch kriegerische Ideologien, dadurch vermehrt Machtkonflikte und Feldzüge mit der Konsequenz des Ausblutens der Städte.

■ soziale Unruhen oder Aufstände der unterdrückten Volksmassen gegen die Priester und Herrscher (die Maya-Elite regierte mit harter Hand und die Städte waren hierarchisch straff durchorganisiert).

Als wohl wahrscheinlichste Ursache des Niedergangs verdichtet sich immer mehr die Vermutung einer **ökologischen Katastrophe,** hervorgerufen durch extreme **Klimaschwankungen** und beschleunigt durch **Überbevölkerung.** Wissenschaftler der Universität Florida konnten durch Messungen von Sauerstoff-18-Isotopen in den Karbonathüllen wirbelloser Kleinstlebewesen aus den Cenoten Yucatáns das Verhältnis von Verdunstung und Niederschlag in früheren Jahrhunderten nachweisen (bis zurück ins Jahr 1500 v.Chr.) und dadurch herausfinden, wie feucht oder trocken das damalige Großklima war. Demnach kam es zwischen den Jahren 500 bis 1000 zu immer längeren Trockenperioden im Gebiet der Maya und damit wohl auch zu Hungersnöten in ihrem damals überbevölkerten Lebensraum (nach Schätzungen lebten im früheren Petén, in der Großregion um Tikal, annährend 4 Mio. Menschen). Das Land verödete – zum Brennen von Kalk als Baumaterial hatte man riesige Mengen Regenwaldes vernichtet – und die tributpflichtigen Bauern konnten die Versorgung der Menschen in den Städten nicht mehr aufrechterhalten. Auf sich allein gestellt hatten diese keine Überlebenschancen. Ein Massen-Exodus setzte ein, der in seinem Sog auch die kleinere Städte mit in den Abgrund riss, so dass zum Ende des 9. Jh weite Teile des Tieflands entvölkert waren. Die übriggebliebenen Bewohner waren später nicht mehr in der Lage, die alte Entwicklung aufzugreifen und fortzuführen, weil es auch die Maya-Eliten und die Priesterschaft, die alleinigen Träger und Besitzer des Wissens, nicht mehr gab.

Templo de la Cruz Foliada

Der **Tempel des Blattkreuzes** liegt gegenüber dem Templo del Sol und ist der kleinste der dreien. Seine Vorderfront fehlt komplett und von hinten greift der Wald an. Die Etagen der Pyramide bzw. ihre Plattformen sind (noch) nicht freigelegt. Der Tempel verdankt seinen Namen einer kreuzartigen Maispflanze als Hauptmotiv auf der mittleren **Relieftafel** im *pib na* (**s. Abb.,** Replikat; das Original befindet sich im Anthropologischen Museum in Mexiko-Stadt). Das → Blattkreuz war wie der Weltenbaum ein wichtiges Mythologie-Symbol der Maya. Es versinnbildlichte die Mittelachse der Welt und wird gleichfalls vom Himmelsvogel gekrönt. Die abstehenden Seitenarme ähneln behaarten Mais-kolben. Auf ihnen befinden sich nach oben blickende Menschenköpfe (in der Schöpfungsgeschichte der Maya wurde der Mensch aus Maismasse geschaffen). Rechts des Blattkreuzes ist der kleinere Pacal zu sehen, links wieder Chan-Bahlum II. Er steht auf einem Menschenschädel aus dem Maiskolben wachsen.

Mit der Besichtigung dieser Tempel hat man die interessantesten Reliefs von Palenque gesehen. Wer noch mehr über Pacal und seine Beerdigung in der Pyramide der Inschriften und über Chan-Bahlum II. erfahren möchte, sollte zum Buch „Die unbekannte Welt der Maya" von Schele/Freidel greifen.

Ist man den Blattkreuztempel wieder hinabgegangen, gleich links auf einem Weg in den Wald hinein. Dort liegen weitere Tempel(-reste). Vorbei am Tempel XVII (links), immer der Nase nach, bis zu einer Waldlichtung mit dem Tempel XIX mit Schutzdach.

Templo XIX

Tempel XIX – im Jahr 2000 Besuchern zugänglich gemacht – wurde vermutlich auf Anordnung des drittletzten mächtigen Palenque-Herrschers *Ahkal Mo'Nab* III. in seiner Regierungszeit zwischen 721 und 736 erbaut.

Nachdem man die Treppe hochgestiegen ist, steht man vor einem Pfeiler, dessen linke Seite eine rot-türkise Stuckrelieftafel ziert. Das über 3 m hohe Panel, das wie ein Puzzle aus Aberhunderten von Einzelteilen in siebenmonatiger Arbeit wieder zusammengesetzt wurde (das Original ist im Palenque-Museum), zeigt in feinsten Details König *Upakal K'inich,* vermutlich der vorletzte Herrscher Palenques (ca. 742).

Nach seiner Auferstehung, nach **mehr als 1200 Jahren,** ist es heute **das schönste aller Stuck-Bildnisse Palenques!** Spektakulär war 1999 außerdem die Freilegung eines steinernen Schreins bzw. einer Thronplattform (2,8 m x 1,70 x 0,50 m), die mit Bildszenen dreier Würdenträger und mit zahlreichen Glyphen verziert ist. Nach Ansicht der Archäologen ist dieser Fund einer der wichtigsten der letzten Jahrzehnte. Wenn alle Glyphen entschlüsselt sind, wird nicht nur die Geschichte von Palenque sondern auch

■ *Rechts: Die Stuck-Tafel am Templo XIX*

Reiseteil

die der Maya insgesamt – das lässt sich jetzt bereits sagen –, in vielen Bereichen anders interpretiert werden müssen. So fand man beispielsweise die eingravierte Jahreszahl **3. März 3309 v.Chr.**, das ist ein noch älteres Datum als der bisherig bekannte Nullpunkt des Maya-Kalenders 3114 v.Chr.

Im in der Nähe liegenden **Tempel XX** fanden die Archäologen tief im Innern eine mit Fresken ausgemalte Grabkammer mit gleichfalls zahlreichen Funden, doch ohne menschliche Überreste.

In den nächsten Jahren wird sich hier, wo heute alles zugewuchert ist, die Geschichte Palenques fortschreiben. Was die Palenque-Archäologen gerade ausgraben und erforschen, kann man unter www.mesoweb.com nachsehen.

Nun wieder durch den Wald zurückgehen, nach links halten, bis man wieder auf den Zugangsweg zur Kreuzgruppe stößt.

Nach Norden

An der kleinen Brücke über den Río Otulúm geradeaus gehen, vorbei an der Rückseite des Palacio. Links oben die Rückseite der Casa A. Pfeiler und Wände sind mit Stuckdarstellungen und (leeren) Stuckrahmen geschmückt. Im Schatten der Bäume laden steinerne Bänke zum Ausruhen ein.

Weitergehend kommt man dann zum **Juego de Pelota,** zum kleinen Ballspielplatz. Die fürs Spiel typischen Steinringe wurden hier nicht gefunden, wahrscheinlich gingen sie verloren oder sie waren aus Holz, das mit der Zeit verwitterte (Ballspiel-Exkurs s.S. 204).

Nun nach links wenden und vorbei an der nördlichen Freitreppe des Palacio vorgehen bis zum Hauptweg. Der Blick zurück zum „Tempel der Inschriften" ist beeindruckend. Nächstwichtiger Tempel ist der **„Tempel des Grafen".**

Templo del Conde (Tempel X)

Eine steile Treppe führt hinauf, das Gebäude ist eines der ältesten aller bisher ausgegrabenen von Palenque (erbaut um 650). Das Innere ist wieder wie üblich in einen vorderen Portico mit drei Eingängen und drei rückwärtigen Räumen aufgeteilt. Unter dem Fußboden des Portico fand man drei Gräber mit wenigen menschlichen Überresten, dafür aber um so mehr Grabbeigaben.

Seinen Namen trägt der Palast nach dem Grafen Friedrich von Waldeck, der sich von 1832 bis 1834 in Palenque aufhielt und sich in dem Tempel häuslich einrichtete. Waldeck veröffentlichte etwas wirre Theorien und Interpretationen über Palenques Paläste und malte viele romantisierende Ansichten der Stadt.

Grupo Norte

Neben dem „Tempel des Grafen" liegt die **Grupo Norte,** drei mehr oder weniger zerfallene Tempel in nahezu gleicher Frontlinie (erbaut zwischen 695 und 739), die auf einer einzigen, langgestreckten künstlichen Plattform stehen. Ihre mittleren Eingänge sind nahezu quadratisch.

Ein vierter und kleinerer Tempel zwischen den beiden rechten ist zurückversetzt. Er hat eine quadratische Grundfläche und seine Dachform bzw. sein Mansarddach entspricht dem des Palacio-Turms. Vielleicht waren die Tempel auch einmal für das Ballspiel bedeutsam, weil der Juego de Pelota in Sichtweite liegt. Von oben, von den Rückseiten der Tempel, hatte man früher einen freien Blick in die Ebene unterhalb.

Weg runter zur Straße

Damit ist der Gang durch Palenque beendet. Man folgt dem Weg links der letzten Pyramide der Grupo Norte durch den Wald steil runter zur Straße (Dauer 15–20 Min.). Unter kühlem Baumschatten und über zahllose Treppenstufen passiert man entlang des Río Otulúm überwucherte Tempelreste, kleine Wasserfälle und Becken. Ein besonders romantisches heißt „Baño de la Reina", „Bad der Königin". Unten quert die Seilbrücke *Puente Murciélagos* den Fluss.

Museum

An der Straße angekommen liegt rechts vorne das **Museo de Sitio** (das mittlere der drei Gebäude). Man muss nochmals die Eintrittskarte vorzeigen. Zu sehen sind ein Modell von Palenque (Erklärungstexte auch in Englisch), Vitrinen mit kostbaren Figuren, Schautafeln, Genealogien, Keramiken, Reliefplatten,

Stuckköpfe (Pacal), Objekte aus Jade, Räuchergefäße *(Incensarios)* u.v.a. mehr. Eindrucksvoll: der Tablero von Pacals Krönung (vom El Palacio), eine Sammlung roter *Portas Incensarios de Cerámica* (gefunden im Templo de la Cruz Foliada) und als Höhepunkt eine **Nachbildung von Pacals Grab mit der Grabplatte in der Pyramide der Inschriften** (Details dazu s.o. Marginalie „Pacals Grab"). Im anderen Gebäude vor dem großen Parkplatz gibt es Souvenirs und ein (nicht empfehlenswertes) Restaurant. Für die Rückfahrt nach Palenque Colectivo oder Taxi anhalten.

Erfrischende Dusche

Nach der Besichtigung Palenques war einst die Abkühlung im „Bad der Königin" eine tolle Sache. Da dies heute verboten ist ein Ersatz-Tip: Vom Museum aus ca. 1 km weit auf der Straße aufwärts gehen und bei der scharfen Linkskurve rechts auf einem Weg in den Wald eintreten. Nach ca. 80 m erreicht man einen ca. 15 m hohen Wasserfall, unter dem sich's herrlich duschen lässt.

Umgebungsziele von Palenque

Cascada Misol Há

Die Naturschönheit **Misol Há** (maya, „Wasserfall") liegt an der Straße nach San Cristóbal de las Casas, 20 km von Palenque entfernt an der rechen Seite (ausgeschildert). Von der Abzweigung sind es noch ca. 1,5 km zu dem Wasserfall, der in tropischer Vegetation aus 40 m Höhe in einen tiefen Pool stürzt – perfekt für ein kühles Bad. Am Ende der Trockenzeit, also im April/Mai, fällt allerdings nur wenig Wasser über die Kante. Eintrittsgebühr ca. 1 €.

■ *Wasserfälle Misol Há*

Vom Aussichtspunkt geht es auf einem Pfad weiter, direkt hinter den (donnernden) Wasservorhang – doch Vorsicht, Rutschgefahr (auch das Kameraobjektiv vor dem Sprühnebel schützen). Am Ende der Strecke befindet sich eine Höhle mit einem klitzekleinen Wasserfall, für dessen Besichtigung einem nochmals Pesos abgeknöpft werden. Sie lohnt nicht.

Recht gut essen kann man in einem Restaurant zu angemessenen Preisen und übernachten in den einfachen Cabañas von *Centro Ecoturístico Misol Há* noch vor dem Wasserfall (17 Ein- und Zweibett-Cabañas mit Ventilator). Bei Nacht tolle Geräuschkulisse. Kostenpunkt einer Cabaña ca. 21 € (je nach Saison). Auskunft und Reservierung: Centro Turístico Ejidal Cascada Misol Há, Tel. 01-916-3451210. Misol Há ist auch ein perfekter Platz für Camper.

Anfahrt von Palenque per Colectivo oder als Reisebüro-Tour.

Agua Clara

Nächstes Wassererlebnis, gleichfalls rechts der Straße und ein 2-km-Abstecher, ist **Agua Clara,** ein schöner Platz am Río Shumulhá. Wunderschönes Baden in einem *balneario natural* (ca. 300 m lang, 80 m breit, Tiefe bis 2 m). Es gibt ein Restaurant und eine einfache Unterkunft, betrieben durch *indígenas tseltales,* die einem allerlei Dinge verkaufen wollen. Anfahrt von Palenque per Colectivo oder mit einer Reisebüro-Tour.

Nach weiteren 8 km bzw. ca. 60 km von Palenque wird der Abzweig zur Hauptattraktion *Agua Azul* erreicht.

Cascadas Agua Azul

Anreise

Von Palenque aus am besten als Rundtour buchen (s.S. 275). Wer mit einem 2.-Klasse-Bus oder Colectivo nach San Cristóbal de las Casas unterwegs ist (oder von dort kommt), kann sich am Abzweig, am **Crucero Agua Azul,** absetzen lassen. Dort stehen fast immer Colectivos für die 4 km runter zu den Wasserfällen.

Für die Weiterfahrt nach Ocosingo/San Cristóbal de las Casas kann am Crucero gleichfalls ein Bus oder ein Colectivo abgewartet werden (nur nicht erst am späten Nachmittag!).

Cascadas Agua Azul

Agua Azul (*Reserva Biósfera Cascadas Agua Azul,* Maya *Yax Há* – „Blaues Wasser") liegt inmitten üppiger Tropenvegetation, und **die schönsten Wasserfälle von Mexiko** sollte man nicht verpassen. Der Río Yax stürzt in breiten, weißschäumenden Kaskaden über zahlreiche Felstreppen hinab, eingebettet in wucherndes Ufergrün. An einer ruhigen, mit Seilen markierten Stelle kann sicher geschwommen werden, außerdem weiter oben und auch in den unteren Flussabschnitten. **Aber Achtung,** im Fluss gibt es sehr starke Strömungen, **Gefahr des Ertrinkens!**

■ *Kühles Bad in weißschäumendem Wasser: Cascadas Agua Azul*

Der Eintritt kostet 10 und 5 P durch die lokalen Tseltales (es muss 2x bezahlt werden). Es gibt ein kleine Informationsstelle, Essen und Trinken kann man bei einem der über zwei Dutzend – meist unfreundlichen – Palapa-Restaurants bzw. Comedores (Spezialität sind *mojarras fritas,* gebratene, wohlschmeckende Flussfische). Übernachten ist möglich, aber wegen primitiver Cabañas weniger empfehlenswert; diejenigen im oberen Wegdrittel sind vorzuziehen, prüfen (Hängematten/feste Betten, ca. 20–25 €). Außerdem gibt es einen großen Parkplatz für Campmobile – der dann nochmals kostet – und einen kleinen Supermercado. Beim **Touristen-Büro** kann man sein **Gepäck deponieren,** 10 Peso.

Agua Azul ist *Ejidal* (Gemeinschafts-besitz) von *Tseltal-Indígenas.* Frauen und Mädchen verkaufen Früchte, *buñuelos, caña* (Zuckerrohr), *elotes,* Tortillas und Getränke – oft nervige, ständige Anmache.

Die satte Blau- und Türkisfärbung des Wassers rührt von einem hohen Anteil gelösten Kalks. **Am schönsten** sind die Farben in der Trockenzeit von etwa **Dezember bis Mai,** in Zeiten starken Regens ist das Wasser leider nur braun. Auf einem Weg links der Fälle geht es über kleine Brücken aufwärts, wobei sich immer wieder neue Ausblicke auf den schäumenden Fluss ergeben. Ein tropisch-feuchtes Erlebnis.

Das hat sich logischerweise weit herumgesprochen – Agua Azul ist **meist überlaufen,** besonders an **Wochenenden** und zur Ferienzeit und Weihnachten/Neujahr ist großer Rummel. Achtung: Es besteht Diebstahlgefahr! Von den Fällen wegführende Spaziergänge besser nicht alleine unternehmen (beim Weg links die Fälle hoch ist oben eine Tafel, dass Touristen nur auf eigene Gefahr weitergehen können, wegen Überfällen; eine geführte Wanderung weiter weg lässt sich aber organisieren).

Von Palenque nach Yaxchilán und Bonampak

Straßenverlauf

Von Palenque fährt man ca. 140 km auf einer guten Asphaltstraße durch eine relativ langweilige Hügellandschaft bis zum *Crucero San Javier* (ca. 2 h). Etliche Militärkontrollen und gemeine, nicht beschilderte *topes.* Dorfnamen wie *Jerusalén* oder *Jericho* weisen auf protestantische Neugründungen hin. San Javier ist kein Ort, da stehen nur ein paar Hütten. Hier gabelt sich die Straße: nach rechts bzw. geradeaus geht es nach Bonampak. Nach 4 km wird der **Crucero Bonampak** erreicht, dort gibt es ein Restaurant und den Camping *Margarito.* Von da sind es nach Bonampak noch 9 km und nach Lacanjá Chansayab, rechts ab, weitere 3 km.

Lacanjá Chansayab / Campamento Lacanjá

Das kleine Lacandonen-Dorf (ca. 400 Bewohner) liegt am gleichnamigen Fluss (gute Badestelle). Man ist dort gerne auf Touristen eingestellt (z.B. bei Vicente), aber nun nicht erwarten, dass die Lacandonen so traditionell wie früher leben, m anche ziehen ihre weißen Gewänder nur noch für die Touris an. Gleich hinter der Brücke rechts auf einer Wiese unter Bäumen ist ein großes Palapa-Restaurant und dahinter ein neues Gästehäuschen mit Bad (ca. 18 €). Luftige Cabaña-Übernachtungen kosten, je ob *privada* oder *colectiva,* deutlich weniger, Frühstück und Essen 2,50–4,50 €. Es gibt auch Platz zum Zelten und Hängematten sind mietbar. Führerdienst zum Wasserfall am Río Cedro oder nach Bonampak etwa 11 €. Verkauft werden Lacandonen-Artesanías: Pfeile, Keramiken, Schnitzereien, Korbwaren u.a. In Dorfnähe ist außerdem eine kleine archäologische Stätte *(Sitio Arqueológico Lacanjá).* Nach Lacanjá Chansayab fahren von Palenque um 10 u. 12 Uhr „Chamoan"-Colectivos von der Hidalgo 137.
2 km vom Dorf eine weitere Möglichkeit zum Übernachten, und zwar beim **Campamento Lacanjá** (Cabañas für 2–6 Pers.) des Veranstalters Explora von San Cristóbal de las Casas (Tel. 01-976-6784295, explora@ prodigy.net.mx).

Frontera Corozal

Von San Javier sind es noch ca. 35 km bis zum *Crucero Corozal* (Militärkontrollposten). Links geht es nach Frontera Corozal (ca. 15 km), geradeaus führt die Carretera Fronteriza weiter nach Benemérito de las Américas.

Ausreise nach Guatemala

Frontera Corozal, ein weitgestreutes Dorf am Río Usumacinta, ist Abfahrtsstelle für Yaxchilán-Boote und Aus-/Einreisepunkt für Guatemala. Vor dem Fluss befindet sich rechts der Posten der mexikanischen Migración. **Bei einer geplanten Wiedereinreise nach Mexiko beim Grenzbeamten „Doble Entrada" verlangen,** Ihre *Tarjeta de turista* wird dann so gestempelt. Man spart sich dadurch die teuren Kosten einer neuen regulären Einreise mit neuer Touristenkarte (in Palenque bei der Migración). Doble Entrada-Gebühr derzeit 100 Peso. Neuerdings soll es auch ohne Doble-Entr.-Stempelung der Karte gehen. Die letzten Colectivos nach Palenque fahren etwa gegen 15 Uhr (Fz ca. 3 h).

Museum

Das kleine *Museo Regional de la Cuenca del Río Usumacinta* berichtet in drei kleinen Häusern über die Geschichte des Orts und das Leben der hier ansässigen *Lacandones, Choles* und *Tseltales* (8–18 Uhr, Eintritt; Erlöse kommen Lacandonen-Familien zugute). Zu sehen sind Fotos, Ausgrabungsstücke und Exponate zu Naturschutz und Volkskunde. Angeschlossen ist ein **Restaurant.**

Übernachten

AMAJ-Hostel und Restaurant *Escudo Jaguar;* nach der Migración 150 m nach rechts, ist ausgeschildert (escudojaguar1@hotmail.com, Tel. 015-1479300): einfache Cabañas, DZ ohne oder mit Bad ca. 25–35 €, im Dormitorio weniger, Camping möglich. Bezüglich einer **eigenorganisierter Bootsweiterfahrt** nach Yaxchilán oder Bethel ist man hier behilflich (ein **Boot für 4 Personen** kostet **derzeit ±600 Peso.** Übernachten u. essen kann man auch im bescheidenen **Nueva Alianza,** etwa 5 Minuten Fußweg vom Fluss entfernt *(baño común).*

Tropen- und Urwald-Tips

Wenn der touristische Zivilisationsmensch zum erstenmal mit dem Urwald in Berührung kommt, fallen ihm meist allerhand gefahrvolle Dinge über die „Grüne Hölle" ein, die er irgendwann einmal gelesen oder gehört hat. Hier ein paar Tips, um Unannehmlichkeiten zu vermeiden:

Gesundheit: Feuchtheiße Umgebung ist ein idealer Nährboden für Bakterien und Pilze. Deshalb hygienebewusst leben, regelmäßig Hände waschen, bei vielem Duschen (möglichst nicht barfuß) nicht den natürlichen Schutzfilm der Haut mit zuviel Seife zerstören. Die häufigste Erkrankung in den Tropen ist die Erkältung, vorsicht deshalb mit Klimaanlagen, Fahrtwind in offenen Fahrzeugen. Nicht die Nachtkühle in höherliegenden Tropenregionen unterschätzen. Vorsichtig sein mit eiskalten Getränken (Magenverstimmung), vegetarische Kost ist Fleischspeisen vorzuziehen (kein Schweinefleisch, Trichinengefahr).

Kleidung: Möglichst Baumwolle, nicht enganliegend, nur langärmlige Hemden und lange Hosen. Bei Urwaldmärschen eine Kopfbedekkung tragen, weniger wegen der Sonne, sondern vielmehr als Schutz gegen herabfallende Zecken oder Blutegel. Keine Sandalen, sondern halbhohe, leichte Schuhe.

Orientierung: Vorsicht bei Abkürzungen, bei Unternehmungen allein oder beim Verlassen eines Urwaldpfades (auch bei Rückwegen!). Gefahr des Verlaufens oder Verirrens!

Schlangen: Schlangen sind meist nur nachtaktive und erschütterungsempfindliche Tiere, die sich normalerweise beim festen Voranschreiten eines Menschen davonmachen. Schleichen Sie also nicht wie ein Waldindianer durch den Busch und gehen Sie nicht ins hohe Gras. Es gibt giftige Schlangen auf Yucatán und im lacandonischen Regenwald, eine davon, die *nanjaca* bzw. die *cuatronarizes* ist es mit tödlicher Sicherheit, andere sind es weniger (viele Gebissene sterben auch am Schock). Nachts nur mit Taschenlampe und einem Stock ins Freie gehen.

Insekten: Dagegen kann man sich nur bedingt schützen, besonders lästig sind natürlich die Moskitos, die sich tagsüber im Dunklen verstecken und bei Dämmerung losschwirren. Einreibemittel auf Haut und Kleidung hält sie etwas zurück, beim Schlafen hilft evtl. eine Moskitospirale, die mit ihrem Rauch die Plagegeister vertreibt. Am besten ist ein Moskitonetz. Gegen juckende Moskitostiche gibt es in Mexiko *Di-Delamine* und *Andantol-Jalea,* zur Not tut's auch Limonensaft oder der Saft der Aloe (letzterer ist auch gut gegen Sonnenbrand). Bettdecken und Matratzen sind in Tropenhütten häufig verwanzt, einfache, harte Lager sind meist „sauberer". Diesbezüglich am besten ist eine Hängematte (diagonal reinlegen ist bequemer).

Wasser: Auf Badefreuden in *unbekannten* tropischen Flüssen und in stillstehenden Seen und Tümpeln besser verzichten – kleinste Würmer und Larven, die sich durch die Haut bohren, können eklige Wurm- und Tropenkrankheiten verursachen. Möglichst nur sicheres Wasser trinken. Für sauberes Wasser bei einem mehrtägigen Urwaldtrip gibt es Wasserentkeimungstabletten *(pastillas para purificar agua)* in *farmacias,* wie z.B. *yodo* oder *hidroclonazone.* Dschungel-Führer kennen wasserhaltige Lianen die sie kappen um trinken zu können.

Und: Die Dämmerung ist in den Tropen sehr kurz! Deshalb wichtiges noch bei Tageslicht erledigen. Eine Taschenlampe wird dann zum wichtigsten Utensil. **Unbedingt die unglaublich zirpend-schnarrend-rufende Geräuschkulisse eines nächtlichen Tropenwaldes erleben,** indem man auf einem gefahrlosen Weg ein Stück in den Wald hineingeht. (Wer ein kleines Tonband dabeihat, kann seine tönenden Urwaldnächte zuhause nochmals anhören).

Flussboote am Río Usumacinta. Sie fahren nach Yaxchilán und Bethel in Guatemala

Nach Guatemala Zu dem kleinen guatemaltekischen Dorf **Bethel** benötigen die Boote flussaufwärts ca. 40 Minuten. Nachdem man die Uferböschung hochgegangen ist geht es nach rechts ins „Zentrum“: ein paar Häuser, kleine Läden, bescheidene Restaurants, der Busstop, ein *Oficina de Turismo* und die guatemaltekische Migración (die Einreise ist kostenlos, 90 Tage Aufenthalt). Geldwechsler oder das Oficina de Turismo tauschen Peso und Dollar in Quetzales. Übernachten ist gleichfalls möglich (Schilder weisen darauf hin wo).

Von Bethel dann weiter mit einem 2.-Klasse-Bus nach Flores bzw. zunächst nach Sta. Elena, Abfahrt um die Mittagszeit, ca. 30 Quetzal (es fährt auch ein Bus morgens um 6 Uhr). Distanz rund 150 km, Fz etwa 4,5 h; es geht über Las Cruces und El Subín (bis dahin holprige Piste).

Wer eine **Tour gebucht** hat, z.B. mit **San Juan Tour & Travel,** braucht sich um die Weiterfahrt nicht zu kümmern. Unterwegs wird in Las Cruces ein Stop eingelegt. In Sta. Elena fährt der Bus zuerst zum dortigen SJ-Haupthotel mit Reiseagentur und anschließend zu den Hotels der Fahrgäste nach Flores. Doch allgemein aufpassen, wenn San Juan mit „im Spiel ist“ ...

■ **Achtung!** Die Bushelfer in den San-Juan-Bussen beschwatzen und ködern sehr aktiv die Fahrgäste, für die spätere Weiterfahrt von Flores nach Belize bzw. nach Chetumal/Mexiko sofort „billige“ Anschluss-Bustickets zu kaufen ... Kauft sie erst in Flores, Tickets sind dort keinesfalls teurer, man kann vergleichen und ggf. handeln, und man muss auch nicht mit San Juan weiterfahren. Mehr über Flores und Tikal s.S. 311.

Yaxchilán

Flussfahrt **Mückenschutzmittel** und **Trinkwasser** mit dabei? Dann an Bord. Schon immer spielten Flüsse kulturhistorisch eine wichtige Rolle, an ihnen entwickelten sich frühe Zivilisationen. Verbindende Schlagader in der Welt der Maya war der **Río Usumacinta,** der wasserreichste Fluss Mittelamerikas. In seinem Einzugsbereich liegen *Yaxchilán, Bonampak, Palenque, Piedras Negras* u.a. Maya-Stätten. Während der Trockenzeit kann der Wasserspiegel des Usumacinta bis zu 10 m sinken, erkenntlich an den hohen, ausgewaschenen Uferböschungen. Dann ragen viele Sandbänke hervor. Ab und zu kommt an der guatemaltekischen Uferseite (Region Petén) ein Dorf in Sicht, und wenn der Bootsführer scharfe Augen (und Glück) hat, wird er auf Flusskrokodile hinweisen. Ansonsten sind dichte Galeriewälder die Begleiter.

Yaxchilán liegt an der linken Flussseite an einer hufeisenförmigen, fast geschlossenen Flussschleife. Nach ca. 40minütiger Fahrt legt das Boot an. Über Treppen gelangt man das Steilufer nach oben, wo ein paar Hütten stehen. Die Ruinen liegen links, der Ruinen-Wärter kann die Führung übernehmen. Yaxchilán ist tägl. geöffnet 8–16.45 Uhr. Wer keine Pauschal-Tour gebucht hat muss Eintritt zahlen.

Vorgeschichte Die sehr weitläufige Anlage vor undurchdringlicher Urwaldkulisse stammt aus der klassischen Maya-Periode (ca. 300–900 n.Chr). Zusammen mit *Palenque,* mit dem etwa 70 km weiter flussabwärts gelegenen *Piedras Negras,* mit *Tikal* (beide heutiges Guatemala) und *Copán* (Honduras) war Yaxchilán einer der großen eigenständigen Stadtstaaten im Maya-Zentralgebiet. Seine Blütezeit hatte Yaxchilán im 7. und 8. Jh., und nach dem Niedergang Palenques (810) war Yaxchilán das bedeutendste Maya-Zentrum der Region. Doch bald danach wurde auch Yaxchilán von seinen Bewohnern aufgegeben (Exkurs darüber s.S. 290). Yaxchiláns zahllose Hieroglyphen-Inschriften und die hervorragenden Bildreliefs waren – zusammen mit denen von Palenque – Hauptinformationsquellen zur Entschlüsselung der Geschichte der Tiefland-Maya.

Wiederentdeckt wurde Yaxchilán von *Edwin Rockstroh* (1881), wissenschaftlich zuerst beschrieben von *Alfred Maudslay* (1882), auch der Franzose

Charnay war hier. Den Namen *yaxchilán* („yax“ = blau/grün, „chilán“ = Verstreutes) bekam die Stätte vom Deutsch-Österreicher *Teobert Maler,* der von 1901–1903 hier forschte (zuvor hielt sich Maler, wie Maudslay und Charnay, in Palenque auf). Erst ab 1970 wurde Yaxchilán gründlicher erforscht.

Die Anlage Die Bauten liegen in Reihen hintereinander am Flussufer und verstreut im hügeligen Inland. Der flache Uferbereich ist nicht allzu breit und war wohl einst säuberlich gerodet, ohne die hohen Bäume. Wer zu den Bauten im Wald gehen möchte, muss schweißtreibende Anstiege in Kauf nehmen. Allzuviel erkunden kann man jedoch in 2–3 Stunden nicht. Vorsicht, es gibt (kleine) giftige Schlangen!

Was Yaxchilán so beeindruckend macht sind weniger die Bauten, sondern es ist die Urwald-Atmosphäre und das Gefühl, direkt in die alte Maya-Zeit abzutauchen. Ständig tönt das Geschrei der Brüllaffen durch die Luft (*Alouatta palliata,* span. *monos aulladores,* engl. *howler monkeys,* man sieht sie manchmal durch die höchsten Wipfel turnen), und wer draußen bei den Hütten übernachtet, erlebt morgens am Usumacinta einen unvergesslichen Sonnenaufgang. Für die Lacandonen ist Yaxchilán – sie nennen es *chixokla* – immer noch Pilgerstätte, sie opfern hier ihren Ahnengöttern.

Die Bauten Es gibt etwa 100 größere und kleinere Bauten (Bauzeit 6. bis 9. Jh.), doch nur ein paar Dutzend sind freigelegt und noch weniger restauriert. Im dichten Wald liegt noch viel Unausgegrabenes verborgen. Die allermeisten tragen keine Namen, sie werden – zusammen mit einer fortlaufenden Nummer – nüchtern als *estructuras* bezeichnet. Stufenpyramiden gibt es keine.

Die wichtigsten Gebäude und der kleine Ballspielplatz liegen nahe des Flusufers und gegenüber dem Hauptplatz am ansteigenden Hang. Sie sind meist langgestreckt und nicht hoch. In Grundriss und Baustil ähneln sie den Tempeln in Palenque (mehrere Eingänge an den Längsseiten, zwei parallele Kammern mit Kraggewölben, durchbrochene, massive *cresterías*). Die oberen Fassaden tragen meist Verzierungselemente. Der Zahn der Zeit und das Tropenklima hat vieles zernagt und zerfressen.

Dinteles und Estelas

Charakteristisch für Yaxchiláns Bauten sind ihre reliefverzierten Türsturze (span. **dintel,** engl. lintel). Die Reliefs sind aber nicht, wie man annehmen sollte, auf die Vorderseiten der Türsturze eingemeißelt, sondern auf die Unterseiten – stellen Sie sich also schon mal auf Kopfverrenkungen ein (oder greifen Sie zu Ihrem Taschenspiegel, sofern Sie einen dabeihaben). **Es sind feinste Flachreliefs mit höchster Ausdruckskraft, die schönsten der gesamten Maya-Welt!** Verewigt wurden historische Daten und kriegerische Abläufe, politische Botschaften sowie vor allem persönliche Ereignisse im Leben der **Balam, der Herrscher-Dynastie** von Yaxchilán.

Außerdem fand man in Yaxchilán viele **Stelen** (von denen es z.B. in Palenque keine gibt), deren Ikonographie gleichfalls aus Reliefbildern, Glyphen und Datumsangaben besteht. Die schönsten und bedeutendsten Stelen und Türsturze befinden sich im Anthropologischen Museum in Mexiko-Stadt und auch im Britischen Museum in London (Türsturze 24 u. 25).

Foto: Dintel 26 (v. Estructura 23, Jahr 726). **Frau Xoc** („Lady Fist-Fish“) reicht ihrem Mann **Schild-Jaguar** einen Jaguar-Helm (Anthropol. Museum Mexiko-Stadt).

Yaxchiláns Herrscher-Dynastie

■ *Schild-Jaguar I.*

War es in Palenque das Herrschergeschlecht der Pacals, die die Geschichte dieser Maya-Stadt prägten, so bestimmten in Yaxchilán die **Balams** die Geschicke, und dies über 500 Jahre lang! Der Stammvater war der sagenumwobene **Ahau** (König) **Yat-Balam** („Penis-Jaguar“, Thronbesteigung 359), doch am bedeutendsten der langen Herrscherliste waren seine späteren Nachfahren und Könige **Schild-Jaguar I.** (Itzam-Balam I., König ab 681, gest. 742, **s. Abb.**) und sein Sohn **Vogel-Jaguar** (Yaxun Balam IV., geb. 709, König ab 752, Regentschaft bis ca. 771). Unter der langen Regierungszeit von Schild-Jaguar I. (61 Jahre) hatte Yaxchilán erheblich expandiert und es wurden viele Bauten fertiggestellt. Nach seinem Tod 742 folgte ein zehnjähriges Interregnum.

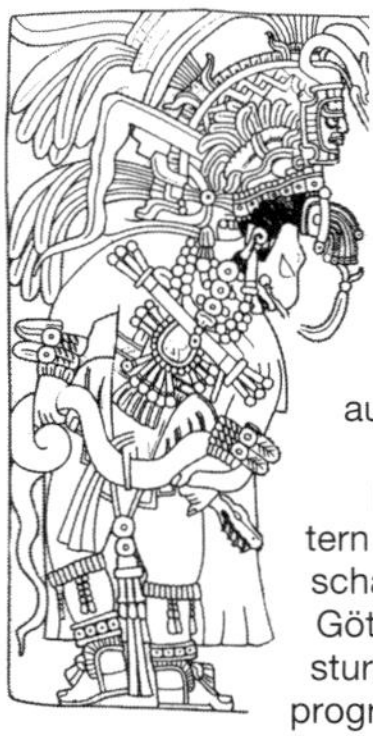

■ *Vogel-Jaguar (Yaxun Balam IV.)*

Schild-Jaguar I. hatte zwei Frauen: **Frau Abendstern** (aus → Calakmul), Vogel Jaguars Mutter, und **Frau Xoc** („Lady Fist-Fish“). Diese legendäre Frau spielte in der Balam-Dynastie als Ritualpriesterin eine außergewöhnliche Rolle, wie aus etlichen Blutritual-Darstellungen auf Türsturzen und Reliefplatten hervorgeht, ihr wurde eigens der Tempel 23 geweiht. Unter Abendsterns Sohn Vogel-Jaguar erreichte Yaxchilán dann die Höhe seiner Macht. Er ließ weitere Bauwerke errichten, auf denen er und seine Frauen abgebildet sind. Sein Nachfolger wurde sein Sohn **Itzam-Balam II.** (geb. 752). Die letzte Datumsglyphe der Balam-Dynastie stammt aus dem Jahr 808 (Dintel 10).

Die Könige von Yaxchilán waren der Überzeugung – wie andere Maya-Herrscher und auch die Aztekenkönige –, direkt von den Göttern abzustammen. Um diesen Ruhm zu bekräftigen und ihren Herrschaftsanspruch zu untermauern, mussten ihre Bildhauer sie mit Göttern in rituellen Handlungen in ausdrucksstarken Szenen auf Türsturzen und Stelen verewigen. Dieses dutzendfache Selbstdarstellungsprogramm mit Weihe- und Blutopferritualen, verwickelten Familienverhältnissen und politisch-kriegerischen Turbulenzen in ihren Regierungsjahren ist äußerst kompliziert und böte Stoff für ein ganzes Buch. Nachfolgend kann deshalb die umfangreiche Historie der „steinernen Bibliothek“ Yaxchiláns nur ansatzweise dargestellt und interpretiert werden.

Rundgang

Estructura 19 / Laberinto

Zwischen hohen Bäumen geht es in einen Waldweg. Nach etwa 200 m wird die Rückseite der querliegenden Estructura 19 erreicht **(s. Foto i.d. Karte).** Wegen der verzweigten und labyrinthartigen Bauweise mit dunklen, feuchten und rauchgeschwärzten Gängen und Kammern auf zwei Ebenen bekam es den Namen „Laberinto“ (durch die obere Ebene kann man später nach dem Rundgang wieder zurückgehen). Wer mit einer Taschenlampe in die Kammern leuchtet, sieht Fledermäuse hängen. Es wird vermutet, dass diese Räume einst für Weihe-Riten benutzt wurden.

Nachdem man hinten wieder hinausgetreten ist öffnet sich ein langer Platz mit weitausladenden Baumriesen. Noch vor dem letzten Treppenabsatz liegt ein runder **Altarstein** aus der Regierungszeit von Vogel-Jaguar (König ab 752), wie aus den Glyphen entziffert werden konnte.

Ballspielplatz

Die linksliegenden Bauten 16 und 17 waren wohl im Zusammenhang mit dem Ballspielplatz erbaut worden, dienten vielleicht der vorherigen Reinigungszeremonie. Die Türsturze zeigen Abbildungen von Frauen mit Schlangen.

Der danach folgende kleine Ballspielplatz Estructura 14 wurde vermutlich unter Schild-Jaguar I. in mayatypischer Bauweise in I-Form mit seitlichen Böschungen erbaut. Zu sehen sind 5 Rundsteine als Markierungen (z.T. reliefiert), drei auf der Platzmitte und zwei auf den Böschungen.

Estructura 12

Danach kommen die Mauerreste der dahinterliegenden und zurückgesetzten Estructura 12. Hinten sind zwei Türsturze zu sehen, durch kleine Überdachungen werden sie vor der Witterung geschützt. Auf weiteren Türsturzen ist die Genealogie früher Yaxchilán-Herrscher aufgezeichnet.

Estela 1

Unter einer aufgespannten Plane und etwas erhöht steht die wuchtige, beidseitig reliefierte Stele 1. Die vordere Seite erinnert an Vogel-Jaguars Thronbesteigung, er ist reich geschmückt, doch wo sein Kopf sein sollte, ist die Stele beschädigt. Links von ihm Glyphenkolonnen und rechts eine kleine Person. Ganz unten das Abbild einer Gottheit.

Estructura 6

Die nächste größere Baugruppe mit einem hohen Dachkamm ist die Estructura 6. Im Mauerwerk sieht man eine Maske des Regengottes Chaak. Wegen den ehemals farbigen Stuckarbeiten und Ausmalungen heißt der Bau auch „Templo Rojo" – „Roter Tempel". Zutritt an der Stirnseite durch eine kleine Tür (sofern möglich). Im Innern des schwarz-feuchten, doppelräumigen Baus fand man zahlreiche Keramiken und religiöse Gegenstände, die belegen, dass die Lacandonen hier ihren Göttern Opfer brachten.

Estela 11

Die liegende Stele 11 sollte 1964 nach Mexiko-Stadt ins Anthropologische Museum gebracht werden, war aber für das kleine Buschflugzeug zu schwer. Vormals stand sie vor der Estructura 40 auf dem hohen Hügel landeinwärts. Das Stelenbild zeigt zwei gegenüberstehende Männer, links der alte König Schild-Jaguar, rechts sein Sohn und Nachfolger Vogel-Jaguar. Beide Männer halten einen sogenannten Klappenstab in ihrer Hand. Die winklige Datums-Hieroglyphe am Fuß des Vaters lautet auf das Jahr 741, die anderen beschreiben die Thronbesteigung. An den Schmalseiten der eindrucksvollen Steinplastik sind Beischriften eingemeißelt.

Sollte sie mal aufgestellt werden, kann man die Rückseite sehen: Vogel-Jaguar trägt eine Maske des Regengottes Chaak, vor ihm knien drei kleine Männer bzw. Gefangene in demütiger Haltung. Vielleicht sollen sie geopfert werden. Darüber eine Hieroglyphenkolonne und auf dem abgebrochenen Stück in kleiner Darstellung Vogel-Jaguars Eltern, die auf ihren Sohn herunterschauen: links Frau Abendstern und rechts daneben der bereits verstorbene Vater Schild-Jaguar.

Estructura 20

Auf dem Weg rüber zur Estructura 20 stehen Stele 3 mit zwei Altären sowie 4 bis 7, z.T. unter Schutzdächern. Estructura 20 ist das doppelstöckige linke Gebäude der Hangbauten. Über dem linken Eingang befindet sich der Türsturz 12, in der Mitte Türsturz 13 und rechts 14. Die Türsturze 13 und 14 sind in ihrer Ikonographie sehr ähnlich. Obwohl sie sehr hell sind (und somit wie Kopien aussehen), sind es Originale. Dintel 14 zeigt links die Frau von Vogel-Jaguar, Frau Groß-Schädel-Null und rechts außen ihren Bruder. Frau Groß-Schädel-Null hält in ihrer rechten Hand ein Messer, mit dem das Blutritual vollzogen wurde, und in ihrer linken Hand eine Opferschale zur Aufnahme blutgetränkter Baumrindenstreifen. Der Mann stützt mit seiner rechten Hand den Kopf einer Visionsschlange, aus deren Rachen ein Ahne hervortritt.

Dintel 13 zeigt gleichfalls ein Blutopfer, dargebracht von Vogel-Jaguar und Frau Groß-Schädel-Null anlässlich der Geburt des Thronerben von Vogel-Jaguar im Jahr 752. Dintel 12 zeigt Vogel-Jaguar (Mitte) mit Gefangenen (rechts).

Estructura 21

Estructura 21, ein Tempel Vogel-Jaguars, hat ein Schutzdach und enthält eine wertvolle Stele, deren Rückseite über einen dahinter aufgehängten Spiegel sichtbar ist. Sie zeigt **Frau Abendstern,** Vogel Jaguars Mutter, beim Vollzug eines Blutentnahmerituals wie sie sich eine Schnur durch ihre Zunge zieht.

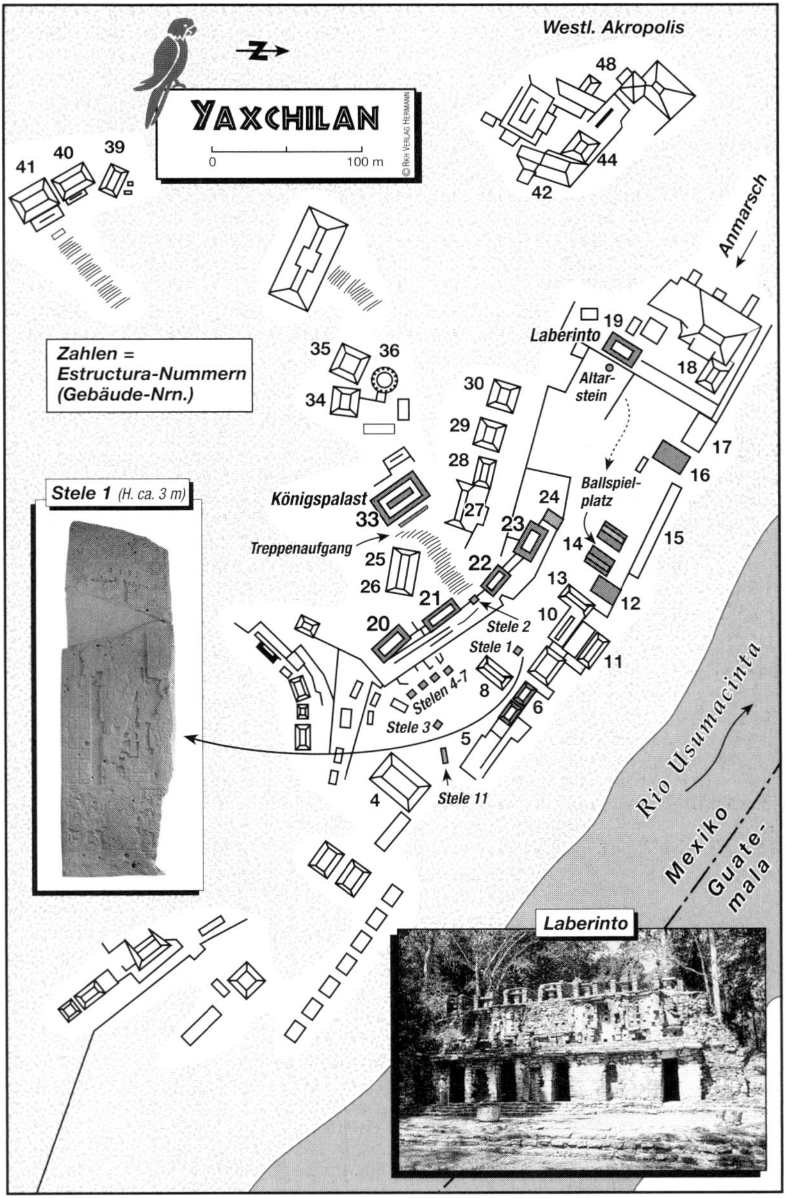
YAXCHILAN
0
100 m
© RKH VERLAG HERMANN
Westl. Akropolis
48
44
42
39
40
41
Anmarsch
Zahlen =
Estructura-Nummern
(Gebäude-Nrn.)
35
36
34
30
29
28
27
19
Laberinto
Altar-
stein
18
17
16
Ballspiel-
platz
15
14
12
13
24
23
22
21
20
25
26
Königspalast
33
Treppenaufgang
Stele 1 (H. ca. 3 m)
Stele 2
Stele 1
10
11
8
6
5
Stelen 4-7
Stele 3
Stele 11
4
Rio Usumacinta
Mexiko
Guate-
mala
Laberinto

Die Vorderseite stellt gleichfalls Frau Abendstern dar. Sie trägt einen hohen Kopfputz und in ihrer linken Hand hält sie eine Opferschale, in der Baumrindenstreifen liegen, um beim Ritual des Zungendurchstechens das Blut aufzufangen. In ihrer rechten Hand hält sie, kaum sichtbar, einen Schädel. Unten einige Reihen von Glyphen.

Die Reliefs der drei Türsturze 15, 16 und 17 von Estructura 21 entsprechen bildlich-inhaltlich denen von Estructura 23 (ein Tempel des Vaters Schild-Jaguars). Sie zählen künstlerisch zu den schönsten und befinden sich im Britischen Museum in London. Der einst über dem linken Eingang angebrachte Türsturz 15 zeigt den Visionsritus von Frau Tun von 755, Sturz 16 Vogel-Jaguar in vollem Kriegsornat, wie er mit Lanze vor einem knienden Gefangenen steht und Sturz 17, einst über dem rechten Eingang, Frau Balam, wie sie sich eine Schnur durch die Zunge zieht und Vogel-Jaguar aus seinem Penis Blut abzapft (s. Abb. im Kasten).

Stele 2

Zwischen Estructura 21 und 22 geht es steil aufwärts zum Königspalast, am Beginn der Treppe steht Stele 2 mit dem Reliefbild eines frühen Herrschers.

Götter, Blut und Visionen

Religion und Rituale waren für die Maya untrennbare Bestandteile des Lebens. Die Maya-Herrscher identifizierten sich mit den Göttern, doch ihre Vergöttlichung erwarben sie sich nicht mit der Geburt, sondern erst durch ein schmerzhaftes Initiationsritual anlässlich des Beginns ihrer Regentschaft. Um mit den Göttern in Verbindung treten zu können mussten Blutopfer vollzogen werden: Entweder in Form eines Menschenopfers (Tötung von Gefangenen) oder durch **Selbstkasteiung** *(autosacrificio)*. Vollzogen wurde das Ritual aber auch bei der Geburt eines Herrschersohns, bei der Weihe eines Tempels oder anlässlich wichtiger Koinzidenzen im Lauf der Kalenderzyklen (z.B. nach Ablauf von 52 Jahren). Beim Selbstopfer durchstachen die Männer ihre Penishaut, Frauen gewannen ihr Blut durch Zungenperforation.

„Sie brachten ihr eigenes Blut als Opfer dar, zerkratzten sich manchmal rundherum …“, beobachtete und schrieb der spanische Bischof → Diego de Landa, … *„manchmal opfern sie bestimmte Körperteile, manchmal durchstechen sie sich die Zunge in schräger Richtung von einer Seite zur anderen und stecken unter grässlichem Leiden Grasblätter durch die Löcher. Andere schlitzen sich das männliche Glied auf; sobald sie dies getan haben, ziehen sie die größtmögliche Menge Schnur durch die Löcher …“*

Und Schele/Freidel schreiben in „Unbekannte Welt der Maya“: *„Der dabei auftretende Blutverlust versetzte den Betroffenen, zusammen mit starken Schmerzen, in einen Trancezustand, der das Erscheinen der Visionsschlange begünstigte. Die Visionsschlange war der Verbindungsweg, auf dem die Ahnen ins Diesseits gelangten, um sich ihren Nachfahren zu offenbaren …“*

Zum Durchstechen wurden spitze Dornen, Knochen oder Rochenstachel verwendet. Das Blut wurde mit Gefäßen aufgefangen, in denen aufsaugende Baumrindenstreifen lagen. Diese wurden verbrannt, der Blutrauch stieg zu den Himmelsgöttern hoch. Die Häufigkeit von Opfer-Darstellungen in der Kunst der Maya und viele archäologische Funde von Rochenstacheln bestätigen die weite Verbreitung der Blutopfer in der Welt der Maya.

Abb.: Selbstkasteiungsszene, *Türsturz 17 von Tempel 21 zeigt rechts Vogel-Jaguar, wie er sich aus seinem Penis Blut abzapft. Links zieht Frau Mutul-Jaguar eine Schnur durch ihre Zunge. Nach der Hieroglyphen-Inschrift war der Anlass des Blutopfers die Geburt des Sohns von Vogel-Jaguar, Itzam-Balam II. im Jahr 752 (British Museum, 770 n.Chr., Kalkstein, Format 69 x 76 cm).*

Ein weiterer Türsturz mit Blutritus-Darstellung ist der berühmte **Türsturz 24** von **Estructura 23** (entstanden 700–725), ein absolutes Meisterwerk der Maya-Kunst (British Museum, Kalkstein, Höhe 110 cm, Breite 80 cm). Er zeigt **Schild-Jaguar** und seine **Frau Xoc,** wie sie den Ritus der Blutentnahme zelebrieren. Frau Xoc bzw. „Lady Fist-Fish" zieht eine dornenbewehrte Schnur durch ihre Zunge, das Blut tropft in eine Schale am Boden. Offensichtlich findet die Selbstkasteiung im Dunkeln statt, weil der König mit einer brennenden Fackel Licht spendet. Beide Personen sind durch die Hieroglyphen-Bänder zu identifizieren. In seiner künstlerischen Ausdruckskraft und Feinheit ist dieses Relief, das durch seinen tiefen Einschnitt fast vollplastisch erscheint, eines der ästhetischsten Reliefs der Maya überhaupt!

Ein sehr schönes Beispiel der **Visionsschlange** stellt **Türsturz 25** von **Estructura 23** dar (British Museum, Kalkstein, 130 x 86 cm, Jahr 681). **Frau Xoc** (rechts unten) erlebt nach einem Blutritual eine Vision. Gebannt und in den Anblick versunken starrt sie zu einer Schlange empor, aus deren Rachen ein menschlicher Kopf bzw. ein Krieger mit Helmbusch entspringt – wahrscheinlich der Balam-Dynastiebegründer Yat-Balam. Die Visionsschlange war für die Maya die Verbindung zwischen der natürlichen und übernatürlichen Welt. Auch dieses meisterhafte Relief ist überaus detailreich und sehr tief eingeschnitten, so dass wieder der Eindruck von Dreidimensionalität entsteht.

Estructura 33 (Königspalast)

Hoch über dem Hauptplatz ragt eines der Hauptbauwerke Yaxchiláns hervor, der *Palacio del Rey,* der „Königspalast". Er ist ca. 22 m lang und mit der mächtigen Crestería über 13 m hoch. Die Crestería hatte einst 8 Reihen und sie besteht aus zwei parallelen Wänden. In ihrer Mitte sind die Reste einer Figur zu sehen. Auch der Dachfries war einst mit Stuckornamenten reich verziert.

■ *Königspalast*

Der Palacio wurde in der Regierungszeit Vogel-Jaguars erbaut, die kopflose Figur des Königs befindet sich in einer Kammer hinter dem mittleren Eingang. Im Lotussitz sitzt er da, sein Kopf liegt im nächsten Raum (ursprünglich befand sich die Figur ganz hinten rechts). Dieser Torso wird noch heute von Lacandonen verehrt, wie danebenliegende Reste von Opfergaben und Copal (Weihrauch) beweisen. Kopf und Rumpf wieder zusammenzufügen würde nach dem Glauben der Lacandonen großes Unglück nach sich ziehen (für die Lacandonen ist der

Tempel außerdem der Sitz von *hachakyum,* ihr Sonnen- und Lebensgott – oder ehren sie in dem Torso *hachakyum?*).

Die Türsturze der drei Eingänge sind mit Szenen aus dem Leben Vogel-Jaguars geschmückt. **Türsturz 1** (linker Eingang) zeigt Vogel-Jaguar mit dem sog. Figurinen-Zepter; rechts hinter ihm seine kleiner abgebildete Frau, Frau Groß-Schädel-Null. **Türsturz 2** (mittlerer Eingang) zeigt rechts Vogel-Jaguar beim Jubiläum seiner Inthronisation. Links sein kleiner Sohn Chel-Te. In ihren Händen halten beide kreuzförmige Zepter, das mayanische Symbol der Weltachse. **Türsturz 3** zeigt rechts wiederum Vogel-Jaguar und links eine seiner Frauen, beide mit Figurinen-Zepter.

Menschliche Bälle

Vor den Eingängen zum Palast liegen als lange Stufe über ein Dutzend skulptierter Steine, durch eine Abdeckung geschützt. Sie zeigen u.a. die Thronbesteigung von Vogel-Jaguar und Ballspiel-Szenen der Herrscher Yaxchiláns, wobei ihnen zu Kugeln zusammengeschnürte Gefangene als menschliche Bälle dienen (Ballspiel-Exkurs s.S. 204). Die Gesichter der Reliefs sind z.T. beschädigt. Auf dem langen Stein in der Mitte (Stufe Nr. VII) spielt **Vogel Jaguar** mit einer solch menschlichen Kugel, sie rollt eine 6stufige Treppe hinab (Jahresdatierung 744). Rechts von Vogel Jaguar die Darstellung zweier Zwerge, Boten der Unterwelt.

Stufe VI links daneben zeigt **Schild-Jaguar,** Vogel Jaguars Vater, gleichfalls beim Ballspiel; der Ball liegt auf einer 3stufigen Treppe.

Stufe VIII, rechts von VII, zeigt den Großvater Vogel-Jaguars, **6-Tun-Vogel-Jaguar,** beim Ballspiel im Jahr 636. Der Ball rollt rechts von ihm eine 6stufige Treppe herab. Auf dem Ball sind oben die in die Luft ragenden Beine des verschnürten menschlichen Körpers zu erkennen.

Estructura 22

Nachdem man die vielen Stufen wieder hinabgestiegen ist, nach links wenden. Der nächste Bau ist die Estructura 22. Das Gebäude wurde wahrscheinlich in der Zeit Vogel-Jaguars IV. erbaut. Auf den Türsturzen sind Glyphen zu sehen.

Estructura 23

Dieser Tempel war außergewöhnlich, denn er war der einzige, der einer Frau geweiht wurde, **Frau Xoc,** eine der Gattinnen von Schild-Jaguar. Er enthielt die künstlerisch schönsten Türsturze 24 und 25 (s. Kasten) die 1886 von Maudslay nach London ins Britische Museum gebracht wurden. Nr. 26 befindet sich im Anthropologischen Museum in Mexiko-Stadt. Er zeigt Frau Xoc, wie sie ihrem Mann Schild-Jaguar eine Jaguar-Maske (Helm) überreicht (s. Kasten vorne, „Dinteles und Estalas").

Ende des Rundgangs

Damit ist der Rundgang beendet. Durch die Estructura 19/Laberinto gelangt man wieder auf den Pfad zum Ausgangspunkt.

Wer noch Zeit hat, kann die Tempelhügel weiter landeinwärts besuchen. Die der „Westlichen Akropolis" liegen hinter dichten Bäumen verborgen. Die beste Aussicht, weit über den Dschungel und über den Usumacinta nach Guatemala, soll man vom Hügel der Estructuras 39, 40 und 41 haben (sie liegen 300–400 m hinter dem Königspalast). Auch diese Tempel wurden unter Vogel-Jaguar IV. erbaut. Nr. 40 weist noch eine Crestería auf und zeigt im Innern Spuren von Wandmalereien. Die Stelen von Tempel 41 beschreiben Ereignisse aus dem Leben Schild-Jaguars.

Die **Westliche Akropolis** wird von den Estructuras 42, 44 und 48 gebildet, die gleichfalls reichverzierte Türsturze aufweisen. Nr. 42 zeigt Vogel-Jaguar, wie er mit seinen Kriegern spricht. Nr. 44 wurde unter Schild-Jaguar zur Erinnerung an seine Schlachten erbaut. Estructura 48 diente als rituelles Reinigungsbad.

Die Lacandonen

Die *Lacandones* sind Maya und die kleinste Ethnie Mexikos. Ihre Vorfahren zogen sich einst vor den spanischen Konquistadoren in die Urwaldgebiete von Chiapas zurück, wo sie isoliert als eine Art Waldnomaden bis in die Neuzeit überlebten. Sie selbst nennen sich *hach winik* (was „wahre" oder „echte Menschen" bedeutet), und sie sprechen *lacandón* (mit Sprachunterschieden zwischen südlichen und nördlichen Gruppenangehörigen).

Lacandonen sind sehr kleinwüchsig, haben schulterlanges, tiefschwarzes Haar, mädchenhaft-weiche Gesichtszüge und tragen weiß-wallende Gewänder – hat man sich so die frühen Maya vorzustellen, die Palenque, Yaxchilán, Bonampak erbauten? Ihre von der westlichen Zivilisation unberührte Lebensweise machte sie jahrzehntelang zu „Lieblingsobjekten" der Ethnologen, die Schweizerin *Gertrude Duby-Blom* (1901–1993) dokumentierte in hunderten Fotos ihre traumverlorene Welt (zu sehen im Haus → *Na Bolom* in San Cristóbal de las Casas).

Heute mögen es noch etwa sechs- bis siebenhundert Lacandonen sein, die zurückgezogen in Familiengemeinschaften *(caribales)* im Regenwald zwischen den Flüssen Usumacinta und Jataté eine kümmerliche Existenz fristen oder eine Hütte in den drei größeren *comunidades* **Nahá** (s.S. 320), **Metzabók** und **Lacanjá Chansayab** haben. Nur noch wenige leben traditionell, wozu z.B. das Praktizieren alter Maya-Riten gehört und das Trinken von *balché,* einem leicht alkoholischen Getränk aus der Rinde des gleichnamigen Baumes. Abzählbar sind auch jene Lacandonen, die sich dann und wann nach → Yaxchilán aufmachen, um dort den Ahnengöttern Opfer zu bringen. Man sieht sie am Eingang der Palenque-Ruinen, wo sie Imitationen ihrer früher gebrauchten Pfeile und Bögen verkaufen und sich als Kuriosität fotografieren lassen. Sie wirken wie wandelnde Exponate eines Völkerkundemuseums, denen die Geschichte erlaubt hat, zu überleben.

US-*Evangelistas,* Parabolantennen, der Kahlschlag des lacandonischen Regenwalds und auch Touristen haben das Leben der Lacandonen unumkehrbar verändert. Traditionell wird noch am ehesten in Nahá gelebt (zumindest war es so, als dort noch der legendäre *Chan k'in Viejo* lebte), während **Lacanjá Chansayab,** das in der Nähe von Bonampak und der Straße nach Frontera Corozal liegt, den größten Wandel durchmacht. Fünf *Casas de la Cultura,* stilgerecht erbaut und eingerichtet, sollen nun in Nahá, Lacanjá Chansayab, Metzabók, Nuevo Palestina und Frontera Corozal die Identität und das kulturelle Erbe der Lacandonen bewahren helfen. Sie stehen allesamt unter Leitung der Dörfer. Man kann *artesanías* kaufen, rustikal-einfach übernachten und essen. (Um Respektierung ihrer Traditionen wird gebeten.)

Wer noch mehr über die *Lacandones* wissen will, kann sich im Internet zu ihrer Homepage durchklicken (www.geocities.com/RainForest/3134/yax.html). Dort gibt es interessante Beiträge, hauptsächlich von US-Amerikanern und Völkerkundlern und vom Na Bolom Cultural Centre in San Cristóbal de las Casas, das mit die Schirmherrschaft übernommen hat. Wer von Palenque nach San Cristóbal de las Casas fährt, kann bei Interesse ja dort vorbeischauen (Calle Vicente Guerrero 33).

Chan k'in Viejo (Foto), eine weitbekannte Lacandonen-Persönlichkeit, starb hochbetagt – er war wohl über 100 Jahre alt – am 23.12.1996. Er war ein t'o'ohil, ein spiritueller Führer und Bewahrer der Traditionen der hach winik und lebte in Nahá. Ich traf ihn 1979 bei den Ruinen von Palenque (er war damals schon eine Legende), wo dieses Foto entstand.

Mit Streichholz, Axt und Kettensäge

So wie die Welt der Lacandonen zu Ende gehen wird, so ist auch das Verschwinden ihres einstigen Lebensraums, der nach ihnen benannten *Selva lacandona,* vorgezeichnet. Über 70% dieses einst etwa 13.000 qkm großen Urwaldgebiets, das wie ein Keil nach Guatemala hineinragt und dessen nördliche Begrenzung der Río Usumacinta bildet, sind vernichtet. In diesen Wäldern gab es einst eine sehr artenreiche Flora und Fauna, waren Jaguare, seltene Reptilien und unzählige Vögel beheimatet (von denen der bunteste, der Quetzal, den die Maya einst als Götterboten verehrten – er hieß bei ihnen *kukul* –, praktisch ganz verschwunden ist). Geht der Trend so weiter, wird der primäre Regenwald von Chiapas in weniger als 50 Jahren komplett verschwunden sein.

Die Ursachen dieses Tropenwaldsterbens liegen jedoch nicht nur allein am Holzeinschlag, sondern auch an dem **immensen Bevölkerungsdruck** aus dem gemäßigten Hochland von Chiapas. Es ist die am dichtesten von Indígenas besiedelte Region Mexikos, die aber ihre vielen Bewohner nicht ausreichend ernähren kann. Und so wurde – durch staatliche Förderprogramme ermuntert – hinabgezogen in den verheißungsvollen Regenwald (hauptsächlich *Tseltales* und *Choles*), wo man ein Stück Land zugeteilt bekam (oder es einfach besetzte), das sich nach Brandrodung bestellen ließ. Nach den Statistiken stieg die Zahl der Bewohner im Lacandonen-Regenwald von einst wenigen 10.000 im Jahr 1960 auf nahezu 200.000 um die Jahrtausendwende!

Mit der *Reserva Integral de la Biósfera Montes Azules* wurde zwar ein etwa 3000 qkm großes Schutzgebiet geschaffen, in dem Fauna und Flora bewahrt und in dem nur noch dem tropischen Regenwald angepasste Nutzungskonzepte durchgeführt werden sollen (*„Proyecto ecoturístico"*, die Lacandonen sind „Bestandteil" dieses Schutzgebiets), doch das stille wie auch laute Waldsterben mit Streichholz, Axt und Kettensäge geht weiter. Wie bisher werden weiterhin tausende Hektar Wald abgeholzt und eingeäschert, damit es Platz gibt für Hütten, Dörfer, Bohnen, Mais und Rinder. Und niemand scheint imstande zu sein, diesem ökologischen Harikiri Einhalt zu gebieten.

Gäste auf Ästen

Weil sie in der Dunkelheit des Urwaldbodens nicht wachsen können, besiedeln viele Pflanzen höhere, lichthelle Äste von Wirtsbäumen. Man nennt sie „Aufsitzerpflanzen" oder **Epiphyten.** Dazu zählen viele Farne, Moose und Orchideen. Über speziell entwickeltes Speichergewebe nehmen sie Feuchtigkeit und die darin enthaltenen Nährstoffe auf. Da das Angebot sehr gering ist, wachsen Epiphyten sehr langsam. **Bromelien** sind gleichfalls Epiphyten, die zum Überleben eine besondere Strategie entwickelten: Ihre Blätter formen einen kleinen Trichter, in dem sich Regenwasser, Mückenlarven, Einzeller, Würmer und andere Kleinstlebewesen sammeln, von deren Ausscheidungen die Pflanze dann mittels eingewachsener feiner Wurzeln lebt. Außerdem spült das Regenwasser zusätzlich Humusreste von oberen Astregionen nach. Große Bromelien können in ihren Mikro-Teichen bis zu zehn Liter Wasser speichern.

Die bestimmt undankbarsten Aufsitzer sind die **Baumwürger,** z.B. die **Würgefeige** (*matapalo,* Gattung Ficus). Sie beginnt unscheinbar, lässt ihre Wurzeln durch die Luft oder am Stamm entlang zu Boden wachsen **(s. Foto)** und bekommt dort üppig Nahrung. Schließlich verholzt das anfänglich dünne Wurzelwerk zu einem starken Hüllgeflecht rings um den Stamm, das den Wirtsbaum regelrecht erwürgt.

Bonampak

Für das *Monumento Natural Bonampak* biegt man vom *Crucero San Javier* nach rechts ab. Nach 4 km kommt die Straßengabelung *Crucero Bonampak* mit dem Campingplatz *Margarito.* Rechts abbiegend geht es zum Lacandonendorf **Lacanjá Chansayab** (3 km), geradeaus nach Bonampak. Unmittelbar nach der Abzweigung erreicht man das „Besucher-Zentrum" mit kleinem Ausstellungsbereich, Video-Information, Cafetería, Toiletten. Von dort erfolgt der Weitertransport mit alten Shuttle-Bussen (ca. 7 €) auf der Naturpiste durch den Wald (die Lacandonen haben hier das alleinige Besitz- und Nutzungsrecht, Weiterfahrt mit eigenem Wagen nicht möglich). Sportlich Veranlagte legen die 9 km mit mietbaren Fahrrädern zurück (ca. 2,50 € für 3 h). **Bonampak** selbst ist **tägl. geöffnet** von 8–17 Uhr, Eintritt nochmals ca. 3 €.

Auf einem etwa fußballfeldgroßen, waldumschlossenen Platz (Gran Plaza) stehen vor der Bonampak-Akropolis zwei große Stelen (z.T. zerbrochen und wieder zusammengesetzt). Die 6 m hohe **Stele 1** stellt den **Bonampak-König Chaan Muan** dar. Auf den Stufen der Akropolis, die von Tempelbauten gekrönt wird, stehen mehrere Gebäude, und auf dem ersten Podest zwei weitere Stelen mit Reliefs im Stil von Yaxchilán. Zahlreiche andere Gebäudegruppen Bonampaks liegen noch unter dichter Vegetation begraben.

Das wichtigste Gebäude, der etwa 17 m breite **Templo de las Pinturas** (Struktur 1) mit seinen drei ausgemalten Räumen, steht rechts. Eine Dachkonstruktion schützt ihn vor Regengüssen, die Eingänge sind mit Türen gesichert.

Historisches 1946 führten Lacandonen den amerikanischen Filmemacher Giles Healey im schwer zugänglichen Regenwald zu einigen Maya-Bauten. Sie waren unbedeutend, bis auf einen völlig zugewachsenen und vor Nässe triefenden Tempel. In seinem Innern barg er eine Sensation: die künstlerisch schönsten Wandmalereien Mesoamerikas, eine Bilddokumentation von unschätzbarem Wert. Der hinzugerufene Mayanist Sylvanus Morley taufte die Fresken „Bonampak", auf Maya „bemalte Wände". Es wird vermutet, dass Bonampak ein kleines, sekundäres Maya-Fürstentum war, das zwischen 650 und 800 n.Chr. seine Blütezeit hatte und mit dem ca. 30 km entfernten Yaxchilán in Abhängigkeit stand.

Die Gemälde wurden auf einem geglätteten Stuckuntergrund mit Pflanzen- und Mineralpigmentfarben aufgetragen und blieben seit ihrer **Entstehung um das Jahr 790** weit über tausend Jahre erhalten – trotz des ständig feuchten Klimas bzw. gerade deshalb, denn das eindringende Wasser hatte eine schützende Calcitschicht (Sinterkalk) darübergelegt und so als Versiegelungssmittel gedient.

■ *Bonampak, Stele und Templo de las Pinturas (r. erhöht)*

Restaurierungs- und Konservierungsarbeiten wurden 1960 und 1984 durchgeführt, das Abtragen der Calcitschicht zog einige Fresken in Mitleidenschaft. Beschädigt wurden sie auch durch frühe Besucher, die in ihrer Dummheit Petroleum über die Wände schütteten, um das Calcit durchsichtig zu machen. 1993 wurden in einer Forschungsarbeit Infrarot-Kame-

Reiseteil

ras und spezielle Computerprogramme eingesetzt, die verborgene Konturen und verblichene Farben wieder sichtbar machten. Danach konnten hervorragende digitalisierte Reproduktionen mit satten Farben und klaren Umrissen gedruckt werden.

Von den **Originalfresken** sollte **farblich nicht allzuviel erwartet werden.** Wesentlich farbintensiver sind die Kopien der Bonampak-Wandmalereien im *Museo de la Cultura Maya* in Chetumal und im Anthropologischen Museum in Mexiko-Stadt, wo der *Templo de las Pinturas* nachgebaut wurde (das Museo Regional de Antropología in Villahermosa und das Hotel Bonampak in Tuxtla Gutiérrez bieten nur kleine Teilansichten).

Templo de las Pinturas

Die drei kleinen Räume mit ihren Fresken sind ca. 4,5 m x 2,5 m groß und nicht miteinander verbunden. Ihre Böden sind erhöht, und man kann nur etwa einen Meter weit eintreten, pro Raum jeweils nur 3 Personen. Blitzlicht ist verboten.

Alle 3 *cuartos* sind von ihren Unterkanten bis in die Spitzen der Dachschrägen komplett und meisterhaft mit farbigen Szenen ausgemalt. Die naturalistischen Bildsequenzen zeigen eine Art episches Drama mit höfischem Leben, Schlachten, rituellen Opferhandlungen und Siegesfeiern, jeder Raum illustriert ein anderes Kapitel. Vorherrschende Farben sind rot und türkis. Das Display außerhalb des Tempels leistet Erklärungshilfe.

■ *Die unteren Wandgemälde in Raum 1 in abgerollter Gesamtansicht*

Raum / Cuarto 1

(Linker Eingang). Die Farben der Fresken im Raum 1 sind am besten erhalten. Als zentrales Thema wird auf der Längswand oben rechts der Thronerbe, der junge Sohn von König Chaan Muan, in den Armen eines erhöht stehenden Dieners den Adligen und Würdenträgern von Bonampak präsentiert. Sie tragen Prunkkleider, fantasievolle Kopfbedeckungen und Ohrpflöcke, vor ihrer Brust hängen Jadehalsketten und jeweils drei rote, runde Muscheln. Unter ihnen eine Hieroglyphenkolonne. Das Bild des Thronerben findet seine Fortsetzung auf gleicher Höhe auf der Stirnseite rechts, wo in der Mitte Bonampak-König Chaan Muan und seine Frauen auf einem tischartigen Thron sitzen. Auf der Seite über der Eingangstüre sind noch schwach Tänzer in großem, grünen Kopf- und Federschmuck erkennbar.

Auf dem unteren umlaufenden blauen Band wird die Zeremonie von einer Reihe Musikern und Tänzern begleitet. Links der Eingangstüre zeigen die Wandmalereien zwei Musikanten, die lange, trompetenartige Hörner blasen **(s. Abb.),** die nachfolgenden verkleideten und maskierten Gestalten stellen Erdgötter dar, unter ihnen der Krokodilgott mit einer Krokodil-Maske, der Krebsgott mit Scherenarmen, der Fisch- und auch der Maisgott (sitzend, unmaskiert, mit Jade-Halskette). Sie zelebrieren wahrscheinlich einen Ernte- oder Fruchtbarkeitsritus.

An der linken (westlichen) Stirnwand trommelt in der Mitte ein Musiker auf einer Standtrommel, er blickt nach links zu drei Männern, die mit Stöcken auf Schildkrötenpanzer schlagen; zwischen ihnen ragen nach oben zwei große „Sonnenschirm"-Banner (einer rund, der andere als Halbkreis). So defiliert der Zug um die Ecke, angeführt von Männern, die mit beiden Händen runde Kürbis- bzw. Rhythmusrasseln schwingen.

Die Wand gegenüber vom Eingang zeigt – immer noch unten auf dem blauen Band – drei Tänzer mit großem grünen Federputz, doch diese Fresken sind stark angegriffen. Rechts davon, an der rechten Stirnwand, weitere Höflinge mit nacktem Oberkörper, Lendenschürzen und Kopfschmuck.

Raum 2

Zeigt auf allen Wänden wilde Schlachten- und Kriegszenen („La batalla"). Gleich gegenüber vom Eingang (Südwand) steht im Kampfgetümmel König Chaan Muan mit Jaguarfell-Wams, Kopftrophäe und mit einem Speer, wie er und seine Krieger auf der Jagd nach Gefangenen sind, um sie zu versklaven oder zu opfern. Mit seiner Linken greift der König in den Haarschopf eines Darniederliegenden, ihm gegenüber ein hoher militärischer Anführer mit Kurzspeer. Auch auf den beiden Raum-Stirnseiten toben Schlachten.

■ *Der König und seine Gefangenen*

Über der Eingangstüre (Nordwand) dann die wohl meistbeschriebene Szene Bonampaks **(s. Abb.):** im Zentrum sieht man **König Chaan Muan** (mit Jaguar-Wams und -Gamaschen), wie er mit seinen Kriegern und Frauen nach erfolgreichem Kriegszug stolz die Gefangenen präsentiert. In seiner Rechten hält er eine Lanze und zu Füßen des Triumphators hocken gedemütigte, nackte Kriegsgefangene, bereit zur Aburteilung. Einer fleht den König um sein Leben an, denen auf den Treppenstufen tropft das Blut aus den Fingern – man riss ihnen die Fingernägel heraus. Am rechten Fuß des unter der Lanze Sitzenden liegt ein abgeschlagener Kopf.

Das Relief auf der Unterseite des Türsturzes zeigt, dass überdies einmal Yaxchiláns Herrscher *Schild-Jaguar II.* (Vogel-Jaguars Sohn = Itzam-Balam II.) Bonampak aufsuchte. Vielleicht war er es, der Bonampak besiegte …

Raum 3

Hier sind Feiern mit Menschenopfern, Tänzern und Trompetenbläsern (an der Eingangsseite links) zu sehen. Über der Tür stehen über die ganze Raumbreite zehn Männer in langen Gewändern. Darunter Sitzende mit gestikulierenden Armen.

Auf der Wand gegenüber vom Eingang findet eine Siegesfeier statt: Bizarr Kostümierte tanzen auf einer Pyramidentreppe, oben drei Fürsten. Hieroglyphen identifizieren einen von ihnen als Itzam-Balam III. von Yaxchilán.

Eine Schlüsseszene ist das Bild an der linken Stirnwand oben **(s. Foto,** aufgenommen im Anthrop. Museum in Mexiko-Stadt): Adlige Frauen vollziehen ein Blutopfer (Selbstkasteiung, *autosacrificio*), das so abläuft wie schon bei Yaxchilán beschrieben (unter Schmerzen und in Trance Blut zu lassen hieß bei den Maya den Göttern zu dienen): Auf dem tischähnlichen königlichen Thron sitzend ziehen sich drei Frauen in weißen Gewändern Dornenschnüre durch ihre durchbohrten Zungen. Rechts vor der rechten Frau steht ein Gefäß, in das das Blut tropft und in dem Baumrindenstreifen liegen, die es aufsaugen. An der rechten Tischkante ein kniender Assistent, der die Dornen reicht. Links am Fuß des Throns eine sitzende Frau, die ein Kind in ihren Händen hält. Dies könnte der neue Thronfolger sein.

■ *Frauen vollziehen ein Blutopfer*

GUATEMALA

Wissenswertes

Währung: Quetzal (Q), **1 € = ca. 9 Quetzales.** 1 US$ = 8 Q, 1 Q. Euro-Scheine werden auf dem Land kaum getauscht! **Für Guatemala ist zum Geldabheben an Automaten die VISA-Karte wichtig!** Amtsprache Spanisch, 23 Maya-Sprachen. Telefonieren: am besten von einem Internet-Café; intern.-Vorwahl 00-502-+Rufnummer; verbreitet sind Telefonkarten von *Teluga.* Einreisebestimmungen: Kein Visum für EU/CH/USA-Bürger, 90 Tage Aufenthalt, **keine** Ein- Ausreisegebühren! Reisezeit: Regenzeit ist von Mai bis Oktober. Touristeninformationen heißen in Guatemala INGUAT (Adresse in Guatemala City: 7. Av. 1-17, Zona 4, Tel. 502-331-1333 bis -47. Fax 502-331-8893).

Internet: www.guatemala.travel.com.gt und www.travel-guatemala.org.gt (Infos über Guatemala und andere mittelamerikanische Länder).

Reiseziele

Antigua: Guatemalas alte koloniale Hauptstadt, viele Sprachschulen. – **Atitlán-See:** schönstgelegener See Guatemalas mit **Panajachel;** landschaftlich reizvoll ist die Umgebung mit drei Vulkanen; Ausflüge um und über den See (Dörfer San Pedro, Santiago Atitlán). – **Chichicastenango:** Kleinstadt in der Quiché-Region nördlich des Lago Atitlán, Do und So großer Markt. – **Quetzal-**

tenango („Xela"): Guatemalas zweitgrößte Stadt, Sprachschulen, schöne Umgebung mit Vulkanen, Thermalquellen, Dorf Zunil. – **Río Dulce:** am Lago de Izabal, Flussfahrten). – **Tikal:** meistbesuchte Mayastadt Guatemalas. – **Flores:** kleine Inselstadt in der Nähe Tikals.

Rundreise: Palenque – Tikal (Gua.) – Belize – Chetumal (Mx)

Flores / Sta. Elena

Anreisepunkt **für Tikal** ist zunächst das unattraktive **Sta. Elena** (ca. 18.000 Ew.) am südlichen Ufer des **Lago de Petén Itzá.** Hauptstraße mit Busterminals, Banken etc. ist die 4. Calle, westl. von Sta. Elena liegt *San Benito* (20.000 Ew.).

Gleich nördlich von Sta. Elena liegt im See auf einer Insel (Größe ca. 400 x 500 m) das Städtchen **Flores,** mit einem Damm mit Sta. Elena verbunden, ständiger Bus-Pendelverkehr. Flores, 2000 Ew., ist reizvoll und ruhig, und nur dort sollte man wohnen. Es gibt zahlreiche kleine Hotels und nette Restaurants direkt am Seeufer, der *Parque Central* liegt auf der höchsten Erhebung der Insel. Flores steht auf der historischen Maya-Kapitale Tayasal, einst Sitz des Königs Kanek, Oberhaupt der Itzá, die am längsten gegen die Spanier Widerstand leisteten. 1697 wurde Tayasal als letzte freie Mayastadt von den Spaniern mit einem eigens umgebauten Kanonenboot erobert und restlos zerstört.

Wer von Palenque (oder von **Chetumal**) mit einem Bus von *San Juan Tour & Travel* anreist, wird zunächst zum Hotel und zur Reiseagentur des Unternehmens in Sta. Elena in der Calle 2 gefahren (– und gebeten, jetzt gleich Tickets für die spätere Weiterfahrt oder anderntags für Tikal zu kaufen ...). Danach Transfer zu den Hotels auf Flores – also noch vorher eines aussuchen; Unschlüssige lädt San Juan am liebsten beim *Hotel Mirador del Lago ab.*

In Flores organisiert San Juan Tour & Travel die meisten Touren, überall liegen seine Werbeflyer aus mit den Abfahrten und Preisen nach Palenque, Belize City, Chetumal, Ceibal, San Ignacio u.a. Zielen. Achtung, oft werden überhöhte Preise genannt, zuerst rumhören! Alle Reisebüros und auch die Hotels auf Flores sind Agenturen für San Juan Tour & Travel. Bequem ist ihr Bring- und Abholservice, doch sind die frühmorgendlichen „Abfahrts"-Zeiten zunächst erstmal „Einsammel"-Zeiten, mancher wartet schon mal 20 Minuten vor seinem Hotel, bis endlich einer der klapprigen San-Juan-Minibusse auftaucht und man zum „richtigen" Bus gefahren wird. Es geht oft recht chaotisch zu. „Konkurrenz" sind die Busse von *Mundo Maya* und *Línea Dorada,* die auch nach Tikal, nach Belize City, Chetumal und Guatemala City fahren. Auskunft und Tickets in jedem der vielen Reisebüros in Flores.

Reiseteil

Hotels in Flores

Vorbemerkung: Die Hotels in der archäologischen Zone von Tikal (70 km) sind teuer und nur ratsam, wenn man Tikal ausgiebig und dann zwei Tage lang anschauen will.

Auf Flores gibt es über zwei Dutzend Hotels aller Preiskategorien, alle nahe beieinander liegend. Zimmer immer zuerst prüfen, denn fast jedes Hotel verlangt verschiedene Preise für verschiedene Zimmerqualitäten.

Direkt am Wasser ist wegen des schwülheißen Klimas vorteilhaft. Relativ klein und hellhörig sind sie fast durchweg alle – Zimmer also immer „ganz oben" bzw. „ganz hinten" wählen. Ein paar Empfehlungen:

Westliches Ende der Calle Centroamérica (nach links): **Hotel Mayab;** einfach und preiswert, direkt am Wasser (Seeterrasse), auch Mehrbettzimmer, DZ unter 10 €. Ein wenig nördlich (Calle 30 de Junio): **Hotel La Casona de la Isla** (ca. 40 US$); gefällige, doch kleine Zi. mit Balkon; Pool, Bar, Rest.

Am östl. Ende der Calle Centroamérica: **Hotel Villa del Lago**; Mittelklasse, schöne ältere und neuere Zimmer mit TV, AC oder Vent. und teils Balkonen zum See hin (oder mit großer Terrasse), DZ ab 25 US$; gleich rechts vom Hotel ist das empfehlenswerte Restaurant *El Tucán* mit einem Reisebüro, und gegenüber die Pizzeria *Picasso*. – Die Straße nach Norden hoch: **Hotel Mirador del Lago, I und II** (letzteres links der Straße), beide um die 10 US$; hier steigen die meisten Traveller ab, allerdings nur drei Zi. mit Seeblick; links der Straße das Reisebüro „Crasborn Travel". – Eine Empfehlung ist außerdem noch **La Casa del Lacandón** (Calle Unión, ziemlich oben, nach dem Hotel Aurora links); modernisierte, freundliche Familienunterkunft mit großer Terrasse, Hund, Katze, Papagei; Zi. oben mit Seeblick nehmen, DZ ca. 14 US$. – **Camping** am Lago Petén Itzá: *El Gringo Perdido*.

■ Das **Maya-Zentrum Café Restaurant Arqueológico Yaxhá** ist ein neuer **TIP** sowohl zum **Übernachten** (5 Zi./100 Q) als auch für gutes guatemaltekisches und internationales **Essen** (Spezialität: *Cordon bleu* mit Bratkartoffeln) in nettem Maya-Ambiente. Es befindet sich in der Calle Centroamérica, gleich neben der Pizzeria Picasso, Tel. (00502) 7926-0577.

Das Café ist außerdem *die* Anlaufstelle und **Infobörse für alle Mayafreunde.** Hier kann man in der Maya-Bibliothek stöbern, Archäologen und den dt. Architekten *Dieter Richter* (aus Playa del Carmen/Mex.) treffen, der fast allwöchentlich mit viel Fachwissen angereicherte Diavorträge über die Maya und diverse Ausgrabungsstätten hält in denen er tätig ist. Er organisiert zu moderaten Preisen auch Ganztagestouren zu kaum besuchten, aber interessanten Maya-Zentren, wie z.B. San Clemente, La Blanca – Yaxhá – Topoxté (eine Insel im Lago Yaxhá, ca. 70 km östl. von Flores). Erlöse kommen u.a. dem Schutz der Stätten und den dortigen Dorfbewohnern zugute. Anfragen zu Touren und Vortragsterminen unter cafeyax_ha@yahoo.com, www.cafe_yaxha.losmayas.de.

Restaurants **Auf Flores:** sehr leckeres Essen im **La Maya Princess II Cave,** Ecke Calle 10 de Noviembre/Av. Reforma, schmackhaft, nettes Ambiente, Musik. Schräg gegenüber: **Sala Maya.** – Gute Gerichte außerdem im **La Luna,** Ecke Calle 10 de Noviembre/30 de Junio; tropisches Ambiente, vegetarische Auswahl, auch dt. Gerichte. – Schön zum Frühstücken: **La Guacamaya,** Calle Fraternidad (fast an der Nordspitze, ein wenig östlich); Familienrestaurant, gute Gerichte, relaxtes Sitzen auf der Terrasse direkt am See. – Gleichfalls schönes Seeambiente bei gutem Essen bietet **Capitan Tortuga** an der Insel-Westseite, Calle 30 de Junio. – Schräg gegenüber liegt das **Albahaca,** lt. Zuschtrift „bestes Essen in Guatemala (Fettuccine und *pollo* mit *tamarindo*-Sauce)".

Information INGUAT auf Flores, Parque Central, an der Av. Barrios, Tel. 9260669, Mo–Sa 8–18 Uhr (östl. davon die **Post**). CINCAP, Nordseite des Parque.

Internet Zahlreiche Stationen bzw. Cafés, zwei gute in der Calle Centroamérica.

Bank / Geld Banrural am Parque, Wechsel von US-Dollar. Banken mit Geldautomaten nur in Sta. Elena, Calle 4. Travellerscheck-Wechsel bei *Corpobanco* (Mo–Fr 8.30–19, Sa 9–13 Uhr). Auch Hotels wechseln.

Touren Für Ausflüge ins nähere und weitere Umland von Flores und zu Maya-Stätten wie Uaxacatún, Yaxhá, El Ceibal/Laguna Petexbatún eines der etlichen kleinen Reisebüros aufsuchen (manche in Internet-Cafés). Ein größeres ist *Martsam,* Calle 15 de Septiembre, schräg gegenüber vom Hotel Petén. Yaxhá-Touren übers *Café Restaurant Arqueológico Yaxhá.*

Weiterreise Wie erwähnt, geben alle Hotels Auskunft über Ziele und Abfahrtszeiten und wo man Tickets kaufen kann, meist gleich im Hotel. Aufpassen bei Abfahrten von Sta. Elena: Da mehrere Busunternehmen zur gleichen Zeit zu gleichen Zielen fahren, immer auf das richtige Busunternehmen achten! Fast alle Linien haben dort ihre Terminals in der Calle 4 (westl. der 6. Av.). *Transportes Pinita,* eine wichtige 2.-Klasse-Linie, findet man beim San Juan Hotel Tours & Travel (6. Av./2. Calle). Für Fernziele vorzugsweise 1. Klasse wählen bzw. einen Touri-Bus und vorab reservieren. Bei San Juan Travel immer vorher die Preise prüfen/vergleichen/runterhandeln, fast immer fährt er mit alten Kisten!

Nach **Belize City** (220 km; bis zur Grenze ca. 1,5 h, von dort bis Belize City nochmals 2,5 h); mit *San Juan Travel* tägl. um 5 Uhr, mit *Mundo Maya/Línea Dorada* um 5.30 und 7.30 Uhr. Oder etappenweise mit Bus 2. Klasse nach *Melchor de Mencos* (Grenzort), hinter der Grenze Anschluss nach Belize City und zu anderen Zielen (*Benque Viejo* liegt 3 km hinter der Grenze).

Chetumal/Mex. (350 km, insges. ca. 9 h), dto. um 5.30 und 7.30 Uhr mit *Mundo Maya/Línea Dorada,* die Busse von *San Juan Travel* fahren um 5 und um 15 Uhr.

Guatemala City (500 km), 1. Kl.: *Línea Dorada/Mundo Maya* (10, 21, 22 und 22.30 Uhr, 8 h); der Tagbus hat abends noch Minibus-Anschluss nach Antigua zum gewünschten Hotel (z.B. zur preiswert-guten *Posada Juma Ocag,* Alameda de Santa Lucía 13, oder *Hotel Mercid,* 7 Av. Nte, oder *Posada Las Rosas,* 6. Av. Sur No. 8, DZ 125 Q, eine sehr ruhige, einfach-angenehme Unterkunft; der Antigua-Transfer *muss gleich* mitgebucht werden!). Der 22.30-Uhr-Bus ist morgens um 6 Uhr dort, reibungsloser Shuttle nach Antigua. Bus 2. Klasse: *Fuentes del Norte* (12 h).

Palenque (über Bethel am Usumacinta), mit *San Juan Travel*, um 5 Uhr (bis alle eingesammelt sind, wird es 6 Uhr), Stop in Las Cruces, ab Subín Piste, Fz bis Bethel ca. 3,5 h, dort ist die guatemaltekische Migración (beachte unten Punkt „Guatemala, Ausreise"). Weitere Details zu Bethel s.S. 297, Tausch von Rest-Quetzales ist dort möglich (aber bis Palenque keine Bank!). Per Boot dann in 30 Min. auf dem Río Usumacinta nach *Frontera Corozal* (Mexiko/Migración), Weiterfahrt nach Palenque 3 h, Ankunft dort ca. 14.30 Uhr.

Grenzgebühren

Guatemala, Aus-/Einreise: kostenlos; doch es wird versucht, die Gringos um 40 Quetzales bzw. 5 US$/50 P zu erleichtern; wenn man höflich fragt, ob es dann auch eine Quittung gibt *(me puede dar un recibo?),* kostet es nichts.

Belize, Ausreise: 15 US$** (auch wenn nur Transit); wer länger als 24 h im Land war, muss zusätzlich 7,50 B$ „Conservation fee" bezahlen (= 3,75 US$, **Transit-Reisende aber **nicht!**). Das Bezahlen mit **US-Dollar** oder **mex.-Peso** ist an der Grenze überhaupt **kein Problem.** *Schweizer Staatsangehörige* benötigen für Belize ein *Transitvisum* (normalerweise vorab in Mexiko, aber auch bei Einreise möglich, Passbild erforderlich), Preis **50 (!)** US$.

Mexiko, Einreise: kostenlos, sofern man bereits eine Touristenkarte mit einem „Doble Entrada"-Stempel hat. Neuerdings soll es auch ohne Doble-Entrada-Stempelung der Karte gehen. Ansonsten s.S. 22.

Flug

Flüge nach/von Palenque (derzeit eingestellt), Guatemala-City, Cancún, Belize u.a. Buchung in Reisebüros. Der **Airport** (mit INGUAT-Info-Stelle) liegt 2 km östl. von Sta. Elena. Minibusse zum Airport von der Calle 4. Ausreisesteuer 20 US$.

El Cruce / El Remate

El Cruce (Puente Ixlú) ist das Straßendreieck mit Straßen von/nach Belize (Grenzorte Melchor de Mencos – 65 km, 2 h –//Benque Viejo, Tikal (35 km) und Sta. Elena (37 km). 2 km nördl. liegt am Ostufer des *Lago de Petén Itzá* das Dorf **El Remate** mit etlichen Unterkünften entlang der Straße von preiswert bis gehoben (ideal und beliebt bei Travellern: *Mirador del Duende*). Baden kann man im *Balneario Municipal.* Für die Weiterfahrt einen Bus stoppen.

Tikal

Die Mayastadt Tikal liegt 70 km nordöstl. von Sta. Elena im gleichnamigen Nationalpark. Mit monatlich rund 18.000 Besuchern zählt sie zu den beliebtesten Touristenattraktionen Mittelamerikas. Es gibt zwei Museen, Comedores, Artesanías-Läden und drei (teure) Unterkünfte.

Die Hin- und Rückfahrt nach Tikal (Fz ca. 1 h) kann über Hotels oder Agencias de Viajes in Sta. Elena/Flores gebucht werden bzw. es wird einem in Flores von *San Juan Travel* ständig angetragen (50 Q hin- u. zurück). San Juan Travel (Tel. 9260041) fährt mit seinen alten Kisten **ab 5 Uhr zu jeder Stunde** bis 10 Uhr, zurück um 12.30, 14, 15, 16, 17 u. 18 Uhr. Abholung vom Hotel – doch das kann dann schon mal dauern, besonders morgens bei den 5- und 6-Uhr-Abfahrten! Tikal öffnet um **6 Uhr,** Eintritt 50 Q am Eingang zum Nationalpark, dort kann man auch eine Lagekarte kaufen, die nötig ist. Wer alles intensiv erklärt haben will, sollte beim (oder im) Museum einen Führer kaufen, auch in Deutsch erhältlich, mit guter Karte. Wer übernachtet, ist evtl. gezwungen, zwei Tagestickets zu kaufen, nach 15 Uhr ist nur für den nächsten Tag zu bezahlen.

■ *Tikal, der neunfach gestufte Tempel I*

Unterkünfte in Tikal (Cabaña für 2 Pers. ab 30 US$ aufwärts): *Jaguar Inn* (9 Zi.), *Tikal Inn* (14 Zi.) und *Jungle Lodge* (44 Zi., mit am besten, doch auch sehr teuer!). Billiger ist der Campingplatz (einfachste Cabañas, Hängematten unter Palapadach), ein Zelt kann beim Rest. Café Tikal gemietet werden.

Wer noch nicht gefrühstückt hat, kann dies bei den Comedores rechts der Zufahrtsstraße nachholen (in der Anlage werden vereinzelt Getränke verkauft). Der Weg zur Hauptplaza ist ganz schön weit! Vogelgezwitscher und Affengekreische vermischen sich zu einer mystischen Atmosphäre dieser unheimlich weitläufigen Anlage. Nach der Gran Plaza zum Tempel IV gehen und die steilen Holztreppen hochsteigen, der Blick gleitet über ein endloses Dschungelmeer. Nicht von den Hauptwegen entfernen.

Tikal, der niedrigere Tempel II

Geschichte Tikals

Tikal mit seiner faszinierenden Architektur ist die wohl eindrucksvollste aller Maya-Städte. Besiedelt war die Stadt über 1000 Jahre lang, zwischen 800 v.Chr. und 950 n.Chr. (früheste Architekturzeugnisse datieren etwa von 350 v.Chr.). Verbindungen Teotihuacáns in Zentralmexiko mit Tikal lassen sich inschriftlich nachweisen (378 n.Chr., Einflüsse auf Architektur und Kunst). Die geografische Lage im zentralen Petén begünstigte dann die Entwicklung zu einer der größten Maya-Metropolen, in der um das Jahr 700 vermutlich über 70.000 Menschen auf einem 60 qkm großen, zusammen-hängenden Siedlungsraum lebten (der Zentralbereich umfasst 16 qkm mit 3000 Einzelbauten).

Die Maya erbauten unterschiedliche, kosmographisch angeordnete Komplexe. Die **Gran Plaza,** gesäumt von den steil aufragenden Tempelpyramiden I und II, war das kultische Zentrum. Der im Jahr 735 im tikal-typischen Stil errichtete **Tempel I** mit dem neunfach gestuften pyramidalen Unterbau und mit charakteristisch hohem Dachkamm ist 47 m hoch und **Symbol und Markenzeichen von Tikal.** Er wurde über der Grabkammer des 26. Königs von Tikal, *Jasaw Chan Kawiil,* erbaut. Der gegenüberliegende **Tempel II** ist vermutlich das Grabmonument seiner Frau. In den Palästen der Zentral- und Nordakropolis residierten die Herrscher und der Hofstaat sowie die Oberschicht. Tikals dynastische Geschichte konnte durch die zahllosen Inschriften auf Stelen – die älteste datiert das Jahr 292 – und besonders durch den „Tempel der Inschriften“ detailliert erforscht werden. Höchstes Bauwerk von Tikal und gleichzeitig das allerhöchste des Klassikums ist mit **65 m** der **Tempel IV,** westlich außerhalb der Gran Plaza gelegen. Im gesamten zentralen Tiefland war Tikal stilprägend.

Der große Rivale Tikals war das 100 km nördlich (im heutigen Mexiko) gelegene **Calakmul** (s.S. 175), wie Tikal auf imperiale Expansion ausgerichtet. Beide Stadtstaaten ketteten Maya-Kleinkönigreiche an sich und rangen um die politische und ökonomische Vormachtstellung in der Region, die Kriegszüge zogen sich jahrzehntelang hin. 562 besiegte Calakmul Tikal und stieg für 130 Jahre zur „Supermacht“ auf, doch Tikal wiederum blieb in der Schlacht von 695 der letzte, große Sieger. In der ersten Hälfte des 9. Jahrhunderts beginnen den Stadtstaat jedoch starke Krisen zu erschüttern, es entstehen kaum noch Zeremonialbauten, das überlebensnotwendige Netz der Wasserdepots kann nicht mehr unterhalten werden, da die Population schrumpft – Tikal gerät in den Sog des Zerfalls der gesamten politischen Systeme und Ordnungen im Maya-Tiefland (Exkurs darüber s.S. 290) und wird um 950 irreversibel aufgegeben.

Mayastätten in der Umgebung Tikals/Sta. Elena

Uaxactún

Die nicht allzu große **Maya-Stätte Uaxactún** (wenig restauriert, fast ohne Touris, ursprünglich und sehr reizvoll) liegt 23 km nördlich von Tikal gleichfalls im Tikal-Nationalpark. Die Pistenstrecke kann von Mai–Oktober schwierig werden. Anfahrt entweder von Sta. Elena mit einem Bus (*Transportes Pinita,* ab 13 Uhr vom Markt, in Tikal ca. 15.30 Uhr Weiterfahrt, an Uaxactún ca. 17.30 Uhr). Rückfahrt anderntags 6 Uhr, Tikal 8 Uhr, Sta. Elena an 10 Uhr. Andere Uaxactún-Anfahrtsmöglichkeit: In Tikal übernachten und um 15 Uhr nach Uaxactún weiterfahren. Die Jungle Lodge (s.o.) bietet Uaxactún-Tagestouren an, Dauer von 8–13 Uhr, passend für den 14-Uhr-Rückbus nach Sta. Elena. Übernachtungsstätten in Uaxactún: *Campamento El Chiclero* und die noch einfachere *Aldana Lodge.*

Yaxhá

Die Maya-Stadt Yaxhá liegt 70 km östlich von Flores am Yaxhá-See und ist die nach Tikal am meisten besuchte Stätte Guatemals. Zusammen mit **Nakum** und **Naranjo** und 13 verstreuten Unterzentren ist sie Teil des „Triángulo Cultural" in einem Gebiet von über 1200 Quadratkilometern, einst die am dichtest besiedelte Region der Mayaklassik. Die Ausgrabungen und Rekonstruktionen – auch unter Teilnahme deutscher Wissenschaftler – sind seit 1994 im Gange (Details auf www.yaxha.de). Höchstes Gebäude in Yaxhá ist der 30 m hohe *Templo 216.* Übernachten kann man am Ufer des Yaxhá-Sees (schöner Sonnenunergang!) in Hängematten oder Zelten. Touren organisiert das Café Restaurant Arqueológico Yaxhá.

El Ceibal

Diese eindrucksvolle Maya-Stätte liegt 70 km südwestl. von Sta. Elena mitten im Urwald. Mit Bussen ist sie umständlich zu erreichen, wenn, dann sind Colectivos besser. Am besten eine Tour buchen, besonders wenn man alleine oder zu zweit ist. Das Problem sind nämlich die teuren Lanchas in **Sayaxché:** Nachdem man mit der Fähre über den Río de la Pasión übergesetzt hat – dorthin, wo die Lanchas liegen –, erfährt man, dass eine um die 300 Q kostet, egal wie viele Personen mitfahren.

El Mirador

Abenteuerlich ist eine bis zu sechstägige Tour nach *El Mirador, El Tintal* und *Nakbé* in den Norden nahe der mexikanischen Grenze, mit Führern *Henry* oder *Yobani Marroquin,* oder organisiert durch eine Cooperative des Dorfes Carmelita, das etwa halbwegs der Strecke Flores – El Mirador liegt. Auskunft/Kontakt wieder im Café Restaurant Arqueológico Yaxhá.

BELIZE

Belize, Guatemalas östliches Nachbarland, ist nicht viel größer als Hessen. Besucher sind meist auf der Durchreise nach/von Yucatán (Chetumal) und Guatemala (Tikal), oder sie interessieren sich für die **Cayes,** die kleinen, traumhaft-schönen Karibikinselchen vor der langen Küste (das 300 km lange Belize Barrier Reef zählt zu den schönsten Tauch- und Schnorchelgebieten der Welt). Das tropische Belize ist ein dunkler Mix afrikanisch-europäischer und kreolisch-mittelamerikanischer Rassen und Kulturen (*Garifunas* sind Nachkommen karibischer Indianer und ehemaliger afrikanischer Sklaven).

Wissenswertes

Währung: 1 US$ = 2 B$ (fest gekoppelt), vorteilhaft sind US-Bardollars, Banken haben teils ATM (Geldautomaten), Euro zu wechseln ist schwierig. **Belize ist allgemein teuer,** auch z.B. die Gebühren für Natur- und Nationalparks, z.B. Blue Hole! Amtsprache: Englisch. Einreisebestimmungen: Kein Visum erforderlich für Bürger der EU, Aufenthalt 30 Tage, **hohe Ausreisegebühr**(-en; s.S. 314). Beste Reisezeit: November bis April. Hauptstadt ist das (triste) Belmopan, größte Stadt Belize City. Reisen im Land: Mit (alten) Bussen, es gibt nur drei asphaltierte Fernstraßen: der *Northern Highway* führt von Chetumal (Mx) über Orange Walk nach Belize City, der *Western Highway* von Belize City über Belmopan und San Ignacio nach Guatemala und der *Hummingbird Highway* und *Southern Highway* erschließen den Süden des Landes. Touristen-Informationen in Deutschland: Bopserwaldstr. 40 G, 70184 Stuttgart, Tel. 0711-233947, btb-german@t-online.de. Gute Internet-Seite auf deutsch, alles Wissenswerte: www.travelbelize.org/german/html. Andere Websites: www.belizenet.com, www.belize.com und www.belizeit.com.

Reiseziele Einige der zahllosen *Cayes* (sprich: kiis) sind touristisch erschlossen, Traveller fahren überwiegend nach *Caye Caulker,* sehr gut zum Ausspannen, Tauchen und Schnorcheln. Maya-Stätten: Von Belize City gut zugänglich sind *Altun-Há* und *Lamanai. Caracol,* die größte Stätte, liegt schwierig erreichbar an der Guatemala-Grenze, *Lubaantun* ist im Süden. Außerdem hat Belize etliche schöne Naturparks mit großem Artenreichtum. Empfehlenswert ist ein Besuch des Belize-Zoos, von Belize City mit einem San-Ignacio-Bus in 1–2 Stunden.

Belize City Tropenstadt mit verwitterten altersschwachen Holzgebäuden und keinerlei Sehenswürdigkeiten. **Vorsicht in Belize City, besonders nachts!** Infos: Belize Tourist Board, 83 North Front Street, Mo–Fr 8–12 u. 13–17 Uhr, Tel. 77213. **Unterkunft:** z.B. *Hotel Belcove,* 9 Regent St West, 15 US$, zentral und sauber, netter Eigentümer. Gut ist *Tropical Paradise Hotel,* ca. 500 m südl. von der Ablegestelle der Boote nach Caye Caulkner (s.u.). Stündliche Busverbindungen (zur vollen Stunde) nach **Chetumal/Mexiko** (160 km, 3 h) mit 1. Klasse Batty-Bus (15 Mosul Street; AC, Snacks, Getränke), Línea Dorada/Mundo Maya fahren um 10 bzw. 12 Uhr. 2. Klasse mit Venus-Bus (Magazine Road, ca. 4,5 h). Nach **Sta. Elena/Tikal Guatemala** bzw. zum Grenzpunkt Benque Viejo/ /Melchor de Mencos (130 km, 3,5 h) mit Batty (s.o.) und Novelos (19 West Collet Canal); vorzugsweise die komplette Strecke bis Sta. Elena buchen!

Caye Caulker Die kleine Doppel-Insel ohne Trubel und Hektik liegt etwa 35 km nordöstl. von Belize City, bewohnt ist nur die südliche, etwa 1,5 km lange Insel (ca. 1000 Ew., nur wenig Sandstrand an der Ostküste, teils störendes Meeres-Seegras). Anreise von Belize City per Wassertaxi von der Swing-Bridge (ca. im Halbstundentakt, 18 B$ einfach, 30 B$ return, Fz ca. 45 Min.). Es gibt etwa 2 Dtzd. einfache Unterkünfte und Cabañas, ein Tip ist z.B. *Mara's Place,* nördl. beim „split“ (sehr saubere Holzhäuschen mit Balkon und Hängematte, Blick aufs Meer, eigener Steg, Bootsvermietung, freundlich, DZ ca. 55 B$, meist ausgebucht). Sehr einfach, günstig: *Tina's Backpacker Hostel.* Angeboten werden alle Wassersportarten sowie Segelboot- und Schnorchel-Trips zum 1 km entfernten Riff. Die sechsstündige Schnorcheltour mit dem Guide *Ras Creek* wird empfohlen (ca. 35 B$), man findet ihn beim Ankunftssteg auf seinem palmgedeckten Hausboot.

Insel-Infos aus dem **Internet:** www.gocayecaulker.com.

Von Caye Caulkner direkt nach Sta. Elena/Tikal ist möglich mit einem privatem Kleinbus, s. Anschlag im Internet-Café in der Front Street, bequem und empfehlenswert. **Von Caye Caulkner übers Meer nach Mexiko** ist auch realisierbar: dazu nördlich zur **Insel San Pedro** weiterfahren, dort weiter sich erholen/schnorcheln und danach mit dem täglichen Schnellboot um 15 Uhr zur Hafenstadt Corozal fahren (ca. 45 B$); von dort problemlos mit dem Bus nach Chetumal/Mexiko.

Von Palenque nach San Cristóbal de las Casas

Man verlässt Palenque auf der Mex 199 Richtung **Ocosingo,** einer Kleinstadt etwa auf der Hälfte der Strecke nach San Cristóbal de las Casas, Höhenlage 1000 m.

Ocosingo

Ew. 25.000

✆ 01-919

Ocosingo liegt in einer Talsenke und ist Ausgangspunkt zur Maya-Stätte **Toniná,** 13 km östlich gelegen. Ocosingo bietet keine Besonderheiten, höchstens, dass überall im Ort *queso de bola,* Käsekugeln, verkauft werden, eine Art Hüttenkäse. Während des Zapatisten-Aufstands am Jahresanfang 1994 wurden in Ocosingo beim Markt zahlreiche Aufständische erschossen.

Von den Busterminals zum Zócalo/Zentrum sind es schätzungsweise 15 Min. zu Fuß: die Straße raufgehen und dann am „Centro"-Schild links weitere drei Blocks runter (Avenida Central; Avenidas verlaufen in O–W-Richtung, Calles N–S). Netter, langgestreckter Zócalo mit in Form geschnittenen Bäumen und Arkadengängen an den Seiten. An der Ostseite die Kirche San Jacinto. Zum lebhaften **Markt** *(Tianguis Campesino)* östl. auf der 2. Av. Sur Ote weitere vier Straßenblocks runtergehen. In den Markthallen Indígena-Leben pur mit vielfältigen Trachten – doch Vorsicht mit dem Fotografieren, die Leute schätzen das nicht. Vom Markt fahren Combis nach Toniná.

Adressen & Service

Unterkunft

Hotel Central, Nordseite Zócalo, Tel. 6730024 (DZ ca. 15 €); gut und sauber, mit Restaurant *La Montura* eine gute Kombination. Es gibt noch einige weitere Hotels, einfach und billig ist die **Hospedaje Las Palmas,** Ecke Calle 2 Pte und Av. 1 Norte Pte. **Hotel Margarita:** günstig und o.k. Restaurants hauptsächlich um den Zócalo. Die Banamex ist an der Nordwestecke (Geldautomat).

Internet: über www.turismochiapas.gob.mx

An- und Weiterreise

Nach San Cristóbal de las Casas (90 km, 2 h) oder Palenque (95 km) fahren diverse Linien, wie *Cristóbal Colón, ADO, Altos,* u.a. Nach der Ankunft die Abfahrtszeit für das nächste Ziel klären, nach San Cristóbal de las Casas z.B. um 6, 7.30, 12, 12,30, 16.30, 18.30 Uhr, nach Palenque um 10, 14, 14.30, 17, 18.30, 19.30 Uhr. Für einem Kurzbesuch von Toniná ist im Terminal von Cristóbal Colón Gepäckabgabe möglich. Wer Richtung Palenque fährt, kann nach ca. 50 km beim Crucero Agua Azul (s.o.) aussteigen oder durchfahren bis Palenque (und von dort nach Agua Azul einen Ausflug machen). Sowohl nach Palenque als auch nach San Cristóbal fahren außerdem ständig schnellere Colectivos und Combis (nach San Cristóbal von der Av. 1 Norte).

Ocosingo ist wie Comitán ein Startpunkt zur **Laguna Miramar** (s.S. 347), größter See in der Selva Lacandona. Es fahren tägl. morgens einige Fahrzeuge vom Markt (ca. 150 km, 5–6 h, rauher Trip).

Flug: Die kleine Chartergesellschaft *Servicios Aéros San Cristóbal* fliegt nach Yaxchilán, Bonampak, San Quintín (für die **Laguna Miramar**) u.a., Auskunft Tel. 6730188.

Toniná

Toniná ist eine **ungewöhnliche Mayastätte** an der Grenze zwischen dem Hoch- und Tiefland. Blickfang in dem waldbedeckten und hügeligen Areal ist die festungsartige **Tempelpyramide** bzw. **Akropolis** an der Gran Plaza. Der gigantische Bau mit sieben Terrassen bzw. Plattformen ist über 70 m hoch und zählt somit zu den höchsten Bauten in der Maya-

■ *Blick von den Toniná-Ruinen*

Welt. Man kann die verschlungen-verwinkelten Gänge und Räume erforschen und bis zur obersten Etage hochsteigen, von der man einen wunderbaren Blick übers Land hat. Insgesamt braucht man aber viel Zeit, wenn man echt interessiert ist.

Toniná (tseltal „Haus aus Stein") hatte seine Blütezeit zwischen dem 6. und 10. Jh. (Spät-Klassikum, die älteste Datumsangabe auf einer Stele stammt von 593). Militärisch war Toniná stark, es besiegte im Jahr 730 das benachbarte mächtige Palenque und nahm den dortigen Herrscher gefangen. Es existierte auch etwa ein Jahrhundert länger als Palenque, die letzte entschlüsselte Datumsglyphe stammt aus dem Jahr 909 (die von Palenque von 799). Außerdem stand Toniná mit Bonampak in Verbindung. Man fand vollplastische Stelen, Rundplastiken und Statuen, die Ähnlichkeiten mit denen in Copán (Honduras) aufweisen, doch denen von Toniná fehlen meist Köpfe und Füße.

Auf der 5. Plattform der Tempelpyramide entdeckten Archäologen eine Grabkammer mit einem monolithischen Sarkophag, und auf der 6. Plattform steht der Altar *monstruo de la tierra* („Monstrum der Erde"). Dort wurde 1992 eine 16 m lange und 14 m hohe, spektakuläre Stuckwand freigelegt, genannt **El mural de los cuarto eras o soles** („Mural der vier Zeitalter oder Sonnen"). Der Fries ist in der Art eines *codex* gearbeitet und stellt verschiedene Gottheiten und die kosmogonischen Phasen dar (die Maya-Vorstellungen von der Entstehung der Welt). Realistisch-grausam ist dabei das zentrale Abbild des skelettartigen Gott des Todes „Schildkrötenfuß", der in einer Hand den Haarschopf eines Geköpften hält. Vermutlich gehörte das Haupt **Kan-Xul II.,** letzter Herrscher von Palenque († 711), von dem man in Toniná außerdem eine Steintafel mit seinem Abbild in gebeugter Haltung fand – der „Gefangene von Toniná" (heute im archäologischen Museum von Tuxtla Gutiérrez).

■ *Kan Xul II.*

Auf der obersten Plattform stand einst die (zerbrochene), prächtige Statue des Herrschers **Zots-Choj,** der in seiner hochaufragenden Kopfkrone drei Chaak-Masken trägt (Chaak war der Regengott der Maya). Die Figur befindet sich heute in dem kleinen, schönen **Museum.** Am Fuß der Gran Plaza liegt einer der zwei Ballspielplätze, und des weiteren ist ein *temazcal* (Dampfbad) vorhanden.

Anfahrt zu den Ruinen

Vom Markt *(Tianguis Campesino)* fahren regelmäßig (ca. halbstündlich) Toniná-Combis bis zum Museum. Von da sind noch ca. 500 m zu den Ruinen. Täglich geöffnet 9–16 Uhr, Eintrittsgebühr ca. 3 € (Museumsbesuch eingeschl.). Vor Ort gibt es auch Führer. Mitnahme einer Taschenlampe vorteilhaft.

Misol Há (maya, „Wasserfall") ist eine weitere Naturschönheit zwischen Agua Azul und Palenque (von Palenque ca. 20 km, Stichstraße auf der linken Straßenseite, ausgeschildert). Von der Abzweigung sind es noch ca. 1,5 km zu dem Wasserfall, der in tropischer Vegetation aus ca. 40 m Höhe in einen tiefen Pool stürzt – perfekt für ein kühles Bad. Am Ende der Trockenzeit, also im April/Mai, fällt allerdings nur wenig Wasser über die Kante. Eintritt ca. 1 €.

Vom Aussichtspunkt geht es auf einem Pfad weiter, direkt hinter den (donnernden) Wasservorhang – doch Vorsicht, Rutschgefahr (auch das Kameraobjektiv vor dem Sprühnebel schützen). Am Ende der Strecke befindet sich eine Höhle mit einem klitzekleinen Wasserfall, für dessen Besichtigung einem nochmals Pesos abgeknöpft werden. Sie lohnt nicht.

Recht gut essen kann man in einem Restaurant zu angemessenen Preisen und übernachten in den einfachen Cabañas von *Centro Ecoturístico Misol Há* noch vor dem Wasserfall (17 Ein- und Zweibett-Cabañas mit Ventilator). Bei Nacht tolle Geräuschkulisse. Kostenpunkt einer Cabaña ca. 21 € (je nach Saison). Auskunft und Reservierung: Centro Turístico Ejidal Cascada Misol Há, Tel. 01-916-3451210.

Von Palenque per Colectivo oder mit einer Reisebüro-Tour. Misol Há ist auch ein perfekter Platz für Camper.

Von Ocosingo nach Palenque über das Lacandonen-Dorf Nahá

Wer von San Cristóbal de las Casas nach Palenque unterwegs ist und eine ungewöhnliche Tour durch das Lacandonengebiet machen möchte, kann von Ocosingo über Monte Líbano, Nahá u.a. Orte nach Palenque fahren (und/oder zuvor noch Yaxchilán und Bonampak besuchen). Von Ocosingo fährt ein uralter Bus – Abfahrt in Marktnähe, nur 1x tägl. um 11 Uhr – der *Sociedad Cooperativa de Transporte Mixto* in 5,5 Stunden über eine unasphaltierte Strecke durch z.T. wunderschönes Hügelland mit vielen kleinen Tälern und Flüsschen und einzelnen Restflächen tropischen Regenwaldes und vorbei an Siedlerhütten und Viehweiden zur Lacandonensiedlung **Nahá** (65 km). Unterwegs öfter Militärkontrollen. In Nahá kann man z.B. bei *Kin García Martínez* einfachst unterkommen und einige Tage das Dorfleben erleben. Es gibt aber auch 3 Cabañas mit je zwei großen Betten und zusätzlich einer Baño-Hütte mit Duschen. Es gibt einen kleinen Laden, aber keinerlei Frischwaren. Die luftig-einfache *Casa de la Cultura* ist reich an Bildern und Gebrauchs- und Kunstgegenständen (die Bilder wurden 2003 durch Regenfälle zerstört), und im Dorf modelliert ein Lacandone Tiere aus Ton. Außerhalb ist des Dorfs ist eine schöne Laguna. Die Lacandonen haben dort zwei Einbäume liegen und nehmen einen mit raus, mit Glück kann man Krokodile sehen (mit Ramos, er führt Besucher auch durch die Selva). Hinter der Lagune soll sich in den Hügeln ein Lacandonen-Friedhof befinden. Preise für Übernachtung, Ausflüge, Essen etc. sollten fest ausgehandelt werden, nicht dass nachher nachgefordert wird. Morgens um 11 Uhr und um die Mitternachtszeit fährt ein Bus in rund 5 Stunden über Limonar nach Palenque, davon die ersten 4 Stunden über Piste. **FOTO:** *Lacandonen-Junge, Laguna Nahá.*

Von Ocosingo nach San Cristóbal de las Casas

Endlose Kurven und unzählige, heimtückische *topes* vor und zwischen den kleinen Straßendörfern verhindern auf der ständigen Aufwärtsfahrt ein zügiges Vorankommen. Man sieht viele brandgerodete Flächen, weil der Wald permanent in Ackerland verwandelt wird. In hügeligen Landschaften liegen Streusiedlungen. Es hat ein drastischer Klima- und Vegetationswandel stattgefunden: feuchtheiße Wärme, Zuckerrohr-, Bananen- und Kaffeeplantagen sind klarer Bergluft und Pinienwäldern gewichen. Nach Cuxulja und Oxchuc wird Huixtán passiert, danach der kleine Flugplatz und schließlich stößt die Mex 186/199 auf die Panamericana, die Mex 190. Bis San Cristóbal de las Casas sind es nur noch 12 km.

San Cristóbal de las Casas

Ew. 140.000

✆ 01-967

San Cristóbal de las Casas ist *der* Touristen- und Traveller-Magnet im Süden Mexikos. Die schöne Kolonialstadt mit besonderer Atmosphäre liegt auf 2100 m Höhe in einem Hochtal zwischen pinienbewaldeten Bergen. Das Klima ist frühlingshaft trocken-warm, doch in den Wintermonaten (Dez–Feb.) gibt es empfindlich kalte Abende und Nächte!

„Die Luft in dieser Höhe ist so klar, so rein, dass sie mit nichts anderem an Reinheit verglichen werden kann ... Das Land, stundenweit, im Umkreis, ist bedeckt mit Tannen- und Fichtenwäldern ... Nur ein einziger Fabrikschornstein, der des Elektrizitätswerks, raucht ...“ schrieb 1928 der berühmte Schriftsteller → *B. Traven,* der sich in San Cristóbal de las Casas aufhielt.

Was San Cristóbal so anziehend macht ist der Mix von typisch kolonialer Vergangenheit und indigener Gegenwart. Aus den umliegenden Dörfern treffen frühmorgens *Tzotziles* und *Tseltales* und andere Indígena-Volksgruppen ein, um auf dem großen **Mercado Municipal** ihre landwirtschaftlichen Produkte zu verkaufen. Touristen erwartet ein riesiges Angebot an Kunsthandwerk. Nicht zu übersehen sind auch soziale Probleme: Bettelnde, Straßenkinder, nervende Verkäufer und arme, kleinwüchsige Indígena-Frauen, die gebeugt und barfuß auf den kalten Pflastersteinen tippeln, ein Kind auf dem Rücken und ein anderes an der Hand ...

„Keine Straßenbahn, keine Eisenbahn erfüllt die Straßen mit Lärm, in der ganzen Woche hört man vielleicht ein, zwei, oder, wenn es hoch kommt, drei Autos stöhnen und tuten. Nachts um 12 Uhr wird das elektrische Licht für die ganze Stadt abgestellt“ schrieb B. Traven.

Das ist heute anders. Die Jugend vergnügt sich in kreischenden Spielsalons, ein lauter Verkehr wälzt sich durch die engen Einbahnstraßen, die Bürgersteige sind sehr schmal und hoch und man muss ständig rauf- und runterspringen (Ausrutschgefahr an steilen und glatten Garageneinfahrten). Aber jetzt gibt es endlich **Fußgängerstraßen:** die **Calle Hidalgo** und ihre nördliche Verlängerung, **20 de Noviembre** (s. Stadtplan).

Vielerlei Angebote und Möglichkeiten

Der nie abreißende Touristenstrom ist der beherrschende Wirtschaftsfaktor für die Stadt. Es gibt zahllose Hotels, Gaststätten, Läden, Reiseagenturen und touristische Angebote aller Art, von der Fahrrad-, Pferde- und Motorrollervermietung über Web-, Sprach- und Malkurse bis hin zu Ultralight-Flügen und Seminaren über die Medizin der Maya. Viele Unternehmen gehören Nordamerikanern und Europäern.

Man kann in Galerien und Artesanías-Läden stöbern, in netten Restaurants gut essen und den Abend in einer Folklore-Kneipe ausklingen lassen. San Cristóbal geht relativ früh zu Bett, die Kälte verhindert ein nächtliches Straßenleben, die meisten Restaurants schließen früh. Das gemäßigte Klima ist nach heißen Tieflandtagen eine Erholung – aber man kann sich auch leicht erkälten! Außerdem können Touren in die Indígena-Dörfer der Umgebung gemacht werden (weshalb die meisten Touristen hier sind), und letztendlich ist San Cristóbal de las Casas auch ein Ausgangspunkt für Guatemala.

Orientierung

Das Zurechtfinden in San Cristóbal ist aufgrund des Gitterrasters kein Problem. Durch die südliche Stadt verläuft die *Panamericana,* an ihr liegen die Busterminals. Die Straßen *Rosas, Hidalgo* und *Insurgentes* führen ins Zentrum zum **Zócalo,** den man auf der Insurgentes gehend vom Busterminal nach acht Cuadras (oder 15 Minuten Gehzeit) erreicht.

Die **Insurgentes** durchschneidet die Stadt in Süd-Nord-Richtung, nach dem Zócalo heißt sie aber **Avenida General Utrilla** und führt den Berg hoch zum Markt. Vom Zócalo in Richtung Osten verläuft eine andere wichtige Straße, die *Real de Guadalupe,* in westlicher Richtung heißt sie *Guadalupe Victoria* (Vorsicht auch bei „Domínguez"-Adressen, es gibt gleich **vier verschiedene** Domínguez-Straßen mit jeweils anderen Vornamen). Hauptgeschäfts- und Hotelstraßen sind Insurgentes, Real de Guadalupe und Madero.

Man braucht selten ein Taxi, höchstens wegen seines schweren Gepäcks von/zum Busterminal. Taxis gibt es am Zócalo, an den Busterminals und sie fahren ständig durch die Straßen (Stadtfahrten generell ca. 1,50 €). Für Entfernteres kann ein Motorroller (Scooter) gemietet werden (s.u., „Aktivitäten").

Stadtübersichten: Auf zwei den Ort überragenden Hügeln thronen Kirchen: im Osten die *Iglesia de Guadalupe* und im Westen der *Templo y Cerro de San Cristóbal.* Letztere Kirche ist vom Zócalo in etwa 15 Minuten Gehzeit zu erreichen, man muss viele Treppenstufen hochsteigen, hohe Bäume verhindern dann jedoch die Aussicht. Die Sicht von der Guadalupe-Kirche ist vor allem bei Sonnenuntergang lohnend.

Barrio ist die Bezeichnung für einen Stadtteil, davon gibt es in San Cristóbal weit über ein Dutzend, und fast jeder hat seine eigene Kirche.

Geschichtliches

Die frühere Hauptstadt von Chiapas hat nicht nur wechselvolle Zeiten sondern auch verschiedene Namen hinter sich: Anfänglich als *Hueyzacatlán* bekannt, ist sie – nach Chiapa de Corzo –, die zweitälteste spanische Stadtgründung in Chiapas. Der Eroberer **Diego de Mazariegos** gründete sie am 31.03.1528, hauptsächlich als Außenposten, um die Maya-Stämme der Region zu unterwerfen. 1536 wurde sie von Kaiser Karl V. zur *Ciudad Real de Chiapa* erhoben, zur „Königlichen Stadt". Danach hieß sie nach dem Ortspatron *San Cristóbal de los Llanos* oder *Villa Viciosa,* und schließlich verewigte man 1848 mit ihrem heutigen Namen ihren ersten Bischof, den großen Indianer-Protektor **Bartolomé de las Casas** (1475–1566). 1892 verlor San Cristóbal de las Casas seine Hauptstadtfunktion an Tuxtla Gutiérrez. Mit dem Überraschungs-Angriff auf den Palacio Municipal begann am 1. Januar 1994 der **Zapatisten-Aufstand** unter **Subcomandante Marcos** (s.S. 269).

Sehenswertes

San Cristóbal de las Casas besitzt keine besonderen Sehenswürdigkeiten, der Reiz der Stadt besteht, wie bereits erwähnt, in der von den Indígenas geprägten Atmosphäre. Dennoch gibt es einige interessante Bauten, Kirchen und Museen sowie kulturelle Einrichtungen.

Am Zócalo

Der baum- und palmenbestandene Zócalo (offiziell „Plaza 31 de Marzo", das Datum der Stadtgründung) mit seinen Sitzbänken ist der Treffpunkt der Stadt. In der Mitte befindet sich der Quiosco mit einem erhöhten Café, wo es sich nett sitzen lässt. An der Zócalo-Westseite steht der **Palacio Municipal** (Rathaus) mit seinen Arkadenbögen, drinnen ist rechts das **Turismo-Büro.** Vor dem Palacio spielen manchmal Musikgruppen auf. Straßenhändler und Kinder bedrängen die Fremden ihren Kram zu kaufen.

An der Nordseite steht unübersehbar die große, gelb- und ziegelrotfarbene **Kathedrale** *Nuestra Señora de la Asunción* (Baubeginn 1528). Die Westfassade – dort ist der Eingang – verschönert feiner weißer Stuckdekor. Innen ist das Gotteshaus ziemlich karg (mehrere Barockaltäre, Gemälde und Skulpturen; einen Blick wert ist das schöne Schnitzwerk der Kanzel mit einem Atlanten als Stütze). Neben der Kathedrale, an der Nordostecke (Ecke Calle Utrilla), befindet sich die kleine *Iglesia San Nicolás.*

Gegenüber vom Palacio Municipal gibt es einen weiteren Arkadenbau mit der Bank Banamex und Geschäften, und an der Ecke Madero/Insurgentes steht das beachtenswerte Kolonialhaus des Konquistadors Mazariegos mit einem schönen Portal (in der Insurgentes), heute das **Hotel Santa Clara.**

Calle Utrilla

Der Ex-Convento y Templo de **Sto. Domingo** ist einen Besuch wert. Dazu die Avenida Utrilla hochgehen (und dies am besten mit dem nachfolgenden Besuch des Marktes verbinden). An der Ecke mit der Calle Dr. Navarro ist die **Casa Utrilla** (Nr. 33): ein Innenhof mit Restaurant, Buchhandlung, Artesanías-Läden und meist auch Live-Musik (hier evtl. auf dem Rückweg vom Markt einkehren). Linkerhand dann die **Iglesia de Caridad** mit Markt.

Kirche Santo Domingo

Gleich nördl. neben der Iglesia de Caridad steht auf einem baumbestandenen kleinen Plateau die schönste Kirche der Stadt, die *Iglesia Santo Domingo* (Baubeginn durch die Dominikaner ab 1550). Zwischen und hinter den beiden Kirchen findet ein bunter Tagesmarkt mit viel statt *(tianguis artesanal indígena).* Frauen verkaufen Textilien und Kunsthandwerksarbeiten – darunter viel Importware aus Guatemala –, manche weben auch. Dabei benutzen sie die uralte Form des transportablen *telar de cintura* (Rückengurt- oder Gürtelwebgerät, **s. Codex-Abb.**), der vorne z.B. an einem Baum festgebunden und mit einem Gürtel um den Rücken gespannt wird. Im Angebot sind u.a. auch Zapatisten-Wollpüppchen mit Holzgewehren und *pasamontañas,* Kopfmasken (drollige Kerlchen, wäre da nicht der blutig-ernste Hintergrund; s.a. ein Laden bei „Adressen & Service / Einkaufen"), Postkarten vom Subcomandante Marcos, filigraner Silberschmuck, bunte *pulseras* (Armbänder) und allerlei Schnickschnack.

Nun an der Längsseite der Kirche durch einen Torbogen in die Kirche eintreten. Ihr Inneres ist mit Unmengen von Blattgold ausgeschmückt, Indígenas knien andächtig vor Altären und Heiligenbildern.

■ *Kirche Santo Domingo*

Danach östl. vorgehen zur Kirchen-Frontfassade. Sie wurde zu einem späteren Zeitpunkt erbaut und ist überreich im typischen *barroco chiapaneco*-Stil dekoriert, bemerkenswert sind die vielen spiralig-gewundenen („salomonischen") Säulen und die Heiligen dazwischen. In der Mitte über dem Fenster ist eine Figur, links und rechts von ihr ist der habsburgerische Doppeladler zu sehen, das Wappen von Kaiser Karl V.

Sna Jolobil – „Haus des Webens"

Links der Kirche erstreckt sich der ehemalige **Convento** (Kloster), und unter den Arkaden ist rechts der Eingang zum Ausstellungs- und Verkaufsraum der indigenen Web-Cooperative **Sna Jolobil** (tzotzil „Haus des Webens"), *La Casa del Tejido.* Die Organisation ist seit 1976 ein Zusammenschluss von über 600 Weberinnen und Webern verschiedener ethnischer Herkunft, um die überkommenen Web- und Färbetechniken und die Vielfalt der Vorlagen und Stile zu bewahren. Viele der Muster auf den Stoffen stammen aus prähispanischer Zeit und stellen Götter, Tiere oder religiöse Embleme der symbolbeladenen Maya-Welt dar (beim *brocado*-Weben werden z.B. die komplizierten Muster in den Stoff miteingewebt). An einem komplexen Design wird oft viele Monate gearbeitet, die Preise solcher (preisgekrönten) Kunstwerke sind entsprechend sehr hoch. Schaubilder, Fotos und Webstücke vermitteln einen Überblick über die unterschiedlichen Farben und Stilrichtungen in den Dörfern. Zu sehen sind Webereien und Trachten aus Chamula, Zinacantán, Chenalhó, San Andrés de Larráinzar, Bochil, Huixtán, Pantelhó und Tenejapa. Außerdem ziert ein schönes Wandgemälde den Raum, links umarmt Bartolomé de las Casas einen Indianer.– Geöffnet tägl. 9–14 u. 16–18 Uhr außer So.

Museo de los Altos Chiapas

(derzeit ist nur das Erdgeschoss geöffnet, oben Umbau)

Auf der linken Seite der Arkaden befindet sich der Eingang zum Museum des Instituts Centro Cultural de Los Altos Chiapas, das *Museo de los Altos Chiapas* (Museo de Arqueología, Etnografia, Historia y Arte). Im Erdgeschoss sind Exponate und Schaubilder zur amerikanischen Frühgeschichte, zu den Maya und den klassischen Kulturen ausgestellt (Erklärungen nur in Spanisch). Im Obergeschoss gibt es Ausstellungsstücke zur Geschichte des Mais, Tafeln sowie Dokumente der spanischen Eroberung der Region mit dem Leidensweg der Indígenas. Außerdem Bildnisse und eine schöne Trachtenabteilung (Trachten der Tseltales, Lacandones, Mames, Choles, Zoques und Tojolabales; wird allerdings vermutlich geschlossen oder verlegt). Wer sich für die Maya von Chiapas und für **trajes und costumbres** interessiert, für den ist das Museum **unbedingt sehenswert.** Geöffnet Di–So 10–17 Uhr, Eintrittsgebühr.

Mercado Indígena

Nach Besichtigung des Museums wieder zur Av. Utrilla vorgehen und dann hoch zum Markt. Gleich rechts, gegenüber der Kirche Santo Domingo (Haus 43), kann man noch in den Verkaufsraum der Web-Cooperative **J'pas Joloviletic** reinschauen (geöffnet 9–14 u. 16–19 Uhr, So 9–13 Uhr).

Dann wird das Gedränge dichter, man nähert sich dem Markt. Er wird in keinem Reiseführer über Mexiko ausgelassen und als einer der interessantesten des Landes bezeichnet (wer jedoch z.B. die Maya-Märkte Guatemalas kennengelernt hat, für den ist er enttäuschend). Es ist der zentrale Warenumschlagsplatz der ganzen Gegend um San Cristóbal de las Casas. Angeboten wird in dem Gewirr der teils mit Planen überspannten Marktstände und in der angrenzenden Halle fast alles und jegliches – landwirtschaftliche Produkte, unzählige Früchtesorten, Lebensmittel, Kleidung, Ton-waren, Blumen, Kleinvieh und viele andere Dinge mehr.

Die Händler benutzen dabei vielfach noch alte Maße und Gewichte, und den allgemeinen Geräuschpegel erhöhen die Musikkassettenverkäufer. Eine verwirrende Vielfalt mit zahlreichen Hochland-Indígenas in ihren verschiedenartigen Dorf- und Stammestrachten. Schon frühmorgens – dann ist der Markt am interessantesten – schleppen kleinwüchsige Männer gebeugt schwere Lasten zu den Marktständen, schichten Frauen Kartoffeln, Tomaten und Früchte zu optisch ansprechenden und verkaufsfördernden kleinen Pyramiden auf, und wer allzu unbekümmert fotografiert, dem fliegt schon mal was Überreifes entgegen. Markt ist täglich, doch sonntags haben die umliegenden Dörfer ihre eigenen Markttage, dann ist hier nur sehr wenig los. Vorsicht vor Taschendieben!

Wer möchte, kann vom Markt aus das *Museo de la Medicina Maya* besuchen (s. „Weitere Museen").

Hotels

1 Pos. Lekil Ná
2 Posada Qhiá
3 Hotel Na Bolom
4 Casa Mexicana
5 Pos. Doña Rosita
6 El Jardín del Centro
7 Ht. Español Flamboyant
8 Pos. Jovel
9 Pos. La Posadita
10 Pos. Maya Sol
11 Hotel Imperio Maya
12 Ht. El Paraíso
13 Ht. Diego de Mazariegos
14 Ht. Real del Valle
15 Casa Margarita
16 Ht. Barón de las Casas
17 Ht. Mansión del Valle
18 Pos. Los Robles
19 Ht. Ciudad Real
20 Pos. de los Ángeles
21 Pos. San Cristóbal
22 Pos. Hostel México
23 Ht. Plaza Magnolias
24 Los Morales
25 Ht. La Noria
26 Pos. La Media Luna
27 Ht. Villa Real II
28 Hostel Casa Babylon

→ *Einbahnstraßen*

① **Restaurants/Cafés**

1 La Casa del Pan
2 Aroma Café
3 Al sazón que me toquen
4 Café Bar Revolución
5 R. La Salsa Verde
6 R. El Fogón de Jovel
7 R. Bugambilias
8 R. Café Azul
9 R. Plaza Real
10 R. Creperie
11 R. Paris México
12 R. El Gato Gordo
13 R. La Paloma
14 Emiliano's Moustache
15 Café La Selva
16 R. Caxlan
17 R. Normita
18 R. Madre Tierra

SAN CRISTOBAL DE LAS CASAS
0 200 m
Fußgängerstraßen
© RKH VERLAG HERMANN
ca. 300 m zum Museo de la Medicina Maya
Colectivos n. Larráinzar
Colectivos n. Chenalhó
Colectivos n. Chamula
Colectivos n. Zinacantán
Colectivos n. Tenejapa
Mercado Municipal
Los Pinguinos
Museo de los Altos / Sna Jolobil
Iglesia Santo Domingo
Igl. de Caridad
Casa Utrilla
Museo Na Bolom
Café Museo
Museo de Jade
Plaza Catedral
(Tiefgarage)
Catedral
San Nicolás
Ticket Bus
zum Cerro u. Iglesia de Guadalupe
Museo Castro
Museo de las Culturas Populares de Chiapas
Palacio Municipal
Plaza de Armas
Pasaje Mazariegos
Centro Cultural El Puente
La Merced
La Pared (Bücher)
Turismo Chiapas
Universidad
Templo y Cerro San Cristóbal
Treppe
Casa de las Artesanías de Chiapas
San Francisco
Parque B. Casas
Igl. del Carmen
Casa de la Cultura
Igl. Santa Lucía
Camping San Nicolás
Autotransportes Tuxtla Gutiérrez (ATG)
Colectivos/Combis n. Ocosingo
Gepäckaufbewahrung
Busterminal 1. Klasse, ADO, UNO u.a.
Colectivo-Taxis Jovel n. Tuxtla Gutiérrez u. Chiapa de Corzo
Transportes Lacandonia (TL)
Colectivo-Taxis n. Comitán
Combis/Suburbans n. Tuxtla Gutiérrez / Chiapa de Corzo
Combis n. Comitán
Colectivos zu den Grutas d.S. Cristóbal
zu den Grutas de San Cristóbal / Flughafen Comitán / Lagos de Montebello / Guatemala Ocosingo / Palenque
Panamericana
(Blvd. Sabines)
MEX 190
Av. Utrilla
Insurgentes
Real de Guadalupe
Guadalupe Victoria
Real de Mexicanos
Diagonal Arriaga
Av. B. Dominguez
Cristobal Colón
Diego Dujelay
Flavio A. Paniagua
Adelina Flores
Madero
Mazariegos
Felipe Flores
Cuauhtemoc
Niños Heroes
León
Libertad
Hermanos Domínguez
Corzo
Corona
A. Obregón
Moreno
Esponda
Suárez
Pineda
Robledo
Honduras
Diaz Ordaz
Bermudas
Costa Rica
Tonalá
Chiapa de Corzo
Comitán
Tapachula
Dr. Navarro
Cintalapa
Ejercito Nacional
Escuadron 201
28 de Agosto
1 de Marzo
5 de Febrero
Venezuela
Brasil
Ecuador
Argentina
Colombia
16 de Septiembre
Cardenas
20 de Noviembre
12. de Octubre
12. de Septiembre
5 de Mayo
Allende
Matamoros
Rossette
La Palma
Hidalgo
Crescencio Rosas
Sarabia
Juárez
Josefa Ortiz de Domínguez
Pantaleon Dominguez
Santiago
Almolhonga
Rojas
Diaz-del-Castillo
Isabel La Católica
Guerrero
Huixtla
Tuxtla
Simojovel
Crist. Colón

Trajes y tejidos

Die farbenprächtige Webkunst und die schönen Trachten im Hochland von Chiapas (und noch mehr in Guatemala) sind ein eindrucksvolles Erlebnis in der Welt der Maya. Auf dem Markt von San Cristóbal de las Casas erwartet einen diesbezüglich ein buntes Mosaik. Anhand der verschiedenen Trachten, Farben und Webmuster kann erkannt werden, zu welcher Ethnie die Träger gehören respektive aus welchem Dorf sie stammen (die Entwicklung ortsspezifischer Trachten geht z.T. auf die spanischen Bekleidungsvorschriften während der Kolonialzeit zurück, denn damit sollte die Kontrolle über die Indígena-Gemeinden erleichtert werden).

Die **Chamula** (Tzotziles) tragen helle oder braune, ärmellose Jacken *(jorongos)* aus roher, gesponnener Schafwolle mit Gürtel, Chamula-Frauen bevorzugen schwarze Röcke, blaue oder weiße Blusen und in ihre langen Zöpfe flechten sie oft rote Bänder ein.

Die **Tenejapanecos** (aus Tenejapa, Tseltales) sind an ihren schwarzen, knielangen Umhängen zu erkennen, ihre Frauen tragen gleichfalls schwarze Röcke und lila Blusen, während die **Zinacantecos** (Tzotziles) durch ihre lachsroten – heute überwiegend blauen – Ponchos mit Blumenmustern und durch bunte Bändel an ihren flachen Strohhüten auffallen (verheiratete Männer haben kürzere Bändel oder sie sind verflochten). Zinacantecos-Frauen tragen blaue Wollröcke, weiße Blusen und darüber gleichfalls lachsrote bzw. blaue Poncho-Umhänge. Die **huipiles** der Frauen aus **Amatenango del Valle** (Tseltales) sind dunkelrot und kunstvoll bestickt mit breiten Gürteln, während die der **Tojolabales**-Frauen (vom Ort **Las Margaritas**) weiß und mit bunten Stickereien verziert sind. Weben ist die **mayaspezifische Kunstform** schlechthin mit einer über tausend Jahre alten Tradition. Nach einer Legende soll die Mond- und Fruchtbarkeitsgöttin *Ix chel* den Mayafrauen das Weben gelehrt haben. In den Dörfern ist der Lebensweg der Frauen von der Mädchenzeit an oft lebenslang mit der Webkunst verbunden.

Die in die Stoffe **eingewebten Motive und Ornamente** (s. **Abb.** rechts, v. oben ***MONOS, SAPO*** und ***SANTOS***) sind meist uralte Maya-Sinnbilder für den Kreislauf des Lebens (Fruchtbarkeitssymbole). Der Maya-Kosmologie entlehnt sind es gleichsam Resonanzen aus der Tiefe der Zeit. So kann man beispielsweise in den Stick- und Webmustern der *huipiles* der Tzotziles-Frauen Symbole der Sonne, von Schmetterlingen, Blumen, Maiskolben oder Fröschen erkennen (typisch für den Ort Pantelhó), und das weitverbreitete **Rautenmuster** („Diamanten") – überwiegend üblich auf den weißen, rotbestickten Blusen der Frauen von **San Andrés de Larráinzar** –, trug schon die berühmte Maya-Königin Xoc aus Yaxchilán auf ihrem Gewand (Türsturz 24, s.S. 303). Historisch ist auch der Kopf- und Haarschmuck bei den Frauen*(tocado;* alte Maya-Darstellungen zeigen hochrangige Personen immer wieder mit turbanartigen Gebilden). Meist werden meterlange bunte Bänder um das Haar gewickelt oder es wird ein gefaltetes Tuch auf den Kopf gelegt. Besonders schön sind außerdem die gewebten Röcke *(cortes).* Die mit Blumenmustern leuchtend buntbestickten Halskrausen sind jedoch spanischen Ursprungs. Im Übrigen ist die gesamte Symbolik der Webmuster beinahe eine Wissenschaft für sich, diesbezüglich sei nochmals oben auf *Sna Jolobil* und das *Museo de los Altos Chiapas* sowie unten auf das *Museo Sergio Castro* hingewiesen.

Im allgemeinen tragen die Frauen mehr traditionelle Trachten als die Männer, wobei die Bekleidung bei allen Maya-Ethnien nicht nur den Zweck als solche hat, sondern auch – zusammen mit der eigenen Sprache – ein wichtiges Unterscheidungsmerkmal und ganz besonders ein **Identitätssymbol** ist. Sie reflektieren die eigene Geschichte. Jede Veränderung wäre gleichbedeutend mit der Aufgabe der kulturellen Eigenständigkeit.

Bei aller Begeisterung für die schöne Maya-Webkunst sollte aber auch an das Wort der guatemaltekischen Friedensnobelpreisträgerin *Rigoberta Menchú* gedacht werden, die sagte: *„Was uns an meisten weh tut, uns anderen, den Indígenas, ist, dass sie unsere Tracht schön finden, aber die Person, die sie trägt, gleichfalls nichts ist".*

Weitere Museen

Na Bolom

Ein Besuch von **Na Bolom** (maya, „Haus des Jaguars") in der Vicente Guerrero 33 (die Real de Guadalupe hochgehen und in die Vicente Guerrero links abbiegen) ist für viele Las-Casas-Besucher ein Muss. In diesem großzügigen Anwesen mit schönen Gartenanlagen und Patios wohnte der dänische Archäologe *Frans Blom* (1893–1963), der sein Lebenswerk u.a. Palenque und den Indígenas von Chiapas widmete, besonders den **Lacandonen.** Seine Frau *Gertrude Duby-Blom* (1901–1993), Schweizerin und Fotografin, erwarb sich zwischen 1950 und 1980 durch Erforschung und Betreuung gleichfalls Verdienste um dieses Volk und sein Siedlungsgebiet, die *Selva Lacandona.* Sie hinterließ ein fotografisches Archiv von unschätzbarem historischem Wert (insgesamt ca. 50.000 Fotos), die großartigen Bilder schmücken zusammen mit Gemälden, Kunstwerken und archäologischen Fundstücken die Räume des Hauses.

Na Bolom ist heute eine öffentliche Institution, ein Maya-Studienzentrum mit Museum, vollgepackt mit der Vergangenheit des Ehepaars. Es gibt eine sehr große Maya-Bibliothek (über 10.000 Bände, jedem zugänglich, Mo–Sa 11–14 Uhr), Lacandonen-Gebrauchsgegenstände, Schmuck, Textilien und immer wieder Fotos von ihnen. Die dort arbeitenden Volontäre, die aus vielen Ländern stammen und eine Zeitlang bei Forschungsprojekten mitarbeiten, geben bei einem Rundgang Erklärungen (es werden immer Leute für Tage, Wochen oder Monate gesucht). Wer vorhat, Touren in die Selva Lacandona zu machen, kann hier nachfragen, Na Bolom bietet z.B. mehrtägige Touren an. Besonders Interessierte können in diesem internationalen Haus außerdem wohnen (14 geschmackvoll eingerichtete Zimmer, DZ ca. 50 €). Möglich ist aber auch nur zu frühstücken oder zum Mittag- oder Abendessen zu kommen (vegetarisch, Anmeldung nötig).

Touren in umliegende Dörfer: Bei genügend Teilnehmern werden Touren in die Indígena-Dörfer durchgeführt, vormittags so um 10 Uhr (gewöhnlich nach San Juan Chamula und in ein anderes Dorf mit Besuch eines Schamanen, ca. 11 €). Führer ist meist Pepe (s.u.), der interessant erzählen kann (Englisch). Auch Touren zum Parque Nacional Lagunas de Montebello (s.S. 350).

Öffnungszeiten Na Bolom (Tel. 6781418) 10–17 Uhr. Eintritt ohne Führung 35 P. Führungen tägl. um 11.30 Uhr und 16.30 Uhr, auf Englisch nur um 16.30 Uhr. Die Führung dauert gut anderthalb Stunden inkl. 30minütigem Video. Restaurant: Frühstück 7.30–10 Uhr, Mittagessen 13.30 Uhr, Abendessen 19 Uhr; jeden Sonntag Buffet, Auskunft bei der Rezeption. Na Bolom im Web mit Fotos etc.: **www.nabolom.org.**

Nachfolgende drei Museen liegen alle nahe beieinander:

Museo Sergio Castro

Sergio Castro, ein Agraringenieur und Veterinär, kümmert sich schon seit vielen Jahren um **indigene Dorfgemeinschaften** und ist einer ihrer besten Kenner. Er besitzt ein einmaliges Privatmuseum, vollgehängt mit **Original-Trachten,** Bildern und Gegenständen, die er aus den Dörfern zusammengetragen hat oder als Dank für seine Hilfe von den Indígenas bekam. Sein Haus befindet sich in der *Guadalupe Victoria 38* (linke Seite, gelbes Haus mit türkisen Fenstern, Klingel ist oben). Er ist meist nur abends da, so 18/19 Uhr, immer vorher anrufen, Tel. 6784289.

Museo de las Culturas Populares de Chiapas

Gleich um die Ecke, in der Mazariegos 37, befindet sich das kleine *Museo de las Culturas Populares de Chiapas.* Die Zahl der Exponate – Kunsthandwerk *(artesanías),* Webkunst, kulturelles Brauchtum *(costumbres)* u.a. – ist recht klein. Lohnt kaum.

Museo del Ámbar de Chiapas

San Cristóbals **Bernstein-Museum** befindet sich im Ex-Convento La Merced in der Diego de Mazariegos (östl. der Matamoros, Eingang direkt links neben dem Eingang der Kirche La Merced). Eine kleine, aber sehenswerte Sammlung rund um den Chiapas-Ámbar, schöne Stücke mit Insekten-Einschlüssen, Wissenswertes, Videofilm u.a. Geöffnet 10–14 u. 16–19 Uhr, montags geschl., www.museodelambar.com.mx.

Café Museo

Das kleine interessante Kaffee-Museum in der Flores 10 entstand auf Initiative von *Coopcafe,* einem Zusammenschluss kleinerer Kaffeeproduzenten in Chiapas. Anhand von Schaubildern, alten Fotos und Geräten wird erläutert, wo und wie der Kaffee in Chiapas angebaut und weiterverarbeitet wird. Alles ist sehr liebevoll zusammengestellt (den Raum hinten rechts nicht versäumen). Im großen und ruhigen Café kann man anschließend original Chiapas-Kaffee trinken. Der Eintritt ist frei, Mo–Sa 10–18 Uhr.

Museo de la Medicina Maya

Vom Markt der Verlängerung der Utrilla folgen, der *Salomón Gonzáles Blanco,* bis Querstraße Andrés Quintana Roo (ca. 300 m; ausgeschildert Haus No. 10, links).

Das kleine Museum ist ein Teil des CEDEMM („Centro Regional de Desarollo de la Medicina Maya"). Träger des Ganzen ist eine Organisation von traditionellen Heilern und Tseltales- und Tzotziles-Indígenas aus 20 Municipios in Chiapas (OMIECH). Es wird die überlieferte Maya-Medizin mit Kräutern und Naturheilmitteln dargestellt, die Heilmethoden und magischen Praktiken der *pulsadores, yerberos, parteras, hueseros* und *rezadores de los cerros.* Es gibt einen Heilkräuter-Garten, eine kleine Maya-Farmacía und in der *Casa de Curación* kann man seine Leiden diagnostizieren und sich gleich behandeln lassen (z.B. Kopfweh, Durchfall). Der Ausstellungstext ist auf Deutsch übersetzt. Mo–Fr 9–18, Sa/So 10–17 Uhr, Eintritt ca. 30 P, Tel./Fax 6785438. Das Projekt im Web: www.laneta.apc.org/omiech.

Casa de las Artesanías de Chiapas / Museo Etnográfico

In dem Gebäude an der Hidalgo/Ecke Niños Héroes ist die *Tienda de Casa de las Artesanías DIF Chiapas* untergebracht, ein staatliches Unternehmen mit sehr reichhaltigem Kunsthandwerk aller Stilrichtungen und Macharten aus Chiapas, Webkunst-Beispielen sowie Modellpuppen mit Trachten der umliegenden Dörfer San Cristóbals. Tägl. 9–21 Uhr, So 9–15 Uhr.

Museo Mesoamericano del Jade

La Casa del Jade ist ein Juweliergeschäft in der 16 de Septiembre 16 (nahe der Plaza Catedral) mit zwei Ausstellungsräumen über Jade. Zu sehen ist die Nachbildung von König Pacals Grab in Palenque mit den Grabbeigaben und Jadeschmuck mesoamerikanischer Kulturen. Tägl. 12–21 Uhr, So 11-18 Uhr.

Leñateros (Papierherstellung)

Flavio A. Paniagua 54. Kein Museum, sondern Indígenas, die Papier herstellen und auch recyceln. Verschiedenste Papierformate und Farben, man kann bei der Herstellung und Verarbeitung zusehen, es wird einem erklärt.

Orchideen (für Blumenliebhaber)

Im *Jardín de Orquídeas,* Tonalá 27, Tel. 6785727, kann man Mi–So 10–18 Uhr im Garten von Cisco, einem sehr freundlichen US-Amerikaner, der gerne seine blühenden Schätze erklärt, über 400 Arten bewundern (doch keinen spektakulären Blütenwald erwarten). Freiwilliger Beitrag.

Bartolomé de las Casas

Der spanische Dominikanermönch **Bartolomé de las Casas** beeinflusste mit seinen Ideen und Ansichten wie kein anderer in positivem Sinne die spanische Missionstheologie, er war der erste, der die eigenständigen Werte der indianischen Kulturen erkannte, gewissermaßen der erste große Befreiungstheologe Lateinamerikas. Vehement klagte er in seinen Werken Ausbeutung und Völkermord an den Ureinwohnern des amerikanischen Kontinents an.

„Wieviel Schaden, wie viele Schwierigkeiten, Zerwürfnisse und Verwüstungen ganzer Königreiche gab es hier. Wie viele Seelen sind in Westindien über die Jahre qualvoll zu Grunde gegangen – und wie ungerechtfertigt. Wie viele unverzeihliche Sünden sind begangen worden …" schrieb er. Und an anderer Stelle: *„… würde ich die einzelnen Grausamkeiten und Gemetzel aufzählen, die begangen, und Morde, meine Sprache würde, obzwar der Wahrheit nicht widersprechend, keinen Glauben finden und den Sinn mit Schrecken verhärmen …"*

Das Andenken und das geistige Erbe des **„Defensor universal de los Indios"** („Beschützer der Indianer") wird noch heute in allen mittelamerikanischen Ländern verehrt.

Geboren wurde er 1474 in Sevilla als Sohn eines Kaufmanns, sein Vater war Teilnehmer der ersten Schiffsreise von Kolumbus. Er absolviert ein Theologie- und Jura-Studium in Salamanca. Ab 1502 Reisen nach Hispaniola und Kuba. 1510 Weihe, 1514 Priester in Kuba.

Nach seiner Rückreise 1515 nach Spanien setzt er sich bei der Krone für die Rechte der unterdrückten Indianer ein, worauf er 1516 den Amtstitel *„Defensor universal de los Indios"* erhält (durch Fürsprache des Kardinals Francisco Jiménez y Cisneros). 1521 zieht er sich in das Kloster der Dominikaner in Santo Domingo auf der Insel Hispaniola zurück und verfasst dort in der Abgeschiedenheit bis 1535 seine Werke „Apologetische Geschichte der Westindischen Län-der" *(„Apologética histórica")* und „Allgemeine Geschichte der Westindischen Länder" *(„Historia General de las Indias").*

1539 muss er sich in Spanien wegen Hochverrats verteidigen und in dieser Zeit verfasst er auch sein berühmtestes Werk **„Kurzer Bericht über die Zerstörung der Westindischen Länder"** *(„Brevísima relación de la destrucción de las Indias occidentales").* 1542 nimmt er bei Kaiser Karl V. Einfluss auf die „Neuen Gesetze" *(Nuevas Leyes),* die den Indianern besseren Schutz vor Ausbeutung gewähren sollen, doch drei Jahre später werden diese wieder suspendiert.

1544 wird er zum Bischof von Chiapas geweiht. Durch seine indianerfreundliche Sicht der Dinge und seine Absicht, Spaniern auf dem Sterbebett keine Absolution zu erteilen, wenn diese nicht ihr indianisches Raubgut zurückgeben, macht er sich viele Feinde. 1547 muss er (endgültig) Mexiko verlassen und in Spanien wird er erneut wegen Hochverrats angeklagt (Gegenspieler: Sepulveda). Doch er kann sich erfolgreich verteidigen und ab 1551 wirkt er einige Jahre als Berater am Königshof.

1566 stirb er im Kloster Atocha in Madrid, doch wo sich sein Grab befindet, weiß niemand. Seine Werke durften jahrhundertelang nicht gedruckt und verbreitet werden.

Bartolomé de las Casas war es auch, der der spanischen Krone vorschlug, als Arbeitskräfte in den amerikanischen Kolonien Spaniens Afrikaner einzusetzen. Doch nicht als Sklaven, sondern unter dem Schutz der *Nuevas Leyes* gleichberechtigt mit den Indianern. Ein Ratschlag, den er später bitter bereute, als die Entwicklung ganz anders verlief.

Bartolomé de las Casas als Befreier der Indios. Skulptur von Antonio Moltó, Madrid 1881.

Reiseteil

Adressen & Service San Cristóbal de las Casas

Keine andere Touristenstadt im Süden Mexikos bietet ein solch umfassendes touristisches Dienstleistungs-, Hotel- und Gastronomieangebot wie San Cristóbal (wozu auch die vielen Europäer und Nordamerikaner beitrugen, die sich hier niederließen und Restaurants, Läden, Unterkünfte oder Reiseagenturen eröffneten).

Turismo

Am Zócalo im Rathaus (Palacio Municipal, Arkadengebäude, an der rechten Ecke), Tel. 01-**967**-6780660. Prospekte, Karten, Anschlagbrett mit allerlei Angeboten. Mo–Sa 8–20 Uhr, So 9–20 Uhr.

Das **Secretaria de Turismo de Chiapas** ist in der Hidalgo 2 gleich nach dem südwestl. Zócalo-Eck links (s. Stadtplan), Tel. 6786570. Mo–Sa 9–21 u. So 9–14 Uhr.

Internet

über www.turismochiapas.gob.mx und www.rutasdechiapas.com.mx • u.a.

Unterkunft

Viele der Kolonial-Gebäude San Cristóbals wurden zu stilvollen Hotels mit schönen Patios umgebaut. Überreichliches Angebot, auch bei Budget-Unterkünften (bei ihnen sollte man sich immer nach der Dusche erkundigen, ob es ganztägig heißes Wasser gibt oder nur zu bestimmten Stunden). Wegen der kalten Nächte sollte evtl. eine extra Decke bereitliegen. Manche Hotelzimmer haben wegen der Winterkälte offene Kamine zum Feuermachen und bessere Hotels überdachte Innenhöfe.

Zu den Saisonzeiten um die Weihnachts- und Neujahrswoche und in den zwei Wochen vor und nach Ostern (nach Ostern findet die *Feria de la Primavera y de la Paz* statt) können Zimmer knapp werden, gleichfalls während der mexikanischen Ferienzeit im Juli und August. Preise sind in der Nebensaison meist verhandelbar, besonders bei längeren Aufenthalten. Die Vermittlung privater Unterkünfte für längere Aufenthalte beim Turismo erfragen.

Die Hotels, Hostels und Casas de Huéspedes sind über die ganze Stadt verstreut (vom Busterminal kommend gibt es gleich am Anfang der Hauptstraße Insurgentes einige einfache und billige Unterkünfte). Bei allen drauf achten, dass man kein Zimmer zu einer eventuell lauten Straße hin bekommt. Auch Mehrbett-Zimmer werden fast immer angeboten.

Hostels

Es gibt drei neue, gute Hostels in der Stadt:

Posada Hostel México, Calle Felipe Flores 16, Tel. 6780014, Website über www.hostelworld.com, posadamexico@hotmail.com. Zócalonah, alles Nötige und alle Annehmlichkeiten, familiäre Atmosphäre. Nach den Internet-Ratings von Gästen **das derzeit beste Hostel** in San Cristóbal. Dorm-Bett (40) ca. 6 €, DZ (2) 10 €. Inkl. Frühstück und Internet. Radverleih, Tour-Angebote. **Gratis-Taxifahrt** vom Bus! **TIP!**

Posada Qhiá, Tonalá 5, Tel. 6780594; gutes, sehr **sauberes** und **sehr günstiges** Hostel, Dorm-Bett 40 P, DZ 85/95 P, inkl. Frühstück! Wunderschöner Innenhof, Gästeküche, Gemeinschaftsraum, Wäschewaschen, zwei Terrassen mit Blick über die Stadt, Leseraum mit Musik. Der Besitzer kommt aus Argentinien und spricht Englisch – definitiv gleichfalls ein **Backpacker-TIP.**

Casa Babylon, Av. Josefa Ortiz de Domínguez 54A/Ecke Corona (Nähe Busterminal), Tel. 6780590, www.casababylon.net. Atmosphäre super-familiär *(„... ist aber eher was für Leute, die Dreadlocks und Reggae mögen"),* Innenhof mit Hängematten (Nacht 30 P), Gästeküche, Dachterrasse, Büchertausch, viele Tourangebote. Dorm-Bett 40 P, DZ 70 P/p.P.

Posada Doña Rosita, Ejercito Nacional, zwei Blocks östl. der General Utrilla, Tel. 6780923, posadad_rosita@hotmail.com; persönlich und freundlich von

Doña Rosita geleitet, diverse Zimmerpreise (*baño privado* oder *baño compartido*), billigst im Dormitorio, im Preis immer Frühstück inklusive; Services wie Gästeküche, Lavandería, u.a., Restaurant. Budget-Traveller.

ECO (bis ca. 13 €)

Posada Lekil Há, Av. Ecuador 8 (die Real de Mexicanos zu ihrem westl. Ende gehen, dann links in die Ecuador). Sehr nette, neue Posada mit wunderschönem Patio, alle Zimmer mit *baño común,* 60–80 P/p.P. inkl. Frühstück.

Posada Jovel, Flavio Paniagua 28 (zwei Parallelstraßen nördl. der Real de Guadalupe, Richtung Markt), Tel. 6781734; freundlich, kleine Zimmer, 8–20 € inkl. Frühstück, gemütliche Ecken, von Budget-Travellern empfohlen. Es gibt außerdem neue Räume über der Straße, diese sind besser. Gleich daneben:

Posada La Posadita, Paniagua 30, nüchtern-spartanische Zimmer, Zimmerreinigung wechselhaft, ruhig, billig (DZ unter 10 €), freundliche Leute.

Hotel Barón de las Casas, Belisario Domínguez 2. Tel./Fax 6780881, hotelbarondelascasas@yahoo.com.mx; Traveller-Hotel, div. Zimmer entlang eines (eher kahlen) Innenhofs, doch beste Zentrumslage mit vier guten Restaurants in Fußweite, gPLV (Zi. 1–4 Pers./12–20 €), für die Lage eine Emfpfehlung.

Posada Los Robles, Madero 30 (knapp zwei Cuadras vom Zócalo), Tel. 6780054; günstig und gut für seine Kategorie, gleich nebenan das gute Rest. *Gato Gordo.*

FAM (13 bis 30 €)

Posada La Media Luna, Hermano Domínguez zw. Insurgentes u. Juárez, Tel. 6315590, paint49@hltomail.com; sehr schöne, geräumige und saubere Zimmer mit zwei camas matrimonial, 24-h-Warmwasser, TV. Das DZ kostet 250 P, EZ 170 P, **TIP.**

Hotel Villa Real II, Juárez 24A, Tel. 6785136; relativ neu, dreigeschossig, ansprechende Zimmer mit sauberen Bädern, TV, DZ 20 €, sehr gutes PLV. (Sonnen-)Terrasse, Parken, noch in Fußnähe zum Zócalo, ein **TIP** (doch nicht das Restaurant).

Hotel Real del Valle, Real de Guadalupe No. 14, Tel. 6780680; Innenhof, von dem es in die sauberen, großen Zimmer abgeht (die hinteren sind besser), gPLV (ca. 23 €), auch das Frühstück ist in Ordnung, Tourenvermittlung, sehr zentral.

Casa Margarita, No. 34, Tel. 6780957; vor vielen Jahren war Margarita San Cristóbals bekannteste Budget-Traveller-Herberge. Die Renovierung mit Anbau scheint diesen Nimbus beendet zu haben, denn das früher gute PLV ist nicht mehr stimmig, besonders in der HS (in Klammer NS-Preise): 1 Pers. 300 (250) P, 2 Pers. 400 (300), 3 Pers. 500 (350), + Steuern. Großer Innenhof, geräumige, einfache Zimmer, mäßiger Service, Restaurant und Bar (abends *música en vivo*), Wäsche-Service, Geldwechsel und Schwarzes Brett mit Tourangeboten (Ausritte in die Dörfer u.a.). Die Lage ist natürlich nach wie vor gut. Schräg gegenüber ist eine Bäckerei.

In der **5 de Mayo** an der Kreuzung 1 de Marzo liegen drei gute Unterkünfte: **El Jardín del Centro,** sehr hübscher Innenhof, schön eingerichtete Zimmer, stilvoll mit Gemälden geschmückt; Tel. 6788139), **Maya Sol** und das neue **Imperio Maya:** dort kostet ein schön gemütlich eingerichtetes DZ 280 P, freundliches Personal.

Mittelklasse (30 bis 45 €)

Hotel Posada San Cristóbal, Insurgentes 3 (nach der Ecke Insurgentes/Cuauhtémoc), Tel. 6786881; etwa 10 saubere, große Zimmer (ca. 32 €) um einen Patio, Taquería/Cafetería, doch wegen der Straße kann es laut sein.

Posada de los Ángeles, Madero 17 (eine halbe Cuadra von Zócalo), Tel. 6781173, Fax 6782581; sauber, ruhig und zentral, relativ kleine Bäder, überdachter Patio, zu dem die meisten Zi. hin öffnen, DZ ca. 35 €. Essen/frühstükken vorzugsweise im schräg gegenüberliegenden Rest. *París México.*

Hotel El Paraíso, 5 de Febrero 19, Tel. 6780085, www.hotelposadaparaiso.com; ein stilvoll eingerichtetes Gebäude, schöner Patio, freundliche, etwas kleine Zimmer (die im Erdgeschoss sind laut), Schweizer Leitung, DZ ca. 35 €.

Hotel La Noria, Insurgentes 18A, Tel. 6786878, www.hotel-lanoria.com, Fax 6788898; ruhige, große und schön ausgestattete Zimmer abseits der Straße, DZ 37 €. Gleich danach das Oberklasse-Hotel **Plaza Magnolias.**

Hotel Ciudad Real, Plaza 31 de Marzo 10 (Südseite Zócalo), Tel./Fax 6784400, www.ciudadreal.com.mx. Neues Haus mit viel Stil direkt am Zócalo, Rest., Bar, Reiseagentur, DZ ca. 40 €.

LUX (über 45 €)

Hotel Español Flamboyant, 1 de Marzo No. 15, Tel. 6780045, Fax 6780514; rustikal-antiker Stil mit sehr schönen Innenhöfen, DZ um 48 €, gleichfalls ein **TIP** (doch die Zimmer zur Straße hin sind sehr laut).

Hotel Museo Na Bolom, Tel. 6781418, ein ganz spezielles Hotel, s.o. bei „Sehenswertes" Na Bolom, DZ ca. 50 €.

Hotel Mansión del Valle, Mazariegos 39, Tel. 6782582; Kolonialstil, schöner überdachter Patio (Rest.), alle Annehmlichkeiten, stilvolle Zimmer.

Hotel Plaza Magnolias, Insurgentes 14, Tel./Fax 6788600; stilvolles Haus im Ambiente des 16. Jh., www.plazamagnolias.com.mx

Hotel Diego de Mazariegos, Ecke 5 de Febrero 1/Flores (einen Block nördl. vom Zócalo, rechts und links der Utrilla), Tel. 6780833, www.diegodemazariegos.com; zentrales, traditionelles (Gruppen-)Hotel „mit allem".

Casa Mexicana, 28 de Agosto 1, Tel. 6780698, Fax 6782627, www.hotelcasamexicana.com. Idyllisches Hotel im historischen Flachbaustil mit überdachtem Garten-Patio, warm-orange Farbtöne, ausgeschmückt mit Folklore und Kunst. Restaurant, Bar, 52 Zi. Das DZ ca. 70 €. Zentrale Lage, Parkplatz.

Bungalows

Kleines Häuschen gefällig? Dann zu **Los Morales,** Allende 17, Tel. 6784667, panchito-sc@hotmail.com, ab 320 P/Haus. Die Bungalowanlage liegt südwestl. vom Zócalo an einem Hang mit schönem Blick. Man geht einen Weg hoch an dem rechts und links kleine rustikale Holzhäuschen liegen. Jedes hat eine nette Einrichtung mit 3 Betten, Bad, Terrasse u. Kamin, abends muss man selbst heizen, Holz kann gekauft werden (15 P). Schöne Sicht über die Stadt. Frühstück im rustikalen Restaurant *Vit's* beim dazugehörenden Hotel.

Campen / Trailer Park

Rancho San Nicolás, östl. außerhalb, am Ende der Calle F. León (Calle R. Tovilla bzw. letztes Grundstück rechts), hügelaufwärts (von der Panamericana auf der Insurgentes Rtg. Innenstadt, nach ca. 5 Querstraßen nach rechts), Tel. 6780057; außerdem Hütten, ruhig, heiße Duschen, empfehlenswert. Achtung: bei den engen Gassen haben nur Fahrzeuge in VW-Bus-Größe eine Zufahrtsmöglichkeit dorthin. Große Wohnmobile müssen zum Bonampak Hotel-Trailer Park, was mit höheren Kosten und schlechteren Sanitärausstattungen verbunden ist.

Bonampak Trailerpark, beim gleichnamigen Hotel (LUX) auf der Mex 190 (Panamericana bzw. Calzada México 5), nahe dem Monument.

Eine einfache Camp-Möglichkeit (kein Wasser) ergibt sich bei den *Grutas de San Cristóbal* (auch „Grutas de Rancho Nuevo" genannt), ca. 11 km südöstl. der Stadt an der Mex 190 nach Comitán. Oder noch weiter weg bei den *Lagunas de Montebello* (s.u.).

Essen & Trinken

In San Cristóbal kann man hervorragend essen gehen und es gibt unzählige Restaurants, *loncherías* und Cafés aller kulinarischen Präferenzen. Viele haben sich auf die Vorlieben der individuellen Reiseszene eingestellt – Müsli-, Vollkornbrot-, Vegetarier-, Joghurt- und Kuchen-Liebhaber dürften sich freuen. Familiär geführte Restaurants sollte man vorziehen bzw. am besten isst man in der Regel dort, wo der Chef präsent ist und ein Auge auf die Sache hat. Angenehm und nett sind Kombinationen von Restaurant und Galerie und/oder Musikkneipe. In der *20 de Noviembre,* gibt es einige schöne Cafés. Einige Restaurant schlagen gleich 10%

Trinkgeld auf, aber (noch) längst nicht alle. Restaurants kommen und gehen in San Cristóbal ständig, schreiben Sie mir Ihre Erfahrungen.

Tips: Erfrischend und wohlschmeckend ist *Agua de Chía,* wird aus Samen einer Frucht gemacht, die der Maracuya ähnelt. Und wenn es kalt ist mal *ponche* probieren, heißer Ananas-Punsch.

Cafés / Frühstückslokale

Paris México, Madero 20 (Stadtplan-Kreis Nr. 11); frühstücken auf der Dachterrasse. – Gleich unterhalb, nebenan: **El Mirador,** günstig-gute *comida corrida,* gleichfalls mit kleiner Dachterrasse.

In der Real de Guadalupe, zwischen Hotel San Martín und B. Domínguez, No. 24C: **Las Bugambilias,** leckere *desayunos,* Kaffee so viel man will. – No. 55: **Centro Cultural El Puente** (Spanisch-Schule), Frühstück erst ab 10 Uhr. – No.: 60: **Pastelería Calendula,** deutscher Besitzer tröstet Heimwehkranke mit leckeren dt. Backwaren u. Feingebäck. – **Café La Selva,** Rosas 9 (Stadtplan-Kreis Nr. 15); betrieben von einer Kaffebauer-Cooperative, gut für einen Kaffee zwischendurch, viele *Café-organico*-Sorten, Snacks, öffnen erst ab 10 Uhr. – **Günstig** ist das **Aroma Café,** 20 de Noviembre 8, Stadtplan-Kreis Nr. 2): Organisch angebauter Chiapas-Kaffee und Cappuccino an gemütlichen kleinen Bistrotischen mit großer Kuchenauswahl sowie Internet-Café. – **La Casa del Pan,** Dr. Navarro 10, Stadtplan-Kreis Nr. 1 (Beschr. s. nächste Gruppe/„Vegetarisch").

Bestimmte Küchen

Für kulinarische Vorlieben hier eine Vorsortierung:
COCINA CHIAPANECA: El Fogón de Jovel, 16 de Sept. No. 11 (Ecke 5 de Febrero, Stadtplan-Kreis Nr. 6); Kommentar: „tourimäßig aufgemacht, aber top, lekkere Speisen, originelles Ambiente ...". – **ITALIENISCH: Due Torri,** Calle Madero, direkt gegenüber von *Paris México,* original italienisch, richtig gute Pasta, jedoch relativ teuer und kleine Portionen. – **Creperie, La petite Restaurant,** Benito Juárez 6B (Stadtplan-Kreis Nr. 10), Mi. geschl. Hier kochen und servieren die Chefs selbst, der Franzose Bruno und seine mex. Frau Nora, und zwar delikate franz. und italien. Küche (selbstgemachte Pasta) zu vernünftigen Preisen; klein aber oho, immer gut besucht, **TIP!** – **VEGETARISCH: Café Azul,** Real de Guadalupe 130, Stadtplan-Kreis Nr. 8; vegetar./vegane Frühstücke, Salate, Tees, Shakes, organ.-biolog. Kaffee, **dt.** Besitzer Andreas & Anuschka. – **Madre Tierra,** Insurgentes 19 (Stadtplan-Kreis Nr. 18). – **La Casa del Pan,** Dr. Navarro 10, Stadtplan-Kreis Nr. 1, 8–22 Uhr, Mo geschl., www.casadelpan; sehr gute veg. Küche, organ. Kaffee, ab 20 Uhr Folklore-Live-Musik, Preise gehoben, anbei Laden mit Vollkornprodukten. – **CHINESISCH: Kiang-Heng,** Madero 21 B, Ecke Juárez. – **Restaurante Shanghai,** 20 de Noviembre 7B. – **MEXIKANISCH: Al sazón que me toquen,** 1 de Marzo, Stadtplan-Kreis Nr. 3; nett eingerichtet, gutes mex. Essen, aufmerksamer Service, angemessene, nicht zu teure Preise, Marimba-Musik, Fr–So 14.30 *Ballet Folklórico* o. Aufpreis, Spielmöglichkeit für Kinder. **TIP!** – **La Salsa Verde,** 20 de Noviembre (in der Fußgängerzone nördlich der Kathedrale, Stadtplan-Kreis Nr. 5); lekkere, große Portionen, viele Taco- und Fajitas-Variationen, *comida corrida,* preiswert, **TIP**. – Eine Empfehlung ist auch das alteingeführte, familiäre **Normita,** Ecke Juárez/Flores (Stadtplan-Kreis Nr. 17), gute Pozole und Einblick in die Küche. – **Restaurante Kukulcan,** Insurgentes 3 (neben Hotel Posada San Cristóbal de las Casas). – **Restaurante El Sol,** Real de Guadalupe 53. – **La Paloma,** Hidalgo 3 (Stadtplan-Kreis Nr. 13), sehr gut. – **Emiliano's Moustache,** Crescencio Rosas 7, Stadtplan-Kreis Nr. 14, Bar, Taquería, Cafetería.

Restaurants in der Real de Guadalupe u. Juárez

Hier gibt es gleich im ersten Straßenblock zwischen Zócalo und B. Domínguez einige gute Lokale. Auch wenn es „teuer" aussieht: Das Patio-Restaurant **Plaza Real,** No. 5 (Stadtplan-Kreis Nr. 9), serviert in nettem Ambiente ein preiswertes 3-gängiges Tagesmenü (nicht am Wochenende). – Auf der anderen Seite gibt es das Fleischrestaurant **Doña Plaza Buffet** mit Festpreis, Nachfassen so viel man will. Gleiche Straßenseite, weiter oben, No. 24C, Stadtplan-Kreis Nr. 7: **Las Bugambilias,** einfach, aber wirklich o.k., leckeres Frühstück und gutes Essen, **TIP!** – Um die Ecke in der Juárez ist die **Creperie, La petite Restaurant,** Juárez 6B, Mi. geschl. Hier kochen und servieren die Chefs selbst, der Franzose Bruno und seine mex. Frau Nora, und zwar delikate franz. und italien. Küche (selbstgemachte Pasta) zu vernünftigen Preisen; klein aber oho, immer gut besucht, **TIP!** – **Centro Cultural El Puente,** No. 55; gemütlicher Innenhof, gutes Essen, Frühstück erst ab 10 Uhr. Spanisch-Sprachschule u. Touren, abends manchmal Musik. – Außer diesen Restaurants gibt es in der Real de Guadalupe noch etliche mehr.

Restaurants in der Insurgentes und um rund um den Zócalo

Restaurante Caxlan, Insurgentes 7 (neben Restaurante Tuluc, Stadtplan-Kreis Nr. 16); klein, einfach aber günstig, verschieden große Desayunos. – In der Nähe: **Restaurante Madre Tierra,** Insurgentes 19; Bio-Restaurant, beliebt in der Reiseszene, gemütlich, wohlschmeckende vegetarische u. fleischliche Menüs, zivile Preise, gutes dunkles Brot, auch leckere Kuchen und gutes Frühstück, manchmal Live-Musik, gutes „Menu del Día“ (gleich nebenan die dazugehörende Vollkorn-Panadería mit großer Auswahl an frischen Backwaren). – **Paris México,** Madero 20 (schräg gegenüber vom Hotel Posada de los Ángeles, auf dem Stadtplan-Kreis Nr. 11); Traveller-Restaurant, das schon mal besser war. Dachterrasse mit Aussicht. – Genau gegenüber: **Due Torri,** original italienisch, richtig gute Pasta, doch relativ teuer und kleine Portionen. – Weitere Restaurants in der Madero: **El Gato Gordo** (Stadtplan-Kreis Nr. 12), beim „dicken Kater“ gibt's große Portionen zu günstigen Preisen, Travellertreff. – **La Paloma,** Hidalgo 3 (halber Block vom Zócalo, Stadtplan-Kreis Nr. 13), gleich neben der Kunstgalerie bzw. dem Artesanías-Laden; Café-Restaurant mit schönem Patio u. Empore, sehr gute mexikan. Gerichte, gehobene Preise, fast allabendlich Musik.

Restaurants Rtg. Markt

Casa Utrilla, Utrilla 33 (an der Ecke mit der Calle Dr. Navarro); schöner Innenhof mit Restaurant, Buchhandlung, Artesanías-Läden und meist auch Live-Musik. – **La Casa del Pan,** Dr. Navarro 10; Beschr. s. bei „Bestimmte Küchen – Vegetarisch“.

Weitere Service-Adressen

Kommunikation

Post: Allende/Ecke Mazariegos, Mo–Fr 9–17, Sa 9–13 Uhr; PLZ 29200. – **Telefon:** Vorwahl **01-967**, Ladatels beim Zócalo und in den Straßen; Ferngespräche auch von *El Paso* nahe Busterminal (s. Stadtplan „Gepäckaufbewahrung“). – **Fax:** Mazariegos 29. – **Internet:** *Cyberc@fé,* in der Pasaje Mazariegos 14 (einen halben Block vom Zócalo in der Madero, Zugang bzw. Durchgang auch von der Guadalupe); *PoderNet C@afé,* Real de Guadalupe 3; *El Puente,* Real de Guadalupe 55; u.v.a. mehr.

Bank / Geld

Bancomer, Südseite Zócalo. – *Banamex,* Ostseite Zócalo (Travellerscheck-Wechsel nur bis 14 Uhr, Bancomer tauscht bis zum Ende der Öfnungszeiten: Mo–Fr 8.30–16 Uhr, Sa 10–14 Uhr; beide mit *Cajas automáticas*). Außerdem etliche **Casas de Cambio:** Agencia de Cambios Lacantún, Real de Guadalupe 12 A (gleich beim Zócalo). Operdivisa de Sureste, Zócalo, Portal Oriente (Ost-Kolonnaden, rechts der Banamex), Local No. 4, tägl. 7–21 Uhr.

Reisebüros / Touranbieter

Standardtouren sind Sumidero-Canyon, Montebello, Agua Azul u. Misol Há, Palenque, Yaxchilán, Bonampak, Indígena-Dörfer. Wichtig: Immer fragen, ob der Preis nur der reine Transport ist oder einen erklärenden Führer mit einschließt und ob noch vor Ort Eintrittspreise dazukommen.

In der **Real de Guadalupe: OTISA,** No. 3C, Tel. 6781933, Fax 6746777, www.otisatravel.com; Rundum-Agentur, Touren (günstig in bequemen Kleinbussen zum **Cañón del Sumidero**), Flugbuchungen, engl.-spr., Guatemala-Shuttle-Service **(direkt nach Panajachel),** Internet. – *Viajes Panajachel,* No. 5

(neben OTISA), Tel. 6802313; Standardtouren sind preiswert. – *Trotamundos,* No. 26C, Tel. 6787021, www.trotamundoschiapas.com.mx; alle Touren in die nähere u. weitere Umgebung, **TIP.** – *Zapata Tours,* alle Touren in die nähere und weitere Umgebung. Büro im Obergeschoss des Restaurants *Madre Tierra,* Insurgentes 19A, Tel. 6745152, www.zapatatours.com, info@zapatatours.com. – *Viajes Chincultic,* No. 34; Laguna Miramar u.a. Touren (Sumidero, Montebello), **Mietwagen**. – *Viajes Pakal,* Cuauhtémoc 6A (zw. Insurgentes u. Hidalgo), Tel. 6782818, Fax 6782819; alle Arten von Touren in die nähere und weitere Umgebung. – *Posetur,* 5 de Febrero No. 1, Tel. 6780833, Fax 6780827. – *Anfitriones Turísticos* im Hotel Diego de Mazariegos. – *Viajes Lacantún,* Madero 192, Tel. 6782588; alle Arten von Touren in die nähere und weitere Umgebung.

Mietwagen (Arrendadora de Autos): *Posetur* im Hotel Diego de Mazariegos, Ecke 5 de Febrero 1/Flores. – *Budget,* Mazariegos 39, Tel. 6783100.

Notfall **Polizei:** Palacio Municipal, Tel. 6780554. – **Hospital:** Insurgentes 24, Tel. 6780770. – **Migración:** Diagonal Centenario 30, Tel. 6780292, Mo–Fr 9–14 Uhr.

Bücher, Bibliothek *Librería La Pared,* Hidalgo 2 (neben dem Turismo); interessantes Sortiment (**z.B. auch Reiseführer für Guatemala)**, Tausch und Verleih. *Libros Soluna,* Real de Guadalupe 13B, eine weitere *Librería* in der No. 53. *Librería Chilam Balam,* Utrilla 33/Ecke Navarro, auch Landkarten. Bücherei (Biblioteca Municipal) in der Casa de la Cultura, Hidalgo Ecke Hermanos Domínguez; eine große Maya-Bibliothek besitzt das Museo Na Bolom (s.o.).

Wäscherei *Lavandería Orve,* Belisario Domínguez 5 (ein Block vom Zócalo), gleicher-Tag-Service. *Lavorama,* Guadalupe Victoria 20A. In der Real de Guadalupe: *Lavasor,* No. 26 (Wäscheabgabe) und *Lavomart,* 70A. *Superklin,* Crescenio Rosas 48. **Achtung!** Marken-Outdoor-Bekleidung scheinen in S.C. begehrt zu sein, wie Reisende berichten, teure Stücke hier besser nicht waschen lassen ...!

Fotoladen *Foto Ahorro,* Real de Guadalupe 12 (Filme billig) und *Foto Lasser Plus,* Guadalupe 3B, *Kramsky,* Insurgentes, gegenüber Kirche San Francisco, u.a.

Gepäckaufbewahrung *EL Paso,* Insurgentes beim Busterminal (s. Stadtplan), tägl. von 7–23 Uhr, auch Tel./Fax-Service.

Einkaufen In den Geschäften und auf den Märkten wird eine riesige Auswahl an **Webwaren, Textilien, Schmuck-** und **Lederwaren** angeboten. Das Sortiment an Hemden, Jacken, Röcken, Taschen, Blusen *(huipiles),* Kopf- und Schultertüchern *(rebozos)* usw. ist unüberschaubar (Kleidung stammt überwiegend aus Guatemala, die Qualität und Passform ist stark unterschiedlich). Textilläden mit durchschnittlichen bis guten Qualitäten sowie viele Artesanías-, Souvenir- und Schmuckläden (beliebt ist *ámbar,* **Bernstein**) gibt es sehr viele in der **Real de Guadalupe,** z.B. **Tierra de Ámbar,** No. 16 (mit interessanten Vitrinen, Wissenswertes). Außergewöhnliches und Qualitätsware findet man in Galerien und Modeläden. *Pulseras* (Armbänder) und *cinturónes* (Gürtel) werden permanent von Straßenverkäuferinnen und Kindern angeboten. Preise i.d.R. billiger, wenn die Geschäfte vom Zócalo entfernt liegen. In der Real de Guadelupe 57A ist ein Laden, der **Zapatisten-Produkte** (Bücher, Poster u.a.m.) aus den *comunidades autónomas* (autonome Zapatisten-Dörfer) verkauft.

Sehr schöne Objekte (Gemälde, Keramiken, Textilien, Kunsthandwerk) gibt es in der *Galería* in der Hidalgo 3. In der gleichen Straße, Ecke Niños Héroes, befindet sich die **Tienda de Casa de las Artesanías DIF Chiapas,** ein staatliches Unternehmen mit reichhaltigem Kunsthandwerk aller Stilrichtungen aus Chiapas und dem kleinen *Museo Etnográfico.* Die Indígena-Cooperative *Sna Jolobil* (s.o.) bei der Santo Domingo Kirche verkauft sehr wertvolle Webstücke, vor der Kirche findet der tägliche *Tianguis Artesanal Indígena* statt. Für *Maya-Kunsthandwerk* aller Art und Stilrichtungen empfiehlt sich der Laden *Kun Kun,* Real de Mexicanos 21, Tel. 6781417.

Supermercados: Am zentralsten ist der in der Guadelupe, einen halben Block vom Zócalo entfernt. *Su Super,* Adelina Flores/Ecke Cristóbal Colón und in der Insurgentes gegenüber San-Francisco-Kirche. Ein riesiger ist gegenüber dem Teatro, an der Einfallstraße von Tuxtla Gutiérrez kommend linke Seite.

Unterhaltung

Des öfteren werden auf dem Zócalo vor dem Palacio Municipal Konzerte und Band-Auftritte geboten, und in vielen Restaurants gibt es abends bzw. hauptsächlich am Fr/Sa/So *música en vivo.* Weil das Nachtleben in der Regel meist früh endet, sollte man sich beizeiten aufmachen, in beliebten Lokalen gibt es schnell keinen Platz mehr. Hier eine Auswahl der sehr vielen Musikkneipen (Straßenadressen s. bei den Restaurants, oben): **Restaurante Madre Tierra; La Paloma; Restaurante El Fogón de Jovel; Restaurant-Bar Casa Margarita;** drei in der Calle Madero: **Paris México,** No. 20; **Las Velas,** No. 14 (Salsa, Reggae, Rock); **Latino** (Ecke Madero/Juárez), **Papa Ernesto's Havana Café,** No. 46. – **La Casa del Pan,** Dr. Navarro 10, Live-Folklore (s. „Vegetar. Rest.").

Am/beim Zócalo gibt es in der Café-Bar *Cocodrilo* vom **Hotel Santa Clara** (Südseite) fast jeden Abend gute Live-Musik (**TIP,** manchmal mexikanische Tänze). In der Zócalo-Nähe (genaue Adresse unbekannt) ist auch die beliebte Diskothek **Blues** mit Jugendbands, empfehlenswert am Fr oder Sa, So geschl. In der Hidalgo 2 (Südwestecke Zócalo) Partystimmung in der populären Discoteca **A-dove.** In der Calle Mazariegos 19 bietet das Café-Restaurant **Club Latino** gleichfalls heiße *Música en vivo.* **Café-Bar Revolución,** 20 de Noviembre/Ecke 1 de Marzo (Stadtplan-Kreis Nr. 4); gemütlich, Internet, ab spätem Nachmittag Live-Musik, nicht ganz billig.

Musik- und Theateraufführungen manchmal in der *Casa de la Cultura* in der Hidalgo (Ecke Hermanos Domínguez, gegenüber der Kirche El Carmen), desgleichen im *Centro Cultural El Puente,* Real de Guadalupe 55 (auch Filme). Ansonsten Veranstaltungs-Plakate in der Stadt beachten oder im Turismo nachfragen.

Feste

Die Festkalender von San Cristóbal und der Dörfer in der Umgebung haben sehr viele Termine. Besonders erlebenswert sind die Feste der Schutzheiligen *(fiestas religiosas patronales),* z.B. in **Chamula** am 24.06. (Johannes-Patronatsfest), aber auch alljährlich der dortige Karneval (5 Tage). Hier nur ein paar Hauptdaten für Feste in der Stadt, aktuelle Festivitäten im Turismo erfragen:

31. März: Tag der Stadtgründung. – Ostern: *Semana Santa* (Oster-Prozessionen am Karfreitag zu den Kirchen), ab Ostersonntag eine Woche lang *Feria de la Primavera y de la Paz,* das Frühlingsfest mit viel Trubel und Umzügen. – Vom 17.–25. Juli: *Fiesta religiosa patronal* (großes Patronatsfest, Kirche San Cristóbal), gleichzeitig die mehrwöchige *Feria de Ámbar* (Bernstein-Fest). – 14. September: an diesem Tag trat 1824 Chiapas Mexiko bei, am 15./16. Nationalfeiertag. – 2. November: *Dia de los muertos.* – Vom 10.–12. Dezember: *Fiesta de la Virgen de Guadalupe;* vor Weihnachten (16.–24.) *posadas.*

Mountainbike-Touren und Radvermietung

Mal wieder Lust, in die Pedale zu steigen und alleine oder in einer Gruppe die schöne Gegend um San Cristóbal de las Casas zu erkunden? Dann hin zu **Los Pinguinos.** Ursula Etter (Schweizerin) mit mex. Partner Joel Palma vermieten Räder und führen ein- bis mehrtägige Trips durch, Minim. 2 Pers. Auch 5–7tägige Tour durch Chiapas bzw. Tour zum wunderschönen Chiflon – ähnlich Agua Azul – Comitán – Lagunas de Montebello). **Los Pinguinos,** Av. Ecuador 4**B** (die Real de Mexicanos zu ihrem westl. Ende gehen, links in die Ecuador, dann 2. Haus rechts), Tel. 6780202, pinguinosmex@yahoo.com.mx; Auskunft in dt., engl., span. von 8–21 Uhr, geöffnet 10–14.30 u. 15.30–19 Uhr, oder n. Absprache, So geschl. Die Touren starten um 8.15 Uhr, etwas Kondition ist erforderlich. Touren-Infos auch über www.bikemexico.com.

Motorroller

(Scooter) mieten: *Chiapas Moto Adventure,* Mazariegos 47 (genau gegenüber der Kirche La Merced), Tel. 6788728.

Pferdeausritte Werden mit Führern durchgeführt, Vermittlung über fast jedes Hotel. Für jene, die etwas Erfahrung (!) mit Pferden haben sicherlich eine Abwechslung und ein Erlebnis in dieser Landschaft. Darauf bestehen, dass einem der Veranstalter nach dem Ausritt wieder kostenlos zum Hotel zurückbringt!

Spanischkurse Auskünfte und Unterricht im *Centro Cultural El Puente,* Tel./Fax 6783723; *Centro Bilingue,* Real de Guadalupe 55, www.sancristobalya.com, mit „homestay" (Privatunterkunft). Oder: *Instituto Jovel de Lenguas y Artes,* Helga Loebell, Flores 21, Tel. 6784069.

An- und Weiterreise

Bus Der **Busterminal 1. Klasse** (Cristóbal Colón/ADO/UNO/Maya de Oro u.a) liegt am Ende der Insurgentes an der Panamericana (Tel. 6780291), Buslinien der 2. Klasse, wie z.B. Autotransportes Tuxtla Gutiérrez (ATG), Transportes Rodulfo Figueroa (TRF), Transportes Lacandonia (TL) sowie auch verschiedene **Combi-/Colectivo-Linen** (nach Chiapa de Corzo/Tuxtla Gutiérrez, Comitán, Ocisingo u.a.) verstreut drumherum (s. Stadtplan). Zu den umliegenden Dörfern (**Chamula** u.a.) fährt man mit VW-Bussen/Combis bzw. Colectivos oben **vom Markt** ab.

Da die Busse ab San Cristóbal fast durchweg gut ausgelastet sind, empfiehlt sich baldige Reservierung mit Überprüfung der Abfahrtszeiten. Im Terminal gibt es eine Gepäckaufbewahrung, besser ist der Service von *El Paso* in der Insurgentes (ca. 60 m nach dem Terminal auf der linken Seite, tägl. von 7–23 Uhr, mit Tel./Fax-Service). **Busfahrkarten gibt es auch** in der Stadt bei **Ticket Bus** zentral in der Real der Guadalupe, Tel. 6788503, zu von 13–16 Uhr, So ganzen Tag, keine Kk. Busgesellschaften mit einer Website s.S. 48.

TIP: Die Weiterreise mit **Colectivos ist oft den Bussen vorzuziehen** (zumindest das Angebot prüfen): Schneller, billiger, fahrplanunabhängig und oft sogar komfortabler, da vielfach neuere US-Vans eingesetzt werden.

Die wichtigste Ziele 1. Klasse (Cristóbal Colon, Altos, ADO) Nach **Cancún** (1050 km, ca. 15 h) 14.30 Uhr. – **Chiapa de Corzo** (73 km, 1,5 h, s.a. Tuxtla Gutiérrez) für die Sumidero-Canyon-Bootsfahrt mit ATG oder schneller mit einem Combi/Colectivo. – **Comitán** (88 km, 1,5 h) für Lagunas de Montebello (ca. 150 km) und Amatenango, um 6.45, 7, 9 u. 12.05 Uhr, oder wieder schneller mit einem Combi/Colectivo. – **Guatemala-Grenze:** nach **Ciudad Cuauhtémoc** an die Grenze sind es 170 km, eine knapp dreistündige Fahrt über Comitán (Ciudad Cuauhtémoc ist aber keine Stadt, nur wenige Häuser). Es fahren Busse vom Terminal 1. Klasse um 6.45, 7, 9 u. 12.05 Uhr, *Frühmorgens losfahren, wenn noch eine Anschluss-Verbindung nach Guatemala-City bzw. bis zum Atitlán-See/Panajachel erreicht werden soll!* Hinweis: Es gibt auch **Direkttransporte nach Panajachel,** s.o. bei „Reisebüros". – **Mérida** (740 km, ca. 11 h, über Campeche) um 17.30. – **Mexiko-Stadt** (1150 km, ca. 15 h); einige nachmittags ab ca. 14.30 Uhr. – **Oaxaca** (630 km, ca. 12 h) um 17 mit CC, 20 Uhr (Maya de Oro) u. 22 Uhr mit CC (oder morgens per Colectivo nach Tuxtla Gutiérrez und dort den 11.30-Uhr-Bus nach Oaxaca nehmen, Fz 10 h – das Ticket bereits in San Cristóbal kaufen!). – **Ocosingo** (90 km), 10.30, 11.30, 12.15, 17 Uhr; oder mit einem Palenque-Bus, oder einem Colectivo. – **Puerto Escondido** (auch für **Huatulco** und **San Ángel/Zipolite):** nur Nachtbusse um 18.15 u. 21 Uhr, Fz gut 9 h, viele Militärkontrollen, morgens mit Taxi nach San Ángel/Zipolite). – **Tapachula:** entweder über Tuxtla Gutiérrez und die Pazifikküste entlang, 1. oder 2. Klasse, oder über Cuauhtémoc – Motozintla (330 km, 7 h). – **Tuxtla Gutiérrez:** 87 km, knapp 2 h: Mit div. 1.-Klasse-Bussen ca. zweistündlich, außerdem 2. Klasse (ATG und TRF). **Wesentlich schneller mit einem Combi/Colectivo** (Fz gute Stunde), da diese die teilfertige neue Autobahn nehmen. Für die **Sumidero-Canyon-Bootsfahrt** am **Embarcadero Cahuaré** bzw. in **Chiapa de Corzo** aussteigen (zuvor fra-

Reiseteil

gen, ob der Bus in Chiapa de Corzo hält, ansonsten einen Chiapa de Corzo-Colectivo nehmen; Abfahrtspunkt s. Karte). – **Villahermosa** (310 km, ca. 5 h) 10.30, 11.30 u. 17 Uhr; oder in Tuxtla Gutiérrez umsteigen.

Nach Palenque

(200 km) über Ocosingo (Achtung, nicht über Tuxtla Gutiérrez!), **1.-Klasse-Busse** (Fz ca. 4 h) um 10.30, 11.30, 14.30, 16.30, 17 und 17.30 Uhr. Beschaulicher, zeitlich länger (ca. 6 h) und bestimmt authentischer fährt man mit der **2. Klasse** (ATG, Transportes Lacandonia). Schöne, sehr kurvenreiche Fahrt.

Vorplanung mit Bus 2. Klasse:

1. Unterwegs die **Maya-Ruinen von Toniná** bei Ocosingo (ca. 2,5 h) besuchen (s.S. 318): Dem Fahrer Bescheid sagen, der hält dann in Ocosingo genau an der Stelle, wo Taxis und Colectivos der (wenigen) Touristen harren, um sie nach Toniná zu fahren (13 km östl.). Taxipreis Verhandlungssache (ca. 4 € einfach, Colectivos billiger); dabei gleich ausmachen, dass man zu einer vereinbarten Zeit wieder abgeholt wird. Noch am gleichen Tag kann dann Palenque erreicht werden.

Wer nach **Ocosingo** einen der **ständig fahrenden Colectivo** nimmt (Abfahrtsstelle bei den 2.-Klasse-Bussen, s. Stadtplan), ist schneller dort; an der Colectivo-Station das Gepäck deponieren und mit dem Taxi nach **Toniná** fahren; dann weiter per Colectivo nach Palenque, ca. 3 h.

2. Vor Palenque evtl. **Agua Azul** (150 km) besuchen (s.S. 294), dort übernachten und am nächsten Tag nach Palenque weiterfahren.

3. Wer eine ungewöhnliche Tour durchs Lacandonengebiet mit Endpunkt Palenque machen will, fährt nur bis Ocosingo, und dann – nach dem Besuch Toninás – über **Nahá** u.a. Orte „hintenrum" (Details s. Ocosingo).

4. und letzte Möglichkeit: Palenque (und Agua Azul) mit einem Touranbieter (s.S. 276, **sinnvoll bei wenig Zeit**).

Flug

San Cristóbal de las Casas besitzt nur einen kleinen Flugplatz (Straße Richtung Palenque). Es gibt einen tägl. Direktflug nach Mexiko-Stadt (ca. 200 €), Linienflüge (Jets) fliegen ab Tuxtla Gutiérrez, von dort zahlreiche Anschluss-Verbindungen in alle Landesrichtungen. Auskünfte und Buchungen über **Aerocaribe** (Madero 24, Ecke Juárez) und in Reisebüros. Das Büro der **Aviacsa** ist in der Pasaje Mazariegos 16 bei der Real de Guadalupe.

Touren in die Indígena-Dörfer

Einen Ausflug in die Dörfer rund um San Cristóbal de las Casas – also zu Mexikos indigenen Wurzeln – unternimmt fast jeder. Dort leben überwiegend **Tzotziles** und **Tseltales,** Chiapas' größte und miteinander verwandte Maya-Ethnien (jeweils ca. 150.000 Angehörige). Tzotziles-Dörfer sind z.B. *Chamula, Zinacantán, Chenalhó, San Andrés de Larráinzar* u.a., Tseltales leben in *Tenejapa, Amatenango, Huixtán* (s. Karte).

Äußeres Unterscheidungsmerkmal sind ihre Trachten (s.o., *„Trajes y tejidos"*), ein Merkmal der Bewahrung kultureller Identität durch die Jahrhunderte, und logischerweise eine eigene Sprache. Die Dorfgemeinschaften führen ein mehr oder weniger autonomes Dasein, die Autorität mexikanischer Obrigkeit gilt nicht viel, man wehrt sich gegen die bevormundende Mestizo-Gesellschaft, also ganz in der Tradition der Vorfahren, die sich den spanischen Eroberern noch lange Zeit nach deren Eindringen nach Yucatán und Chiapas widersetzten. Zwischen der mexikanischen Staatsgewalt und den Indígenas kam es früher immer wieder zu Konflikten und bewaffneten Rebellionen, die blutig niedergeschlagen wurden. So griffen z.B. im „Krieg der Rosen" (1867–1870) 1869 etwa

13.000 Chamulas San Cristóbal de las Casas an, und heutzutage stellen die Tzotziles und Tseltales einen überaus hohen Anteil in der Armee der Zapatisten (Exkurs „Los Zapatistas“, s.S. 269).

Problematik Eindringlinge brachten den Maya in über 500 Jahren selten etwas Gutes. Es ist deshalb verständlich, wenn auch heutzutage den Touristen, die in immer größerer Zahl in die Dörfer ziehen, nicht viel abgewonnen wird. **Als Fremder ist man nur geduldet, nicht unbedingt erwünscht,** wenngleich sich dort scheinbar noch das Originäre einer bedrohten Kultur begucken lässt. Immer wieder mussten Gringos schlechte Erfahrungen machen, als sie (unbewusst) gegen den Sittenkodex verstießen, Tabus verletzten (Tragen indigener Symbole auf Kleidung) oder Fotografierverbote nicht ernst nahmen (fotografierende Touristen in der Kirche von Chamula wurden schon verprügelt, man reißt zumindest den Film aus der Kamera, *„... will be punished“,* heißt es auf einem Plakat in Chamula). Wie also Indígenas Touristen gegenüber auftreten, hängt von deren Verhalten ab – auf ein folkloristisches Idyll und ein „come-together-feeling“ sollte man sich aber, trotz sensiblem Auftreten, keine Hoffnung machen.

Man kann in die Dörfer um San Cristóbal selbst fahren, doch ohne Führer wird man so gut wie nichts über die Glaubensvorstellungen, das Denken und Leben der Indígenas erfahren, schon wegen der Sprachprobleme. Oft wird man überdies auf starkes Misstrauen stoßen.

Tips

Wer es einrichten kann, sollte seine Tour am **Sonntagmorgen** machen, denn dann ist in den Dörfern **Markt** und die Menschen kommen von ihren verstreut liegenden Gehöften (aber in der Fastenzeit zwischen Karneval und Ostern rollieren die Markttage, in Chamula dann freitags). Ungünstig für Chamula ist **Mittwochmorgen,** weil da die Kirche geputzt wird und die mystische Atmosphäre nicht zu erleben ist (dann zuerst nach Zinacantán fahren). **Markttage** sind auch die speziellen Dorffeiertage (Patronatstage), an diesen und an anderen Festtagen sind Dorfbesuche am interessantesten (Festdaten s. bei den Dörfern). Im Januar werden viele Neujahrsfeste abgehalten, an Ostern Prozessionen, und ganz außergewöhnlich ist auch der Karneval in Chamula, der mehrere Tage dauert. Es ist davon **abzuraten,** durch die Gegend zu wandern bzw. von Dorf zu Dorf! **Vorsicht beim Fotografieren,** immer vorher fragen *(„me permite tomarle una foto?“).*

In Eigenregie

Die Straßen von San Cristóbal zu den naheliegenden Dörfern (Chamula und Zinacantán) sind asphaltiert, zu weit entfernten geht es über Rumpelpisten (schlimm während der Regenzeit). Es gibt kaum Direkt-Verbindungen von Dorf zu Dorf, wenn man zum nächsten will, muss man dazu fast immer zuerst zurück Richtung San Cristóbal. Eine Ausnahme bilden Chamula und Zinacantán: Sonntags zuerst morgens nach Zinacantán und dann anschließend weiterfahren nach Chamula, denn dort dauert der Sonntagsmarkt bis in den Nachmittag. Diese zwei Dörfer besucht zu haben genügt für einen Tag vollauf.

Nach Chamula werden außerdem **Pferdeausflüge** angeboten, z.B. von der Casa de Huéspedes Margarita in der Real de Guadalupe und auch von anderen Hotels, Restaurants und Reisebüros. Kostenpunkt ca. 17 €/p.P., worin meist der Transport zuerst zu den Pferdeställen am Stadtrand und der Führer miteingeschlossen ist.

Combi-Abfahrten: Nach Chamula und Zinacantán laufend, Fahrzeit jeweils ca. 15 Min., Fahrpreis **ca. 15 Peso.** Nach Tenejapa Fz ca. 1 h. Die Combis fahren oben beim Markt ab, am Ende der Utrilla (s. Stadtplan). Am besten schon frühmorgens starten. Bei der Ankunft in einem entfernteren Dorf nach der ungefähr letzten Rückfahrtmöglichkeit nach San Cristóbal fragen.

Geführte Touren

Touren nach Chamula und Zinacantán werden in der Stadt zigfach angeboten, an jeder Ecke hängen Anschläge. Preise und Leistungen sind ähnlich, geboten wird meist nur der Transport mit Fixzeiten. Hotels bieten auch Touren an, reichen aber oftmals die Kunden lediglich an einen Veranstalter weiter und kassieren eine Kommission. Darüber hinaus gibt es noch ein paar Leute, die private oder legale Touren zu den Dörfern unternehmen. Sie machen dies z.T. schon seit vielen Jahren, haben Erfahrung und sind in den Dörfern bekannt.

■ **1.** Die Guías **Raúl und Alex** (mit *Sandra* und *César*) sind gute Führer und Erklärer (engl./span.), wie nach wie vor anerkennende Zuschriften besagen und ich bestätigen kann (ein Elternteil von Raúl stammt aus einem Indígena-Dorf). Ihre Tour nach Chamula und Zinacantán kostet derzeit **125 Peso** und dauert 4–5 Stunden. Treffpunkt ist das Kreuz vor der Kathedrale beim Zócalo jeden Morgen zwischen 9 und 9.30 (dunkelblauer VW-Bus). Die Gruppen können manchmal recht groß werden; spanischsprachige sind kleiner als „englische“. In **Chamula** wird am Ortseingang ausgestiegen, es geht vom Friedhof zur großen Plaza, danach in die Kirche und in das Haus eines → *mayordomo* (s.u.), wo ein kleiner Altar und Reliquien stehen. Ihre Ausführungen über die

Chamula, deren religiöse Bräuche und Lebensweise sind fundiert und interessant. Evtl. wird auch der Schamane Salvadore besucht. Anschließend wird von Chamula nach **Zinacantán** gefahren, dort wird gleichfalls die Kirche besichtigt und eine Familienweberei besucht. Die Webarbeiten können gekauft und damit die Familie unterstützt werden. – **Vorab-Infos** bei Raúl unter Tel. 6783741, chamul@hotmail.com oder alexyraultours@yahoo.com.mx.

■ **2.** Señora **Mercedes Hernández Gómez** gehörte zu den ersten, die Touristen in die Dörfer führten. In letzter Zeit erhalten wir vermehrt enttäuschte Zuschriften. Sie soll jetzt Führer engagiert haben (Alberto). Treffpunkt ist der Quiosco am Zócalo jeden Morgen um 9 Uhr. Mercedes ist eine ältere, schwarzhaarige Dame mit einem aufgespannten bunten Regenschirm.

■ **3.** Touren sind außerdem möglich über **Na Bolom** (s.o.), wobei hier meist **Pepe Santiago** der Guía ist und die Tour ähnlich abläuft wie vorher beschrieben. Am besten beim Besuch von Na Bolom nach einer Tour erkundigen.

■ **4.** Möglichkeit: Mit Reisebüro **Zapata Tours** von Barbara und Miguel (Barbara ist Schweizerin tschechischer Herkunft). Büro ist im Obergeschoss des Restaurants *Madre Tierra,* Insurgentes 19A, Tel. 6745152, www.zapatatours.com, info@zapatatours.com. Bislang eher kritische Berichte, überteuert.

■ **5.** Eine andere gute Art direkten Kennenlernens von Land und Indígenas wäre eine geführte **Bike-Tour** zu von „normalen" Touristen kaum besuchten Dörfern in schönen Landschaften mit dem Bike & Hike-Veranstalter **Los Pinguinos,** Av. Ecuador 4**B**, Tel. 6780202, pinguinosmex@yahoo.com.mx; Auskunft in dt., engl., span. 8–21 Uhr, geöffnet 10–14.30 u. 15.30–19 Uhr, So zu (oder n. Absprache), Schweizerin Ursula mit mex. Partner Joel. Organisiert werden ein- bis mehrtägige Touren von leicht bis schwer, Start 8.15 Uhr. Empfehlende Zuschriften („stellt alle andere Touren in den Schatten …"). Infos über **www.eltour.itgo.com**.

San Juan Chamula

■ *Plaza von Chamula mit Chamula-Statue, Marktplatz und dahinterliegender Kirche*

Chamula (das christliche „San Juan" wurde erst durch die Spanier hinzugefügt), liegt etwa 12 km nordwestlich von San Cristóbal de las Casas. Chamula (ca. 4000 Ew.) ist das religiöse Zentrum für die dort und im Umland weit verstreut lebenden Tzotziles und das größte und touristisch meistbesuchte um San Cristóbal.

Die Anfahrtsstraße windet sich aus staubigen Vororten eine schöne Hügellandschaft hoch, vorbei an Wiesen, bebauten Parzellen, Fichtenwaldungen und Gehöften. Viele von Chamulas Häuser liegen verzettelt in der Landschaft und es gibt drei Ortsteile: San Juan, San Sebastián und San Pedro. Am Ortseingang warnt ein Schild vor dem Fotografieren in der Kirche und bei religiösen Zeremonien. Die Autos halten meist oben an einem Parkplatz und man kann nun direkt geradeaus ins Dorf gehen oder nach rechts am Friedhof vorbei (die verschiedenen Farben der Kreuze lassen Rückschlüsse auf das Alter der Toten zu, unter weißen Kreuzen liegen Jungverstorbene). Auch dieser Weg führt zur Plaza, kurz davor passiert man ein paar Marktstände.

Auf dem übergroßen, zweigeteilten Platz mit der Kirche findet der Markt statt und er ist außerdem Austragungsort für die vielen Feste in Chamula (s.u.). Dann wimmelt es von Menschen. Am Rand gibt es ein paar große Maya-Kreuze und Comedores. Gegenüber der Kirche steht die Statue eines Chamula-Mannes mit Bänderhut, die Inschrift lautet *„Autoridad de Chamula – Monumento a mi Raza“.*

Touristen werden ständig von bettelnden Kindern, lästigen Souvenirhändlern und Websachen verkaufenden Frauen bedrängt, den Männern ist vielfach der Alkoholismus anzusehen.

Bevor man die Attraktion des Ortes, die Kirche mit ihrem türkisen Eingangsbogen und den drei Glocken betreten darf, muss man sich in einem Gebäude an der Seite des Platzes (jenes mit der Uhr), im „Oficina de Turismo“, für wenige Peso eine Eintrittskarte holen. Hinter dem Turismo befindet sich das kleine, aber interessante **Museo Etnográfico.**

Internet: über www.turismochiapas.gob.mx.

Dorf-Autoritäten

In Chamula bestimmen, wie auch in den anderen Indígena-*municipios* des Hochlands, strikte Regeln das Zusammenleben, wobei die Organisationsstruktur noch überwiegend aus vorspanischer Zeit stammt und Gesellschaft und Religion – wie sonst in Mexiko – nicht strikt voneinander getrennt sind. Entscheidungen fällt der (immer nur männliche) Ältestenrat, die *principales* oder der mit hoher Machtfülle ausgestattete *cacique.* Auch die *cofradías,* die Bruderschaften (die es vielfach in Guatemala gibt), haben großen Einfluss. **Mayordomos** sind gewählte Oberhäupter der verschiedenen Gruppen und Dörfer und Träger eines religiösen und sozialen Gemeindeamtes mit gewissem politischen Einfluss (aber keine offiziellen Bürgermeister). Sie leisten Dienste an der Allgemeinheit *(cargos)* und genießen hohes Ansehen, weil sie bei Festen und Feierlichkeiten Kosten übernehmen bzw. die Leute freihalten (als sog. *alféreces*).

Zum Zeichen ihrer Autorität tragen sie schwarze Umhänge, verwunderlich-hohe Sandalen und unter den Arm geklemmte Stäbe, sogenannte *varas.* Bitte nicht fotografieren, wenn sie eine religiöse Zeremonie durchführen.

Die Kirche

Nochmals: **Fotografieren** im **Innern der Kirche ist absolut verboten!** Gebaut wurde sie im 17. Jh. (auch wenn unter den drei Kirchenglocken 1522–1524 steht). Wer nicht darauf vorbereitet ist, wird beim Eintritt in das dämmerige, geheimnisvolle Innere mehr als verwundert sein: Dies ist keine x-Version des spanischen Kolonialbarocks, denn es gibt keine Kirchenbänke, keine Orgel (nur ein Harmonium, das unsichtbar aus der Tiefe des Raums greint), weder Kanzel noch Beichtstühle. Stattdessen brennen auf dem grünen Fliesenboden, der mit duftenden Piniennadeln bestreut ist, hunderte Kerzen und Kerzengläser, die eine geheimnisvolle Lichtstimmung verbreiten. In den wabernden, bläulichen Weihrauchschwaden fühlt man sich in eine andere Zeit und Welt versetzt, die kaum zu verstehen oder erklärbar ist. Indígena murmeln Gebete vor den Holzfiguren katholischer Heiliger, die entlang der Seitenwände postiert sind, knien vor Sebastian, Florian und anderen. Der wichtigste ist Johannes, *San Juan,* Ortsheiliger von Chamula. Er steht ganz vorne, jener rechts von ihm ist der kleinere Juan Bautista. Links in der Ecke hinten, in einem erhöhten Glasschrank, ist Christus.

Die meisten Heiligenfiguren befinden sich in Glasschreinen, und einige tragen Spiegel vor der Brust, das soll das Böse abwehren. Jeder von ihnen ist zuständig für einen bestimmten Schutz oder eine besondere Gunst, die die Betenden erbitten oder die ihm dafür danken. Tiefer betrachtet haben die katholischen Heiligen jedoch nur die Funktion und Rolle früherer Maya-Naturgottheiten übernommen. Die *Indígenas chamulas* verehren ihre alten Erd- und tierischen Schutzgeister, die *chulel.* Sie bringen ihnen Gaben in Form von **pom** dar, Weihrauch aus Copal-Harz, und von **posh,** selbstgebrannter, hochprozentiger Schnaps, der traditionell als Trancemittel benutzt wird (und der immer mehr von Colagetränken abgelöst wird). Rülpsen lässt die bösen Geister entweichen …

In der Kirche finden außerdem spirituelle Heilungszeremonien statt, bei denen Hühner und Hühnereier für Opfer- und Beschwörungsrituale benutzt werden. Evtl. ist zu sehen, wie ein Huhn zuerst über Kerzen hin- und hergeschwenkt und ihm dann anschließend der Kragen umgedreht wird. Problemlos wird hier lebendiger Synkretismus praktiziert, die Vermischung alter Maya-Rituale mit den Bräuchen des katholischen Glaubens, der einst mit den spanischen Eroberern ins Land kam.

Die Kirche von Chamula ist eine magische Welt für sich – für manche faszinierend, für andere beunruhigend und für viele sicherlich auch verwirrend …

Das Maya-Kreuz

Die großen Kreuze, die mit Pinienzweigen geschmückt vor der Kirche und um den Platz stehen (Pinien sind Symbole des Lebens, damit wird die Heiligkeit erhöht), sind **keine christlichen Kreuze,** sondern versinnbildlichen den kreuzförmigen → Weltenbaum der Maya, den **wacah chan,** und sind damit prähispanischen Ursprungs. Der *wacah chan* symbolisiert im kosmologischen Modell der Maya das Zentrum des Kosmos und die Verbindungslinie zwischen Erde und übernatürlicher Sphäre sowie den Schnittpunkt der vier Himmelsrichtungen. Durch seine Ähnlichkeit mit dem christlichen Kreuz vereinfachte das Maya-Kreuz unzweifelhaft die Verbindung beider Religionen. Am Ortseingang von Chamula stehen gleichfalls zwei große Holzkreuze, die als der Göttervater *chul totic* und seine Frau *chul metic* interpretiert werden.

Feste

Alljährlich finden in Chamula sehr viele Feste statt. Dann sind die schönsten Trachten zu sehen. 16.–22. Januar: *San Sebastián* und *San Paul.* März oder April: Ostern *(Semana Santa).* 17.–19. März: *St. José.* 1.–3. Mai: *Santa Cruz.* 22.–25. Juni *San Juan Bautista* (Ortsheiligenfest, Haupttag ist der 24.). 28.–30. August: *Santa Rosa.* 19.–21. September: *San Mateo, San Nicolás.* Am 1. Sonntag im Oktober: *Señora del Rosario.* Außerdem Feste an den Feiertagen 2. Nov. und 12. Dez.

Karneval

Spektakulär sind vor allem die Karnevalsfeiern in Chamula, *kin tajimoltic* genannt („verrückte Tage"), das **wichtigste Fest** der Tzotziles. In die Feierlichkeiten fließt nämlich die alte Maya-Glaubensvorstellung der fünf „verlorenen" Tage am Ende des nur 360 Tage dauernden Gemeinjahres *haab* mit ein. Diese 5 Tage galten als unheilbringend (Maya-Kalender s.S. 104). Abertausende (und hunderte Touristen) strömen zusammen, Böller werden abgeschossen, Fahnen geschwenkt, Akkordeon- und Gitarrengruppen spielen auf, es wird exzessiv getrunken (der rituelle Rausch ist Bestandteil des traditionellen Glaubens), sonnenbebrillte *mash* machen in vollem Ornat und mit ihren Musikinstrumenten Wettläufe um den Markt. Am Faschingsdienstag findet dann die *purificación* statt, das spektakuläre Reinigungsritual mit einem Lauf über glühende Holzscheite! Die Karnevalsfeste sind also weniger eine allgemeine Volksbelustigung, sondern dienen eher dazu, die Gruppenidentität der *indígenas chamulas* zu stärken und die kosmogonische Religion (Weltentstehungslehre) der Maya-Ahnen zu bewahren. Wieder Vorsicht mit dem Fotografieren!

Zinacantán

Zinacantán („Platz der Fledermaus") liegt 12 km nördlich von San Cristóbal de las Casas in einem weiten Tal und ist gleichfalls eine Tzotziles-Gemeinde (ca. 3500 Bewohner). Flache Häuser liegen verstreut in der Landschaft, und schon bei der Anfahrt sind viele Blumengewächshäuser zu sehen (Zucht von Chrysanthemen, Lilien, Geranien u.a. Blumen). Dieses Gewerbe verhalf den Zinacantecos zu einem gewissen Wohlstand, und ihre rosaroten oder blauen Trachten sind gleichfalls blumenbestickt. Zu sehen gibt es im Dorf, außer der Kirche, eigentlich nicht viel. Informativ ist jedoch das kleine kommunale **Museo Sna Isotzlebetik** hinter der Kirche, in dem Trachten, Tzotziles-Gebrauchsgegenstände und kleine Kunstwerke ausgestellt sind.

■ *Weben in Zinacantán*

Für den Besuch der **Kirche San Lorenzo** muss zunächst wieder ein *boleto* vom Oficina de Turismo geholt werden, das sich im Ort schräg gegenüber der Kirche an der rechten Straßenseite befindet. Dort kann man alle weiteren Auskünfte erhalten. In der Kirche und auf dem Platz davor mit seinen Kreuzen ist Fotografieren verboten. Das Kircheninnere – das Dach brannte 1975 aus – ist nicht so geheimnisvoll wie die Kirche von Chamula, interessant ist aber die ungewöhnliche Ausmalung mit schwarzer Farbe. Den Fliesenboden bedecken wieder Piniennadeln. Im Nebenflügel sind weitere Heilige und Heiligenbilder zu sehen, charakteristisch ist die Ausschmückung mit Kamille.

Außer dem kleinen Markt seitlich hinter der Kirche gibt es außerdem einen touristischen Souvenir- und Textilmarkt, dazu die Hauptstraße an der Kirche vorgehen und dann rechts. Man kann zuschauen, wie mit dem Hüftwebrahmen gewebt wird. Ein besonders farbenprächtiges Erlebnis ist Zinacantán an seinen Fest- und Feiertagen, wenn zahllose Menschen aus dem Umland zusammenströmen.

Anfahrt von San Cristóbal des las Casas: mit einem Combi oben vom Markt. – **Feste:** 6.1.: *Santos Reyes* (Dreikönige). 18.–20. Januar: *San Sebastián.* In der *Semana Santa* (Karwoche) gleichfalls Feste. 24. Juni: *San Juan* (Ortsheiliger), mehrere Tage. 8.–11. August: *San Lorenzo.* 8. Sept.: *Virgen de la Navidad,* u.a. – **Internet:** über www.turismochiapas.gob.mx

Tenejapa

Tenejapa (Tseltales) liegt 27 km nordöstlich von San Cristóbal (ca. 1 h Fz, Abfahrt vom Markt). Schöne Lage in einem Flusstal, Markt ist am Donnerstag- und Sonntagmorgen. Außer einigen *comedores* gibt es außerdem eine einfache *Casa de Huéspedes.* Rechts vor der Kirche Ildefonso am Ortseingang ist eine Web-Cooperative mit einem kleinen interessanten Web-Museum. Reizvoll ist die dörfliche Atmosphäre und schön sind die Trachten, die Blusen der Frauen sind reich bestickt. Das Touristen-Ticket ist im *Palacio Municipal* zu bekommen. Hauptfeste sind *San Ildefonso* am 23. Januar, Karneval und der *Día de Santiago* vom 22.–24. Juli.

Weitere Dörfer

San Andrés de Larráinzar (ca. 5000 Ew.) liegt 18 km nördl. von Chamula bzw. 27 km von San Cristóbal (Fz ca. 50 Min.). Markt ist am Fr/Sa/So jeweils vormittags. Die Zapatisten genießen hier bei der Bevölkerung eine breite Unterstützung. **San Pedro Chenalhó** (ca. 10.000 Ew.) liegt 36 km von San Cristóbal, Markt ist dort sonntags. Beide Orte sind eigentlich nur an ihren Markt- und Hauptfesttagen interessant: San Andrés de Larráinzar feiert am 30. Nov. den *Día de San Andrés,* Chenalhó vom 16.–21. Jan. *San Sebastián* und vom 27.–30. Juni den *Día de San Pedro.* Beide Orte feiern logischerweise auch den Karneval.

Christen, Expulsados und Caciques

In Chiapas gibt es heute in nahezu jedem Ort zwei Kirchen: Neben der alten und mit zahlreichen Heiligenfiguren ausgestatteten katholischen *Iglesia* auch einen protestantischen *Templo.* Der liegt oft etwas abseits und ähnelt eher einer einfachen Turnhalle. Dort predigen Baptisten, Adventisten, Zeugen Jehovas oder andere der zahlreichen protestantischen US-Kirchensekten. Ihr Anteil in Chiapas wird auf über 30% geschätzt. Eine stetige Entwicklung, die sich auch in Guatemala und in ganz Mittel- und Lateinamerika fortsetzt (die katholische Kirche beginnt, ihr jahrhundertealtes Glaubensmonopol zu verlieren). Die Glaubensgemeinschaften aus den USA bemühen sich schon seit Jahrzehnten mit missionarischem Eifer um das Seelenheil ethnischer Minderheiten (*Proselytismus,* Gewinnung Andersgläubiger mit allen Mitteln). Zum Übertritt locken die *evangelistas* mit allerlei materiellen Anreizen, wobei dabei aber nicht nur christliche, sondern auch politische und wirtschaftliche Interessen dahinterstehen. Die übersetzten Neuen Testamente stammen meist vom Linguistischen Sommerinstitut ILV (Wycliff-Bibelübersetzer), einer mächtigen Organisation fundamentalistischer, evangelikaler Missionare. Neuerdings sollen muslimische Prediger ähnliches versuchen.

Durch die Kirchenübertritte werden als Folge gewachsene Dorfgemeinschaften gespalten und Zwietracht gesät. Das traditionelle indigene Prinzip der gegenseitigen Hilfe ist durch dieses Abwerben einem Konkurrenzdenken aller gegen alle gewichen. Wer konvertiert, muss gehen, weil die Vertreter der neuen Lehre Alkoholkonsum, alte Tänze oder Verehrung der Stammesheiligen verbieten. In und um Chamula kam es deshalb immer wieder zu gewalttätigen Auseinandersetzungen, schon viele Tausende wurden von ihren katholisch gebliebenen Dorfgenossen aus dem Gemeindegebiet verstoßen *(expulsados).* Deshalb forderten Vertreter indigener Organisationen immer wieder, das ILV in seiner missionarischen Offensive zu hindern. Denn was die kirchlichen Sprachforscher als die „christliche Errettung armer bibelloser Heiden" ausgeben, ist in Wirklichkeit, noch vor dem Tourismus, die größte Bedrohung der kulturellen Identität der Indígenas.

Doch nicht nur der Religionsstreit allein hat in den Dörfern die Lage polarisiert und Vertriebene zur Folge, auch das **Kaziken-System,** die autokratische Machtposition der Dorfoberhäupter trägt dazu bei. Sie allein bestimmen, was im Dorf geschieht, wer z.B. einen *comedor* oder einen Laden aufmachen oder (hochprozentigen) Alkohol verkaufen darf (dessen ungehemmter Genuss, bedingt durch die alten religiösen Bräuche, schon längst zu einem Allgemeinproblem geworden ist). Die *caciques* missbrauchen ihren Status oft auch rücksichtslos und ausbeuterisch zum eigenen wirtschaftlichen Vorteil, um z.B. in Besitz der Ernte eines Dorfbewohners zu gelangen. Um missliebige Personen loszuwerden oder um sie zu vertreiben wird ihnen einfach das Etikett „Protestant" angehängt. Zusammen mit ein paar üblen Nachreden und Gerüchten genügt dies zum Ausschluss aus der Dorfgemeinschaft. Die *expulsados* dürfen dann nicht mehr den *ejido,* das gemeindeeigene Land, bebauen oder benützen. Als Mittel- und Arbeitslose fristen sie in den Randvierteln von San Cristóbal de las Casas ein oft elendes Dasein, schlagen sich als Straßenhändler oder Tagelöhner durch, ihre Zahl beträgt weit über 10.000. Die Kaziken wiederum wurden und werden oft protegiert vom PRI, der einstmals mächtigen mexikanischen Monopol-Partei, die die Kaziken durch Privilegien und Pfründe auf ihre Seite zieht und so Einfluss und Macht über die Dorfgemeinschaften gewinnt.

Nähere und weitere Umgebungsziele von San Cristóbal de las Casas

Fast alle Ausflugsziele in der Umgebung von San Cristóbal de las Casas können mit Combis bzw. Bussen, mit einem Mietwagen oder durch eine Tourbuchung (Adressen s. „Reisebüros/Touranbieter") besucht werden. Tourver-anstalter bieten auch Kombinationen zu mehreren Zielen an. Auch viele Hotels und Hostels vermitteln Touren.

Grutas de San Cristóbal (Gr. Rancho Nuevo)

Die Grotte liegt ca. 11 km südöstl. von San Cristóbal an der Mex 190 Richtung Comitán, nahe des Dorfes Rancho Nuevo (deshalb auch **Grutas Rancho Nuevo)**. Den Besucher erwartet eine ca. 2,5 km lange Tropfsteinhöhle mit Stalagmiten und Stalaktiten in schönen Formierungen. Ein befestigter und teils hochgesetzter Weg führt etliche hundert Meter in die beleuchtete Unterwelt.

Anfahrt ist nur mit einem Fahrzeug möglich. Von der Straße bis zum Höhleneingang sind es nur ein paar hundert Meter. Tägl. von 9–16.30 Uhr, Eintrittsgebühr. Es können Pferde gemietet werden, reiten darf man aber nur im näheren Umfeld.

Amatenango del Valle

Das Dorf liegt 38 km Richtung Comitán an der Mex 190 und ist bekannt für seine Töpfereien und Tonwaren *(alfarería),* die traditionell nach einem alten Verfahren anstatt im Ofen in offenem Holzfeuer gebrannt werden. Spezialität sind kleine Tierfiguren, *animalitos*. *La Casa de Juliana* gehört einer Töpfer-Cooperative und bietet eine große Auswahl von allem. Sehr schön ist zudem die Tracht der dort lebenden Tseltales: Frauen tragen blaue Wollröcke und dunkelrote, kunstvoll bestickte *huipiles* mit breitem Gürtel, ihr schwarzes Haar flechten sie zu langen Zöpfen. Eine Fiesta findet statt am 4. Oktober. Anfahrt per Combi oder mit einem Comitán-Bus von Autobuses Tuxtla Gutiérrez.

Lagunas de Montebello

Ein Nationalpark mit vielen Seen in waldreicher, schöner Landschaft an der Guatemala-Grenze, ca. 150 km südöstl. von San Cristóbal. Dort liegen zudem die **Ruinas de Chinkultic,** eine alte Pyramidenanlage der Maya. Als Tagesausflug von San Cristóbal ein stressige Angelegenheit, man müsste sehr früh losfahren, die Anfahrt dauert realistischerweise 3,5–4 Std. Andernfalls im Park oder in Comitán übernachten. Besser eine Tagestour buchen (ohne Chinkultic). Nähere Beschreibung von Montebello hinter „Comitán".

Cañón del Sumidero

Der Canyon kann als Fahrtunterbrechung bei der Weiterfahrt nach Tuxtla Gutiérrez besucht werden. Als **Tagesausflug:** Einen 2.-Klasse-Bus oder einen Colectivo nehmen (Fz 1,5 h), sie halten an der Brücke *Belisario Domínguez* über die Rió Grijalva an einem großen Parkplatz; dann runtergehen zum *Embarcadero Cahuaré,* oder nach Chiapa de Corzo weiterfahren und von dort starten (s.S. 354). Eine **gebuchte Hin- und Rücktour,** die bei den meisten Anbietern um die 200 Peso kostet, ist jedoch stressfreier und kostet summa summarum kaum mehr als selbstorganisiert.

Chiflon

Chiflon ist eine etwa 1 km lang Schlucht nördlich vom großen Stausee *Presa Belisario Domínguez* mit glasklarem, blauem Wasser zum Baden und mit drei Wasserfällen, der höchste ist ca. 50 m hoch. Entfernung von San Cristóbal rund 70 km, nicht überlaufen. Etwa 1,3 km Fußweg, größtenteils ansteigend, deshalb Mittagshitze vermeiden. Es gibt Grillstände, einfache Restaurants, Cabañas für ca. 200 P (Info-Tel. 01-963-7036584 und -7084848). Touranbieter bieten Chiflon an. Ansonsten ein Ziel für jemand mit einem Wagen oder Camper. Über die Mex 190 nach San Francisco Pujiltic fahren, runter ins Tal des Stausees, im kleinen Ort Cristobalita rechts ab nach Chiflon, beschildert. Eintrittsgebühr.

Palenque / Agua Azul / Misol Há u. Toniná

Es ist möglich, Palenque durch eine gebuchte Ausflugstour zu besuchen. Mit einem Kleinbus dauert dies dann etwa von 7 bis 21 Uhr, der Besuch von → **Agua Azul** und → **Misol Há** ist dabei (hoffentlich) mit eingeschlossen. **Oder anschließend in Palenque bleiben,** dort übernachten und morgens mit dem Bus zum nächsten Reiseziel weiterfahren – diese Variante ist **von Vorteil wenn man wenig Zeit hat,** zudem kommt sie kaum teurer als die Fahrt mit dem Bus 1. Klasse nach Palenque und dann wie üblich per Colectivo die genannten drei Orte zu besuchen. **Wer nur Palenque sehen und wieder zurück nach San Cristóbal will** nimmt den Bus und übernachtet nach der Besichtigung der Stätte an der Straße zu den Ruinen (s.S. 273). Außerdem gibt es noch die Möglichkeit, evtl. in Ocosingo zu unterbrechen und (in Eigenregie) die Mayastätte → **Toniná** besuchen.

Bonampak / Yaxchilán

Es ist möglich, mit einem Kleinflugzeug zu den im Regenwald liegenden Mayastätten von → **Yaxchilán** zu fliegen (Luftlinie ca. 200 km), wobei außerdem → **Bonampak** (Wandgemälde) mit eingeschlossen ist (nur einen Flug-Hopser von Yaxchilán entfernt). Buchen kann man bei einem der aufgeführten Reisebüros. Abflüge sind unregelmäßig und abhängig von der Teilnehmerzahl und den Wetterbedingungen. Yaxchilán und Bonampak werden aber sinnvoller von Palenque aus besucht (sofern man dorthin weiterreist).

Zu den Lacandonen

Touren dorthin vermittelt – außer Na Bolom, s.o. – z.B. auch das Reisebüro Yaxchilán beim Zócalo. Die Touren sind nicht billig. Bei Interesse besser von Palenque aus machen (und mit Yaxchilán und Bonampak verbinden). Oder mit dem Bus nach Ocosingo fahren und dann über Nahá u.a. Orte weiter nach Palenque. Details s. bei Ocosingo.

Laguna Miramar (für Abenteuerlustige)

Etwa 220 km östl. von San Cristóbal de las Casas bzw. 100 km östl. von Comitán liegt in der *Reserva Biósfera Montes Azules* die **Laguna Miramar,** der größte See der Selva Lacandona (ca. 16 qkm groß; s. Karte „Río Usumacinta/Guatemala"). Er kann ihm Rahmen des dörflichen Touristenprojekts *Ecoturismo Comunitario* besucht werden. Führer ist Señor *Fernando Ochoa,* ein „netter Althippie", der bestes Englisch spricht. Eine Vier-Tages-Tour für 3–8 Personen zur Comunidad Emiliano Zapata an der Westseite des Sees kostet komplett mit Fluganreise von Ocosingo aus, mit Campingausrüstung, Trägern, Koch etc., etwa 330 US$/p.P. und ist ein wirkliches Urwald-Erlebnis (www.earthfood.org/places/mx005.htm). Kontakt in San Cristóbal de las Casas: DANA, Calle Dr. Navarro 10, Tel./Fax 6780468, miramar@mundomaya.com.mx. Auch Reisebüros bieten (billigere) Laguna-Miramar-Touren an. Wer sich einigermaßen auf Spanisch verständigen kann, kein Komfort-Traveller und abenteuerlustig ist, kann die Tour aber gleichermaßen in Eigenregie durchführen (ab Ocosingo oder Comitán, weitere Details dazu bei Comitán). *Bezüglich der derzeitigen Sicherheitslage aber vorher Fernando Ochoa befragen,* www.earthfood.org/guides/ochoa.htm.

Parque Nacional El Triunfo (für Abenteuerlustige)

Ein 30.000 ha großes *Reserva de la Biósfera* bei Jaltenango (Albino Corzo), südlich des langgezogenen, riesigen Stausees Belisario Domínguez (La Angostura) an der Südseite der Sierra Madre an der Pazifikküste. Seinen Namen erhielt das Naturschutzgebiet vom erloschenen Vulkan *El Triunfo* („Der Triumph"), an dessen Abhang es liegt. Zwar ist es relativ klein, doch schützt es die letzten intakten **Berg- und Nebelurwälder** (hohe Baumfarne) von Chiapas und es ist Habitat für Hunderte von Vogelarten (Kolibris, Manakins, Tanager u.a.).

Der Zugang ist nicht unbeschwerlich, man muss, je nach Anreiseart und Ausgangspunkt – Acacoyagua oder Jaltenango (Albino Corzo) – einen stundenlangen Fußmarsch auf sich nehmen. Eine außergewöhnliche Tour, besonders für Vogelliebhaber. Sie kann gebucht werden z.B. bei **Anfitriones Turísticos** (Ecke 5. de Febrero/16 de Septiembre), und auf dem Hin- oder Rückweg kann überdies noch der Sumidero-Canyon besucht werden. Es gibt einen Park-Guide-Service und 3 Camps mit Hütten. Infos über eMail: inhreservas@planeta.apc.org. Eine Erlebnis-Zuschrift:

„Von Mapastepec (an der Mex 200) nach Tres Mayo oder Lloma Bonita gelangt man mit einem wohl nur zweimal am Tag verkehrenden offenen Lkw oder zu Fuß. Das von dem Flüsschen Novillero ausgewaschene Seitental der Sierra Madre de Chiapas zieht sich über zwanzig Kilometer, bevor die Straße in dem von Elektrizität und der „weißen" Welt bisher verschonten Örtchen **Lloma Bonita** endet. Hier trafen wir ausgesprochen gastfreundliche Leute, die in eine andere Zeit zu gehören scheinen. Frauen sitzen hier noch abseits vom Tisch, wenn die Männer die Tortillas essen. Da gerade Ferien waren, fanden wir Unterschlupf in der Dorfschule. Eigentlich wollten wir auch zelten, was man aber aufgrund des allgemeinen Interesses wohl besser außerhalb des Dorfes tut. Dazu böte sich z.B. die Abzweigung des Weges zum El Triunfo an, eine Viertelstunde Fußweg vor Lloma Bonita, bevor die Straße, eine sandige Fahrrinne, den Fluss kreuzt. Der Weg auf den El Triunfo (2500 m), den man weit entfernt erblickt, ist so schwierig nicht zu finden. Trotzdem haben wir uns zunächst verlaufen. Man sollte früh loslaufen, da es auch hier im Tagesverlauf sehr heiß werden kann. Die Maxime muss dann heißen, immer den linken Weg zu nehmen. Der rechte Weg endet nach 2 Stunden im undurchdringlichen Dickicht (von wo wir uns entlang eines wunderschönen Baches wieder zum Ausgangspunkt zurückschlugen). Der richtige Weg führt also zunächst auf der rechten Seite des Novillero talaufwärts, nach 2 km muss man die Flussseite wechseln, serpentinenreiche Wege einen Berg hinaufkraxeln, auf dessen Rücken man sich dann dem stillen Vulkan mit seiner einmaligen Vegetation nähert. Die Leute sind stolz auf die Vielzahl der Vögel, die es da gibt."

Comitán

Ew. 110.000

✆ 01-963

Comitán liegt an der Mex 190, etwa 85 km von San Cristóbal, es ist die letzte größere Stadt vor der Guatemala-Grenze (bis dahin 80 km) und der Ausgangspunkt zum nahen **Parque Nacional Lagunas de Montebello** (55 km, als Tagestour) und zur **Laguna Miramar** (weit weg und schwierig, s.u.). Durch die geringere Höhenlage (1500 m) herrscht in Comitán ein milderes Klima als in San Cristóbal. Nette Atmosphäre, keine Touristen, preiswert. Am Zócalo befindet sich die Statue des Politikers und Nationalhelden *Belisario Domínguez* (geb. 1863 in Comitán, ermordet 1913 in Mexiko-Stadt; Comitán führt seinen Namen als Zusatz). Die Nord-Süd-Straßen der hügeligen Stadt heißen *Avenidas,* die in Ost-West Richtung *Calles.* Das **Turismo Codetur** (Tel. 01-**963**-6326213) befindet sich im **Palacio Municipal** bzw. in der Presidencia Municipal (im Innern sehenswerte *murales* zur Geschichte der Maya – „Entstehung und Geschichte der Maismenschen"!). Das Turismo hält viel Prospektmaterial über Comitán und über die Lagunas de Montebello bereit.

Wer Zeit hat, kann die schöne **Casa de la Cultura** an der Südostecke des Zócalos besuchen (Wandgemälde, ein ehemaliges Kloster) und danach östl. weitergehen zum **Museo Arqueológico de Comitán.** Außerdem finden im **Teatro de la Ciudad** regelmäßig Veranstaltungen statt und wer sich für die lokale Geschichte interessiert, sollte das Geburtshaus von *Belisario Domínguez* besuchen (**Casa Museo Belisario Domínguez,** Av. Central Sur 35, gleich südl. vom Zócalo, Mo geschl.).

Feste: 20. Jan. *Feria San Sebastián* (im Barrio San Sebastián); 4. Febr. *Día de San Caralampio;* 7. Juli *Feria de Las Luces;* 1.–5. Aug. *Fiesta de San Domingo;* 21. Okt. *Niñito Fundador.*

Adressen & Service Comitán

Unterkunft

Bedingt durch den Grenzverkehr und wegen des Montebello-Parks gibt es genügend Unterkünfte. Billigunterkünfte befinden sich im Bereich einiger Cuadras um den Zócalo. – Ein sehr gutes PLV (doch nur *baño común*) bietet die preisgünstige und schöne **Hospedaje San Francisco,** Av. 1 Ote Nte No. 13 (einen Block vom Zócalo), Tel. 6320194. – **Pensión Delfín** (ECO), an der Südwestecke des Zócalos, Tel. 6320013, DZ ca. 23 €. – Sehr gut ist das **Hotel Po-**

sada Virrey (ECO–FAM, DZ ca. 26 €), Av. Central Nte 13 (gleich nördl. vom Zócalo), toll begrünter Innenhof, *„eine richtige Oase …"* – ein **TIP. – Hotel Internacional** (ECO–FAM), Av. Central Belisario Domínguez Sur No. 22 (eine Cuadra südl. vom Zócalo), Tel. 6320110; o.k. – **Hotel Lagunas de Montebello** (FAM), Tel. 6321092; außerhalb an der Mex 190 No. 1257. – Ein Restaurant mit *gastronomía comiteca* und Musik: *Helen's Enrique,* Zócalo.

Adressen

Post: westl. vom Zócalo, s. Stadtplan. – **Bank:** *Bancomer,* Südostecke des Zócalos, gegenüber der Casa de la Cultura, *Banamex* ist gleich daneben, beide mit Geldautomaten. – **Internet:** um den Zócalo, z.B. rechts des Palacio Municipal. – **Guatemala-Konsulat:** Ecke 2 Av. Pte Sur/1 Calle Sur Pte (Mo–Fr 9–17 Uhr). – **Mex. Migración:** südl. vom Zócalo, s. Stadtplan.

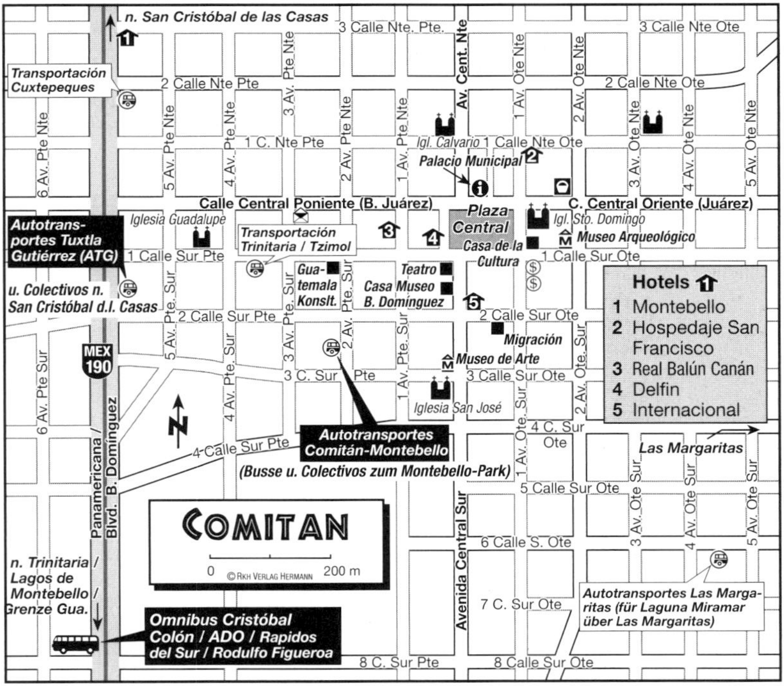

An- und Weiterreise

Der Busterminal 1. Klasse Cristóbal Colón (CC) liegt an der Panamericana (Mex 190), südwestl. des Zentrums (km 1258) an der Calle 8 Sur Pte, Tel. 6320980 (zu Fuß zum Zócalo ca. 20 Min.). Der Terminal von *Autotransportes Tuxtla Gutiérrez* (ATG) liegt gleichfalls an der Mex 190 zwischen den Straßen 1 Calle Sur Pte und 2 Calle Sur Pte. Außerdem gibt es noch ein paar weitere Busabfahrtsstellen, s. Stadtplan. **Busfahrkarten gibt es auch** in der Stadt bei **Ticketbus,** Taquilla Casa de la Cultura, Tel. 6161697, Busgesellschaften mit einer Website s.S. 48**.**

Zur Laguna Miramar mit Autotransportes Las Margaritas, 6. Calle Sur Ote zw. 4. u. 5. Av. Ote Sur (südöstl. v. Zócalo).

Guatemala-Grenze Ciudad Cuauhtémoc (80 km, 1,5 h), ca. stündl. mit

CC und ATG. – **San Cristóbal de las Casas** (80 km, 1,5 h), mit CC, und auch fast ständig schnellere Combis vom ATG-Terminal. – **Tapachula** über Motozintla ca. stündl. mit CC, oder ATG. – Außerdem noch weitere Ziele (Tuxtla Gutiérrez, Palenque, Villahermosa, Mexiko-Stadt, Oaxaca u.a.).

Zum **Nationalpark Montebello** mit Bussen/Combis von *Autotransportes Comitán-Montebello,* Av. 2 Pte Sur (zw. den Calles 2 und 3 Sur Pte), ca. halbstündliche Abfahrten, Fz ca. 1 h bis Tziscao (s. Montebello-Karte). **Die Fahrzeuge dieser Linie fahren am Cristóbal Colón-Busterminal vorbei, so dass man auch dort zusteigen kann.** Die Combis fahren meist nur bis zur Laguna Bosque Azul. Letzte Rückfahrmöglichkeit von der Laguna Bosque Azul bzw. von Tziscao um ca. 16.30 Uhr – vorher vergewissern.

Tenam Puente

Wer ein eigenes Fahrzeug hat, kann unterwegs die Maya-Stätte **Tenam Puente** besuchen. Von Comitán auf der Mex 190 Richtung La Trinitaria nach ca. 8 km rechts abbiegen (ausgeschildert). Sie liegt ca. 1 km hinter dem Dorf Francisco Sarabia strategisch auf einem Hügelrücken mit Panoramablick über die Ebene von Comitán. Über mehrere bebaute Terrassen, die mit starken Mauern befestigt sind, steigt man hügelaufwärts. Die Stätte besitzt drei Ballspielplätze sowie zahlreiche Tempelgebäude auf jeder Terrasse. Auf der obersten Terrasse befindet sich an der Rückwand des äußersten linken Tempels ein Holzkreuz, das Zielpunkt einer jährlichen Prozession der Bewohner von Francisco Sarabia ist.

Parque Nacional Lagunas de Montebello

Der Park liegt ca. 55 Straßenkilometer von Comitán direkt nördlich der Grenze Guatemalas. Dazu von Comitán auf der Panamericana nach Süden fahren, nach 16 km bei dem kleinen Ort *La Trinitaria* nach Osten abbiegen. Von Trinitaria sind es noch 33 km bis zum Eingang des Parks. Beim km 22 geht es rechts (ca. 1,5 km) zur historischen Ex-Hacienda **Parador Museo Santa María,** die zu einem stilvollen, sehr schönen Hotel hergerichtet wurde (mit Rest., Gartenanlage und Kapelle). Die Zimmer sind mit Einrichtungsgegenständen und Antiquitäten des 18. und 19. Jh. dekoriert. Wer Ruhe, Abgeschiedenheit und Komfort sucht ist hier bestens aufgehoben (DZ ca. 55 €, Tel. 01-963-6325116).

Ruinas de Chinkultic

Bei km 30 führt nach links eine Straße zu den **Ruinas de Chinkultic** (ausgeschildert, der Busfahrer lässt aussteigen). Man geht zu Fuß ca. 2,5 km nach oben, dann ist Eintrittsgebühr zu bezahlen. Die Mayastadt Chinkultic war vom 1. bis zum 13. Jh. bewohnt und hatte ihre Blütezeit in der Spätklassik zwischen 600 bis 900 (sie bestand also länger als Palenque!). Die Freilegung der über 200 überwachsenen Erdhügel, die in dichter Vegetation um sechs Hauptkomplexe mit Ballspielplatz und Hauptpyramide liegen, ist noch im Gange. Die Ausgrabungsarbeiten – bei denen man zuschauen kann – werden noch Jahrzehnte dauern. Hoch auf einem Hügel gelegen bietet sich vom *El Mirador* ein herrlicher Rundblick über die Seenregion und ein tiefer Blick in den gleich daneben befindlichen Cenote Agua Azul, ein wassergefüllter Krater, in den die Maya einst religiöse Gaben warfen.

■ *Der Ballspiel-Marker von Chinkultic*

Nahe Chinkultic wurde der berühmte **Markierungsstein** eines Ballspielplatzes gefunden **(s. Abb.):** eine kreisrunde, reliefierte Steinscheibe (Durchmesser 56 cm) aus Kalkstein, die vermutlich als Zielscheibe diente. Im Zentrum ist ein Ballspieler mit Brustschutzring abgebildet, der gerade mit der Hüfte einen Ball wegstößt. Er wird eingerahmt von einem Kreis von Mayaglyphen- und Zahlen (9 baktun, 7 katun, 17 tun usf.). Die Scheibe stammt etwa aus dem Jahr 590 n.Chr. und befindet sich im Archäologischen Museum in Mexiko-Stadt.

Weitere Infos zu Chinkultic und der Umgebung kann man bei der von der Chinkultic-Abzweigung 1,5 km weiter östlich gelegenen **Hospedaje El Pino Feliz** erfahren, wo der Bus hält (geführt von Doña Berta und Don Rigoberto; schöner, gepflegter Rancho mit vielen Tieren und schönen Zimmern; kleiner Laden, Berta kocht auch; außerdem Möglichkeit einer **Tagestour** mit Sohn César in die Seen- und Waldlandschaft zu Wasserfällen, Höhlen usw., zum Abschluss Chinkultic; lt. einer Zuschrift eine gute, empfehlenswerte Tour).

Nach knapp 4 weiteren Kilometern ist man am Parkeingang.

Parque Nacional Montebello

Der **Nationalpark Montebello** („schöner Berg" – eigentlich müsste er „schöne Seen" heißen) ist ein überwiegend unberührter Gebirgsregenwald mit vielen Koniferen, epiphytenbewachsenen Eichen, Farnen und Sträuchern und 52 kleineren und größeren Seen, die 18% der 6022 ha großen Parkfläche einnehmen. Sie entstanden durch Verkarstungsprozesse und bei Sonnenschein schimmern sie in allen nur möglichen Farben, von dunkelgrün, türkis und blau bis hin zu kupferfarben und schwarz. Flora und Fauna sind sehr artenreich (endemische Schmetterlinge), registriert wurden 256 Pflanzenspezies und über 100 Wirbeltierarten. Die Seengruppen tragen verschiedene Namen, sehenswert ist bei den *Lagunas de Colores* die **Laguna Bosque Azul** und bei der Gruppe *Cinco Lagunas* die **Laguna La Cañada.** Der Park ist insgesamt zwar sehenswert, doch wird er immer mehr ausgebaut und vermarktet, an vielen Stellen liegt der Müll herum, Brandrodungen etc. Ihn möglichst nur in der niederschlagsarmen Zeit zwischen November und April besuchen.

Nach dem Parkeingang gabelt sich die Straße: links bzw. nördlich kommt man zur Seengruppe *Lagunas de Colores* mit *Laguna Agua Tinta, Ensueño, Esmeralda, Encantada* und der erwähnten *Laguna Bosque Azul,* die größte. Dort gibt es einen Campingplatz, Bootsvermietung, Tortillabuden und Restaurant und es besteht die Möglichkeit Pferde zu mieten, um z.B. die Seen abzureiten (Führer muss extra bezahlt werden) oder zu dem im Nordosten gelegenen Felsen-Torbogen *San José El Arco* und **Las Grutas** zu gelangen, Grotten mit Tropfsteinen und einem unterirdischen See (zu Fuß ca. halbe Stunde). Nördlich der Laguna liegt der Picknickplatz *Paso de Soldado.*

Weg zu Las Grutas und San José El Arco

Vom hinteren Ende des Parkplatzes nimmt man den rechten Fahrweg; nach wenigen hundert Metern gelangt man zu einem Weiler und biegt beim ersten Gehöft auf den linkerhand liegenden Weg ein, der sich nach wenigen Metern zu einem Fußpfad verengt. Der Pfad wendet sich nach rechts; es geht zunächst ein wenig aufwärts, danach über Treppenstufen abwärts. Der Pfad endet unmittelbar vor einem Schild mit der Aufschrift „Grutas“: Linkerhand steigt man zum Flussbett und San José El Arco hinab, rechterhand geht es zu den Grutas. Man kann – bei niedrigem Wasserstand – auch unter dem Felsbogen hindurch zu den Felsgrotten gelangen.

Achtung, Vorsicht beim Wandern! Es kam schon zu Überfällen! Auf den Hauptwegen bleiben und sich vorher von den Parkwächtern diesbezüglich Ratschläge geben lassen!

Tziscao

Bleibt man nach dem Parkeingang auf der Hauptstraße, wird nach ca. 9 km das verstreute Dorf **Tziscao** an der gleichnamigen großen Lagune erreicht. Unterwegs passiert man die linksliegende *Laguna de Montebello* und danach die Seengruppe *Cinco Lagunas* mit der sehr schönen *Laguna La Cañada.*

Beim Pueblo Tziscao gibt es am Seeufer das einfache **Hotel Cabañas Tziscao** (Zimmer, Cabañas ohne irgendwas mit *baño común*) mit Restaurant, Ruderboote und Campmöglichkeit (man muss von der Hauptstraße bis dorthin einen guten Kilometer zu Fuß gehen). Im äußersten Nordwesten der Tziscao-Lagune gibt es außerdem lt. einer Zuschrift ein neues kleines Strandbad: 5 kleine Gebäude mit Café, Restaurant und einer Info um eine Wiese mit überdachten Sitz- und Liegeplätzen. Man kann im glasklaren Seewasser baden und sich auch hier auf einfachen Flößen herumfahren lassen.

Carretera Fronteriza del Sur

Vom Pueblo Tziscao führt die Straße als **Carretera Fronteriza del Sur** mit gutem Belag immer parallel zur guatemaltekischen Grenze über *Benemérito de las Américas* (230 km) bis nach Palenque (+200 km). Volltanken – unterwegs Sprit nur flaschenweise –, wegen vieler Militärkontrollen Papiere bereithalten, sehr spärlicher Verkehr, landschaftlich sehr reizvolle Strecke. Auf den ersten 80 km schlängelt sich die Straße in vielen Kurven durchs Gebirge. Nur ein paar allereinfachste „Hotels“.

Laguna Miramar

(Karte s.S. 278; erste Details s. bei San Cristóbal de las Casas, „Nähere und weitere Umgebungsziele“; wegen der derzeitigen Sicherheitslage vorher Fernando Ochoa kontakten!). – Von Comitán geht es per Colectivo nach Las Margaritas, von dort fährt gegen 10 Uhr ein Bus nach San Quintín, Nachbarort von Emiliano Zapata (20 Fußminuten). Ein beschwerlicher, 7–8 h dauernder Schlagloch-Trip (125 km), doch durch eine wunderschöne Landschaft. In Emiliano Zapata (ganz bescheidene Übernachtungsmöglichkeit) lässt man sich in der Casa Ejidal registrieren, der „Presidente de la Laguna“ erteilt Informationen, erklärt den Weg zur Laguna und zeigt, wo man Kochuntensilien ausleihen kann. Der 7-km-Fußmarsch zur Laguna dauert mit einem Führer, teils durch Dschungel und Matsch, anderthalb bis zwei anstrengende Stunden (Führer/Träger kosten jeweils ein paar Dollars, auch der Aufenthalt an der Laguna pro Tag und das Mieten eines *cayucos,* eines Boots). Die Laguna liegt in atemberaubender Natur und besitzt kristallklares, warmes Wasser. Tagsüber kommen an den See freundliche Fischer, Dorfbewohner und Kinder, doch die Abende mit nächtlicher Geräuschkulisse von Kröten und *Saraguatos,* „tierisch“-lauten Brüllaffen, hat man an seinem Lagerfeuer ganz für sich allein (es gibt eine Palapa für Hängematten und man kann zelten). Den Rückweg in die Zivilisation von San Quintín kann man nach Ocosingo machen (ca. 150 km, tägl. einige Fahrzeuge, 5–6 h) und so die Strecke nach Palenque abkürzen. Die Laguna ist wegen der Regenzeit zwischen Juni und Oktober nicht ratsam. Etwas Verpflegung und den Pass mit Touristenkarte mitnehmen (viele Militärkontrollen). – *Ein Beitrag von Tina Kroll.*

Grenze Ciudad Cuauhtémoc // La Mesilla (Gua.)

Ciudad Cuauhtémoc ist keine „Stadt", sondern nur die mexikanische Grenzkontrolle: ein paar Häuser, ein Hotel und einfache Restaurants, das war's. Stoppunkt für Busse nach/von Comitán und San Cristóbal de las Casas sowie der Busse zur/von der Pazifikküste (Tapachula) über Motozintla.

Ausreise

Der mexikanische Grenzposten liegt gegenüber der Busstation. Die guatemaltekische Grenzstelle *La Mesilla* liegt gut 3 km von Ciudad Cuauhtémoc hügelaufwärts, nach der Ausreise gelangt man dorthin mit einem der vielen hin- und herfahrenden Colectivos (ca. 10 P, Nepper hat's auch). Alles aber unkompliziert. Eine Bank gibt es nicht, dafür fliegende Wechsler (man bekommt einen besseren Quetzales-Kurs für seine restlichen Peso auf der guatemaltekischen Seite). Beide Grenzen sind offen von 6–22 Uhr.

Grenzgebühren

Mexiko, Ausreise: kostenlos. Wenn man die Touristenkarte zur Wiedereinreise „Doble Entrada" stempeln lässt derzeit 100 P. Zuvor ist ein Formular auszufüllen. Neuerdings soll Wiedereinreise auch ohne Stempelung der Karte gehen. **Guatemala, Einreise:** kostenlos; 90 Tage Aufenthalt. **Ausreise:** kostenlos. Doch es wird jeweils versucht, die Gringos um 40 Quetzales bzw. 5 US$/50 P zu erleichtern; wenn man fragt, ob es dann auch eine Quittung gibt *(me puede dar un recibo?),* kostet es nichts …

La Mesilla

Achtung, je nach Jahresmonaten 1 Stunde **Zeitunterschied** Mex./Guatem.!

Die guatemaltekische Grenzstelle La Mesilla ist ein wenig „größer" als Ciudad Cuauhtémoc. Von La Mesilla fahren Busse nach *Huehuetenango* (85 km, letzter Bus dorthin um 16 Uhr, ca. 1,5 h), nach *Quetzaltenango* (genannt *Xela,* über 3 h) und auch *Ciudad de Guatemala* (ca. 7 h). In Huehuetenango kann zu anderen Guatemala-Zielen umgestiegen werden, außerdem nach Ciudad de Guatemala und zum Atitlán-See. Colectivo-Fahrpreise richten sich nach der Anzahl der Mitreisenden. Vor Verlassen Guatemalas dort noch restliche Quetzales in Peso tauschen, dann mit dem Taxi-/Colectivo zur Grenze.

Einreise nach Mexiko

Mexiko-Einreise: kostenlos, sofern man bereits eine Touristenkarte mit einem „Doble Entrada"-Stempel von der Ausreise her hat (neuerdings soll es auch ohne diese Stempelung gehen). Ansonsten s.S. 22, „Touristenkarte".

Normalerweise braucht für die Weiterfahrt nicht lange auf einen Bus nach Comitán oder nach San Cristóbal de las Casas gewartet zu werden (1.-Klasse-Busse nach San Cristóbal fahren um 12.45, 15 und 18.30; Fz knapp 3 h). Es verkehren aber auch schnellere Colectivos nach Comitán. Die Bus-Abfahrtszeiten sind beim Cristóbal-Colón-Busstop ersichtlich. Für Fernziele ist es jedoch besser, mit der nächsten Möglichkeit nach Comitán oder San Cristóbal zu fahren und dort umzusteigen, als stundenlang in Ciudad Cuauhtémoc zu warten.

Bitte schreiben oder mailen Sie (rkhhermann@aol.com), **wenn sich in Mexiko Dinge verändert haben oder Sie Neues wissen.**

Von San Cristóbal de las Casas nach Tuxtla Gutiérrez und weiter nach Oaxaca bis Mexiko-Stadt

Von San Cristóbal nach Tuxtla Gutiérrez sind es zwar nur 85 km, doch durch die kurvige Straße – es geht von 2100 m hinab auf 500 m – benötigen Busse gut anderhalb Stunden. Über die *Sierra Los Altos de Chiapas* hat man weite Ausblicke.

Selbstfahrer: Simojovel

Etwa 20 km vor Chiapa de Corzo zweigt die Mex 195 nach Norden ab nach Villahermosa. 10 km hinter Bochil (58 km, *Tzotzil*-Indígenas), in *Puerto Caté*, führt die Mex 173 nach **Simojovel** (ca. 40 km), ein **Bernstein**-Zentrum *(ámbar)*. Dort gibt preisgünstige Angebote mit eingeschlossenen Insekten.

Wasserfall Chorreadero

Etwa 11 km vor Chiapa de Corzo können Autofahrer rechts abbiegen zum eindrucksvollen Wasserfall *Cascada El Chorreadero,* der in ca. 10 m Höhe aus Felsengestein schießt – ein schönes Naturschauspiel. Man kann an einer Seite hochklettern (glitschig!) und in den Fels hineinlaufen, immer am Wasserfall entlang (Taschenlampe erforderlich). Am Wasserfall wohnen Leute, die führen können. Restaurant. Campmobile können zur Nacht stehen.

Chiapa de Corzo

Ew. 30.000

✆ 01-961

Chiapa de Corzo liegt am Río Grijalva und ist Ausgangspunkt für Bootsfahrten in den **Cañón del Sumidero.** Es war die erste Hauptstadt von Chiapas (noch vor San Cristóbal de las Casas), gegründet 1528 von Diego de Mazariegos als *Chiapa de los Indios* (erster spanischer Konquistador war jedoch 1524 Luis Marín). Archäologische Ausgrabungen förderten nahe des Orts präklassische Mayabauten zutage, es wurde eine Stele gefunden, auf der das **älteste archäologische Datum ganz Amerikas** eingraviert war: 9. Dezember 36 v.Chr. (sie befindet sich im Museo Regional de Chiapas in Tuxtla Gutiérrez). Darüber hinaus entdeckte man Siedlungsspuren einer über 3500 Jahre alten postolmekischen Regionalkultur – damit zählt Chiapa de Corzo zu den ältesten permanent bewohnten Orten Mesoamerikas!

Sehenswert

Attraktionen hat Chiapa de Corzo keine, sehenswert und ein Wahrzeichen ist jedoch auf dem großen Zócalo (Plaza Corzo) der **Fuente Colonial** („La Pila"). Der achteckige, kapellenähnliche Brunnenbau aus behauenen Ziegeln im hispano-arabischen Stil diente einst der Wasserversorgung des Orts und wurde im Jahr 1562 vollendet. Die Kuppel und die umlaufenden 8 spitzen Türmchen sollen die spanische Krone symbolisieren. Die langgestreckte, weiß-rote Kirche **Santo Domingo,** gleichfalls aus dem 16. Jh., befindet sich eine Cuadra südl. vom Zócalo. Zu ihr gehört der **Ex-Convento Santo Domingo** mit schönem Innenhof und zweistöckigen Bogengängen. In den Klosterräumen finden Ausstellungen statt und befindet sich das **Museo de la Laca** (Lackmuseum, Calle López). Präsentiert werden lackierte und kunstvoll mit floralen Motiven bemalte Gegenstände, wie z.B. Schmuckkästchen und Truhen sowie *jícaras,* Flaschenkürbisse mit abnehmbaren Deckeln (wenn *laqueadoras* da sind, kann man bei der Herstellung der *lacas* zusehen, Kursangebote; die Lackierkunst kam einst aus China nach Mexiko). Die wertvollen alten Holzmasken sollen die spanischen Eroberer darstellen, bei Festen werden sie von *parachicos* getragen. Museumzeiten: Di–So 10–18 Uhr.

Feste

Wer im Januar hier ist: Vom 15.–23. findet die große **Fiesta San Sebastián** statt, mit ausgelassenen Umzügen und farbenprächtig gekleideten Maskentänzern, **Los Parachicos,** eines der schönsten Feste Mexikos! Haupttag ist der 21. Jan. mit einer „Seeschlacht" zwischen „Indianern" und „Konquistadoren" und einem Feuerwerk. Andere Festtage: 4. Aug., 17. Sept. (San Jacinto), 15. Okt. (Fiesta del Señor del Calvario), u.a.

Adressen & Service Chiapa de Corzo

Unterkunft

Hotel Los Ángeles, nahe Südostecke des Zócalos (Calle Grajales 2); einfach. – **Hotel La Ceiba** (Av. Domingo Ruíz 300, westl. vom Zócalo bzw. zwei Querstraßen hinter Calle 5 de Febrero, die zum Embarcadero führt), Tel. 6160389; Mittelklasse, AC, Pool, Rest. – **Internet:** www.turismochiapas.gob.mx

Essen & Trinken

Nahe der Zócalo-Südwestecke liegen **Restaurante Los Corredores,** an der Zócalo-Westseite **Casa Grande** (italienisch) und in der Calle 5 de Febrero zwischen Zócalo und Embarcadero das gleichfalls italienische **Valle d'Aosta.** Das große Restaurant **Jardines de Chiapa** in der Madero hat einen schönen Garten und ist auch auf Busladungen eingestellt – Service, Preise und Portionen sind o.k. Die Restaurants am Embarcadero sind voll auf Touristen eingestellt. Am besten und billigsten stärkt man sich in der kleinen **Markthalle** des Orts (an Santo Domingo vorbei und über die Straße).

An- und Abreise

Von Tuxtla Gutiérrez s. dort; zurück mit Kleinbussen von *Transportes Chiapa–Tuxtla,* Calle 21 de Octubre (nördl. Zócalo-Seite), gegenüber der Polizeistation; laufend Abfahrten, Fz ca. 20 Min. **Busfahrkarten** gibt es auch bei **Ticket Bus,** zentral am Zócalo, No. 219D, Tel. 6161697 (Busgesellschaften mit einer Website s.S. 48).

Busse nach/von **San Cristóbal de las Casas** fahren nicht ins Zentrum von Chiapa de Corzo, sondern halten außerhalb am Ortsausgang an der Mex 190 bei einer Pemex-Tankstelle. Dorthin von der Plaza mit einem Colectivo oder zu Fuß (ca. 1,5 km). *Autotransportes Tuxtla Gutiérrez* (ATG, 2. Klasse) hat seinen Terminal gleichfalls in der Calle 21 de Octubre, stadtauswärts.

Gepäckabgabe: ist möglich an einem Stand in der Nähe vom Embarcadero, oder bei seinem Bootsführer.

Cañón del Sumidero

Embarcadero Cahuaré

Außer der Hauptablegstelle in Chiapa de Corzo gibt es außerdem noch den kleineren **Embarcadero Cahuaré** bei der Puente Berlisario Domínguez an der Mex 190 (s. Sumidero-Karte). Es ist ab dort nicht billiger, die Boote fahren erst mit 10 oder 12 Personen, Fixpreis ca. 80–100 P/p.P., Fahrtdauer 2 h. Besonders morgens – und auch in der **Nebensaison** – hat man ab Cahuaré kaum Chancen eines sofortigen Starts. Minibus-Pendelverkehr zur Plaza von Chiapa de Corzo.

Hinweis: Man kann auch oben an der Schluchtkante entlangfahren und runterschauen, s.S. 363.

Wissenswertes

Die tiefe Schlucht des Río Grijalva (Höhe 1200–700 m über NN) entstand durch einen tektonischen Riss zwischen dem Tiefland und der Sierra. Erste Versuche von Abenteurern, den wilden Grijalvafluss mit seinen vielen Stromschnellen mit Booten zu bezwingen, endeten sowohl 1895 und 1932 tragisch. Auch nachfolgend gab es nur Teilerfolge. Erst 1960 gelang die vollständige Befahrung.

Die Nutzung der Schlucht für einen Stausee mit Kraftwerk bot sich naturgemäß an. 1981 wurde der Chicoasén-Damm fertiggestellt, der aus dem einst reißenden Río Grijalva ein zahmes Wasserreservoir und einen der größten Stauseen Mexikos machte. Mit seinen teils über 1000 m hoch aufragenden Felswänden ist der Sumidero („Abflussgraben") überdies eine der tiefsten Flussschluchten der Welt (Breite zwischen 500 m und 2000 m). Der Canyon und das drumherum liegende Gebiet wurden als Nationalpark ausgewiesen (Größe über 2000 ha). Mit Hochgeschwindigkeitsbooten donnert man mit bis zu 70 km/h vor bis zur Staumauer. Imposant ist nicht aber nur die Kulisse der himmelhohen Canyonwände, sondern auch die Flora und Fauna des Stausees – wenngleich die Frequenz, mit der die Boote mittlerweile über den Fluss jagen, es kaum mehr ermöglicht, scheue Wassertiere zu sehen. Viele Vogelarten, Reiher und Pelikane lassen sich jedoch nach wie vor sehr gut beobachten.

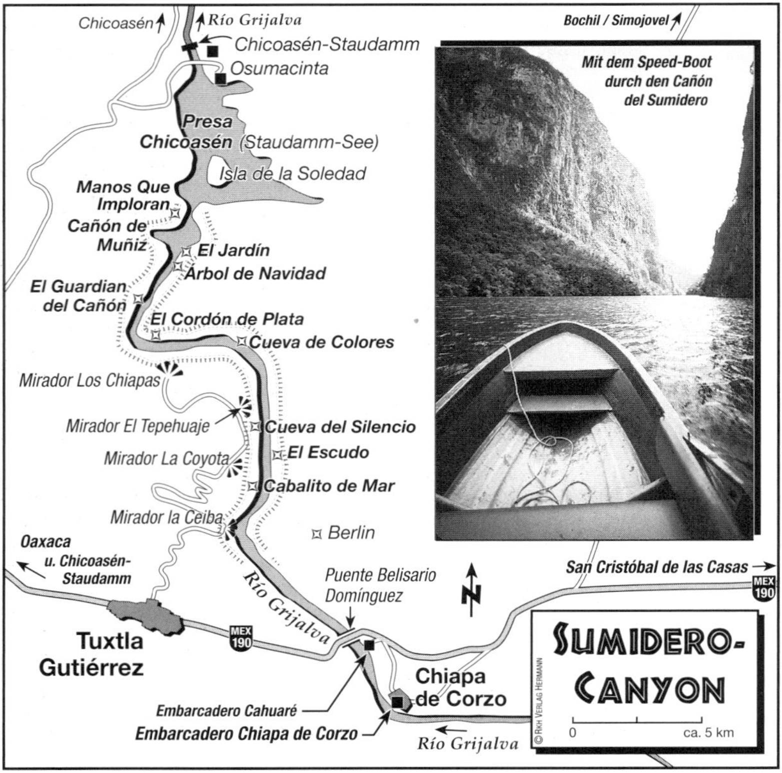

Embarcadero, Kosten Die Boote legen ab am Embarcadero am Ufer des Río Grijalva. Gefahren wird täglich das ganze Jahr von morgens etwa 8 bis 17 Uhr (die ersten Abfahrten sind die besten, denn da gibt's wenig Motorenlärm; winters ist es nach 16 Uhr in der tiefen Schlucht bald dunkel). Da einem der starke

Fahrtwind um die Ohren pfeift und man sich leicht erkälten kann, sollte ein Halstuch umgelegt oder eine Jacke angezogen werden. Bei starker Sonne Schutzcreme auftragen und Hüte festbinden. Ein kleines Fernglas wäre sicher auch nicht verkehrt.

Die *lanchas* haben **Festpreise,** d.h., nach Anzahl der Sitzplätze eines Bootes (ca. 8–13 Personen) kostet die Fahrt 80–100 P/p.P. Bei weniger Leuten müssen Mitreisende abgewartet werden oder die Gruppe zahlt den Rest drauf. Handeln so gut wie zwecklos. Die Strecke bis zur Chicoasén-Staumauer ist ca. 20 km lang, **Fahrtdauer** insgesamt etwa **zweieinviertel Stunden.**

„Auch wenn die Speed-Boote nervten, war es ein richtig tolles Erlebnis!"; „Wir sahen sechs große Krokodile aus nächster Distanz, unser Bootsführer gab viele Erklärungen ab und nahm sich die Zeit, die Krokodile so gut wie möglich anzusteuern, keine Spur von Hast, großartig!"

Die Boots-Fahrt

Anfänglich sieht man nichts Aufregendes, doch nachdem man unter dem weitgespannten *Puente Belisario Domínguez* durch ist *(Embarcadero Cahuaré),* werden die Ufer hügeliger und der Fluss enger. Auf der rechten Seite kann man von weitem die Reste einer Indianersiedlung namens *Berlin* erkennen, benannt nach dem deutschstämmigen Archäologen und Maya-Forscher Heinrich Berlin (1915–1987). Nun werden die Felswände immer steiler und höher und ragen schließlich an den engsten Stellen über 1000 m senkrecht hoch. Sobald der *lanchero* den Außenborder abschaltet wird die Stille und der Frieden der Natur spürbar, eine Wohltat für Ohren.

Interessant sind die vielen größeren und kleineren Höhlen, die der Fluss aus den Wänden auswusch – *Cueva del Silencio, Cueva de Colores* u.a. (s. Karte). Man sieht Schildkröten und viele Wasser- und Raubvögel, und, mit etwas Glück, in den Uferbäumen auch Affen und an seichten Stellen das seltene amerikanische Flusskrokodil. Doch manchmal ist es schwierig zu unterscheiden, ob ein Tier im Wasser schwimmt oder nur Plastikabfall, denn der Canyon hat ein immenses Umweltproblem. „Miren, en el centro de la basura hay una tortuga", sagt dann der Bootsführer.

Immer wieder passiert man außerdem herabfallende Quellen und kleinere Wasserfälle. Unter einem hat sich der „Árbol de Navidad" gebildet (ziemlich am Ende des Canyons, auf der rechten, pardon, Steuerbordseite): ein moos- und algenbedecktes, ausgefranstes Felsgestein, das mit seinem grünen Überzug in der Tat die Form eines spitzen Weihnachtsbaums hat. Das herabstürzende Gischtwasser schmückt den „Baum" wie mit weißen Girlanden. („Wasserlassen" tun die Wasserfälle aber nur während der Regenzeit, also so zwischen Mai und Oktober).

Danach treten die hohen Wände wieder zurück, das Ende des Stausees *(embalse)* ist erreicht, großflächig weitet er sich. Am Ufer ein Denkmal und Restaurants, bei ihnen erfolgt meist ein Zwangsstop (überhöhte Preise). An der Chicoasén-Staumauer beträgt die Wassertiefe 260 m, dahinter verwandelt ein Kraftwerk das Wasser des Río Grijalva in elektrische Energie, die Leistung wird mit etwa 1200 MW angegeben, soviel also wie ein mittleres dt. Kernkraftwerk. Fertiggebaut wurde der Damm 1980. Etwa 50 km weiter westlich wird der Río Grijalva nochmals zum Stausee *Presa Nezahualcóyotl* aufgestaut mit abermaliger Stromgewinnung.

Auf dem Rückweg gibt der Bootsfahrer Speed und drosselt die Fahrt nur noch selten. Und wer nicht genug hat, kann außerdem noch von oben Blicke in den Canyon werfen (s. „Umgebungsziele" bei Tuxtla Gutiérrez).

Von Chiapa de Corzo nach Tuxtla Gutiérrez sind es noch 14 km

Tuxtla Gutiérrez

Ew. 450.000

✆ 01-961

Hauptstadt und Regierungssitz des Bundesstaates Chiapas, weit hingestreckt in einem subtropischen Tal (Höhenlage 500 m, warmes Klima). Kein Touristenmagnet, sondern Geschäftsstadt (Erdöl, Kaffee, Tabak). Die Innenstadt prägen nüchterne Zweckbauten. Für Reisende ist „Tuxtla" meist nur Zwischenstation auf dem Weg von/nach Oaxaca, San Cristóbal de las Casas, zur Pazifikküste oder zum Sumidero-Canyon (von Tuxtla aus Fahrt entlang der Schluchtkante, s.u., „Umgebungsziele"). Rund um den Zócalo, der riesigen **Plaza Cívica,** findet man alles Reisewichtige, auch die vielen Busterminals liegen im Innenstadtbereich. Außer dem berühmten **Zoo** keine weiteren Attraktionen.

„Tuxtla" leitet sich von dem Náhuatl-Wort *tochtlán* ab, „Gutiérrez" ist der Name eines früheren Gouverneurs von Chiapas (Namensanhängsel ab 1848).

Orientierung: Straßen in N–S-Richtung heißen *Calles,* in O–W *Avenidas.* Ost-West-Hauptachse ist der *Boulevard Ángel Albino Corzo,* der beim Durchschneiden des Zócalos **Avenida Central** heißt, dann westlich zur *Av. 14 de Septiembre* wird und noch weiter draußen *Boulevard Belisario Domínguez* heißt. Nord-Süd-Hauptachse ist die *Calle Central Norte,* südl. vom Zócalo heißt sie *Calle Central Sur.* Östlich außerhalb liegt das imposante **Centro de Convenciones,** in dem internationale Kongresse u. Ausstellungen stattfinden.

Herumkommen: Entlang dieser Hauptstraßen verkehren Colectivos, doch fahren zahlreiche (weiße) und nicht teure Stadttaxis. Flugreisende: es gibt zwei Flughäfen (s.u.)!

Plaza Cívica

Einen Umgang wert ist die Plaza Cívica mit *Presidencia Municipal, Palacio Federal* und *Palacio de Gobierno.* Südlich der Avenida Central liegt die weiße **Kathedrale San Marcos –** ein etwas eigenartiger, langgestreckter Bau mit Uhrenturm und Glockenspiel zur jeden vollen Stunde (48 Glocken).

Zoo

Tier- und Naturliebhaber sollten sich nicht den remodellierten Zoologischen Garten entgehen lassen, den **Parque Zoológico Miguel Alvarez del Toro** (**ZooMat**, „Mat“ steht für die Initialen des Gründers **M**iguel **A**lvarez del **T**oro). Der Zoo liegt außerhalb im Südosten (5 km vom Zentrum) und ist mit ca. 140 ha bewaldeter Fläche – auch bei heißer Sonne geht man fast immer im Schatten – einer der größten der Welt und sicherlich **Mexikos schönster!** Die Tiere sind nicht in enge Käfige gesperrt, sondern leben in natürlichem Habitat in sehr weitläufigen Einfriedungen. Ein Muss ist das sehr schön angelegte Vogelhaus. Chiapas hat die höchste Artenkonzentration Mittelamerikas, und es ist deshalb absolut kein Manko, dass der Zoo „nur“ die Tier- und Pflanzenwelt Südmexikos repräsentiert. Vertreten sind weit über 100 Spezies, wie Tukane, Papageien, Quetzales (im Gehege), Reptilien (Leguane, Krokodile), Fische, Insekten und Spinnen (im *Vivario*), Schlangen usw., aber auch bedrohte Tiere wie Jaguar oder Tapir. Durch die Bäume hangeln Affen, und die Brüllaffenkolonie, die sich laut lärmend frei durchs Zoogelände bewegt, ist einmalig.

Zur Besichtigung mind. 3 Stunden einplanen (2,5 km langer Rundweg), **montags ist der Zoo geschlossen,** ansonsten von 8–17 Uhr geöffnet, Eintritt 40 P, Di freier Eintritt, und vor 11 Uhr auch. Es gibt einen Info-Kiosk, Laden, Café, Picknick-Plätze und ein Museum. Auch bei Regenwetter gut zu besichtigen, da die vielen Bäume Regenschutz geben.

Reiseteil

Anfahrt: Per Taxi oder etwas umständlich mit einem „Cerro Hueco"- bzw. „Zoológico"-Bus/Colectivo von der Ecke 1. Oriente Sur/7. Sur Oriente (s. Stadtplan), Abfahrten ca. halbstündl., Fz 20 Min.). Wer direkt vom Busterminal Cristóbal Colón hinfahren möchte und eine Gepäckaufbewahrung sucht: möglich ist dies in den Hotels gegenüber, z.B. im *Hotel Tereza,* bei *Jugos Minoslava* und außerdem bei der Equipaje im Busterminal UNO/Maya de Oro.

Parque Madero

Bei genügend Zeit ist ein Besuch des im **Parque Madero** liegenden Anthropologischen Museums **Museo Regional de Chiapas** empfehlenswert (ca. 1 km nordöstl. des Zentrums, Calzada de los Hombres Ilustres). Geöffnet Di–So 9–16 Uhr, 32 P. Es zeigt prähispanische Kunstschätze – Keramiken, Olmeken- und Maya-Artefakte – und die berühmte **Stele No. 2** von Chiapa de Corzo, auf der das älteste archäologische Datum ganz Amerikas entziffert wurde: 9. Dezember 36 v.Chr. (manchmal als Leihgabe außer Haus). Berühmt ist auch die Steintafel mit dem Abbild von *Kan-Xul II.,* des letzten Herrschers von Palenque, der in 711 n.Chr. → Toniná enthauptet wurde. In einem anderen Saal sind weitere historische, künstlerische und ethnologische Objekte zu sehen. Gleich gegenüber gib es noch das kleine, aber didaktisch gut aufgemachte **Paläontologische Museum.**

Der Madero-Park eignet sich gut zum Spazierengehen. Es gibt dort noch einige weitere öffentliche Einrichtungen: So liegt gleich in der Nähe des Museo Regional der **Jardín Botánico Dr. Faustino Miranda** (ca. 4 ha groß), in dem viele Baumarten (z.B. Ceibas), Sukkulenten, Kakteen, Blumen (Orchideen) und Heilpflanzen wachsen (Di–So 9–18 Uhr). Angeschlossen ist das **Museo Botánico** (u.a. Holzarten von Chiapas).

Außerdem gibt es im Parque Madero noch den futuristischen Bau des **Teatro de la Ciudad** (*Ballet-Folklórico*-Vorführungen), den Kinderpark **Convivencia Infantil** und das Open-Air-Theater **Teatro Bonampak** (sonntags Volkstänze von 17–20 Uhr). Veranstaltungsprogramme jeweils an den Kassen einsehen oder beim Turismo erfragen. **Anfahrt** zum Parque Madero am besten per Taxi. Wer mit dem eigenen Wagen unterwegs ist, kann vom Parque Madero über die **Calzada Cañón del Sumidero** weiterfahren zur kurvenreichen Aussichtsstraße entlang des Sumidero-Canyons (s.u.).

Parque de Marimba

Der **Parque de la Marimba** liegt westlich an der 8. Pte Sur (s. T.-G.-Umgebungskarte; Rest.-Tip: La Parroquia, 7. Pte Sur). Abends oft mehrstündiges Musikprogramm mit Tanz, gute Stimmung. Die Marimba ist das Nationalinstrument von Chiapas, hier wird sie virtuos gespielt, und Chiapas stellt die besten ganz Mexikos her (die Marimba kam einst, in einer anderen Machart, mit afrikanischen Sklaven nach Lateinamerika; auch in Guatemala ist sie weit verbreitet).

Bonampak-Wandfresken

Wer nicht nach Bonampak kommt und Interesse an Maya-Wandmalereien hat, sollte beim **Hotel Bonampak** vorbeischauen, dort gibt es in der Lobby eine (Ausschnitts)-Reproduktion der berühmten Bonampak-Wandfresken. (Auch im Anthropologischen Museum in Mexiko-Stadt und im Museo de la Cultura Maya in Chetumal kann man eine Bonampak-Nachbildung sehen). Adresse: Blvd. Domínguez No. 180, gegenüber dem Chiapas-Turismo (s. Karte).

Adressen & Service Tuxtla Gutiérrez

Turismo

Av. Central Poniente 554 zw. 4. u. 5. Calle, Ed. Valanci, 4. Stock, Tel. 01-**961**-6148383 oder 6137904, App. 111, 112 u. 113. Für den Staat Chiapas zuständig ist das *Secretario de Desarollo Económico,* Blvd. B. Domínguez 950 (vor dem Gebäude steht ein großer Pacal-Kopf), ca. 2 km westl. vom Zócalo, schräg gegenüber vom Hotel Bonampak (s.o.). Geöffnet tägl. 9–20 Uhr, geb.-freies Tel. 01-800-2803500, App. 147. Eine Info-Stelle ist auf dem Zócalo und auch auf dem Airport.

Internet z.B. bei www.rutasdechiapas.com.mx und über www.turismochiapas.gob.mx

Unterkunft Wer nur übernachten und dann gleich weiterfahren will, findet Hotels um die Busterminals, meist einfache oder schmuddelige (einigermaßen o.k. ist die *Posada del Sol* in der 3. Calle Pte Nte). Besser man geht auf der 2. Av. Norte östlich, hinter der Plaza liegen etliche – doch in der Regel gleichfalls nicht zufriedenstellende – **ECO/FAM**-Hotels:

Hotel Casablanca, 2. Av. Nte Ote 251, Tel. 6110305; Zi. mit verschiedener Ausstattung (TV, AC, hintere ruhigere Zi. wählen), öffentl. Parkplatz nebenan. Gleich östl. daneben bietet das **Hotel Plaza Chiapas** günstige Zimmer und Internet. – Über der Straße liegen **Hotel María Dolores** (2. Av. Ote Nte 304) und **Hotel Estrellas** (2. Calle Ote Nte 322), beide billigere, einfachere Alternativen. – **Hotel Fernando,** 2. Av. Nte Ote 515 (Ecke 4. Calle Ote Nte), Tel. 6131740; o.k., DZ ca. 19 €. – Relativ gut ist außerdem noch das **Hotel Catedral,** 1. Av. Nte Ote 367, Tel. 6130824. – Zentraler liegt an der Plaza das **Hotel Avenida** mit geräumigen Zimmern (Av. Central 244, Tel. 6120807).

FAM: Hotel Regional San Marcos, 2. Calle Ote Sur 176, Tel. 6131940; nicht berauschend, doch zentral an der Plaza, ca. 22 €.

LUX: Hotel María Eugenia, Av. Central Ote 507 (3 Cuadras östl. vom Zócalo), Tel. 6133767; 5geschossiger moderner Bau, Rest., Reisebüro, Parkplatz, ca. 45 €. – Das **Hotel Bonampak** befindet sich ca. 2 km westl. des Centro (Blvd. Domínguez No. 180, s. Nr. 6 in der Übersichtskarte); Pool (Gartenzimmer nehmen), Reisebüro, Rest. sehr schön im hinteren Hof, ca. 55 €.

Campen/Trailer Park: Trailer Park **La Hacienda,** B. Domínguez 1197 (westl. Stadtseite, Richtung Tehuantepec, am Kreisverkehr/Kreuzung B. Domínguez/Libramiento, s. Nr. 10 auf der Karte, Tel. 6127986). Sehr laut durch Verkehrslärm, keine Stellmöglichkeit für Camper über 2 m Höhe/Breite; vielleicht findet man im gleich nördlich gelegenen **Parque Caña Hueca** mit seinen Sportanlagen eine Möglichkeit oder probiert **Hotel Arecas,** Blvd. Domínguez No. 1080, mit großem Garten.

Essen & Trinken / Unterhaltung Um die Plaza Cívica gibt es jede Menge Restaurants (z.B. östl. der Kathedrale), zahlreiche *Taquerías, Loncherías* und *Torterías* sowie auch Fast-food-Schuppen und Pizzerias. – **Papas Burger,** Ecke 1. Av. Sur Pte/1. Calle Pte Sur, gegenüber Scotia-Bank – *„günstig, reichhaltig und sehr lecker, TIP".* – Preiswert und gut isst man auch z.B. **Restaurante Imperial** nördl. der Plaza Cívica (Central Norte 263). – *Muy rico* mexikanisch, regionale und nationale Gerichte, im **Restaurante La Casona,** 1. Av. Sur Pte 134, Empfehlung. – Gleichfalls ein **TIP** für gepflegtes Essen mit Unterhaltung ist **Las Pichanchas,** Av. Central Ote 837 (zw. Calle 8 u. 9), dort gibt es zu *comida regional música de marimba en vivo,* tägl. um 21 Uhr tanzt das **Ballet Folklórico** (Tel. 6111139).

Auf der Plaza Cívica werden sonntagabends, je nach Jahreszeit, Platzkonzerte abgehalten.

Kommunikation **Post:** im Palacio Federal, Zócalo, PLZ 29000. – **Telefon:** Ladatels um den Zócalo (Westseite); Casetas: 1. Ote 4 Nte 405 und 5. Ote Sur 122. – **Fax:** Servicios Telecomunicacione, bei der Post. – **Internet:** s. @-Signets im Stadtplan, *Ciber Café,* Calle Central Norte 402, u.a.

Bank / Geld s. $-Signets, alle mit Geldautomaten.

Reisebüro *Viajes Miramar,* 1. Ote Nte 310 (Nordseite Zócalo), Tel. 6123930; *Viajes Kali,* Av. Central Ote 507, Tel. 6133767, u.v.a., auch in besseren Hotels.

Notfall **Polizei:** im Palacio Municipal, Tel. 6121106; **Notruf** Tel. 060, kostenlos.

Mercado/ Einkaufen Die beiden Märkte *Mercado Viejo* und *Mercado Díaz Ordaz* befinden sich an der südlichen Calle Central (s. Stadtplan), u.a. auch Lebensmittel und Früchte (Souvenir-Käufe jedoch besser in San Cristóbal de las Casas tätigen, wo das Angebot größer ist). Die *Casa de Artesanías,* B. Domínguez 2035, beim Turismo gegenüber dem Hotel Bonampak, besitzt eine große Auswahl des Kunsthandwerks aus allen Teilen von Chiapas.

Mietwagen Budget, B. Domínguez 2510, Tel. 6150672; Hertz, B. Domínguez 1195 (Hotel Camino Real), Tel. 6155348; u.a., sowie auf dem Airport.

Feste 20.–29. April: Fiesta de San Marcos. 1.–5. Aug.: Fiesta de San Domingo; 16.–25. Aug.: Fiesta de San Roque, u.a.

An- und Weiterreise

Bus Tuxtla Gutiérrez bietet beste Bus- und Flugverbindungen zu zahllosen Nah- und Fernzielen. Vom (kleinen und engen) **1.-Klasse-Busterminal** (2. Av. Nte Pte 268, Tel. 6125122) fahren die Linen **Cristóbal Colón** (CC), **ADO** u.a. ab, nördl. daneben liegt ein Terminal für Busse 2. Klasse. Gegenüber der 1. Klasse befindet sich der Terminal der Luxus-Linien **Línea UNO** und **Mayo de Oro** (dort gibt es eine Gepäckaufbewahrung; auch Hotels und Restaurants bieten diesen Service an, Hinweise beachten, z.B. *Hotel Tereza* oder *Jugos Minoslava*). Ins Centro vom Busterminal: mit (weißen) *taxis autorizados,* die laufend an der Straße vorfahren.

Der Terminal von **Autotransportes Tuxtla Gutiérrez** (**ATG, 2. Klasse)** ist in der 2. Av. Sur Ote 172 (Tel. 6120322); ATG fährt u.a. nach Cancún, Mérida, Palenque, San Cristóbal de las Casas, Villahermosa.

Nach **Chiapa de Corzo (für Sumidero-Canyon)** mit *Transportes Chiapa-Tuxtla* in der 3. Av. Sur Ote (s. Stadtplan), ständige Abfahrten (Fz ca. 20 Min.), sie halten auch am Embarcadero Cahuaré an der Brücke B. Domínguez (s. Sumidero-Karte).

Busfahrkarten gibt es auch bei **Ticket Bus,** Central Camionera del Sur, 9. Av. Sur Oriente 1882, Col. Centro (südl. gelegen), Tel. 6112744. Busgesellschaften mit einer Website s.S. 48.

Nachfolgend die wichtigsten Ziele mit **Bussen der 1.- und Luxus-Klasse** (vielfrequentierte Ziele wie z.B. Oaxaca reservieren!):
Cancún (1150 km, 18 h) 2x tägl. – **Comitán** (175 km, 3 h) ca. 8x tägl. – **Mérida** (820 km, 13 h) 2x tägl. – **Mexiko-Stadt** (1015 km, 12 h) ca. 10x tägl. – **Oaxaca** (550 km, 10 h) 3x tägl. – **Palenque** (280 km, 6 h) 8x tägl. – **Puebla** (13 h) 3x tägl. – **Puerto Escondido** (560 km, 11 h) und Pochutla (für San Ángel) 2x tägl. – **San Cristóbal de las Casas** (85 km, knapp 2 h), im Stundentakt und öfter. Colectivos (Suburbans) sind wesentlich schneller als Busse (1 h 15 Min.), **da diese die teilfertige, kürzere neue Autobahn fahren.** Abfahrtspunkt s. Stadtplan. – **Tapachula** (400 km, ca. 7 h), ca. im Stundentakt. – **Veracruz** (12 h) 1x tägl. – **Villahermosa** (300 km, 6,5 h) ca. 8x tägl. (sehr kurvenreiche Strecke!).

Flug Tuxtla Gutiérrez ist ein Flugdrehkreuz mit guten Verbindungen in alle Richtungen Mexikos. Der Airport für große Jets ist der **Aeropuerto Llano San Juan** an der Panamericana (Mex 190), 35 km westl. außerhalb (Rtg. Oaxaca). Der zweite, kleinere Stadtflughafen **Aeropuerto Francisco Sarabia (TGZ)** liegt im westlichen Vorort *Terán* (deshalb auch *Aeropuerto Terán* genannt). Von hier fliegen Mexicana, Aerocaribe und Aviacsa ab. Zum/vom Sarabia-Airport mit Taxi oder mit *Transporte Terrestre,* Tel. 6121554 (Hotel-Abhol-/Bring-Service, rechtzeitig vorher anrufen u. Preis erfragen, evtl. ist ein normales Taxi billiger).

Fluglinien: *Mexicana* und *Aerocaribe,* Av. Central Pte 206 (westl. vom Zócalo, s. Stadtplan), Tel. 6120020. *Aviacsa,* Av. Central Pte 160, gegenüber vom Aerocaribe-Büro (Hotel Humberto), Tel. 6128081. Es gibt zahlreiche Flüge zu vielen Städten Mexikos, meist mehrmals täglich.

Umgebungsziele Tuxtla Gutiérrez

TIP: Blick in den Cañón del Sumidero

14 km östlich von Tuxtla Gutiérrez liegt das Städtchen **Chiapa de Corzo,** von dem aus Bootsfahrten auf dem Río Grijalva in den **Cañón del Sumidero** ablegen. Blicke **in die** ca. 1000 m tiefe Flussschlucht kann man von einer sehr lohnenden **Panoramastraße** aus werfen, die durch den **Nationalpark Cañón del Sumidero** (er schließt um 16.30 Uhr!) am Canyonrand entlangführt. **TIP!**
Anfahrt aus Tuxtla Gutiérrez auf der *Calzada Cañón del Sumidero,* nördlich, s. Übersichtskarte. Unterwegs passiert man folgende Aussichtspunkte: *Mirador La Ceiba* (1. Mirador, km 8), *La Coyota, El Tepehuaje* und, am Ende der Straße, *Los Chiapas* (nette Cafetería mit schöner Aussichtsterrasse). Von dort ergibt sich der eindrucksvollste Blick in die Schlucht. Von der Schluchtkante haben sich hier 1527 etwa 2000 Chiapa-Maya hinabgestürzt, um der Versklavung durch die vorrückenden Spanier zu entgehen, nachdem diese zuvor – unter Mazariegos –, ihren Stammesführer Sanguiem verbrannt hatten.

■ Der Bus mit der Aufschrift **Autobus Panorámico** fährt tägl. um 9 und 13 Uhr vom Parkplatz (Estacionamiento) des *Museo Regional de Chiapas* ab (bei mindestens 5 Pers.; Tel. 6026677). Die Tour zu den Aussichtspunkten dauert ca. 3,5 gemütliche Stunden. Fahrtkosten im Bus 60 P, inkl. Parkeintritt. Jacke empfehlenswert.

Mit dem Wagen zur Staudamm-Mauer

Ausfahrt aus Tuxtla Gutiérrez Richtung Nordwesten. Nach ca. 40 km herrlicher Ausblick über den Chicoasén-Stausee und den Talausgang des **Cañón del Sumidero.** Das Gebiet ist militärische Sperrzone, daher ist Fotografieren wie auch ein Aufenthalt auf der 265 m hohen Staumauer nicht erlaubt. Oberhalb des Staudamms in einer Kurve führt eine Zufahrt wenige hundert Meter zu einem Pier hinab. Von dort kann man sich mit einem Boot kostenlos zum gegenüberliegenden Ufer des Stausees übersetzen lassen, wo sich unmittelbar am Wasser einige Restaurants befinden, die Fisch und andere Köstlichkeiten anbieten.

… und weiter nach Villahermosa

Nach weiteren ca. 50 km wird **Tecpatán** erreicht. Mitten im Ort liegt auf einer Terrasse über dem Talboden der Ex-Convento de Sto. Domingo de Guzmán (auch bekannt als „Las Ruinas"), eine der größten Klosteranlagen des Dominikanerordens in Chiapas. Die Mönche ließen sich 1564 im Gebiet der Zoque-Maya nieder, um diese zu bekehren. Der 1614 vollendete Klosterbau ist auf Fray Antonio de Pamplona zurückzuführen, der der Gemeinschaft fast 40 Jahre lang als ihr Führer vorstand. Das Kloster mit einschiffigem Kirchensaal, Kreuzgang und Nebengebäuden wurde nach den Reformgesetzen von 1857 (Verstaatlichung der Kirchengüter) aufgelassen und verfiel. Derzeit werden Restaurierungsarbeiten durchgeführt.

Nach weiteren 48 km wird **Raudales de Malpaso** erreicht, das unmittelbar über dem Malpaso-Stausee bzw. *Presa Nezahualcóyotl* liegt, wo der Río Grijalva ein weiteres Mal aufgestaut wird. Der Ort selbst ist unbedeutend; rund um den Hauptplatz gibt es drei Hotels, alle sehr einfach. Es besteht die Möglichkeit, mit einem Boot auf das gegenüberliegende Stauseeufer überzusetzen. Von dort gibt es Busse zurück nach Tuxtla Gutiérrez.

Ca. 35 km von Raudales entfernt liegt die sehr abgelegene Maya-Ausgrabungsstätte **Malpasito** im „Agua Selva"-Regenwaldgebiet, Siedlungsstätte der Zoque-Maya. Anfahrt nach Norden über die Mex 187, die von Raudales nach Heróica Cárdenas an der Mex 180 führt. Nach 30 km bei Romulo Calzada / La Herradura Abzweigung auf eine – befahrbare – Piste, etwa 7 km lang über die Weiler Las Flores und Malpasito. Die Maya-Stätte Malpasito weist eine Hanglage auf und ist von markanten Hügeln, bedeckt mit Regenwaldflora, umgeben. Im Zentrum befindet sich die Plaza Principal mit einem Ballspielplatz und einem Temazcal (Dampfschwitzbad). Von der Plaza steigt man über eine breite Treppenanlage hangaufwärts zum Patio Sur und die ihn umgebenden Plattformen und von dort weiter auf die Acropolis. – Nach weiteren 85 km auf der Mex 187 erreicht man Heróica Cárdenas; von dort nach Osten Villahermosa (50 km).

Parque Nacional Aguacero

Die Wasserfälle *Cascadas El Aguacero* befinden sich ca. 50 km in Richtung Oaxaca (10 km hinter Ocozocoautla), im **Parque Nacional Aguacero.** Der Weg zu den tollen **Cascadas El Aguacero** mit kleinem See führt ziemlich steil etwa 3 km in einen Canyon hinab, ist aber sehr schlecht (in der Regenzeit fast unpassierbar), für Wohnmobile jedoch lohnend (einen Campingplatz gibt es nicht). Vom Parkplatz (in abgestellte Autos wurde schon eingebrochen!) muss noch über 716 Stufen weiter zum Wasserfall hinabgestiegen werden.

Biosphären-Reservat El Triunfo

Ein 30.000 ha großes Naturschutzgebiet bei Albion Corzo, südlich des langgezogenen, riesigen Stausees *Belisario Domínguez.* Dort gibt es die letzten intakten Bergurwälder von Chiapas, am Abhang eines erloschenen Vulkans, Heimat für Hunderte von Vogelarten (Beschreibung bei San Cristóbal de las Casas unter „Umgebungsziele"). Von San Cristóbal aus ist der Park auch erreichbar (s. dort). Touren durch ein Reisebüro, Infos über inhreservas@planeta.apc.org.

Zum Golf von Tehuantepec und nach Oaxaca

Nach Tapachula/Guatemala

Hinter *Rizo de Oro,* etwa 15 km vor *Tapanatepec,* wird die Landesgrenze des Bundesstaates Oaxaca erreicht. Von Tapanatepec führt die Mex 200 nach **Tapachula** und zu den Grenzübergängen Talismán//El Carmen (20 km östlich) und Ciudad Hidalgo//Ciudad Tecún Umán (40 km südl. von Tapachula). Über Talismán//El Carmen bestehen bessere Busverbindungen zum Atitlán-See. Vom Busterminal Cristóbal Colón fahren Kombis zur Grenze.

Istmo de Tehuantepec

Am **Istmo de Tehuantepec** trennen nur 215 Kilometer den Atlantik vom Pazifik. Die alte Idee, hier einen Kanal zu bauen, um beide Weltmeere miteinander zu verbinden, konnte jedoch nicht verwirklicht werden. Für den Gütertransport baute man eine Straße und 1908 auch die Bahnlinie von Salina Cruz nach Coatzacoalcos am Golf von Mexiko. Bis zur Eröffnung des Panamakanals 1914 hatte die Tehuantepec-Landenge einen gewissen strategischen Wert für Mexiko.

In dieser Küstenebene ist es dauernd heiß und ein gleichfalls ständig wehender, nicht minder heißer Wind wirbelt Staub durch die Straßen der Orte. Also keine Gegend zum Bleiben. Dennoch gibt es von einer interessanten Sache zu berichten, der matrizentrischen Gesellschaftsstruktur der hier lebenden Zapoteken, die einst vom Hochland in den Isthmus einwanderten.

Die Frauen von Juchitán

Die Region von Juchitán ist sozusagen eine „weibliche Enklave" im Machismo-Land. Die buntgekleideten *zapotecas* dieser Region kontrollieren und dirigieren geschäftstüchtig das Marktwesen und beteiligen sich selbstbewusst und resolut in der Lokalpolitik. Außerdem scheinen sie nicht nur um einiges dicker, sondern auch größer zu sein als ihre Ehemänner. In Gruppen gehen sie zu Veranstaltungen oder setzen sich ins Café, ein sonst ganz ungewöhnliches Bild im indigenen Mexiko. Spürbar wird diese matriarchalische Tradition besonders bei den unzähligen **Vela-Festen** („Nachtwachen"), die hauptsächlich von Frühjahr bis Herbst stattfinden und oft tage- bzw. nächtelang dauern. Anlässe sind entweder die Patronatstage katholischer Heiliger, die *quinceañera,* der 15. Geburtstag eines Mädchens oder eine sonstige Festtradition. Eingeladen werden hunderte von Gästen oder gleich das ganze Dorf, organisiert von den *sociedades*. So lassen die Frauen an ihrem Reichtum auch andere teilhaben. Mit ihren blumenmusterbestickten *huipiles,* langen *enaguas* (Röcken) und dem angelegten Gold- und Silberschmuck beherrschen die stattlichen *tehuanas* souverän das Geschehen, und beim Tanz sieht man fast nur Frauen miteinander tanzen. Einen Mann benötigt frau, so scheint es, eigentlich nur zur Vaterschaft – ob es deshalb um Juchitán so viele homosexuelle Männer und Transvestiten gibt …? Sie werden hier jedoch gesellschaftlich voll anerkannt. Vorsicht beim Fotografieren, die *juchitecas* mögen dies gar nicht.

■ *Eine Tehuana in historischer Tracht*

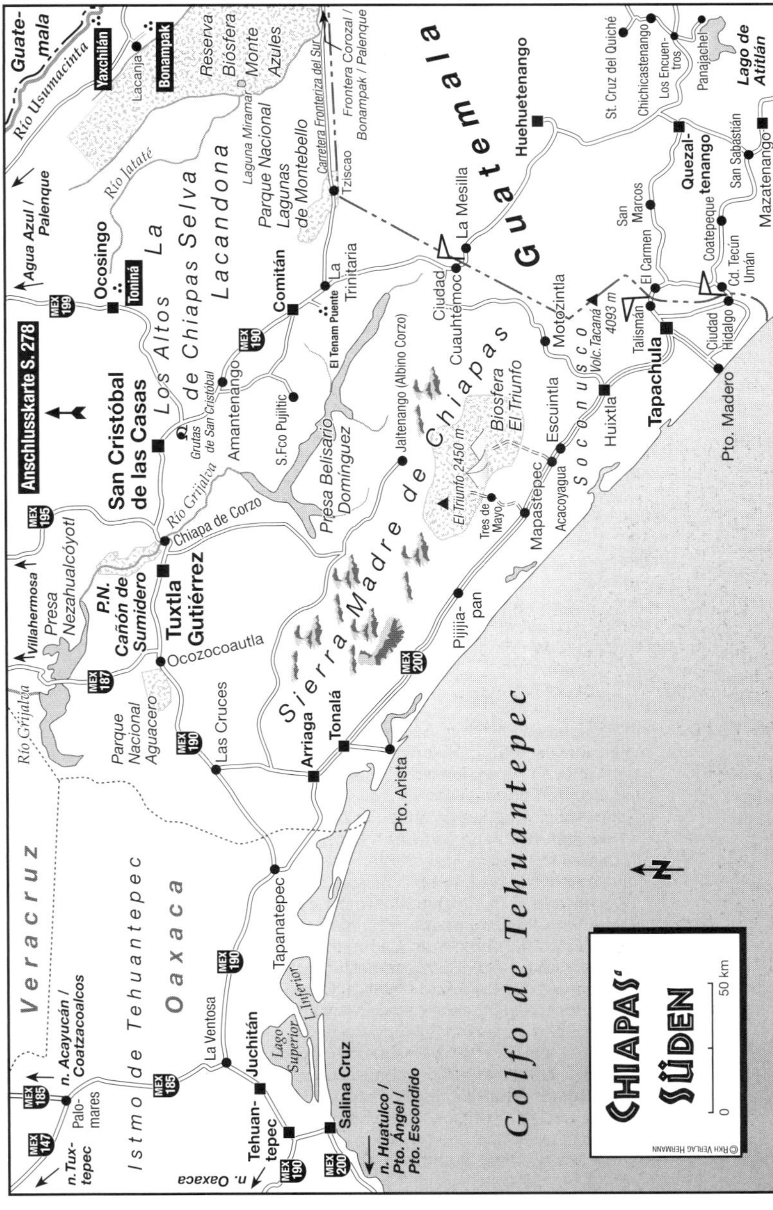
CHIAPAS SÜDEN
0
50 km
© RKH VERLAG HERMANN
Anschlusskarte S. 278
Golfo de Tehuantepec
Istmo de Tehuantepec
Veracruz
Oaxaca
Guatemala
Guate-
mala
Sierra Madre de Chiapas
Los Altos de Chiapas
La Selva Lacandona
Soconusco
Reserva Biósfera Monte Azules
Parque Nacional Lagunas de Montebello
Laguna Miramar
Biosfera El Triunfo
El Triunfo 2450 m
Volc. Tacaná 4093 m
Presa Belisario Domínguez
Presa Nezahualcóyotl
P.N. Cañón de Sumidero
Parque Nacional Aguacero
Grutas de San Cristóbal
Lago Superior
L. Inferior
Río Grijalva
Río Usumacinta
Río Jatatè
Lago de Atitlán
Carretera Fronteriza del Sur
Frontera Corozal / Bonampak / Palenque
Agua Azul / Palenque
Villahermosa
n. Acayucán / Coatzacoalcos
n. Tux-
tepec
n. Oaxaca
n. Huatulco / Pto. Ángel / Pto. Escondido
San Cristóbal de las Casas
Tuxtla Gutiérrez
Chiapa de Corzo
Ocosingo
Toniná
Yaxchilán
Bonampak
Lacanja
Comitán
El Tenam Puente
La Trinitaria
Tziscao
Amantenango
S.Fco Pujiltic
Jaltenango (Albino Corzo)
Ciudad Cuauhtémoc
La Mesilla
Huehuetenango
Motozintla
Tapachula
Talismán
Ciudad Hidalgo
Cd. Tecún Umán
Pto. Madero
Huixtla
Escuintla
Acacoyagua
Mapastepec
Tres de Mayo
Pijijia-
pan
Tonalá
Arriaga
Pto. Arista
Las Cruces
Ocozocoautla
Tapanatepec
La Ventosa
Juchitán
Tehuan-
tepec
Salina Cruz
Palo-
mares
El Carmen
San Marcos
Coatepeque
Quezal-
tenango
San Sebastián
Mazatenango
Los Encuen-
tros
Chichicastenango
St. Cruz del Quiché
Panajachel
MEX 147
MEX 185
MEX 187
MEX 190
MEX 195
MEX 199
MEX 200

Reiseteil

Juchitán

Ew. 80.000

✆ 01-971

Juchitán ist eine kaum schön zu nennende Mittelstadt, nur selten verschlägt es Reisende hierher. Ein einigermaßen passables Bild gibt auch nur der Zócalo und das Zentrum der Stadt ab. Interessant sind die großen Markthallen hinter dem *Palacio Municipal,* wo stattliche, buntgekleidete Frauen mit langen Zöpfen, in die sie farbige Bänder geflochten haben, das Treiben beherrschen. Die Umgangssprache ist hier *zapoteco.* Sehenswert ist evtl. noch die *Casa de la Cultura* mit Kunst- und Gemäldeausstellungen (eine Cuadra vom Zócalo, in der Gómez). Am interessantesten ist Juchitán – wie Tehuantepec – in den Tagen seiner *velas* (s.o., „Die Frauen von Juchitán").

An- und Weitereise: Der Busterminal liegt etwas außerhalb, an der Prolongación 16 de Septiembre. Nach der Ankunft sich gleich um die nächste Verbindung kümmern, da von Juchitán zu Fernzielen nur Zusteigebusse abfahren („de paso"-Busse; Busfahrkarten gibt es auch bei **Ticket Bus,** E.R. Gómez 36, Centro, Tel. 7112281; Busgesellschaften mit einer Website s.S. 48). Zum Zócalo (Jardín Juárez) per Taxi oder einem „Terminal-Centro"-Bus.

1.-Klasse-Busse (Cristóbal Colón, ADO) fahren nach Tuxtla Gutiérrez (ca. 5 h), San Cristóbal de las Casas (6 h, **nur um** 0.10, 0.40 u. 3.30 Uhr!), Richtung Golfküste (Acayucan, Villahermosa, Veracruz), Pochutla (für Puerto Ángel), Oaxaca (halbstündl., 5 h), Mexiko-Stadt (11,5 h), Villahermosa und zu anderen Zielen. Zu näherliegenden Orten, auch Oaxaca, mit Bussen 2. Klasse vom gleichen Terminal. Nach **Tapachula** (Grenze Guatemala) einige Mal tägl., 6,5 h.

Übernachten: *Hotel Santo Domingo;* links raus aus dem Terminal, quer über die Tankstelle, leider laut durch alte Klimaanlagen und Direktlage an der Mex 190, Rasthausatmosphäre, doch mit Pool. Keine bessere Alternative ist das *Hotel López Lena Palace,* zwischen Terminal und Zentrum. *Hotel Mansión,* Prolongación 16 de Septiembre 34B, ca. 2 Cuadras vom Busterminal Cristóbal Colón (schön, aber teuer). – **Restaurants** muss man in Juchitán mit der Lupe suchen, gut ist in der Stadt das *Casagrande,* Juárez 12; beim Terminal, in Richtung Mex 190, gibt es das *Café Santa Fé.*

Tehuantepec

Ew. 60.000

✆ 01-971

In Tehuantepec fühlt man sich in einem ganz anderen Mexiko. Die dreirädrigen Motorradtaxis, die *motocarros,* auf dessen Hinterwagen man stehend reist, erinnern eher an Asien. Einfache Hotels sind vorhanden (z.B. *Hotel Oasis,* Melchor Ocampo 8, nahe Zócalo, Tel. 7150008; kleiner Innenhof, ruhig, zentral), doch bietet sich der wenig attraktive Ort nicht für einen Aufenthalt an; die Hitze und der ständige Wind vertreiben den Reisenden schnell wieder. Ins Zentrum am besten mit einem Taxi. Restaurant-Tip: *Scaru,* hinter dem *Centro de las Idiomas Benito Juárez*; tolles Ambiente und guten Fisch.

Wer zufällig in der letzten Maiwoche hier ist, kann das einwöchige, ausgelassene **Vela-Fest Guiexoba** miterleben. Andere Festtermine sind *San Sebastián* (um den 20. Jan.), *San Juan* (um den 24. Juni), *Maria Himmelfahrt* (14.–20.8.) oder vom 6.–10. Sept. Am besten beim Turismo in der *Casa de la Cultura* erkundigen (Ex-Convento Cosijopi, Calle Rey Cosijopi), ob gerade eine *vela* ansteht oder gefeiert wird (vielfach auch in den *barrios,* in den Stadtteilen). Von Tehuantepec zweigt eine Straße nach Salina de Cruz zur Mex 200 ab (Carretera Costera), die den Reisenden nach Huatulco, Puerto Ángel, Puerto Escondido und zu anderen Pazifikbadeorten bringt.

Der **Busterminal** liegt außerhalb der Stadt an der Mex 190. **Cristóbal Colón** und **ADO 1. Klasse** fahren nach Tuxtla Gutiérrez (6 h; nach San Cristóbal de las Casas dort umsteigen), zur Golfküste (Acayucan, Villahermosa, Veracruz), Pochutla (für Puerto Ángel), Puerto Escondido, Oaxaca (etwa stündlich, 4,5 h), Mexiko-Stadt und zu anderen Zielen. Zu näherliegenden Orten, auch nach Oaxaca, mit 2.-Klasse-Bussen. Nach der Ankunft in Tehuantepec sollte man sich gleich um die Weiterfahrtsmöglichkeiten kümmern. Wer nach **Guatemala** will, fährt an der Küste entlang nach Tapachula (vorzuziehen ist aber Weiterfahrt über San Cristóbal de las Casas über den Grenzpunkt Cuauhtémoc//La Mesilla).

Campen / Trailer Park

Campingplatz Santa Teresa. Am Nordende der Stadt (Mex 190), am Hotel Calli links ab. Beim 2., total verblassten Hinweisschild (7 km von der Hauptstraße) links abbiegen und nach ca. 500 m im Bereich einer Linkskurve geradeaus in den Schotterweg einbiegen. Auf dem Gelände einer verfallenen Hacienda, morbide Zustände, kein Tip; evtl. besser gleich beim Hotel Calli übernachten.

Tehuantepec – Oaxaca

Selbstfahrer: Guiengola

Die 400 m hoch liegenden Zapotekenfestung Guiengola, bei der der Angriff der Azteken 1496 von den Zapoteken erfolgreich zurückgeschlagen wurde, befindet sich 15 Kilometer nach Tehuantepec bzw. beim Km 240 bei Las Tejas, wenige Kilometer nördlich der Mex 190. Der recht lange Fußweg hoch zu der mit Mauern befestigten und zwischen 1350–1521 besiedelten Anlage ist anstrengend.

Presa Benito Juárez

Nächste kleine Attraktion – ca. 15 km weiter – ist der Stausee Benito Juárez, wo es im Ort *Jalapa del Marqués* Fischrestaurants gibt wo man eine Pause einlegen und sich stärken kann. Nach Oaxaca sind es nun noch 210 km, eine kurzweilige Serpentinenfahrt durch die Berge mit prächtigen Kakteen und vielen Agavenfeldern.

Oaxaca

Ew. 500.000

✆ 01-951

Eine meist frühlingshaft warme Stadt so richtig zum Ausspannen und Genießen, aber auch mit vielen Möglichkeiten für tolle Unternehmungen! Das Ambiente ist kolonial und bunt, das Zentrum der 500.000-Einwohner-Stadt zählt zum Weltkulturerbe. Blumengeschmückte Innenhöfe sind kleine Oasen der Ruhe, viele Restaurants verführen zum Probieren der eigenwilligen Regionalküche. Der Agavenwurm ist hier zu Hause – bevor er mitsamt des Mezcal-Schnapses im Magen des Besuchers landet. In Oaxaca (sprich: Oa-haka) scheint vieles etwas üppiger geraten zu sein als anderswo: die Bergketten rund um das Hochtal, die Pastellfarben der stilvoll restaurierten Straßenzüge, das Überangebot an Kunst, Kultur und Kunsthandwerk, die Feste und Tänze mit ihren leuchtenden Trachten, das lebhafte Treiben auf dem Zócalo und nicht zuletzt die Vielzahl an indigenen Völkern und Sprachen im Hinterland, mit prägender Wirkung auch auf das Stadtbild.

Historisches

In vorspanischen Zeiten lag *Huaxyacac* („Nase der Kalebasse" – so hieß der Ort vor der spanischen Verballhornung) im Schnittpunkt wichtiger Handelswege. Nach seiner Einnahme durch die Spanier (1521) bemühten sich hier besonders die Dominikaner um die Christianisierung der indianischen Bevölkerung. Wichtigste Einnahmequelle ist heutzutage der **Tourismus.** Die verschlafene Agrarregion war seit der Kolonialzeit kein Schauplatz von besonderen geschichtlichen Höhepunkten, das wird aber dadurch wettgemacht, dass zwei der berühmtesten mexikanischen Staatsmänner in der Stadt bzw. ihrer Umgebung geboren wurden: Während man dem einen, Diktator **Porfirio Díaz** (1830–1915), allerdings kaum huldigt, führte doch die enorme Ungerechtigkeit und Ausbeutung unter seiner Führung letztendlich zur Revolution, verehrt man den zweiten dafür um so mehr: **Benito Juárez** (1806–1872), Zapoteke und der bedeutendste Reformpolitiker Mexikos.

Unter seiner Regierung kam es zur Verstaatlichung des immensen Kirchenvermögens, wurden Klöster geschlossen, Haciendas aufgelöst sowie die Schulpflicht und die Zivilehe eingeführt. Zusammen mit seinen Liberalen bekämpfte er die Konservativen und die französischen Besatzer, was 1867 mit der Erschießung von Kaiser Maximilian und dem Rückzug der Franzosen endete. Mit Juárez kann sich sogar das einfache Volk identifizieren, denn Lesen und Schreiben hatte der einst mittellose Indiojunge erst mit 13 Jahren gelernt. Sein Denkmal thront überlebensgroß am Ortsausgang von Oaxaca.

Am Zócalo

Der von hohen Lorbeerbäumen beschattete **Zócalo** ist autofrei; hier flaniert alles, was in Oaxaca Beine hat und nicht gerade in einem der zahlreichen Restaurants und Cafés unter den *Portales* sitzt. Einen Blick werfen sollte man in den **Palacio de Gobierno** an der Zócalo-Südseite werfen, denn im Innenhof gibt es Murales, u.a. mit einem Großporträt von Benito Juárez und seiner Frau, neben ihnen steht der wohl meistzitierte Ausspruch des Reformpolitikers: *„El respeto al derecho ajeno es la paz“* – „Die Rechte anderer respektieren ist Frieden“.

Mehr über den Nationalhelden erfährt man beim Besuch der **Casa de Juárez** (García Vigil 609, Di–So 10–17 Uhr), wo er einige Jahre seiner Jugend verbrachte und Erinnerungsstücke aufbewahrt sind.

Kirchen

An der Nordseite des Zócalo steht unübersehbar die wuchtige **Kathedrale,** von 1724 bis 1736 nach mehreren Erdbeben neu erbaut, mit wesentlich geschrumpften Türmen. Das Hauptportal ist an der Alameda de León und ihr Inneres beeindruckt durch wuchtige Pfeiler und Farben in Braun und Gold.

Auch die **Basilíca de Nuestra Señora de la Soledad** (Ecke Morelos/Aranda) hat aufgrund der Erdbebengefahr sehr niedrige Türme. Für die *oaxaqueños* ist dies die wichtigste aller 27 Kirchen am Ort, beherbergt sie doch die Schutzheilige der Stadt. Ein **Muss für den Besucher** ist die **Iglesia Santo Domingo** (1551–1666 von Dominikanern erbaut), eine der schönsten Barockkirchen Mexikos (Ecke Alcalá/Gurrión, tägl. 7–13 u. 17–20 Uhr). Die gewölbte Decke gleich hinter dem Eingang zeigt den Stammbaum des Hlg. Domingo de Guzmán in Form eines rankenden Weinstockes, an der Spitze der Rebe die Jungfrau Maria.

Hotels

1 Hostal Don Mario
2 Las Bugambilias
3 Las Golondrinas
4 Hotel Casa del Sotano
5 Posada Margarita
6 Hostal Guadalupe
7 Camino Real
8 Posada del Virrey
9 Host. Mision San Pedro
10 Hostal Luz de la Luna
11 Htl. Posada del Centro
12 Hotel Antonio's
13 Parador San Andrés
14 Htl. Real de Antequera
15 Hotel Mesón del Rey
16 Hotel Las Rosas
17 Paulina Hostel
18 Magic Hostel
19 Hotel El Trébol
20 Hotel Aurora
21 Hotel&Pos. Don Matias
22 Posada Catarina
23 Hotel&Pos. El Chapulín
24 Posada del Rosario

auf der vorderen Karte:

25 Hotel Victoria
26 Hotel Anturios
27 Casa Arnel

Restaurants (R.)/**Cafés**

1 R. La Casa del Tío
2 R. La Abeja
3 R. La Biznaga
4 El Sol y La Luna
5 Pizzeria Nostrana
6 R. La Fonda de Sto. Domingo
7 R. La Muralla
8 R. Hostería de Alcalá
9 Café Coffee Beans & Bar
10 Café La Antigua
11 Decano (Bar-Café)
12 R. Quickly
13 R. El Mesón
14 Como Agua, Pa' Chocolate
15 R. Alameda
16 Café-Rest. Alex
17 R. Flami
18 R. El Naranjo
19 R. Gyros Makedonia
20 Fondas La Abuelita u.a.

@ **Internet-Café** (einige)
→ *Einbahnstraßen*
P *Parkplätze*

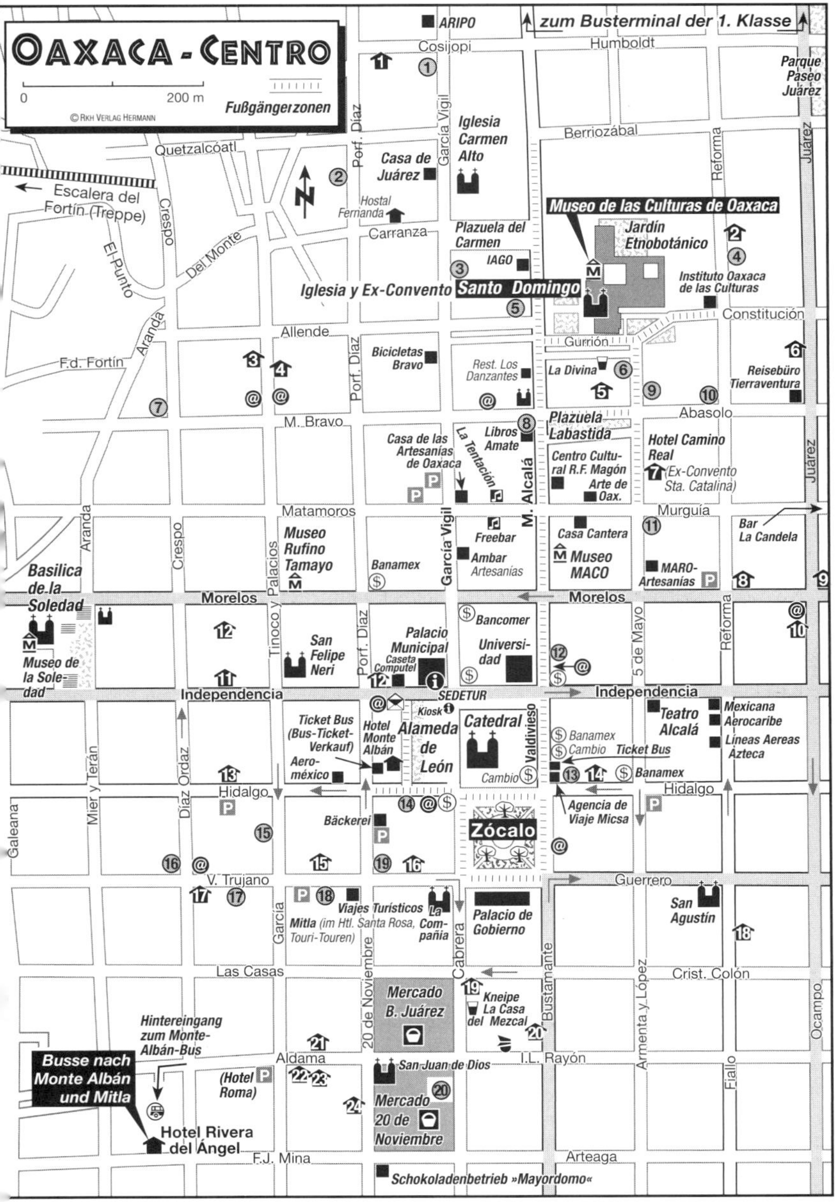
OAXACA - CENTRO
0
200 m
zum Busterminal der 1. Klasse
ARIPO
Cosijopi
Humboldt
Parque Paseo Juárez
Berriozábal
Quetzalcóatl
Escalera del Fortín (Treppe)
Casa de Juárez
Iglesia Carmen Alto
Hostal Fernanda
Carranza
Plazuela del Carmen
IAGO
Museo de las Culturas de Oaxaca
Jardín Etnobotánico
Instituto Oaxaca de las Culturas
Iglesia y Ex-Convento Santo Domingo
Constitución
Gurrión
Del Monte
El Punto
Crespo
Aranda
F.d. Fortín
Allende
Bicicletas Bravo
Rest. Los Danzantes
La Divina
Reisebüro Tierraventura
Abasolo
M. Bravo
Casa de las Artesanías de Oaxaca
La Tentación
Libros Amate
Plazuela Labastida
Centro Cultural R.F. Magón
Arte de Oax.
Hotel Camino Real
(Ex-Convento Sta. Catalina)
Matamoros
Murguía
Bar La Candela
Museo Rufino Tamayo
Banamex
Freebar
Ambar Artesanías
Casa Cantera
Museo MACO
MARO-Artesanías
Basilica de la Soledad
Museo de la Soledad
Morelos
Tinoco y Palacios
San Felipe Neri
Palacio Municipal
Caseta Computel
Bancomer
Universidad
5 de Mayo
Reforma
Independencia
SEDETUR
Kiosk
Ticket Bus (Bus-Ticket-Verkauf)
Hotel Monte Albán
Aeroméxico
Alameda de León
Catedral
Cambio
Valdiviesa
Banamex
Cambio
Ticket Bus
Teatro Alcalá
Mexicana
Aerocaribe
Líneas Aereas Azteca
Agencia de Viaje Micsa
Hidalgo
Galeana
Mier y Terán
Díaz Ordaz
Bäckerei
Zócalo
V. Trujano
Guerrero
Viajes Turísticos Mitla (im Htl. Santa Rosa, Touri-Touren)
La Compañía
Palacio de Gobierno
San Agustín
Las Casas
Cabrera
Crist. Colón
Mercado B. Juárez
Kneipe La Casa del Mezcal
Bustamante
Armenta y López
Ocampo
Hintereingang zum Monte-Albán-Bus
20 de Noviembre
Aldama
I.L. Rayón
Busse nach Monte Albán und Mitla
(Hotel Roma)
San Juan de Dios
Mercado 20 de Noviembre
Fiallo
Hotel Rivera del Ángel
F.J. Mina
Arteaga
Schokoladenbetrieb »Mayordomo«
Porf. Díaz
García Vigil
M. Alcalá
Juárez

Der goldüberzogene Hochaltar wurde in den 1950er-Jahren nachgebaut, da das Original während der Unabhängigkeitswirren zerstört worden war. Das Kirchenschiff ist praktisch nahtlos mit barocken Stuckarbeiten verziert (17. Jh.), Stuck und Goldüberzug charakterisieren auch die 1731 südlich angebaute **Capilla de la Virgen del Rosario,** der Dekor in der Kuppeldecke ist geradezu fantastisch!

Museo de las Culturas de Oaxaca

Direkt neben der Kirche liegt das ehemalige **Kloster von Santo Domingo,** heute Sitz des **Museo de las Culturas de Oaxaca** (Di–So 10–20 Uhr, 38 P). Die 14 Säle bergen kostbare Kunstschätze und archäologische Funde aus allen geschichtlichen Epochen Oaxacas, alles sehr effektvoll präsentiert. Im Saal 3 befindet sich der **Original-Schatz aus Grab 7 von Monte Albán** – einmalig! Auch ein ganz mit Türkissteinen eingelegter Totenkopf von unschätzbarem Wert gehört zu den Fundstücken. Wer alles in Ruhe betrachten will, muss einiges an Zeit mitbringen. Schön ist allein schon die Gesamtanlage des Klosters mit ihrem Kreuzgang und dem Brunnen in der Mitte, der von sechs Säulen umstanden wird. Der einstige Klostergarten wurde in einen **Jardín Etnobotánico** mit zahlreichen Kakteen umgewandelt. Zum Museum gehört auch ein sehr gut bestückter Buch- und Andenkenladen, nach dem Eingang links.

Kunst –

An der **Fußgängerstraße Alcalá** *(Andador turístico)* reihen sich Restaurants, Mode-Boutiquen, Buchläden (empfehlenswert ist *Libros Amate*, No. 307, mit sehr umfangreichem Angebot) und die ein oder andere Galerie. Oaxaca hat eine große lokale Künstlergemeinde und zieht auch Freischaffende aus aller Welt an. Die expressiven Bilderwelten des berühmten Oaxaqueño-Dreigestirns **Rufino Tamayo** (1899–1990), **Rodolfo Morales** (1925–2001) und **Francisco Toledo** (geb. 1940) genießen Weltruhm, zu sehen gibt's einige ihrer Original-Werke in der **Galerie Arte de Oaxaca** (Teil der Kulturstiftung von R. Morales, Murguía 105, Mo–Fr 10–14 u. 17–20 Uhr, Sa 10–14 Uhr, www.artedeoaxaca.com.mx). Wechselnde Ausstellungen finden statt im stilvollen **Museo de Arte Contemporáneo de Oaxaca** (Museum für zeitgenössische Kunst, Alcalá 202, Mi–Mo 10.30–20 Uhr). Toledo wurde zum Schirmherren des künstlerischen Lebens der Stadt, er stiftete unter anderem das **Instituto de las Artes Gráficas de Oaxaca** (IAGO, Alcalá 507) als Anlaufstelle für junge Künstler, der schön angelegte Innenhof ist einen Blick wert. Anfang 2003 gelang es ihm, den Einzug von McDonalds am Zócalo mit einer groß angelegten Unterschriftenaktion zu verhindern.

Das **Museo Rufino Tamayo** (Morelos 503, 10–14 u. 16– 9 Uhr, So 10–15 Uhr, Di geschl.) zeigt keine Bilder des zapotekischen Malers, sondern seine Privatsammlung an prähispanischen Objekten.

... und Kunsthandwerk

In der Alcalá und in der Parallelstraße García Vigil gibt es auch viele Anbieter von Kunsthandwerk (alles zwischen Kitsch und sehr originell), wer zu handeln versteht kauft aber günstiger auf den Märkten, z.B. auf dem **Mercado Juárez** (s.u.) oder **Mercado de Artesanías** (Ecke García/Zaragoza). Einen guten Überblick über das Angebot des gesamten Bundesstaates präsentiert die **Casa de las Artesanías de Oaxaca** (Matamoros 105), wo sich gleich 80 Organisationen aus den 7 Regionen des Bundesstaates zusammengeschlossen haben. Eine riesige Auswahl hat auch **MARO** in der 5 de Mayo 204 zw. Murguía und Morelos (Laden einer Frauen-Kooperative).

Kakao und Schokolade

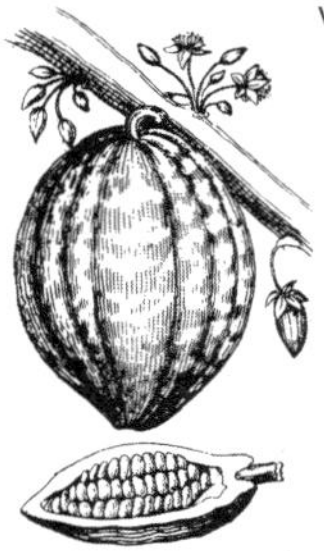

Mayordomo, Ecke Mina/20 de Septiembre) ist einer der kleinen Schokoladenbetriebe, bei denen man die Produktion beobachten und auch ein bisschen von der groben Blockschokolade naschen darf. Im prähispanischen Mexiko dienten die getrockneten Kakao-Bohnen als Zahlungsmittel – das Geld wuchs also buchstäblich auf den Bäumen. **Xocoatl,** der belebende Kakaotrunk der Maya und Azteken, hatte bei diesen eine kultische Bedeutung und kam erst mit den Spaniern nach Europa. Zu Beginn des 19. Jahrhunderts entwickelte der Holländer Van Houten ein Verfahren zum Entziehen des Fettanteils der Kakaomasse, wodurch das leicht lösliche Kakao-Pulver gewonnen wurde. Bald begann man auch in der Schweiz mit der industriellen Fertigung von Schokolade durch Raffination, die Seelentröster-Tafeln waren geboren! Ob der Schokolade Oaxacas tatsächlich, wie in einem der Werke von Gabriel García Márquez nachzulesen ist, aphrodisiatische Wirkungen innewohnt, testet am besten jeder für sich.

Adressen & Service Oaxaca

Turismo

SEDETUR (Secretaría de Desarrollo Turístico) im Palacio Municipal, Independencia 607, Tel. 5160123, www.oaxaca.gob.mx/sedetur, tägl. 8–20 Uhr. Dort auch **CEPROTUR** als Anlaufstelle für touristische Probleme (z.B. Diebstahl, Beschwerden), Tel. 01-**951**-5142155.

Die englische Zeitung **Oaxaca Times** (www.oaxacatimes.com) und die Broschüre **Guía Cultural** geben touristische Tips und Veranstaltungshinweise. Informative Websites: www.oaxaca-travel.com, www.oaxaca.com, u.a.

An- und Weiterreise Oaxaca

Bus

Oaxaca ist Verkehrsknotenpunkt mit besten Verbindungen in alle Richtungen. Es gibt **zwei** große, verschieden liegende **Central Camioneras** (und noch ein paar andere, kleinere). „Centro"-Stadtbusse, Taxis und Colectivos fahren von den Terminals zum Zócalo. Busgesellschaften mit einer Website s.S. 48.

Busfahrkarten in der Stadt kaufen

Für wichtige Fernziele (Mexiko-Stadt, Pazifikküstenorte, San Cristóbal de las Casas) vorausbuchen, besonders dann, wenn man mit einem der **Superbusse** fahren möchte (Línea UNO, PLUS, ADO GL). **Im Stadtzentrum** verkaufen **Busfahrkarten** die Büros von **Ticket Bus,** an der Zócalo-Nordostecke oder in der 20 de Noviembre 103D (Lage s. jeweils Stadtplan; Öffungszeiten Ticket Bus jeden Tag von 8–21 Uhr). Auch gute Reisebüros verkaufen 1.-Klasse-Bustickets.

Busterminal 1. Klasse

Niños Héroes de Chapultepec 1036, 1,6 km oder ca. 25 Min. zu Fuß vom Zócalo. Schräg gegenüber vom Terminal, auf der anderen Straßenseite, fahren Colectivos günstig ins Zentrum, Taxis verlangen dafür 30 P. Zum Terminal: Von der Calle Suárez fahren Colectivos Rtg. Norden.

Nach und von Mexiko-Stadt (Terminal Oriente – TAPO –): es fahren tägl. viele diverse Busgesellschaften 1. und 2. Klasse. **Luxus- u. 1. Klasse:** mit UNO, ADO und Cristóbal Colón nahezu halbstündlich, Fz 6 h.

San Cristóbal de las Casas: mit Cristóbal Colón um 11.30 Uhr (6 Stops), 19.15 (5 Stops) u. 21 Uhr, *directo* mit Maya de Oro um 22.15 Uhr, CC um 24 Uhr mit drei Stops (Fz 11–12 h, Nachtfahrt beschwerlich!). Fast alle Traveller unterbrechen in Tuxtla Gutiérrez und sehen sich vom Boot aus (oder von oben, von der Schluchtkante) den **Sumidero-Canyon** an, fahren erst dann nach weiter nach San Cristóbal. *Oder man nimmt den 21-Uhr-Nachtbus nach Tuxtla Gutiérrez (9 h) und besichtigt am anderen Morgen den Sumidero-Canyon. Das Gepäck deponiert man in Tuxtla G. im Busterminal. Nachmittags dann weiter nach San Cristóbal.* – **Tuxtla Gutiérrez:** mit CC um 19, 21 u. 22.15 Uhr (9 h). Auch Busse 2.-Klasse, Abfahrten dann tagsüber. –

Nach **Puerto Ángel** fährt man über den Umsteigepunkt **Pochutla,** und zwar am besten mit einem Van von *Minibuses Atlantida.* Deren Terminal ist südöstlich vom Zócalo in der Straße La Noria 101 (dazu die Armenta y López vier Cuadras südl. gehen, dann links). Abfahrten tägl. um 4.30, 7, 9, 11, 13, 15, 17.30, 20.30 und 23.30 Uhr, Fz ca. 5,5 h, Preis 120 P. In Pochutla weiter mit Colectivos nach Puerto Ángel und auch nach Puerto Escondido.

Busterminal 2. Klasse Dieser liegt an der V. Trujano, neben dem großen Markt *Central de Abastos,* etwa 1,5 km westlich vom Zócalo. Ein sehr großer, wuseliger Busterminal mit vielen Gesellschaften für Nahziele.

Hotel Rivera del Ángel dieses Hotel in Calle Mina 518 dient als **Abfahrtsstelle für** die Busse *Autobuses Turísticos* (Tel. 5165327/5143161) nach **Monte Albán.**

Unterkunft Als eine der meistbesuchten Städte Mexikos besitzt Oaxaca zahllose Hotels aller Preiskategorien. Von den vielen im Stadtplan haben folgende ein besonders gutes Preis-/Leistungsverhältnis:

BUDGET **Paulina Hostel,** Trujano 321, Tel. 5162005, www.paulinahostel.com (informative Seite), reservations@paulinahostel.com; noch relativ neu, sauber, freundlich-nette Atmosphäre, engl.-spr. Rezeptionistin, noch zentrale Lage, Garten. Schlafsaal mit 5–6 Betten und *baño común,* ca. 7 € p.P., DZ nach Reservierung 17 €, insges. 96 Betten, **Fahrtangebot nach Puerto Escondido per Van** – insges. ein **TIP.**

ECO/FAM **Hotel Aurora,** Bustamente 212, Tel./Fax 5164145, ernestor@prodigy.net.mx; renoviert, schöne Zimmer, nicht weit zum Zócalo und zu den Markthallen, DZ um 22 €, NS weniger, **TIP.**

Posada Catarina, Aldama 325, Tel./Fax 5164270); unterschiedlich große Zimmer (jene um den hinteren Patio sind sehr ruhig), kleine Dachterrasse, nebenan Cafetería. DZ zwischen 25 und 35 €. – Nur eine Haustür östlich: **Hotel Posada El Chapulín,** Aldama 317, Tel. 5161646, hotelchapulin@hotmail.com; einfacher, freundlich Familienbetrieb (Adrian spricht Englisch), sieben ruhige Zimmer (da tief hinten im Hof), Internet, Gem.-Kühlschrank, DZ ca. 15 €. – **Hotel Mesón del Rey,** Trujano 212, Tel. 5160033/5160181; Mittelklasse-Hotel in Zócalo-Nähe, 32 Zi., DZ ca. 27 €, mit Restaurant und Reisebüro. – **Parador San Andrés,** Hidalgo 405, Tel. 5141011; nur 6 Zi., aber sauber und gepflegt, große Betten, beste sanitäre Ausstattung, sehr ruhig und abgeschlossen, netter Vermieter, zentral – **TIP!**

LUX **Hostal Casa del Sotano**, Tinoco y Palacios 414 (zwischen M. Bravo u. Allende) Tel. 5162494, www.mexonline.com/OAXACA/casadelsotano1.htm. Sehr idyllisches, auf mehreren Ebenen gebautes Hotel an einem Hang, Steingarten mit Flüsschen, Dachterrassen mit Rundum-Altstadtblick. DZ 880 P, bei Barzahl. 10% Preisnachlass.

Essen & Trinken Rund um den Zócalo sitzt man nett, doch der ständige Touristenansturm hat die Qualität von Service und Essen stark geschmälert. Relativ preiswerte Buffets bietet **El Mesón** (Nordost-Ecke des Zócalos auf der Hidalgo), ein traumhaftes – doch entsprechend teures – Frühstücksbuffet offeriert eines der schönsten Kolonialhotels Mexikos, das *Camino Real* (5 de Mayo 300). Hübsch sitzt man im Patio-Restaurant **El Naranjo** (Trujano 203), hier Oaxaca-Typisches.

Oaxaca wird auch das **„Land der sieben Moles“** genannt, denn die sämige

Soßenkreation (Puebla) gibt es dort in besonders vielen Ausführungen und unterschiedlichen Farben: rot, schwarz, grün, gelb und bunt. Auch Wildkräuter, Kaktusblätter, Insekten und Larven sind Bestandteil der regionalen Küche. *Chapulines* – getrocknete Heuschrecken – kann man zur Saison im Markt probieren. Zu trinken gibt's *agua de horchata* aus fein gemahlenem Reis und Milch, oder *champurrado*, Maismasse mit Kakao – oder doch besser einen **Mezcal** (Agavenschnaps mit Wurm), dessen Hauptproduzent der Bundesstaat Oaxaca ist? Eine typische Mezcal-Kneipe, *La Casa del Mezcal,* finden Sie in der Flores Magón auf der Ostseite der Markthalle.

Weitere Restaurant-Empfehlungen s. Rest.-Nummern im Stadtplan.

Unterhaltung

Um sich in Oaxaca zu langweilen, braucht es schon ein ganz besonderes Talent, denn geboten wird einiges. Auf dem Zócalo gibt's immer was zu sehen, abends dort auch Marimba-Musik, Do 19 Uhr und So 12 Uhr spielen *Bandas* auf.

Sehr sehens- und erlebenswert sind die farbenprächtigen Guelaguetza-Tänze aus den sieben Regionen Oaxacas, die das *Ballet Folklórico del Estado* zur Musik einer Live-Banda in der alten Klosterkapelle im **Hotel Camino Real** aufführt (freitagabends 19 Uhr, ca. 25 € inkl. großem Buffet, vorher gute Plätze sichern) – unser **TIP.** – Weniger professionell, aber mit 80 P günstig, sind die Guelaguetza-Tänze im **Hotel Monte Albán** (Alameda de León, westl. der Kathedrale, tägl. 20.30 Uhr). Die Show in der **Casa Cantera,** Murguía 102, ist erheblich besser (140 P). – Ansonsten viele Musikkneipen, wo das Nachtleben aber kaum vor 22 Uhr beginnt.

Einkaufen

Riesiges Angebot an Kunsthandwerk. Besonders Web- und Tonwaren, auch Gold- und Silberschmuck. Originell sind die **Alebrijes,** bunt bemalte Fantasietiere und -monster aus leichtem Holz (Umgebungsziele). Viele Läden gibt es in der **Fußgängerzone M. Alcalá** und in der **García Vigi**l. Handeln kann man im **Mercado B. Juárez** (zwei Straßenblocks südl. des Zócalo) oder im **Mercado de Artesanías** (Ecke García/Zaragoza). Handgewebte Kleidung in der Morelos (zw. Alcalá u. 5 de Mayo, Eingang beim Mezcal-Laden). Dort mehrere kleine Läden, die Frauen weben an Ort und Stelle. **TIP:** *AMBAR* (García Vigil 212) bietet Ware aus Chiapas, darunter **Bernstein,** der hier garantiert echt ist. Deutsche Eigentümerin.

Feste

Am bekanntesten und spektakulärsten ist die **Guelaguetza** an den zwei auf den 16. Juli folgenden Montagen auf dem *Cerro del Fortín* (schöner Stadtblick!) in einem eigens dafür gebauten Amphitheater. Dann gibt es **Tänze aus den 7 Regionen Oaxacas** in wunderschönen, farbenprächtigen Trachten sowie jede Menge Rahmenveranstaltungen. Ab 18 Uhr wird die Legende der letzten zapotekischen Prinzessin vorgetanzt: Donají musste sterben, weil sie sich in ihren Feind verliebte. Am Samstag vor dem ersten Fest-Montag gibt es einen großen Umzug aller Tanz- und Musikgruppen. Eintrittskarten im Guelaguetza-Stadion auf dem Cerro del Fortín, Tel. 5160994, Informationen auch bei www.oaxaca-travel.com (Cultural Attractions) und auf anderen Oaxaca-Websites. Der Andrang auf Karten und Hotelzimmer ist zu dieser Zeit sehr groß!

Weitere Feste: Karwoche. **16. Juli:** Virgen del Carmen (eine Woche lang Fiesta), **31. August:** Tiersegnungen, Kirche La Merced. **1./2. November:** Totentage, buntes Treiben auf dem Friedhof von Xoxoctlán (ein Dorf westl. außerhalb). **18. Dez.:** Fiesta de la Soledad, eine Woche lang, **16.–24. Dez.:** Weihnachtsfestlichkeiten.

Bitte schreiben oder mailen Sie (rkhhermann@aol.com), **wenn sich in Mexiko Dinge verändert haben oder Sie Neues wissen.**

Reiseteil

Umgebungsziele Oaxaca

Die Umgebung hat Reizvolles zu bieten, es empfiehlt sich, die wichtigsten Ziele (Tule, Mitla, Hierve el Agua, Teotitlán del Valle, Tlacolula) entweder mit einer Tour (z.B. bei **Viajes Turísticos**, Hotel Rivera del Ángel, Calle Mina 518, Tel. 5166175) anzufahren oder einen Wagen zu mieten. Dann fährt man am besten zunächst den entferntesten Ort an (Mitla oder Hierve el Agua, beim Rausfahren aus Oaxaca der „Mex 190" oder „Istmo"-Beschilderung folgen) und sieht, wieviel Zeit bei der Rückfahrt noch für weitere Besichtigungen bleibt. Die Hauptattraktion **Monte Albán** (10 km westl. von Oax.) sollte man an einem anderen Tag besuchen und sich zeitig auf den Weg machen (Mittagshitze!). Busse fahren vom Hotel Rivera del Ángel (s.o., und Stadtplan) im Halbstundentakt ab 8 Uhr morgens. Zum besseren Verständnis der Stätte empfiehlt es sich, vorher ins *Museo de las Culturas de Oaxaca* zu gehen.

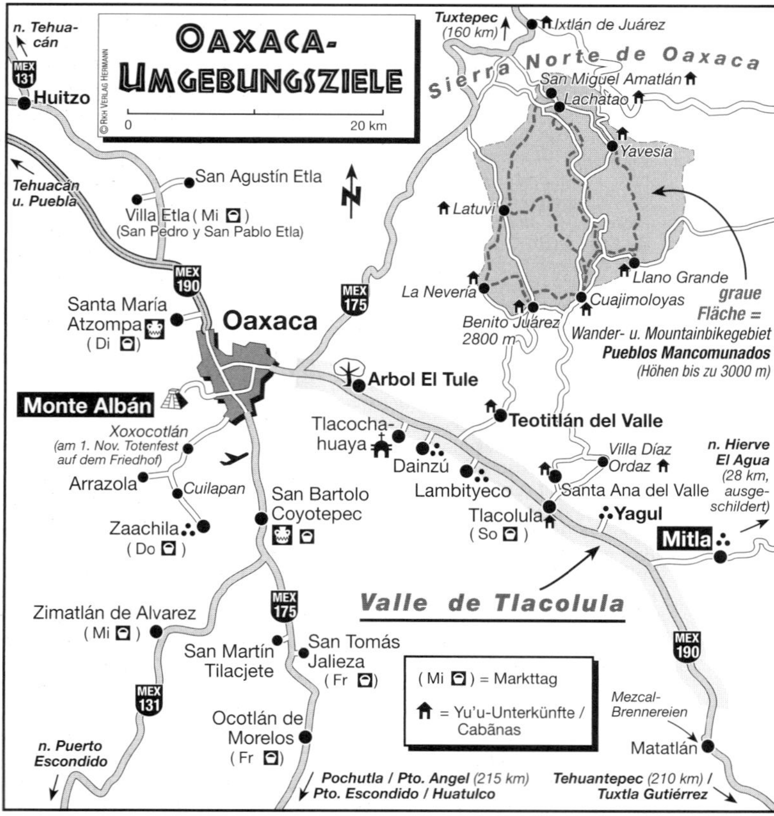

Zapoteken und Mixteken

Jeder hat schon von den Maya und Azteken gehört, doch nur wenige wissen, dass es noch weitere bedeutende Hochkulturen im antiken Mexiko gab. Die Geschichte Oaxacas ist untrennbar mit den **Zapoteken** verbunden, deren klassische Vorfahren um 250–750 n.Chr. ihre Blütezeit hatten. Sie waren die Herrscher von Monte Albán, Mitla und Zaachila und unterhielten enge Beziehungen zu Teotihuacán und den Maya-Städten im Süden, bevor sie gegen 800 von den Mixteken überlagert wurden. Zapotekisch sind die fantasievollen **Terrakotta-Figurengefäße (s. Abb.),** die mit menschlichen Gesichtszügen jeweils eine bestimmte Gottheit repräsentieren. Noch bessere Kunsthandwerker waren aber die **Mixteken,** ihre Werke – **Goldschmiedearbeiten (s. Abb. u.),** polychrome Keramiken – zählen zu den schönsten Mexikos! Da beide Völker einen ausgeprägten **Totenkult** pflegten, konnten viele dieser Schätze bei Graböffnungen geborgen werden. Das berühmteste Beispiel sind die Funde aus dem **Grab 7 von Monte Albán.** Ihr Talent bewiesen die Mixteken auch in den papierenen, bunten und figurenreichen **Códices mixteca**, rund tausend Jahre Geschichte und ihr Wissen wurden auf ihnen festgehalten (berühmt ist der *Codex Nuttall*)! Zapoteken und Mixteken verbündeten sich im 15. Jahrhundert gegen **die Azteken, den gemeinsamen Feind** – doch vergebens, sie wurden unterworfen und tributpflichtig. Aber erst nach der spanischen Eroberung erstarben die letzten mixtekischen Fürstentümer, seitdem leben die Nachkommen in Verarmung. Daran konnte auch der **Zapoteke Benito Juárez** als erster indigener Präsident Mexikos (1858–72) nichts Grundlegendes ändern. Eine kleine Machtenklave haben sich allerdings die Zapoteken-Frauen in der Gegend von **Juchitán** (Golf von Tehuantepec) erhalten, die nicht nur um einiges dicker, sondern auch größer als ihre Ehemänner sind und in der Regionalpolitik ein Wörtchen mitzureden haben. Das einstige Matriarchat ist hier noch spürbar.

Reiseteil

Monte Albán

Geöffnet tägl. 8–18 Uhr, Eintritt 38 P, seit 1987 UNESCO-Weltkulturerbe. (Anfahrt vom Hotel Rivera del Ángel, s. bei „An- und Weiterreise Oaxaca).

Monte Albán ist die größte und schönste aller archäologische Stätten Oaxacas. Gegründet wurde es bereits ca. 500 v.Chr. von den Olmeken, später prägten es auch die Mayas mit. Doch erst zwischen 250 und 750 n.Chr. erreichte es unter den „Menschen der Wolken" – wie die **Zapoteken** sich nannten – seine höchste kulturelle Blüte. Diese machten es zu einem religiösen und urbanen Zentrum mit über 250.000 Bewohnern und erbauten bzw. erweiterten die wichtigsten der heute noch bestehenden Bauten. Von dem auf einem planierten Bergrücken liegenden Zeremonialzentrum auf 1950 m Höhe aus kontrollierten sie nicht nur das Tal von Oaxaca (1540 m), sondern bald auch das ganze südwestliche Mexiko, die Bewohner ihres Einzugsbereiches waren tributpflichtig. Nachdem die Zapoteken die Stätte um 750 aus unbekannten Gründen verlassen hatten und sich anderswo ansiedelten, übernahmen die **Mixteken** den bereits im Verfall begriffenen Ort und bestatteten dort ihre Toten.

Rundgang

Erste Station sollte das **Museo de Monte Albán** (gleich am Eingang) sein, es zeigt Fundstücke der Stätte wie Reliefplatten, Stelen, Graburnen u.a. mehr. Auch ein kleiner Buchladen mit deutschsprachigen Titeln ist vorhanden.

Die insgesamt mehr als 20 Baukomplexe und Pyramiden der riesigen Anlage gruppieren sich um die **Gran Plaza,** den großen Hauptplatz (vom Edificio E des Complejo VG läßt sich morgens ein schönes Panoramafoto mit Rückenlicht machen).

Rundgang: Am besten besichtigt man zunächst den **Ballspielplatz** und die Bauten an der Ostseite mit dem Edificio J, geht von dort aus hoch zur **Plataforma Sur,** dann entlang der Plaza-Westseite zur **Plataforma Norte** wo man über Treppen zu den nördlichen Bauwerken gelangt.

Besonderheiten

Der **Juego de Pelota** (ca. 100 v.Chr.) hat eine Doppel-T-Form und besitzt – anders als die meisten Ballspielplätze Mexikos – keine seitlichen Zielringe, sondern eine Steinmarke in der Mitte des Feldes (Ballspiel-Exkurs s.S. 204). Der **Edificio P** ist durch einen unterirdischen Wasserkanal mit dem *Adoratorio* (Altar) verbunden und weist außerdem ein Loch in der Mitte der Treppe auf, was astronomische Beobachtungen des Sonnenstandes ermöglichte.

Als **Observatorium** diente auch der **Edificio J,** dessen Grundriß die Form einer Pfeilspitze hat. Auf seinem Flachdach stand einst ein Tempel. Nur bedeutende Personen durften ihn betreten und dort die außerordentlich wichtige Himmelskunde betreiben.

Interessante Relieftafeln befinden sich am Sockel der **Plataforma Sur**. Von oben hat man einen wunderbaren Panoramablick.

Bis heute rätselt man über die Bedeutung der berühmten **„Danzantes"** und der dazugehörigen Hieroglyphen, die zu den ältesten ganz Amerikas zählen (**Patio de los Danzantes** und **Edificio L**). Die Steintafeln zeigen sehr eigenartige, wohl olmekisch beeinflusste Wesen mit geschlossenen Augen und Ohrpflöcken, manche tragen sogar Bärte. Einigen sind die Genitalien abgeschnitten, was sie aber nicht an ihren geschmeidigen Bewegungen hindert (daher der Name „Tänzer").

Die **Plataforma Norte** ist der vielschichtigste architektonische Komplex von Monte Albán mit zahlreichen unterschiedlichen Bauten und verzweigt-verflochtenen Zugängen. Die dicken Säulenstümpfe gleich nach der Aufgangstreppe trugen sicher einmal eine Dachkonstruktion. Im Zentrum des **Patio hundido** (eingesenkter Hof) steht ein Altar. Es wird vermutet, dass die nördliche Plattform als Residenz der Herrscher diente, während auf der südlichen das religiöse Zentrum der Stätte lag. Sehr schön ist die kleine Hofgruppe des **Complejo VG** restauriert. Vom vorderen **Edificio E** haben Sie nochmals eine Panoramasicht über die *Gran Plaza.*

■ *Monte Albán, Blick vom Edificio E*

El Árbol de Tule

Der gigantische Zypressenbaum *(ahuehuete)* steht im Dorf **Santa María del Tule,** ca. 12 km von Oaxaca entfernt, auf der Strecke nach Mitla. Schon die Zapoteken der Monte Albán-Zeit liefen um ihn herum, denn der beeindruckende Baumriese ist ca. 2000 Jahre alt. Bei seiner Beschreibung darf mit Zahlen nicht gespart werden: Höhe 42 m, Umfang 58 m, Durchmesser 14 m; 30 Personen sind notwendig, um ihn mit Händen zu umspannen. Der verwachsene Stamm und die Äste haben Fantasiefiguren gebildet.

Mitla – der Ort der Toten

Im Örtchen Mitla, 45 km östlich von Oaxaca, muss man zunächst an Souvenir- und Mezcal-Läden vorbei, bevor man die **Kirche San Pablo** erreicht, die 1590 von den Spaniern auf den Ruinen und mit den Steinen eines zerstörten Tempels errichtet wurde. Direkt gegenüber liegt der Eingang zur zweitwichtigsten archäologischen Stätte Oaxacas (tägl. 8–17 Uhr, Eintritt 38 P). Ihr Name leitet sich von dem aztekischen Wort *mictlán* („Ort der Toten") ab, denn die Azteken hatten das Gebiet 1494 erobert. Erbaut wurde das Zeremonialzentrum jedoch ca. 100 n.Chr. von den Zapoteken, ab dem 10 Jh. übernahmen und verfeinerten es die Mixteken. Bis heute herrscht Uneinigkeit darüber, wer von den beiden Völkern mit dem ganz und gar einmaligen Dekor der geometrischen Steinmosaike in vielen Variationen die Wände verschönte.

Schönster Bau der **Grupo de las Columnas** (die hier beschriebene Hauptstätte, weitere vier liegen in der Nähe, sind aber weniger sehenswert) ist der über 40 m breite **Palacio de las Columnas,** eine der formvollendetsten Palast-Fassaden ganz Mexikos – man stelle sich nur vor, welchen Eindruck das von der Sonne erzeugte Licht- und Schattenspiel erst gemacht haben muss, als die Mosaik-Felder noch bunt bemalt waren! Die sechs mächtigen Rundsäulen im Inneren des Bauwerks trugen einst ein Dach. Durch einen niedrigen Gang gelangt man in einen hinteren Innenhof, zum **Patio de Mosaicos,** dessen Wände gleichfalls mit Steinornamenten verblendet sind. Die Wände des anschließenden nördlichen Nebenraums zieren im unteren Bereich sog. „laufende Hunde", ein Puzzle aus zahllosen vorbehauenen kleinen Steinchen. Dieses Mosaik ist heute ein beliebtes Design-Motiv für Kunst und Kunsthandwerk in Oaxaca.

Im naheliegenden **Patio Sur** befinden sich zwei unterirdische Gräber, die man im Kriechgang erkunden kann. Bei ihrer Freilegung durch Archäologen 1901 waren sie allerdings schon längst von Grabräubern ausgehoben worden.

Hierve el Agua

Herrliche Aussichten ins Tlacolula-Tal hat man auf der Fahrt nach Hierve el Agua (28 km von Mitla beim Dorf Albarradas, von dort noch 5 km Pistenstrecke). Am Wegrand lagern zur Erntezeit jede Menge Agavenherzen für die Mezcal-Brennereien. In Hierve el Agua ist gutes Schuhwerk notwendig, denn es geht auf glattem Gestein bergauf und bergab. Die mineralhaltigen Wasserbecken (22–25 °C) wurden schon von den alten Zapoteken genutzt, sie hatten ca. 500 v.Chr. ein 6 km langes Kanalsystem bis ins Tal gebaut. Wo es blubbert, speien *ojos de agua* kleine Wasserfontänen in die Höhe. In einigen Becken darf man auch baden.

Besonders beeindruckend sind allerdings die zwei versteinerten Wasserfälle, die sich strahlend weiß aus den endlosen braungrünen Bergketten hervorheben (den Rundweg bis auf die obere Plattform des abseits liegenden Wasserfalls weitergehen, um den anderen zu sehen).

Kunsthandwerk: Herstellerdörfer

Die Hersteller des breitgefächerten Angebots an Kunsthandwerk in Oaxacas Straßen kommen zumeist aus der Umgebung. Manche Dörfer haben sich auf ein bestimmtes Produkt spezialisiert, hier ein grober Überblick:

San Bartolo Coyotepec (15 km südl. v. Oaxaca) ist für seine schwarzen Tonwaren bekannt *(barros negros),* die von wenigen Familienbetrieben hergestellt werden (z.B. Doña Rosa, Juárez 24). Außerdem züchtet dort das kleine Unternehmen Tlapanochestli Cochenille-Läuse, aus denen der rote Karmin-Farbstoff gewonnen wird (Carretera Ocotlán km 10,5, Mo–Fr 9–17, Sa 9–14 Uhr). Die Mex 175 weiterfahrend erreicht man bald **Ocotlán de Morelos** mit einem großen Markt am Freitag, Töpfereien (Familie Aguilar), einem sehenswerten Kunstmuseum im Kloster Santo Domingo (Stiftung des Malers Rodolfo Morales sowie der kleinen Schokoladenfabrik Ramos in der Aldama 11.

In **Santa María Atzompa** (ca. 10 km nördl. v. Oax.) sind die Töpferwaren alle grün.

Die fantasievollen **Alebrijes,** bunt bemalte Fabel-Figuren aus leichtem Holz, meist Tiere und Monster, wurden 1965 in **Arrazola** (ca. 10 km südl.) erfunden. An der Plaza die Hersteller-Kooperative mit Verkaufsladen, man kann die Fertigung aber auch in einem Familienbetrieb beobachten.

Jahrhunderte alt ist die – inzwischen sehr touristisch ausgebaute – Webtradtion von **Teotitlán del Valle** (ca. 25 km östl. v. Oax.). Die *telares* (Webstühle) kommen hier nie zur Ruhe, Decken, Ponchos, Teppiche entstehen in allen nur denkbaren Farben und Muster. Beim Mercado de Artesanías gibt es auch das kleine *Museo Comunitario* (10–18 Uhr, Mo geschl.), das die örtliche Webereigeschichte dokumentiert. **Tip:** Das Restaurant *Tlamanalli* (Juárez 39) ist sehr stilvoll eingerichtet.

Märkte

Von der Kleinstadt **Tlacolula** (32 km östl. von Oax.) hat das riesige Tal seinen Namen. Ein Besuch lohnt sich sonntags, wenn der größte **Straßenmarkt** der Region abgehalten wird – angeboten wird so ziemlich alles, was es in der Gegend gibt, doch auch ohne Kaufabsicht lohnt das bunte Treiben einen Besuch. Zwei hübsche kleine Kirchen stehen am Parque (Ende der Av. Juárez). Weitere Orte mit Markttagen ersehen Sie aus der Oaxaca-Umgebungskarte.

Andere Orte

Kleinere, weniger spektakuläre Stätten im Valle de Tlacolula sind **Dainzú, Lambityeco** und **Yagul** (allesamt nahe der Mex 190 vor der Abzweigung nach Mitla), sowie **Zaachila** (17 km südl. v. Oax.), die letzte weltliche Zapotekenhauptstadt nach Aufgabe von Monte Albán. Im Dörfchen **Tlacochahuaya** (8 km hinter Tule) besitzt das ehemalige Kloster *San Gernónimo* (16. Jh.) eine sehr schöne Innenausmalung.

Sierra Norte

Wen's reizt, ein paar Tage in einem Dorf im Hinterland der bis zu 3000m hohen *Sierra Norte* zu verbringen, kann eine der einfachen Unterkünfte des Ökotourismus-Projektes **„Tourist-Yu'u"** (Tel. 5164828) beziehen. Die Dorfgemeinschaften bieten außerdem diverse Aktivitäten an, wie Wanderungen. Infos über www.sierranorte.org.mx, www.oaxaca-travel.com/ecoturism oder beim Tourismusbüro.

Mexiko-Stadt

La Ciudad de México, 2240 m hoch, das von den Spaniern eroberte und zerstörte Tenochtitlán, Hauptstadt der Azteken, ist eine Mixtur aus (begrabener) aztekischer Geschichte, spanischer Vergangenheit und (beängstigender) mexikanischer Jetztzeit. Der gesamte Ballungsraum hat heute über 20 Millionen Einwohner, und es kommen immer noch weitere Landflüchtige, denn als politisches und vor allem als wirtschaftliches Zentrum des Landes wirkt die Megastadt wie ein Magnet. Auch Reisende aus aller Welt zieht sie an, und das zu Recht: Die Möglichkeiten, in Kunst und Kultur der unterschiedlichsten Geschichtsepochen einzutauchen sind fast unbegrenzt. Nur von den ursprünglichen Stadtgründern zeugt fast nichts mehr ...

Tips für den Besucher

Die ersten Tage

Neuankömmlinge aus Europa sollten sich am Anfang nicht allzu viel zumuten. Zeitverschiebung, Smogluft und der Höhenunterschied (2240 m) belasten den Kreislauf. Kopfschmerzen und Müdigkeit können auftreten.

Verkehrsmittel

Die **Metro** (nachts bis 0.30 Uhr, Sa bis 1.30 Uhr) ist das Haupttransportmittel der Stadt, das Netz ist gut ausgebaut (9 Linien). Die Züge kommen im Minutentakt, sie ist sehr billig und relativ sicher. Die Stoßzeiten zwischen 7 und 9.30 Uhr und 17–20.30 Uhr vermeiden, denn dann wird man gepresst wie eine Ölsardine. Großes Gepäck mitzuführen ist offiziell nicht erlaubt, wird aber meist toleriert. Immer gleich mehrere Tickets kaufen, um langes Anstehen zu vermeiden. Eine Fahrkarte (Einheitspreis) ist für das gesamte Netz gültig, einschließlich unlimitiertes Umsteigen, sie wird beim Passieren des Eingangs einbehalten. Beim Umsteigen müssen teilweise recht lange Gehstrecken bewältigt werden, dafür gibt's dann in manchen Tunneln auch einiges zu sehen. Wissenswertes steht auf der Metro-Homepage, www.metro.df.gob.mx.

Bei **Taxis** muss man darauf achten, dass man nicht an ein unlizensiertes gerät (Überfallgefahr). Offizielle Taxis zeigen gut sichtbar die Taxi-Lizenz mit Kennzeichen und Lichtbild des Fahrers. Am sichersten sind **Taxis de Sitio** (mit festem Standplatz, meist rot) oder **Radio-Taxis**, die man telefonisch bestellt (z.B. Servitaxis, Tel. 55166020; Radio Elite, Tel. 56661122 u.a.; evtl. Preis schon telefonisch aushandeln). In Mexiko-Stadt sind Taximeter die Regel, ansonsten den Preis immer schon vor der Fahrt bestimmen.

„Hoy no circula"

Wer in Mexiko-Stadt einen **Mietwagen** fährt (nicht zu empfehlen!), muss wissen, dass jedes Auto einmal in der Woche nicht fahren darf („hoy no circula"). Diese Regelung soll die Abgasverschmutzung verringern. Ausschlaggebend ist die jeweilige Endziffer des Nummernschildes. Endziffern auf „0" bzw. „00" dürfen täglich fahren. Den Autovermieter fragen.

Sicherheit

Die zunehmende Arbeitslosigkeit und Verarmung ist natürlich ein günstiger Nährboden für jede Art von Kriminalität. Am Abend erstirbt das Straßen- und Geschäftsleben rasch, dann besser Metro bzw. offizielle Taxis benutzen als zu Fuß gehen. Keine Wertsachen unnötig herumtragen – die gehören in den Hotel-Safe. Unbelebte Straßen meiden. Vorsicht auch dort, wo sich Menschen drängen (Metro, Plaza Garibaldi u.a.), hier sind Taschenschlitzer am Werk! Sollte es tatsächlich zu einem Überfall kommen, Geldbörse sofort rausgeben, um Gewalttätigkeiten zu vermeiden. Seit 2003 gibt es Überwachungskameras im gesamten Innenstadtbereich. **Hotline für touristische Notfälle: 52500123**.

Touristisches Minimalprogramm

Centro Histórico, Anthropologisches Museum (Mo. geschl.!) und **Teotihuacán** (eine etwas anstrengende Tagestour, es lohnt sich aber!).

Sehenswertes rund um den Zócalo

Zócalo

Die *Plaza de la Constitución*, kurz „Zócalo" genannt (Metro 2, *Zócalo*, in der Metro-Station ein Modell von *Tenochtitlán* u.a.) ist Amerikas ältester und größter Stadtplatz (220 x 240 m) – ein **Symbol mexikanischer Identität,** denn hier liegt schon seit Aztekenzeiten das Machtzentrum des Landes. Ob Militärparaden oder Demonstrationen, politische Kundgebungen, Conchero-Tänzer, Verkaufsstände oder das große Unabhängigkeitsfest am Vorabend des 16. September: Es ist einfach immer was los! Östlich und westlich der Frontseite der Kathedrale finden Sie Info-Kioske.

Kathedrale

Die alles dominierende **Catedral Metropolitana** ist die größte des Kontinents (Grundfläche), verschiedene Baustile vereinigen sich in ihr: Renaissance, Barock, Churriguerismus u.a. Die Turmspitzen haben die Form von Kirchenglocken. Sehenswert im Inneren ist der goldene *Altar del Perdón* (Gnadenaltar, 1737) mit einem schwarzen Christus am Kreuz, das kunstvoll geschnitzte Chorgestühl (Eintritt), die zwei Orgeln und natürlich das Glanzstück der Kirche, der **Altar de los Reyes** (Hlg. Drei Könige, 1718–35) dessen *Retablo* (Altaraufsatz) ganz mit Gold und Skulpturen überladen ist. Leider sackte der Bau ständig tiefer in den weichen Untergrund ein, so dass aufwendige Rettungsaktionen notwendig wurden, um den drohenden Einsturz zu verhindern.

Gleich östlich davon steht die **Sagrario Metropolitana** (Sakristei-Kirche, 18. Jh.) mit einer prächtigen churrigueresken Hauptfassade.

Palacio Nacional

Die ganze Ostseite des Platzes wird von dem Komplex aus dunkelrotem *tezontle* (1692 neu gebaut) eingenommen, einst stand hier der Palast von Moctezuma II., später regierten alle 62 Vizekönige von eben diesem Ort aus, heute birgt er die Amtsräume des mexikanischen Präsidenten – eine erstaunliche Kontinuität! **Attraktion** sind die **Wandgemälde Diego Riveras** in den oberen Arkadengängen. Beim Eintritt wird der Ausweis verlangt, Bilderklärungen können am Eingang erstanden werden. Gleich an der Aufgangstreppe zum 1. Stock thront das überwältigende Geschichtsepos **„Mexiko im Laufe der Jahrhunderte"** *(México a través de los siglos)* mit unzähligen Details und Persönlichkeiten aus sämtlichen Epochen. Im 2. Innenhofes des Palastes ist eine **Gartenanlage** mit vielen Kakteen- und Agavenarten.

Templo Mayor

Wie die Inselstadt der Azteken einst aussah, zeigt das kupferne **Modell von Tenochtitlán** (Fußgängerzone Seminario östl. der Kathedrale), das Wasserbecken stellt den Texcoco-See dar. Im zentralen Zeremonialbezirk *(teocalli)* stand einst die monumentale Hauptpyramide, der **Templo Mayor.** Dessen Fundamente wurden 1978 bei den Grabungen für die Metro entdeckt, zusammen mit weiteren sensationellen Funden. Ganze Häuserblocks mussten abgerissen werden, um den Komplex freizulegen (vom Modell nur wenige Schritte entfernt). Nach Besichtigung der Anlage (Di–So 9–17 Uhr, 38 P, www.archaeology.la.asu.edu/tm) sollte man das dazugehörige und sehr informative **Museo del Templo Mayor** besuchen. Es zeigt viele Objekte und Details zu Geschichte und Kultur der Azteken sowie das Original des berühmtesten Fundes der Zone, eine 8 t schwere Steinscheibe mit der aztekischen Mondgöttin **Coyolxauhqui,** die der Legende nach von ihrem Bruder, dem Sonnen- und Kriegsgott **Huitzilopochtli** gevierteilt wurde.

Plaza Santo Domingo

Drei Straßen nordwestlich der Kathedrale liegt die **Plaza Santo Domingo** mit altspanischem Flair. Seit 1821 hacken hier **escritores públicos** auf uralten Schreibmaschinen die Korrespondenz von Analphabeten und füllen amtliche Formulare aus. An der Nordostecke stand einst der gefürchtete **Inquisitionstribunal,** heute ist im Nachfolgegebäude das interessante **Museo de la Medicina** untergebracht, wo es u.a. das Modell eines **Temazcal**s (prähispanisches Schwitzbad) zu bestaunen gibt.

Vom Zócalo zum Alameda-Park

Gehen Sie vom Zócalo auf der Madero-Straße zum *Parque Alameda.* In der *Casa Borda* wohnte einst Taxcos Silberkönig *José de la Borda,* heute ist dort das **Museo Serfín** (Di–So 10–17 Uhr) mit Trachten aus ganz Mexiko untergebracht.

Die Banamex residiert im **Palacio** von **Agustín de Iturbide** (Madero 17, Kunstausstellungen), der als Offizier das spanische Kolonialregime stürzte und 1822 als Kaiser von Mexiko auf den Thron stieg. Doch schon 1823 wurde das nun unabhängige Land Republik, und der Kaiser – dem das Volk eben noch zugejubelt hatte – standrechtlich erschossen.

Ein wahres Juwel ist die **Casa de los Azulejos** (Madero 4) – sie ist sowohl außen als auch innen vollständig mit blau-weißen Puebla-Kacheln verfließt. Der Bau im spanisch-maurischen Mudejar-Stil wurde 1596 erbaut und ist heute das bekannteste aller **Sanborns**-Kettenrestaurants (mit **Ticketmaster,** Karten für Veranstaltungen). 1914 trafen sich die Revolutionäre **Zapata** und **Pancho Villa** hier zum Frühstück. Das Treppenhaus schmückt Orozcos metaphysisches Mural „Omniciencia".

Torre Latinoamericana

Der 178 m hohe, erdbebensichere **Torre Latinoamericana** an der Straßenecke Alarcón/Madero bietet Sicht über das endlose, smoggraue Betonmeer der Stadt. Fahren Sie dazu mit dem Aufzug zur Aussichtsplattform zum 43./44. Stock (tägl. 10–23 Uhr, 40 Peso). Besonders beeindruckend bei Anbruch der Dämmerung, wenn die Lichter der Stadt aufflammen. Das Restaurant im 41. Stock ist weniger empfehlenswert.

Palacio de Bellas Artes

Der „Palast der schönen Künste" (Ostseite des Alameda-Parks, tägl. 11–19 Uhr) im neoklassizistischen Stil ist das kulturelle Herz der Stadt. Geboten werden Konzerte, Opern, Tanzaufführungen u.v.m. Die Obergeschosse bieten sich an, um die Stilrichtungen der **drei großen Muralisten** *Rivera, Siqueiros* und *Orozco* miteinander zu vergleichen, denn hier hinterließen sie allesamt einige ihrer berühmtesten Werke. Auch Rufino Tamayo ist mit zwei Wandgemälden vertreten.

Ein Muss ist das **Ballet Folklórico de México,** das altmexikanische Tanzelemente mit spanisch beeinflussten Regionaltänzen kombiniert (Details siehe Service-Teil). Östlich vom Palacio de Bellas Artes ist der **Palacio de Correos** (Hauptpost, Ecke Alarcón/Tacuba. Sein Jugendstil-Inneres ist einen einen Blick wert.

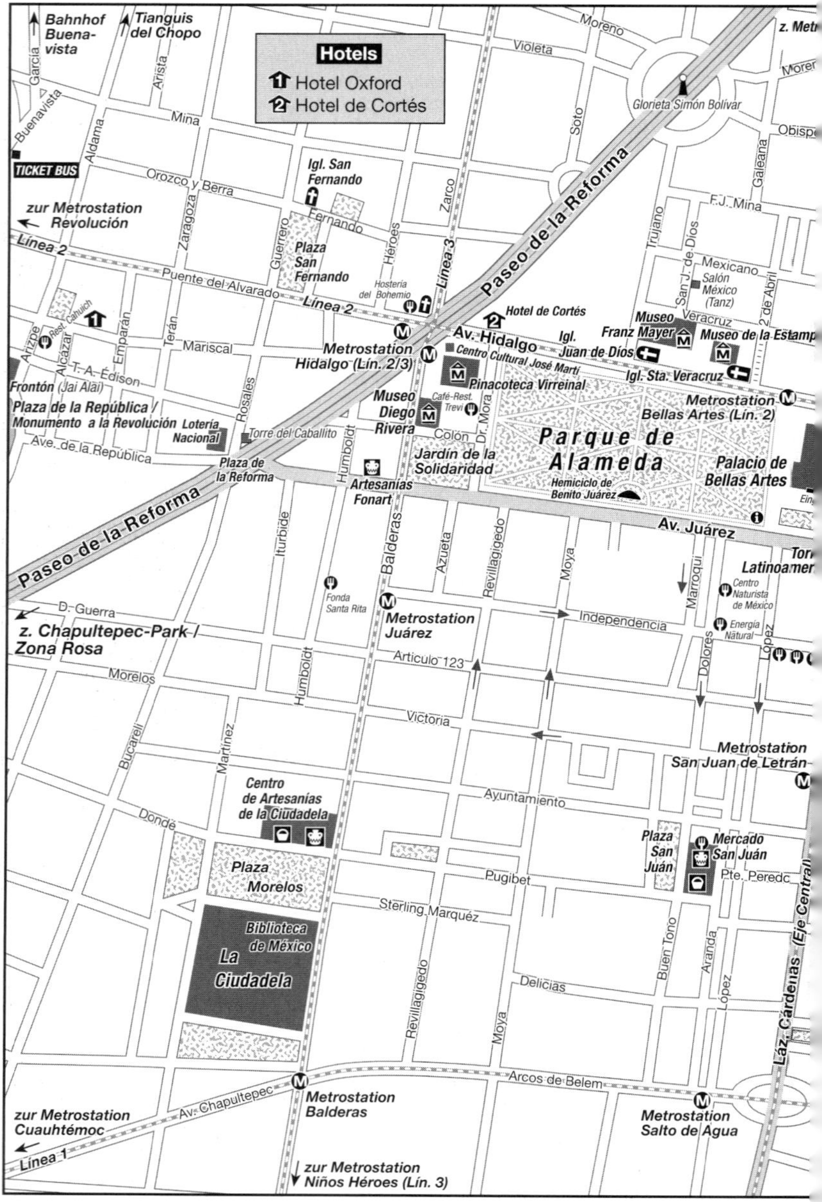
Hotels
1 Hotel Oxford
2 Hotel de Cortés
Bahnhof Buena-vista
Tianguis del Chopo
Moreno
Violeta
Glorieta Simón Bolívar
García
Buenavista
Arista
Mina
Aldama
TICKET BUS
Orozco y Berra
Soto
Paseo de la Reforma
Galeana
Obispo
F.J. Mina
Igl. San Fernando
Fernando
Zarco
zur Metrostation Revolución
Línea 2
Zaragoza
Guerrero
Plaza San Fernando
Héroes
Línea 3
Trujano
San J. de Díos
Mexicano
Salón México (Tanz)
2 de Abril
Puente del Alvarado
Hostería del Bohemio
Hotel de Cortés
Veracruz
Rest. Cahuich
Museo Franz Mayer
Museo de la Estamp
Arizpe
Alcázar
Emparán
Terán
Mariscal
Metrostation Hidalgo (Lín. 2/3)
Av. Hidalgo
Igl. Juan de Díos
Centro Cultural José Martí
T. A. Edison
Igl. Sta. Veracruz
Frontón (Jai Alai)
Pinacoteca Virreinal
Plaza de la República / Monumento a la Revolución
Museo Diego Rivera
Café-Rest. Trevi
Metrostation Bellas Artes (Lín. 2)
Rosales
Lotería Nacional
Torre del Caballito
Humboldt
Colón
Dr. Mora
Parque de Alameda
Ave. de la República
Plaza de la Reforma
Jardín de la Solidaridad
Palacio de Bellas Artes
Artesanías Fonart
Hemiciclo de Benito Juárez
Av. Juárez
Iturbide
Balderas
Azueta
Revillagigedo
Moya
Marroquí
Latinoamer
Fonda Santa Rita
Centro Naturista de México
D. Guerra
Metrostation Juárez
Independencia
Energía Natural
z. Chapultepec-Park / Zona Rosa
Artículo 123
Dolores
López
Morelos
Victoria
Bucareli
Martínez
Metrostation San Juan de Letrán
Ayuntamiento
Centro de Artesanías de la Ciudadela
Donde
Plaza San Juán
Mercado San Juán
Plaza Morelos
Pugibet
Pte. Peredo
Sterling Marquéz
Biblioteca de México
La Ciudadela
Buen Tono
Aranda
Delicias
Laz. Cárdenas (Eje Central)
Arcos de Belem
Av. Chapultepec
Metrostation Balderas
zur Metrostation Cuauhtémoc
Línea 1
Metrostation Salto de Agua
zur Metrostation Niños Héroes (Lín. 3)

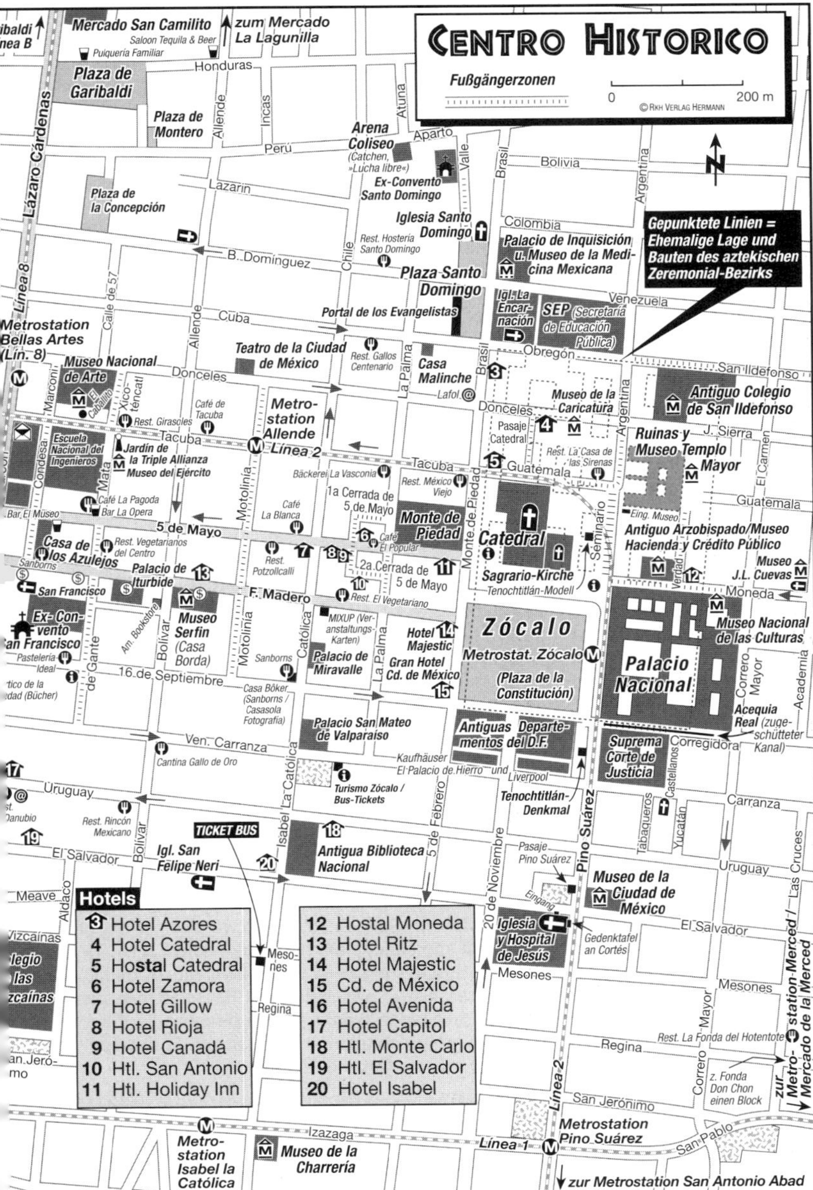

CENTRO HISTORICO
Fußgängerzonen
0
200 m
© RKH VERLAG HERMANN
Gepunktete Linien = Ehemalige Lage und Bauten des aztekischen Zeremonial-Bezirks
Mercado San Camilito
Saloon Tequila & Beer
Puiquería Familiar
zum Mercado La Lagunilla
Plaza de Garibaldi
Honduras
Plaza de Montero
Allende
Incas
Atuna
Lázaro Cárdenas
Perú
Arena Coliseo
(Catchen, »Lucha libre«)
Aparto
Ex-Convento Santo Domingo
Valle
Brasil
Bolivia
Argentina
Plaza de la Concepción
Lazarín
Iglesia Santo Domingo
Colombia
Rest. Hostería Santo Domingo
Chile
Palacio de Inquisición u. Museo de la Medicina Mexicana
B. Domínguez
Plaza Santo Domingo
Linea 8
Calle de 57
Igl. La Encarnación
SEP (Secretaría de Educación Pública)
Venezuela
Cuba
Portal de los Evangelistas
Metrostation Bellas Artes (Lín. 8)
Teatro de la Ciudad de México
Rest. Gallos Centenario
Casa Malinche
La Palma
Obregón
San Ildefonso
Museo Nacional de Arte
El Caballito
Donceles
Marconi
Xicoténcatl
Café de Tacuba
Metrostation Allende Línea 2
Lafol.
Museo de la Caricatura
Antiguo Colegio de San Ildefonso
Rest. Girasoles
Pasaje Catedral
J. Sierra
Escuela Nacional del Ingenieros
Tacuba
Jardín de la Triple Allianza
Museo del Ejército
Condesa
Mata
Motolinia
Bäckerei La Vasconia
Rest. México Viejo
Rest. La Casa de las Sirenas
Guatemala
Ruinas y Museo Templo Mayor
El Carmen
1a Cerrada de 5 de Mayo
Café La Pagoda
Bar La Opera
Bar El Museo
Café La Blanca
Monte de Piedad
Monte de Piedad
Seminario
Eing. Museo
5 de Mayo
Café El Popular
Catedral
Antiguo Arzobispado/Museo Hacienda y Crédito Público
Casa de los Azulejos
Rest. Vegetarianos del Centro
Rest. Potzollcalli
2a Cerrada de 5 de Mayo
Sagrario-Kirche
Museo J.L. Cuevas
Verdad
Sanborns
Palacio de Iturbide
Tenochtitlán-Modell
Moneda
San Francisco
F. Madero
Rest. El Vegetariano
Ex-Convento San Francisco
Museo Serfin (Casa Borda)
MIXUP (Veranstaltungs-Karten)
Hotel Majestic
Zócalo
Museo Nacional de las Culturas
Am. Bookstore
Bolívar
Católica
Metrostat. Zócalo
Palacio Nacional
Pastelería Ideal
de Gante
Sanborns
Palacio de Miravalle
Gran Hotel Cd. de México
(Plaza de la Constitución)
Correo Mayor
Academia
16 de Septiembre
Casa Böker (Sanborns / Casasola Fotografía)
Acequia Real (zugeschütteter Kanal)
Palacio San Mateo de Valparaiso
Antiguas Departementos del D.F.
Suprema Corte de Justicia
Corregidora
Ven. Carranza
Kaufhäuser El Palacio de Hierro und Liverpool
Cantina Gallo de Oro
Isabel La Católica
Uruguay
Turismo Zócalo / Bus-Tickets
Tenochtitlán-Denkmal
Pino Suárez
Castellanos
Carranza
Tabaqueros
Yucatán
Rest. Rincón Mexicano
TICKET BUS
Igl. San Felipe Neri
Antigua Biblioteca Nacional
5 de Febrero
20 de Noviembre
Pasaje Pino Suárez
El Salvador
Uruguay
Las Cruces
Museo de la Ciudad de México
Eingang
Meave
Aldaco
Vizcaínas
Colegio de las Vizcaínas
Iglesia y Hospital de Jesús
Gedenktafel an Cortés
El Salvador
Meso-nes
Mesones
Mesones
Regina
Rest. La Fonda del Hotentote
Regina
zur Metro-station Merced / Mercado de la Merced
Línea 2
Correo Mayor
z. Fonda Don Chon einen Block
San Jerónimo
San Jerónimo
Izazaga
Metrostation Pino Suárez
Línea 1
San Pablo
Metrostation Isabel la Católica
Museo de la Charrería
zur Metrostation San Antonio Abad
Hotels
3 Hotel Azores
4 Hotel Catedral
5 Hostal Catedral
6 Hotel Zamora
7 Hotel Gillow
8 Hotel Rioja
9 Hotel Canadá
10 Htl. San Antonio
11 Htl. Holiday Inn
12 Hostal Moneda
13 Hotel Ritz
14 Hotel Majestic
15 Cd. de México
16 Hotel Avenida
17 Hotel Capitol
18 Htl. Monte Carlo
19 Htl. El Salvador
20 Hotel Isabel

Reiseteil

Museen

An der Westseite des Alameda-Parks ist das **Museo Mural Diego Rivera** (Colón 7, Di–So 10–18 Uhr) mit Werken des mexikanischen Malerfürsten. Monumental ist „Traum eines Sonntagnachmittags im Alameda Park". Außerdem Fotos und andere Zeugnisse aus Riveras Leben.

Nördlich des Parks befindet sich das sehenswerte **Museo Franz Mayer** (Hidalgo 45, Di–So 10–17 Uhr), Nachlass des Mannheimer Auswanderers Franz Mayer (1882–1975), in Mexiko schlicht „Don Pancho" genannt. Gesammelt hat er Kunst aus allen Epochen und Kontinenten: Skulpturen, Gemälde, Keramiken, Stilmöbel u.a. mehr.

Gleich nebenan (östlich) kann man Original-Holzschnitte des berühmten Zeichnere *José Guadalupe Posada* und viele andere Lithographien und Graphiken im **Museo de la Estampa** („Museum der Kupferstiche") bewundern.

Wem dann immer noch nach Kunst zumute ist, der sollte noch ins **Museo Nacional de Arte** (MUNAL) schauen (Calle Tacuba in Rtg. Zócalo, Di–So 10–17.30 Uhr). Der imposante neoklassizistische Bau birgt in seinem Inneren eine Gesamtübersicht mexikanischer Malkunst aus allen Epochen, besonders schön sind die Landschaftsbilder von *José María Velascos* (1840–1912).

Kunsthandwerk

Im **Centro de Artesanías de la Ciudadela** (vom Museo Diego Rivera 6 Blocks südlich auf der Balderas, oder Metrostation *Balderas* und dann nach Norden gehen) bekommt man einen guten Eindruck von dem landesweiten Angebot an Kunsthandwerk.

Westlicher Innenstadtbereich

Die Hauptverkehrsader **Paseo de la Reforma** – genannt nach den Reformgesetzen des Präsidenten Benito Juárez – verbindet den Alameda-Park mit dem Chapultepec-Park. Moderne Stahl- und Glasbauten säumen ihn (u.a. der futuristisch anmutende Börsenturm), zwischendrin gibt es immer wieder *Glorietas* (Rondells), die an Historisches erinnern, so das Denkmal des letzten Aztekenherrschers **Cuauhtémoc** – am 13.08. tanzen hier die *Concheros* –, und das 36 m hohe **Monumento a la Independencia** mit einem goldenen Engel auf der Spitze. **El Ángel** ist regelmäßiger Treffpunkt für Demonstranten, aber auch für Fußballfans bei WM-Spielen – dann geht hier die Post so richtig ab! Am Beginn der Calle Florencia (Zona Rosa-Seite) gibt es ein Turismo.

Die Zona Rosa

Die „rosa" Zone (Metro 1, *Insurgentes*) hat nichts mit Rotlichtbezirk zu tun, sondern ist ein relativ teures und touristisches Flanier-, Restaurant- und Einkaufsviertel. Das *Mixup* (Génova 76, Ecke Liverpool) ist der größte Musikladen der Stadt mit internationalem Angebot, hier auch ein **Ticketmaster** für Karten für **Veranstaltungen** (www.ticketmaster.com.mx). Das **Museo de Cera** (Londres 4–10, zw. Berlin und Bruselas, Mo geschl.) zeigt berühmte Persönlichkeiten in Wachs, gleich nebenan liegt das *Museo Ripley* mit jeder Menge Kuriositäten. Im Restaurant **Focolare** (Hamburgo 87) werden mex. Folklore-Tänze aufgeführt.

Bosque de Chapultepec

Wahrhaft folkloristisch geht es jedes Wochenende in der „grünen Lunge" der Stadt zu (Fläche über 10 qkm), Tausende strömen dorthin um Freiluftzerstreuung zu suchen. Auf dem höchsten Hügel des Parks hatten sich einst der Habsburger *Maximilian,* Kaiser von Mexiko 1863–67, und seine Frau *Carlota* ihre Sommerresidenz errichtet, und zwar in dem klassizistischen **Chapultepec-Schloss,** wo heute das **Museo Nacional de Historia** (Di–So 9–17 Uhr) untergebracht ist. Unzählige Exponate und Erinnerungsstücke lassen hier die Vergangenheit des Landes wieder lebendig werden, auch Werke der großen Meister (O'Gorman, Orozco, Siqueiros) dürfen natürlich nicht fehlen. Mehr von ihnen gibt's im **Museo de Arte Moderno** (Di–So 10–18 Uhr), hier auch Bilder von Rivera und Tamayo, sowie das berühmte *Las Dos Fridas* („Die zwei Fridas") von Frida Kahlo, außerdem ein Skulpturen-Garten. Internationale Künstler (Dalí, Miró u.a.) und viele Skulpturen gehören zur Privat-Sammlung von Rufino Tamayo (1899–1990), Oaxacas berühmtesten Maler. Ausgestellt sind sie in einem monumentalen, lichtdurchfluteten Beton-Glas-Bau, dem **Museo Rufino Tamayo** (Di–So 10–18 Uhr).

El Museo Nacional de Antropología

Hauptattraktion des Parks ist das **Anthropologische Museum** (Di–So 10–19 Uhr, Eintritt 38 P, www.mna.inah.gob.mx. Genug Zeit einplanen, einige Stunden sind angebracht. Nicht nur in Bezug auf seine Architektur eines der schönsten und ungewöhnlichsten der Welt, es handelt sich schlichtweg um eine museale Schatztruhe! Schon vor dem Eingang wacht der Regengott Tlalóc, und im Innenhof symbolisiert ein 10 m hoher Wasservorhang (auch „el paraguas", Regenschirm genannt) den Lebensbaum.

Die Säle im **Erdgeschoss** sind neben einer anthropologischen Einführung (1–3) jeweils einer bestimmten Region oder prähispanischen Kultur Mexikos gewidmet. Es bietet sich an, entweder auf alles einen kurzen Blick zu werfen oder diejenigen Gegenden auszuwählen, die man besucht hat oder noch besuchen wird. Manches ist im Museum wesentlich besser zu sehen als an den Originalplätzen (so z.B. die Nachbauten der Gräber 7 und 104 von Monte Albán)! Und wer nicht weiter im Land herumreist, kann hier einiges nachholen: Ein 4,60 m hoher **Atlant von Tula** steht in der *Sala Tolteca*, ein **olmekischer Kolossalkopf** in der *Sala Costa del Golfo* und ein metergroßer **Chak Mool** hockt in seiner typischen Halbsitzstellung in der *Sala Maya*. Höhepunkt im *Sala de Mexica* ist der **Piedra del Sol,** der aztekische „Kalenderstein" mit dreieinhalb Meter Durchmesser.

Die Ethnologie-Säle im **Obergeschoss** widmen sich den Bräuchen, kulturellen Traditionen und Lebensweisen der heutigen Indígena-Völker Mexikos. Die Verkaufstelle im Foyer bietet viel Literatur, Fotos und schöne Replikate (www.tiendadelmuseo.com.mx).

Im Süden der Stadt

Coyoacán

Kolonialen Charme besitzt das Künstler- und Intellektuellenviertel Coyoacán (Metro 3 bis *Viveros*, dann noch 2 km zu Fuß oder mit Taxi), berühmte historische Anwohner waren Cortés und der Literaturnobelpreisträger Octavio Paz, aber auch Frida Kahlo und der russische Revolutionär Leo Trotzki.

Ehrwürdige Kolonialgebäude mit hübschen Patios und Gärten sowie stimmungsvolle Plätze mit Cafés und Galerien findet man rund um die **Plaza Hidalgo** und um den danebenliegenden **Jardín del Centenario,** ursprünglich ein Kloster-Atrium. Die Kojoten als Brunnenfiguren sind das Wahrzeichen Coyoacáns. Am Wochenende ist besonders viel los, dann bauen die Hippie-Händler ihre Stände auf (Sa), werden Bilder zum Verkauf angeboten (So), und im Bazar Artesanal (Westseite der Plaza, Sa/So) kann man Kunsthandwerk erstehen.

Eine Info-Stelle befindet sich in der einstigen *Casa de Cortés* (Nordseite der Plaza), heute Verwaltungssitz von Coyoacán. Seiner indianischen Dolmetscherin und Geliebten Malinche ließ Cortés die rötliche *Casa Colorada* bauen (Higuera 57, gleich bei der baumbestandenen *Plaza de la Conchita*). Mexikanische Volkskunst präsentiert das *Museo de las Culturas Populares* (Av. Hidalgo 289, Di–So 10–18 Uhr, Fr–So 10–20 Uhr).

Höhepunkt für Kunstliebhaber ist aber der Besuch im **Museo Frida Kahlo** (Ecke Allende/Londres 247, Di–So 10–18 Uhr), die berühmte „Casa Azul" (Fridas Geburts- und Sterbehaus), deren indigoblauer Anstrich nach mexikanischem Volksglauben die bösen Geister abwehrt. Hier gibt es noch viele persönliche Erinnerungsstücke der leidgeprüften Malerin zu bestaunen, unter anderem ihre Trachtenkleider. Einige Malskizzen und Entwürfe sind noch da, doch keines ihrer großen Werke. Die Asche der 1954 verstorbenen Künstlerin befindet sich im Haus in einer Maya-Urne. Berühmt wurde sie erst nach ihrem Tod.

Ins Gebäude des heutigen **Museo Leo Trotzki** (Eintritt von der Av. Churubusco 410, 10–17 Uhr, Mo geschl.) mußte der russische Revolutionär nach eine Affäre mit der Frau seines Gastgebers Rivera (Frida) „flüchten", er baute es festungsartig aus, doch vergebens: Am 20.08.1940 wurde er eben dort von Stalins Häschern tödlich verwundet.

Zum Kaffeetrinken bietet sich das beliebte, mexikanisch-traditonelle Straßencafé *El Jarocho* in der Cuauhtémoc 134 an (auf der Allende zw. Museo Frida Kahlo und Plaza Hidalgo). Gepflegt in präkolumbischem Ambiente speist man im Restaurant *Los Danzantes,* Jardín del Centenario No. 12. Den Jardín säumen noch weitere Restaurant. TIP: *Las Esquina de los Milagros* an der Westecke serviert köstliche *cazuelas,* Kasserollen.

San Ángel

Pflasterstraßen, Blumenhecken und bunte Märkte machen **San Ángel** (3 km westl. von Coyoacán, Metro 3, *Miguel Ángel Quevedo*, von da westl. zur *Plaza San Jacinto*) zum **schönsten Stadtteil** der Metropole. Drehpunkt ist die **Plaza San Jacinto** mit ihren Restaurants, dort auch jeden Samstag auf dem gut besuchten **Bazar del Sábado** (Patio-Haus Nr. 11 an der NW-Seite, 10–19 Uhr) so ziemlich alles zwischen Kitsch und Kunst. Besuchen sollte man außerdem das schöne **Museo Casa Risco** (Nordseite) aus dem 18. Jh. mit seinen zwei reizvollen Patios und einem originellen, kachel- und porzellanverzierten Brunnen. Die eintürmige **Iglesia San Jacinto** und ihr idyllischer Klostergarten säumen den Platz an der Westseite.

Kunstfreunde kommen auf ihre Kosten im **Museo de Arte Carillo Gil** (Ecke Av. Revolución und Camino al Desierto de los Leones, Di–So 10–18 Uhr) mit Gemälden der „drei Großen" (Rivera, Orozco, Siqueiros). Auf der Strecke dorthin bietet sich ein Blick in den üppig-bunten Blumenmarkt **Mercado de Flores** (Av. Revolución) an. Das ehemalige Atelier und Wohnhaus des Künstlerehepaars Rivera/Kahlo, das **Museo Casa Estudio Diego Rivera y Frida Kahlo** (Di–So 10–18 Uhr) liegt in der Calle Altavista nordwestl. der Plaza. Auch hier Gemälde und persönliche Utensilien sowie Fotos der beiden. Entworfen wurden die zwei Kuben im Bauhausstil von einem weiteren Meister: Juan O'Gorman. Einkehren kann man dann im teuren und sehr exquisiten *Restaurante San Ángel Inn* direkt gegenüber, oder aber im guten indischen *La Casona del Elefante* (Madero 2) an der Plaza.

Im Norden der Stadt

Basílica de Guadalupe

Die Basilika der Schutzheiligen Mexikos liegt ca. 7 km nördl. vom Zócalo, hin mit Metro 3, bei *Deportivo 18 de Marzo* umsteigen in Metro 6 und an der nächsten Station *(La Villa Basílica)* aussteigen, dann noch ca. 200 m zu Fuß. Die gigantische Wallfahrtskirche wurde 1976 neu erbaut, da die alte von 1700 (gleich daneben) in den weichen Boden absank – heute beherbergt diese ein religiöses Museum. Rechts der Plaza die *Capilla del Pocito* (Brunnenkapelle) mit weiß-blau gekachelter Kuppel, ein wunderschönes Beispiel barocker Baukunst des 18. Jahrhunderts.

Die braune Schutzpatronin der Mexikaner

Wer um den **12. Dezember** auf Autobahnen und Straßen rund um Mexiko-Stadt unterwegs ist, den erwartet ein wahrhaft folkloristisches Verkehrschaos. Von weit her kommen die Pilger in zu leuchtenden Kapellen umgebauten Kleinlastern, in Radlergruppen oder zu Fuß, das Banner der an diesem Tag gefeierten **Virgen de Guadalupe** führt die Trupps an. Alles strömt zur Basilika am Tepeyac-Hügel, nach dem Vatikan das meistbesuchte religiöse Heiligtum der Christenheit. Doch auch an anderen Tagen zieht die wundertätige Schutzpatronin des Landes enorme Menschenmassen an (etwa 20.000 haben in der Basilika Platz), manche davon rutschen als Büßer auf den Knien bis zum Eingang. Über dem Altar hängt in einem schussfesten Glasschrein das Bildnis der Jungfrau. Im Jahre 1531 war sie dem bereits bekehrten Hirtenjungen Juan Diego erschienen (2002 vom Papst heiliggesprochen), auf eben diesem Tepeyac-Hügel, wo vorher die wichtige Azteken-Göttin Tonantzín verehrt wurde. Als Beweis zeigte er seinen Umhang voller Rosen, auf dem sich das Gesicht der Jungfrau im Strahlenkranz abzeichnete. Mit der braunhäutigen und ersten „einheimischen" Madonna Lateinamerikas (die immer ohne Sohn abgebildet ist, in dessen Namen ja die Eroberer kamen) konnte sich die Urbevölkerung identifizieren, deren Christianisierung ging nun wesentlich schneller voran. Legenden und Wundersagen begannen zu blühen, noch im Juni 1997 erschien sie einem fliegenden Händler in der Metro-Station Hidalgo (dort ein Altar).

Ihr revolutionäres Potential entfaltete sie im Unabhängigkeitskampf: „Tod den Spaniern, es lebe die Jungfrau von Guadalupe" lautete der Schlachtruf der Rebellen. Die *Morena* wurde zur Generälin befördert, später sogar zur **Königin von Mexiko** (unter dem Diktator Porfirio Díaz). Bis heute ist sie die **Beschützerin des kleinen Mannes,** ihr Bildnis ziert unzählige Geschäfte, Busse, Taxis und Wohnungen. Wenn dann am 11./12. Dezember auch zahlreiche Conchero-Tänzer vor der Basilika alte Aztekentänze aufführen, so kann man sich fragen, ob sie sich damit nicht eher an Tonantzín als an Guadalupe wenden. Sicher ist, dass Mexikos Schutzpatronin auch heute noch mehr für Synkretismus steht als für reinen katholischen Glauben – was ihrer modernen Internetpräsenz allerdings keinen Abbruch tut: www.virgendeguadalupe.org.mx.

Adressen & Service Mexiko-Stadt

Turismo Es gibt im Zentrum etliche Turismos bzw. *Módulos de Información Turística* (s. i-Punkte auf den Karten): Auf dem **Zócalo** westlich und östlich der Kathedrale, beim **Palacio Bellas Artes/**Südostecke Alameda-Park, in der Gante/Ecke 16 de Septiembre, in der **Zona Rosa** beim *El Ángel,* beim **Anthropologischen Museum** am Weg vom Paseo de la Reforma und außerdem in Coyoacán, San Ángel, auf dem **Flughafen** und in den vier großen **Busterminals.**

Internet Mexiko-Stadt **www.mexicocity.gob.mx** (offizielle website, viele Infos zu allen Bereichen) • www.mexicocity.com.mx • www.edomex.gob.mx • www.viveelcentro.com (alles Touristische im historischen Zentrum) • www.allaboutmexicocity.com • www.df.gob.mx • www.tiempolibre.com.mx (Veranstaltungsprogramm) • www.cultura.df.gob (Kulturinstitut) • www.ticketmaster.com.mx (Karten für Veranstaltungen) • www.ticketbus.com.mx (für Bus-Abfahrtszeiten) • www.mexico-travel.com (Homepage der **Sectur**) • www.go2mexicocity.com • www.femexfut.org.mx (Homepage vom mex. Fußballverband, Spiele) • u.a.

Kommunikation Telefon-Vorwahl: **01-55,** Post: Ecke Av. Lázaro Cárdenas und Tacuba (gegenüber Bellas Artes).

Busterminal Vier verschiedene Busterminals bieten Fahrten in unterschiedliche Landesteile. Der **TAPO** (Terminal de Autobuses de Pasajeros de Oriente; Metro 1, *San Lázaro*) bietet den Osten und Süden an (Puebla, Veracruz, Oaxaca, Chiapas, Yucatán), wichtigste Gesellschaften sind ADO, Cristóbal Colón, AU und UNO. Nach **Oaxaca** fahren in gut 6 Stunden je 6x tägl. die Luxusbusse von UNO und ADO-GL, 1.-Klasse-Busse von Cristóbal Colón (ca. 3x) und ADO (ca. 17x).

Der **TAS** (Terminal de Autobuses del Sur; Metro 2, *Tasqueña*) bietet Fahrten nach Süden und Südwesten (Cuernavaca, Taxco, Pazifikküste u.a.) mit ADO, Cristóbal Colón, Estrella Roja, Estrella de Oro, Futura u.a.

Vom **TAP** (Terminal de Autobuses del Poniente, Metro 1, *Observatorio*) geht's nach Nordwesten (Toluca, Michoacán, Jalisco u.a.) Busgesellschaften: ETN, Elite u.a.

Vom **TAN** (Terminal de Autobuses del Norte, Metro 5, *Autobuses del Norte*) steuert man mit Elite, ADO, UNO, Futura u.a. das ganze nördliche Mexiko (nördl. Kolonialstädte, nördl. Pazifikküste) bis hin zur USA an. Von hier aus geht's auch nach **Teotihuacán** und **Tula**.

Manche Ziele werden von mehreren Terminals angeboten.

Hauptbusverbindungen kann man unter www.**ticketbus.com.mx** nachsehen. Ticket Bus-Büros in der Innenstadt: Isabel la Católica 83E, Paseo de la Reforma 412 u.a. (siehe Homepage), Tel. 51332424.

Alle Mexiko-Zieldestinationen von allen vier Terminals aus mit operierenden Buslinien über www.metro.df.gob.mx (Link „Centrales Camioneras").

Von und zu Terminals aus Sicherheitsgründen immer autorisierte bzw. Telefontaxis nehmen.

Mietwagen Am internationalen Flughafen haben alle großen Autovermieter Büros.

Unterkunft Vorab informieren bei: http://mexico.city.hotelguide.net. Günstiger kommen Sie weg, wenn Sie in Deutschland in einem Reisebüro eines der verfügbaren Vertragshotels vorbuchen. Weitere Hotels neben den hier aufgeführten siehe Stadtplan.

Hostal Catedral (REMAJ-Hostel), República de Guatemala 4 (nordwestl. der Kathedrale, Metro-Station Zócalo), Tel. 55181726, www.hostelcatedral.com, info@hostelcatedral.com; über 200 Betten, Bistro-Bar, Internet, Dachterrasse mit Aussicht und Bar, TV-Raum, Wäscherei, Reisebüro (Touren zur Basílica de Guadalupe und Teotihuacán) u.a. Services. DZ ca. 20 €, Dorm-Bett ab 10 € (mit DHJ-Ausw. ermäßigt), Preise inkl. Frühstück.

Hostal Moneda (AMAJ-Hostel), Moneda 8 (ca. 100 m nordöstl. vom Zócalo,

Metro-Station *Zócalo*), Tel. 55225803, Fax 55225821, www.hostalmoneda.com.mx, info@hostalmoneda.com.mx; sehr zentral, DZ ca. 22 €, Dreier- u. Mehrbettzimmer (5er/6er-dormitorios) ab 8 €/p.P., alle mit eigenem Bad, insges. 94 Betten. Preise inkl. ordentlichem Frühstücks- und Abendbuffet mit mex. Gerichten auf der Dachterrasse (Aussicht). Engl.-spr. 24-h-Rezeption, Küche, TV-Raum, Bar u. Café, Wäscherei, Internet u.a. Services. Angebotene Ausflüge (Teotihuacán u.a.) preisgünstig und gut begleitet. Hoteltaxi-Service zum/vom Flughafen u. zu den Busterminals. Mail-Reserv. empfehlenswert!

In der Zona Rosa, Metro-Linie 1, Station *Insurgentes*): **Hostal Casa Vieja,** Privada de Londres 7, nahe Metrostation *Sevilla* Linie 1, Tel. 52083004, www.hostalcasavieja.com, info@www.hostalcasavieja.com. Sehr ruhig, schön, sauber und familiär, geführt von zwei netten jungen Leuten. Kleiner gemütlicher Wohnbereich mit TV, Küche, im Zi. Safe. DZ 340 P (3 Zi. mit je 2 Betten), Einzel 250 P, Bett im Vierer-Dorm 120 P, jeweils mit Frühstück. Ausflüge über ein Reisebüro. TIP.

FAM

Hotel Gillow, Isabel la Católica 17 (Ecke 5 de Mayo), Tel. 55181440, Fax 55122078; zentrale und gute Mittelklasse, große helle Zi. (keins zum Innenhof nehmen, sondern zur Querstraße), gutes Rest., nette Musik-Bar, viel los, **TIP.**

Hotel Catedral (nicht mit *Hostal* Cat. verwechseln!), Donceles 95 (Metro-Station *Zócalo*), Tel. 55216183, Fax 55124344; www.hotelcatedral.com.mx; 3 Min. nördl. vom Zócalo in ruhiger Lage, gut eingeführtes Touristenhotel, 120 sehr saubere TV-Zi. (an heißen Tagen keins nach Süden zu nehmen), Rest., Bar, Internet u. Reisebüro in der Lobby, offene Dachterrasse im 7. Stock mit Aussicht auf die Stadt, Parkplatz nahebei, DZ ab 30 €, ein **TIP.** – Gleich in der Nähe:

Hotel Azores, República de Brasil 25, Tel. 55215220, Fax 55120070, www.hotelazores.com; gutes Mittelklasse-Hotel, 65 sehr saubere, preiswerte Zi. (ab 20 €) um einen Patio, Rest., Bar. Wie das Catedral meine **Empfehlung.**

Hotel Canadá, 5 de Mayo 47 (Metrostation Allende), Tel. 55182106, DZ ca. 26 € (ein ruhiges verlangen). Zentral gelegen, modern, gut. Direkt neben dem Eingang die gleichnamige leckere Saftbar.

LUX

Hotel Majestic, 4 Sterne, Av. Madero 73 (Metrostation Zócalo), Tel. 55218600, Fax 55126262, www.majestic.com.mx, DZ ca. 113 € + 17% Steuern. Restaurant und Bar.

Hotel Ritz, 4 Sterne, Av. Madero 30, ca. 3 Gehminuten vom Zócalo, Tel. 55181340, Fax 55183466, www.hotelritz.com.mx. Haus mit traditioneller Atmosphäre, DZ ca. 57 €, Frühstück inkl.

Essen & Trinken

Für Vorsichtige eignen sich zunächst einmal amerikanisierte Kettenrestaurants wie *VIPS,* Sanborns (in der Casa de Azulejos, Madero 4, auf jeden Fall mal vorbeischauen), *Taco Inn* usw. Ansonsten viele Restaurants im Centro Histórico zw. Zócalo u. Torre Latinoamericana, oder in der Zona Rosa. Vom Restaurante México Viejo, Guatemala 32 (Ecke Monte de Piedad) freie Sicht auf die Kathedrale und am Wochenende ein riesiges Frühstücksbuffet.

Tradition und gute Küche hat das **Café Tacuba,** Tacuba 28 (Metro 2, *Allende*) in altmexikanischem Stil. Berühmt ist auch **La Ópera Bar,** Ecke F. Mata/5 de Mayo, denn hier schoss Pancho Villa einst ein Loch in die Decke – was die Küchenqualität übrigens nicht schmälerte. – Viele weitere Restaurant-Tips s. Gabel-Symbole im Stadtplan.

Unterhaltung

Aktuelle Programme einsehen bei www.tiempolibre.com.mx oder www.ticketmaster.com.mx (Verkaufsstellen in der Zona Rosa oder im Sanborns in der Madero, Tel. 53259000). Nicht verpassen sollte man das **Ballet Folklórico de México** im Palacio Bellas Artes (Mi 20.30, So 9.30 u. 20.30 Uhr, Info-Tel. 55219251) oder als Alternative (etwas billiger) das **Ballet Folklórico Nacional Aztlán.** Es tanzt im Teatro de la Ciudad (Donceles 36, nordöstl. von Bellas Ar-

Reiseteil

tes, Di 20.30, So 9.30 u. 21 Uhr, Auskunft Tel. 52942269, www.ballet-folcnat.com).

Im Centro Histórico gibt es jede Menge **Musik-Kneipen,** z.B. *Café Luna*, Zócalo-Westseite zw. Madero u. 5 de Mayo, 5. Stock, Mi–Sa ab 21.30 Uhr, schöne Aussicht auf den Zócalo. Die nette Cafetería Musical *Hostería del Bohemio*, Hidalgo 107 (Metro 2 oder 3, *Hidalgo*) bietet im Patio romantische Atmosphäre, tägl. ab 17 Uhr. Nächtliche Unterhaltung aller Art bietet auch die **Zona Rosa** bzw. die *Plaza Garibaldi* (s.o.)

Feste

März: *Festival del Centro Histórico:* dreiwöchiges Kulturprogramm mit vielen Veranstaltungen. Eine Woche vor Ostern: traditionelles Blumenfest auf den Kanälen von Xochimilco. 13. August: Azteken-Tänze am Cuauhtémoc-Denkmal und auf dem Platz der drei Kulturen. Abend des 15. Sept.: die Unabhängigkeit wird auf dem Zócalo gefeiert – brechend voll! Am Ende ein Feuerwerk. Am nächsten Morgen dann eine Militärparade. 1./2. Nov.: Día de los Muertos – der ganze Zócalo ist geschmückt, Tanzaufführungen. Schön auch im Museo Dolores Olmedo Patiño (Xochimilco). 22. Nov.: großes Mariachi-Fest auf der Plaza Garibaldi. 12. Dez.: Tag der Vírgen de Guadalupe (s.o.).

Einkaufen

Zu finden gibt es so ziemlich alles, was das Land herstellt. In der Calle Moneda nördl. des Regierungspalastes wuseliger Straßenmarkt. An der Zócalo-Südseite befinden sich die beiden Kaufhauspaläste *El Palacio del Hierro* und *Liverpool.* Teurere Galerien in der Zona Rosa. Kunsthandwerkliche Produkte bieten die FONART-Läden, z.B. in der Juárez 89 (Westseite des Alameda-Parks), größere Auswahl aber auf dem Ciudadela-Markt (s.o.). Liebhaber sollten auch mal in die Buchantiquariate in der Donceles (westl. der Brásil, gleich hinter dem Zócalo) schauen. Kunterbunt geht es auf den zahlreichen Märkten zu, im **Mercado Sonora** (Metro 1, *Merced,* dann 300 m südl. gehen) auch viele „Hexenutensilien" und Tiere.

Umgebungsziel Teotihuacán

Die riesige Pyramidenstätte (UNESCO-Weltkulturerbe, tägl. 7–18 Uhr, Eintritt 38 P, Ticket bis zum Schluß aufbewahren) liegt rund 50 km nordöstlich von Mexiko-Stadt und zählt zu den meistbesuchten Anlagen des Landes, besonders am Sonntag ist der Andrang groß. Mindestens ein halber wenn nicht ein ganzer Tag sollte für die Besichtigung eingeplant werden, früh losfahren. Als Ausrüstung sind gutes Schuhwerk, Kopfbedeckung und Sonnenschutz unbedingt zu empfehlen, auch etwas Proviant (Wasser!) ist von Nutzen, es sind weite Strecken zu gehen. Das **Museum** südlich der Sonnenpyramide nicht versäumen, es besitzt diverse Fundstücke, ein eindrucksvolles Modell der Gesamtanlage und einen kleinen Skulpturen- sowie Botanischen Garten. Gut auch für eine Pause (Café, Toiletten, Laden).

„Ort, wo die Zeit begann"

Das auf 2200 m Höhe in einem trockenen Hochtal gelegene Teotihuacán war das **bedeutendste Kulturzentrum** und die **größte Stadt** des alten Amerika (geschätzte 200.000 Bewohner zur Blütezeit zw. 200 bis 500 n.Chr.) – viel größer auch als die spätere Aztekenhauptstadt Tenochtitlán. Als die Azteken um 1250 in **Anáhuac** – dem Hochtal von Mexiko – ankamen, war die Pyramidenstätte schon seit fünf Jahrhunderten verlassen und teilweise zerstört. Beeindruckt von den gewaltigen Dimensionen der Bauten nahmen sie an, dass hier die Götter selbst ihren Ursprung hatten, hier die Zeit ihren Anfang nahm. *Teotihuacán,* „Heimat der Götter", tauften sie den Ort, und die beiden größten Pyramiden nannten sie nach Sonne und Mond, in der Annahme, dass sich an ihrer Stelle zwei Gottheiten durch Selbstopfer in diese Himmelskörper verwandelt hätten. Neben der 40 m breiten und 2 km langen Hauptachse – eine der läng-

sten urbanen Achsen der Menschheitsgeschichte überhaupt – vermuteten sie fälschlicherweise Begräbnisstätten, weshalb diese bis heute als Calzada de los Muertos, „Straße der Toten“, bekannt ist. Mit den Ausgrabungen und Rekonstruktionen begann man allerdings erst zu Beginn des 20. Jahrhunderts, vieles liegt weiterhin unerforscht im Umland.

Höhepunkte des Rundgangs sind die zwei imposant hohen Pyramiden **Pirámide de la Luna** (Mondpyramide, 45 m) und **Pirámide del Sol** (Sonnenpyramide, 70 m) sowie der **Templo de Quetzalcóatl,** der direkt gegenüber des Haupteingangs liegt. Die einst siebenstufige Pyramide beeindruckt vor allem durch ihre fein gearbeiteten Steinplastiken. Grimmig blickende Masken der gefiederten Schlange und des Regengottes Tláloc wechseln sich auf den senkrechten Tablero-Mauern ab, auf den darunter liegenden geböschten Talud-Flächen winden sich Schlangen.

Anfahrt

Vom nördlichen Busterminal **Terminal Central del Norte** mit einem Bus von *Autobuses Teotihuacán,* vom *Sala 8,* Busaufschrift „Los Pirámides“. Abfahrten etwa alle 15 Minuten, Fz 45 Min., er fährt direkt zur **Puerta 1.** (Anfahrt zum Terminal del Norte aus dem Stadtzentrum mit der Metro 5, Station *Autobuses del Norte.*)

Beachte: der Ort westl. der Pyramiden heißt gleichfalls „Teotihuacán“, in korrekter Länge „San Juan de Teotihuacán“; Ihr Ziel ist, wie erwähnt, *Los Pirámides!*

2. Möglichkeit: Nimm von der Endstation der Metro-Linie 3, **Indios Verdes,** einen Bus nach Teotihuacán (Ausgang **„J“**). Darauf achten, dass man einen Schnellbus besteigt, Fz ca. 30 Min. Der Normalbus fährt über die Dörfer und benötigt eine Stunde. Das gleiche gilt für die Rückfahrt, genau nachfragen.

Rückfahrt von Teotihuacán vom Tor 1, s. Karte. Die Busse stoppen auch bei den Toren 2 und 3. Sie fahren zuerst zur Metro-Endstation *Indios Verdes* (passt für anschließenden Besuch der Guadalupe-Kirche), danach zum Busterminal *Central del Norte.* Fahrkartenverkäufer geben Auskunft. Letzter Bus nach 18 Uhr (wer ihn verpasst: mit Taxi/Combi zum Ort Teotihuacán – von den Toren 1, 2 und 3 – und von dort mit einem Bus nach Mexiko-Stadt zurück).

ANHANG

Autor Helmut Hermann bereist seit über 30 Jahren die Welt. Viele Buchveröffentlichungen. Erste Reise nach Mexiko 1979.

Fotos Alle von Helmut Hermann, außer: Gruhn, Dorit Heike/Puebla: S. 88, 93 • Köhler, Stephan: 268 • Mendoza, Martin: S. 62, 64, 87, 199, 211, 298, 341, 342, 391.

Danke! Gracias! Für die Mitarbeit: *Dorit Heike Gruhn,* Benemérita Universidad Autónoma de Puebla (Exkurs S. 45, „Fortbewegung auf Mexikanisch", „Schattenseiten des Sonnenlandes" u.a. Beiträge) • *Dieter* und *Annabella,* Flores • *Christine Brenner, Alfred Cerny, Rolf & Siggi Liebler,* Playa del Carmen.

Abkürzungen und mexikanische Akronyme

AC *Aire acondicionado;* (Air Conditioning), Klimaanlage
A.C. *antes de Cristo;* v.Chr.
AMAJ *Asociación Mexicana de Albergues Juveniles,* mex. Jugendherbergs-Vereinigung
Apdo. *Apartado postal;* Postfach
Av. *Avenida;* breite, große Straße
Blvd. Boulevard
C. *Calle;* Straße
C.P. *Código postal;* Postleitzahl
Calz. *Calzada;* Fahrdamm, Chaussee
Cd. *Ciudad;* Stadt
Col. *colonia;* Stadt-/Wohnviertel
Conasupo *Comisión Nacional de Subsistencias Populares;* nationale Kommission für Volkslebensmittel, staatl. Ladenkette f. (subventionierter) Güter tägl. Bedarfs.
D.C. *después de Cristo;* n.Chr.
D.F. *(de-effe) Distrito Federal;* Bundesdistrikt, in dem Mexiko-Stadt liegt
e. *este;* Osten
Ed. *Edificio;* (Gebäude) bei Adressenangaben, archäologisches Bauwerk
esq. Ecke zweier Straßen (bei Adressen-Angaben)
Est. *Estado* (mex. Bundesstaat)
EUA *Estados Unidos de America;* USA (auch EEUU)
FMT Forma Migratoria para Turista, Touristenkarte (Tarjeta de Turista)
FONATUR Fondo Nacional de Fomento del Turismo (staatliche Gesellschaft zur Tourismusförderung).
fracc. fraccionamiento; Wohnviertel, Neubaugebiet
Gral. General (z.B. bei Straßennamen)
HS Hochsaison (Hotels)
INAH *Instituto Nacional de Antropología e Historia;* nat. mex. Institut für Anthropologie u. Geschichte (Verwaltung d. archäologischen Stätten); **www.inah.gob.mx**
INI *Instituto Nacional Indigenista;* Nationales Institut für Indígenas/Indianerfragen
ISH *impuesto sobre hospedaje;* Hotelpreis zuzügl. Steuer
IVA *Impuesto de valor agregado;* Mehrwertsteuer (derzeit 15%)
Kk Kreditkarten
Lada *Larga distancia;* (Ferngespräch)
Ladatel *Larga distancia teléfono;* Ferngespräch-Telefon, meist für Telefonkarten

lic.	*licenciado;* Akademikertitel, bes. Anwälte (oder Leute die noch keinen haben)
loc.	*local;* Laden oder Büro (mit Nummer, z.B. in einem Einkaufszentrum)
MN	*Moneda Nacional;* der mex. Peso, Zeichen: $ (wie US-Dollar!)
n./Nte	*norte;* Norden
NS	Nebensaison (Hotels)
NAFTA	North American Free Trade Agreement; zollbegünstigtes/zollfreies Handelsabkommen zwischen den USA, Mexiko und Kanada, in Mexiko:
o.	*oeste;* Westen
occ.	occidente; Westen
ote	*oriente;* Osten (bei Straßen)
PAN	Partido de Acción Nacional (polit. Partei)
P.B.	*Planta baja;* Erdgeschoss (in Aufzügen)
PEMEX	*Petroleos Mexicanos* (staatliches Erdölunternehmen)
Preis-LV	Preis-/Leistungs-Verhältnis (bei Hotels)
PLZ	(dt.), Postleitzahl
PRI	*Partido Revoluciario Institucional;* Partei der institutionellen Revolution
pte	*poniente;* westlich (bei Straßen)
Pto.	*puerto;* Hafen
s.	*sur;* Süden (u. siehe)
S.A.	*Sociedad Anónima;* Aktiengesellschaft
SECTUR	*Secretaría de Turismo* (Tourismus-Ministerium)
Sematur	*Servicios Marítimos y Turísticos* (Fährlinie Festland zur Baja California)
s/n	*sin número;* „ohne Nummer", bei (Straßen-)Adress-Angaben
Sr., Sra., Srta.	*Señor, Señora, Señorita;* Herr, Frau, Fräulein
Telmex	Teléfono de México S.A.
TLC	*Tratado de Libre Comercio;* s. NAFTA
UNAM	*Universidad Autónoma de México* (Mex.-Stadt, die größte, viele Zweigstellen
Urb.	*Urbanización;* Wohnviertel, Vorort
ZS	Zwischensaison (Hotels)

Glossar und Lexikon

Speisen- u. Getränkebegriffe s.u. bei „Die mexikanische Speisekarte".

Abkürzungen: arab. = arabisch; náh. = náhuatl/aztekisch; griech. = griechisch; lat. = lateinisch; span. = spanisch. – Nicht gefundene Wörter suche bei „Historische Persönlichkeiten" und „Speisen und Getränke"

abarrotes	kleiner Lebensmittelladen, Gemischtwaren
abrazo	Umarmung zur Begrüßung und Verabschiedung
adobe	(arab./span.) luftgetrocknete Lehmziegel, oft mit Stroh vermischt, Hausbaustein
adoratorio	Altar bzw. kleine niedrige Plattform für religiöse Zeremonien
aduana	Zoll, Zollamt
alfarería	Tonwaren, Töpferwerkstatt
agave	(mex. *maguey; Agava americana, Agava sisalana* bzw. *atrovirens*); vielseitig auswertbare Amaryllisgewächse mit großen, fleischigen Blättern; aus dem Saft wird z.B. *pulque, Mezcal* und *Tequila* hergestellt und aus den Blättern Fasern *(henequén)* für Seile und Matten

ahau	(geschrieben ajaw), „göttlicher König", Maya-Herrscher in der Klassischen Zeit
Akropolis	höherliegendes Zentrum eines Tempelbezirks (Haupttempel, Hauptpyramide, Herrschersitz) bzw. einer archäologischen Stätte
alameda	Stadtpark, Promenade, große Plaza (von *álamo* – Pappel, die es dort meist gab).
alcalde	(arab./span.) Hoheitsträger mit richterlichen Befugnissen (*alcalde mayor,* Gemeindeoberhaupt, Bürgermeister)
amatl	(amate) prähispanisches Bastpapier, das aus der Rinde zweier Ficus-Baumarten gewonnen wird; einst für die *códices* gebraucht
andador	Fußgängerweg bzw. -Zone
annex	Anbau, Nebenraum (bei archäologischen Tempeln)
anthropomorph	menschengestaltige Objekte
anthropozoomorph	menschlich-tierische Darstellungsformen und Objekte, z.B. bei den Olmeken vermenschlichte Jaguare
apartado	Postfach
arrecife	Riff
arroyo	Trockenfluss, -bach
arte popular	„Gebrauchs"-kunst, Volkskunst
artesanías	Kunsthandwerk
arzobispal	erzbischöflich
Atlanten	(sing. Atlas, span. *telamones*), skulptierte männliche Steinfiguren als Pfeiler oder als Träger von Dächern bzw. Dachgebälk
audiencia	Oberste Verwaltungs- und Gerichtsbehörde Neu-Spaniens (1. *audiencia* 1528–30, 2. *audiencia* v. 1530–32), die Richter hießen *oidores*
autochthon	(griech.) alteingesessen, die Ur- bzw. indigene Bevölkerung
Auto de fé	„Glaubensakt", Verkündung und Vollstreckung eines kirchlichen Urteils, z.B. das von Maní 1562
autopista	Autobahn
ayuntamiento	Rathaus
azulejos	farbig glasierte Tonfliesen, ursprünglich blau (azul), meist mit Ornamenten, vor allem in Puebla zu sehen, dort heißen sie *talaveras*
baktun	Zeitspanne beim Maya-Gemeinjahr *Haab:* 400 Jahre zu jeweils 360 Tagen
balam	maya, Jaguar (auch bolom, bahlum)
balneario	Schwimmplatz, Schwimmbad
banderilla	Spieß mit Widerhaken, der im Stierkampf angewendet wird
barranca	tiefe Schlucht
barrio	Wohn/Stadtviertel
biósfera	Biosphäre (B.-Reservat, Öko-Park)
Blattkreuz	(auch Blätterkreuz), eine Maispflanze, deren abstehende Seitenarme behaarten Maiskolben ähneln und die an ihren Enden Menschenköpfe tragen die nach oben blicken. Auf ihrer Spitze thront der Himmelsvogel, und unten entsprießt sie der Maske des Erdmonsters. Im kosmologischen Modell der Maya versinnbildlicht das Blattkreuz die Mittelachse der Welt. S.a. → *Weltenbaum.*
bolero	Schuhputzer
boleto	Fahrschein, Eintrittskarte
bolom	maya, Jaguar (auch balam, bahlum)
bóveda	(span.) → *Kraggewölbe*
brujería	Zauberei, Magie

brujo span. Zauberer, Hexer, Indígena-Schamane

caballero span. „Reiter“, heute als Anrede „Herr“

cabaña einfache Hütte

cabildo span., Stadt-/Gemeinde-/Versammlungsrat; Verwaltungsgebäude

cacique (Kazike) Indianischer Herrscher, heute auch Orts-Mächtiger (das Wort stammt von den Arawak auf den Antillen)

caleta kleine Bucht

calle Straße

callejón enge oder kurze Gasse

calzada Fahrdamm, Chaussee

camarín Seitenkapelle einer Kirche

camino Weg

camión Bus

campesinos indigene Landbewohner, Kleinbauern und Landarbeiter.

cañada (kleine) Schlucht, Senke

cantera (hell-)grauer Baustein

cantina Bar, (Männer)-Kneipe

capilla abierta vorn offene Kirche oder Kapelle (oft in Muschelform) zum Predigen zu einer großen Menge Indígenas (die als Ungetaufte nicht in die Kirche durften)

cardón Säulenkaktus *(Cereus pringlei)*

carretera Straße

casa de cambio Wechselstube

casa de contratación spanische Behörde, die seit 1503 den Handel mit den amerikanischen Kolonien überwachte und reglementierte

casa de huéspedes kleines Gästehaus

cascada Wasserfall

caseta de larga distancia (caseta de teléfono) Telefonstelle, -laden

casona span., Herrenhaus, Mansión (Wohnsitz)

ceiba (*ceiba pentandra;* maya *ya'axché*) Kapokbaum, höchster Urwald- und heiliger Baum der Maya, er symbolisiert den kreuzförmigen → *Weltenbaum* der Maya

cempasúchil gelbe-orange Ringelblume (*Tagetes erecta,* engl. Marigold), wird als *flor de muertos* zum Schmücken der Totenaltäre im November verwendet.

cenote (maya *tz'onot*) ganzjährig wasserführendes Becken (Doline) bzw. Brunnen auf Yucatán

central camionera Busterminal

cerro Hügel, Bergspitze, Anhöhe, Verkleinerungsform *cerrito*

Chaak Regengott der Maya in der postklassischen Epoche. Im Klassikum trägt er vielerlei Namenszusätze

Chak Mool „Roter Jaguar“, Name für ein halb rücklings liegendes menschliches Wesen mit seitlich gewendetem Kopf, angezogenen Beinen und einer Opferfläche vor dem Bauch. In weiten Teilen Mexikos verbreitet, bekannt ist der Chak Mool von Chichén Itzá (maya-toltekisch).

charreada mexikanische Reiterspiele (Rodeo)

charro mex. berittener Rinderhirt, Cowboy

chava/o Mädchen, Typ

Chenes Maya-Bau- bzw. Architekturstil aus dem End-Klassikum, benannt nach der Region *ch'e'en* im Osten des heutigen Bundestaates Campeche. Charakteristisch ist die Gestaltung von Portalen als große Rachen von Schlangen, Masken oder Monstern oder anthropozoomorphe Darstellungen (halb Mensch, halb Tier), die Eingänge zur Unterwelt symbolisieren. Wichtige Chenes-Stätten sind *Hochob, Dzibilnocac* und *Chicanná* (Struktur II).

chicanos Mexikaner in den USA

chicle eingekochter Saft des Zapotebaums *(Chico zapote)* zur Herstellung von Kaugummi *(→ zapote)*

chiclero Chiclesammler

Chilam Balam Sammelname für Maya-Handschriften („Bücher des Jaguarpriesters"). Die *chilam* (oder *chilanes,* „Wahrsager", „Dolmetscher") waren bei den Maya zuständig für Orakel und Weissagungen. Die einzelnen Handschriften (mehr als 10) enthalten auf über 1000 Seiten Berichte vom Schöpfungsmythos der Maya, Prophezeihungen, Legenden, ihr kosmologisches und astronomisches Wissen sowie Chroniken vergangener Zeiten. Diese Enzyklopädie wurde nach ihrer Übersetzung im 16. und 17. Jh. für die Maya-Forschung zu einer der wichtigsten Quellen.

chilangos Bewohner von Mexiko-Stadt (geringschätziger Ausdruck)

chile Chileschote (Chili)

chinampas künstliche See-Inseln in (seichten) Binnenseen zur Landgewinnung und als Anbaubaufläche landwirtschaftlicher Produkte mit hohen Ernteerträgen durch gleichmäßige Befeuchtung von unten („schwimmende Gärten", Reste in Xochimilco/Mexiko-Stadt)

choza Maya-Hütte mit Wänden aus Palisadenhölzern (mit Lehm und Stuck verputzt), Grundriss oval oder rechtwinklig

chulel tierischer Schutzgeist, Schutztier der Maya-Völker (→ *tonal* in Zentral- und Nordmexiko). Im Glauben vieler Indígena-Völker (Maya-Völker, Azteken, Mazateken u.a.) hat jeder Mensch ein ganz bestimmtes Tier als Beschützer.

chultún (maya) Zisterne zum Sammeln von (Regen)Wasser im Kalkgestein von Yucatán

Churriguerismus Sonderform der spätbarocken spanischen und hispanoamerikanischen Architektur, die auf den spanischen Architekten *José Benito de Churriguera* (1650–1723) zurückgeht. Anderer Name Ultrabarock. Den C. charakterisiert überladener, vielfältig gegliederter Fassadenschmuck mit sich nach unten verjüngenden Wandpfeilern, *estípites,* und ornamentierte Wand- und Deckenflächen. Der C. wurde in Mexikos am Ende des 18. Jahrhunderts durch den *Klassizismus* abgelöst.

ciénaga (sumpfige) Lagune

Ciudad (Cd.) Stadt

claustro Kreuzgang

clavadista Klippenspringer in Acapulco

cochenille (Koschenille) getrocknete und zu Pulver zermahlene Schildläuse (Opuntien/Nopal-Schädlinge) zur (früheren) Herstellung des roten Farbstoffs Karmin

códices (Sing. **codex**): ziehharmonikaartig gefaltete, bis zu 6,5 m lange Bilderhandschriften prähispanischer mesoamerikanischer Kulturen, hauptsächlich der Maya, Nahua (Azteken), Mixteken u.a. Das Papier wurde aus den Fasern der Feigenbaumrinde (Ficus cotinifolia) gefertigt und vor dem Beschreiben und Bemalen mit einer dünnen Kleisterschicht aus feinem Kalk versiegelt. Die Texte handeln von historischen, religiösen, mythologischen und astronomischen Themen. Von den ehemals zahllosen **Maya-Códices** sind nur noch drei erhalten und nach ihrem Aufbewahrungsort benannt: *Codex Dresdensis* (der ästhetisch schönste), *C. Peresianus* (Paris), *C. Tro-Cortesianus* (Madrid; mit 6,7 m der längste). Der *Codex Grolier* wurde erst 1971 in einer südmex. Höhle gefun-

	den, ist aber nur ein Restfragment. Er befindet sich – wie auch Kopien der anderen – im Anthropologischen Museum in Mexiko-Stadt **Mixteken-Códices:** *Bodley, Nuttall, Becker* u.a. Nahua- bzw. **Azteken-Códices:** *Mendoza, Humboldt, Borgia, Borbonicus, Florentinus* u.a.
cofradía	dörfliche, indigene Bruderschaft, verbunden mit Gemeinschaftsdiensten und Ämtern (Oaxaca, Chiapas)
colectivo	Kollektiv-Taxi, Sammelkleinbus
colegio	Kolleg bzw. Collegium, kirchliche Schule, Bildungseinrichtung
colonia	(col.) Stadt-/Wohnviertel
comal	flacher Teller zur Herstellung von Tortillas
comedor	span. „Esssaal", preiswertes Restaurant
comida corrida	preiswertes Menü zum Festpreis (Tagesessen)
comida típica	orts-/landesübliches Essen
compadre	Gevatter, Familienpate, der Wahlverwandte einer Familie
comunidad	indigene Dorfgemeinschaft
conchero	(aztekische) Tänze mit Muschelketten (*concha* „Muschel")
conjunto	(archäologischer) Komplex
conquista	die spanische Eroberung des mexikanischen Hochlands von April 1519 bis 13.08.1521 (Zerstörung von Tenochtitlán). In Yucatán von 1527–1542. Der offizielle Gebrauch des Wortes wurde vom spanischen König Philipp II. 1573 verboten (aufgrund der anklagenden Berichte von → Bartolomé de las Casas).
conquistador	Angehöriger der spanischen Eroberungstruppen, Söldnerführer
consejo	Verwaltungsrat
convento	Kloster
copal	(maya *pom*) Harzklumpen bestimmter Bäume (Zäsalpinien) zum Räuchern bei religiösen Zeremonien
corregidor	kolonialzeitlicher oberster Verwaltungsmann einer Stadt mit richterlichen Befugnissen
correos	Postamt
costumbre	Brauchtum, kulturelle Tradition
coyote	Schlepper, Fluchthelfer beim illegalen Grenzübertritt von Mexiko in die USA
crestería	durchbrochener Dachkamm auf Maya-Bauten
criollos	rein spanischstämmige Bewohner Mexikos bzw. Hispanoamerikas
cuadra	Häuser- bzw. Straßenblock
cuesta	Bergabhang, Anhöhe
cueva	Höhle
cuota	Maut, gebührenpflichtige Autobahn
curandero	Naturheilpraktiker, Naturheiler
danzón	traditioneller Tanz von Veracruz (wird langsam getanzt)
delegación	Großer Stadtbezirk in Mexiko-Stadt mit vielen *colonias*
de lujo	de luxe, Luxus-Bus
de paso	durchkommender, nicht am Ort abfahrender Bus
dintel	Türsturz (engl. *lintel*)
Don, Doña	Herr, Frau – höfliche Anrede
edificio	Gebäude
ejido	gemeinschaftliches (kommunales) Indígena-Land, kollektiv bewirtschaftet oder zur Selbstbewirtschaftung überlassen
embarcadero	Bootsablegestelle, Kai, Pier

encomendero Lehnsherr, Inhaber einer → *encomienda*

encomienda (von span. *encomendar,* anvertrauen); die zwangsweise Heranziehung freier Indianer als Leibeigene spanischer Lehnsherren bzw. Landbesitzer (verdiente Konquistadoren wurden damit bedacht). Trat im 16. Jh. anstelle des auf offener Sklavenarbeit beruhenden → *repartimiento*-Systems.

enramada einfache Palmhütte

ensenada (kleine) Bucht

ermita kleine Landkirche, Wallfahrtskapelle

estípites sich nach unten verjüngende Pilaster (Pfeiler), Fassaden vorgesetzt

esquina Ecke zweier Straßen

estación del ferrocarril Bahnhof

este Osten

estero Flussmündung

Ex-Convento früheres Kloster

exvotos Votiv-Bilder, selbstgefertigte/-gemalte (Altar-)Bildchen, z.B. zum Dank für eine Heilung

fandango fiesta (Bedeutungswandel von Spanien nach Mexiko: dort Tanz, hier Fiesta)

faro Leuchtturm

fayuca Schmuggelware

feria Fest (landwirtschaftliches), Kirmes

finca Grundstück, Plantage, Farm

fonda Gasthaus, kleines Restaurant, Imbiss

fortín Fort, Festungsanlage

fraccionamiento Wohnviertel, Neubaugebiet

Fray Bruder; vor Vornamen von Geistlichen bzw. Mönchen bestimmter Orden

frontera Grenze

frontón Spielfeld wo *jai alai* gespielt wird

fuente Brunnen

fuerte Festungsanlage, Bollwerk

gachupines auch *chapetones,* Schimpfname für Spanier in Mexiko

glorieta Kreisverkehr, runde Verkehrsinsel

Glyphen → Hieroglyphen

gobierno Regierung („Palacio de Gobierno“ – Regierungspalast)

Gral. General (z.B. bei Straßennamen)

gringo ursprüngliche Bezeichnung für US-Amerikaner; heute in ganz Lateinamerika (abwertende) Bezeichnung für einen Angehörigen eines nichthispanischen (westlichen) Landes. Im nördlichen Mexiko wird der *gringo* auch *gabacho* genannt.

gruta Grotte, Höhle

Guarda equipaje Gepäckaufbewahrung

güero/a (sprich guero/a) so werden in Mexiko Blonde bzw. Hellhäutige genannt

Haab Maya-Sonnen- oder Gemeinjahr, 360 Tage *(kin),* eingeteilt in 18 Monate *(uinic)* zu 20 Tagen mit zusätzlicher 5-tägiger Jahresendperiode *uayeb*

hacendado Besitzer einer *hacienda*

Hacienda großes Landgut bzw. Plantage mit abhängigen Arbeitskräften, entstanden ab ca. 1550 aus staatlichen Landschenkungen. Viele mexikanische Haciendas wurden heute zu stilgerechten Hotels mit schönen Gartenanlagen umgebaut.

Halach uinic Maya-Herrscher („wahrer Mann")

hamaca Hängematte

henequén maya, Agavenfaser für Seile usw.

Hidalgo Edelmann bzw. Titel des niederen spanischen Geburtadels, Anredetitel „Don" oder „Doña"

Hieroglyphen (griech. „eingravieren") Bilderschrift aus Zeichen und Symbolen. Eine Hieroglyphenschrift kann sowohl Ideogramme (Logogramme) enthalten, also Bildzeichen, die für ein ganzes Wort stehen oder Begriffe repräsentieren, wie auch phonetische Zeichen, die für bestimmte Laute stehen (Lautschrift). Wobei aber die Logogramme der Maya-Schrift nicht unbedingt Abbilder der Dinge waren, die sie zeigten, und nicht Einzellaute, sondern Silben aufgezeichnet wurden.

hispanos lateinamerikanische Bezeichnung für Spanien-Abkömmlinge

hotun Zeitabschnitt im Maya-Kalender, 5 Jahre

huapango traditioneller Tanz der Huasteken (Veracruz, San Luis Potosí, Tamaulipas)

huipil *(hipil)* kurzärmlige oder ärmellose Bluse, Überhemd bzw. Hemdkleid der Indígena-Frauen (meist schön bestickt)

Idol Kleinplastik, Abbild einer Gottheit

iglesia Kirche

iguana Leguan (Echse)

Ikonographie Beschreibung und Klassifizierung bildlicher Darstellungen (z.B. Reliefs, Hieroglyphen)

incensario (porta de); Terrakotta- bzw. Keramikfigur für Räucherwerk (→ copal), meist dekoriert mit einem Göttergesicht oder einer Monster-Maske

Indígenas die autochthone (alteingesessene), „indianische" Bevölkerung

Indio ursprünglich die spanische Bezeichnung für die Bewohner Amerikas bzw. „Indiens" (geogr. Irrtum von Kolumbus); heute abwertende Bezeichnung für die *Indígenas*

Inquisition geistliche Behörde bzw. höchstes Gericht in Glaubensfragen, das Verstöße gegen die katholische Lehre verfolgte und Ketzer verurteilte (in Mexiko 1539–1815)

in situ archäologisches Objekt am originalen (Fund-)Platz

insurgentes „Aufständische", die Anführer des Freiheitskampf gegen Spanien von 1810, Hidalgo, Allende, Aldama und Jiménez

jai alai die mexikanische Form des baskisch-spanischen Pelota-Spiels (ein kleiner Ball wird mit bananenförmigen Körben gegen eine Wand geschleudert; sehr schnelles Spiel)

jarana traditioneller Tanz auf Yucatán und Musik-/Tanzform aus Veracruz; auch hochgestimmte Gitarre

jardín Garten

jarocho/a Einwohner(in) des Bundesstaats Veracruz

Kapitell der oberste Teil (Kopf) bei Säulen und Pfeilern als Zwischenglied zwischen Stütze und Lastauflage; oft verziert

katun Zeitphase im Maya-Kalender *Haab:* 20 Jahre zu je 360 Tagen

kin (maya) „Sonne" bzw. „Tag" im Maya-Kalender

Klassik Zeit - und Ereignisschema für die historische Abfolge und die Entwicklungsstadien Mexikos und Mesoamerikas. Die „Präklassik" reicht (von Urzeiten) bis ca. 200 n.Chr., die „Klassik" von 200–909 n.Chr., die „Postklassik" 910–1517.

Konquistador s. Conquistador

Kraggewölbe Konstruktion aus vorkragenden (vorspringenden) Steinlagen zweier gegenüberliegenden Wände und einem oberen Abschlussstein für ein Dachgewölbe (span. *bóveda*) oder für einen Torbogen, auch „Schein-", „falsches" oder „Maya-Gewölbe" genannt. Das typische Kennzeichen klassischer Maya-Architektur (Palenque u.a.).

Kreolen *(criollos)* rein spanischstämmige Bewohner Mexikos bzw. Hispanoamerikas

Kreuzgang rechteckiger Innenhof eines Klosters, mit zum Hof hin offenen Arkadengängen

Ladinos in Guatemala und teils auch in Chiapas Bezeichnung für jene Bevölkerungsteile, die nach dem Vorbild westlicher Kultur leben bzw. stark in der hispanischen verwurzelt sind (zur Abgrenzung von traditionell lebenden *Indígenas*). Auch Eigenbezeichnung von Stadtbewohnern.

lago See

laguna Lagune, flacher See

lancha Boot

Lange Zählung (auch „Initialserie" genannt); Maya-Zählprinzip, basierend auf der Einheit 20 (→ Vigesimalsystem) und Anwendung der Null. Mit ihm werden fortlaufend alle Tage und Jahre gezählt, die seit dem Nullpunkt des mayanischen Kalenders im 4. Jahrtausend v.Chr. vergangen sind (11.08.3114). Die Lange Zählung ist – noch vor dem indischen – das älteste Rechensystem der Menschheit mit der Erfindung und Einbeziehung der „0". Ihr Gebrauch wurde um 900 n.Chr. mit dem Zusammenbruch des mayanischen Klassikums aufgegeben.

Latifundium Land eines Großgrundbesitzers, das von Leibeigenen oder Bauern in Abwesenheit des Besitzers bewirtschaftet wird. *Latifundistas:* Großgrundbesitzer.

lavandería Wäscherei

lintel (engl.) Türsturz (span. *dintel*)

licenciado Akademikertitel, besonders Anwälte

lista de correos „Briefliste", postlagernd

lienzo span. „Leinwand", im Sinne von Indígena-Hand- bzw. Bilderschrift *(→ códices)*

llano Flachland, Ebene

Logogramme Schriftzeichen oder Symbol das ein Wort bezeichnet

machismo übersteigertes mex. Männlichkeitsbewusstsein

maguey mex. Name für Agave, s. dort

malecón Straße am Meer entlang, Uferpromenade, Kai

Malinche s. Malintzín bei „Historische Persönlichkeiten"

Maniok (Mandioka) wichtige tropische Kulturpflanze; um die Knollen genießbar zu machen, muss zuvor der in rohem Zustand enthaltene giftige Saft(blausäurehaltig) ausgepresst werden. Danach wird die Masse geröstet und zu Mehl verrieben.

Maquiladoras Industriebetriebe mit Niedriglöhnen nahe der US-Grenze; Vorprodukte werden zollfrei eingeführt und billig exportiert

Mariachi typ. mex. (Straßen)-Gesangsmusikgruppe mit Trompeten und Gitarren

marías Frauen, die in Mexiko-Stadt mit Kleinkindern auf der Straße leben

marimba xylophonartiges Musikinstrument mit Tonhölzern

matachine Tanz und Musik der Tarahumara

matapalo Würgefeige *(Ficus lapathifolium);* ihre Luftwurzeln erdrosseln ihren Wirtsbaum

Mayab das Territorium der prähispanischen Maya („Land der Auserwählten")

mayordomo gewählter Träger eines religiösen und sozialen Amtes mit gewissem politischen Einfluss, Autorität. Noch üblich in indigenen Gebieten (Chiapas, z.B. bei den Chamula), nicht aber mit einem offiziell gewählten Bürgermeister vergleichbar. Ursprünglich span.: Haushofmeister, Gutsverwalter. S.a. *Alkcalde*.

Mennoniten deutschstämmige protestantische Minderheit (Chihuahua u.a. Orte)

mercado Markt (stationär, Markthalle, im Gegensatz zum temporären → *tianguis*)

Mesoamerika kulturgeografische Bezeichnung des Gebiets der altmexikanischen und der Maya-Kulturen von Nordmexiko bis einschließlich Honduras bzw. des Maya-Gebiets (nicht identisch mit dem geografischen Mittelamerika)

Mestize lat. *mixticius,* Mischlinge unterschiedlichen Grades europäisch-indigener/indianischer Eltern. Also der Großteil der Mexikaner. Die Rassenvermischung ist die *mestizaje.*

Mestizo-Stil indianisch bzw. indigen beeinflusster barocker Baustil

metate (náh.) konkaver Stein, auf dem mit dem Handreibestein, dem *mano,* beidhändig Mais zerdrückt bzw. gemahlen wird. Der Metate kann auch drei kleine Füßchen haben.

mezcal Agavenschnaps (mit Wurm)

Migración Mex. (Pass-)Behörde zur Verlängerung der Aufenthaltsgenehmigung

milpa (aztek. *milpan,* Feld); Anbaumethode durch Brandrodung (Milpa-Feldbau), älteste Methode zur Aussaat bzw. Kultivierung von Nutzpflanzen, noch heute praktiziert

mirador Aussichtspunkt

mochila Rucksack

mojiganga Mummenschanz, lustiges Treiben

Monolith aus einem einzelnen großen Steinblock gefertigte Säule, Statue o. anderes Architekturteil

mordida „Biss“; Bestechungs- und Schmiergeld

mota Marihuana

motocicleta Motorrad

Mozarabischer Stil Stilbezeichnung für die maurisch geprägte christliche Architektur und Kunst in den ehemals arabisch besetzten Gebieten Spaniens (Hufeisen-Arkaden, islamische Kapitelle und Ornamentik; s.a. *Mudejar-Stil*)

muchacha kleines Mädchen, Haushalts-Dienstmädchen

Mudejar-Stil (arab.); Bau- und Dekorationsstil, bei dem sich islamische (maurische) Baukunst und Ornamentik mit spanischer Gotik vermischt. Charakteristisch sind hufeisenförmige Bögen und Arkadengänge, arabeske Stuckornamente, Kassettendecken aus Holz, farbig glasierte Kacheln (→ azulejos), prunkvolles Schnitzwerk. Der Name leitet sich von den *Mudejaren* ab, den 1492 nach der Vertreibung der Mauren in Spanien verbliebenen arabischen Künstlern und Handwerkern.

muelle Pier

municipal städtisch; *Municipalidad*: Gemeindeverwaltung

municipio verwaltungstechnische Zusammenfassung von Kleinstädten und umliegenden Dörfern

murales Wandmalereien mit historischen und politisch-sozialkritischen Inhalten

muralismo Kunst der Wandmalerei

Nagualismus (Nahualismus), von aztek. *nahuali,* „Maske, Verkleidung“. Bei nahezu allen Indígena-Ethnien verbreiteter Glaube an einen tierischen (oder pflanzlichen) Schutzgeist, der mit dem Menschen schicksalhaft verbunden ist (Simultanexistenz). *Nahuali* ist eine (in der Regel bösartige) Person, die sich nachts in ein Tier verwandelt und ihr Unwesen treibt.

Náhuatl klassisches *náhuatl* sprachen die Azteken, aber auch andere prähispanische Völker Zentralmexikos (Tolteken). Gegenwärtig existieren verschiedene dialektale Varianten, in abgelegenen Gebieten ist Náhuatl oftmals noch die wichtigste Verkehrssprache der Bevölkerung.

naos	spanische Handelsgaleonen
Neu-Spanien	*(Nueva España)* Spanisches Vizekönigreich der Kolonialzeit, das außer Mexiko auch Texas, Kalifornien, Mittelamerika und Venezuela umfasste. Hauptstadt war Ciudad de México.
Nevado	(Nev.) Berggipfel (verschneit)
Niños héroes	„Heldenkinder", die sich 1847 im US-Interventionskrieg in Mexiko-Stadt den US-amerik. Truppen entgegenwarfen. Ihrer wird alljährlich patriotisch gedacht.
noche triste	„Traurige Nacht" (für die Spanier) von 30.06. auf 01.07. 1520, weil die Azteken den Eindringlingen dabei hohe Verluste beibrachten
norte	Norden
Obsidian	vulkanisches schwarzes Gesteinsglas (Silizium) für überaus scharfe Messer, Werkzeuge und Waffenspitzen, begehrt bei allen mesoamerikanischen Völkern, ursprünglich von Teotihuacán und Tula stammend, bei den Maya aus dem Mayab-Hochland (heutiges Guatemala, Jilotepeque u.a.)
occidente	Westen; *occidental:* westlich
oeste	Westen
oratorio	Bethaus, Hauskapelle
oriente	Osten; *oriental:* östlich
padre	Vater; Priester; „qué padre" – wie gut, schön, prima
palacio	Palast oder Herrenhaus
Palacio Municipal	Rathaus
Palacio de Gobierno	Regierungspalast, Regierungssitz
palapa	palmwedelgedeckte Hütte, meist ringsum offen (z.B. als Palapa-Restaurant)
panadería	Bäckerei
panga	kleines Boot oder Fähre
panteón	Friedhof
paracaidista	„Fallschirmspringer", Bezeichnung für illegalen Siedler
parada	Bushaltestelle
parroquia	Pfarrkirche
pasamontañas	Kopfmasken (nur die Augen bleiben frei) der Zapatisten (Chiapas)
paseo	breiter Boulevard, Promenade, Fußgängerzone, auch das abendliche Flanieren um den Zócalo
paso	Passhöhe
pastelería	Konditorei
patio	Innenhof eines Hauses, meist von (doppelgeschossigen) Arkaden umgeben
pelota	juego de; rituelles prähispanisches Ballspiel
península	Halbinsel
peña	Musikkneipe mit Folkloremusik
peón	ungelernter Arbeiter, landwirtschaftlicher Tagelöhner
periférico	Ring-(Umgehungs)-Straße
pesero	Name für einen *colectivo* (Kleinbus) in Mexiko-Stadt
Petén	(maya, Insel), Provinz im Nordosten Guatemalas, Herzland der Maya-Kultur
peyote	kleiner stachelloser Kaktus mit halluzinogenen Wirkstoffen
Pib na	(maya, „unterirdisches Haus"), Schrein- oder Sakralräume in Tempeln
Pilaster	aus einer (Kirchen-)Fassade heraustretende Pfeiler zur Wandgliederung

piñata mit Süßigkeiten gefüllte Pappmaché-Figur (Stern), die mit einem Stock und mit verbundenen Augen zerschlagen wird. Vor allem in der Adventszeit darf die *piñata* bei keinem Fest (das heißt dann *posada*) fehlen.

plateresker Stil (span. platería, Silberarbeiten); filigraner Dekorations- und Ornamentsstil, an Fassaden fein ziselierte Steinmetzarbeiten mit Blumen-, Ranken- und Fantasie-Elementen

plaza Platz (plazuela = Plätzchen)

Poblano-Stil Variante des mexikanischen Barocks (18. Jh.): mit Talaveras (Kacheln) verblendete Kirchen- und Hausfassaden, weißer indianischer Stuckornamentik und roten Ziegeldächern. Um die Städte Puebla und Tlaxcala.

pochteca aztekische Fernhändler

polychrom vielfarbig

pom → Copal

poniente Westen (bei Straßen)

Popol Vuh „Buch des Rates" (oder der Ratsversammlung), Buch der Quiché-Maya (heutiges Guatemala), das die mythologische Schöpfungsgeschichte der Maya und ihrer Herrscherdynastien zum Inhalt hat. Es wurde ca. 1545 auf der Grundlage eines (verschwundenen) Maya-Glyphenbuchs und mündlichen Überlieferungen von Pater F. Jiménez in lateinischer Schrift niedergeschrieben und später von dem franz. Pater *Brasseur* entdeckt und übersetzt und 1861 veröffentlicht („Geschichte der zivilisierten Völker Mexikos und Zentralamerikas").

Porfiriat Regierungszeit des Diktators Porfirio Díaz (1876–80 und 1884–1911)

portales Arkadenbögen zwischen Pfeilern oder Säulen (meist um die Plaza de Armas oder bei kirchlichen Bauten)

portico (Portikus) Säulenhalle/-raum in Tempeln

posada kleines Hotel („Herberge"); *posadas* sind Vorweihnachtsfeiern

posh selbstgebrannter, hochprozentiger Schnaps, traditionelles Trancemittel in Chiapas

Postklassik → Klassik

prähispanisch die Zeit vor der spanischen Eroberung Mexikos

Präklassik → Klassik

präkolumbisch die Zeit vor Kolumbus, die Zeit vor der spanischen Eroberung Mexikos

presa span. Staudamm, Stauwehr

Presbyterium (hinterer) Chorraum einer Kirche

profan weltlich, unkirchlich, alltäglich

prolongación (prol.) Verlängerung (einer Straße)

propina Trinkgeld (das keine *mordida* ist)

pueblo Ort, Ortschaft

puente Brücke

puerto (Pto.) Hafen

pulque vergorener, weißlicher alkoholischer Agavenmost; bei den prähispanischen Völkern Ritual-Trunk

punta Landspitze

Puuc-Stil Maya-Architekturstil, benannt nach einer Hügellandschaft bei Mérida (Uxmal, Sayil u.a.). Charakteristisch für den Puuc-Stil sind keine Stuckreliefs wie z.B. in Palenque, sondern kahle untere Mauernzonen und überreich verzierte Oberteile (Friese, Gesimse und Türsturze).

quebrada Bach, Klamm

Quetzal Urwaldvogel mit farbenprächtigem, grünem Federschmuck (lange Schwanzfedern), bei den mesoamerikanischen Herrschern (Maya und Azteken) begehrt für Federkronen *(penachos),* heute nahezu ausgestorben. Die Maya verehrten den Quetzal auch als Götterbote, bei ihnen hieß er *Kukul.*

Quetzalcóatl „gefiederte Schlange“ (s.o. „Kleine Götterkunde“ und u. „Historische Persönlichkeiten“ unten)

quinta Herrenhaus, Stadtpalast, auch Landhaus

quiosco kleiner, erhöhter und überdachter Musikpavillon in meist schmiedeeiserner Ausführung in der Mitte der mexikanischen *zócalos*

rancho Landgut mit überwiegend extensiver Viehzucht

Real Audiencia oberstes Gericht Neu-Spaniens

rebozo span. „Umschlagtuch“, traditionelles Schultertuch, Schal

Reduktion Missionsterritorium (Jesuiten) mit begrenzter Selbstverwaltung (hauptsächlich in Südamerika)

refugio Schutzhütte

Relief sich plastisch aus einer Fläche (Stein oder Holz) erhebende Darstellungen. Je nach ihrer Ausarbeitung bzw. Erhöhung unterscheidet man Flach-(Bas-)Reliefs, Halb- oder Hochreliefs.

Repartimiento span. „Verteilung“; Feudal(Herrschafts-)besitz mit versklavten Indianern zur Zwangsarbeit

retablo (dt. (Retabel) „Brett, Gemäldetafel“ (masc.; das Wort setzt sich zusammen aus lat. *retro* = hinter und *tabula* = Brett); prunkvolle, meist mit feinstem Blattgold überzogene Schaufront hinter dem Hochaltar, mit Heiligenbildnissen, Gemälden und Skulpturen geschmückt; ursprünglich vor dem Altartisch befindlich, später auf und dann hinter ihm, in mex. Kirchen der Barock-Epoche oft monumental die ganze Rückwand des Presbyterium (Chorraum) ausfüllend.

ría eine schmale und lange, tief in das Land eindringende Meeresbucht

Río Bec Maya-Baustil im Süden Yucatáns, ähnlich → dem Chenes-Stil. Typisch sind kompakt-schlanke, kantengerundete sehr steile Zwillingstürme bzw. „Scheinpyramiden“.

sacerdote Priester

sakbe (Plural *sakbeob*). Schnurgerade, dammartig erhöhte und teilweise sehr lange Verbindungsstraßen zwischen Maya-Städten und auch innerorts von Maya-Städten, hauptsächlich in der Mitte und im Norden Yucatáns. *Sakbe* – „weiße Straße“ leitet sich von der Deckschicht mit weißen Kalksteinen ab.

sala capitular Kapitelsaal, Versammlungsraum eines Klosters

sanitarios Toiletten

santuario Kirche mit Heiligenschrein, Schutzgebiet

sarape traditionelles Umhangtuch, Decke, Poncho

Schamane Geisterbeschwörer, Naturheilpraktiker

Semana Santa Karwoche (Ferienzeit)

señorío herrschaftlicher Besitz

serranía Gebirgsland

sierra Gebirgskette („Säge“)

siesta Ruhepause nach dem Mittag

sitio archäologische Stätte, Taxistand

son (pl. *sones*), spezieller mexikanischer regionaler Musikstil, z.B. an der Golfküste *son jarocho* und *son huasteco*

Stele (griech.) freistehende, aufrechte und in den Boden eingelassene kantige oder runde Steinsäule (Monolith), oder auch in Plattenform, meist mit (datierten) Inschriften oder Reliefs versehen. Stelen dienten als Kult,- Weihe,- Grenz- oder Siegesobjekte.

Stuck (Mörtel-)Gemisch aus gebranntem Kalk, Muschelschalen oder Kalkstein. Das wichtigste Material der Maya, um Reliefs und Masken zu modellieren und Steingebäuden eine Schutzschicht zu geben. Stuck diente außerdem als Malgrund und es wurden damit auch Stelen ummantelt.

Sukkulenten Wasserspeichernde, dickblättrige Pflanzen (*succulentus* – fleischig, saftig), heimisch in Trockenzonen und Wüsten

sur Süden

Tablero-Talud Architekturstil zur plastischen Fassadengestaltung an Bauten und Pyramiden, besonders in → Teotihuacán angewandt: Auf eine schräge bzw. geböschte Wand *(talud)* wird eine senkrechte *(tablero)* gesetzt. Es gibt viele stilmäßige Abwandlungen und von Teotihuacán aus verbreitete sich das Prinzip über ganz Mexiko (Cholula, El Tajín u.a.).

talaveras s. Azulejos

taller Werkstatt

tapatío Einwohner von Guadalajara

taquería (Straßen)-Verkaufsstelle für Tacos

taquilla Fahrkarten-/Kartenschalter

temazcal Dampf- oder Schwitzbad der Maya (für rituelle Reinigungen)

temblor Erdbeben

templo Tempel, Kirche, Kapelle, Kathedrale

Tenochtitlán Hauptstadt der Azteken bei der Ankunft der Spanier (heute steht hier Mexiko-Stadt)

teocalli (náh. „Götterhaus“ oder „Heiliges Haus“), auch allgem. für „Heilige Pyramide“ bzw. sakrale Tempelpyramide

terremoto sehr starkes Erdbeben

tezontle leicht bearbeitbarer rosa- bis dunkelroter Tuffstein (vulkanisch) zum Bau von Palästen und Kirchen (Mexiko-Stadt u.a. Kolonialstädte)

tianguis Indígena-Markt, temporärer „open-air“-Markt *(→ mercado)*

tienda Laden

tlalocán präkolumbisches, indianisches Paradies

tlatoani aztekischer Herrschertitel („der für andere spricht“, oder „Großer Sprecher“)

tonal (auch *tonali*), tierischer Schutzgeist, Schutztier bei den Völkern in Zentral- und Nordmexiko (→ *chulel*)

topes Querschwellen auf Straßen, damit Fahrzeuge die Geschwindigkeit herabsetzen

trajinera buntbemaltes Touristenboot auf den Kanälen von Xochimilco (Mexiko-Stadt)

transbordador Fährschiff

trova spezielle Form von Musik und Balladenliedern auf Yucatán (*trova yucateca)*

tumba Grab

tun Maya-Jahr zu 360 Tagen (Haab-Gemeinjahr)

tzolkin Ritualjahr von 260 Tagen

tzompantli (náh.) „Schädelgerüst“ oder „Schädelplattform“, Bauwerk der Tolteken, Azteken und Maya, auf dem die aufgespießten Schädel besiegter Feinde oder geopferter Menschen zur Schau gestellt wurden

uayeb 19. Kurzmonat im Haab-Gemeinjahr, 5 Unglückstage

uinic Maya-Monat im Haab-Gemeinjahr

urbanización (Urb.) Wohnviertel (Vorort)

verbena nächtliches Fest am Vorabend von Patronats-Festen (regional) oder nächtliches Wohltätigkeits-Fest

viajera/o Reisende/r

vaquero Cowboy, Rinderhirt

Vigesimal-system Zahlen- und Rechensystem der Maya, basierend auf der 20-Einheit. Reihenfolge also nicht dezimal (1 – 10 –100 –1000 usw.), sondern 1 – 20 – 400 – 8000 usw.

Virreinato Vizekönigreich, Periode der span. Herrschaft ü. Mexiko (1521–1821).

Virrey Vizekönig (Vizekönige waren Beamte des span. Königs mit einem befristeten Dienstverhältnis)

Visions-schlange die Maya stellten Visionen als Schlangen dar, aus deren Köpfe die angebeteten Vorfahren blicken

voladores de Papantla ritueller „Fliegertanz“; vier Männer lassen sich rücklings von einem hohen Mast gleiten, totonakischen Ursprungs.

Weltenbaum der kreuzförmige *wacah chan* ist im kosmologischen Modell der Maya das Zentrum des Kosmos und die Verbindungslinie zwischen natürlicher und übernatürlicher Sphäre. Die Enden seines Querarms stellen Schlangenköpfe dar, auf der Spitze thront der Himmelsvogel. Symbolisiert wird er durch den (kreuzförmigen) → Ceiba-Baum; s.a. *Blattkreuz.*

xibalba Maya-Unterwelt, Schattenreich, Hades

zapote oder *Chico zapote* (*Manilkara zapota,* maya *Y'aa,* dt. Breiapfelbaum), Kautschukbaum mit sehr hartem Holz. Aus dem weißen Rindensaft wird die Rohmasse für Kaugummi gewonnen (→ *chicle*).

zócalo (span. Sockel); zentraler (Markt)-Platz einer mexikanischen Stadt (Name je nach Region auch anders)

zona peatonal Fußgängerzone

Zona Rosa „Rosarote Zone“, (teures) Touristenviertel in Mexiko-Stadt

zoomorph tiergestaltige Objekte (Masken)

Historische Persönlichkeiten

Aguilar Jerónimo de (vermutl. 1489–1531); schiffbrüchiger Spanier, der 1511 an die Ostküste Yucatáns gespült wurde (zusammen mit → *Guerrero*), jahrelang unter den Maya lebte und später Cortés bei seinem Eroberungszug gegen die Azteken als Dolmetscher diente

Aldama Juan; Unabhängigkeitskämpfer von 1810

Allende y Unzaga, Ignacio de (1779–1811); Unabhängigkeitsführer von 1810

Alvarado Pedro de; Hauptmann und Schiffskommandant unter Cortés, während der Abwesenheit Cortés dessen Vertreter in Tenochtitlán, befahl das Gemetzel an den Azteken. 1524 Leiter einer Expedition nach Süden, Gründer von Guatemala la Antigua.

Brasseur französischer Pater und Maya-Forscher, übersetzte das → *Popol Vuh* und veröffentlichte 1864 das Buch „Relación de las Cosas de Yucatán“ von → *Landa*

Carranza Venustiano (1859–1920); Revolutionsführer und mexikanischer Präsident ab 1914, wurde ermordet

Catherwood Frederick, britischer Architekt und Maler, fertigte eindrucksvolle Stiche der Maya-Stätten an

Casas Bartolomé de las (1474–1566); spanischer Priester, der sich für die Indianer einsetzte, 1544 Bischof von Chiapas. Hauptwerk: „Kurzer Bericht über die Verwüstung und Zerstörung der Indischen Länder“ *(Brevísima relación de la de-*

strucción de las Indias occidentales).

Castañeda Carlos; Anthropologe, der sich mit den Ritualen des halluzinogenen Peyote-Kaktus auseinandersetzte (s. „Ausgewählte Mexiko-Literatur")

Castillo Bernal Diaz del; Hauptmann von Cortés, schrieb Berichte über die Eroberung des Aztekenreichs (s. „Ausgewählte Mexiko-Literatur"), erschienen 1632

Charnay Claude-Joseph-Désiré; Franzose, fotografierte als erster die großen Maya-Stätten („Les Anciennes Villes du Nouveau Monde")

Colón Cristóbal; span. Name f. Christoph Kolumbus (Genuese in spanischen Diensten)

Córdoba Hernández de; Entdecker von Yucatán (1517)

Cortés Hernán (1485–1547); der Eroberer des Aztekenreichs und Mexikos

Cruz Inés de la (Juana de Asbaje, 1651–1695); Nonne und die herausragende mexikanische Dichterin ihrer Epoche

Cuauhtémoc „Herabstoßender Adler" (geb. 1496), letzter freier Aztekenherrscher (Nachfolger von *Cuitláhuac*), wurde in Tenochtitlán 1521 besiegt. Cortés nahm ihn 1525 auf seine Expedition nach Süden (Honduras) mit, wo er ihn unter dem Vorwurf des Verrats am 28.02.1525 beim Río Candelaria (Itzamkanac) erhängen ließ.

Díaz Porfirio (1830–1915); mexikanischer Diktator, seine harte Regierungszeit (1876–80 und 1884–1911) wird als → *Porfiriat* bezeichnet

Grijalva Juan de; span. Seefahrer, befuhr 1518 die Küste Nord-Yucatáns u. Golfküste

Guerrero Gonzalo; schiffbrüchiger spanischer Seemann, der 1511 an die Ostküste Yucatáns gespült wurde (zusammen mit → *Aguilar*). Er nahm sich in Chetumal die Maya-Häuptlingstochter Zazil Há zur Frau (mit der er zwei Söhne hatte, erste Urahnen der mexikanischen Mestizen) und kämpfte mit den Maya gegen das Vordringen der spanischen Truppen, dabei fiel er 1536.

Guzmán Nuño de (14??–1550); skrupelloser Konquistador, eroberte West- und Nordwestmexiko

Hidalgo y Costilla, Miguel (1753–1811); Padre, mexikanischer Nationalheld, stieß am 16.09.1810 in Dolores den „Grito von Dolores" aus, den Aufruf zur nationalen Erhebung, damit begann der Unabhängigkeitskampf Mexikos.

Humboldt Alexander von (1763–1859); großer dt. Südamerikaforscher der 1803/04 auch Mexiko bereiste (Acapulco, Taxco, Mexiko-Stadt, Pachuca, Querétaro, Guanajuato, Actopan, Puebla, Veracruz.

Iturbide Agustín de (1783–1824); 1822 der erste Kaiser von Mexiko, wurde erschossen

Jiménez Mariano; Unabhängigkeitskämpfer von 1810

Juárez Benito; (1806–1872); Zapoteke und erster indigener Präsident Mexikos (1858)

Kahlo Frida (1907–54); mexikanische Malerin, war verheiratet mit *Diego Rivera,* dem wichtigsten Repräsentanten der mexikanischen Wandmalererei

Kukulkán der mayanische → Quetzalcóatl (maya *kukul* = Vogel bzw. Quetzal, *kán* = Schlange), versinnbildlicht durch den Vogel-Schlangen-Mann: aus einem aufgerissenen Schlangenrachen schaut ein menschlicher Kopf hervor. Bei den Guatemala-Maya *Gucumátz.*

Landa Diego de (1524–1579); Bischof von Yucatán, fanatischer Inquisitor und zugleich Ethnograph, der sich intensiv für die Kultur der Maya interessierte und seine Beobachtungen in seinem Hauptwerk „Relación de las Cosas de Yucatán" (Bericht über die Angelegenheiten von Yucatán") niederschrieb (1566, veröffentlicht von Pater → *Brasseur*). Eine der zuverlässigsten Quellen der Maya-Forschung.

Madero Francisco (1873–1913); liberaler Sohn eines Großgrundbesitzers von Coahuila, ab 1910 Revolutionsführer an der Seite von Zapata und Villa gegen Díaz, 1911 mexikanischer Präsident, 1913 erschossen

Maler Teobert (1842–1917); deutsch-österreichischer Architekt, Fotograf und Pionier der Maya-Archäologie, durchforstete 1880/1890 die Yucatán-Halbinsel nach Maya-Stätten und fertigte von vielen hervorragende Fotografien an, arbeitete eng mit dem franz. Archäologen → Charnay zusammen

Malintzín (náh.), auch *La Malinche,* span. getauft als Doña Marina, richtiger Name wahrscheinlich *Ce Malinali Tenepal,* Tochter eines aztekischen → *caciquen*, geb. wahrscheinlich in Painala in der Nähe des Flusses Coatzacoalcos. Malinche war Cortés' indianische Dolmetscherin (sie sprach aztekisch bzw. *náhuatl* und Yucateco-Maya), Geliebte und Ratgeberin (auf den → *códices* der Azteken sitzt sie oft neben ihm). Mit ihr hatte er einen Sohn, Don Martín Cortés. Nach der Eroberung von Tenochtitlán gab Cortés Malinche einem seiner Hauptleute zur Frau. Malinche ist auch das mex. Symbol des Verrats und ausländischer Bevormundung (*malinchismo*).

Maudslay Alfred; engl. Maya-Forscher, fotografierte viele Stätten

Maximilian I. von Habsburg (1832–1867); jüngster Bruder des österreichischen Kaisers Franz Josef I. Wurde auf Vorschlag von Napoleon III. 1864 Kaiser von Mexiko und nach einem Militärprozess in Querétaro standrechtlich erschossen.

Mazariegos Diego de; spanischer Konquistador, stieß nach Chiapas vor

Mendoza Don Antonio de; erster Vizekönig von Neu-Spanien 1535–1550

Moctezuma I. (richtiger: Motecuhzoma Ilhuicamina, „Pfeilwerfer des Himmels"), Aztekenherrscher, Regierungszeit 1440–1469. Er baute Tenochtitlán und den Aztekenstaat auf.

Moctezuma II. (richtiger: Motecuhzoma Xocoyotzin, „unser Herr, der Erhabene") aztekischer Herrscher, erweiterte das Aztekenreich in mehreren Feldzügen nach Süden und unterlag dann Cortés. Regierungszeit 1502–1519. Er wurde entweder von den Spaniern ermordet oder starb durch Steinwürfe aus einer Menschenmenge.

Montejo y León Francisco de, Vater („El Adelantado") und Sohn („El Mozo", 1507–1564); sie eroberten ab 1527 Yucatán; Montejo d.J. gründete 1542 Mérida

Morelos y Pavón, José María (1765–1815); Priester und Unabhängigkeitsführer wie Hidalgo und Allende

Narváez Pánfilo de; Abgesander des kubanischen Gouverneurs, der Cortés wegen dessen eigenmächtiger Azteken-Expedition zur Rechenschaft ziehen sollte. Cortés nahm ihn gefangen.

Nezahualcóyotl („Fastender Kojote", 1402–1472); weiser Herrscher und Dichter von Texcoco, ließ den 16 km langen Damm im Texcoco-See bauen

Obregón Alvaro (1880–1928); Revolutionsführer und mexikanischer Präsident 1920–24

Quetzalcóatl Die **„gefiederte Schlange"** (geschmückt mit grünen Federn des Quetzal-Vogels) war die zentrale Gottheit der gesamten mesoamerikanischen Götterwelt und Urgott aller Nahua-Stämme (Tolteken und Azteken, bei letzteren war Quetzalcóatl der Schöpfergott im Zeitalter der „Fünften Sonne"). Er hatte sich aber auch schon um die Zeitenwende in → Teotihuacán manifestiert (Quetzalcóatl-Pyramide).

Es gibt verschiedene Deutungen und Theorien über ihn, und er war für viele Bereiche zuständig (s.o., „Kleine Götterkunde"), z.B. war er der Schutzpatron der Künste. Als ein Mischwesen versinnbildlichte Quetzalcóatl die Dualität und die Erde, die Grundlage allen Lebens. Was zu beachten ist: Die toltekischen **Priesterkönige** trugen gleichfalls den Titel Quetzalcóatl. Der Legende nach verließ ein solch vergöttlichter Herrscher das Toltekenreich nach Osten übers Meer, und nach einer mythischen Weissagung sollte er auf einem Schiff wiederkommen – was dann zu dem tragischen Missverständnis der Azteken führte, die in Cortés anfänglich den wiederkehrenden (weißhäutigen) Quetzalcóatl erblickten. Unter der Führung des existierenden, historischen Quetzalcóatl, **Ce**

Acatl Topiltzin Quetzalcóatl (König von Tula, geb. vermutl. um 940; *ce acatl* = das aztekische Jahr 1 Rohr) sollen Tolteken, noch vor dem Jahr 1000 (vermutlich 987), nach Yucatán (Chichén Itzá) gezogen sein. Bei den Maya hieß Quetzalcóatl → *Kukulkán* (Quetzal = *Kukul*).

Nach der Interpretation des aztek. Autors *Xokonoschtletl Gomora* (s. „Ausgewählte Mexiko-Literatur") war Quetzalcóatl auch das **heiligste Symbol der Azteken:** *„Einen Menschen, der über große Weisheit verfügt, nennen wir Quetzalcóatl. Quetzal heißt ‚hübsch' und cóatl ‚Schlange', Quetzalcóatl ist die ‚hübsche Schlange'. Sie verkörpert für uns die Weisheit. Jede Kultur hat ihren eigenen Begriff für die Weisheit. Für die Spanier und ihre Missionare war die Schlange das Symbol des Bösen, des Teufels. Deshalb dachten sie, unser Volk würde den Teufel anbeten, als sie unsere zahlreichen Schlangensymbole sahen".*

Quiroga Vasco de (1470?–1565); indianerfreundlicher Franziskaner-Mönch, wirkte in Pátzcuaro

Proskouriakoff Tatjana; Maya-Forscherin (US-Amerikanerin russ. Abstammung, 1909–1985), die wesentlich zur Entzifferung der Maya-Glyphen beitrug

Rivera Diego (1886–1957); berühmtester mex. Wand- und Freskenmaler, er schuf monumentale Wandgemälde der mex. Geschichte *(→ murales)*

Sahagún Bernardino de (1500–1590), Franziskanermönch; er schrieb als erster altindianische Dichtungen und Überlieferungen in der Náhuatl-Sprache und die Eroberung des Aztekenreichs und Tenochtitláns aus indianischer Sicht auf (*„Historia general de las cosas de la Nueva España")*, ein 12bändiges Werk (*Codex Florentinus,* 1555)

Stephens John Lloyd (1805–1853); US-Amerikaner, schrieb über Copán, Palenque, Toniná, Quiriguá, Uxmal u.a. Stätten das Buch „Incidents of Travel in Central America, Chiapas and Yucatán" (1841), ein Bestseller, das den Weg für die wissenschaftliche Maya-Archäologie bereitete. Illustriert wurde es von → *Catherwood.*

Velásquez Diego de; Gouverneur von Kuba, anfänglich Förderer und später Gegenspieler von Cortés

Villa Pancho (= Francisco, 1878–1923); charismatischer mexikanischer Revolutionsheld, Mitstreiter von Zapata, kämpfte mit seiner Aufständischen-Armee „División del Norte" gegen die Regierungstruppen. Richtiger Name *Doroteo Arango.*

Waldeck Johann Friedrich Maximilian von (1766–1875); Künstler und Abenteurer, fertigte 1832-34 über 100 (idealisierende) Zeichnungen und Aquarelle von Palenque an

Zapata Emiliano (1879–1919); Mexikos legendenumwobener Revolutionsheld, kämpfte ab dem Beginn der mexikanischen Revolution 1910 für *tierra y libertad* und die Campesinos

Zumárraga Juan de; erster Erzbischof von Mexiko-Stadt, ließ viele aztekische → *códices* verbrennen

Ausgewählte Mexiko-Literatur

Maya

Popol Vuh, Das Buch des Rates. Buch der Quiché-Maya mit den mythologisch/religiösen Vorstellungen der Maya, übertragen von W. Cordan. Diederichs, Düsseldorf/Köln.

The Maya, Michael D. Coe. Thames & Hudson, London 1986.

Die Maya, Michael Coe; Bastei Lübbe. – Ein kompaktes Werk über das Volk der Maya.

Versunkene Städte der Maya. Baudez/Picasso. Otto Maier, Ravensburg. – Sachliches kleines Handbuch mit vielen Illustrationen.

Die Welt der Maya, archäologische Schätze aus drei Jahrtausenden, N. Grube u.a., Buchkatalog einer Maya-Ausstellung des Roemer-Museums Hildesheim. Phlp. von Zabern, Mainz 1992.

Die unbekannte Welt der Maya, das Geheimnis ihrer Kultur entschlüsselt, Schele/Freidel. Weltbild, Augsburg 1995 (1990). – Eines der Standardwerke der Maya-Forschung.

Versunkene Reiche der Maya, National Geographic Society USA, 1993. Bechtermünz/Weltbild Augsburg 1997. – Empfehlenswerter Bildband.

Die Kunst der Maya, Stierlin. Belser, Stuttgart 1997 (1981).

Die Entdeckung der alten Mayastätten, John Lloyd Stephens. Edition Erdmann, Tübingen, und Atlantis, Zürich, 1969. – Die Erkundung der Maya-Ruinen von Yucatán durch den New Yorker Anwalt 1839–1842, ein Klassiker.

Maya, die nachklassische Periode, Nalda u.a. Hirmer, München 1998. – Empfehlenswerter Bildband.

Maya, die klassische Periode, Nalda u.a. Hirmer, München 1998. – Empfehlenswerter Bildband.

Die Lebenswelt der Maya. Weltbild, Augsburg 1998. – Schöner Bildband.

Maya – Gottkönige im Regenwald, Nikolaus Grube u.a. Könemann 2000. – Großvolumiger, guter u. sehr informativer, wissenschaftlicher Bildband.

Augenzeugenberichte, Biographien

Bericht aus Yucatán, von Diego de Landa; Kunzmann. Reclam, Leipzig 1993

Die Eroberung Mexikos, Hernán Cortés. Insel, Frankfurt/M. 1980. – Die selbstgerechte Darstellung des spanischen Eroberers von Mexiko.

Die Eroberung von Mexiko, Bernal Diaz del Castillo. Insel, Frankfurt/M. 1992. – Augenzeugenbericht eines Soldaten in Cortés' Truppe in schlichter, lebendiger und spannender Form. Interessanteste und vollständigste Chronik der Eroberung Mexikos.

Chronik des Fray Bernardino de Sahagún. Insel, Frankfurt/M. 1989.

Sie suchten nach dem Gold wie Schweine, Fray Bernardino de Sahagún, Hrsg. Karl Braun. AS-Verlag, Tübingen 1982. – Die Eroberung von Tenochtitlán aus indianischer Sicht.

Kurzer Bericht von der Zerstörung Neuspaniens, Bartolomé de las Casas. Insel, Frankfurt/M. 1989. – Die Wahrheit über die Unterdrückung der Indios.

Erwachen in der neuen Welt, die Geschichte v. Bartolomé d.l. Casas; Fiechtner, Vesely. Edition día.

Sachbücher, Kultur, Land und Leute

Die Lehren des Don Juan und *Reise nach Ixtlán,* Carlos Castañeda. Fischer, Frankfurt.

Verbranntes Wasser, vier Erzählungen, Carlos Fuentes. Rowohlt 1990. – Nur zwei der vielen Bücher des mexikanische Erfolgsautors.

Das Labyrinth der Einsamkeit, Octavio Paz. Suhrkamp, Frankfurt/M. 1980. – Pflichtlektüre über Mexiko des bekannten mexikanischen Autors.

Entdeckungen in Mexiko, Egon Erwin Kisch. Kiepenhauer & Witsch, Köln 1981. – Klassisch-pointierte Reportagen von 1940 bis 1946.

Die Rebellion der Gehenkten, B. Traven. Diogenes, Zürich 1983. *Land des Frühlings,* B. Traven (handelt über Chiapas), Diogenes, Zürich. *Der Schatz der Sierra Madre,* B. Traven. Ullstein, Berlin. – Drei lesenswerte Klassiker des mysteriösen deutschstämmigen Schriftstellers, der nach Mexiko emigrierte.

Der gekreuzigte Kontinent, 500 Jahre Evangelisierung Lateinamerikas am Beispiel von Mexiko, Goldstein. Peter Hammer, Wuppertal 1992.
Allem zum Trotz, Elena Poniatowska. Lamuv, Bornheim-Merten 1992. – Eine mexik. Lebensgeschichte der bekannten mexikanischen Autorin.
Menschenopfer bei den Azteken? Peter Hassler. Europäischer Verlag der Wissenschaften Peter Lang, Bern/Frankfurt/M./New York/Paris/Wien 1992, ISBN3-261-04587-6. – Eine quellen- und ideologiekritische Studie zur Frage der Menschenopfer bei den Azteken
Juchitán, Stadt der Frauen, Bennholt-Thomsen. Rororo, Hamburg 1994.
Frauen Wirtschaft, Juchitán – Mexikos Stadt der Frauen, Frederking & Thaler, München 2000. – 144 S., 100 Farbfotos.
Mexiko – ein literarisches Porträt, R. Motz. Insel, Frankfurt/M. 1997. – Buchauszüge sehr vieler Mexiko-Autoren und ein Streifzug durch die mexikanische Geschichte. Empfehlenswert.
Gebrauchsanweisung für Mexiko, Schwager/Hegglin. Piper, München 1998. – Realistisches Bild des heutigen Mexikos, scharf beobachtet, gut geschrieben.
Die wahre Geschichte der Azteken, Xokonoschtletl Gomora. Gfw Verlag Heidenheim. – Die span. Eroberung und die Kulturen der Azteken von einem Azteken geschrieben. Ehrlich und überraschende Aspekte, **TIP!**
Kleine Geschichte Mexikos, K.-J. Ruhl und L.I. García; Von der Frühzeit bis zur Gegenwart. Beck'sche Reihe 1366, München 2000.
Marcos. Herr der Spiegel, Manuel Vázquez Montalbán. Wagenbach 2001. – Politisch-philosophische Gespräche mit dem Zapatisten-Führer.
Azteken, DuMont 2003. – Katalog der Azteken-Ausstellungen 2003 in Berlin und Bonn, ein außergewöhnlich schönes Werk mit zahllosen Fotos, **TIP!**
Pyramiden und Paläste in Mittelamerika, Baldur Köster, Philipp von Zabern, Mainz 2003. – Interessanter Vergleich mit Bauten der Ägypter und Griechen.

Romane

Der Azteke, Gary Jennings. Fischer, Frankfurt/M. 1984. – Schilderung der span. Eroberung aus der Sicht eines Azteken, lesenswert.
Die Aztekin, Colin Falconer. Heyne 1996. – Großer historischer Roman über das Leben der Malinche (Mali im Roman), Dolmetscherin von Hernán Cortés.
Bittersüße Schokolade, Laura Esquivel. Suhrkamp 1995, u.a. – Roman um Liebe, Kochrezepte und bewährte Hausmittel, erfolgreich verfilmt.

Tourismus

Mexiko verstehen, ein Sympathie-Magazin vom Studienkreis für Tourismus, 82541 Ammerland, Kapellenweg 3, Bestellung per Fax 08177-1349.
Mexiko, Motz/Otto. Rowohlt Reinbek („Anders Reisen"). – Gut geschriebene politische und soziale Hintergründe, empfehlenswert!
Spanisch für Mexiko, Kauderwelsch-Sprachführer. Peter Rump, Bielefeld.

Mexiko-Bildbände

Mexiko – ein Porträt in Luftbildern, M. Calderwood. RV-Verlag, Stuttgart 1992. – Fotografisch perfekte, eindrucksvolle Bilder! Diesbezüglich das Beste.
Mexiko, HB-Bildatlas, Hamburg 1993. – Überblick über touristische Ziele.
Frida Kahlo, das Gesamtwerk, Priegnitu-Poda u.a. Verlag Neue Kritik.
Frida Kahlo, Gemaltes Tagebuch, Faksimile-Ausgabe ihres Tagebuchs. Kindler Verlag
Mexiko, Archäologischer Reiseführer, Verlag Karl Müller, Köln 2001. – Schöner Bildband über die wichtigsten Stätten in Mexiko, Guatemala und Honduras.

Kochbücher

Mexiko – eine kulinarische Reise, Palazuelos/Tausend. Christian Verlag, München 1992. – Opulenter, einmalig schöner Bildband mit Rezepten.
Fridas Fiestas, Die Rezepte der Malerin Frida Kahlo, Guadalupe Rivera/Colle. Christian Verlag, München. Dto. im gleichen Verlag: *Mexikanische Feste,* Die Fiestas der Frida Kahlo.
Mexikanische Küche, Hicks. Könemann, Köln 1995.
Die Kultur der mexikanischen Küche, P. Quintana. DuMont, Köln.
Mexikanisch kochen, Engelbrecht/Keyser. Edition día, St. Gallen/Köln.
Chili-Küche, G. Steer. Könemann Köln 1996.

Cómo se dice – Sprachhilfe Spanisch

Span. Alphabet, Aussprache

A – aa • **B** – be grande • **C** – ße • **D** – de • **E** – ee • **F** – äffe • **G** – che (rauhes *ch*) • **H** – atsche • **I** – ii • **J** – chota (rauhes *ch*) • **K** – ka • **L** – älle • **Ll** – älje • **M** – ämme • **N** – änne • **Ñ**, ñ – änje • **O** – oo • **P** – pe • **Q** – ku • **R** – ärre • **S** – ässe • **T** – te • **U** – uu • **V** – be chica • **W** – doble u • **X** – eckiss • **Y** – i gri-ega (oder je) • **Z** – ßeta

Kurzgrammatik Spanisch

Substantive sind maskulin oder feminin, Neutrum gibt es nicht. Die männlichen (m) Artikel im Singular und Plural lauten *el* und *los,* im weiblichen (f) *la* und *las.* Der neutrale Artikel *lo* (*los*) dient zur Substantivierung von Zahl- und Fürwörtern u. Adjektiven, z.B. lo primero = das erste. Der unbestimmte Artikel heißt männl. *un* (*unos*) und weibl. *una* (*unas*).

Die m-Substantive enden meist auf -o, selten auf -e, -n, -o, -r, (Ausnahme la mano = die Hand), die f-Substantive meist auf -a, seltener auf -d, -ion, -z, (Ausnahme el día = der Tag, el clima = das Klima, el agua = das Wasser). Der Plural wird bei Vokal-Endung durch Anhängen eines -s, bei Konsonanten-Endung durch -es gebildet. Bei der Deklination wird der Genitiv mit *de* u. der Dativ mit *a* gebildet, wobei maskulin *de el* und *a el* zu *del* u. *al* zusammengezogen werden. Akkusativ ist wie Nominativ.

Die Satzstellung ist Subjekt-Prädikat-Objekt (S-P-O). Adjektive stehen hinter dem Wort, mit Ausnahme von mucho = viel, poco = wenig, más = mehr, menos = weniger und otro = andere. Adjektive enden m auf -o, f auf -a, andere Endungen werden nicht verändert. Die Steigerung wird mit más und el bzw. la más gebildet.

Fragen werden mit einem Fragewort oder unter Voranstellung eines Verbums formuliert.

Ein grammatikalischer **Unterschied des lateinamerikanischen Spanisch** zum in Spanien gesprochenen *Castellano* ist der Wegfall von*vosotros* (ihr, 2. Person Mehrzahl); stattdessen wird **ustedes** (sie) verwendet. Dadurch entfällt auch die Verbform für „ihr" bzw. es wird die für die Höflichkeitsform gültige Endung verwendet, die der 3. Person Mehrzahl („sie") entspricht. Beispiel:
Ustedes hablan castellano? – sprecht ihr Spanisch? *Usted habla castellano?* – sprechen Sie Spanisch?

Fürwörter, persönliche

ich – yo
du – tú
er, sie – él, ella
Sie (Anrede) – Usted (Ud.)
wir m / f – nosostros, -as
ihr – Ustedes (Uds.)
sie m / f – ellos, -as
Sie (Anrede) – Ustedes (Uds.)

Fürwörter, besitzanzeigende

mein (meiner) – mi (mío)
dein (usw.) – tú (tuyo)
sein, ihr – su (suyo)
unser – nuestro
euer – su
Ihr – su (suyo)

Verben enden oft -ar, -er, -ir, z.B. hablar (= sprechen), beber (= trinken), vivir (= leben).

Der **Wortstamm** bleibt immer gleich, die Endung ändert sich, z.B. (Präsens)

ich	habl-o	beb-o	viv-o
du	habl-as	beb-es	viv-es
er/sie/Sie	habl-a	beb-e	viv-e
wir	habl-amos	beb-emos	viv-imos
ihr/sie/Sie	habl-an	beb-en	viv-en

Das **persönl. Fürwort** kann man weglassen, zur Betonung wird es hinzugefügt, z.B. ustedes viven todavía = *Ihr* lebt noch.
Das **Perfekt** wird aus *haber* (= haben) und dem Partizip gebildet, dieses bei -ar aus Wortstamm und -ado, z.B. hablado, bei -er und -ir aus Wortstamm und -ido, z.B. bebido, vivido.
Als **Futur** kann man das Präsens plus ein Zeitwort, wie morgen, später, in einer Woche usw. benützen; oder das Verb -ir (gehen), a und den Infinitiv, z.B. voy a regresar = ich werde zurückkehren.

Hilfszeitwörter

haber (haben)	estar (sein)	ser (sein)
he	estoy	soy
has	estás	eres
ha (hay)	está	es
hemos	estamos	somos
han	están	son

Dabei bezeichnet *estar* einen vorübergehenden Zustand, *ser* einen Dauerzustand.

Die wichtigsten unregelmäßigen Verben

ir (gehen)	tener (haben)
voy	tengo
vas	tienes
va	tiene
vamos	tenemos
van	tienen
decir (sagen)	oir (hören)
digo	oigo
dices	oyes
dice	oye
decimos	oímos

dicen	oyen
querer (wollen, möchten)	poder (können)
quiero	puedo
quieres	puedes
quiere	puede
queremos	podemos
quieren	pueden

Im Unterschied zu *haber* wird *tener* im Sinne von *besitzen* gebraucht, zusammen mit que und dem Infinitiv eines anderen Verbs bedeutet es „müssen", z.B. tengo que beber = ich muss trinken, aber: man muss trinken heißt hay beber. Hay ist ein sehr wichtiges Wort und bedeutet *es gibt* bzw. in der Frage *gibt es?*
Zum Schluss noch: das verneinende Wort *no* steht vor dem Verb, z.B. ich habe keine Zeit = no tengo tiempo.

Adjektive
hell, dunkel – claro, oscuro
schwarz, weiß – negro, blanco
rot, braun, gelb – rojo, marrón, amarillo
blau, grau, grün – azul, gris, verde
gut, schlecht – bueno, malo
groß, klein – grande, pequeño
viel, wenig – mucho, poco
leicht, schwer – fácil, difícil
alt, neu, jung – viejo, nuevo, joven
schnell, langsam – rápido, lento
früh, spät – temprano, tarde
billig, teuer – barato, caro
hoch, niedrig – alto, bajo
warm, kalt – caliente, frío
sauber, schmutzig – limpio, sucio

Präpositionen
und, oder, nach – y, o, a
vor, nach (örtl.) – delante de, para a
vor, nach (zeitl.) – antes de, después de
auch, auch nicht – también, tampoco
mit, ohne – con, sin
plus, minus – más, menos
mehr oder weniger – más o menos
noch eins mehr – otro más
aber, dann – pero, entonces
in, an, auf – en
weil, wegen – porque, por
dass, als, was – que

Allgemeine und nützliche Redewendungen
bitte weitergehen – prosiga
das ist liebenswürdig – muy amable
das ist mein Freund(in) – es mi amigo (amiga); bei engerer Beziehung: novio/novia
es tut mir leid – lo siento
geben sie mir – déme
gern – con mucho gusto
gibt es hier…? – hay por aquí?
gibt es in der Nähe ein Wäscherei? – hay una lavandería cerca de aquí?
haben Sie … – tiene Usted
ich bin aus Deutschland – soy de Alemania
ich bin Deutsche(r) – soy alemana (alemán)
ich heiße – me llamo
ich möchte nicht – no quiero
ich reise alleine – estoy viajando solo
kann ich fotografieren? – Se puede sacar una foto?
so ist's – eso es
stop – pare; alto
wann ist geöffnet? – a qué hora está abierto?
warum nicht? – cómo no?
was ist los – qué pasa?
wieviel Uhr ist es – qué hora es?
wie lange wird es dauern? – cuánto tiempo va a durar?
wie nennt man …? – cómo se llama?
wo bekomme ich? – dónde se vende?
wo ist die Toilette – donde está el baño (sanitarios)?

Elementare Worte
ja, nein – sí, no
bitte – *por favor*
danke, vielen Dank – gracias, muchas gracias
Achtung! – cuidado
alt – viejo
Apotheke – farmacia
Baum – árbol
Berg – montaña
billig – barato
bisschen – un poco
Eingang – entrada
einverstanden – de acuerdo, bueno
es gibt nicht – no hay
essen – comer
Flughafen – aeropuerto
Frau – mujer
Fräulein – señorita
genug – bastante
geschlossen – cerrado
gestern – ayer
gibt es … – hay
groß – grande
Haus – casa
heiß – caliente
Herr – señor
heute – hoy
hoch – alto
ich – yo
ich möchte – quiero
immer – siempre
jetzt – ahora (Verkl.-Form *ahorita*)
kalt – frío
Kirche – iglesia
klein – pequeño
Land, auf dem – en el campo
lang – largo

leicht – fácil
Mann – hombre
Markt – mercado
Meer – mar
mehr – más
mit – con
morgen – mañana
morgen früh – mañana por la mañana
nahe – cerca
Name – nombre
neu – nuevo
niedrig – bajo
oben – arriba
oder – o
offen – abierto
ohne – sin
Regen – lluvia
sauber – limpio
schlecht – malo
schmutzig – sucio
schnell – rápido
schwierig – difícil
See – lago
sehr – muy
Sonne – sol
spät – tarde
Strand – playa
Stunde – hora
teuer – caro
Tourist – turista
trinken – beber
und – y
viel – muchos
Vorsicht – cuidado
wann – cuándo, a qué hora?
warum – por qué
Wäscherei – lavandería
Wasser – agua
wie? – cómo?
wo ist – dónde está
wohin – a dónde
zahlen – pagar
zurückkommen – regresar

Wochentage

Montag – lunes · Dienstag – martes · Mittwoch – miércoles · Donnerstag – jueves · Freitag – viernes · Samstag – sábado · Sonntag – domingo · Feiertag – día festivo · diese Woche – esta semana

Monate

Januar – enero · Februar – febrero · März – marzo · April – abril · Mai – mayo · Juni – junio · Juli – julio · August – agosto · September – septiembre · Oktober – octubre · November – noviembre · Dezember – diciembre · nächsten Monat, Jahr – el próximo mes, año

Uhrzeit

wieviel Uhr ist es? – qué hora es?
es ist halb drei – son las dos y media
Viertel vor neun – un cuarto para las nueve
5 Minuten und 30 – cinco minutos y treinta
Sekunden – segundos

Zahlen

0 cero	22 veintidós
1 un(o)	30 treinta
2 dos	31 treinta y uno
3 tres	40 cuarenta
4 cuatro	50 cincuenta
5 cinco	60 sesenta
6 seis	70 setenta
7 siete	80 ochenta
8 ocho	90 noventa
9 nueve	100 cien(to)
10 diez	101 ciento uno
11 once	110 ciento diez
12 doce	200 doscientos
13 trece	300 trescientos
14 catorce	400 cuatrocientos
15 quince	500 quinientos
16 dieciséis	600 seiscientos
17 diecisiete	700 setecientos
18 dieciocho	800 ochocientos
19 diecinueve	900 novecientos
20 veinte	1000 mil
21 veintiuno	1 Mio. – un millón

Ordnungszahlen

1. primero	40. cuadragésimo
2. segundo	50. quincuagésimo
3. tercero	60. sexagésimo
4. cuarto	70. septuagésimo
5. quinto	80. octogésimo
6. sexto	90. nonagésimo
7. sé(p)timo	100. centésimo
8. octavo	1 x: una vez
9. noveno	2 x: dos veces
10. décimo	3 x: tres veces
11. undécimo	1/2: un medio
12. duodécimo	1/3: un tercio
13. décimo tercero	1/4: un cuarto
20. vigésimo	einfach: simple
21. vigésimo primero	zweifach: doble
22. vigésimo segundo	dreifach: triple
30. trigésimo	vierfach: cuádruple

Begrüßung und Zwischenmenschliches

Auf Wiedersehen – hasta luego, adiós
bitte – por favor
bitte (als Erwiderung) – de nada („keine Ursache")
danke (sehr) – (muchas) gracias
Entschuldigung – perdón, disculpe
Gestatten Sie – con permiso
Gut, danke – bien, gracias
Guten Abend, Nacht – buenas noches

Guten Morgen – buenos dias (bis 12 Uhr)
Guten Tag – buenas tardes (ab 12 Uhr)
Hallo! – hola!
Hallo, hören Sie, mein Herr – oiga, señor
Herr, Frau, Fräulein – señor, señora, señorita (in Zweifelsfällen auch „seño", das bedeutet aber nicht etwa, dass man das Geschlecht seines Gegenübers nicht einschätzen kann, sondern lediglich den Familienstand der Dame nicht kennt)
Ich heiße ... – me llamo
ja, nein – sí, no
mach's gut! – que te vaya bien!
wie geht's? – cómo está? (Qué tal?)
sehr gut (schlecht) – muy bien (mal)
Wie alt sind Sie? – cuántos años tiene Usted?
Wie heißen Sie? – cómo se llama?
Willkommen – bienvenido

Fragen und Verständigung
Bitte schreiben Sie – escríbalo, por favor
Ich möchte ein ... – quiero/Quisiera un ...
Ich spreche kein Spanisch – no hablo espanol
Ich verstehe nicht (s) – no entiendo (nada)
Ich verstehe spanisch nicht gut – no entiendo muy bien el español
Ich weiß nicht – no sé
Können Sie mir helfen? – puede Usted ayudarme?
Sprechen Sie bitte langsamer – hable más despacio, por favor
Sprechen Sie englisch – habla Usted inglés?
Spricht jemand englisch – hay alguien quien hable inglés?
Was wünschen Sie? – qué desa Usted?
Wie bitte? – mande? („cómo" eher unhöflich „was"?)
Wie heißt das auf Spanisch? – cómo se dice en español?
Wie heißt das? – cómo se llama esto?

Zurechtfinden
abbiegen – dar vuelta
Adresse – la dirección
an der Ecke – en la esquina
die Straße nach ...? – el camino para ...?
diese Richtung! – por aquí (allí)
dort – allí
hier – aquí
immer geradeaus – siempre adelante, (siga) derecho
ist es nah? – está cerca?
ist es weit? – está lejos?
kann ich mit dem Bus dahin fahren? – puedo ir allí en camión?
kennen Sie ...– sabe Usted
nach links – a la izquierda
nach rechts – a la derecha
nahe – cerca
welcher Weg – por dónde
wie habe ich zu gehen? – cómo puedo llegar a?
wie lange? – cuánto tiempo?
wie weit? – qué distancia?
wieviele Straßenblocks von hier? – a cuantas cuadras de aquí?
wo ist – dónde está

Ándale – órale
Diese zwei Wörter kann man immer wieder hören. Sie können bedeuten: auf geht's, in Ordnung, einverstanden, so ist's, beeil Dich, ich bitte dich/Sie darum, und ähnliches mehr. Dabei wird „ándale" für die Du-Form und „ándele" für die Sie-Form gebraucht, órale nur für „Du".

Bus, Bahn, Flug, Schiff
reisen, Reise – viajar, viaje
Ich möchte nach ... – quiero ir a ...
Welchen Bus? – cuál camión?
Gibt es einen Bus nach ... – hay un camión para ...?
Um welche Zeit fährt der Bus? – a qué hora sale el camión?
Wohin fährt dieser Bus? – a dónde va este camión?
Wieviel kostet eine Fahrkarte nach ... – cuánto cuesta un boleto para ...
Ich möchte eine Fahrkarte nach ... – quiero un boleto a ...
Erster, zweiter Klasse – primera, segunda clase
Sind (Plätze) nummeriert? – son numerados?
Ich möchte einen Fensterplatz – quiero un asiento con ventana
Wie lange dauert die Reise – cuánto dura el viaje?
Fahren Sie am (Zócalo) vorbei? – pasa Usted por el zócalo?
Können Sie mir sagen, wenn wir die x-Straße erreichen? – me puede avisar cuando lleguemos a la avenida/calle x ?
Ich möchte aussteigen (beim) – quiero bajar (en)
Abfahrt – salida
Ankunft – llegada
Bahnhof – la estación del ferrocarril
Bus-Haltestelle – la parada del autobus
Bus-Terminal – terminal de buses, central camionera
Eisenbahn – ferrocarril
Fahrplan – horario
Fährschiff – transbordador
Flughafen – el aeropuerto
Gepäck – equipaje
Gepäckaufbewahrung – Documentación de equipaje / Guardaequipaje
Ohrstöpsel – tapónes
Preis – precio
Rundreise (hin- und zurück) – viaje redondo (auch: ida y vuelto)

Schiff – barco
seekrank – mareo
umsteigen – transito
Zug – tren
de paso – Bus kommt von woanders her
directo – mit einigen Stops
semi-directo – einige Stops mehr als directo
sin escalas, expreso – non-stop

Hotel / Übernachten
„Alles inbegriffen?“ – „todo incluido?“
Dieses Zimmer ist zu laut – la habitación es demasiado ruidosa
Dusche – regadera
für drei Personen – para tres personas
Gibt es heißes Wasser? – hay agua caliente?
Gibt es Rabatt für eine längere Zeit? – hay un descuento por una estancia más larga?
Haben Sie ein freies Zimmer? – tiene una habitación libre?
Haben Sie nichts billigeres? – tiene algo más barato?
Handtuch – toalla
Ich möchte ein Einzelzimmer – quisiera una habitación sencilla („... para una persona“)
...mit Doppelbett – con una cama matrimonial
... mit zwei Betten – con dos camas
Ich möchte um ... geweckt werden – quiero que me despierten a las ...
Kann ich das Zimmer sehen – puedo ver la habitación?
Kann ich meine Wertsachen im Safe lassen? – Puedo dejar mis valores en la caja de seguridad?
Klimanalage – aire acondicionado
Können Sie mir ein Hotel empfehlen? – puede recomendarme un hotel?
leise, ruhig – tranquilo
Toilettenpapier – papel higiénico
Wie ist der Preis für eine Nacht? – cuál es el precio por una noche?
Wir gehen morgen – nos vamos mañana
Wir möchten ein Doppelzimmer – quisiéramos una habitación doble
Wo ist das Hotel ...? – dónde está el hotel ...?
Wo ist ein Hotel? – dónde hay un hotel?

Einkaufen
billig – barato
das gefällt mir nicht – no, gracias, no me gusta
das ist sehr teuer – es muy caro
das ist zu teuer – es demasiado caro
haben Sie nichts billigeres? – no tiene Usted algo más barato?
Ich möchte nicht mehr als ... Peso zahlen – no, no quiero pagar más de ... Peso
Ich sehe mich nur um – estoy mirando, gracias
Kreditkarte – tarjeta
Laden – tienda
Markt – mercado
mehr – más
Preis – precio
Supermarkt – supermercado
weniger – menos
Wieviel kostet das? – cuánto cuesta? Cuánto vale? En cuánto sale?

Post / Fax
Adresse – dirección
Brief – carta
Briefkuvert – sobre
Briefmarke – estampilla
Einschreibe-Brief – carta certificada
Fax-Stelle – oficina de fax
Luftpost – correo aéreo
Päckchen – paquete pequeño
Paket – paquete
Post – oficina de corrreos
Postkarte – tarjeta postal
Postlagernd – poste restante/lista de correos
Telegramm / -stelle – telegrama / oficina de telégrafos

Telefon
Telefon – teléfono
Telefonbuch – directorio telefónico
anrufen – llamar
Hallo – bueno
Ferngespräch – larga distancia
Nummer – número
Telefonstelle – caseta de teléfono
Vermittlung – operadora
Mein Name ist ... – me llamo ...
besetzt – ocupado

Geld
Bank mit Geldautomat – banco con caja automática
Geld – dinero
Geldwechselstelle – casa de cambio
Ich möchte Geld wechseln – quiero cambiar dinero
Kann ich Reiseschecks wechseln? – puedo cambiar cheques de viajero?
Traveller-Scheck – cheques de viajero
Wenn öffnet die Bank? – a qué hora abren el banco?
Wie ist der Wechselkurs? – cúal es el tipo de cambio?

Krankheit
Apotheke – farmacia
Fieber – fiebre
Ich bin krank – estoy malo
Ich brauche einen Arzt – nececito un médico
Ich fühle mich nicht gut – no me siento bien
Ich habe Durchfall – tengo diarrea
Können sie mir helfen – puede Usted ayu-

darme?
Krankenhaus – el hospital
Krankenwagen – una ambulancia
übergeben – vomitar
Wo ist ein Doktor der englisch spricht? – dónde hay un médico que hable inglés?
Zahnarzt – dentista

Notfälle und Polizei
Achtung! – cuidado!
Dieb – ratero!
Diebstahl – robo
Gefahr – peligro
Hilfe! – socorro!
Ich habe mein ... verloren – he perdido mi ...
Ich habe meine Schecks verloren – he perdido mis cheques
Ich möchte den Diebstahl aufnehmen lassen – quiero levantar una acta de robo
Ich möchte ein Anzeige machen – quiero hacer una denuncia
Jemand hat meine Brieftasche gestohlen – alguien me ha robado la cartera
Ruf' die Polize/einen Arzt – llame a la policía/a un doctor
Überfall – asalto
Verständigen Sie bitte das deutsche Konsulat – informe Usted al consulado alemán, por favor

Auto
autopista – Autobahn
bifurcacíon – Gabelung
bleifrei – sin plomo
estacionamiento – Parkplatz
Autoteile-Handlung – refaccionería
Führerschein – licencia de manejar
fahren – manejar
Habe ich eine Strafe zu zahlen? – tengo que pagar una multa?
Ich benötige einen Abschleppwagen – necesito una grúa
Ich möchte ein Auto mieten – quiero alquilar (od. *rentan,* von engl. „rent") un coche
Kann ich eine Quittung haben? – me puede dar un recibo?
Kontrolle – revisión
Mein Auto hat eine Panne – se me descompuso el carro
Mutter – tuerca
Nummernschild – placas
Öl – aceite
Panne – avería
Hauptstraße – carretera
Stadtstraße – calle
Reifen – llantas
Reifen-Reparatur Geschäft – vulcanízadora
Schraube – tornillo
Tankstelle – gasolinera
volltanken – lleno
Versicherung – seguros
Werkstatt – taller
Wo kann ich die Strafe bezahlen? – dónde puedo pagar la multa?

Verkehrsschilder - Warnungen, Verbote und Gebote
Alto – Stop!
Aproxima Salida – nächste Ausfahrt
Caseta de Cobro – Mautzahlstelle
Ceda el Paso – Vorfahrt gewähren
Circulación – Einbahnstraße
Cuidado – Achtung!
Cuota – Maut (Straßen/Brückengebühr)
Curva Peligrosa – Gefährliche Kurve
Derrumbes – Geröll- und Steinabbrüche (Bergstrecken)
Despacio – Langsam
Desviación – Umleitung
Entronque – Abzweigung
No Hay Paso – Keine Durchfahrt
No Rebase – Nicht Überholen
Obras – Baustelle
Paso prohibido – Durchfahrt verboten
Peatones – Fußgänger
Peligro – Gefahr, Gefährlich
Periférico – (Peripherie)-Umgehungsstraße
prohibido estacionarse – Parken verboten
Puente – Brücke
Salida – Ausfahrt
Semáforo – Ampel
Sinuoso – Kurvenreich
Topes – künstliche Bodenwellen
Vado – Querrinne, Bodensenke
Vuelta – Umdrehen
Zona de Niebla – Nebelzone

Campen und Wandern
Boot – lancha; barco
Camping – acampar
Campingplatz – campamento
Dorf – pueblo
Hof, Farm – rancho
Hütte – cabaña
Können wir hier campen? – podemos acampar aquí?
Regenwald, Dschungel – selva virgen
Rucksack – mochila
Schutzhütte – refugio
Trailer Park – parque de trailer; trailer park
Wald – bosque
wandern – caminar, marchar
Weg – camino
Wohin führt dieser Weg – a dónde va este camino
Zelt – tienda de campaña, carpa

Speisen und Getränke

(s.a. „Mexiko zwischen Topf und Deckel – Essen und Trinken“, s.S. 60ff)

Nützliche Sätze

Wo gibt es hier in der Nähe ein Restaurant? – *dónde hay un restaurante cerca de aquí?*
Ein Restaurant mit Lokalspezialitäten? – *un restaurante con platos típicos?*
Die **Speisekarte** bitte – *la carta, por favor*
Was empfehlen Sie heute? – *Qué recomienda hoy?*
Woraus besteht das? – *de qué consiste?*
Ist das scharf – *es picante?*
Bitte nicht scharf – *no muy picante, por favor*
Bringen Sie mir bitte ... – *traígame por favor*
Eine Portion – *una orden*
Die Rechnung, bitte – *la cuenta, por favor*
Kellner/in – *joven, mesero/a, señorita*
Wo ist die Toilette – *dónde está el baño?*

Gabel – *tenedor*
Glas – *vaso*
Löffel – *cuchara*
Krug – *jarra*
Messer – *cuchillo*
Serviette – *servilleta*
Teller – *plato*
Tasse – *taza*
Weinglas – *copa*

Zubereitung / Gewürze / Begriffe

a la carbón – vom Holzkohlegrill
a la plancha – gegrillt, geröstet
a la suiza – mit Sauercreme
a la veracruzana – (Fisch), mit Tomaten, Chiles, Zwiebeln und Oliven
aceite – Öl
achiote – gekochte Samen des Orleanstrauchs (Bixa orellana), färbt Speisen gelb bis rot (Yucatán)
adobado/a – Fleisch wird vor dem braten oder grillen mit Marinade bestrichen
adobo – Marinade aus Chiles, Essig und Gewürzen
ahumado – geräuchert
al estilo – nach Art
al horno – gebacken im Ofen
al mojo (de ajo) – in Tunke bzw. Knoblauchsoße
al pastor – gegrillt am (senkrechten) Grill (Taco-Fleisch)
al vapor – gedämpft
almuerzo – zweites Frühstück
antojitos („kleine Gelüste“), pikante Snacks, Vorspeisen, wie *tacos, tamales* etc.
asado/a – gegrillt, kurzgebraten (Steak „gut durch“ = bien asado)
aves – Geflügelgerichte
barbacoa – Erdofen; in ihm werden Speisen langsam gegart (Yucatán)
bebidas – Getränke
bodega – Weinlokal, Weinkellerei
brocheta – Grillspießchen
bundín – Auflauf
canela – Zimt
catsup – Ketchup
cena – (spätes) Abendessen
cilantro – frischer Koriander, vielverwendet für Soßen, Salsas und Gerichte
cocido – gekocht
comal – Herdplatte oder Blech zum Tortilla backen
comedor – „Speisesaal“, ein preisgünstiges Esslokal (Markt)
comida – Mittagessen, Hauptmahlzeit (meist nach 14 Uhr)
comida corrida – günstiges Tagesessen
crudo – roh, ungekocht
cubierto – „Gedeck“ (Brot, Butter, Salsa)
desayuno – Frühstück
dulcería – Laden mit Zuckerbackwerk und Süßigkeiten
empanizada/o – paniert
entremeses – Zwischengerichte, Snacks
epazote – in mex. heimisches, vielverwendetes Würzkraut (Teekraut), leichter Zitronengeschmack
escabeche – nach Maya-Art delikat Mariniertes (z.B. Huhn) in Limettensaft, Essig, Lorbeer, Öl, Knoblauch, Oregano, *achiote* u.a.; **TIP**
estofado – Eintopf
flameado – flambiert
fonda – Gasthaus, kleines Restaurant, Imbiss im Markt
frito – gebraten
frutas – Obst
fundido – geschmolzen (Käse)
guisado – Gericht (gekocht)
harina – Mehl
hielo – Eiswürfel
hierbas – Kräuter
licuados – Mixgetränk mit Früchten
lonchería – kleines Esslokal mit einfachen Speisen, meist im *mercado* (Wortumformung des engl. *lunch*).
marisquería – hier gibt's *mariscos* (Meeresfrüchte u. Fisch)
masa – Maisteig für Tortillas
masa harina – besondere Maismehlsorte für Tortillas

merienda – leichtes Abendessen
milanesa – paniert (Schnitzel z.B.)
mixta – gemischt
mole – (sämige) Soßenmischung die Chile enthält
olla – Tontopf
panadería – Bäckerei
parrilla, a la – vom Grill *(talla)*
parrillada – Grillplatte mit diversen Fleisch- und Wurstsorten
pastelería – Konditorei
pasteles – Kuchen, Süßigkeiten
perejil – Petersilie
picadillo – Fleischhaschee
picadillo – würzige Hackfleischmischung, Füllung für Tacos oder Empanadas
pimienta – Pfeffer
postre – Nachtisch
recado – yucatekische Gewürzpaste mit *achiote*
relleno/a – gefüllt
sal – Salz
sopa – Suppe
sopa seca – „trockene Suppe“, Zwischengang; meist Reis, Nudeln oder Spaghetti
tamarindo – gekochte Kerne und Fruchtmark der braunen Schoten des Tamrinden-Baums
taquería – hier gibt's Tacos (vom *taquero*)
tortería – hier gibt's *tortas*
vainilla – Vanille
venado – Wild
verduras – Gemüse

Die mexikanische Speisekarte

Nachfolgend die (unvollständige) alphabetische Auflistung mexikanischer Speisen und Getränke (je nach Region variieren Zubereitung und Zutaten). Sehr schmackhaftes oder mal einen Versuch wert ist mit **TIP** gekennzeichnet (logischerweise eine subjektive Empfehlung). Weitere lokale Gerichte und Zutaten sind bei den Reiseregionen aufgeführt (z.B. Yucatán).
Zu allem: *„buen provecho“* (guten Appetit) und *„salud“* (Gesundheit)!

aceitunas – Oliven
agua de chía – Erfrischungsgetränk aus Samen einer Frucht die der Maracuja ähnelt
agua de horchata – Erfrischungsgetränk mit fein gemahlenem Reis und mit Zimt und Zucker
agua de jamaica – dto. mit Hibiskusblüten
agua de piña – dto. mit Ananas
agua de tamarindo – mit Tamarindfrüchten
agua purificada – Trinkwasser
aguacate – Avocado
aguardiente – Zuckerrohrschnaps
aguas frescas – Erfrischungsgetränke aus eisgekühltem Wasser und Fruchtfleisch
ajo – Knoblauch
albondigas – Fleischklößchen
alcachofas – Artischocken
almejas – Muscheln
almendras – Mandeln
ante – Süßspeise mit Sirup
arroz – Reis
arroz a la mexicana – Reis als Beilage
arroz con leche – Milchreis (Nachtisch)
arroz, sopa de – Reisgericht
ate – Fruchtpaste bzw. kandierte Früchte
atole – mex. Maisstärke-Getränk mit diversen Zugaben (zerkleinerte Früchte)
atún (bonito) – Thunfisch
avena – Haferflocken
azúcar – Zucker
bacalao – Kabeljau
birote – Weißbrot (nur im Norden Mexikos)
birria – Ragout aus Schaf- oder Ziegenfleisch (Jalisco und Michoacán)
bistec – Rindfleisch
bolillo – knusprige Weißbrötchen
botanas – pikante Snacks
budín – Gemüse-Gratin mit Käse überbakken
buñuelos – süße, ausgebackene Pfannkuchen
burritas – gefüllte Tortillas, im Norden Mexikos meist mit Bohnen und scharfer Soße
cabrito – Zicklein
cacahuate – Erdnuss
café americano, negro – schwarzer Kaffee
café con crema – Kaffee mit Sahne
café con leche – Milchkaffee
café de olla – Kaffee mit Zimt und brauner Zuckermelasse *(piloncillo)* und Gewürzen, der in Tontöpfen zubereitet und aus Tonbechern getrunken wird. **TIP**
café instantaneo – löslicher Kaffee (Nescafé)
cahuma – Riesenschildkrötenfleisch (darauf verzichten)
calabacita – Zucchini
calamar – Tintenfisch
caldo – Fleisch- oder Hühnerbrühe, Bouillon
camarones – Krabben (Garnelen)
camote – Süßkartoffel (Batate), als Nachtisch (Puebla)
canela – Zimt
cangrejo – Krebs
carne – Fleisch

carne asada – gegrilltes oder kurzgebratenes Fleisch
carnero – Hammel
carnitas – kleine Fleischstücke
cazón – Hunds-Hai (Yucatán)
cebollas – Zwiebeln
cecina – dünne Rindfleischscheiben, eingelegt in Zitronensaft und dann gegrillt
cerdo – Schweinefleisch
cerveza – Bier (*clara* – helles, *obscura* – dunkles)
ceviche – aromatischer (roher) Meeresfrüchte-Cocktail in Limettensaft (Gesundheitsgefahren! Wenn, dann unbedingt nur frisch zubereiteten!)
chalupas – kleinere Tortillas mit *salsa verde* oder *roja* und jeder Menge Zwiebeln.
champurrado – heiße Schokolade mit aufgelöster Mais-*masa*, gewürzt mit Zimt und Zucker.
chapulines – getrocknete Heuschrecken
chayote – Kürbis
chelada – Bier mit frisch gepresstem Limettensaft
chícaros – Erbsen
chicharrón – knusprig ausgebackene, gewürzte Schweineschwarten
chilaquiles – schmackhafte Mischung aus zerschnitzelten Tortillas mit gratiniertem Käse, Sahne, Tomatensoße und Zwiebeln; gut zum Frühstück.
chilatole – Maissuppe
chile – das in Mexiko am meisten verwendete Gewürz (s.S. 66)
chiles chipotles – rote Chilisorte
chiles en nogada – große, milde und gefüllte Chilischoten, mit Walnusssoße; **TIP**
chiles rajas – grüne, bohnenähnliche Chilisorte
chiles rellenos – gefüllte Chiles
chimichangas – in Öl ausgebackene, knusprige *burritas*
chirimoya – wohlschmeckende Tropenfrucht (cremig-süß)
chocolate – Kakaogetränk
chorizo – würzige (Schweins)-Wurst, luftgetrocknet oder geräuchert
chuleta – Kotelett
churros – Spritzgebäck in Öl ausgebacken
cilantro – Koriander
ciruela – Pflaume
cocada – Süßspeise aus Kokosraspeln (Dessert)
cochinillo – Spanferkel
cochinita pibil – zerkleinertes Schweinefleisch in Bananenblättern im Erdofen geschmort, traditionelles, bekanntestes Gericht Yucatáns; **TIP**
coco – Kokos
coco loco – Kokosmilch mit Tequila, Rum oder Gin
col – Kohl
coliflor – Blumenkohl
colonche – Getränk aus fermentierten Kaktusfrüchten
conejo – Kaninchen
consome de pollo – Hühnerbrühe
cordero – Lamm
cordorniz – Wachteln
crema de coco – Punsch aus Rum, Kokosmilch und Orangensaft
crepas – Crêpes
cuitlacoche (huitlacoche) – Maiskolben-Pilz; für Maispilzsuppen, eine Spezialität und Delikatesse
dulce de leche – Süßspeise mit Milch
duraznos – Pfirsiche
ejotes – grüne Bohnen
elotes – gekochte Maiskolben (Straßenverkauf)
empanadas – gefüllte Tortillas oder kleine Pasteten, entweder fritiert und gebacken, Füllung süß oder pikant; dazu eine Soße
enchiladas – (*enchilar* = mit Chile), lecker gefüllte, eingerollte Tortillas mit Chile-Soße, Zwiebeln und weißem Krümmel-Käse obenauf (regional verschieden)
ensalada – Salat
entremeses – pikante Snacks
escamoles – gebratene Ameiseneier
espinaca – Spinat
esquite – lose, gekochte Maiskörner im Becher, gewürzt mit *limón, chile* oder Mayonnaise
estofado – Eintopf
fajitas – Geschnetzeltes, mariniert (Hühnchen/Rind); **TIP**
fideos – Fadennudeln
filete – Schnitzel (kein zartes Filetfleisch, nur beim Fisch!)
flan – Karamel-Pudding
flor de calabaza – Kürbisblüten
flor de jamaica – Hibiskusblüte, für Erfrischungsgetränke
fresas – Erdbeeren
frijoles – schwarze Bohnen
frijoles refritos – in Schweinschmalz gebratenes, trockenes („refrito“) Bohnenmus; **TIP**
gazpacho – kalte Gemüsesuppe
gelatina – (Wackel)-Pudding, „Götterspeise“
gorditas – dicke, gefüllte Tortillas in vielen Varianten

grillos – Grillen
guacamole – schmackhafte Avocadocreme mit Tomaten, mildem Chile, Zwiebeln, Koriander und einem Spritzer Limonensaft; **TIP**
guajolote – (náh.) Truthahn
guayaba – Guave, birnenförmige Tropenfrucht
gusano – Agavenwurm (für Mezcal-Schnaps)
habas – Saubohnen
helado – Eiscreme
hierba buena – Pfefferminze
hígado – Leber
higos – Feigen
hongos – Pilze
horchata – Erfrischungsgetränk mit fein gemahlenem Reis und mit Zimt und Zucker
huachinango – Rotbarsch, Roter Schnapper (*„a la veracruzana")*; **TIP**
huarache – „Latsche", „Schuh"; große, dick belegte Tortilla
huevo – Ei
huevo duro – Ei hartgekocht
huevo tibio – Ei wachsweich
huevos a la mexicana – Rührreier mit Chile, Zwiebeln, Tomaten und *frijoles refritos*; **TIP**
huevos ahogados (poches) – Eier pochiert („verlorene Eier")
huevos estrellados – Spiegeleier
huevos motuleños – Tortilla mit Ei, Bohnenmus, Schinken, Erbsen und *salsa;* Yucatán
huevos rancheros – gebratene Eier auf warmen Tortillas mit Tomaten und Bohnenmus
huevos reales – süßes Eierdessert mit Zimt (Puebla)
huevos revueltos – Rührreier
jaiba – Krebs
jamón – Schinken
jamón serrano – geräucherter Schinken
jitomate – rote Tomate
jugo – Saft
jumiles – kleine Käfer zum Essen (Pazifikküste)
Kahlúa – Kaffee-Likör
langosta – Languste
leche – Milch
lechuga – Kopfsalat
legumbres – Hülsenfrüchte (Erbsen etc.)
lengua – Zunge
lentejas – Linsen
licuados – Mixgetränk mit Früchten, Wasser oder Milch
lima – Limette (klein und grün)
limón – Zitrone
lomo – Lende, Lendenbraten
machaca – Dörrfleisch
mamey (sapote) – Tropenfrucht mit rotem, weichem Fruchtfleisch
manchamanteles – „Flecken auf dem Tischtuch", ein Oaxaca-Mole
manteca – (ausgelassenes) Schweineschmalz
mantequilla – Butter
manzana – Apfel
manzanita – apfelsafthaltiges Getränk
Margarita – Mexikos berühmtester Tequila-Cocktail, gemixt aus klarem Tequila
mariscos – Meeresfrüchte und Fische
marlin – Fisch mit langem Kopfstachel
masa – frischer Maisteig für Tortillas
melón – Honigmelone
memelitas – kleine, belegte Tortillas (Oaxaca)
merengue – Schäumchen (Eier-)
Mezcal – Tequila der nicht aus der Gegend von Tequila stammt
miel – Honig
mixiote – Lamm-Eintopf
mojarra – Flussbarsch
mole – (náh., „Mischung"), Soßenmischung, die Chiles und andere Gewürzen enthält (s.a. „salsa")
mole poblano – „Puebla-Soße", berühmteste Soße Mexikos, dunkel, schwer und sämig; **TIP**
mole verde – Kürbiskernsoße
morrón – Chilischote bzw. -Sorte
nachos – Tortillachips mit Käsesoße
naranja – Orange
naranja agria – Bitterorange (Pomeranze)
nieves („Schnee"), Wasser-Eis
nopales – entstachelte, flache Blätter des Feigenkaktuses (Opuntie), als Gemüse
nuez – nuss
ostiones – Austern (Vorsicht, eher verzichten!)
paella – gekochter Safran-Reis mit allen möglichen Zutaten (Fleisch, Fisch)
paleta – Eis am Stiel
pan – Brot
pan de muerto – Allerheiligen-Brot, mit Knochen oder Totenköpfen verziert
pan dulce – süßes Brot
panuchos – Tortillas gefüllt mit vielerlei Zutaten
papadzules – Tacos mit hartgekochten Eiern, Tomaten- und Kürbissoße
papas – Kartoffeln
papas fritas – Pommes frites
pastel – Kuchen
pato – Ente
pavo – (span.) Truthahn
pechuga – Hühnchen-Brustfleisch

pepino – Gurke
pescado – Fisch
pescado blanco – weißer Fisch vom Pátzcuaro-See
pez vela – Seglerfisch (wohlschmeckend)
pico de gallo – „Hahnenschnabel", gemacht aus Orangen, Yamsbohnen *(jícamas)* und *chile*; Jalisco
piloncillo – eingedickte Zuckermelasse (z.B. für *café de olla*)
pintos – gefleckte Bohnen
piña – Ananas
piña colada – Ananascocktail mit Cocos und Rum
piñones – Pinienkerne
pipián – Kürbiskern
pipián verde – grüne Soße mit Kürbis-, Pinien und auch Sesamkörner; **TIP**
pistache – *Pistazien*
plátano macho – Kochbanane
plátano manzano – Apfelbanane
pollo – Huhn
pozole – deftig-kräftige Suppe bzw. ein Eintopf (grüner oder roter) mit Huhn- und Schweinefleisch, Chiles, Gewürzen und gequollenen ganzen Maiskörnern.
pulpo – Tintenfisch
Pulque – weißer, fermentierter Agavenmost
quesadilla – zusammengeklappte Tortilla mit Käsefüllung (auch mit Kartoffeln u.a.); **TIP**
queso – Käse
queso asadero – Ziegenkäse
queso Chihuahua – milder Käse (von den Mennoniten)
queso de bola relleno – gefüllter Käselaib (Yucatán)
queso de tuna – süße Fruchtcreme aus Kaktusfrüchten
queso fresco (blanco) – eine Art Feta-Käse, weiß und krümmelig
queso fundido – geschmolzener Käse
rabano – Rettich
raspados – geraspeltes Blockeis
refresco – Erfrischungsgetränk
res – Rind
róbalo – Seebarsch
romeritos – Kraut, gekocht in *mole* und Beilagen *(nopales)*
rompope – Likör mit Eiern
ron – Rum
sal – Salz
salbutes – fritierte Tortillas, belegt mit Truthahnfleisch, Zwiebeln, Avocadoscheiben und Tomaten (Yucatán); **TIP!**
salchichas – Würstchen
salsa – Chile-Würzsoße, roh oder gekocht, frisch oder fertiggemischt in Fläschchen.
salsa de cacahuate – Erdnusssalsa
salsa mexicana – die klassische mex. Salsa, frisch angemacht aus Tomaten, *chiles serranos, cilantro* und Limettensaft, dazu Tortilla-Chips (Vorspeise); **TIP!**
salsa verde – gleichfalls beliebt, aus grünen *tomatillos, chile* und *cilantro*
sandia – Wassermelone
sangría – Mischung aus Wein und Fruchtsäften (span.)
sapote oder *mamey* – Frucht des Sapote-Baums mit rostbrauner Haut und melonenähnlichem, süßen Fruchtfleisch (lachsfarben bis rot); **TIP**
Sidral – apfelsafthaltiges Getränk
sinchronizada – leichtgebratene Tortilla mit Schinken und Käse; **TIP**
sopa de arroz – keine Suppe, sondern ein Reisgericht!
sopa de elote – Maiscremesuppe
sopa de lima – Suppe mit Huhn, Tortillastreifen, Limettensaft, Gemüse und Gewürzen; Yucatán; **TIP**
sopa seca – „trockene Suppe", Gang zwischen Vor- und Hauptspeise
sopas – Suppen
taco – Mexikos Leib- und Magenspeise: eine belegte oder gerollte Tortilla mit diversen Belägen bzw. Füllungen, auch in knuspriger Form; **TIP**
taco papadzule – Taco mit hartgekochten Eiern, Tomaten- und Kürbissoße
tacos al pastor – Tacos mit Fleisch vom Dreh- bzw. Schabegrill („Döner"); **TIP!**
tacos árabe – Tacos vom Drehgrill mit Mais- oder Weizentortilla, **TIP!**
tamales – Mais-*masa* wird mit einer würzigen Paste (gehacktes Fleisch, Kräuter, Chile und Zwiebel) auf Mais- oder Bananenblätter gestrichen, eingewickelt, mit Blattstreifen verschnürt und in Dampf gegart; **TIP**
taquitos – kleine Tacos
té – Tee
té de hierba buena (auch *yerba buena*) – milder Pfefferminztee
té de manzanilla – Kamillentee
té negro – Schwarzer Tee
telera – längliches Weißbrötchen
tepache – gegorener Ananassaft mit braunem Zucker und Nelken
Tequila – Agavenschnaps (Markengetränk)
ternera – Kalb
tiburón – Haifisch
tlacoyos – ovale, dickere, schon vor dem Backen gefüllte Tortillas

tlayudas – knackig-große Tortillas, belegt mit allem Möglichen (Oaxaca)
tocino – durchwachsener Speck
tomatillo (tomates verdes) – grüne Tomate (ist aber keine unreife rote Tomate), für die *salsa verde*
toronja – Grapefruit
tortas – belegte Brötchen (mit Fleisch, Käse, Gemüse, Avocado); *t. ahogadas* – in Soße
tortilla – Fladen aus Maisteig, der kurz auf dem *comal* gebacken wird, Brot Mexikos!
tostadas – frittierte bzw. knusprige Tortillas, dient als „Teller" für diverse Beläge
truchas – Forellen
tuetano – Markknochen
tuna – essbare Frucht des Feigenkaktus (Opuntie)
uvas – Weintrauben
vaca – Kuh
verdura – Gemüse
vinagre – Essig
vino – Wein; *blanco* (weiß), *tinto* (rot), *seco* (trocken), *dulce* (süß)
Xtabentún – Anis-Honig-Likör aus Yucatán
yerba buena – s. hierba buena
zanahorias – Karotten

Sachwortregister

(nicht aufgeführte Wörter s. Glossar)

Personenregister

Ortsregister

Rad- und andere Abenteuer aus aller Welt

Reise-Know-How-Radbücher berichten von ungewöhnlichen Radabenteuern aus aller Welt und es sind praktische Bike-Führer für Tourenradler durch Länder und Kontinente.

Mit „Rad & Bike"-Büchern touren und biken wie noch nie!

Fahrrad Weltführer
Das Standardwerk für Fernreiseradler erscheint 2002 komplett überarbeitet in 2. Auflage. ISBN 3-89662-304-4 · € 23,50

BikeBuch Neuseeland
420 S., 150 Fotos udn Abb., 25 Karten
ISBN 3-89662-303-6 · € 22,50

BikeBuch Europa
552 S., 134 SW- u. 33 Farbfotos, 45 Karten
ISBN 3-89662-306-0 · € 22,50

Die Äqua-Tour
288 S., 45 SW- und 32 Farbfotos, 6 Karten
ISBN 3-929920-12-3 · €14,90

Bike Abenteuer Afrika
312 S., 40 SW- und 29 Farbfotos, 5 Karten
ISBN 3-929920-15-8 · € 14,90

Rad-Abenteuer Panamericana
312 S., 47 SW- und 33 Farbfotos, 5 Karten
ISBN 3-929920-13-1 · € 14,90

Das Lateinamerika BikeBuch
564 S., 92 SW- und 32 Farbfotos, 12 Karten
ISBN 3-89662-302-8 · € 22,50

Das Lesevergnügen für unterwegs. Außergewöhnliche Geschichten, Reportagen und Abenteuerberichte.

Die Salzkarawane - Mit den Tuareg durch die Ténéré. ISBN 3-89662-380-X · € 17,50

Abenteuer Anden - Eine Reise durch das Inka-Reich. ISBN 3-89662-307-9 · € 17,50

Südwärts – von San Francisco nach Santiago de Chile. ISBN 3-89662-308-7 · € 17,50

Durchgedreht – Sieben Jahre im Sattel
ISBN 3-89662-383-4 · € 17,50

Rad ab – 71.000 km mit dem Fahrrad um die Welt. ISBN 3-89662-383-4 · € 17,50